CODE

DES

LOIS DE LA PRESSE

INTERPRÉTÉES

PAR LA JURISPRUDENCE ET LA DOCTRINE

PAR

M. ROLLAND DE VILLARGUES

CONSEILLER A LA COUR IMPÉRIALE DE PARIS
CHEVALIER DE LA LÉGION D'HONNEUR, AUTEUR DES CODES CRIMINELS INTERPRÉTÉS.

DEUXIÈME ÉDITION

REVUE, CORRIGÉE ET MISE AU COURANT DE LA LÉGISLATION ET DE LA JURISPRUDENCE.

PARIS

MARESCQ AÎNÉ, LIBRAIRE-ÉDITEUR
RUE SOUFFLOT, 17

1869

AUTEURS CITÉS DANS L'OUVRAGE.

MM. Chassan. — *Traité des délits et contraventions de la parole, de l'écriture et de la presse,*
    2ᵉ édition. — Lois sur la presse.
Mangin. — *Traité de l'action publique.*
Parant. — *Lois de la presse.*
De Grattier. — *Commentaires sur les lois de la presse.*
Rousset. — *Nouveau code annoté de la presse.*
Rauter. — *Traité théorique et pratique du droit criminel.*
Dalloz. — *Répertoire de législation, vᵢˢ Presse, Outrage.*
De Berny. — *Concordance des lois sur la presse.*
Chauveau et Hélie. — *Théorie du Code pénal, 3ᵉ édition.*

EXPLICATION DES ABRÉVIATIONS.

J. p . . . . Journal du palais.
S. 37, 1, 420. . . . Recueil de Sirey, année 1837, 1ʳᵉ partie, page 420.
D. 40, 4, 500. . . . Dalloz, Jurisprudence générale, année 1840, 4ᵉ partie,
    p. 500.
B. cr. . . . . Bulletin des arrêts criminels de la cour de cassation
C. i. cr. . . . . . . Code d'instruction criminelle.
C. pén. . . . . . . Code pénal.
J. cr., nº 5988. . . Journal de droit criminel, par M. Morin, nº 5988

DIVISIONS DE L'OUVRAGE

PARIS. TYPOGRAPHIE DE HENRI PLON, IMPRIMEUR DE L'EMPEREUR, RUE GARANCIÈRE. 8

PRÉFACE.

Les lois sur la presse, à cause de leur caractère politique, ont subi des vicissitudes et des transformations bien diverses; nous avons vu, en effet, chacun des gouvernements qui se sont succédé en France, empressé de les mettre en harmonie avec ses principes, ou de satisfaire aux besoins du moment, répudier celles qui étaient l'œuvre du gouvernement précédent, et en faire de nouvelles.

Encore si le législateur avait eu la précaution d'indiquer les dispositions des lois antérieures qu'il entendait abroger, on n'aurait à regretter que la mobilité de cette partie de notre législation. Mais on sait qu'en entassant ainsi lois sur lois, il a le plus souvent laissé à ceux qu'elles concernent, comme à ceux qui les appliquent, le soin de discerner et de démêler les dispositions qui sont encore en vigueur et celles qui ne le sont plus.

Il en résulte une incohérence, une confusion, une dissémination qui rendent l'étude de ces lois si difficile.

Plusieurs auteurs recommandables ont publié sur cette matière, antérieurement à la révolution de 1848, des traités fort estimés; mais, depuis cette époque, la législation politique de la presse ayant encore été une fois modifiée par les lois et décrets des 22 mars, 11 août 1848, 27 juillet 1849, 16 juillet 1850 et 17 février 1852, tous ces traités sont devenus insuffisants et incomplets (1).

Ce dernier décret, qui apporte des changements si graves dans le régime de la presse, n'a cependant, sauf deux articles de la loi du 19 juillet 1850, abrogé expressément aucune des lois antérieures; il s'est borné, suivant la formule usitée, à déclarer abrogées les dispositions de ces lois qui lui étaient contraires.

Indiquer dans la législation antérieure quelles sont les dispositions encore en vigueur, les coordonner, les rassembler, c'était un travail dont l'utilité n'a pas besoin d'être démontrée.

Nous l'avons essayé en nous aidant des décisions de la Cour de cassation et des circulaires ministérielles. On remarquera qu'en retranchant les articles de lois implicitement abrogés, nous ne les avons pas cependant supprimés entièrement; nous les avons relégués, en forme de notes, au bas des pages, de manière qu'ils puissent être consultés au besoin.

Nous avons voulu faire plus : encouragé par l'accueil bienveillant qui a été fait à nos *Codes criminels*, nous avons entrepris sur les lois de la presse le même travail que nous avions publié sur ces Codes; nous avons placé sous chacun de leurs articles un commentaire, le plus autorisé et le plus pratique de tous, celui de la Cour de cassation et des cours impériales; nous avons en outre annoté les opinions des auteurs, de manière à présenter la doctrine à côté de la pratique.

Dans l'arrangement et le classement des nombreux matériaux que nous avions recueillis, nous avons rencontré plus d'une fois, sur des questions douteuses, des solutions et opinions contradictoires; nous les avons toutes exactement notées; toutefois nous n'avons pas toujours pu retenir, en ces circonstances, nos appréciations personnelles, ni nous défendre d'une certaine partialité en faveur des décisions qui nous paraissaient les

---

(1) Nous devons excepter le nouveau Code annoté de la presse, par M. Rousset, ancien magistrat, imprimé en 1856; ouvrage dont le plan est entièrement différent de celui que nous publions

plus juridiques; nous avons donc cru devoir mettre celles-ci en relief, en nous contentant d'indiquer les autres comme contraires; quelquefois même, dans certaines questions controversées, nous avons donné les motifs de notre préférence.

Nous avions écrit ces lignes comme préface à notre première édition; depuis, une loi nouvelle, celle du 11 mai 1868, a encore une fois modifié la législation sur la presse, en se bornant, suivant l'usage, à déclarer abrogées les dispositions contraires des lois antérieures; cette loi n'a fait qu'augmenter l'embarras du commentateur pour concilier toutes les dispositions législatives sur cette matière et pour distinguer celles qui sont maintenues de celles qui ne le sont pas. Nous avons entrepris ce travail, celui que nous avions déjà publié ne répondant plus aux nécessités nouvelles.

A défaut de la jurisprudence, qui n'a pas encore pu s'expliquer sur les nombreuses questions que soulève la loi du 11 mai 1868, nous avons consulté l'exposé des motifs, les discussions au Corps législatif, les circulaires ministérielles; nous n'y avons pas toujours trouvé la solution de tous les doutes, nous avons donc été plus d'une fois dans la nécessité d'émettre notre opinion personnelle, après une étude attentive des textes.

Dans cette nouvelle publication, nous avons conservé à leur place toutes les dispositions législatives qui n'ont été qu'implicitement abrogées, au lieu de les reléguer en notes au bas des pages; nous nous sommes borné à les mettre en italique, afin qu'elles frappent plus facilement les yeux.

Nous avons aussi jugé à propos, pour plus de clarté, de changer la division par nous précédemment adoptée. Nous avons maintenu la première partie de notre travail sur l'imprimerie et la librairie, telle qu'elle a déjà été publiée; nous y avons ajouté un supplément contenant les décisions nouvelles de la jurisprudence.

Les deuxième, troisième et quatrième parties ont été entièrement remaniées; elles ont été refondues en deux parties seulement : dans l'une, qui est la deuxième de cette édition, nous avons placé les lois relatives aux délits commis par la voie de la presse et les autres moyens de publication; dans la troisième, les lois relatives à la police de la presse périodique; elle est suivie d'un appendice comprenant les lois sur le timbre et le transport des écrits périodiques.

Pour opérer cette classification, nous avons été obligé de diviser les lois des 27 juillet 1849 et 17 février 1852, qui ont des dispositions relatives à la fois aux délits commis par la voie de la presse et aux journaux et écrits périodiques; mais ces divisions ne nous ont pas paru présenter de graves inconvénients pour l'étude de ces lois, leurs dispositions diverses ayant été, presque toujours, classées par le législateur dans des chapitres différents, il nous a suffi de séparer ces chapitres pour les transporter dans la partie de l'ouvrage à laquelle la matière les rattachait. Nous n'avons pas osé aller plus loin, nous nous sommes arrêté devant l'inconvénient de trop morceler la loi.

Pour donner cependant satisfaction au besoin de rapprocher toutes les dispositions des lois de la presse qui ont de l'affinité entre elles, et afin d'en faciliter l'étude, nous avons, à la suite de la troisième partie de l'ouvrage, présenté une codification de toutes ces lois, moins celles relatives à l'imprimerie et à la librairie.

Au moyen du classement rationnel et méthodique que nous avons établi, nous avons pu mettre en présence toutes les dispositions des lois de la presse qui peuvent paraître soit contraires ou incompatibles, soit identiques ou seulement modificatives.

Ce classement nous a été nécessaire à nous-même pour l'étude de ces lois; nous croyons faire une chose utile en le publiant à la suite de notre travail.

CODE
DES LOIS DE LA PRESSE.

PREMIÈRE PARTIE.

RÈGLEMENTS POUR L'IMPRIMERIE ET LA LIBRAIRIE.

28 FÉVRIER 1723. — RÈGLEMENT DU CONSEIL *pour la librairie et l'imprimerie de Paris.*

1. Ce règlement, virtuellement abrogé par l'art. 2 de la loi du 17 mars 1791, n'a été remis en vigueur ni par le décret du 5 fév. 1810, ni par la loi du 21 oct. 1814. — Amiens, 8 mars 1823 (Vernot); Amiens, 9 fév. 1825 (Coumet), *J. p.*; Orléans, 11 déc. 1826 (Teste), *J. p.*; Douai, 13 avril 1830 (Auban), *J. p.*; Cass. 26 fév. 1836 (Labrousse), *J. p.*; 13 fév. 1836 (Barba), *J. p.*; 24 sept. 1841 (Leautey), *B. cr.*

2. Quelques arrêts avaient décidé au contraire que la loi du 21 août 1814 avait virtuellement rétabli la peine de 500 fr. d'amende prononcée par le règlement; mais le décret du 17 fév. 1852 (art. 24) ayant édicté une peine nouvelle, la question de l'abrogation du règlement du 28 fév. 1723 ne peut plus être douteuse.

10 MAI 1728. — DÉCLARATION DU ROI.

Art. 7. Défendons aux imprimeurs de faire travailler ailleurs que dans les maisons où ils demeurent, ou dans celles à la porte desquelles sera posée une enseigne publique d'imprimerie. La porte de leur imprimerie ne sera fermée pendant le temps de leur travail que par un simple loquet.

Leur défendons d'avoir dans les maisons où ils impriment aucunes portes de derrière, par lesquelles ils puissent faire sortir clandestinement aucuns imprimés, le tout à peine d'interdiction pendant six mois et de cinq cents livres d'amende, qui ne pourra être remise ni modérée, même de déchéance de la maîtrise.

10 SEPTEMBRE 1735. — ARRÊT DU CONSEIL D'ÉTAT.

Art. 10. Fait Sa Majesté expresses inhibitions et défenses à tous marchands merciers grossiers, joailliers de chacune des villes du royaume, de vendre ni débiter à l'avenir, aucuns livres imprimés à l'exception des A B C, des almanachs, des petits livres d'heures, de prières, imprimés hors de la ville de leur résidence ordinaire qui n'excéderont pas deux feuilles d'impression de caractère *cicero*, sous peine de confiscation et cinq cents livres d'amende, conformément à l'article 4 de l'arrêt du conseil du 28 février 1723.

Cet arrêt du Conseil n'a pas été abrogé. — Cass. 26 juin 1824 (Prat), *J. p.* V. l'art. 24 déc. du 17 fév. 1852.

5 FÉVRIER 1810. — DÉCRET *contenant règlement sur l'imprimerie et la librairie.*

TIT. II. — *De la profession d'imprimeur.*

Art. 3. A dater du 1er janvier 1811, le nombre des imprimeurs dans chaque département sera fixé, et celui des imprimeurs à Paris sera réduit à soixante.

1. Ce nombre a été porté à 80 par le décret du 11 fév. 1811 et à 85 par le décret du 14 déc. 1859.

2. Un imprimeur est non recevable à intenter par la voie contentieuse une action, contre une décision ministérielle qui a accordé un nouveau brevet d'imprimerie. — Ordonn., C. d'État, 14 mars 1834 (Saillot).

Art. 4. La réduction dans le nombre des imprimeurs ne pourra être effectuée sans qu'on ait préalablement pourvu à ce que les imprimeurs actuels, qui seront supprimés, reçoivent une indemnité de ceux qui seront conservés.

Art. 5. Les imprimeurs seront brevetés et assermentés.

Cette disposition est entrée dans l'art. 11, L. 21 oct. 1814.

Art. 6. Ils seront tenus d'avoir, à Paris,

quatre presses, et, dans les départements, deux.

Cet article n'a aucune sanction.

Art. 7. Lorsqu'il viendra à vaquer des places d'imprimeurs, soit par décès, soit autrement, ceux qui leur succéderont ne pourront recevoir leurs brevets et être admis au serment, qu'après avoir justifié de leur capacité, de leurs bonnes vie et mœurs, et de leur attachement à la patrie et au souverain.

Art. 8. On aura, lors des remplacements, des égards particuliers pour les familles des imprimeurs décédés.

1. La veuve de l'imprimeur est autorisée par l'art. 55 du règlement de 1723 à continuer l'exploitation de l'industrie de son mari, tant qu'elle reste en état de viduité. — Cass. 2 juin 1827 (Lebel), *J. p.*, de Grattier, t. 1, p. 32; Dalloz, v° *Presse*, n° 100, 203. — *Contrà.* Si elle changeait d'état. — Parant, p. 35; de Grattier, t. 1, p. 63; Chassan, t. 1, p. 429. — Le règlement de 1723 a cessé d'être en vigueur. — Rousset, p. 23, n° 99. V. *suprà*, p. 1.

2. Les augmentations ou diminutions qu'elle peut faire dans l'étendue ou le mode du même commerce n'en changent pas la nature et n'apportent aucune modification à son titre légal. — Cass. 2 juin 1827 (Lebel), *J. p.*; de Grattier, t. 1, p. 33.

Art. 9. Le brevet d'imprimeur sera délivré par notre directeur général de l'imprimerie, et soumis à l'approbation de notre ministre de l'intérieur; il sera enregistré au tribunal civil du lieu de la résidence de l'impétrant, qui y prêtera serment de ne rien imprimer de contraire aux devoirs envers le souverain et à l'intérêt de l'Etat.

La direction de la librairie et de l'imprimerie a été supprimée par le décret du 24 mars 1815. L'imprimerie et la librairie sont aujourd'hui placées sous la direction du ministre de l'intérieur.

TIT. IV. — *Des libraires.*

Art. 29. A dater du 1er janvier 1811, les libraires seront brevetés et assermentés. *V. L.* 21 *octobre* 1814, *art.* 11.

Art. 30. Les brevets de libraires seront délivrés par notre directeur général de l'imprimerie, et soumis à l'approbation de notre ministre de l'intérieur : ils seront enregistrés au tribunal civil du lieu de la résidence de l'impétrant, qui y prêtera serment de ne vendre, débiter et distribuer aucun ouvrage contraire aux devoirs envers le souverain et à l'intérêt de l'Etat.

Art. 31. La profession de libraire pourra être exercée concurremment avec celle d'imprimeur.

Art. 32. L'imprimeur qui voudra réunir la profession de libraire sera tenu de remplir les formalités qui sont imposées aux libraires.

Le libraire qui voudra réunir la profession d'imprimeur sera tenu de remplir les formalités qui sont imposées aux imprimeurs.

Art. 33. Les brevets ne pourront être accordés aux libraires qui voudront s'établir à l'avenir qu'après qu'ils auront justifié de leurs bonnes vie et mœurs et de leur attachement à la patrie et au souverain.

TIT. V. — *Des livres imprimés à l'étranger.*

Art. 34. Aucun livre en langue française ou latine, imprimé à l'étranger, ne pourra entrer en France, sans payer un droit d'entrée.

Art. 35. Ce droit ne pourra être au-dessous de 50 p. °/₀ de la valeur de l'ouvrage.

Le tarif en sera rédigé par le directeur général de la librairie, et délibéré en notre conseil d'Etat, sur le rapport de notre ministre de l'intérieur.

Art. 36. Indépendamment des dispositions de l'art. 34, aucun livre imprimé ou réimprimé hors de France ne pourra être introduit en France, sans une permission du directeur général de la librairie, annonçant le bureau de douane par lequel il entrera.

Art. 37. En conséquence, tout ballot de livres venant de l'étranger sera mis par le préposé des douanes sous corde et sous plomb, et envoyé à la préfecture la plus voisine.

Art. 38. Si les livres sont reconnus conformes à la permission, chaque exemplaire ou le premier volume de chaque exemplaire sera marqué d'une estampille au lieu du dépôt provisoire, et ils seront remis au propriétaire.

TIT. VII. — *Sect.* 2e. — *Du mode de constater les délits et contraventions.*

Art. 45. Les délits et contraventions seront constatés par les inspecteurs de l'imprimerie et de la librairie, les officiers de police, et en outre par les préposés aux douanes, pour les livres venant de l'étranger.

Chacun dressera procès-verbal de la nature du délit et contravention, des circonstances et dépendances, et le remettra au préfet de son arrondissement, pour être adressé au directeur général. *V. L. 21 octobre 1814, art.* 20.

Art. 46. Les objets saisis seront déposés provisoirement au secrétariat de la mairie ou au commissariat général de la sous-préfecture ou de la préfecture la plus voisine du lieu où le délit ou la contravention sont constatés, sauf l'envoi ultérieur à qui de droit.

Art. 47. Nos procureurs généraux ou impériaux seront tenus de poursuivre d'office dans tous les cas prévus à la section précédente, sur la simple remise qui leur sera faite d'une copie des procès-verbaux dûment affirmés. *V. L. 21 octobre 1814, art.* 21.

6 JUILLET 1810. — DÉCRET.

Art. 1er. Il est défendu à toutes personnes d'imprimer et débiter les sénatus-consultes, codes, lois et règlements d'administration publique, avant leur insertion et publication par la voie du Bulletin au chef-lieu de département. *V. ordonn. du 12 janvier 1820, infrà.*

Art. 2. Les éditions faites en contravention de l'article précédent seront saisies à la requête de nos procureurs généraux, et la confiscation en sera prononcée par le tribunal de police correctionnelle.

18 NOVEMBRE 1810. — DÉCRET.

Art. 1. A dater du 1er janvier 1811, ceux de nos sujets qui cesseront d'exercer la profession d'imprimeur, et généralement tous ceux qui, n'exerçant pas ladite profession, se trouveront propriétaires, possesseurs ou détenteurs de presses, fontes, caractères ou autres ustensiles d'imprimerie, devront, dans le délai d'un mois, faire la déclaration desdits objets, dans le département de la Seine, au préfet de police, et dans les autres départements, au préfet. Sont exceptées de cette disposition les presses à cylindre, servant à tirer des copies.

1. Les dispositions de ce décret n'ont été abrogées par aucune loi postérieure. — Paris, 12 oct. 1837. Chassan, t. 1, p. 515 ; de Grattier, t. 1, p. 66. — *Contrà* Bordeaux, 22 mars 1832 (Langlet), *J. p.*

2. Il est particulièrement applicable aux imprimeurs qui ont cessé leur profession, et qui sont restés, sans en faire usage, détenteurs des objets désignés, ainsi qu'à tous autres qui seraient détenteurs desdits objets, pourvu qu'il ne s'agisse pas de la détention d'une presse entière, cas prévu par l'art. 13,

L. du 21 oct. 1814. — Chassan, t. 1, p. 517 ; de Grattier, t. 1, p. 68 ; Dalloz, v° *Presse*, n° 128.

3. A l'égard des presses de petite dimension, voyez le décret du 22 mars 1852.

Art. 2. Le préfet de police à Paris, et les préfets des départements, transmettront lesdites déclarations à notre conseiller d'Etat, directeur général de l'imprimerie et de la librairie, avec leur avis sur les demandes d'être autorisé à conserver lesdites presses et ustensiles pour continuer d'en faire usage, qui pourront être jointes aux déclarations. *V. décret du 22 mars 1852, art.* 2.

Art. 3. Notre directeur général de l'imprimerie et de la librairie rendra compte du tout à nos ministres de l'intérieur et de la police, sur le rapport desquels il sera statué par nous.

Art. 4. Sont sujets aux dispositions de l'art. 1er du présent décret : les imagers, dominotiers et tapissiers.

Art. 5. Les contraventions au présent décret seront punies d'un emprisonnement de six jours à six mois, et constatées et poursuivies conformément aux dispositions de la section II du titre VII du décret du 5 février 1810. *V. décret du 22 mars 1852, art.* 5.

2 FÉVRIER 1811. — DÉCRET.

Art. 1. Les brevets d'imprimeur seront délivrés sur parchemin par le directeur général de l'imprimerie en la forme voulue par l'art. 9 du décret du 5 février 1810.

Art. 2. Les frais d'expédition des brevets demeurent fixés à 50 fr. pour Paris, et 25 fr. pour les autres villes de l'Empire.

Art. 3. Les brevets ne sont remis aux impétrants que sur le vu de la quittance des frais d'expédition.

21 OCTOBRE 1814. — LOI *relative à la liberté de la presse.*

TIT. II. — *De la police de la presse.*

Art. 11. Nul ne sera imprimeur ni libraire s'il n'est breveté par le roi et assermenté.

1. Les mesures indiquées par cette loi s'appliquent à tous les modes de reproduction d'un écrit par l'impression et par conséquent à la lithographie. — Cass. 18 mars 1842 (Brun), *B. cr.* ; Montpellier, 1er fév. 1847 (Servielle), S. 47, 2, 442 ; Cass. 31 août 1850 (Ballard), *B. cr.* ; 26 avril 1862 (Micolci), *B. cr.* ; Chassan, t. 1, p. 509 ; Parant, p. 35 ; de Grattier, t. 1, p. 37.

1.

2. A l'autographie. — Cass. 9 nov. 1849 (Jeanne), *B. cr.*; 26 avril 1862 (Micolei), *B. cr.*

3. A tout procédé à l'aide duquel on a voulu obtenir la reproduction et la multiplication d'un écrit, alors même qu'il s'agit d'une invention nouvelle, telle que la photographie. — Aix, 28 janv. 1859; S. 61, 2, 225. — *Contrà:* Dalloz, v° *Presse*, n° 99.

4. Elles sont applicables à celui qui, à l'aide des instruments et outils d'un relieur, imprime des circulaires commerciales. — Cass. 26 avril 1862 (Micolei), *B. cr.*

5. La profession de bouquiniste est soumise aux mêmes lois et règlements que celle de libraire, avec laquelle elle se confond. — Cass. 8 décembre 1826 (Hardy), *J. p.*; de Grattier, t. 1, p. 44. — Lorsque la vente a lieu dans un magasin. — Chassan, t. 1, p. 545; Parant, p. 36.

6. Il en est autrement : des libraires étaleurs. (Décret du 5 février 1810, art. 49.) Ils n'ont besoin que d'une permission, laquelle est révocable. — Parant, *id.*; Chassan, *id.*; de Grattier, t. 1, p. 45; Dalloz, v° *Presse*, n° 191.

7. Des colporteurs de livres. L'art. 6 de la loi du 27 juillet 1849, en les soumettant à l'autorisation des préfets, les dispense du brevet. — Dalloz, v° *Presse*, n° 442. — *Contrà* avant cette loi. — Cass. 10 nov. 1826 (Deveaux), *J. p.*; 3 mars 1827 (Giret); *J. p.*; Parant, p. 37; de Grattier, t. 1, p. 45.

8. Les personnes qui ouvrent un cabinet de lecture doivent être pourvues d'un brevet de libraire. — Cass. 30 déc. 1826 (Petitot), *J. p.*; 25 fév. 1836 (Labrousse), *J. p.*; ch. réun., 7 nov. 1836 (Labrousse), *J. p.*; Paris, 30 sept. 1842 (Dufay), *J. p.*, 43, 1, 719; Cass. 13 mai 1854 (Gauret), *B. cr.*; Chassan, *id.*; Parant, p. 37; de Grattier, t. 1, p. 44. — *Contrà :* Paris, 28 déc. 1827 (Poincinet); Dalloz, v° *Presse*, n° 194. — Il suffit qu'elles soient munies d'une autorisation du ministre de l'intérieur. — Colmar, 2 déc. 1829 (Clerc), *J. p.*

9. Cependant la location des journaux et brochures périodiques peut se faire sans brevet. Déc. min. de 1823. — Dalloz, v° *Presse*, n° 196; de Grattier, t. 1, p. 44.

10. Les merciers et autres marchands non pourvus d'un livret de libraire ne peuvent vendre des A B C, des almanachs et des petites heures qu'autant que ces livres n'excèdent pas deux feuilles d'impression, caractère *cicero*. Arrêt C. d'Etat du 13 mars 1730 et 10 sept. 1735. — Cass. 26 juin 1824 (Prat), *J. p.*; Chassan, t. 1, p. 547; de Grattier, t. 2, p. 46.

11. Mais le commerce des gravures, des estampes, des dessins lithographiés, de la musique, ne constitue pas la profession de libraire, à moins qu'ils ne soient accompagnés d'un texte autre que le titre. — Cass. 3 mai 1827 (Giret), *J. p.*; Chassan, t. 1, p. 547; Parant, p. 37; de Grattier, t. 1, p. 47.

12. Les auteurs ont le droit de vendre ou publier leurs propres ouvrages sans avoir besoin de brevet ni d'autorisation. Leurs héritiers ont le même privilége. Art. 5 règlem. du 30 août 1777. — Chassan, t. 1, p. 546; Parant, p. 36; Dalloz, v° *Presse*, n° 198. — Mais non les cessionnaires des héritiers. — Chassan, *id.* — *Contrà :* de Grattier, t. 1, p. 47; Dalloz, *id.*

13. Les brevets de libraire et d'imprimeur sont délivrés pour exercer ces professions dans une ville y spécifiée; ils ne donnent pas le droit aux titulaires d'ouvrir, par l'intermédiaire d'un mandataire ou commis, une boutique ou un magasin de libraire, même temporairement, dans une autre ville. — Cass. 15 mai 1823 (Vernot), *J. p.*; Metz, 23 avril 1856 (Donyeau); S. 56, 2, 405; Parant, p. 36; de Grattier, t. 1, p. 35; Dalloz, v° *Presse*, n° 205; Chassan, t. 1, p. 511).

14. Ni de faire vendre des livres à la criée dans une autre ville. — Cass. 28 avril 1827 (Guillaume), *J. p.*; de Grattier, *id.*

15. Ni de les faire colporter. — Cass. 10 nov. 1827 (Deveaux), *J. p.*

16. Les libraires peuvent cependant fréquenter les foires, soit par eux-mêmes, soit par leurs commis, pourvu qu'ils ne dépassent pas le terme fixé. — Circ. min. 16 juin 1830; de Grattier, t. 1, p. 35; Dalloz, v° *Presse*, n° 208.

17. De même il n'est pas permis à un imprimeur de changer de lieu sans se soumettre aux formalités prescrites. — Nîmes, 31 janv. 1850 (Cheynet); D. 50, 2, 80.

18. Mais il peut occuper une autre maison dans la même commune. — De Grattier, t. 1, p. 37.

19. Les imprimeurs n'ont pas le droit de posséder plusieurs imprimeries; le brevet ne peut s'appliquer qu'à un seul établissement. — De Grattier, t. 1, p. 69; Dalloz, v° *Presse*, n° 121.

20. Toutefois, par tolérance, les imprimeurs ont la faculté d'avoir une seconde imprimerie à titre de succursale de leur principal établissement. — Lettre du min. de l'intér. 18 oct. 1822; Chassan, t. 1, p. 513; de Grattier, t. 1, p. 35.

21. Ils doivent se renfermer dans la spécialité de leurs brevets. — Un imprimeur en caractères mobiles ne peut avoir une presse lithographique. — Dalloz, v° *Presse*, n° 111; de Grattier, t. 1, p. 43.

22. Les brevets des libraires et imprimeurs sont personnels et incessibles. — Poitiers, 27 juin 1832 (Rosenfeld), *J. p.*

23. Les héritiers d'un imprimeur n'ont aucun droit d'obtenir la concession des brevets de leurs auteurs. — Ord. cons. d'Etat, 1er août 1837.

24. Cependant un imprimeur ou un libraire peut prendre des associés. — Cass. 28 juillet 1827 (Barba), *J. p.*; 24 sept. 1841 (Leautey); *J. p.*, 41, 2, 543; Chassan, t. 1, p. 511; Parant, p. 36; de Grattier, t. 1, p. 33. — Et même un mandataire ou commis. — De Grattier, *id.*

25. Un libraire ne peut abdiquer l'exercice de sa profession en faveur d'autrui ni déléguer la gestion de sa librairie. — Cass. 28 juillet 1827 (Barba), *J. p.*

26. Le fils d'un libraire ne peut, après l'interdiction de son père pour cause d'aliénation mentale, continuer l'exercice de la profession de libraire, sans être muni d'un brevet. — Nancy, 23 janvier 1828 (Vincenot), *J. p.*; de Grattier, t. 1, p. 32.

27. A l'égard de la veuve d'un libraire, V. notes sur l'art. 8, Décr. 5 fév. 1810.

28. Mais les héritiers d'un libraire ou d'un imprimeur décédé ont la faculté de continuer l'exploitation du brevet du titulaire en attendant qu'on ait statué sur la demande de brevet en remplacement, à la charge de donner immédiatement avis du décès au préfet. — Cir. min. 16 juin 1830; de Grattier, t. 1, p. 32.

29. Celui qui vend des livres sans être breveté ne peut être excusé à raison de sa bonne foi. — Cass. 12 sept. 1823 (Redonnet), *J. p.*; Parant, p. 50.

30. L'art. 11 de la loi du 21 oct. 1814 trouve sa sanction en ce qui touche les libraires dans l'art. 24 du décr. du 17 fév. 1852.

31. Les art. 1 et 2 de l'ordonn. de 1780 sont encore en vigueur; par suite, les libraires sont tenus, comme tous autres marchands, lorsqu'ils vendent ou achètent des livres d'occasion, d'insérer leurs ventes ou achats sur un livre de police. — Paris, 8 mars 1838 (Porquet); D., 38, 2, 94.

Art. 12. Le brevet pourra être retiré à tout imprimeur ou libraire qui aura été convaincu, par un jugement, de contravention aux lois et règlements.

1. Cet article s'applique non-seulement au cas où il aurait été commis une contravention à la loi du 21 oct. 1814, mais encore toute autre infraction matérielle aux lois et règlements de la presse, ainsi qu'au cas où il s'agirait de crimes ou de délits commis par la voie de la presse. — Ord. C. d'État, 6 janv. 1853; de Grattier, t. 1, p. 61.

2. Et encore au cas de condamnations qui entraînent l'interdiction légale ou la dégradation civique. — De Grattier, *id.*

3. Mais il ne s'applique pas au cas de faillite. — De Grattier, t. 1, p. 63.

4. Ni au cas prévu par l'art. 8, L. du 18 juillet 1828.

Art. 13. Les imprimeries clandestines seront détruites, et les possesseurs et dépositaires punis d'une amende de 10,000 fr. et d'un emprisonnement de six mois.

Sera réputée clandestine toute imprimerie non déclarée à la direction générale de la librairie, et pour laquelle il n'aura pas été obtenu de permission.

1. Sont imprimeurs clandestins : ceux qui, à l'aide de presses et autres ustensiles d'imprimerie dont ils sont propriétaires, exercent, sous le nom d'un imprimeur breveté, une industrie distincte de celle de cet imprimeur. — Cass. 24 sept. 1841 (Leautey), *B. cr.*; Chassan, t. 1, p. 514.

2. Ceux qui exploitent sans autorisation des presses placées dans des lieux dépendant de ceux occupés par des imprimeurs brevetés et dont l'existence matérielle a été déclarée comme si elles leur appartenaient. — Cass., ch. réun., 29 avril 1842 (Leautey), *B. cr.*; Dalloz, vᵒ *Presse*, nᵒ 130.

3. Celui qui, sans être pourvu d'un brevet d'imprimeur, fait imprimer son journal avec des presses à lui appartenant, encore bien que ces presses soient placées dans un local attenant aux ateliers d'un imprimeur breveté et que ce dernier se soit engagé à faire participer le gérant du journal au bénéfice de son privilége. — Cass. 14 nov. 1850 (Degeilh), *B. cr.*

4. La simple possession d'une presse sans brevet suffit pour constituer une contravention, alors même que, par un traité, le possesseur aurait chargé un imprimeur breveté de la direction et de l'exploitation de cette presse. — Cass. 21 mai 1853 (Roche), *B. cr.*; Dalloz, vᵒ *Presse*, nᵒ 485.

5. Est clandestine : L'imprimerie établie après une simple déclaration à la préfecture et avant l'autorisation prescrite. — Nîmes, 31 janv. 1850 (Cheynet); D. 50, 2, 80.

6. L'imprimerie exploitée par le cessionnaire d'un brevet, sous le nom du titulaire, si l'autorisation lui a été refusée. — Cass. 15 fév. 1845 (Gojon), *B. cr.* — *Contrà* : Grenoble, 9 mai 1845 (Gojon); S., 45, 2, 307. — Ou n'a point été demandée. — Cass. 11 oct. 1845 (Lagarrigue), *B. cr.*

7. Mais les droits que peut avoir un tiers sur le matériel des presses de l'imprimerie ne suffisent pas pour que l'imprimeur perde par cela seul le droit d'exploitation que lui confère son brevet et pour donner à cette imprimerie le caractère de clandestinité. — Cass. 2 janv. 1846 (Costa), *B. cr.*

8. Ne peut être considéré comme détenteur d'une imprimerie clandestine : celui qui, ayant acheté une imprimerie sous la condition suspensive de l'obtention du brevet, exploite, en attendant la décision de l'autorité, l'imprimerie dont le vendeur est demeuré titulaire et responsable. — Cass. 10 juillet 1846 (Gojon), *B. cr.*; 29 déc. 1846 (Lagarrigue), *B. cr.*; Grenoble, 9 mai 1845 (Gojon), *loc. cit.*

9. Ni celui qui l'a achetée du titulaire, si celui-ci n'a pas cessé d'en demeurer responsable au regard de l'autorité et si toutes les publications sorties des presses ont toujours paru sous son nom. — Cass. 3 août 1838 (Krabbe); S. 38, 1, 601.

10. Encore bien que ce tiers acquéreur n'ait pu obtenir du gouvernement le brevet dont il avait besoin, si le titulaire est toujours resté imprimeur en titre et responsable et a fait les déclarations et actes de dépôts exigés par la loi. — Cass. 20 déc. 1838 (Delbecque), *J. p.*, 39, 1, 195.

11. Ni une société formée entre deux ouvriers imprimeurs pour l'exploitation matérielle d'une imprimerie dont le brevet appartient à un tiers qui, sous le rapport de la direction morale et la surveillance, demeure toujours responsable. — Aix, 14 déc. 1827 (Dufort), *J. p.*

12. Pour donner lieu à l'application de cet article, il n'est pas nécessaire qu'il y ait détention ou possession d'une imprimerie clandestine au moment de la saisie, il suffit qu'il soit constaté que le prévenu a été possesseur de cette imprimerie, qu'il l'a mise en œuvre à son domicile, et qu'elle a été saisie chez le tiers qu'il en avait fait dépositaire. — Cass. 17 juin 1854 (Hubbard), *B. cr.*

13. L'infraction n'est point subordonnée à l'usage de la presse ; sa détention seule suffit pour la constituer. — Cass. 27 déc. 1833 (Duguigny), *J. p.*; Chassan, t. 1, p. 515; Parant, p. 43; de Grattier, t. 1, p. 67.

Art. 14. Nul imprimeur ne pourra imprimer un écrit avant d'avoir déclaré qu'il se propose de l'imprimer, ni le mettre en vente ou le publier, de quelque manière que ce soit, avant d'avoir déposé le nombre prescrit d'exemplaires ; savoir : à Paris, au secrétariat de la direction générale ; et dans les départements, au secrétariat de la préfecture.

§ 1ᵉʳ. — *Règles générales.*

1. La disposition de cet article n'a rien d'inconciliable avec les dispositions de la Charte qui ont aboli la censure. — Metz, 31 août 1833 (Lamort), *J. p.*

2. Le ministère des imprimeurs n'est pas forcé. Ils ne peuvent être contraints à imprimer tout écrit sur la réquisition de l'auteur. — Paris, 27 mars 1830 (Durand), *J. p.*; Rouen, 1ᵉʳ avril 1830 (Mortureux), *J. p.*; Dijon, 16 janv. 1839 (Cousot); S., 39, 2, 89; Angers, 2 janv. 1851 (Tausch); D., 52, 5, 309; Chassan, t. 1, p. 517; de Grattier, t. 1, p. 58. — *Contrà* : Dalloz, vᵒ *Presse*, nᵒ 180. — Ni tout ce qu'il plaît à un journaliste de faire imprimer. — Angers, 2 janv. 1851 (Tausch). — Par exemple, si l'article contient un délit, quels que soient les engagements contractés par l'imprimeur. — Chassan, t. 1, p. 518; Dalloz, vᵒ *Presse*, nᵒ 183. — *Contrà* : Si l'imprimeur s'est obligé à imprimer l'article. — De Grattier, t. 1, p. 59.

3. Ils peuvent refuser d'imprimer un journal sans être tenus de donner les motifs de leur refus. — Poitiers, 30 déc. 1829 (Morisset), *J. p.*

4. Le mot *écrit* est général. Il comprend tous les écrits, quelque peu d'étendue qu'ils aient, qui ne sont point ouvrages de ville ou bilboquets. — Metz, 31 août 1833 (Lamort), *J. p.*

5. On doit considérer comme *ouvrages* tous les écrits imprimés qui ne sont pas destinés à des usages purement privés, qui sont susceptibles d'être répandus dans le commerce, et qui contiennent le développement de quelque pensée, telle est une annonce imprimée destinée à publier une découverte.—Cass. 3 juin 1836 (Cordier), *J. p.*—Au contraire, la circulaire d'un négociant destinée à faire valoir ses produits a pu être assimilée à des ouvrages de ville ou bilboquets. — Cass. 5 juillet 1845 (Vial), *J. p.*, 45, 2, 203.

6. Si l'on peut admettre quelque exception à l'obligation de la déclaration préalable et du dépôt, ce n'est qu'à l'égard des imprimés destinés à des usages privés et non susceptibles d'être répandus dans le commerce, que l'usage et les règlements de la profession en avaient affranchis antérieurement à la loi. — Cass. 4 oct. 1844 (Lepagnez), *J. p.*, 44, 2, 671; 22 août 1850 (Tausch), *B. cr.*; Parant, p. 46.

7. Deux circulaires ministérielles, des 1er août 1810 et 16 juin 1830, font exception aux dispositions prescrites par cet article pour les ouvrages dits *de ville* ou *bilboquets*, c'est-à-dire qui, imprimés pour le compte de l'administration ou destinés pour des usages privés, ne sont pas susceptibles d'être répandus dans le commerce. — Caen, 21 août 1826 (Gaumont), *J. p.*; Chassan, t. 1, p. 522; Parant, p. 45; de Grattier, t. 1, p. 73.—*Contrà :* La loi ne fait aucune distinction entre les ouvrages connus sous le nom de labeurs, de ville ou bilboquets, tels que les annonces de mariage, de décès, les affiches de vente ou location, et les impressions relatives à des convenances de famille, de société, ou à des intérêts privés, sauf les dispenses accordées par l'administration locale. — Cass. 3 juin 1826 (Leducq), *J. p.*

8. Les mémoires ou factures d'avocats portant la signature d'un jurisconsulte sont assimilés aux ouvrages de ville ou bilboquets, et dispensés de la déclaration préalable et du dépôt. — Circ. min. just. 1er août 1810 et 16 juin 1830. Caen, 21 août 1826 (Gaumont). *J. p.*; Chassan, t. 1, p. 522; Parant, p. 45; de Grattier, t. 1, p. 74.

9. Mais un mémoire sur procès qui n'est revêtu que de la signature d'une partie ne peut être imprimé ni publié sans dépôt ni déclaration préalables. L'exemption de cette double formalité n'est accordée qu'à ceux qui sont revêtus de la signature d'un avocat ou d'un avoué.—Cass. 21 oct. 1825 (Henri), *J. p.*; Dalloz, v° *Presse*, n° 138; Chassan, t. 1, p. 523; Parant, p. 48; de Grattier, t. 1, p. 75.

10. C'est aux préfets qu'il appartient de désigner les écrits qui peuvent être réputés *bilboquets* et être dispensés de la formalité de la déclaration préalable et du dépôt. — Cass. 31 juillet 1823 (Timon), *J. p.*; de Grattier, t. 1, p. 75.

11. A défaut de cette désignation, il appartient aux tribunaux d'apprécier si l'écrit non déclaré peut être classé parmi les bilboquets. — Chassan, t. I, p. 524; Parant, p. 47; de Grattier, *id.*

12. La dispense du dépôt et de la déclaration préalable pour les ouvrages de ville et bilboquets ne peut s'étendre à des écrits, si courts qu'ils soient, qui concernent la politique, la religion, la morale et l'ordre public.—Cass. 3 juin 1826 (Leducq), *J. p.*; Chassan, t. 1, p. 523; Parant, p. 48.

13. L'instruction du directeur général de la librairie du 1er août 1810, qui a dispensé de la déclaration et du dépôt les petits imprimés sous le nom d'ouvrages de ville ou *bilboquets*, n'est pas applicable aux placards pour les élections. — Caen, 29 nov. 1849 (L.); D., 50, 2, 32.

14. Ni à un écrit adressé à une classe d'ouvriers, et contenant le tarif de leurs salaires. — Cass. 4 oct. 1844 (Lepagnez), *B. cr.*; Chassan, t. 1, p. 523.

15. Les art. 14, 15, 16 et 17 de cette loi sont applicables à l'impression : d'un bulletin électoral. — Cass. 11 janv. 1856 (Villard), *B. cr.*

16. D'une lettre-circulaire portant convocation à une réunion politique.—Cass. 22 août 1850 (Tausch), *B. cr.*

17. D'une pétition aux membres de l'assemblée nationale, encore qu'elle fasse corps avec un journal, si elle est destinée à en être séparée.—Cass. 28 nov. 1850 (Quennec), *B. cr.*; 22 fév. 1851 (Ratery), *B. cr.*

18. A l'impression d'un recueil de chansons. — Cass. 12 déc. 1822 (Jullien), *J. p.*

19. A celle des œuvres musicales accompagnées d'un texte. — Cass. 29 mai 1823 (Magny), *J. p.*; Chassan, t. 1, p. 520; Parant, p. 48; de Grattier, t. 1, p. 38, 79; Dalloz, v° *Presse*, n° 149. — Les œuvres musicales sans texte ne sont pas soumises au dépôt préalable. L'arrêt du conseil du 16 avril 1785 n'est plus en vigueur.—Paris, 25 nov. 1837 (Schlesinger); S., 38, 2, 52; Cass. 30 mars 1838 (Schlesinger), *J. p.*, 38, 2, 6; de Grattier, *id.*; Dalloz, v° *Presse*, n° 149.

20. A celle des gravures accompagnées d'un texte. Les dispositions des art. 14 et 15 n'ont pu être étendues ni restreintes par l'ordonnance du 24 oct. 1814. — Cass. 5 nov. 1835 (Goin), *J. p.*; ch. réun., 1er juillet 1836 (Goin), *J. p.*; Chassan, t. 1, p. 529; Parant, p. 48; de Grattier, t. 1, p. 38, 79. — Le texte mis au bas d'une lithographie est un écrit. — Paris, 28 juin 1850 (Jannin); D., 50, 2, 199; Chassan, t. 1, p. 529. — *Contrà :* S'il ne s'agit que d'un titre. — Dalloz, v° *Presse*, p. 149.

21. Les dispositions des art. 14, 15 et 16, L. du 21 oct. 1814, s'appliquent aux journaux et écrits périodiques comme aux autres écrits. — Cass. 17 fév. 1844 (Castillon), *B. cr.* — *Contrà :* Chassan, t. 1, p. 626, 630; de Grattier, t. 1, p. 78; Dalloz, v° *Presse*, n° 370. V. notes sous l'art. 8. L. 18 juillet 1828.

22. Les obligations qu'elles imposent aux imprimeurs ne peuvent être considérées à l'égard des journaux non soumis au cautionnement comme remplacées par celles que les art. 5, L. 9 juin 1819, et 8, L. 18 juillet 1828, ont imposées aux éditeurs et gérants de journaux et à ce titre comme abrogées, ces articles ne concernant que les journaux cautionnés. — Cass. 17 fév. 1844 (Castillon), *B. cr.*; de Grattier, t. 1, p. 79. — Mais à l'égard des journaux soumis au cautionnement, elles sont remplacées par ces lois. — Chassan, t. 1, p. 630; de Grattier, *id.*

23. Au contraire, l'imprimeur d'une feuille d'annonces non soumise au cautionnement n'est pas assujetti à la déclaration prescrite par cet article; cette déclaration est remplacée par celle prescrite par la loi du 18 juillet 1828, art. 6. — Cass. 3 avril 1846 (Potier), *B. cr.*

24. Mais cette dernière loi n'a point abrogé la formalité du dépôt préalable prescrit par l'art. 14, L. 21 octobre 1814. Le dépôt prescrit par l'art. 8 au parquet ne concerne que les écrits périodiques cautionnés, et a été imposé dans un ordre d'idée différent. — Même arrêt.

25. On ne peut attribuer le caractère de supplément de journal, et affranchir dès lors des formalités de cette loi, une sorte d'avis ou de prospectus destiné à appeler des abonnements au journal, qui n'est

point signé du gérant ni imprimé dans le même format. — Cass. 4 oct. 1845 (Vidal), *B. cr.*

26. Le propriétaire d'un journal hebdomadaire non politique qui publie, trois jours après l'un des numéros de son journal, un écrit sous le titre de supplément à ce numéro, est tenu d'en faire la déclaration préalable à la préfecture; cet article n'a point le caractère de supplément, quoiqu'il en porte le titre. — Amiens, 22 nov. 1841 (Caron); S., 42, 2, 20; Chassan, t. 1, p. 523.

27. La défense d'imprimer un ouvrage sans déclaration préalable s'applique au cas de réimpression comme au cas où un ouvrage est imprimé pour la première fois. — Cass. 12 déc. 1822 (Jullien), *J. p.*; 31 janv. 1823 (Dupont); D., 6 juillet 1832 (Beaume), *J. p.*; 18 juillet 1833 (Vidal), *J. p.*; ch. réun., 5 août 1834 (Vidal), *J. p.*; Toulouse, 30 déc. 1836, *J. p.*; Paris, 25 nov. 1837 (Schlesinger); S., 38, 2, 52; Chassan, t. 1, p. 525; Parant, p. 47; de Grattier, t. 1, p. 76.

28. Ainsi, des morceaux détachés d'une partition ne peuvent être réimprimés et publiés sans déclaration et dépôt préalables. — Paris, 25 nov. 1837 (Schlesinger), *J. p., loc. cit.*

29. La réimpression d'un article de journal sous un autre format ne peut être affranchie de la déclaration et du dépôt préalables, sous prétexte que le journal a été déposé.—Cass. 18 juillet 1833 (Vidal), *J. p.*; ch. réun. 5 août 1834 (Vidal), *J. p.*; Aix, 22 nov. 1855 (Serf); D., 56, 2, 268; Chassan, t. 1, p. 543; Parant, p. 47; de Grattier, t. 1, p. 76.

30. L'impression sans déclaration et la publication sans dépôt constituent des contraventions qui ne peuvent être excusées par la bonne foi du prévenu. — Cass. 3 juin 1826 (Leducq), *J. p.*; Metz, 31 août 1833 (Lamort), *J. p.*; Montpellier, 1ᵉʳ fév. 1847 (Serveille); S., 47, 2, 442; Chassan, t. 1, p. 525; Parant, p. 50. — Ni par son ignorance de l'impression de l'écrit dans ses ateliers. — Cass. 4 mai 1832 (Jausions), *J. p.*; 6 juillet 1832 (Baume), *J. p.*; Parant, *id.*; de Grattier, t. 1, p. 105. V. notes sous l'art. 65 C. pén. des *Codes crim.*

§ 2. — *Déclaration préalable.*

31. La déclaration ordonnée par cet article doit précéder toutes les opérations dont se compose l'impression, à savoir : la composition, la correction des épreuves et le tirage définitif. — Cass. 29 janv. 1847 (Pinel), *B. cr.*; de Grattier, t. 1, p. 72; Dalloz, vᵒ *Presse*, nᵒ 160.

32. L'imprimeur ne peut remplacer légalement par une déclaration à la sous-préfecture celle que l'article 14 de cette loi l'oblige à faire au secrétariat général de la préfecture. — Cass. 16 août 1851 (Leboyer), *B. cr.*; Dalloz, vᵒ *Presse*, nᵒ 156.

33. La déclaration doit être faite dans chaque département où l'ouvrage s'imprime, soit en totalité, soit en partie.—Cass. 16 juin 1826 (Veysset), *J. p.*; Parant, p. 48; de Grattier, t. 1, p. 80.

§ 3. — *Dépôt.*

34. Le dépôt prescrit par cet article ne peut valablement être fait ni au secrétariat d'une sous-préfecture, ni à celui d'une mairie. — Cass. 19 avril 1839 (Batini), *B. cr.*

35. Un imprimeur peut être renvoyé des poursuites lorsqu'il est constaté que la direction de l'imprimerie a refusé de recevoir le dépôt du livre, sous prétexte qu'il était incomplet, d'en donner récépissé et de dresser procès-verbal. — Cass. 15 avril 1854 (Migne), *B. cr.*

36. Le refus fait par l'autorité administrative de recevoir un jour férié la déclaration d'un libraire et le dépôt des exemplaires exigés par la loi ne l'autorise pas à publier l'ouvrage sans avoir effectué ce dépôt. — Metz, 31 août 1833 (Lamort), *J. p.*; de Grattier, t. 1, p. 82; Dalloz, vᵒ *Presse*, nᵒ 165.

37. C'est l'imprimeur qui doit faire le dépôt, il ne doit pas s'en remettre de ce soin à la personne pour laquelle il imprime.—Caen, 29 nov. 1849 (L.), *J. p.*, 50, 2, 220.

38. Le dépôt fait après la publication, et même après les poursuites, ne peut créer une fin de non-recevoir contre ces poursuites. — Paris, 2 mai 1849 (Malteste); D., 50, 5, 279; Dalloz, vᵒ *Presse*, nᵒ 516.

Art. 15. Il y a lieu à saisie et séquestre d'un ouvrage :

1ᵒ Si l'imprimeur ne représente pas les récépissés de la déclaration et du dépôt ordonnés en l'article précédent.

2ᵒ Si chaque exemplaire ne porte pas le vrai nom et la vraie demeure de l'imprimeur.

3ᵒ Si l'ouvrage est déféré aux tribunaux pour son contenu. L. 28 *février* 1817.

§ 1ᵉʳ. — *De la représentation des récépissés.*

1. Les contraventions à cet article peuvent être constatées par tout autre moyen que par un procès-verbal de saisie, et par exemple par la non-représentation des récépissés de déclaration et de dépôt. — Cass. 2 avril 1830 (Henault), *J. p.*; Parant, p. 49; Dalloz, vᵒ *Presse*, nᵒ 494; de Grattier, t. 1, p. 83.

2. L'absence du récépissé de la préfecture constatant l'existence de la déclaration dans le délai prescrit, devient par elle-même une preuve suffisante de la contravention. — Cass. 16 août 1851 (Leboyer), *B. cr.*

3. La preuve légale de la contravention à cet article résulte de la non-exhibition du récépissé de la déclaration et du dépôt, encore que la saisie et le séquestre de l'ouvrage n'aient pas été effectués. — Cass. 2 fév. 1844 (Battini), *B. cr.*

4. Mais cet article n'impose point l'obligation de retirer des récépissés de la déclaration et du dépôt sous peine d'être passible d'une peine. — Si l'on peut induire de la non-représentation des récépissés la présomption de l'inaccomplissement des formalités légales, cette présomption peut être détruite par la preuve contraire. — Rennes, 27 août 1855 (Gueraud), D., 57, 2, 165. Cass. 16 nov. 1855 (Gueraud), *B. cr.*; Dalloz, vᵒ *Presse*, nᵒ 158.

5. Ainsi, à défaut du récépissé de la déclaration, le tribunal peut décider que la preuve de cette déclaration résulte du registre de l'imprimeur, visé par le commissaire de police, et des autres circonstances de la cause. — Cass. 10 fév. 1826 (Joly), *J. p.*; Parant, p. 49; de Grattier, t. 2, p. 86.

6. La non-représentation du récépissé par l'imprimeur ne constitue pas une contravention additionnelle pour le cas où la déclaration et le dépôt n'ont pas été effectués, ni une contravention spéciale pour le cas où l'imprimeur a réellement rempli cette double obligation. Il suffit que l'imprimeur ait fait la déclaration de son intention d'imprimer, et le dépôt de l'ouvrage avant d'imprimer et de publier. — Cass. 16 nov. 1855 (Gueraud), *B. cr.*

§ 2. — *Indication du nom et de la demeure de l'imprimeur.*

7. L'obligation imposée aux imprimeurs par le § 2

de cet article est générale et n'admet aucune distinction fondée sur la nature de l'écrit incriminé. — Paris, 8 avril 1836 (Migne), *J. p.*; Chassan, t. 1, p. 533; Parant, p. 52.

8. Le défaut d'indication du nom et de la demeure de l'imprimeur est punissable, quelque peu étendu que soit l'ouvrage. — Paris, 8 avril 1836 (Migne), *J. p.*; Cass. 16 août 1839 (Marie), *B. cr.* — S'il n'est pas une simple adresse. — Cass. 16 août 1839 (Marie), *B. cr.*

9. La distinction faite par la circulaire ministérielle du 16 juin 1830, entre certains ouvrages ou écrits, n'est pas applicable à cette formalité. — Cass. 5 juil. 1845 (Vial), *B. cr.*; Chassan, t. 1, p. 533; de Grattier, t. 1, p. 94. — *Contrà :* Dalloz, v° *Presse,* n° 171; Caen, 21 août 1826 (Gaumont), *J. p.*

10. L'obligation imposée aux imprimeurs d'indiquer leur nom et leur demeure au bas de tout imprimé s'applique même au cas d'impression d'un placard contenant seulement l'annonce d'un ouvrage. — Cass. 3 juin 1836 (Cordier), *J. p.*; Paris, 1er fév. 1845 (Worms); S., 45, 2, 110; Chassan, t. 1, p. 534; de Grattier, t. 1, p. 94.

11. Elle s'applique même à l'écrit qui n'est qu'un simple prospectus. — Cass. 14 juin 1833 (Olive), *J. p.*; de Grattier, t. 1, p. 93.

12. Par exemple, à l'écrit qui contient l'indication et l'éloge d'une découverte. — Cass. 16 août 1839 (Marie), *B. cr.*

13. Et généralement à tous les écrits qui ne sont pas destinés à des usages privés ou de famille. — Même arrêt.

14. Comme, par exemple, les lettres de faire part, les adresses imprimées et formules destinées à abréger le travail des bureaux. — Chassan, t. 1, p. 534; de Grattier, *id.*

15. Elle s'applique même aux journaux, cautionnés ou non. — Chassan, t. 1, p. 630; de Grattier, t. 1, p. 93.

16. Aux circulaires adressées aux abonnés d'un journal, bien qu'elles soient jointes au journal. — Paris, 1er juil. 1836 (Migne), *J. p.*

17. Les notes de musique jointes à un écrit n'en changent pas la nature; un tel écrit doit donc contenir les nom et demeure de l'imprimeur. — Paris, 28 juin 1850 (Magnier). D., 50, 2, 198; de Grattier, t. 1, p. 93.

18. Il en est de même des gravures accompagnées d'un texte. — Cass. 5 nov. 1835 (Goin), *J. p.* V. notes sous l'art. 14, *suprà.*

19. L'expédition à l'étranger de livres imprimés en France en langue étrangère, sans indication du nom et de la demeure de l'imprimeur, est un fait punissable. — Paris, 3 fév. 1825 (Rosa), *J. p.*; Chassan, t. 1, p. 529; Dalloz, v° *Presse,* n° 218. V. sous l'art. 283 C. pén., n°s 10 et 11. *Codes crim.*

20. Encore que ces livres aient été imprimés en France pour être exportés, qu'ils aient été saisis à la douane, et que les exemplaires déposés indiquassent le nom et la demeure de l'imprimeur. — Cass. 11 mars 1825 (Didot), *J. p.*; Chassan, *id.*; Parant, p. 51; de Grattier, t. 1, p. 89.

21. Les trois obligations prescrites par cet article sont indépendantes; en remplissant les deux premières l'imprimeur n'est pas dispensé de remplir la troisième. — Cass. 21 fév. 1824 (Brunet), *J. p.*; Chassan, t. 1, p. 529.

Art. 16. Le défaut de déclaration avant l'impression, et le défaut de dépôt avant la publication, constatés comme il est dit en l'article précédent, seront punis chacun d'une amende de 1,000 fr. pour la première fois, et de 2,000 fr. pour la seconde.

1. La déclaration et le dépôt sont deux obligations distinctes; chacune de ces contraventions doit être punie d'une amende, sans qu'on puisse invoquer le principe de non-cumulation des peines. — Cass. 16 juin 1826 (Veysset), *J. p.*; 14 août 1846 (Dieulafoy), *B. cr.*; 17 mai 1851 (Mangin), *B. cr.*; de Grattier, t. 1, p. 86. V. sous l'art. 365, C. i. cr., n° 43 et suiv. *Codes crim.*

2. C'est le tribunal du lieu où le dépôt devait être effectué qui est compétent pour connaître de la contravention. L'art. 12, L. 26 mai 1819, n'est relatif qu'aux délits de diffamation. — Agen, 15 mars 1843 (Beaudoin), *J. p.*, 45, 1, 139.

Art. 17. Le défaut d'indication, de la part de l'imprimeur, de son nom et de sa demeure, sera puni d'une amende de 3,000 fr. L'indication d'un faux nom et d'une fausse demeure sera punie d'une amende de 6,000 fr., sans préjudice de l'emprisonnement prononcé par le Code pénal. Art. 283 C. pén.

1. Cet article abroge virtuellement, en ce qui concerne l'imprimeur, l'art. 283 C. pén., qui exigeait l'indication des nom et demeure de l'auteur. — De Grattier, t. 1, p. 88; Chassan, t. 1, p. 527; Parant, p. 55.

2. Les imprimeurs lithographes et en taille-douce sont, comme tous les autres, tenus d'indiquer leurs noms et demeure sur les écrits qu'ils impriment — Montpellier, 1er février 1847 (Serveille), *J. p.*, 47, 2, 444; Paris, 28 juin 1850 (Jannin); D., 50, 2, 199; Chassan, t. 1, p. 534; Parant, p. 48; de Grattier, t. 1, p. 96.

3. La contravention ne peut exister tant qu'aucun exemplaire n'est sorti de l'imprimerie; elle est consommée, au contraire, dès qu'un seul exemplaire défectueux en est sorti. — Cass. 9 nov. 1849 (Jeanne), *B. cr.*; 12 déc. 1844 (Lavergne), *B. cr.*; Dalloz, v° *Presse,* n° 179. V. notes sous l'art. 283 C. pén. *Codes crim.*

4. Elle est consommée dès qu'un seul exemplaire a été remis à tout autre qu'à l'auteur, fût-ce même sous le sceau du secret et à charge de restitution. — Cass. 15 sept. 1837 (Raissac), *J. p.*, 38, 1, 282.

5. Elle est consommée dès qu'un exemplaire est sorti de l'imprimerie, par exemple pour être déposé au ministère de la police, encore qu'il n'y ait eu aucune publication, distribution ou mise en vente. — Cass. 21 janv. 1854 (Carion), *B. cr.* — *Contrà :* Paris, 28 août 1853 (Carion), D., 53, 2, 118; Dalloz, v° *Presse,* n° 486. — Et encore qu'aucun exemplaire ne soit sorti des ateliers de l'imprimeur. — Chassan, t. 1, p. 530; de Grattier, t. 1, p. 91.

6. Ainsi, l'imprimeur qui n'a pas indiqué son nom sur des exemplaires d'un ouvrage sorti de ses presses ne peut être excusé par le motif qu'à l'époque de la saisie aucun exemplaire n'avait été vendu, si des exemplaires avaient été expédiés à un libraire pour être vendus. — Cass. 21 fév. 1824 (Brunet), *J. p.*; 8 août 1828 (Brunet), *J. p.*; Parant, p. 49. — Encore que le libraire ne les ait ni exposés, ni vendus. — Chassan, t. 1, p. 543; Parant, p. 52; de Grattier, t. 1, p. 72.

7. L'imprimeur qui n'a pas indiqué son nom et sa demeure sur un ouvrage ne peut être excusé par sa bonne foi. — Cass. 21 fév. 1824 (Brunet), *J. p.*; Paris, 8 avril 1836 (Migne), *J. p.*; Cass. 15 sept.

1837 (Raissac), *B. cr.*; 21 janv. 1854 (Carion), *B. cr.*; de Grattier, t. I, p. 88.

8. Ni sous prétexte que l'omission serait le résultat de la maladresse d'un ouvrier, et qu'on l'avait réparée aussitôt qu'on s'en était aperçu. — Cass. 12 déc. 1844 (de Lavergne), *B. cr.*

9. Sous prétexte qu'il avait fait la déclaration et le dépôt prescrits. — Cass. 21 fév. 1824 (Brunet), *J. p.*; ch. réun., 8 août 1828 (Brunet), *J. p.*; Chassan, t. I, p. 529; Parant, p. 51.

10. Que les exemplaires déposés contenaient les indications prescrites. — Cass. 11 nov. 1825 (Didot), *J. p.*; Chassan. *id.*; de Grattier, t. 1, p. 89.

11. L'indication du nom et de la demeure de l'imprimeur doit se trouver sur chaque exemplaire. — De Grattier, *id.*

12. Dans les publications par livraisons, elle doit se trouver sur chaque livraison. — Cass. 19 janv. 1848 (Alzine), *J. p.*, 48, 1, 462; Chassan, t. 1, p. 531. — *Contrà* : de Grattier, t. 1, p. 94. — Au moins sur la couverture, pourvu qu'elle se trouve ensuite dans le corps de chaque volume. — Chassan, *id.*

13. L'imprimeur qui n'a pas indiqué sa demeure sur un prospectus sorti de ses presses ne peut être acquitté sous prétexte que quelques exemplaires contiennent cette indication, et que sa demeure est de notoriété publique. — Cass. 14 juin 1833 (Olive), *J. p.* — Qu'il est suffisamment connu. — Cass. 25 juin 1825 (Pochard), *J. p.*; Parant, p. 52; de Grattier, t. 1, p. 90.

14. Cependant le dépôt à la direction de la librairie de deux exemplaires ne portant pas indication du nom de l'imprimeur ne constitue point une contravention lorsqu'il est établi que les deux imprimés étaient incomplets et ne comprenaient pas les dernières pages où se trouvait l'indication de l'imprimeur, et que c'est par erreur que ce dépôt avait eu lieu. — Paris, 28 avril 1853 (Carion), D. 53, 2, 118.

15. L'imprimeur qui a adressé à la préfecture, pour en assurer le dépôt, deux exemplaires d'un écrit ne portant ni son nom ni sa demeure, peut être relaxé des poursuites, lorsque l'envoi de ces exemplaires a été fait par lettre missive qui indique ce nom et cette demeure, que les autres exemplaires tirés l'énoncent aussi, et que l'omission de ces énonciations sur les exemplaires destinés au dépôt est due à la négligence d'un employé. — Cass. 26 nov. 1846 (Mangin), D. 46, 5, 337.

16. Il peut être décidé, en fait, qu'un ouvrage qui porte l'indication de deux imprimeurs ne présente point une fausse indication, lorsqu'il est déclaré que la réimpression de l'ouvrage avait été faite sur clichés par l'un des imprimeurs, qui avait laissé subsister le nom et l'adresse du premier. — Cass. 15 avril 1854 (Migne), *B. cr.*

17. Sur l'omission du nom de l'imprimeur et de l'auteur, V. les notes sous l'art. 283 C. pén. *Codes crim.*

Art. 18. Les exemplaires saisis pour simple contravention à la présente loi seront restitués après le payement des amendes.

1. Le bénéfice de cet article doit profiter au libraire aussi bien qu'à l'imprimeur. — Chassan, t. 1, p. 557; Parant, p. 55; de Grattier, t. 1, p. 98. V. les notes sous l'art. 286 C. pén. *Codes crim.*

2. La restitution n'a pas besoin d'être ordonnée par le jugement. Elle doit être faite sur le vu de la quittance de l'amende. — Chassan, *id.*; de Grattier, *id.*

Art. 19. Tout libraire chez qui il sera trouvé ou qui sera convaincu d'avoir mis en vente ou distribué un ouvrage sans nom d'imprimeur, sera condamné à une amende de 2,000 fr., à moins qu'il ne prouve qu'il a été imprimé avant la promulgation de la présente loi. L'amende sera réduite à 1,000 fr. si le libraire fait connaître l'imprimeur. Art. 283 C. pén.

1. Cet article se réfère à l'art. 17, qui exige tout à la fois le nom et la demeure de l'imprimeur. — Paris, 28 juin 1850 (Jannin), D. 50, 2, 199.

2. Ainsi, le libraire qui met en vente un ouvrage portant seulement le nom de l'imprimeur, mais n'indiquant pas son adresse, est passible de l'amende. — Cass. 31 août 1850 (Ballard), *B. cr.* — *Contrà* : Dalloz, v° *Presse*, n° 219.

3. C'est au libraire trouvé détenteur d'ouvrages sans nom d'imprimeur à faire la preuve que ces ouvrages avaient été imprimés avant la loi de 1814, et qu'il ignorait qu'ils n'eussent pas été déposés par l'imprimeur. — Cass. 10 nov. 1826 (Deveaux), *J. p.* — *Contrà* : Dalloz, v° *Presse*, n° 495.

4. Les dispositions de cet article abrogent l'art. 283 C. pén. à l'égard du libraire détenteur ou vendeur d'un ouvrage sans nom d'imprimeur. — De Grattier, t. 1, p. 99.

5. Elles abrogent, à son égard, l'art. 284, § 2, qui ne prononce que des peines de police. — Parant, p. 55.

6. Mais si l'ouvrage contient une fausse indication du nom de l'imprimeur, c'est l'art. 283 C. pén. qui est applicable; en ce cas le bénéfice de l'art. 284 est acquis au libraire qui a fait connaître l'imprimeur. — Chassan, t. 1, p. 556; de Grattier, t. 1, p. 99; Dalloz, v° *Presse*, n° 214.

7. Le libraire ne peut obtenir la réduction de l'amende qu'autant qu'il fait connaître l'imprimeur, non par des indices et de simples renseignements, mais par une déclaration formelle et positive. — Cass. 1er août 1823 (Bohaire), *J. p.*; Chassan, t. 1, p. 556; Parant, p. 55; de Grattier, t. 1, p. 99.

8. Sur ce qu'on doit entendre par le mot *ouvrage*, V. les décisions sous l'art. 15, même loi.

Art. 20. Les contraventions seront constatées par les procès-verbaux dès inspecteurs de la librairie, et des commissaires de police.

1. Les inspecteurs de la librairie ont été supprimés et leurs attributions conférées aux commissaires de police. — Ordonn. 13 sept. 1829.

2. Les dispositions de cet article ne s'opposent pas à ce que les contraventions ne puissent être constatées par les juges de paix, les officiers de gendarmerie, les maires et leurs adjoints. — De Grattier, t. 1, p. 102.

3. Elles n'excluent nullement, à défaut de la constatation par les moyens qu'elles indiquent, les modes de preuve formellement autorisés et prescrits par les art. 154, 155, 189 du C. d'inst. cr. — Cass. 17 juin 1854 (Hubbard), *B. cr.*; 16 août 1851 (Leboyer), *B. cr.*; de Grattier, t. 1, p. 102; Dalloz, v° *Presse*, n° 494.

4. V. sur la constatation des contraventions les notes sous l'art. 15, *suprà*.

Art. 21. Le ministère public poursuivra d'office les contrevenants par-devant les tribunaux de police correctionnelle, sur la dénonciation du directeur général de la librairie et la remise d'une copie des procès-verbaux.

1. Le min. public a le droit de poursuivre d'office les contraventions à la loi du 21 oct. 1814, sans que son action ait été provoquée par une plainte du préfet. — Cass. 31 juillet 1823 (Timon), *J. p.*; 17 mars 1828 (Loudet), *J. p.* — Ou par la dénonciation du directeur de la librairie. — Cass. 2 nov. 1820 (Timon), *J. p.*; 24 nov. 1821 (Gerson), *J. p.*; 29 mars 1827 (Goujon), D.; Paris, 2 mai 1849 (Malteste), D., 50, 5, 278; Parant, p. 57; Chassan, t. 2, p. 34; Mangin, t. 1, p. 339; de Grattier, t. 1, p. 104; Dalloz, vᵒ *Presse*, nᵒ 515.

2. Et sans qu'il lui ait été fait remise d'un procès-verbal de saisie. — Paris, 2 mai 1849 (Malteste), D., 50, 5, 278; Chassan, t. 2, p. 34.

3. Mais il est obligé de diriger des poursuites sur la dénonciation qui lui est faite. — Cass. 2 nov. 1820 (Timon), *J. p.*; 24 mai 1821 (Gerson Lévy), *J. p.*; 29 mars 1827 (Goujon), D. — *Contrà :* Chassan, t. 2, p. 14.

4. Cet article doit être entendu dans le sens de l'art. 179 C. inst. cr., et ne confère de compétence aux tribunaux correctionnels qu'à l'égard des faits emportant plus de cinq jours d'emprisonnement et 15 fr. d'amende. — Cass. 13 fév. 1845 (Barnaud), *B. cr.*

24 OCTOBRE 1814. — ORDONNANCE *contenant des mesures relatives à l'impression, au dépôt et à la publication des ouvrages, etc.*

Art. 1. Les brevets d'imprimeur et de libraire délivrés jusqu'à ce jour sont confirmés : les conditions auxquelles il en sera délivré à l'avenir seront déterminées par un nouveau règlement.

Art. 2. Chaque imprimeur sera tenu, conformément aux règlements, d'avoir un livre coté et paraphé par le maire de la ville où il réside, où il inscrira par ordre de dates, et avec une série de numéros, le titre littéral de tous les ouvrages qu'il se propose d'imprimer, le nombre des feuilles, des volumes et des exemplaires, et le format de l'édition. Ce livre sera représenté, à toute réquisition, aux inspecteurs de la librairie et aux commissaires de police, et visé par eux s'ils le jugent convenable.

La déclaration prescrite par l'art. 14, L. 21 octobre 1814, sera conforme à l'inscription portée au livre.

1. Cette ordonnance est un règlement d'administration publique qui participe au caractère et à l'autorité de la loi du 21 oct. 1814. — Cass. 19 déc. 1823 (Chantpie), *J. p.*; Chassan, t. 1, p. 520.

2. Ainsi, l'imprimeur qui, contrairement à l'ordonnance du 24 oct. 1814, tire un nombre d'exemplaires supérieur à celui énoncé dans sa déclaration, est passible des peines portées par l'art. 16 de cette loi. — Cass. 19 déc. 1823 (Chantpie), *J. p.*; Paris, 13 sept. 1838 (Thomassin), D., 39, 2, 274; Chas-

san, *id.*; Parant, p. 48; de Grattier, t. 1, p. 107 — *Contrà :* Dalloz, vᵒ *Presse*, nᵒ 151.

3. Au contraire, l'infraction à l'article 2 de cette ordonnance ne peut être réprimée par aucune peine. — Cass. 13 déc. 1851 (Kastner), *B. cr.* — En ce qui touche le défaut de tenue du livre. — Chassan, t. 1, p. 521. — Elle trouve sa sanction dans l'art. 471-15, C. pén. — De Grattier, t. 1, p. 109.

Art. 3. Les dispositions dudit article s'appliquent aux estampes et aux planches gravées accompagnées d'un texte. *V. art.* 22, *décret 17 février* 1852.

Art. 4. *Remplacé par l'ordonnance du 9 janvier* 1828.

Art. 7. En exécution de l'art. 20, les commissaires de police rechercheront et constateront d'office toutes les contraventions ; et ils seront tenus aussi de déférer à toutes les réquisitions qui leur seront adressées à cet effet par les préfets, sous-préfets et maires, et par les inspecteurs de la librairie. Ils enverront dans les vingt-quatre heures tous les procès-verbaux qu'ils auront dressés, à Paris, au directeur général de la librairie ; et dans les départements aux préfets, qui les feront passer sur-le-champ au directeur général, seul chargé par l'art. 21 de dénoncer les contrevenants aux tribunaux.

L'ordonnance du 10 sept. 1828 supprime les inspecteurs de la librairie et investit les commissaires de police de leurs attributions.

Art. 8, 9. *Remplacés par l'ordonnance du 9 janvier* 1828.

Art. 10. Toute estampe ou planche gravée, publiée ou mise en vente avant le dépôt de cinq épreuves constaté par le récépissé, sera saisie par les inspecteurs de la librairie et les commissaires de police, qui en dresseront procès-verbal.

Art. 11. Il est défendu de publier aucune estampe et gravure diffamatoire ou contraire aux bonnes mœurs, sous la peine prononcée par le Code pénal. Art. 1, 8, L. 17 mai 1819.

Art. 12. *Abrogé.*

28 FÉVRIER 1817. — LOI *relative aux écrits saisis en vertu de la loi du 21 octobre* 1814.

Article unique. Lorsqu'un écrit aura été saisi en vertu de l'art. 15, tit. II, L. 21 octobre 1814, l'ordre de saisie et le procès-verbal seront, sous peine de nullité, notifiés dans les vingt-quatre heures à la partie saisie, qui pourra y former opposition.

En cas d'opposition, le procureur du roi fera toute diligence pour que, dans la huitaine à dater du jour de ladite opposition, il soit statué sur la saisie.

Le délai de huitaine expiré, la saisie, si elle n'est maintenue par le tribunal, demeurera de plein droit périmée et sans effet, et tous dépositaires de l'ouvrage saisi seront tenus de le remettre au propriétaire. *V. L. 26 mai 1819, art. 11 et 29.*

1. L'abrogation de la loi du 28 fév. 1817, prononcée par l'art. 31, L. 26 mai 1819, ne se réfère qu'aux délits dont cette dernière loi a réglé la poursuite, c'est-à-dire au cas où les écrits sont déférés aux tribunaux pour leur contenu. La loi du 28 fév. 1817 continue à régir les poursuites exercées pour contravention à la loi du 21 oct. 1814, en ce qui concerne l'imprimerie et la librairie.— Cass. 22 août 1823 (Tremblay), *J. p.*; 27 mars 1838; de Grattier, t. 1, p. 83; Chassan, t. 2, p. 468; Parant, p. 63; Dalloz, vᵒ *Presse*, nᵒ 498.

2. C'est au procureur impérial qu'il appartient de donner l'ordre de saisir s'il prend la voie de la citation directe. — Chassan, t. 2, p. 471. — Et aussi au juge d'instruction, soit d'office, soit sur la réquisition du procureur imp. — Chassan, *id.*; Parant, p. 287; de Grattier, t. 1, p. 84; Dalloz, vᵒ *Presse*, nᵒ 499.

3. La nullité de la saisie ne forme pas obstacle à une seconde saisie régulière et à la poursuite de la contravention. — Parant, p. 63, 288; de Grattier, t. 1, p. 84.

4. Elle n'entraîne pas la nullité des poursuites. Il y a lieu seulement à restitution des objets saisis. — Parant, p. 288; Chassan, t. 2, p. 90, 470; de Grattier, *id.*; Dalloz, vᵒ *Presse*, nᵒ 501.

8 OCTOBRE 1817. — ORDONNANCE *relative aux impressions lithographiques.*

Art. 1. Nul ne sera imprimeur lithographe, s'il n'est breveté et assermenté.

L'article 1ᵉʳ de cette ordonnance n'a fait qu'interpréter l'art. 11 de la loi de 1814; c'est en vertu de cette loi et non de l'ordonnance que les imprimeurs lithographes sont soumis à l'obligation d'être brevetés et assermentés. — Cass. 18 mars 1842 (Brun), *J. p.*, 42, 2, 680; de Grattier, t. 1, p. 37. V. les notes sous les art. 11 et suiv., L. 21 oct. 1814.

Art. 2. Toutes les impressions lithographiques seront soumises à la déclaration et au dépôt avant la publication comme tous les autres ouvrages d'imprimerie.

Nonobstant le silence de cette ordonnance, les impressions lithographiques doivent indiquer le nom et la demeure de celui qui les a faites. — Paris, 28 juin 1850 (Jannin), D., 50, 2, 199; Parant, p. 65. V. notes sous l'art. 17, L. 21 oct. 1814.

12 JANVIER 1820. — ORDONNANCE DU ROI *concernant l'imprimerie.*

Art. 3. Il est permis à tout imprimeur ou libraire d'imprimer et débiter les lois et ordonnances du royaume, aussitôt après leur publication officielle au Bulletin des lois.

9 JANVIER 1828. — ORDONNANCE *modifiant celle du 24 octobre 1814.*

Art. 1. Le nombre des exemplaires des écrits imprimés et des épreuves des planches et estampes dont le dépôt est exigé par la loi et qui avait été fixé à cinq par les art. 4 et 8 de l'ordonnance du 24 octobre 1814, est réduit, outre l'exemplaire et les deux épreuves destinés à notre bibliothèque, conformément à la même ordonnance à un seul exemplaire et à une seule épreuve pour la bibliothèque du ministère de l'intérieur.

Une ordonnance du 27 mars 1828 a décidé que l'exemplaire destiné à la bibliothèque du ministère de l'intérieur serait déposé à la bibliothèque Sainte-Geneviève. — Une autre ordonnance du 30 juillet 1835 porte que cet exemplaire restera déposé au ministère de l'instruction publique.

22 MARS 1852. — DÉCRET *sur l'exercice de la profession d'imprimeur en taille-douce.*

Art. 1. Nul ne sera imprimeur en taille-douce s'il n'est breveté et assermenté.

Art. 2. Nul ne pourra, pour des impressions privées, être possesseur ou faire usage de presses de petite dimension, de quelque nature qu'elles soient, sans l'autorisation préalable du ministre de la police générale à Paris, et des préfets dans les départements. Cette autorisation pourra toujours être révoquée s'il y a lieu.

Art. 3. Les contrevenants seront punis des peines édictées par l'art. 13 de la loi du 21 octobre 1814.

Art. 4. Les fondeurs de caractères, les clicheurs ou stéréotypeurs, les fabricants de presses de tous genres, les marchands d'ustensiles d'imprimerie seront tenus d'avoir un livre coté et paraphé par le maire, sur lequel seront inscrites, par ordre de date, les ventes par eux effectuées, avec les noms, qualités et domicile des acquéreurs. Au fur et à mesure de chaque livraison, ils auront à transmettre, sous forme de déclaration, au ministre de la police générale à Paris, et à la préfecture dans les départements, copie de l'inscription faite au registre. Chaque infraction à l'une de ces dispositions sera punie d'une amende de 50 à 200 francs.

Art. 5. Les maires, les commissaires inspecteurs de la librairie et les commissaires de police constateront les contraventions par des procès-verbaux.

Art. 6. Un délai de trois mois est accordé aux imprimeurs en taille-douce, aux détenteurs de presses, et aux industriels mentionnés dans l'art. 4, pour se conformer aux obligations ci-dessus relatées.

Après ce délai ils seront passibles des peines édictées par le présent décret, lequel n'est applicable ni à l'Algérie, ni aux colonies.

22 MARS 1852. — DÉCRET.

Article unique. A l'avenir les brevets d'imprimeur en lettres, d'imprimeur lithographe et de libraire, seront conférés par le ministre de la police générale.

Ce département ministériel a été supprimé et ses attributions ont été réunies au ministère de l'intérieur par décret des 21-30 juin 1853.

22 MARS 1852. — DÉCRET.

Art. 74. Tout membre du Corps législatif peut, après en avoir obtenu l'autorisation de l'assemblée, faire imprimer et distribuer à ses frais le discours qu'il a prononcé. L'impression et la distribution non autorisées seront punies d'une amende de 500 fr. à 5,000 fr. contre l'imprimeur, et de 5 à 500 fr. contre les distributeurs.

5 MAI 1855. — LOI MUNICIPALE.

Art. 26. Tout éditeur, imprimeur, journaliste ou autre qui rendra publics les actes interdits aux conseils municipaux par les art. 24 et 25 de la présente loi, sera passible des peines de l'art. 123 du C. pén.

DEUXIÈME PARTIE.

LOIS RELATIVES AUX CRIMES ET DÉLITS

COMMIS PAR LES DIVERS MOYENS DE PUBLICATION.

17 MAI 1819. — LOI *sur la répression des crimes et délits commis par la voie de la presse, ou par tout autre moyen de publication.*

CHAPITRE Iᵉʳ. — *De la provocation publique aux crimes et délits.*

Art. 1. Quiconque, soit par des discours, des cris ou menaces proférés dans des lieux ou réunions publics, soit par des écrits, des imprimés, des dessins, des gravures, des peintures ou emblèmes vendus ou distribués, mis en vente ou exposés dans des lieux ou réunions publics, soit par des placards et affiches exposés aux regards du public, aura provoqué l'auteur ou les auteurs de toute action qualifiée crime ou délit à la commettre, sera réputé complice et puni comme tel.

§ 1ᵉʳ. — *Provocation. — Intention criminelle.*

1. La disposition de cet article sur la provocation est générale et absolue et s'applique non-seulement aux quatre faits spécifiés dans l'art. 5 même loi, mais encore à la provocation à tout crime et à tout délit. — Cass. 27 sept. 1828 (Drieux). *J. p.*; Dalloz, vᵒ *Presse*, nᵒ 541; de Grattier, t. 1, p. 129.

2. Il faut que la provocation ait été faite avec une intention mauvaise et perverse. — Chassan, t. 1, p. 18. V. notes sous l'art. 13, § 1ᵉʳ, *infrà*.

3. L'intention peut résulter : des mots soulignés ou écrits en lettres italiques, d'une phrase inachevée ou restée en suspens par une suite de points. — Chassan, t. 1, p. 22.

4. Le min. public peut, sur une poursuite exercée à raison d'un article de journal, se prévaloir du contenu d'autres articles pour tirer de leur rapprochement avec celui qu'il poursuit une nouvelle preuve de l'intention criminelle qui a présidé à sa composition. — Cass. 25 nov. 1831 (Thoumar), *J. p.*; Chassan, t. 1, p. 23; Parant, p. 342.

5. Lorsque l'écrit est manifestement répréhensible, l'intention coupable résulte du fait même qui constitue la provocation; la preuve contraire est à la charge de l'accusé. — Chassan, t. 1, p. 23; de Grattier, t. 1, p. 135.

§ 2. — *Publication. — Discours. — Écrits.*

6. *Discours.* — Pour que les discours, cris ou menaces constituent un crime ou un délit, il ne suffit pas qu'ils aient été *tenus* dans un lieu public, il faut de plus qu'ils aient été *proférés* publiquement. — Cass. 11 juin 1831 (Latour du Pin), *J. p.*; Chassan, t. 1, p. 35; Parant, p. 66; de Grattier, t. 1, p. 118. V. sous l'art. 14, L. 17 mai 1819, §§ 1 et 2.

7. Ainsi des propos tenus à voix basse et dans une conversation confidentielle, dans un lieu public, n'ont pas le caractère de publicité. — Chassan, t. 1,

p. 50 ; Parant, p. 68 ; de Grattier, *id.* V. *infrà,*
art. 14.

8. Par exemple, un propos tenu dans le corridor
écarté d'un cabaret et avec le secret d'une confidence
faite à une ou deux personnes seulement n'a pas le
caractère de publicité prévu par cet article. — Cass.
1ᵉʳ fév. 1821 (Desrochers), *J. p.*

9. *Écrits.* — L'un des moyens de publicité énoncés
audit article consiste aussi bien dans la distribution
des écrits que dans leur vente ou exposition dans des
lieux ou réunions publics. — Cass. 17 août 1839
(Fraboulet), *B. cr.*

10. La mise en vente d'un seul exemplaire à une
seule personne suffit pour qu'il y ait publication. —
Chassan, t. 1, p. 40 ; de Grattier, t. 1, p. 125 ; —
Ou distribution. — Cass. 15 sept. 1837 (Raissac),
J. p., 38, 1, 282 ; Chassan, p. 44.

11. Mais la remise confidentielle à une seule personne d'un écrit renfermant un délit ne peut constituer un fait de publication alors que cet écrit n'a pas
circulé et n'a reçu aucune espèce de publicité. —
Cass. 11 mai 1854 (Herbin), *B. cr.*

12. Un libraire ne peut être poursuivi à raison du
contenu d'un livre dont les exemplaires trouvés dans
son arrière-magasin étaient emballés pour la plus
grande partie dans des caisses encore clouées, lorsque rien n'établit qu'il en ait vendu ou exposé en
vente. — Amiens, 8 mars 1823 (Vernot), *J. p.*; de
Grattier, t. 1, p. 126.

13. L'envoi d'une lettre dans laquelle un député
rend compte à ses commettants de la manière dont il
s'acquitte de son mandat constitue une distribution.
— Colmar, 20 nov. 1823 (Zickel), *J. p.*; de Grattier, t. 1, p. 125.

14. La publication d'un interrogatoire subi par un
prévenu devant un juge d'instruction peut constituer un délit, lorsque les réponses contenues dans
cet interrogatoire ont elles-mêmes ce caractère. —
Cass. 19 mai 1832 (Leduc). *J. p.*; de Grattier, t. 1,
p. 512.

15. Le fait seul de la vente, de la distribution ou
de la mise en vente, quoique opérée clandestinement
et en secret, constitue la publication. — Cass. 16
août 1833 (Léon), *J. p.*; 17 août 1839 (Fraboulet),
B. cr.; Chassan, t. 1, p. 36 ; de Grattier, t. 1,
p. 124 ; Dalloz, vᵒ *Presse*, nᵒ 536.

16. Si le délit a été commis par la voie de la presse,
la publication du journal contenant les articles incriminés doit être énoncée. — Cass. 19 janvier 1850
(Marion), *B. cr.*

17. La publication d'un journal commence au
moment où un exemplaire de cet écrit signé par le gérant est déposé au parquet. L. 18 juillet 1828, art. 8.
— Orléans, 7 juillet 1838 (Dutertre), *J. p.*, 38, 2,
199. — Sauf au journaliste à établir que, malgré le
dépôt, le fait de la publication n'a pas eu lieu. —
Chassan, t. 1, p. 38 ; de Grattier, t. 1, p. 127.

18. Au contraire, la déclaration préalable de pu-
blication et le dépôt exigés des imprimeurs par l'art. 14,
L. 21 oct. 1814, des imprimés autres que les journaux
n'établissent pas la publication. — Cass. 8 sept. 1824
(Correard), *J. p.*; arg. cass. 18 sept. 1829 (Vivès),
J. p.; Chassan, t. 1, p. 39 ; de Grattier, t. 1, p. 127.

19. Ainsi la saisie des écrits ne peut se faire après
le dépôt, tant qu'il n'y a pas publication. — Chassan, t. 2, p. 235.

20. Mais l'envoi des numéros d'un journal à la poste
est un fait de publication. — Chassan, t. 1, p. 38 ;
de Grattier, t. 2, p. 134.

21. Le fait de la distribution d'un écrit coupable
n'est pas un délit par lui-même ; il ne devient punissable qu'autant qu'il a été commis avec le dessein
de propager un écrit répréhensible. — Chassan, t. 1,
p. 140.

22. Le libraire qui a vendu un livre renfermant un
délit peut être acquitté, s'il n'a pas agi sciemment ;
ce qui n'empêche pas que l'auteur du livre ne puisse
être condamné. — Cass. 26 août 1837 (Donnadieu),
J. p., 37, 2, 200 ; Chassan, t. 1, p. 162.

23. Le libraire qui réimprime un ouvrage contenant des outrages à la morale peut être renvoyé des
poursuites, s'il a été induit en erreur par l'absence
de poursuites lors de la publication de la première édition ; mais l'ouvrage doit être mis au pilon. — Paris,
15 janv. 1825 (Barba), *J. p.*; de Grattier, t. 1, p. 524.

24. Cependant celui qui est poursuivi comme distributeur d'un écrit renfermant des délits n'est pas
recevable à exciper du défaut de poursuites contre
l'auteur de l'écrit. — Colmar, 20 nov. 1823 (Zickel),
J. p.; Chassan, t. 1, p. 138 ; de Grattier, t. 1, p. 524.

25. L'arrêt doit énoncer quel est le crime ou le
délit auquel l'exposition publique d'un emblème a
provoqué. — Cass. 6 janv. 1821 (Champigny), *J. p.*

26. A l'égard des délits commis par des prêtres
par la parole et les écrits, V. les notes sous l'art. 1,
nᵒˢ 271 et suiv. C. i. cr., et sous les art. 201 et suiv.
C. pén. *Codes crim.*

27. Les médailles sont au nombre des moyens de
publication que cet article indique comme pouvant servir à commettre des délits. — Cass. 6 sept. 1851
(Lalanne), *B. cr.*

§ 3. — *Des lieux publics.*

28. Les lieux sont publics par leur nature ou par
leur destination. La publicité des premiers est absolue et indépendante des personnes qui s'y trouvent ;
la publicité des seconds n'existe que quand ils sont
accessibles au public. — Angers, 4 janvier 1824
(Boulay), *J. p.*; Chassan, t. 1, p. 48.

29. Un lieu est public soit lorsqu'il est accessible à
tout le monde, soit lorsqu'il est accessible à quiconque peut ou veut payer la rétribution ou droit d'entrée, soit enfin lorsqu'il est accessible moyennant
rétribution et à la charge de remplir certaines conditions d'admissibilité. — Parant, p. 68 ; de Grattier,
t. 1, p. 119.

30. Lorsque les lieux sont publics par leur nature,
il importe peu qu'il y ait ou non des assistants. —
Chassan, t. 1, p. 48 ; Parant, p. 70. — *Contrà :* Il
faut au moins la présence d'une personne. — De Grattier, t. 1, p. 122. V. sur cette question les notes sous
l'art. 14, L. 17 mai 1819, § 2.

31. On doit considérer comme lieu public :
Une rue. — Cass. 26 mars 1813 (Ricci), *J. p.*;
1ᵉʳ mars 1833 (Gueguen), *J. p.* V. sous l'art. 14,
infrà.

32. Une cour commune entourée de maisons occupées par divers propriétaires. — Cass. 26 juil. 1827
(Cabartier), *J. p.*

33. Le toit d'une maison. — Cass. 20 sept. 1832
(Debourg), *J. p.*; Parant, p. 71 ; de Grattier, t. 1,
p. 121.

34. Une salle de spectacle. — Cass. 2 juillet 1812
(Broudetta), *J. p.*; de Grattier, *id.* V. sous l'art. 14,
infrà.

35. Une salle d'audience, lorsque le barreau et le
public s'y trouvent. — Cass. 19 nov. 1829 (Mestivier), *J. p.*; de Grattier, *id.* V. sous l'art. 14.

36. Le greffe d'un tribunal, lorsqu'il est ouvert au
public. — Cass. 4 sept. 1823 (Morel), *J. p.*; 29 mars
1845 (Moisant), *B. cr.*; Chassan, t. 1, p. 48. — Il
est un lieu public par sa nature et sa destination. —
Cass. 22 août 1828 (Clin), *J. p.*; Parant, p. 69 ; de
Grattier, t. 1, p. 121.

37. Les bureaux d'une sous-préfecture. — Cass. 4 août 1826 (Guillard-Duvert), *J. p.*; Parant, p. 70; de Grattier, *id.*

38. Un bureau d'enregistrement, pendant tout le temps qu'il est ouvert au public. — Poitiers, 17 fév. 1858 (Guérin); S., 59, 2, 91.

39. Un dépôt de mendicité dont la population se renouvelle chaque jour. — Bordeaux, 20 mars 1851 (Dugat); D., 53, 2, 159.

40. Un hôpital, et particulièrement la salle de bains destinée aux malades. Il faut excepter les logements des chefs et des employés. — Angers, 4 janv. 1824 (Boulay), *J. p.*; de Grattier, t. 1, p. 121.

41. Les stations de chemins de fer. Il n'y a aucune distinction à faire pour la partie de ces stations qui est particulièrement destinée à servir de bureau aux employés, lorsqu'elle est accessible aux étrangers. — Cass. 28 avril 1843 (Schwartz), *B. cr.*; Chassan, t. 1, p. 49; Dalloz, v° *Presse*, n° 857.

42. Les maisons ou propriétés particulières, telles que des auberges, cafés, bureaux, peuvent, par leur destination, et pendant qu'elles sont accessibles aux étrangers, devenir des lieux publics. — Caen, 8 janv. 1849 (Leroux); D., 51, 2, 117.

43. Une auberge est un lieu public. — Cass. 26 mars 1813 (Ricci), *J. p.*; Poitiers, 11 mars 1843 (Viaud), *J. p.*, 43, 2, 825; Parant, p. 69. V. sous l'art. 14, *infrà.*

44. Toutes les appartenances d'une auberge habituellement destinées à recevoir le public sont, comme l'auberge même, un lieu public, quoique momentanément occupées par une réunion de particuliers, sous la condition qu'eux seuls y seraient reçus pendant un banquet. — Cass. 19 fév. 1825 (Guyomard), *J. p.*; Chassan, t. 1, p. 49; Parant, p. 69. — *Contrà :* de Grattier, t. 1, p. 120. V. notes sous l'art. 14, *infrà.*

45. Au contraire, une chambre d'auberge louée privativement pour y donner à dîner à plusieurs personnes n'est point un lieu public, quoique attenant à un lieu public. — Colmar, 24 janv. 1816, *J. p.*; de Grattier, t. 1, p. 119.

46. La cuisine d'un cabaret peut n'être pas considérée comme lieu public lorsqu'il n'y a aucun témoin. — Limoges, 21 août 1838 (Leyrand), *J. p.*, 39, 1, 90.

47. Est réputée publique une chambre d'auberge non destinée à recevoir habituellement les voyageurs, mais communiquant à la cuisine et à la salle à boire par des portes restées ouvertes. — Paris, 1er août 1835 (Durand), *J. p.*

48. Un champ ne peut être considéré comme un lieu public. — Metz, 12 déc. 1826, *J. p.*; Chassan, t. 1, p. 52. — *Contrà :* Metz, 7 nov. 1825 (Hugo), *J. p.*

49. Ainsi, un outrage proféré dans un champ contre un maire à raison de ses fonctions, en présence de plusieurs personnes, n'est pas réputé l'avoir été publiquement ni dans une réunion publique. — Metz, 12 déc. 1826 (N.), *J. p.*

50. Un clos de vigne appartenant à plusieurs particuliers ne peut pas être considéré comme un lieu public, et contenant, au jour où on en fait la récolte, une réunion publique. — Poitiers, 19 déc. 1820 (Champion), *J. p.*; Dalloz, v° *Presse*, n° 861.

51. On ne peut considérer comme lieu public : un presbytère. — Cass. 2 août 1816 (Duchemin), *J. p.*; Chassan, t. 1, p. 53; Parant, p. 70; de Grattier, t. 1, p. 121.

52. La cour d'un presbytère, quoique servant momentanément de dépôt de bois destiné aux troupes. — Cass. 1er mars 1833 (Guegnen), *J. p.*; Chassan, t. 1, p. 53; Parant, p. 70; de Grattier, *id.*

53. Le cabinet particulier d'un juge de paix, faisant fonctions de juge conciliateur. — Poitiers, 10 fév. 1858 (Gilbert); S., 59, 2, 92.

54. Une prison. — Cass. 31 mai 1822 (N.), *J. p.*; 14 juin 1822 (N.), *J. p.*; Chassan, t. 1, p. 53; Parant, p. 70; de Grattier, t. 1, p. 121.

55. La boutique d'un maréchal ferrant. — Cass. 15 mars 1832 (Gimbert), *J. p.*; de Grattier, t. 1, p. 121.

56. Une étude de notaire n'est un lieu public qu'alors que tout le monde y est appelé, par exemple un jour d'adjudication. Elle n'est pas un lieu public lorsqu'il n'y a que le notaire, son clerc et un tiers. — Bourges, 22 juillet 1836, *J. p.*; de Grattier, t. 1, p. 121; Dalloz, v° *Presse*, n° 862. — *Contrà :* Elle est toujours un lieu public. — Chassan, t. 1, p. 50.

57. A l'égard des chemins publics, des salles de spectacle, des boutiques, des voitures publiques, des greffes de prisons et des réunions publiques, V. les notes sous l'art. 14, *infrà.*

§ 4. — *Réunions publiques.*

58. Une réunion, quoique formée dans un lieu non public, peut devenir publique, soit par le concours d'un grand nombre de personnes, soit par la présence des autorités locales, ou toute autre circonstance. — Cass. 26 janv. 1826 (Jacquot), *J. p.*; de Grattier, t. 1, p. 119.

59. Une réunion dans une maison particulière peut prendre le caractère de réunion publique, lorsqu'elle se compose d'un nombre assez considérable de personnes rassemblées sans invitations nominales. — Cass. 26 mai 1859 (Hénin), *B. cr.*

60. Le transport officiel d'un maire au domicile d'un citoyen opère accidentellement dans ce domicile une réunion publique lorsqu'il y est suivi par la force armée. — Nancy, 31 déc. 1844 (Prunier); S., 49, 2, 296; de Grattier, t. 1, p. 119.

61. Mais on ne peut mettre dans la catégorie des réunions publiques les réunions de famille ou d'amis ou de connaissances, si nombreuses qu'elles soient, qui ont lieu dans une maison privée. — Chassan, t. 1, p. 47; Parant, p. 68; de Grattier, t. 1, p. 119; Dalloz, v° *Presse*, n° 536.

62. La réunion dans une boutique de trois personnes dont une seule est étrangère ne constitue pas une réunion publique. — Cass. 15 mars 1832 (Gimbert), *J. p.*; de Grattier, t. 1, p. 119. V. sous l'art. 14, *infrà*, n°s 14 et suiv.

63. La classe d'une école secondaire ecclésiastique, composée non-seulement d'élèves internes, mais d'élèves externes, constitue une réunion publique. — Cass. 9 nov. 1832 (Joubert), *J. p.*; Parant, p. 70; de Grattier, t. 1, p. 121.

64. Un cercle dans lequel peut être admis tout individu qui satisfait à certaines conditions est nécessairement une réunion publique. — Cass. 14 août 1857 (Daumas), *B. cr.*

65. Mais les séances d'un conseil municipal ne sont point une réunion publique. — Riom, 16 juillet 1830 (Juhle), *J. p.*; Cass. 8 nov. 1844 (Herment), *B. cr.*; Rouen, 22 mars 1855. — Les pièces déposées aux archives de la commune ne peuvent être considérées comme exposées dans un lieu public. — Rouen, 22 mars 1851 (D.); D., 52, 2, 199.

66. Cependant ces séances peuvent être considérées comme publiques si les propriétaires les plus imposés sont réunis aux membres du conseil. — Orléans, 18 juillet 1835 (Rabier), *J. p.*; Dalloz, v° *Presse*, n° 88.

Art. 2. Quiconque aura, par l'un des moyens énoncés en l'art. Ier, provoqué à commettre un ou plusieurs crimes, sans que ladite provocation ait été suivie d'aucun effet, sera puni d'un emprisonnement qui ne pourra être de moins de trois mois ni excéder cinq années, et d'une amende qui ne pourra être au-dessous de 50 fr., ni excéder 6,000 fr.

La provocation au renversement du gouvernement, non suivie d'effet, est un simple délit correctionnel, distinct de l'attentat prévu par l'art. 87 C. pén., et qui peut exister sans qu'il y ait attentat ou complot. — Cass. 13 juillet 1832 (de Fleury), *J. p.*; Dalloz, vᵒ *Presse*, nᵒ 545.

Art. 3. Quiconque aura, par l'un des mêmes moyens, provoqué à commettre un ou plusieurs délits, sans que ladite provocation ait été suivie d'aucun effet, sera puni d'un emprisonnement de trois jours à deux années, et d'une amende de 30 fr. à 4,000 fr., ou de l'une de ces deux peines seulement, selon les circonstances, sauf les cas dans lesquels la loi prononcerait une peine moins grave contre l'auteur même du délit, laquelle sera alors appliquée au provocateur.

Si la provocation concerne une contravention de simple police, elle doit être réprimée en vertu de l'art. 6 de cette loi. — Chassan, t. 1, p. 341; de Grattier, t. 1, p. 128.

Art. 4, 5. *Remplacés par les art.* 8, 9 *de la loi du* 25 *mars* 1822, Iᵉʳ *du décret du* 11 *août* 1848 *et* Iᵉʳ *de la loi du* 27 *juillet* 1849.

Art. 6. La provocation, par l'un des mêmes moyens, à la désobéissance aux lois, sera punie des peines portées en l'article 3. *V. art. 3, L.* 27 *juillet* 1849.

1. Les discussions ou dissertations tendantes à établir les vices d'une loi et la nécessité de la rapporter ou de la modifier ne constituent point une provocation à la désobéissance aux lois. — De Grattier, t. 1, p. 141; Chassan, t. 1, p. 329.

2. La proclamation du droit de résistance contre des agents de la force publique, dans un journal, si elle a été faite sans intention de provoquer à la rébellion ou à la désobéissance aux lois, ne constitue pas de délit. — Paris, 27 mars 1827 (Isambert), *J. p.*; Chassan, t. 1, p. 20 et 326; de Grattier, t. 1, p. 141; Dalloz, vᵒ *Presse*, nᵒ 603.

3. Cet article ne réprime pas moins les provocations à la désobéissance qui précèdent que celles qui suivent la promulgation de la loi. — Douai, 2 mai 1834 (*Echo du Nord*), *J. p.* — *Contrà* : Ce fait peut seulement constituer une attaque contre le respect dû aux lois. — De Grattier, t. 1, p. 144; Dalloz, vᵒ *Presse*, nᵒ 599.

4. Il comprend les actes de l'autorité publique faits conformément à la loi. — De Grattier, t. 1, p. 145; Chassan, t. 1, p. 322. — Tels que les jugements et arrêts. — De Grattier, t. 1, p. 146. — *Contrà* : Parant, p. 73.

5. Mais il ne s'applique pas à la provocation à la résistance par voies de fait, à la confection de travaux autorisés par le préfet. — Cass. 3 mai 1834 (Bertrand), *J. p.*; Parant, p. 73; Chassan, t. 1, p. 322; de Grattier, t. 1, p. 145. — Ce fait constitue une provocation à un délit prévue par l'art. 1ᵉʳ. — Même arrêt.

Art. 7. Il n'est point dérogé aux lois qui punissent la provocation et la complicité résultant de tous actes autres que les faits de publication prévus par la présente loi.

1. Les dispositions des art. 59 et 60 sur la complicité sont applicables aux crimes et délits commis par la voie de la presse.
Ainsi celui qui a fourni sciemment les notes nécessaires à la rédaction d'un article diffamatoire publié dans un journal doit être puni comme complice de cette diffamation. — Cass. 25 avril 1844 (Desertine), *B. cr.*; Chassan, t. 1, p. 164; de Grattier, t. 1, p. 154.

2. Une provocation à un crime commis par la voie de la presse peut constituer la complicité du droit commun prévue par l'art. 60, C. pén., indépendamment de l'infraction de la presse. — Chassan, t. 1, p. 337.

CHAPITRE II. — *Des outrages à la morale publique et religieuse ou aux bonnes mœurs.*

Art. 8. Tout outrage à la morale publique et religieuse ou aux bonnes mœurs par l'un des moyens énoncés en l'art Iᵉʳ sera puni d'un emprisonnement d'un mois à un an, et d'une amende de 16 fr. à 500 fr.

1. Cet article reste toujours applicable aux outrages faits à la morale publique et aux bonnes mœurs; il n'a pas été abrogé par l'art. 1, L. 25 mars 1822, qui s'est spécialement occupé de la religion de l'État et des autres religions. — Cass. 18 sept. 1829 (Virès), *J. p.*; de Grattier, t. 1, p. 159; Dalloz, vᵒ *Presse*, nᵒ 620; de Berny, p. 91.

2. Il n'a pas été remplacé par l'art. 1 de la loi de 1822, relativement à l'outrage à la morale religieuse. — Dalloz, vᵒ *Presse*, nᵒ 619; Chassan, t. 1, p. 310. — *Contrà* : Parant, p. 76. — Il comprend l'outrage contre l'existence de Dieu et la croyance à une vie future. La loi de 1822 ne réprime que l'attaque contre les dogmes et les rites des cultes légalement reconnus. — Chassan, *id.*

3. Ainsi, la profession d'athéisme est un outrage à la morale publique et religieuse. — Chassan, t. 1, p. 313; Portalis, *Rép. de législ.* de Favart de Langlade. — *Contrà* : Rauter, t. 1, p. 563; Dalloz, vᵒ *Presse*, nᵒ 623.

4. Il en est de même de l'attaque dirigée contre la sainteté du serment. — Chassan, t. 1, p. 318.

5. La distribution de cartes annonçant l'ouverture d'une maison de débauche constitue le délit d'outrage aux bonnes mœurs. — Cass. 19 juillet 1838 (Tramecourt), *B. cr.*; Chassan, t. 1, p. 315; de Grattier, t. 1, p. 163; Dalloz, vᵒ *Presse*, nᵒ 629.

6. Un fait de vente même unique d'une gravure obscène, par un marchand d'estampes en possession de quantité de gravures semblables, dans un lieu accessible au public, constitue le délit d'outrage à la

morale.—Bruxelles, 3 fév. 1842; Dalloz, v° *Presse*, n° 626.

7. Il appartient à la cour de cassation de décider si un écrit constitue un outrage public aux bonnes mœurs.—Cass. 19 juillet 1838 (Tramecourt), *J. p.*; Chassan, t. 1, p. 315. — V. autres décisions conformes sous l'art. 408, n°s 104 et suiv. C. inst. cr. *Codes crim.*

8. Le jugement doit faire connaître les discours qui ont déterminé la condamnation, et expliquer les expressions qui caractérisent l'outrage à la morale publique et aux bonnes mœurs. — Cass. 14 mai 1857 (Forest), *B. cr.*

9. Au contraire, les tribunaux sont souverains pour apprécier les caractères de l'outrage à la morale, leur décision ne peut être déférée à la censure de la cour de cassation. — Cass. 15 oct. 1825 (Catineau), *J. p.*

10. La réimpression d'un écrit contenant un outrage à la morale publique peut être poursuivie, quoique les premières éditions n'aient été l'objet d'aucune poursuite.—Paris, 15 janv. 1825 (Barba), *J. p.*

11. Mais dans ce cas l'éditeur peut être exempté de toute peine, à raison de sa bonne foi. — Il y a lieu cependant d'ordonner la suppression de l'écrit. — Même arrêt.

12. La confiscation des objets du délit doit être prononcée en vertu de l'art. 287 C. pén., qui n'a pas été abrogé en cette partie. — De Grattier, t. 1, p. 160.

CHAPITRE III. — *Des offenses envers le roi.*

Art. 9. Quiconque, par l'un des moyens énoncés en l'art. 1er de la présente loi, se sera rendu coupable d'offenses envers la personne du roi, sera puni d'un emprisonnement qui ne pourra être de moins de six mois, ni excéder cinq années, et d'une amende qui ne pourra être au-dessous de 500 fr., ni excéder 10,000 fr.

Le coupable pourra, en outre, être interdit de tout ou partie des droits mentionnés en l'art. 42 du Code pénal, pendant un temps égal à celui de l'emprisonnement auquel il aura été condamné : ce temps courra à compter du jour où le coupable aura subi sa peine. *V. nouvel art. 86 C. pén.*

1. L'art. 86 C. pén. n'a pas abrogé cet article. Le premier punit l'offense commise *publiquement*, par quelque voie qu'elle ait été faite, le second prévoit une publicité plus restreinte.—Chassan, t. 1, p. 212; de Grattier, t. 1, p. 165.

2. Le délit d'offenses envers la personne du roi, prévu par cet article, est distinct de celui d'attaque, réprimé par l'art. 2, L. 25 mars 1822. — Cass. 4 mars 1831 (Brian), *J. p.*

3. Il est également distinct de celui de diffamation et d'injures publiques prévu par les art. 13 et 14 de la loi du 17 mai 1819. — Même arrêt.

4. Les dispositions de l'art. 463 C. pén. sur les circonstances atténuantes sont applicables aux offenses envers l'Empereur et sa famille, prévues et punies par la loi du 10 juin 1853, qui n'est qu'une modification des art. 86 et 87 C. pén. — Nancy, 6 nov. 1854 (Blanvin), *J. p.*, 55, 2, 282.

CHAPITRE IV. — *Des offenses publiques envers les membres de la famille royale, les chambres, les souverains et les chefs des gouvernements étrangers.*

Art. 10. L'offense, par l'un des moyens énoncés en l'art. 1er, envers les membres de la famille royale, sera punie d'un emprisonnement d'un mois à trois ans, et d'une amende de 100 fr. à 5,000 fr. Art. 86 C. pén.

L'offense envers la mémoire d'un prince de la famille royale peut être considérée comme une offense envers cette famille. — Cass. 24 avril 1823 (Clausse), *J. p.* — V. notes sous l'art. 86 C. pén. *Codes crim.*

Art. 11. *Remplacé par l'art. 2 du décret du 11 août 1848 (1).*

Art. 12. L'offense, par l'un des mêmes moyens, envers la personne des souverains ou envers celle des chefs des gouvernements étrangers, sera punie d'un emprisonnement d'un mois à trois ans, et d'une amende de 100 fr. à 5,000 fr.

1. Cet article ne s'applique qu'aux chefs des gouvernements reconnus comme tels par la France. — Chassan, t. 1, p. 435; de Grattier, t. 1, p. 174.

2. Il ne peut être invoqué par un souverain déchu contre l'auteur d'un écrit publié depuis sa déchéance, reconnue par la France, et qui attaque les actes de sa souveraineté. L'injure, en ce cas, rentre dans le droit commun, la réparation peut en être demandée aux tribunaux, comme elle pourrait l'être par un particulier. — Paris, 12 sept. 1834 (de Brunswick), *J. p.*; Chassan, t. 1, p. 436; de Grattier, t. 1, p. 174; Dalloz, v° *Presse*, n° 672.

CHAPITRE V. — *De la diffamation et de l'injure publiques.*

Art. 13. Toute allégation ou imputation d'un fait qui porte atteinte à l'honneur ou à la considération de la personne ou du corps auquel le fait est imputé est une diffamation.

Toute expression outrageante, terme de mépris ou invective, qui ne renferme l'imputation d'aucun fait, est une injure.

§ 1er. — *Éléments des délits de diffamation et d'injures. — Intention de nuire. — Excuse. — Compétence.*

1. Le principe que nul ne peut être condamné comme coupable d'un délit, s'il n'est pas reconnu et déclaré qu'il a agi avec intention de nuire, est applicable aux délits commis par la voie de la presse ou par tout autre moyen de publication. — Cass.

(1) *Ancien article :*

ART. 11. L'offense, par l'un des mêmes moyens, envers les Chambres ou l'une d'elles, sera punie d'un emprisonnement d'un mois à trois ans, et d'une amende de 100 fr. à 5,000 fr.

18 oct. 1850 (Pichonnôt), *B. cr.*; de Grattier, t. 1, p. 179.

2. Ainsi, les tribunaux ont le droit de rechercher si la publication diffamatoire a été faite avec l'intention de nuire. — Cass. 23 mars 1844 (Delanney), *J. p.*, 44, 2, 149; 29 août 1846 (Faure), *J. p.*, 47, 1, 92; de Grattier, *id.*; Dalloz, v° *Presse*, n° 875.

3. Si le prévenu n'a pas été induit en erreur, et s'il a agi avec une intention coupable. — Cass. 16 mars 1850 (Ouvrard), *B. cr.*

4. Ils sont souverains à cet égard, leur appréciation échappe à la censure de la cour de cassation. — Cass. 16 mars 1850 (Ouvrard), *B. cr.*; 7 août 1852 (Gueymard), *B. cr.*

5. Ils peuvent déclarer que le délit de diffamation n'existe pas lorsque les circonstances de la publication établissent que cette publication a eu lieu sans intention coupable. — Cass. 10 mai 1821 (Colonna d'Istria), *J. p.*; 12 août 1842 (Foucault), *B. cr.*; Chassan, t. 2, p. 392. — Ou lorsqu'ils reconnaissent que le prévenu a agi de bonne foi. — Cass. 29 août 1846 (Faure), *J. p.*; 18 oct. 1850 (Pichonnot), D., 51, 5, 413. — Et sans intention de nuire. — Cass. 21 août 1862 (Jacquier), *B. cr.* — Sans intention d'animosité ou de vengeance personnelle. — Chassan, *id.*

6. Ils peuvent apprécier l'intention du prévenu et décider, d'après ses explications et ses affirmations, que ce n'est pas au plaignant que s'adressent ses imputations. — Toulouse, 18 août 1826 (d'Aldéguier); Dalloz, v° *Presse*, n° 890.

7. N'est pas coupable de diffamation :

Le témoin qui fait des déclarations à la justice sur les interpellations du président, qu'il n'a pas provoquées. — Cass. 10 mars 1821 (Colonna d'Istria), *J. p.*; Dalloz, v° *Presse*, n° 887; Parant, p. 89. — Ou qui allègue des faits portant atteinte à l'honneur d'un autre témoin, lorsque cette imputation se rapporte soit aux faits qui ont donné lieu à l'instruction, soit à des circonstances relatives à cette instruction. — Il pourrait seulement y avoir lieu à une plainte en faux témoignage. — Cass. 1er août 1806 (Piault), *J. p.*; 1er juillet 1825 (Hurel), *J. p.*; de Grattier, t. 1, p. 204.

8. L'électeur qui demande à faire consigner au procès-verbal un fait qui, par sa nature, peut faire influer sur la validité de l'élection, quand il y a bonne foi. — Cass. 29 août 1846 (Faure), *B. cr.*

9. Un maître qui donne sur son ancien domestique les renseignements qui lui sont demandés. — Chassan, t. 1, p. 388.

10. Celui qui, sur des indices suffisants pour motiver ses soupçons et sans intention calomnieuse, signale à tort un individu comme auteur d'un délit. — Cass. 30 janv. 1807 (Duval), *J. p.*; Riom, 8 nov. 1833 (Berton), *J. p.*; Dalloz, v° *Presse*, n° 882. — *Contrà :* Si le fait était en réalité mensonger; Chassan, t. 1, p. 29.

11. Celui qui, sur la foi de procès-verbaux dressés par des officiers publics, se borne à annoncer les faits qu'ils constatent contre plusieurs individus, alors même que ceux-ci seraient plus tard renvoyés des poursuites, pourvu que ces publications ne soient pas faites avec la volonté de nuire. — Chassan, t. 1, p. 379; de Grattier, t. 1, p. 183; Dalloz, v° *Presse*, n° 848.

12. Celui qui a imputé un fait à un individu qui en est reconnu coupable par justice. — Bordeaux, 14 avril 1833 (Duvoyon), *J. p.*

13. Celui qui, se trouvant dans un lieu de débauche, prend le titre de procureur du roi pour faire retirer des individus qui veulent en forcer l'entrée. — Nîmes, 9 mars 1826 (Maumejean), *J. p.*

14. Un réquisitoire du min. public à l'audience ne peut donner lieu à une plainte en diffamation, lorsque les paroles prétendues injurieuses ne présentent pas les caractères de mauvaise foi et de dessein de nuire exigés par la loi. — Cass. 24 déc. 1822 (Lafitte), *J. p.*

15. Cependant, en matière de diffamation, on est présumé agir avec une mauvaise intention. — Cass. 15 mars 1821 (Augé), *J. p.*; Toulouse, 30 déc. 1836, *J. p.*; Paris, 4 mars 1837 (Vernier), *J. p.*, 37, 1, 225; Rouen, 30 déc. 1841 (Dupuis), *J. p.*; Chassan, t. 1, p. 24, 425; Parant, p. 86; de Grattier, t. 1, p. 180. — *Contrà :* Dalloz, v° *Presse*, n° 883.

16. C'est au prévenu à établir qu'il a agi de bonne foi et sans intention de nuire. — Paris, 4 mars 1837 (Vernier), *J. p.*; de Grattier, *id.*

17. Il ne peut détruire cette présomption que par des faits particuliers qui doivent être énoncés dans le jugement, s'ils sont admis par le tribunal. — Cass. 15 mars 1821 (Augé), *J. p.*; Chassan, t. 1, p. 25; Parant, p. 86; de Grattier, *id.*

18. Si les tribunaux peuvent décider qu'il n'y a pas eu intention d'injurier ou de diffamer, ils ne peuvent, quand la diffamation est établie, relaxer le prévenu sous le prétexte de sa bonne foi, ils peuvent seulement atténuer la peine. — Toulouse, 30 déc. 1836, *J. p.*; Chassan, t. 1, p. 425.

19. La bonne foi résultant de la conviction qu'aurait l'inculpé de la vérité des faits par lui imputés ne suffit pas à elle seule pour détruire le délit, il faut encore que le prévenu ait agi sans intention malveillante et uniquement dans un intérêt public, par exemple dans le but d'éclairer des électeurs. — Rouen, 5 nov. 1846 (Dea), D. 46, 4, 415; Dalloz, v° *Presse*, n° 888.

20. Le prévenu de diffamation ne peut être excusé sous le prétexte que le fait allégué avait été par lui dénoncé à l'autorité compétente. — Cass. 2 déc. 1808 (Didier), *J. p.*; 12 juin 1818 (Cochard), *J. p.*; Chassan, t. 1, 409; de Grattier, t. 1, p. 181.

21. Ni sous prétexte qu'il était répété par la notoriété publique. — Chassan, t. 1, p. 30. — *Contrà :* Si le fait était public et notoire. — Parant, p. 347; de Grattier, t. 1, p. 178.

22. Ni sous prétexte qu'il était légalement constaté. — Chassan, t. 1, p. 369; Dalloz, v° *Presse*, n°s 613, 847. — Mais la preuve légale du fait imputé peut affranchir le prévenu de toute peine, s'il n'a pas agi avec une intention répréhensible. — Parant, p. 347; de Grattier, t. 1, p. 178. — Elle l'affranchit de toute peine. — Rauter, t. 1, p. 574.

23. Sous le prétexte que le prévenu n'aurait tenu les propos diffamatoires qu'en répondant à une interpellation à lui faite. — Cass. 4 nov. 1831 (Lion), *J. p.*; de Grattier, t. 1, p. 182; Chassan, t. 1, p. 408; Parant, p. 86. — Ou que ces propos auraient été tenus par d'autres personnes auparavant. — Même arrêt; de Grattier, *id.*

24. Cependant, ne commet point un délit celui qui se borne à raconter, sur la demande de plusieurs personnes, les injures qu'il a proférées contre un individu dans un autre lieu. — Metz, 26 fév. 1821 (Gœury), *J. p.*

25. Le gérant d'un journal qui a publié un fait diffamatoire ne peut être excusé par le motif qu'il est étranger aux parties, qu'il n'a pu avoir le dessein de leur préjudicier et que son but aurait été seulement de publier un article de nature à intéresser ses abonnés. — Paris, 4 mars 1837 (Vernier), *J. p.*, 37, 1, 225.

26. Ni par le motif que les faits publiés étaient contenus dans une plainte adressée à la justice, si l'article incriminé énonçait faussement que les faits étaient

établis par l'instruction. — Paris, 4 mars 1837 (Vernier), *J. p.*; Chassan, t. 1, p. 379.

27. Au contraire, c'est au plaignant à prouver la mauvaise foi de l'imputation et l'intention de nuire, lorsque le publicateur était, par la nature de ses fonctions, obligé de les révéler. — Cass. 27 juin 1851 (Mermet), *B. cr.*; Dalloz, v° *Presse,* n° 887.

28. En matière de diffamation, l'intention de nuire résulte suffisamment de la déclaration de culpabilité du prévenu, sans qu'il soit nécessaire que le juge constate explicitement cette intention.— Cass. 20 juillet 1855 (Monsel), *B. cr.*

29. En ne constatant pas qu'il y ait eu absence de la volonté de nuire et en déclarant les circonstances atténuantes, l'arrêt justifie suffisamment la condamnation. — Cass. 18 juillet 1851 (Monnier), *B. cr.*

30. L'excuse tirée de la provocation n'est pas admissible en matière de diffamation ou d'injures publiques. — Cass. 25 mars 1847 (Marlet), *B. cr.*; Poitiers, 10 fév. 1855 (Texereau); Poitiers, 5 mars 1858 (Marsault), S. 58, 2, 358; Dalloz, v° *Presse,* n° 1332, — Commises par la voie de la presse. — Cass. 4 nov. 1842 (Bissette), *B. cr.*; Chassan, t. 1, p. 431. — *Contrà :* Cette excuse peut être admise en matière d'injures entre particuliers. — Cass. 11 oct. 1827 (Guichard), *J. p.*; de Grattier, t. 1, p. 190. — Elle ne peut être admise dans ce cas que pour ce qui concerne les intérêts civils. — Chassan, t. 1, p. 430. V. notes sous l'art. 471-11 C. pén. *Codes crim.*

31. Mais la rétractation qui serait faite sur-le-champ ferait disparaître le délit. — De Grattier, t. 1, p. 193; Chassan, t. 1, p. 428; Dalloz, v° *Presse.* n° 1315.

32. Il en serait de même de la rémission ou du pardon qu'aurait accordé la personne outragée. — Chassan, t. 1, p. 431; de Grattier, t. 1, p. 193; Dalloz, v° *Presse,* n° 1094. — *Contrà :* Si la personne outragée était revêtue d'un caractère public. — De Grattier, *id.*

33. En matière de calomnie, le juge du lieu où l'affiche, la vente, la distribution ont été faites a juridiction pour en connaître, comme étant le juge du lieu du délit. — Cass. 18 sept. 1818 (Dunoyer). V. sous l'art. 63 C. i. c., n° 92. *Codes crim.*

§ 2. — *Dans quels cas il y a diffamation.*

34. On doit considérer comme une diffamation :
L'imputation faite publiquement à un homme marié de vivre en concubinage avec une femme non mariée. — Limoges, 14 mars 1827 (L.), *J. p.*; Chassan, t. 1, p. 380; de Grattier, t. 1, p. 186.

35. L'imputation à un individu d'avoir commis un faux. — Cass. 2 juillet 1812 (Broudetta), *J. p.*; 21 mai 1836 (Durand Vaugaron), *J. p.*; de Grattier, t. 1, p. 186.

36. D'avoir fait des prêts usuraires. — Nancy, 28 août 1850 (Aubry), D. 51, 2, 176.

37. D'avoir été marqué à l'épaule des lettres T. V. Cette imputation n'est pas une injure. — Cass. 30 nov. 1834 (Sibaday), *B. cr.*

38. D'être un reste de prison, qu'on a des motifs pour l'y faire remettre et qu'il y ira encore. — Cass. 15 fév. 1828 (Delogé), *J. p.*; Chassan, t. 1, p. 411; de Grattier, t. 1, p. 186. — *Contrà :* Dalloz, v° *Presse,* n° 825.

39. Celle faite à un commerçant de laisser protester les traites tirées sur lui, alors même que l'imputation aurait eu lieu de la part d'un failli dans le but de justifier l'état de ses propres affaires. — Rouen, 22 août 1844 (Delarue), S. 45, 2, 353.

40. Il en est de même de l'imputation faite par une partie, dans un acte signifié, à un arbitre, d'avoir donné des conseils à la partie adverse et d'avoir bu et mangé avec elle. — Nîmes, 14 déc. 1848, D. 50, 5, 372.

41. De l'annonce faite mensongèrement dans un journal qu'un individu s'est suicidé, alors surtout qu'on attribue ce fait à des motifs d'intérêt. — Rouen, 30 déc. 1841 (Dupuis), S. 42, 2, 55; Chassan, t. 1, p. 386.

42. De l'articulation faite dans un écrit que les coups qu'on a portés à un autre, et qui ont été l'objet d'une condamnation, sont des soufflets et non des coups de toute autre nature, lorsqu'elle a été faite méchamment et à dessein de nuire. — Cass. 24 mai 1844 (Salneuve), *B. cr.* — *Contrà :* Dalloz, v° *Presse,* n° 827.

43. Le reproche fait publiquement à un avocat de s'être écarté de la ligne d'un honnête homme dans une plaidoirie par lui prononcée, sans autre précision, peut être considéré, à raison de la généralité de ces paroles, comme ne constituant pas le délit de diffamation, mais il constitue une injure. — Cass. 8 juillet 1843 (Fradel), S. 44, 1, 67; Chassan, t. 1, p. 410.

44. On ne peut considérer comme un délit de calomnie l'imputation faite d'une manière hypothétique, par exemple en disant : Si tel individu a fait telle chose, c'est un brigand et un coquin. — Cass. 20 mars 1817 (Toutain), *J. p.*; Dalloz, v° *Presse,* n° 817.

45. La censure et la critique dirigées contre une entreprise industrielle, et dont le but est de dévoiler les déceptions auxquelles le public est exposé, constituent, lorsqu'elles sont fondées, une critique licite. — Chassan, t. 1, p. 371.

46. La critique littéraire ou scientifique, quelle qu'en soit la forme, tant qu'elle se renferme dans les limites de l'appréciation, ne peut autoriser une action en justice. — Chassan, t. 1, p. 381; de Grattier, t. 1, p. 185.

47. Mais l'article d'un journal qui, ne se renfermant pas dans l'examen littéraire des œuvres d'un auteur, contient des atteintes graves à sa personne, peut être considéré comme diffamatoire. — Cass. 29 nov. 1845 (Forneret), *B. cr.*; Chassan, *id.*,'p. 382.

48. Un historien peut rendre compte de faits de nature à porter atteinte à l'honneur et à la considération d'un citoyen, si ces faits sont constatés ou divulgués dans des documents publics et se rattachent à l'histoire du pays et si le compte rendu est fait avec mesure et convenance. — Chassan, t. 1, p. 375.

49. De même on a le droit de rechercher et de rappeler les antécédents historiques d'une personne qui prétend diriger l'opinion publique, pourvu que le caractère privé de cette personne soit respecté et que le droit se trouve exercé avec mesure et convenance. — Chassan, t. 1, p. 376.

50. Le jugement, même injuste et passionné, porté sur la personne, le talent, la capacité d'un candidat électoral, ne constitue pas une diffamation ni une injure, si on ne s'est pas servi d'expressions injurieuses et méprisantes et si on ne s'est pas attaqué à sa vie privée. — Chassan, t. 1, p. 373.

51. La diffamation peut exister, encore bien que la personne diffamée n'ait pas été désignée par son nom, lorsqu'elle l'a été de manière qu'aucun doute ne soit possible. — Cass. 19 août 1841 (Martin), *B. cr.*; 12 août 1843 (Dahirel), *B. cr.*; Chassan, t. 1, p. 395; de Grattier, t. 1, p. 194; Dalloz, v° *Presse,* n°⁸ 839 et suiv.

52. Elle peut exister, quoiqu'elle n'ait pas pour base un fait directement personnel à celui qui se plaint, s'il l'atteint indirectement. — Chassan, t. 1, p. 396; de Grattier, t. 1, p. 194.

53. A l'égard du délit de diffamation commis envers la mémoire d'un mort, les héritiers sont sans

qualité pour intenter l'action. — Chassan, t. 1, p. 400 ; de Grattier, t. 1, p. 196. V. sur cette question diverses décisions sous l'art. 63 C. i, c., nᵒˢ 25 et suiv. *Codes crim.*

54. Il appartient aux juges du fond d'apprécier si un écrit diffamatoire s'adresse à une personne ou à une autre. — Cass. 12 sept. 1823 (de Bastoulh), *J. p.*

55. Mais la cour de cassation a le droit d'apprécier si les passages d'un écrit relatés dans l'arrêt constituent des allégations de faits de nature à porter atteinte à l'honneur et à la considération du fonctionnaire auquel ils sont imputés.— Cass. 8 mars 1861 (Antoni), *B. cr.*

56. Si un écrit a un caractère injurieux. — Cass. 21 janv. 1860 (Bourget), *B. cr.*

57. Il appartient aux tribunaux de déterminer souverainement les circonstances d'après lesquelles les faits imputés doivent être considérés comme ayant porté atteinte à l'honneur ou à la considération du plaignant. — Cass. 12 mai 1820 (Masson), *J. p.*; de Grattier, t. 1, 186. V. sur cette question les notes sous l'art. 408 C. i. cr., nᵒˢ 80 et suiv., 108, 114. *Codes crim.*

58. La diffamation est suffisamment caractérisée lorsque l'arrêt constate que, par l'article du journal incriminé, le plaignant a été attaqué dans son honneur et sa considération, et est fondé à se prétendre diffamé. — Cass. 23 sept. 1852 (Leconte), *B. cr.*

59. Lorsqu'il déclare que le prévenu est coupable d'avoir, dans un article de journal, imputé à un citoyen des faits portant atteinte à son honneur et à sa considération ; alors que les faits de diffamation ont été articulés et qualifiés par la poursuite.— Cass. 30 nov. 1850 (Semac), D., 50, 5, 373.

60. Le juge saisi de la plainte peut, en appréciant l'écrit incriminé, ajouter aux passages articulés d'autres passages du même écrit non cités dans la plainte, pour fonder sa décision. — Cass. 8 juillet 1852 (Maillard), *B. cr.*

61. Un prévenu de diffamation n'est pas légalement acquitté s'il n'est point constaté par le jugement qu'il ne s'est pas rendu coupable par l'un des moyens énoncés en l'art. 1ᵉʳ, L. 17 mai 1819, de l'imputation d'un fait portant atteinte à l'honneur ou à la considération du plaignant. — Cass. 3 août 1820 (Chevreau), *J. p.*

§ 3. — *Dans quels cas il y a injure.*

62. La loi n'a pas distingué entre l'injure écrite et l'injure verbale. — Cass. 10 nov. 1826 (Cescaud), *J. p.*; de Grattier, t. 1, p. 221.

63. Elle n'exige pas que l'injure ou l'outrage aient été prononcés en présence de la personne offensée. — Cass. 9 fév. 1810 (Goebl), D.; Chassan, t. 1, p. 432; de Grattier, t. 1, p. 183. V. sous l'art. 222 C. pén., nᵒ 54.

64. Dire en public à un juge de paix qu'il ne remplit pas ses devoirs, qu'on n'a aucun ménagement à garder avec un homme tel que lui, c'est commettre le délit d'injure et non celui de diffamation. — Cass. 11 avril 1822 (Cenac), *J. p.*; Chassan, t. 1, p. 411; de Grattier, t. 1. p. 199.—L'art. 6, L. 25 mars 1822, qualifie ce fait d'outrage. — De Grattier, *id.*

65. Dire à haute voix dans la rue, en parlant d'un maire qui procède à une inhumation : *Venez voir un prêtre de nouvelle espèce, un joli curé, un f.... curé qui ne chante pas, un enterreur de bête, etc.*, c'est commettre une injure publique contre un maire dans l'exercice de ses fonctions. — Cass. 16 mars 1832 (Grasset), *J. p.*

66. Les mots : *Voleur, brigand, scélérat, faussaire,*

renfermant uniquement des imputations de vices déterminés, constituent des injures et non des diffamations.—Riom, 13 nov. 1846 (Hyvert), D., 47, 2, 37.

67. Les expressions : *homme sans foi et sans honneur* présentent le caractère d'injure et non celui de diffamation ; elles ne renferment pas l'imputation d'un fait précis. — Cass. 5 déc. 1861 (Normand), *B. cr.*

68. Traiter de *mauvais soldats* des gardes nationaux qui se rendent pour un service au lieu qui leur est indiqué, c'est commettre l'injure prévue par l'art. 19. — Cass. 17 mai 1832 (Bertin), *J. p.*

69. La spécification des discours, termes ou expressions injurieux n'est pas substantielle aux motifs d'un jugement. Il ne peut jamais résulter ouverture à cassation de la qualification qui peut leur être donnée. — Cass. 11 avril 1822 (Cenac), *J. p.*; Parant, p. 86; de Grattier, t. 1, p. 201. Mais V. sous l'art. 408 C. i. cr., nᵒˢ 80, 88, 89 et suiv. *Codes crim.*, des décisions diverses sur les attributions de la cour de cassation.

Art. 14.

La diffamation et l'injure commises par l'un des moyens énoncés en l'art. Iᵉʳ de la présente loi seront punies d'après les distinctions suivantes.

§ 1ᵉʳ. — *Eléments des délits de diffamation et d'injures.* — *Publicité.*

1. Il n'y a pas de délit de diffamation sans publicité. — Cass. 18 avril 1823 (Ducœur Joly), *J. p.*; 7 mars 1823 (Maire), *J. p.*; 17 mai 1845 (Rheville), *B. cr.*

2. La diffamation, lorsqu'elle n'est pas publique, constitue une injure simple. — Cass. 2 déc. 1819 (Gouraincourt), *J. p.*; 23 août 1821 (Hutin), *J. p.*; 23 nov. 1843 (Meliande), *B. cr.*; 25 juillet 1861 (Guille), *B. cr.*; Chassan, t. 1, p. 419; Parant, p. 89; de Grattier, t. 1, p. 221. V. notes sous l'art. 47 C. pén., nᵒˢ 9 et suiv. *Codes crim.* — Même lorsqu'elle résulte d'un écrit. —Cass. 10 juin 1817 (Dussicu), *J. p.*; Colmar, 4 déc. 1821 (Wintzel), *J. p.*; Cass. 10 nov. 1826 (Cescaud), *J. p.*; 23 nov. 1843 (Meliande).

3. Il n'y a point publicité lorsque, indépendamment du plaignant et du prévenu, il n'y avait, au moment où l'outrage a été commis, qu'une troisième personne qui n'a pu entendre, à raison de son éloignement. — Cass. 30 juillet 1852 (Léger), *B. cr.*; Dalloz, vᵒ *Presse*, nᵒ 614.

4. Des propos tenus par un particulier dans sa maison, lorsqu'il n'y a pas de témoins, n'ont pas une publicité suffisante pour constituer une diffamation, quoiqu'ils aient été entendus au dehors. — Bourges, 8 mars 1822 (Galpy), *J. p.* — *Contra* : Si l'auteur des propos les a proférés dans l'intention de se faire entendre au dehors. — Chassan, t. 1, p. 52; Dalloz, vᵒ *Presse*, nᵒ 866.

5. Des propos calomnieux tenus à une personne en présence de deux autres qui en étaient déjà informées ne tombent pas sous l'application de la loi ; art. 367 C. pén.— Cass. 23 juillet 1813 (Pettironi), *J. p.*; Parant, p. 88.

6. La publicité de la diffamation doit être constatée par le jugement à peine de nullité. — Cass. 2 déc. 1819 (Gouraincourt), *J. p.*; 23 août 1821 (Hutin), *J. p.*; 7 janv. 1826 (Destremont), *J. p.*; Parant, p. 71; de Grattier, t. 1, p. 123.

7. Le jugement doit déclarer que l'écrit a été rendu public par l'une des voies que l'art. 1ᵉʳ détermine. — Cass. 18 juillet 1828 (de Magnoncourt), *J. p.*; de Grattier, t. 1, p. 202.

8. Il doit déclarer les faits desquels il peut résulter que les propos imputés au prévenu ont été tenus ou dans un lieu public, ou dans une réunion publique. — Cass. 3 janv. 1822 (Dubreuil), *J. p.*

9. Les tribunaux doivent, à peine de nullité, indiquer les lieux où les propos injurieux ont été tenus, afin de mettre la cour de cassation à même d'exercer son contrôle. — Cass. 1ᵉʳ mars 1851 (Tripier), *B. cr.*

10. La déclaration que la publicité des imputations résulte de ce que les propos incriminés ont été tenus à haute voix établit suffisamment qu'ils ont été *proférés* dans le sens de cet article. — Cass. 27 sept. 1851 (Tripier) *B. cr.* — *Contrà :* S'il est déclaré seulement que les propos ont été *tenus* ou *dits.* — Cass. 1ᵉʳ mars 1851 (Tripier), *B. cr.* V. sous l'art. 1ᵉʳ, n° 6.

11. Au contraire, la loi, ne déterminant pas les caractères de la publicité, a laissé aux tribunaux le soin d'apprécier les faits desquels elle peut dériver. — Cass. 29 mars 1822 (Andrieux), D.; 26 janv. 1826 (Jacquot), *J. p.*; Orléans, 18 juillet 1835 (Rabier), *J. p.*

12. Les tribunaux apprécient d'une manière souveraine les circonstances qui constituent la publicité. — Cass. 4 août 1832 (Devolvé), *J. p.* — Celles qui doivent constituer un lieu public ou une réunion publique. — Cass. 27 déc. 1823 (Mazayon), *J. p.*

13. Il suffit que le jugement déclare que les propos ont été proférés publiquement. — Cass. 26 janv. 1826 (Jacquot), *J. p.*; Chassan, t. 1, p. 52; Parant, p. 70; de Grattier, t. 1, p. 123.

14. En déclarant que les faits diffamatoires ont été commis publiquement, quand ils ne l'ont point été dans des lieux publics, les tribunaux décident implicitement qu'ils l'ont été dans une réunion publique. — Même arrêt. V. *infrà*, n° 32.

§ 2. — *Diffamations et injures proférées dans des lieux publics.*

15. L'imputation faite dans une rue est publique; il n'est pas nécessaire qu'il y ait réunion publique. — Cass. 26 mars 1813 (Ricci), *J. p.*

16. Des propos proférés dans une boutique ont un caractère public lorsqu'il est déclaré que les portes étaient ouvertes, qu'elle était accessible à tous les habitants, et que les personnes qui s'y trouvaient les ont entendus. — Cass. 27 sept. 1851 (Tripier), *B. cr.*

17. Au contraire, des boutiques ou magasins, même dans les heures où ils sont accessibles aux acheteurs, ne perdent pas, en général, le caractère de lieux privés; ils ne deviennent momentanément publics que dans des circonstances exceptionnelles, telles qu'une vente à l'encan, une exposition annoncée au public. — Caen, 8 janv. 1849 (Leroux), D., 51, 2, 117.

18. Mais la diffamation serait publique si les propos avaient pu être entendus par un grand nombre d'acheteurs. — Même arrêt. V. sous l'art. 1ᵉʳ, n°ˢ 55, 56, 62.

19. La diffamation qui a eu lieu dans la pièce commune d'une auberge où se trouvaient trois personnes est publique. — Cass. 1ᵉʳ août 1845 (Journée), D., 45, 5, 415. — *Contrà :* Dalloz, v° *Presse,* n° 863. V. sous l'art. 1ᵉʳ, n°ˢ 43 et suiv.

20. Cependant des propos tenus dans une auberge peuvent n'avoir pas été proférés publiquement. — Cass. 11 juin 1831 (Latour du Pin), *J. p.* V. sous l'art 1ᵉʳ, n°ˢ 44 et suiv.

21. On ne peut considérer comme ayant un caractère public :
Une imputation calomnieuse faite dans la maison d'un juge de paix, hors du lieu et du jour de l'audience de ce magistrat. — Metz, 18 oct. 1817, *J. p.*; Riom, 24 déc. 1829 (Berthon), *J. p.*; de Grattier, t. 1, p. 121.

22. Par exemple, lorsque ce juge remplissait seulement un bon office et non un ministère officiel. — Metz, 18 oct. 1817, *J. p.* V. sous l'art. 1ᵉʳ, n° 53.

23. Les propos tenus dans une voiture publique allant d'une ville à une autre, en présence de quelques voyageurs. — Cass. 27 août 1831 (Pellegrin), *J. p.*; Parant, p. 70; Dalloz, v° *Presse,* n° 859. — *Contrà :* Chassan, t. 1, p. 50; de Grattier, t. 1, p. 121.

24. Des paroles prononcées dans le greffe d'une maison d'arrêt, dans le cours d'un interrogatoire, en présence du fonctionnaire public. — Cass. 19 sept. 1846 (Garon), *B. cr.*; Dalloz, v° *Presse,* n° 562.

25. Un tribunal peut décider que des injures proférées dans une salle d'audience, en présence des juges, du substitut et du barreau, ne sont pas publiques. — Cass. 4 août 1832 (Devolvé), *J. p.*; de Grattier, t. 1, p. 121; Dalloz, v° *Presse,* n° 932.

26. Il faut que le discours tenu dans un lieu public ait frappé l'oreille de plusieurs personnes, la loi ne considère pas comme diffamateur celui qui l'aurait confié, dans un lieu public, à une seule personne, si aucune autre n'avait pu l'entendre. — Bourges, 8 mars 1822 (Galpy), *J. p.*; Dalloz, v° *Presse,* n°ˢ 535, 863. V. *suprà*, n° 3. — *Contrà :* Chassan, t. 1, p. 48.

27. Mais une conversation en termes injurieux pour un fonctionnaire, tenue sur un chemin public, et surprise par des tiers qui se trouvaient dans une propriété voisine, constitue le délit d'injures publiques. — Bordeaux, 30 déc. 1847 (L.), D. 47, 5, 387; Chassan, t. 1, p. 48; de Grattier, t. I, p. 123. — *Contrà :* Il faut que les propos injurieux aient été *proférés.* — Dalloz, v° *Presse,* n° 944.

28. Une imputation calomnieuse proférée dans une réunion ou dans un lieu public, tel qu'une salle de spectacle, est réputée publique, encore qu'elle n'ait été entendue que de deux ou même d'une seule personne. — Cass. 2 juillet 1812 (Broudetta), *J. p.*; Parant, p. 69.

29. Au contraire, dans un lieu public de sa nature, il y a toujours ou réunion ou passage de citoyens, et conséquemment toujours aussi présomption nécessaire et légale de la publicité de l'imputation. — Cass. 26 mars 1813 (Ricci), *J. p.* — *Contrà :* Dalloz, v° *Presse,* n° 865.

30. Il n'est pas même nécessaire que l'imputation ait été entendue si elle a été *proférée* dans un lieu public de manière à être entendue de quiconque serait survenu. — Parant, p. 88; Chassan, t. 1, p. 48. — *Contrà :* Dalloz, *id.*

§ 3. — *Diffamations et injures proférées dans des réunions publiques.*

31. L'exposition d'un écrit diffamatoire est également coupable, qu'elle soit faite dans un lieu public ou dans une réunion publique. Une réunion peut être publique quoique formée dans un lieu non-public. — Cass. 26 janv. 1826 (Jacquot), *J. p.*; 10 déc. 1842 (Chevalier), *B. cr.*; Chassan, t. 1, p. 52.

32. Ainsi, il ne suffit pas que le jugement déclare que le lieu dans lequel des propos ont été tenus n'était pas un lieu public, il faut en outre qu'il soit constaté qu'ils n'ont pas été tenus dans une réunion publique. — Cass. 10 janv. 1824 (Guynaud), *J. p.*; 26 janv. 1826 (Jacquot), *J. p.*; de Grattier, t. 1, p. 124; Chassan, t. 1, p. 52; Parant, p. 70. V. *suprà*, n° 14.

33. Un propos tenu dans une réunion de créan-

ciers présidée par un magistrat, à l'effet de procéder à un concordat par suite de faillite, a le caractère de publicité exigé par cet article. — Cass. 1ᵉʳ fév. 1851 (Rousseau), *B. cr.*

34. Les paroles injurieuses proférées dans la séance d'un conseil municipal n'ont pas un caractère public. — Cass. 8 nov. 1844 (Harment), *B. cr.* — *Contrà :* Si elles ont été proférées non-seulement en présence des membres de ce conseil, mais encore en présence des propriétaires les plus imposés. — Orléans, 18 juillet 1835 (Rabier), *J. p.* — Sur ce qui constitue une réunion publique, V. les notes sous l'art. 1ᵉʳ, § 4.

§ 4. — *Diffamations et injures commises par écrit.*

35. La publicité nécessaire pour constituer le délit de diffamation résulte de lettres missives adressées à plusieurs personnes, surtout lorsque celles-ci ont été autorisées à leur donner de la publicité. — Cass. 29 juillet 1858 (Mouret), *B. cr.*; Dalloz, vᵒ *Presse*, nᵒ 868.

36. Elle peut résulte. de la communication de l'écrit à plusieurs personnes séparément dans un but de publicité. — Cass. 23 mars 1844 (Delanney), *B. cr.* — Même faite clandestinement. — Cass. 17 août 1839 (Fraboulet), *B. cr.* — Ou sous forme confidentielle. — Chassan, t. 1, p. 44, 422 ; de Grattier, t. 1, p. 126. V. sous l'art. 1ᵉʳ, L. 17 mai 1819, nᵒ 15.

37. Par exemple, la diffamation peut résulter de la distribution d'un écrit faite par une maison à ses agents ou correspondants dans un but de publicité. — Cass. 10 déc. 1842 (Chevallier), *B. cr.*; Chassan, t. 1, p. 423. — *Contrà :* Si l'écrit est confidentiel. — Paris, 6 mars 1844 (Harville), *J. p.*; 44, 2, 81.

38. Au contraire, il n'y a pas publicité dans la dictée d'une lettre par un patron à son employé, ou dans la communication qui en a été donnée à un tiers à titre de confidence et en vue d'une conciliation. — Cass. 8 mai 1856 (Barthelemy), *B. cr.*

39. Le fait d'avoir montré à plusieurs personnes et à deux reprises, dans le cabinet d'un courtier de commerce, un écrit diffamatoire, a pu être considéré comme n'ayant pas eu la publicité exigée par la loi pour constituer le délit de diffamation. — Bordeaux, 2 mai 1833, *J. p.*: Cass. 29 nov. 1833 (Boudon), *J. p.*; Parant, p. 465 ; de Grattier, t. 1, p. 122.

40. La publicité donnée à une lettre particulière, par exemple à celle écrite par une jeune fille à son amant, peut constituer le délit de diffamation, si cette lettre est de nature à porter atteinte à l'honneur de la jeune fille. — Cass. 15 déc. 1859 (Moncaubet), *B. cr.*

41. L'imputation d'un fait portant atteinte à l'honneur et à la considération contenue dans un procès-verbal d'offres réelles dressé par un huissier, signifié dans l'étude d'un autre, ne peut constituer le délit de diffamation, la publicité n'existant pas. — Cass. 25 nov. 1859 (Meurs-Mazy), *B. cr.*; Dalloz, vᵒ *Presse*, nᵒ 853. — *Contrà :* L'imputation faite par une partie dans un acte signifié par huissier à l'autre partie a un caractère public. — Cass. 11 vend. an IV (Deyris), *J. p.*; Nîmes, 14 déc. 1848; D., 50, 5, 372.

42. Si l'acte extra-judiciaire était suivi d'un procès, il devrait être considéré comme un écrit produit devant les tribunaux. — Chassan, t. 1, p. 408. — *Contrà :* Dalloz, *id.* V. les notes sous l'art. 23, L. 17 mai 1819.

43. S'il était suivi d'une dénonciation, la plainte de la personne prétendue diffamée serait connexe aux poursuites. — Cass. 11 vend. an IV (Deyris), *J. p.* V. notes sous l'art. 373 C. pén., *Codes crim.* Chassan, t. I, p. 408.

44. Un acte notifié d'avoué à avoué dans le cours d'un procès civil n'a aucun des caractères de publicité prévus par l'art 1ᵉʳ, L. 17 mai 1819. — Cass. 21 sept. 1838 (Vialle), *B. cr.*; Chassan, t. 1, p. 423.

45. Ainsi, des imputations calomnieuses, consignées dans une requête signifiée d'avoué à avoué, ne peuvent constituer le délit de calomnie si cette requête n'a pas été rendue publique. — Cass. 27 août 1818 (Dragon-Gonnecourt), *J. p.*; Chassan, t. 1, p. 423; Parant, p. 88; de Grattier, t. 1, p. 202.

46. Une note distribuée à chacun des membres d'une juridiction civile, appelés à connaître d'un litige, ne peut être considérée comme publique. — Cass. 22 juin 1838 (Thomas), *B. cr.*

47. Mais la publicité donnée à des mémoires produits en justice peut constituer le délit de diffamation. — Paris, 24 avril 1847 (Christofle) ; D., 47, 2, 197.

48. Il y a diffamation lorsque des mémoires sont répandus dans le public sans utilité et sur des plaintes encore soumises à une instruction secrète. — Cass. 18 oct. 1821 (Ricard), *J. p.*

49. Des imputations calomnieuses consignées dans un registre authentique déposé au greffe d'un tribunal ont un caractère public. — Cass. 22 août 1828 (Clin), *J. p.*; Chassan, t. 1, p. 423; Parant, p. 87; de Grattier, t. 1, p. 203. — *Contrà :* Dalloz, vᵒ *Presse*, nᵒ 857.

50. Au contraire, on ne peut considérer comme publiques :

La diffamation ou l'injure contenues dans un acte authentique, tel qu'un testament notarié qui n'a été ni distribué ni exposé dans des lieux publics. — Cass. 7 mars 1823 (Pommier), *J. p.*; Chassan, t. 1, p. 423; Parant, p. 87 ; de Grattier, t. 1, p. 202; Dalloz, vᵒ *Presse*, nᵒ 869.

51. Ni des imputations diffamatoires insérées dans une requête adressée contre un syndic à un juge commissaire lorsqu'elle n'a pas été distribuée. — Cass. 7 mai 1819 (Lemonnier) ; Dalloz, vᵒ *Presse*, nᵒ 869.

52. Ni des imputations renfermées dans une dénonciation adressée à une chambre d'accusation ou dans une demande formée devant le conseil d'Etat pour être autorisé à poursuivre. — Cass. 18 juillet 1828 (Magnoncourt), *J. p.*

53. Ni des imputations diffamatoires renfermées dans un écrit adressé à un ministre contre un de ses subordonnés, si elles n'ont pas été rendues publiques, mais elles peuvent être constitutives de la dénonciation calomnieuse. — Cass. 25 août 1816 (Maury), *J. p.*; Chassan, t. 1, p. 424; Parant, p. 87.

54. La diffamation et l'injure insérées dans une pétition adressée à la chambre des députés ou des pairs, sont publiques lorsqu'elles sont divulguées par le rapport fait à la tribune. La publicité est imputable à l'auteur de la pétition. — Chassan, t. 1, p. 424.

55. Les expressions diffamatoires contenues dans la délibération d'un conseil municipal ne peuvent donner lieu à une action en diffamation; l'individu lésé doit se pourvoir devant l'autorité administrative. — Nancy, 17 juillet 1846 (Mayeur); D., 46, 2, 236.

Art. 15. *Remplacé par l'art. 5, Loi du 25 mars 1822.*

Art. 16. La diffamation envers tout dépositaire ou agent de l'autorité publique, pour des faits relatifs à ses fonctions, sera punie d'un emprisonnement de huit jours à dix-huit mois, et d'une amende de 50 fr. à 3,000 fr.

L'emprisonnement et l'amende pourront, dans ce cas, être infligés cumulativement ou séparément, selon les circonstances.

1. Cet article n'est pas abrogé par l'art. 6, L. 25 mars 1822. — Cass. 17 juillet 1845 (Vagner), *B. cr.*; Parant, p. 91.

2. Il est encore applicable aux diffamations envers les simples agents de l'autorité. — Parant, p. 92; de Grattier, t. 1, p. 207.

3. Mais la diffamation verbale envers un fonctionnaire public dans l'exercice de ses fonctions prend le caractère d'outrage prévu par l'art. 222 du C. pén. — Cass. 7 déc. 1837 (Andrieu), *B. cr.*; Parant, p. 92; de Grattier, t. 1, p. 207. V. sous l'art. 222 C. pén., n° 11, *Codes crim.*

4. On ne peut considérer comme dépositaires ou agents de l'autorité publique, ou comme investis d'un caractère public que ceux qui, par délégation médiate ou immédiate du gouvernement, exercent, dans un intérêt public, une portion de son autorité. — Paris, 31 mars 1843 (Briet), *J. p.*; Dalloz, v° *Presse*, n° 903.

5. Doivent être considérés comme agents de l'autorité :
Les porteurs de contraintes. — Cass. 14 août 1843 (Armspach), *J. p.*; Chassan, t. 1, p. 442. V. sous l'art. 224 C. pén., n° 17.

6. Les gardes champêtres. — Metz, 4 déc. 1826 (Couturier), *J. p.* V. notes sous l'art. 24 C. pén., n° 24, *Codes crim.*

7. Les sergents de ville, quoiqu'ils n'aient pas prêté serment.—Cass. 9 mars 1833 (Pelleport), *J. p.*; Parant, p. 92; de Grattier, t. 1, p. 207.

8. Les appariteurs ou agents de police, lorsqu'ils exercent la surveillance municipale. — Cass. 28 août 1829 (Guichard), *J. p.*; 16 juin 1832 (Brian), *J. p.*; 27 mai 1837 (Bailly), *B. cr.*; Chassan, t. 1, p. 441; Parant, p. 92; de Grattier, t. 1, p. 207. — Et qu'ils agissent pour l'exécution des règlements.—Cass. 27 mai 1837 (Bailly), *J. p.* V. notes sous l'art. 234 C. pén., n°ˢ 18 et suiv., *Codes crim.*

9. Les gendarmes. — Limoges, 23 nov. 1851, S. 52, 2, 25.

10. Les gardes établis par les concessionnaires d'un droit de péage pour assurer la perception du droit. — Orléans, 12 mai 1845 (Quillier); D., 45, 2, 175.

11. Les gardes nationaux, lorsqu'ils font des actes relatifs à leur service. — Cass. 5 août 1831 (Savary), *J. p.*; 24 fév. 1832 (Fontaneau), *J. p.*; 17 mai 1832 (Bertin), *J. p.*; Chassan, t. 1, p. 441; Parant, p. 91; de Grattier, t. 1, p. 207; Dalloz, v° *Presse*, n° 1529.

12. Ne peuvent être réputés agents de l'autorité publique :
Les membres des commissions administratives des hospices. — Cass. 27 nov. 1840 (Clément), D. V. sous l'art. 6, L. 25 mars 1822, § 4.

13. Les chirurgiens ou médecins d'un hôpital. — Orléans, 16 août 1836 (Groubental), *J. p.*

14. Un directeur d'un dépôt de mendicité. — Bordeaux, 20 mars 1851 (Dugat); D., 53, 2, 159.

15. Les électeurs. — Cass. 25 mai 1838 (Mangin), *J. p.*; 13 fév. 1850 (de Maynard), *B. cr.*

16. Les ministres des cultes. — Paris, 31 mars 1843 (Briet); Dalloz, v° *Presse*, n° 907. V. encore les notes sous l'art. 6, L. 25 mars 1822, § 4.

17. Les arbitres volontaires. Ils n'ont aucun caractère public. — Cass. 29 avril 1837 (Parquin), *B.*

cr.; Chassan, t. 2, p. 169. — Il en était autrement des arbitres forcés. — Cass. 15 juillet 1836 (Salmon), *J. p.* — Même amiables compositeurs. — Cass., ch. réun., 15 mai 1838 (Parquin), *B. cr.* — *Contrà :* de Grattier, t. 1, p. 424.

18. Le secrétaire d'un sous-préfet et le commis d'une sous-préfecture. — Cass. 22 août 1851 (Capo de Feuillide), *B. cr.*

19. Les avoués ni les notaires. — Cass. 9 sept. 1836 (Fournier-Verneuil), *J. p.*; Riom, 13 nov. 1846 (Hyvert); D., 47, 2, 37; de Grattier, t. 1, p. 208; Dalloz, v° *Presse*, n° 1517. V. encore sous l'art. 6, L. 25 mars 1822, autres décisions.

20. La circonstance que l'agent a été diffamé pour des faits relatifs à ses fonctions est constitutive du délit prévu par cet article. — Cass. 16 juin 1832 (de Brian), *J. p.*; de Grattier, t. 1, p. 213.

21. Cette circonstance est suffisamment constatée par la déclaration que les propos contenaient l'imputation de faits portant atteinte à l'honneur et à la considération et par l'énonciation des écrits incriminés. — Cass. 13 juin 1851 (Sémac), *B. cr.*

22. L'imputation ne porte pas sur des faits relatifs aux fonctions, lorsqu'elle ne s'attaque pas à un fait de l'agent parfaitement légal et régulier, mais porte seulement sur la correlation de ce fait avec la position personnelle de cet agent. Il n'y a alors qu'une diffamation envers une personne privée. — Cass. 19 sept. 1850 (Bareste), *B. cr.*

23. La diffamation commise envers un professeur à l'occasion de la publication de ses leçons orales est étrangère à sa qualité d'officier de l'université. — Cass. 8 nov. 1844 (Barrier), *B. cr.*; Chassan, t. 2, p. 177.

24. Il est indifférent que l'agent eût cessé ses fonctions au moment où le délit a été consommé, s'il a été injurié pour des faits relatifs à ces fonctions. — De Grattier, t. 1, 214.

Art. 17. La diffamation envers les ambassadeurs, ministres plénipotentiaires, envoyés, chargés d'affaires ou autres agents diplomatiques accrédités près du roi, sera punie d'un emprisonnement de huit jours à dix-huit mois, et d'une amende de 50 fr. à 3,000 fr., ou de l'une de ces deux peines seulement, selon les circonstances.

Cet article n'exige pas, pour que la diffamation envers les agents diplomatiques accrédités soit punie des peines prononcées par ledit article, qu'elle ait pour objet des faits relatifs à leurs fonctions. — Cass. 27 janv. 1843 (Barrachin); S., 43, 1, 239; Chassan, t. 1, p. 439; Parant, p. 93; de Grattier, t. 1, p. 215; Dalloz, v° *Presse*, n° 913.

Art. 18. La diffamation envers les particuliers sera punie d'un emprisonnement de cinq jours à un an, et d'une amende de 25 fr. à 2,000 fr., ou de l'une de ces deux peines seulement, selon les circonstances.

1. La diffamation commise en France par un étranger envers un autre étranger résidant à l'étranger peut être poursuivie en France. — Cass. 22 juin 1826 (Wilson), *J. p.*; de Grattier, t. 1, p. 216; Dalloz, v° *Presse*, n° 1130. V. sous l'art. 7, n° 18, C. i. cr.

2. L'amende encourue pour délit de diffamation

envers un particulier par la voie d'un journal ne peut pas être moindre du double du *minimum* de celle fixée par l'art. 18. Art. 10, loi 9 juin 1819.— Cass. 6 juillet 1832 (Fourteau), *J. p.*

Art. 19. L'injure contre les personnes désignées par les art. 16 et 17 de la présente loi sera punie d'un emprisonnement de cinq jours à un an, et d'une amende de 25 fr. à 2,000 fr., ou de l'une de ces deux peines seulement, selon les circonstances.

L'injure contre les particuliers sera punie d'une amende de 16 fr. à 500 fr.

1. Cet article déroge à l'art. 224 C. pén., lorsqu'il s'agit d'injures publiques adressées à des agents ou dépositaires de l'autorité publique *dans l'exercice de leurs fonctions* ou pour *des faits relatifs à leurs fonctions.* — Orléans, 10 juillet 1843 (Isambert), *J. p.*, 43, 2, 433.

2. Il n'est applicable qu'autant que l'injure est relative aux fonctions. — Parant, p. 94 ; de Grattier, t. 2, p. 218.

3. L'injure verbale n'est réputée faite qu'à un simple particulier, lorsqu'elle n'a été adressée à un maire qu'à raison d'un fait qui lui était pleinement personnel. — Cass. 24 déc. 1819 (Leger), *J. p.*

4. Ou lorsqu'elle ne lui a été adressée ni dans l'exercice ni à l'occasion de l'exercice de ses fonctions. — Cass. 18 août 1832 (Bernardini), *J. p.*

5. Un maire est dans l'exercice de ses fonctions quand il appose une affiche annonçant une nouvelle importante.—Cass. 1ᵉʳ mars 1833 (Gueguen), *J. p.*

6. Un gendarme est dans l'exercice de ses fonctions quand, par ordre de ses chefs et pour le service du poste dont il fait partie, il achète du pain chez un boulanger. — Cass. 30 déc. 1853 (Ayraud), *B. cr.*

7. Cet article est applicable à l'outrage par paroles dans un cabaret à un garde champêtre agissant comme officier de police. — Metz, 29 mai 1826 (Hambourger), *J. p.*

8. V., dans quels cas l'art. 224 C. pén. est applicable, les notes sous ledit article, *Codes crim.*

Art. 20. Néanmoins, l'injure qui ne renfermerait pas l'imputation d'un vice déterminé, ou qui ne serait pas publique, continuera d'être punie des peines de simple police.

1. Aux termes de cet article, il ne suffit pas que l'injure soit publique pour donner lieu à une peine correctionnelle, il faut, en outre, qu'elle contienne l'imputation d'un vice déterminé. — Bordeaux, 13 janv. 1832 (Arnaud), *J. p.*; Cass. 20 août 1842 (Philippe), *B. cr.*; 11 nov. 1843 (Moynier), *B. cr.*; Chassan, t. 1, p. 411; Parant, p. 95 ; de Grattier, t. 1, p. 225 ; Dalloz, vᵒ *Presse*, nᵒ 933. V. sous l'art. 376, nᵒ 1, C. pén., *Codes crim.*— *Contrà :* Il suffit que l'injure soit publique.— Lyon, 5 janv. 1825 (Boissieux), *J. p.* ; Cass. 15 fév. 1828 (Deloge), *J. p.*; 24 avril 1828 (Luneizolle), *J. p.*; 9 mars 1833 (Pelleport), *J. p.*

2. Ainsi l'injure, même commise par la voie de la presse, lorsqu'elle ne contient pas l'imputation d'un vice déterminé, ne peut être punie que des peines de police. — Cass. 11 nov. 1843 (Moynier), *B. cr.*

3. De même, l'injure qui renferme l'imputation d'un vice déterminé n'est pas pour cela de la compé-tence du tribunal correctionnel ; il faut qu'elle soit publique. — Poitiers, 19 déc. 1820 (Champion), *J. p.*; Bordeaux, 7 janv. 1832 (Arnaud), *J. p.*; Cass. 10 juillet 1840 (Nativel), *J. p.*, 41, 2, 619 ; 16 avril 1841 (Courtet), *J. p.*, 41, 2, 136; Chassan, t. 1, p. 411.

4. A l'égard de la diffamation non publique. — V. *supra*, sous l'art. 14, nᵒ 2.

5. Lorsque le tribunal déclare que l'outrage n'a pas été public, il doit, lorsque aucun renvoi n'a été demandé soit par la partie publique, soit par la partie civile, prononcer les peines de police pour injures simples. — Cass. 30 juillet 1853 (Leger), *B. cr.* V. art. 192 C. i. cr.

6. On ne peut considérer comme contenant l'imputation d'un vice déterminé :

L'imputation faite dans une circulaire adressée par un négociant à ses correspondants que telle personne ne fait plus partie de sa maison pour des raisons assez graves pour ne pas les citer. Elle ne constitue qu'une injure simple punie par l'art. 471 C. pén. — Paris, 6 mars 1844 (Harviller), *J. p.*, 44, 2, 81.

7. Le mot *canaille.* — Cass. 20 août 1842 (Philippe), *B. cr.* ; Chassan, t. 1, p. 411. — *Contrà :* Dalloz, vᵒ *Presse*, nᵒ 926.

8. Ni les mots : *drôle ou polisson.* — Cass. 16 avril 1841 (Courtel), *J. p.*, 41, 2, 136 ; Nîmes, 3 juin 1841 (Courtel), *J. p.*, 41, 2, 136; Pau, 31 juill. 1857 ; D. 58, 2, 210; Chassan, t. 1, p. 411. — *Contrà :* Celui qui publiquement traite un autre de drôle, insolent et polisson commet une injure passible des peines portées par les art. 13 et 19. — Angers, 15 nov. 1828 (Demouti), *J. p.* — *Contrà :* Dalloz, vᵒ *Presse*, nᵒ 930.

9. Ni cette apostrophe : *Vous êtes un mauvais citoyen, un homme suspect.* — Bordeaux, 13 janvier 1832 (Arnaud), *J. p.* — *Contrà :* Dalloz, vᵒ *Presse*, nᵒ 927.

10. Ni le propos tenu à une dame : *qu'elle n'est qu'une marchande de chansons et qu'il y a un long cahier sur son compte.* — Cass. 10 juillet 1840 (Nativel), *J. p.*, 41, 2, 619.

11. Mais l'imputation d'être un fripon renferme l'imputation d'un vice déterminé. — Cass. 1ᵉʳ fév. 1851 (Rousseau), *B. cr.*

12. Lorsque les juges donnent à des paroles une qualification différente de leur sens apparent, il faut qu'ils spécifient à quel vice le prévenu a voulu attacher l'expression dont il s'est servi. — Cass. 20 août 1842 (Philippe), *B. cr.*

13. Cet article ne se réfère qu'au 2ᵉ paragraphe de l'art. 19, relatif aux injures contre les particuliers. Lorsque l'injure est publique et qu'elle est dirigée contre un agent de l'autorité, la juridiction correctionnelle est compétente, lors même que l'injure ne renfermerait pas l'imputation d'un vice déterminé.—Cass. 13 mars 1823 (Balthazard), *J. p.*; Orléans, 10 juillet 1843 (Isambert), *J. p.*; Cass. 6 août 1852 (Jusselain), *B. cr.*; Dalloz, vᵒ *Presse*, nᵒ 939. — *Contrà :* De Grattier, t. 1, p. 220. — C'est l'art. 6, L. 25 mars 1822, qui est applicable.— Parant, p. 95.

14. Ainsi, l'art. 19 est applicable aux injures adressées à un agent de police, encore qu'elles ne renferment pas l'imputation d'un vice déterminé, et encore que l'agent n'ait pas prêté serment. — Cass. 5 avril 1860 (Pinsart), *B. cr.* — *Contrà :* Pau, 31 juillet 1857 (N.); D., 58, 2, 210.

15. Le peu de gravité et la non-publicité des injures adressées à un fonctionnaire les font rentrer sous l'application de l'art. 224 C. pén. — Cass. 23 janv. 1829 (Dubreuil), *J. p.* — Ou dans celle de l'art. 222 C. pén. — Chassan, t. 1, p. 418. V. les notes sous les art. 222 et 224 C. pén. *Codes crim.*

CHAPITRE VI. — *Dispositions générales.*

Art. 21. Ne donneront ouverture à aucune action les discours tenus dans le sein de l'une des deux Chambres, ainsi que les rapports ou toutes autres pièces imprimées par ordre de l'une des deux Chambres.

1. L'immunité accordée par cet article ne couvrirait pas le pair ou le député, ni le tiers, qui sans l'ordre de la chambre reproduirait au dehors de son enceinte le discours qui y aurait été prononcé. — Chassan, t. 1, 63 ; Parant, p. 98 ; de Grattier, t. 1, p. 225 ; Dalloz, vᵒ *Presse*, nᵒ 1160. — Sauf l'application de l'art. 22 ci-après.

2. Elle ne couvrirait point un pétitionnaire dont la pétition renfermerait un délit, par exemple une diffamation. — Chassan, t. 1, p. 63 ; Parant, *id.* ; de Grattier, t. 1, p. 227 ; Dalloz, vᵒ *Presse*, nᵒ 1164.

3. Elle ne peut s'étendre aux écrits publiés pendant les élections au sujet d'un candidat. — Cass. 16 nov. 1843 (Miramont), *B. cr.* ; Chassan, t. 1, p. 62.

4. Ni aux protestations adressées à la Chambre contre une élection. — Orléans, 31 mai 1847 (Renou-Ruet) ; D., 47, 2, 161.

5. Elle n'est point applicable aux délits d'outrages commis dans les réunions des conseils municipaux. — Cass. 17 mai 1845 (de Théville), *B. cr.* ; 22 août 1840 (Boubée), *B. cr.* ; 30 nov. 1861 (Rambourg), *B. cr.* ; Chassan, t. 1, p. 61. — *Contrà :* Dalloz, vᵒ *Presse*, nᵒ 1169.

6. La Chambre peut infliger elle-même certaines peines à ses membres, telles que le rappel à l'ordre, l'interdiction de la parole. — Chassan, t. 1, p. 74.

Art. 22. Ne donnera lieu à aucune action le compte fidèle des séances publiques de la Chambre des députés, rendu de bonne foi dans les journaux.

1. Le bénéfice de cet article ne peut être invoqué que par les journaux. — De Grattier, t. 1, p. 230.

2. La publication par extrait d'un ou plusieurs discours ne serait pas à l'abri des poursuites si le discours ainsi publié contenait quelque délit. — Chassan, t. 1, p. 123.

Art. 23. Ne donneront lieu à aucune action en diffamation ou injure les discours prononcés ou les écrits produits devant les tribunaux : pourront néanmoins les juges saisis de la cause, en statuant sur le fond, prononcer la suppression des écrits injurieux ou diffamatoires, et condamner qui il appartiendra en des dommages-intérêts.

Les juges pourront aussi, dans le même cas, faire des injonctions aux avocats et officiers ministériels, ou même les suspendre de leurs fonctions.

La durée de cette suspension ne pourra excéder six mois ; en cas de récidive, elle sera d'un an au moins, et de cinq ans au plus.

Pourront, toutefois, les faits diffamatoires étrangers à la cause donner ouverture, soit à l'action publique, soit à l'action civile des parties, lorsqu'elle leur aura été réservée par les tribunaux, et, dans tous les cas, à l'action civile des tiers. *V. art.* 1036 *C. proc.*

§ 1ᵉʳ. — *Discours prononcés devant les tribunaux.*

1. Cet article s'applique aussi bien au cas d'injures ou diffamations prononcées dans les plaidoiries, qu'au cas d'injures ou diffamations écrites dans les mémoires ou actes du procès. — Bordeaux, 7 août 1844 (Ballanger) ; S., 45, 2, 552 ; Chassan, t. 2, p. 545.

2. Une partie est responsable des imputations injurieuses ou diffamatoires étrangères à la cause contenues dans la plaidoirie de son avocat, lorsque les imputations ont eu lieu en sa présence et sans opposition de sa part. — Rouen, 7 mars 1835 (Maubert), *J. p.* ; Bordeaux, 7 août 1844 (Ballanger) ; S., 45, 2, 552 ; Chassan, t. 2, p. 544. — *Contrà :* Dalloz, vᵒ *Presse*, nᵒ 1218.

3. Mais l'avocat qui a écrit ou plaidé des faits calomnieux par ordre de son client peut être personnellement tenu de dommages-intérêts. — Chassan, t. 1, p. 78 ; de Grattier, t. 1, p. 244 ; Dalloz, *id.* — — *Contrà :* Paris, 23 prair. an XIII (Lusignau), *J. p.*

4. Surtout lorsque ces faits sont imputés à des tiers et sont étrangers à la cause. — Rouen, 7 mars 1835 (Maubert), *J. p.* ; Chassan, t. 1, p. 99.

5. L'avocat et l'avoué seraient cependant affranchis de toute responsabilité dans le cas où l'injure ou la diffamation ne résulteraient que de la publication de faits indispensables à la cause. — De Grattier, t. 1, p. 245.

6. Des paroles injurieuses prononcées par une partie pendant la plaidoirie de son conseil, et sans avoir obtenu la parole du président, ne peuvent être considérées comme faisant partie de la défense, ni jouir du bénéfice de cet article. — Caen, 30 avril 1842 (Labille), *B. cr.* ; de Grattier, t. 1, p. 232 ; Mangin, *Act. publ.*, t. 1, p. 321.

7. Il en est de même des paroles injurieuses proférées par une partie dans une de ces affaires dont l'instruction se fait par écrit. — Mangin, t. 1, p. 322 ; de Grattier, t. 1, p. 233. — *Contrà :* Dalloz, vᵒ *Presse*, nᵒ 1195.

8. Ou des paroles injurieuses proférées par un tiers pendant les plaidoiries. — De Grattier, t. 1, p. 234.

9. Le prévenu d'injures ne peut invoquer l'exception portée en cet article :
Lorsque les propos n'ont pas été tenus devant le juge. — Cass. 7 juillet 1827 (Chatel), *J. p.*

10. Ou lorsque les injures ont été proférées dans la salle d'audience en présence du barreau et du public pendant le délibéré des juges. — Cass. 19 nov. 1829 (Mestivier), *J. p.* ; Mangin, t. 1, p. 323 ; de Grattier, t. 1, p. 233 ; Dalloz, vᵒ *Presse*, nᵒ 1196. — *Contrà :* Les juges saisis de l'affaire sont seuls compétents pour réprimer ces injures s'ils en ont connaissance. — Chassan, t. 2, p. 572.

11. Lorsque l'outrage a été prononcé non dans la plaidoirie, mais après le jugement, devant le juge, alors surtout que la personne outragée n'était pas présente et ne pouvait demander acte des réserves. — Grenoble, 9 mai 1834 (Piot), *J. p.* ; de Grattier, t. 1, p. 234 ; Dalloz, vᵒ *Presse*, nᵒ 1196.

12. Cet article n'est pas applicable aux magistrats du min. public, lorsqu'ils donnent leurs conclusions.

Les tribunaux ne peuvent donner acte de réserves faites contre eux. — Cass. 30 oct. 1835 (Blavot), *J. p.*; 11 janv. 1851 (Bachelet); D., 51, 5, 408; de Grattier, t. 1, p. 232. — Même de leur consentement. — Cass. 20 oct. 1835 (Blavot), *J. p.*

13. Les réquisitions prises à l'audience par ces officiers ne peuvent donner lieu contre eux, dans aucun cas, à une action en diffamation ou en injures. — Cass. 30 oct. 1835 (Blavot), *J. p.* — *Contrà:* Dalloz, vᵒ *Presse*, nᵒ 1185.

14. Un acte d'accusation et un réquisitoire prononcé à l'audience ne peuvent donner lieu à une plainte en diffamation de la part des tiers, lorsque les paroles prétendues injurieuses ne présentent pas les caractères de mauvaise foi et de dessein de nuire. — Cass. 24 déc. 1822 (Lafitte), *J. p.*

15. Cet article n'est pas non plus applicable à un tribunal qui, appréciant dans son jugement un fait qui était l'un des éléments du procès, le qualifie de manière à nuire à l'honneur ou à la considération de l'une des parties. — Cass. 22 fév. 1825 (de Forbin Janson), *J. p.*; Chassan, t. 1, p. 107.

16. Mais si les motifs d'un jugement étaient de nature à constituer un véritable délit, la partie lésée aurait le droit de se pourvoir contre le juge par les voies ordinaires. — Cass. 29 janv. 1824 (Forbin Janson), *J. p.*; Chassan, *id.*, p. 110.

17. Il ne s'applique qu'aux diffamations envers les parties ou les tiers, et ne couvre pas les discours qui constituent des délits politiques. — Cass. 27 fév. 1832 (Raspail), *J. p.*; 7 juin 1832 (de Savignac), *J. p.*; Dalloz, vᵒ *Presse*, nᵒ 1197. — Ou des crimes ou délits de droit commun, art. 181 C. i. c. — De Grattier, t. 1, p. 233, 251.

18. Des faits diffamatoires non étrangers à la cause, prononcés dans une plaidoirie, à l'audience, au nom d'un prévenu de diffamation, ne peuvent constituer un nouveau délit; il n'y a lieu qu'à l'application de cet article. — Lyon, 16 fév. 1826 (Bœuf), *J. p.*

§ 2. — *Écrits produits devant les tribunaux.*

19. L'expression : *écrits produits* s'applique à toute remise ou émission aux juges saisis de l'affaire d'un écrit ou d'un imprimé. — Cass. 3 juin 1825 (Valade), *J. p.*; de Grattier, t. 1, p. 235; Mangin, t. 1, p. 327.

20. Il n'est pas nécessaire que l'écrit soit signifié comme défense ou comme pièce du procès. — Cass. 6 fév. 1829 (Thirion Montauban), *J. p.*; 12 sept. 1829 (Michel), *J. p.*; Bastia, 27 déc. 1834 (Biadelli), *J. p.*; Agen, 23 déc. 1851 (Beuech); D., 52, 2, 117; Parant, p. 101; Mangin, *Act. publ.*, t. 1, p. 327; de Grattier, t. 1, p. 238; Chassan, t. 1, p. 91. — Ni qu'il soit signé. — Cass. 3 juin 1825 (Valade), *J. p.*; Chassan, *id.*; Mangin, *id.*; de Grattier, t. 1, p. 235.

21. Il suffit qu'il ait été distribué aux juges et que des fragments en aient été lus. — Bordeaux, 6 janv. 1834 (Rullié), *J. p.*

22. Ou même qu'il ait fait partie d'un dossier communiqué. — Bourges, 3 juillet 1841 (Bonneau), *J. p.*, 41, 2, 678; Chassan, t. 1, p. 104; de Grattier, t. 1, p. 238.

23. Qu'il ait été remis au juge rapporteur de l'affaire. — Cass. 30 déc. 1851 (du Martray); D., 52, 1, 154; Dalloz, vᵒ *Presse*, nᵒ 1203.

24. Une plainte en faux signée d'un avocat, quoique jointe au dossier, n'est pas réputée produite en justice si elle a été retirée et remplacée par une requête signée de la partie avant que l'affaire fût soumise à l'examen de la cour. — Cass. 21 fév. 1838 (Provins), *J. p.*; de Grattier, t. 1, p. 238.

25. L'immunité établie par cet article n'est point applicable aux mémoires distribués à d'autres qu'aux juges. — Cass. 14 déc. 1838 (Bernage), *B. cr.*; Dalloz, vᵒ *Presse*, nᵒ 1204. — Elle n'appartient pas aux articles publiés dans les journaux par un prévenu dans l'intérêt de sa défense. — Cass. 10 juin 1831 (Berge), *J. p.*; de Grattier, t. 1, p. 237.

26. La publicité donnée à des mémoires produits en justice peut constituer une diffamation, non couverte par l'immunité accordée par cet article. — Cass. 11 mai 1843 (Paya); Paris, 24 avril 1847 (Christofle), D. 47. 2, 1, 197; Parant, p. 101; Chassan, t. 2, p. 546.

27. On ne peut considérer comme produit devant les tribunaux le mémoire diffamatoire publié avant que l'instance fût engagée. — Cass. 18 fév. 1819 (Fortin), *J. p.* — Après le jugement et avant l'appel. — Cass. 21 juillet 1832 (Ricard), *J. p.*; Chassan, t. 1, p. 91; Parant, p. 101.

28. Ou après l'arrêt qui a mis fin au procès. — Cass. 16 nov. 1843 (Miramont), *B. cr.*; 15 juin 1854 (de Colmont), *B. cr.*

29. Le tribunal correctionnel est souverain pour décider, d'après les circonstances de fait qui ont accompagné la production d'un écrit dans une instance civile, si cet écrit a le caractère d'un mémoire produit en justice, ou s'il n'a eu pour objet que de faciliter, sous les apparences d'une légitime défense, des allégations diffamatoires. — Cass. 20 mai 1854 (Grass), *B. cr.*; 15 déc. 1854 (de Colmont), *B. cr.*

30. On ne peut réputer produit devant les tribunaux un écrit imprimé qui, quoique relatif à un procès et répandu dans le public, n'a pas été versé au procès ni distribué aux magistrats. — Rouen, 7 mars 1833 (Maubert), *J. p.*; Colmar, 27 juin 1836 (Lacroix), *J. p.*; Mangin, t. 1, p. 326; de Grattier, t. 1, p. 238.

31. Et alors que ceux-ci déclarent qu'ils n'ont aucun moyen de constater si une distribution en a été faite. Une action séparée en diffamation est recevable. — Cass. 24 déc. 1830 (Lacroix), *J. p.*; Mangin, *id.*; Parant, p. 102.

32. Ni un mémoire dont un seul exemplaire est tombé entre les mains du min. public. — Toulouse, 10 avril 1829 (Michel), *J. p.*; de Grattier, t. 1, p. 238. — Mais il pourrait y avoir *publication*. — Chassan, t. 1, p. 92.

33. Cependant un écrit adressé au roi, imprimé et distribué à l'occasion d'un procès, doit être considéré comme un mémoire sur procès, et ne peut donner lieu à une action directe en diffamation, lorsqu'il rapporte les mêmes faits que ceux présentés aux juges saisis. — Paris, 15 déc. 1825 (Bordeaux), *J. p.*

34. On ne peut assimiler à un écrit produit en justice une plainte calomnieuse déposée au greffe d'un tribunal et suivie d'une ordonnance de non-lieu. — Cass. 22 août 1828 (Clin), *J. p.*; de Grattier, t. 1, p. 238.

35. Ni l'écrit diffamatoire publié par un maire en réponse à une dénonciation transmise au ministre de l'intérieur. — Cass. 2 août 1821 (Titon Bergeras), *J. p.*; Chassan, t. 1, p. 94; Mangin, *Act. publ.*, t. 1, p. 324; Parant, p. 101; de Grattier, t. 1, p. 238.

36. Cet article n'est pas applicable lorsque la publication a eu lieu en dehors de tout débat judiciaire, et ne peut trouver son appui dans la nécessité de la défense. — Cass. 23 mars 1844 (Delanney), *B. cr.*; Chassan, t. 1, p. 77, t. 2, p. 545; Mangin, *Act. publ.*, t. 1, p. 326.

37. Ainsi, l'immunité accordée par cet article n'appartient pas à l'écrit d'un avocat, produit en dehors de tout débat judiciaire, répandu à un grand nombre

d'exemplaires. Il reste soumis à la loi générale. — Cass. 26 avril 1856 (Caseneuve), *B. cr.*

38. L'exception établie par cet article ne peut être invoquée lorsque le mémoire produit devant les tribunaux contient, non une diffamation ni une injure, mais une dénonciation calomnieuse. — Cass. 1er mars 1860 (Contour) ; S., 60, 1, 768.

39. Ainsi, cet article ne s'applique point à la dénonciation calomnieuse qui, après avoir été faite verbalement à l'audience, est ensuite rédigée, signée et déposée sur le bureau du tribunal. Celui-ci est hors d'état de statuer, et il n'est pas nécessaire que des réserves aient été expressément dénoncées, ni qu'il ait été statué sur l'extranéité des faits de la dénonciation pour que le droit d'action soit conservé à la partie lésée. — Cass. 16 fév. 1839 (Vacherie), *B. cr.*

40. La publication d'un interrogatoire subi devant un juge d'instruction peut donner lieu à des poursuites s'il contient des délits. — Cass. 19 mai 1832 (Leduc), *J. p.*

41. Les écrits publiés pendant les élections au sujet d'un candidat ne sont pas couverts par l'immunité consacrée par la loi, et peuvent être poursuivis pour diffamation. — Douai, 21 août 1861 (Plichon) ; S. 61, 534.

§ 3. — *Tribunaux compétents pour prononcer sur les injures et diffamations.*

42. Les tribunaux civils sont compétents pour réprimer les injures et diffamations contenues dans les écrits produits devant eux. — Cass. 3 juin 1825 (Valade), *J. p.*; Chassan, t. 1, p. 79 ; de Grattier, t. 1, p. 232.

43. De même, la suppression des mémoires et la condamnation à des dommages-intérêts peuvent être prononcées par les tribunaux de commerce. — Rennes, 20 juin 1810, *J. p.*; Chassan, t. 1, p. 79 ; Dalloz, v° *Presse*, n° 1270 ; de Grattier, t. 1, p. 232.

44. Mais les arbitres ne peuvent prononcer ni la suppression des écrits produits devant eux, ni la condamnation à des dommages-intérêts. Ils ne sont pas des juges. — Chassan, t. 1, p. 85 ; de Grattier, t. 1, p. 243 ; arg., Paris, 23 juin 1825 (Descourtils), *J. p.* — *Contrà* : Dalloz, v° *Presse*, n° 1272.

45. Le juge de police est compétent pour réprimer les injures et diffamations qui se produisent devant lui ou pour donner acte des réserves s'ils sont étrangers à la cause. — Nîmes, 25 janvier 1839 (Nicolas) ; Dalloz, v° *Presse*, n° 1221.

46. Les imputations injurieuses ou diffamatoires, étrangères à la cause, qui ont été faites devant un juge de paix procédant à un accès de lieux, par une des parties contre l'autre, ne peuvent servir de base à une action en injure ou diffamation, à moins que le juge ne l'ait expressément réservée. — Metz, 26 fév. 1821 (Gœury), *J. p.*

47. Mais le juge de paix siégeant au bureau de conciliation ne constitue pas un tribunal dans le sens de cet article. Les propos diffamatoires tenus devant lui par l'une des parties contre l'autre peuvent donner lieu à une action en dommages-intérêts, quoique cette action n'ait pas été réservée. — Aix, 30 avril 1845 (Charaboc) ; S. 47, 2, 88 ; Bordeaux, 16 mai 1861 (Giraud), *J. p.*, 61, 535.

48. Cependant une citation en conciliation lue à l'audience de la justice de paix constitue un écrit produit devant un tribunal ; l'injure qu'elle contient doit être appréciée par les juges saisis de la cause et statuant sur le fond, et ne peut donner lieu à une action ultérieure. — Bordeaux, 8 août 1833 (Marichon), *J. p.*; Chassan, t. 1, p. 92 ; Dalloz, v° *Presse*, n° 1176.

49. La cour de cassation peut blâmer les mémoires injurieux pour les magistrats qui ont rendu l'arrêt attaqué, et en ordonner le dépôt à son greffe. — Cass. 1 sept. 1810 (Lannoy-Clervaux), *J. p.*; 10 avril 1818 (Debie), *J. p.*

50. Ou en ordonner la suppression. — Cass. 26 août 1831 (Lapelouze), *J. p.*

51. Ou réserver au procureur général son action. — Cass. 28 avril 1827 (Gourel), *J. p.*

52. La cour saisie par le renvoi n'est pas compétente pour apprécier les énonciations contenues dans une requête en renvoi pour cause de suspicion légitime, c'est à la cour de cassation à les réprimer si elles sont injurieuses. — Grenoble, 3 janv. 1827, D.

53. Cet article est applicable : aux écrits produits dans les contestations portées devant les conseils de préfecture. — Cass. 21 juillet 1838 (Mottet), *B. cr.*; Chassan, t. 1, p. 95 ; de Grattier, t. 1, p. 232.

54. Aux discours prononcés devant les tribunaux militaires et maritimes, le conseil d'État, la cour des comptes, les justices de paix. — De Grattier, t. 1, p. 232.

55. Il ne s'applique pas aux mémoires produits devant une chambre d'accusation où l'instruction n'est ni publique, ni contradictoire. — Cass. 18 oct. 1821 (Richard), *J. p.*; 7 déc. 1821 (Merlino), *J. p.*; Mangin, t. 3, n° 153 ; Chassan, t. 1, p. 93 ; de Grattier, t. 1, p. 242.

56. Ces chambres doivent suivre la marche tracée par l'article 29 C. i. cr. — Cass. 7 déc. 1821 (Merlino), *J. p.*

57. C'est à la cour d'assises saisie de l'affaire qu'il appartient de statuer et d'apprécier l'écrit. Elle ne peut se borner à délaisser les parties à se pourvoir ainsi qu'elles aviseront. — Bastia, 27 déc. 1834 (Biadelli), *J. p.* — *Contrà* : Chassan, t. 1, p. 93.

58. Mais un mémoire produit devant la chambre d'accusation peut donner lieu à une action en diffamation, lorsqu'il a été en même temps distribué et répandu dans le public, à raison d'un procès dont l'instruction était secrète. — Cass. 25 août 1837 (Dumoulin), *B. cr.*; de Grattier, t. 1, p. 242.

59. Les mémoires publiés pour la défense d'un accusé devant la cour d'assises ne peuvent avoir le caractère d'*écrits* produits devant les tribunaux ; la défense écrite n'y étant pas admise. — Cass. 11 août 1820 (Cabet), *J. p.*; de Grattier, t. 1, p. 239 ; Chassan, t. 1, p. 93 ; Mangin, *Act. publ.*, t. 1, p. 322 ; Parant, p. 101. — *Contrà* : La cour d'assises peut prononcer la suppression du mémoire. — Cass. 12 mars 1812 (Campion), *J. p.*; Dalloz, v° *Presse*, n° 1215.

60. Ainsi, les témoins qui se trouvent diffamés par un mémoire produit par l'accusé pour sa défense peuvent exercer contre lui une action en diffamation. — Cass. 11 août 1820 (Cabet), *J. p.*

61. Mais les paroles injurieuses proférées par l'accusé contre un témoin ne peuvent être réprimées que par la cour d'assises. — Cass. 23 août 1838 (Delormel), *J. p.*, 39, 1, 40.

62. Les juges de la cause sont seuls compétents pour connaître des faits diffamatoires relatifs à cette cause. — Bastia, 27 déc. 1834 (Biadelli) ; de Grattier, t. 1, p. 241.

63. Les expressions diffamatoires prononcées par l'une des parties à l'audience peuvent donner lieu à une condamnation en dommages-intérêts, quoique les juges ne soient saisis que d'une question de compétence. — Cass. 22 août 1831 (Capo de Feuillide), *B. cr.*; Dalloz, v° *Presse*, n° 1269. — Au contraire, les juges qui ne sont saisis que d'un incident,

ou qui se déclarent incompétents, ne peuvent ni réprimer les diffamations, ni réserver l'action. — De Grattier, t. 1, p. 241, 278.

64. La cour à laquelle a été présenté un mémoire par une partie en cause peut, bien que, par suite d'un arrêté de conflit pris par le préfet et confirmé par le conseil d'Etat, elle ait été dessaisie de la connaissance de la contestation, prononcer encore la suppression de ce mémoire comme diffamatoire.— Paris, 20 déc. 1856 (Dudon); S., 58, 2, 32.

§ 4. — *Suppression des écrits.* — *Dommages-intérêts.*

65. Un tribunal peut d'office, d'après les dispositions de l'art. 1036 C. proc., supprimer des écrits produits au procès, lorsqu'ils sont injurieux pour des tiers. — Grenoble, 28 janv. 1832 (Bois), *J. p.* — Ou même pour l'autre partie.—Cass. 18 messid. an XII (Lecerf), *J. p.*; de Grattier, t. 1, p. 241; Dalloz, v° *Presse,* n° 1234; Chassan, t. 1, p. 86.

66. Ou lorsqu'ils sont injurieux pour la magistrature.—Bourges, 2 juillet 1841 (Bonneau), *J. p.,* 41, 2, 678.

67. Mais il ne pourrait accorder des dommages-intérêts s'il n'en était pas demandé.—Chassan, t. 1, p. 87; de Grattier, t. 1, p. 240; Dalloz, v° *Presse,* n° 1285.

68. La cour de cassation supprime d'office les mémoires injurieux pour les magistrats dont l'arrêt est attaqué.—Cass. 11 janv. 1808 (Fox Low), *J. p.*; 26 août 1831 (Lapelouze), *J. p.*; 26 août 1837 (Donnadieu), *B. cr.* — Ou pour l'autre partie. — Cass. 11 janv. 1808 (Fox Low), *J. p.*

69. Le ministère public a le droit de demander la suppression d'un mémoire distribué à la cour, après ses conclusions, et dans lequel se trouvent des termes injurieux et diffamatoires pour sa personne.—Rennes, 26 janv. 1835 (Desmortiers), *J. p.* — Ou pour un des avocats de la cause, encore bien que cet avocat ne prenne pas de conclusions à cet égard.—Rennes, 12 juin 1834 (Bourdomay), *J. p.*; Chassan, t. 1, p. 87; Dalloz, v° *Presse,* n° 1264.

70. Une partie peut obtenir la suppression d'un mémoire injurieux qui a été distribué aux magistrats, quoiqu'il ne soit signé que par la partie adverse et non par un avocat ou un avoué.—Bordeaux, 27 mars 1833 (Sureau), *J. p.*; Rennes, 26 janv. 1835 (Desmortiers), *J. p.*

71. Mais si la partie qui a produit un mémoire injurieux est un agent du gouvernement, agissant dans l'exercice de ses fonctions, le plaignant est non recevable à prendre contre lui des conclusions, tant que l'autorisation du gouvernement n'est pas rapportée. — Cass. 14 juin 1826 (Moussillac), *J. p.*

72. Au contraire, il n'est pas besoin d'une autorisation pour obtenir contre un fonctionnaire les condamnations auxquelles donnent lieu les discours ou les écrits produits en son nom; il n'agit point dans l'exercice de ses fonctions. — Cass. 12 mars 1829 (Charpin), *J. p.*

73. Une partie n'est pas fondée à demander la suppression d'un mémoire comme injurieux, si elle-même a, dans ses écritures et plaidoiries, provoqué la partie adverse par des expressions également offensantes. — Rennes, 11 mars 1812 (Gault), *J. p.*

74. Les tribunaux sont souverains pour déclarer que des écrits sont calomnieux; la loi s'en rapporte à leur prudence. — Cass. 17 juin 1817 (Bresson), *J. p.*

75. On ne peut considérer et punir comme diffamatoires l'articulation et la demande en preuve des faits mêmes du procès, quelque outrageants qu'ils

puissent être, pourvu qu'ils soient présentés en termes mesurés. — Chassan, t. 1, p. 77.

76. Pour supprimer simplement les écrits produits ou adjuger des dommages-intérêts, il n'est pas nécessaire que les faits diffamatoires soient étrangers au procès; il suffit qu'ils soient injurieux. — Cass., ch. req., 14 juin 1854 (Deschamps); S., 54, 1, 611.

77. Ils peuvent être supprimés, soit qu'ils soient relatifs à la cause, soit qu'ils y soient étrangers. — Dalloz, v° *Presse,* n° 1259.

78. La suppression totale d'un mémoire renfermant des faits diffamatoires peut être ordonnée lorsque les passages incriminés n'en forment point une partie distincte. — Cass. 8 juillet 1852 (Maillard), *B. cr.*

79. La partie qui se prétend injuriée par un discours ou un écrit ne peut en demander le dépôt au greffe. — Bordeaux, 18 nov. 1828 (Milhac), *J. p.*; de Grattier, t. 1, p. 250; Dalloz, v° *Presse,* n° 1263

80. On ne peut demander la suppression d'un mémoire qui n'a point été distribué aux membres du tribunal. — Rouen, 7 mars 1835 (Maubert), *J. p.*; Chassan, t. 1, p. 91; Mangin, *Act. publ.,* t. 1, n° 153. V. *suprà,* n° 25.

81. L'affiche et l'impression du jugement peuvent, en outre, être ordonnées en vertu de l'art. 1036 C. de proc. — Chassan, t. 2, p. 570.—Même d'office. — De Grattier, t. 1, p. 251.

82. L'impression, lorsqu'elle est ordonnée, doit avoir lieu dans les journaux, lorsqu'il n'y a pas affiche. — Cass. 14 juin 1854 (Deschamps); D., 54, 1, 389.

83. La suppression des écrits, seule et isolée, ne peut donner ouverture à l'appel. Il en serait autrement s'il y avait appel quant au principal ou quant aux dommages-intérêts. — Rennes, 18 juillet 1820 (Dussaut), *J. p.*; Chassan, t. 2, p. 555, 585.—Les décisions rendues par application de l'art. 23, § 1er, sont, dans les termes du droit commun, soumises à l'appel. — De Grattier, t. 1, p. 241.

§ 5. — *Injonctions aux avocats et avoués.* — *Peines disciplinaires.*

84. Les dispositions de cet article, qui bornent à six mois la durée de la suspension que les juges peuvent prononcer contre les avocats, n'est relative qu'aux diffamations envers les parties en cause. Elle ne peut être étendue aux manquements envers les tribunaux, les autorités publiques et les lois. L'exercice du pouvoir disciplinaire n'a, dans ce cas, d'autres limites que celles fixées par les art. 18 et 43 ord. du 20 nov. 1822. — Cass. 25 janv. 1834 (Pinart), *J. p.*; Chassan, t. 1, p. 87; Parant, p. 102; de Grattier, t. 1, p. 257.

85. *Quid* si les faits dégénéraient en délit? V. les notes sous les art. 181 et 505 C. inst. cr., *Codes crim.*

86. Les injonctions et la suspension peuvent être prononcées d'office et sans provocation du ministère public. — De Grattier, t. 1, p. 256.

87. Mais elles ne peuvent être appliquées aux avocats et officiers ministériels que par les tribunaux ordinaires. — Chassan, t. 2, p. 570; de Grattier, t. 1, p. 256. — Elles ne peuvent l'être par les juges de paix, ni les tribunaux de commerce, etc. — De Grattier, *id.*; Dalloz, v° *Presse,* n° 1279.

88. Un avocat ne peut être poursuivi, à raison de ses plaidoiries, devant une autre juridiction, si celle-ci n'a point réprimé l'infraction, ou, au cas où elle aurait été incompétente, dressé un procès-verbal et renvoyé devant qui de droit. — Cass. 5 oct. 1815 (Viguier), *J. p.*

89. Les décisions prises contre les avocats et offi-

ciers ministériels sont sujettes à appel dans le cas où il y a suspension temporaire. — Chassan, t. 2, p. 583; de Grattier, t. 1, p. 257; Dalloz, vᵒ *Presse*, nᵒ 156. V. art. 103 décr. 30 mars 1808.

§ 6. — *Des réserves.* — *Dans quels cas elles peuvent être demandées.*

90. A l'égard des faits étrangers à la cause, les juges peuvent en connaître ou réserver l'action pour être suivie devant la juridiction ordinaire. — Chassan, t. 1, p. 95.

91. Il ne peut être donné acte des réserves formées par une partie contre son adversaire, à raison des faits articulés contre elle, que dans le cas où ces faits sont étrangers à la cause. — Lyon, 25 mai 1836 (Chollet), *J. p.*

92. Et seulement dans le cas où il s'agit de faits *diffamatoires*. A l'égard des *injures*, elles ne peuvent donner lieu à une action. Les juges saisis de l'affaire ont seuls droit de les punir, soit qu'elles se rattachent à l'affaire, soit qu'elles s'y trouvent étrangères. — Mangin, *Act. publ.*, t. 1, p. 328; de Grattier, t. 1, p. 258; Dalloz, vᵒ *Presse*, nᵒ 1234; Chassan, t. 1, nᵒˢ 129, 130; Parant, p. 100. — Soit même qu'elles concernent des tiers. — Chassan, t. 1, nᵒ 130.

93. Sans la réserve accordée au plaignant, les tribunaux correctionnels ne peuvent jamais être saisis d'une plainte pour des imputations et des injures contenues dans des écrits, relatifs à la défense des parties, qui ont été produits devant d'autres juges. — Cass. 18 fév. 1820 (Ricard), *J. p.*; Mangin, t. 1, p. 330; Chassan, t. 1, p. 96; de Grattier, t. 1, p. 266.

94. Ces réserves peuvent être refusées. — Mangin, *id.*

95. Ainsi la cour, en ordonnant la suppression d'un mémoire imprimé, peut refuser de donner acte au ministère public de ses réserves. — Cass. 5 juin 1828 (Peyrard), *J. p.*

96. Mais elle ne peut se dispenser de statuer sur ses conclusions, afin qu'il lui en soit donné acte. — Cass. 3 oct. 1820, D.

97. L'action ne peut être réservée lorsque les propos injurieux n'ont pas été tenus devant le juge. — Cass. 7 juillet 1827 (Chatel), *J. p.*; Chassan, t. 1, p. 76; Mangin, *Act. publ.*, t. 1, nᵒ 153. — Et ont été insérés dans un écrit publié et distribué à d'autres qu'aux juges. — Cass. 14 déc. 1838 (Bernage), *B. cr.*; de Grattier, t. 1, p. 271. V. *suprà*, § 2.

98. Il ne suffit pas que le juge réserve à la partie diffamée par des discours prononcés devant lui son action, par une disposition expresse; il est nécessaire qu'il déclare les faits prétendus diffamatoires *étrangers à la cause*, autrement la partie lésée est non recevable à intenter une action. — Cass. 2 avril 1825 (Thirion), *J. p.*; 12 sept. 1829 (Michel), *J. p.*; 6 fév. 1829 (Thirion Montauban), *J. p.*; 3 mars 1837 (Villin), *B. cr.*; Chassan, t. 1, p. 96; Mangin, t. 1, p. 331; Parant, p. 102; de Grattier, t. 1, p. 274; Dalloz, vᵒ *Presse*, nᵒ 1231.

99. Des réserves générales sont insuffisantes; les faits étrangers à la cause doivent être précisés dans l'arrêt. — Bastia, 27 déc. 1834 (Biadelli), *J. p.*; Agen, 23 déc. 1851 (Beneck); D., 52, 2, 117; Chassan, *id.*; Mangin, *id.*; Dalloz, vᵒ *Presse*, nᵒ 1224. — Et déclarés diffamatoires. — Mangin, *id.* — *Contrà :* Il n'appartient qu'au juge, qui sera saisi de l'action de décider s'ils sont diffamatoires. — De Grattier, t. 1, p. 279; Dalloz, vᵒ *Presse*, nᵒ 1223.

100. Lorsque l'action est réservée, les faits sur lesquels elle repose doivent être fixés par le jugement ou par un procès-verbal, ou établis par toute autre preuve légale. — Cass. 18 fév. 1819 (Fortin), *J. p.*; de Grattier, t. 1, p. 278.

101. Cependant, des imputations diffamatoires contenues dans un mémoire de défense peuvent être considérées implicitement comme étrangères à la cause, lorsque la partie diffamée n'était point partie dans la poursuite exercée par le ministère public. — Cass. 8 juillet 1852 (Maillard), *B. cr.*

102. Lorsqu'un tribunal déclare que le sort du procès ne dépend point des pièces faisant l'objet d'une imputation de faux proférée à son audience, et réserve à la partie offensée l'action correctionnelle, il décide virtuellement que les faits imputés sont diffamatoires et étrangers à la cause. — Cass. 21 mai 1836 (Durand Vaugaron), *J. p.*

103. Le ministère public ne peut exercer le droit de poursuivre que lorsque les faits diffamatoires ont été déclarés étrangers à la cause. — Cass. 12 sept. 1829 (Michel), *J. p.*; 3 mars 1837 (Beaurin), *J. p.* — *Contrà :* De Grattier, t. 1, p. 267.

104. De même, le défaut de réserves, qui est un obstacle à l'exercice de l'action civile, s'oppose également à l'action publique. — Toulouse, 10 avril 1829 (Michel), *J. p.*; Mangin, *Act. publ.*, t. 1, p. 329; Chassan, t. 1, p. 96; Dalloz, vᵒ *Presse*, nᵒ 1225. — *Contrà :* De Grattier, t. 1, p. 259, 261. V. *infrà*, § 7.

105. Mais la fin de non-recevoir résultant de ce que l'action civile n'aurait pas été réservée à la partie injuriée dans une instance peut être couverte si l'autre partie conclut au fond, au lieu d'opposer le défaut de réserves. — Cass. 7 août 1844 (Jacques); S., 45, 1, 24; Chassan, t. 2, p. 547; Dalloz, vᵒ *Presse*, nᵒ 1232.

106. L'action en diffamation n'est pas recevable tant que le juge du fond n'a point rendu son jugement définitif et donné acte des réserves. — Cass. 21 juillet 1838 (Mottel); D., 38, 1, 470; de Grattier, t. 1, p. 280. — A l'égard des tiers, V. § 7, nᵒ 138.

107. Lorsqu'un mémoire diffamatoire est produit devant des arbitres-juges, le plaignant ne peut agir par action directe tant que lesdits arbitres n'ont pas statué sur le fond de la contestation. — Paris, 23 juin 1825 (Descourtils), *J. p.*

§ 7. — *De l'action des tiers.* — *Ce qu'il faut entendre par tiers.*

108. L'immunité de cet article ne peut s'étendre à celui qui distribue, dans un procès où il n'est pas personnellement intéressé, un mémoire injurieux contre un tiers également étranger au débat. — Cass. 9 juin 1859 (Urtin), *B. cr.*

109. Ni à la partie qui produit dans une instance un écrit contenant une diffamation contre un tiers étranger à cette instance. — Cass. 20 mai 1854 (Grass), *B. cr.*; Mangin, t. 1, p. 33. — Lorsque ce tiers et l'imputation diffamatoire dirigée contre lui étaient étrangers au procès pour lequel le mémoire a été rédigé, et lorsque cette pièce a été distribuée à différentes personnes ou a été publiée même depuis l'arrêt. — Cass. 4 avril 1857 (Barville), *B. cr.*

110. Cet article n'autorise l'action en diffamation, même de la part des tiers, que pour les faits étrangers à la cause. — Cass. 2 avril 1825 (Thirion), *J. p.*; 14 déc. 1838 (Bernage), *B. cr.*; 23 nov. 1835 (de Magnoncourt), *J. p.*; Chassan, t. 1, p. 97; Mangin, *Act. publ.*, t. 1, p. 335; de Grattier, t. 1, p. 272.

111. Ainsi, des imputations contenues dans un

acte extra-judiciaire signifié à un tiers non partie au procès ne peuvent donner lieu, de la part de ce dernier, à une action en diffamation, s'il est déclaré que cet acte contenait des faits non étrangers à la cause. — Cass. 14 déc. 1838 (Bernage), *B. cr.*

112. Si les faits ne sont pas étrangers à la cause, le tiers ne peut même exercer une action civile en dommages-intérêts. — Chassan, t. 1, p. 97; de Grattier, t. 1, p. 273; Dalloz, vᵒ *Presse*, nᵒ 1249. — *Contrà* : Mangin, *id.*, p. 338.

113. Il ne suit pas nécessairement de ce que les allégations prétendues diffamatoires ont été dirigées contre des tiers que les faits allégués fussent étrangers à la cause, puisque la loi n'admet l'action civile des tiers que dans le cas où les faits diffamatoires seraient étrangers à la cause. — Cass. 2 avr. 1825 (Thirion), *J. p.*

114. Cependant, des faits diffamatoires allégués devant un tribunal peuvent donner lieu à l'action en diffamation de la part des tiers, bien que le tribunal n'ait pas déclaré que les faits prétendus diffamatoires étaient étrangers à la cause. — Cass. 6 fév. 1841 (Brulard), *B. cr.*; 8 juillet 1852 (Maillard), *B. cr.*; Chassan, t. 1, p. 97; Dalloz, vᵒ *Presse*, nᵒ 1248.

115. Mais les juges saisis de l'action sont dans la nécessité de déclarer si les imputations à raison desquelles elle a été intentée étaient étrangères à l'instance.—Cass. 23 nov. 1835 (de Magnoncourt), *J. p.*; arg. Cass. 8 juillet 1852 (Maillard), *B. cr.*; Mangin, t. 1, nᵒ 155; de Grattier, t. 1, p. 277.

116. Des réserves ne sont pas exigées par cet article pour l'exercice ultérieur de l'action, lorsque les faits diffamatoires s'adressent à des tiers. — Cass. 8 mars 1861 (Antoni), *B. cr.*; Chassan, t. 1, p. 97; Mangin, t. 1, nᵒ 155; de Grattier, t. 1, p. 258.

117. Ainsi, les faits diffamatoires envers un tiers, publiés dans un écrit produit en justice, peuvent, sur la plainte de ce tiers, donner lieu à l'action du ministère public, bien qu'elle ne lui ait point été réservée. — Cass. 7 nov. 1834 (Legenvre), *J. p.*; Chassan, t. 1, p. 98; Parant, p. 465; de Grattier, t. 1, p. 262; Dalloz, vᵒ *Presse*, nᵒ 1252.

118. Doivent être considérés comme *tiers* :

Le plaignant qui ne s'est point porté partie civile dans une instance engagée à la requête du ministère public. — Cass. 5 juillet 1851 (Mailliard); D. 51, 5, 408. — *Contrà* : Il doit être considéré comme partie, bien qu'il ne se soit pas porté partie civile. — Bastia, 27 déc. 1834 (Biadelli), *J. p.*

119. Celui qui a été le conseil d'une partie et qui ne la défend pas à l'audience. — Nîmes, 20 fév. 1823 (Richard Crémieux), *J. p.*; Chassan, t. 1, p. 100. — Alors même qu'il assisterait à l'audience. — Même arrêt; Chassan, *id.*

120. Le magistrat qui, à l'occasion d'une enquête à laquelle il a procédé en qualité de juge-commissaire, a été diffamé dans des actes lus à l'audience. Il peut exercer une action civile. — Riom, 20 déc. 1826 (Leygonie), *J. p.*; de Grattier, t. 1, p. 272; Dalloz, vᵒ *Presse*, nᵒ 1247.

121. Un procureur impérial, relativement aux imputations dirigées contre lui devant la cour. — Cass. 8 mars 1861 (Antoni), *B. cr.*

122. Des experts doivent être considérés comme des tiers étrangers à l'instance, pour l'instruction de de laquelle leur ministère a été requis. Ils ne peuvent demander la suppression d'un mémoire injurieux. — Grenoble, 28 janv. 1832 (Bois), *J. p.*; de Grattier, t. 1, p. 272; Dalloz, vᵒ *Presse*, nᵒ 1246.

123. Au contraire, l'avocat, l'officier ministériel, l'agréé occupant au procès ne sont pas des tiers. — *Arg.* Cass. 16 août 1806 (Desperriers); Chassan, t. 1, p. 100; de Grattier, t. 1, p. 245, 271. — Les in-

jures qui leur sont adressées doivent être réprimées par le tribunal saisi de la cause. — Cass. 16 août 1806 (Desperriers), *J. p.*; Rouen, 25 mars 1808 (Bollant), D.

124. L'art. 23 n'est pas applicable aux outrages adressés aux témoins à l'audience; l'absence de réserves ne fait pas obstacle à ce que le ministère public poursuive d'office ultérieurement. — Nancy, 9 nov. 1857 (Huvelin); S. 58, 2, 239. — Ni à ce que les témoins exercent eux-mêmes cette action.— Caen, 13 juin 1844 (Bessin); S. 44, 2, 316.

125. Au contraire, un témoin n'est pas un tiers. Il n'a pas le droit de se plaindre par la voie ordinaire des outrages et diffamations proférés contre lui. — Cass. 11 août 1820 (Cabet), *J. p.*; Chassan, t. 1, p. 101; Parant, p. 102; de Grattier, t. 1, p. 246. — *Contrà* : Dalloz, vᵒ *Presse*, nᵒ 1244. — Ou insérés dans un mémoire distribué aux juges et encore que ce mémoire n'ait point été lu. — Chassan, t. 1, p. 103.

126. Il appartient à la cour d'assises de prononcer les peines de la loi contre les excès d'une défense injurieuse ou diffamatoire qui n'aurait pas été justifiée par la nécessité de combattre les charges résultant des dépositions des témoins. — Cass. 11 août 1820 (Cabet), *J. p.*

127. La cour d'assises a le droit de prononcer les peines et dommages-intérêts qui peuvent être encourus à raison de ces outrages et diffamations, mais elle peut réserver l'action, si les discours tenus par l'accusé portaient sur des faits étrangers à la cause et s'ils n'étaient pas nécessaires dans l'intérêt de la défense. — Cass. 23 août 1838 (Delormel), *B. cr.*; Nîmes, 27 mai 1841 (Marnas), *J. p.*, 41, 2, 137.

128. L'action en diffamation ne peut en ce cas être exercée par le témoin qu'autant que cette action a été formellement réservée. — Cass. 23 août 1838 (Delormel), *B. cr.*

129. Si le témoin injurié est absent ou si le tribunal est incompétent pour prononcer des peines, ses droits demeurent entiers, et il peut exercer son action par citation directe. — Cass. 6 nov. 1823 (Leprêtre), *J. p.*

130. De même, il doit recourir à la juridiction ordinaire, si la diffamation résulte d'un mémoire injurieux, la cour d'assises n'ayant pas juridiction pour connaître d'un mémoire. — Chassan, t. 1, p. 101. V. sous le § 3, nᵒ 60. V. notes sous l'art. 319, nᵒ 26 et suiv., C. i. cr., *Codes crim.*

131. Quant à la déposition d'un témoin, si les faits par lui déclarés contre un autre témoin se rapportent à l'affaire, elle ne peut motiver une plainte en diffamation, mais une plainte en faux témoignage. — Cass. 1ᵉʳ juillet 1825 (Hurel), *J. p.*; Chassan, t. 1, p. 120.

132. La loi ne fait aucune distinction entre les tiers présents et les tiers absents. — Nîmes, 20 fév. 1823 (Richard Cremieux), *J. p.*; Chassan, t. 1, p. 98.

133. Le tiers contre lequel un écrit produit en justice contient des imputations diffamatoires relatives à la cause peut intervenir au procès afin d'obtenir des juges saisis la réparation de cette diffamation. — Amiens, 15 mars 1833 (de Lagrené), *J. p.*; Cass. 19 juillet 1851 (Recepon), *B. cr.*; Mangin, *Act. publ.*, t. 1, p. 337; de Grattier, t. 1, p. 248.

134. Au contraire, des tiers qui sont nommés dans des écrits relatifs à la défense des parties ne peuvent intervenir dans l'instance pour demander la suppression de ces écrits. — Rouen, 29 nov. 1808 (Ricard), *J. p.*; Grenoble, 9 août 1828, ; 28 janv. 1832 (Bois), *J. p.*; Orléans, 5 août 1815 (Bruley), *J. p.*; Chassan, t. 1, p. 98; Carré *Lois de la proc.*, t. 3,

p. 502. — Ou des dommages intérêts. — Amiens, 1ᵉʳ juillet 1851 ; D., 51, 2, 167.

135. Ils ne peuvent que se pourvoir par action principale. — Grenoble, 9 août 1828, *J. p.*; Grenoble, 28 janv. 1832 (Bois), *J. p.*

136. L'action civile des tiers peut être portée en même temps et devant les mêmes juges que l'action publique.— Cass. 5 juillet 1851 (Mailliard) ; D., 51, 5, 408.

137. Le tiers diffamé par un mémoire qui n'a pas été partie dans la cause peut porter son action en réparation soit devant la juridiction répressive, soit devant la juridiction civile. — Nîmes, 20 fév. 1823 (Richard Crémieux), *J. p.*; Cass. 6 nov. 1823 (Leprêtre), *J. p.*; 17 juin 1842 (Griblin), *B. cr.*; 6 fév. 1841 (Brulard), *B. cr.*; Dalloz, vº *Presse*, nº 1450 ; Mangin, *Act. publ.*, t. 1, p. 333.

138. Les tiers ne peuvent être tenus d'attendre, pour poursuivre la répression des diffamations dont ils auraient à se plaindre, le jugement définitif du procès à l'occasion duquel ils ont été diffamés. — Riom, 20 déc. 1826 (Leygonie) ; Cass. 14 déc. 1838 (Bernage), *B. cr.*; Mangin, t. 1, p. 336 ; Chassan, t. 1, p. 98 ; de Grattier, t. 1, p. 266.

139. Il ne peut résulter une fin de non-recevoir contre l'action ultérieure du tiers diffamé du refus fait par le tribunal d'ordonner le dépôt de l'écrit diffamatoire. — Nîmes, 20 fév. 1823 (Richard Crémieux), *J. p.*

Art. 24. Les imprimeurs d'écrits dont les auteurs seraient mis en jugement en vertu de la présente loi, et qui auraient rempli les obligations prescrites par le titre II de la loi du 21 octobre 1814, ne pourront être recherchés pour le simple fait d'impression de ces écrits, à moins qu'ils n'aient agi sciemment, ainsi qu'il est dit à l'article 60 du Code pénal, qui définit la complicité.

1. Cet article n'est que la reproduction de l'art. 60 C. pén. et s'applique indistinctement à tous les modes de publication. — Cass. 20 oct. 1832 (Lecrène), *J. p.* —Même à la publication d'un journal.—Même arrêt.

2. C'est au ministère public à établir que l'imprimeur a agi sciemment. — Chassan, t. 1, p. 156.

3. Sa mauvaise foi serait suffisamment établie si l'auteur de l'écrit avait déjà subi des condamnations, et si le titre seul désignait la couleur passionnée de l'ouvrage. — Chassan, t. 1, p. 157.

4. Ou s'il n'avait pas rempli les formalités qui lui sont prescrites par la loi du 21 oct. 1814. — De Grattier, t. 1, p. 282.

5. L'imprimeur d'un journal peut être déclaré non coupable de complicité d'un délit de diffamation, quoiqu'il ait eu connaissance matérielle de la plupart des articles imprimés dans le journal.— Riom, 3 mai 1843 (Perol) ; S. 43, 2, 518 ; de Grattier, t. 1, p. 282 ; Dalloz, vº *Presse*, nº 1144.

6. Il peut même, suivant les circonstances, être dégagé de toute responsabilité civile. — Douai, 5 juin 1844 (Adam), D.

7. Un imprimeur peut être déclaré coupable comme auteur principal, en qualité de gérant d'un journal, et comme complice, en qualité d'imprimeur dudit journal du même délit. — Cass. 20 juin 1851 (Larcher), *B. cr.*

8. Il peut être poursuivi comme complice, quoique l'auteur principal ne soit pas poursuivi. — Cass. 15 oct. 1825 (Catineau) *J. p.*; Chassan, t. 1, p. 158 ;

de Grattier, t. 1, p. 286. V. décisions en ce sens sous l'art. 59, nºˢ 84 et suiv., C. pén., *Codes crim.*

9. L'imprimeur serait considéré comme auteur principal si le rédacteur de l'écrit était inconnu et s'il n'y avait pas d'éditeur. — Chassan, t. 1, p. 135, 155.

10. L'auteur d'un écrit peut être condamné, quoique l'éditeur ait été déclaré non coupable de l'avoir vendu ou distribué. — Cass. 26 août 1837 (Donnadieu), *J. p.*

11. Les imprimeurs, vendeurs et crieurs ne sont pas les seuls qui peuvent se rendre coupables de complicité. — Chassan, t. 1, p. 164. V. sous l'art. 7, L. 17 mai 1819.

12. Ainsi, l'associé d'un imprimeur peut être poursuivi comme complice des délits contenus dans un écrit dont il a surveillé l'impression en l'absence et dans l'imprimerie du titulaire. — Cass. 31 août 1832 (Rivail), *J. p.*; Chassan, t. 1, p. 164 ; de Grattier, t. 1, p. 284.

13. Le bénéfice de cet article est personnel à l'imprimeur. Il ne peut être étendu au libraire, à l'éditeur, au crieur distributeur. — De Grattier, t. 1, p. 284 ; Dalloz, vº *Presse*. nº 1149.

Art. 25. En cas de récidive des crimes et délits prévus par la présente loi , il pourra y avoir lieu à l'aggravation de peines prononcées par le chapitre IV, livre Iᵉʳ du Code pénal.

1. La disposition de cet article reçoit son application aux cas prévus par les lois du 9 juin 1819 et par celles des 25 mars 1822 et 18 juillet 1828, ces diverses lois n'étant qu'une suite, une extension de celle de 1819. —Cass. 22 janv. 1824 (Bugeard), *J. p.*; 26 fév. 1835 (Delvigne), *J. p.* ; Dalloz, vº *Presse*, nº 1021 ; Chauveau et Hélie, t. 1, p. 328 ; Parant, p. 105 ; de Grattier, t. 1, p. 288 ; Chassan, t. 1, p. 173.

2. L'art. 58 C. pén., sur la récidive, n'a pas été abrogé par cet article et s'applique aux délits prévus par la loi du 17 mai 1819, lorsque la première condamnation a été prononcée pour un crime ou délit commun. L'art. 25 rend seulement l'aggravation de peine facultative lorsque la récidive dérive de condamnations prononcées pour des faits prévus par cette loi. — Cass. 22 janv. 1824 (Bugeard), *J. p.*; Metz, 18 janv. 1825, *J. p.*; Cass. 12 sept. 1829 (Vallier), *J. p.*; 13 sept. 1832 (Clausel), *J. p.*; Parant, p. 105 ; de Grattier, t. 1, p, 291. — *Contrà* : Chauveau et Hélie, t. 1, p. 335 ; Chassan, t. 1, p. 174 ; Douai, 11 déc. 1829 (Ghemar), *J. p.* V. notes sous l'art. 58, nº 2, C. pén., *Codes crim.*, et sous l'art. 10, L. 9 juin 1819.

3. Mais il faut, pour qu'il y ait récidive, que la première condamnation pour délit de presse ait été de plus d'un an d'emprisonnement. — Chassan, t. 1, p. 177 ; Chauveau et Hélie, t. 1, p. 339 ; de Grattier, t. 1, p. 287.

4. Une condamnation prononcée par la chambre des députés pour délit d'offense envers cette chambre, commis par la voie de la presse, peut, en cas de récidive d'un autre délit de cette nature, donner lieu à l'application des art. 58 C. pén. et 25, L. 17 mai 1819.—Cass. 19 oct. 1833 (Lionne), *J. p.*; Chassan, t. 1, p. 175 ; Chauveau et Hélie, t. 1, p. 317 ; Parant, p. 106 ; de Grattier, t. 1, p. 294.

5. La disposition de cet article n'est pas applicable aux infractions purement matérielles. Les peines prononcées pour contravention aux dispositions relatives à la police de la presse demeurent, quant à l'aggravation résultant de la récidive, sous l'empire des termes du C. pén. — De Grattier, t. 1, p. 289.

V. notes sous les art. 58 et 483 C. pén., *Codes crim.*

Art. 26. Les art. 102, 217, 367, 368, 369, 370, 371, 372, 374, 375, 377, du Code pénal, et la loi du 9 novembre 1815, sont abrogés.

Toutes les autres dispositions du Code pénal, auxquelles il n'est pas dérogé par la présente loi, continueront d'être exécutées.

26 MAI 1819. — LOI *relative à la poursuite et au jugement des crimes et délits commis par la voie de la presse, ou par tout autre moyen de publication.*

Art. 1. La poursuite des crimes et délits commis par la voie de la presse, ou par tout autre moyen de publication, aura lieu d'office et à la requête du ministère public, sous les modifications suivantes.

Un écrit réimprimé n'est pas légalement à l'abri des poursuites parce qu'il n'a pas été poursuivi lors de sa première publication. — Paris, 15 janv. 1825 (Barba); Parant, p. 116.

Art. 2. Dans le cas d'offense envers les Chambres ou l'une d'elles par voie de publication, la poursuite n'aura lieu qu'autant que la Chambre qui se croira offensée l'aura autorisée.

1. Cet article n'a pas été abrogé par les lois postérieures, ni par l'institution d'une assemblée nationale réunissant tous les pouvoirs. — Cass. 15 nov. 1849 (Dufraisse), *B. cr.* — *Contrà* : Dalloz, vᵒ *Presse*, nᵒ 1070.

2. Le ministère public est non recevable à poursuivre d'office les délits d'offense commis envers une chambre des députés dissoute. — Cass. 7 déc. 1827 (Lardier), *J. p.*; de Grattier, t. 1, p. 331; Parant, p. 109; Mangin, *Act. publ.*, t. 1, p. 313.

3. Les tribunaux ne peuvent être saisis qu'en vertu de l'autorisation délivrée par la chambre existante. — Même arrêt; Chassan, t. 2, p. 22; de Grattier, *id.*

4. Le délit d'excitation publique au mépris ou à la haine des citoyens contre les membres des chambres renferme nécessairement une offense envers ces chambres; la poursuite n'en peut avoir lieu qu'autant que la chambre offensée l'aurait autorisée.—Cass. 13 janv. 1838 (Sers), *B. cr.*; Chassan, t. 1, p. 247; de Grattier, t. 1, p. 332.

5. De même, le délit de compte rendu infidèle, soit qu'il y ait offense ou non, des séances d'une chambre, ne peut être jugé par les tribunaux sans l'autorisation de la chambre. — Chassan, t. 2, p. 21; de Grattier, t. 1, p. 332.

Art. 3. Dans le cas du même délit contre la personne des souverains et celle des chefs des gouvernements étrangers, la poursuite n'aura lieu que sur la plainte ou à la requête du souverain ou du chef du gouvernement qui se croira offensé.

La plainte doit être portée au nom du souverain

offensé, il ne suffirait pas qu'elle le fût au nom de son ambassadeur. — De Grattier, t. 1, p. 332; Chassan, t. 2, p. 22.

Art. 4. Dans les cas de diffamation ou d'injure contre les cours, tribunaux ou autres corps constitués, la poursuite n'aura lieu qu'après une délibération de ces corps, prise en assemblée générale et requérant les poursuites. Art. 5, L. 25 mars 1822.

1. Le ministère public peut poursuivre d'office, et sans délibération préalable des cours et tribunaux, le délit d'infidélité et de mauvaise foi dans le compte rendu de leurs audiences.—Cass. 11 mai 1833 (Paulin), *J. p.*; Colmar, 11 janv. 1834 (Blanc), *J. p.*— Fût-il même injurieux. — Cass. 2 août 1839 (Lafond), *B. cr.*; de Grattier, t. 1, p. 336. V. sous l'art. 16, L. 25 mars 1822.

2. La délibération d'un tribunal en assemblée générale ne peut être remplacée par une plainte collective rédigée par les magistrats composant le tribunal. — Cass. 3 août 1850 (Prière), *B. cr.* — Ni par un jugement rendu à l'audience. — Cass. 25 juillet 1839 (Pesnel), *J. p.*, 39, 2, 489; Chassau, t. 2, p. 43.

3. Aucune délibération n'est nécessaire lorsque l'outrage a été commis contre un tribunal à son audience. — Cass. 27 fév. 1832 (Raspail), *J. p.*; de Grattier, t. 1, p. 337; Chassan, t. 2, p. 23; Parant, p. 212.

4. La délibération prise par un tribunal pour requérir le ministère public de poursuivre des injures dirigées contre ses membres n'a point pour effet de faire cesser sa compétence relativement à la connaissance du délit. — Limoges, 25 juin 1852 (Bardon); D., 53, 2, 7.

5. La délibération d'un corps constitué ne peut autoriser les poursuites si le corps a été illégalement composé ou convoqué. — Chassan, t. 2, p. 43. — *Contrà* : Parant, p. 220. — Il en serait autrement si elle n'était entachée que par des irrégularités de forme sans influence sur sa substance.— Chassan, *id.*

6. La délibération d'un conseil municipal qui requiert les poursuites n'est pas un acte administratif. — Cass. 10 nov. 1820 (Pujos), *J. p.* — Elle n'en vaut pas moins comme plainte et comme autorisation de poursuivre, lors même que comme acte d'administration elle serait sujette à critique. — Mangin, t. 1, p. 319; Parant, p. 221; Chassan, t. 2, p. 48.

7. Une faculté de droit est sans qualité pour rendre plainte des diffamations commises envers les juges d'un concours dont quelques-uns de ses membres seulement font partie. — Toulouse, 31 juillet 1823 (Crivelli), *J. p.*

8. Ne sont pas des corps constitués :
Une chambre des notaires. — Cass. 9 sept. 1836 (Fournier-Verneuil), *J. p.*; Chassan, t. 1, p. 488.

9. Une chambre des avoués. — Douai, 1ᵉʳ mars 1831 (Cressent), *J. p.*; de Grattier, t. 1, p. 333; Dalloz, vᵒ *Presse*, nᵒ 897.

10. Un collège électoral. Ce caractère ne peut appartenir qu'aux corps dont l'existence est permanente et la réunion toujours possible. — Rennes, 15 fév. 1838 (Mangin), *J. p.*; de Grattier, t. 1, p. 333; Chassan, t. 1, p. 488; Dalloz, vᵒ *Presse*, nᵒ 895.

11. Des gendarmes réunis pour le service d'une ville; ils peuvent en conséquence exercer une action en diffamation en leur nom personnel.—Cass. 25 fév. 1830 (Guise), *J. p.*; de Grattier, t. 1, p. 333.

12. Les gardes nationales. — Cass. 29 avril 1831 (Ragon), *J. p.*; 24 fév. 1832 (Fontaneau), *J. p.* — Les outrages dirigés contre elles hors de l'exer-

cice de leurs fonctions, et non à l'occasion de cet exercice, peuvent être poursuivis d'office par le ministère public. — Cass. 29 avril 1831 (Ragon), *J. p.*; Chassan, t. 1, p. 347; Mangin, *Act. publ.*, t. 1, p. 318; de Grattier, t. 1, p. 333.

13. Mais lorsque les attaques sont dirigées contre des gardes nationaux de service ou à l'occasion de leur service, au lieu de l'être contre la garde nationale en corps, une plainte est nécessaire. — Cass. 5 août 1831 (Savary), *J. p.*; Chassan, t. 2, p. 25; Mangin, t. 1, p. 319.

14. Il y a assimilation complète entre les autorités ou administrations publiques (art. 5, L. 25 mars 1822) et les corps constitués; l'art. 4, L. 26 mai 1819, est donc également applicable aux premières. — Parant, p. 210; de Grattier, t. 1, p. 333. — *Contrà :* Chassan, t. 2, p. 26; Dalloz, v° *Presse*, n° 1062.

Art. 5. Dans le cas des mêmes délits contre tout dépositaire ou agent de l'autorité publique, contre tout agent diplomatique étranger, accrédité près du Roi, ou contre tout particulier, la poursuite n'aura lieu que sur la plainte de la partie qui se prétendra lésée.

1. La condition d'une plainte préalable de la partie lésée n'a point été abrogée par le décret du 17 *fév.* 1852. — Montpellier, 5 déc. 1855 (Falgous); S., 56, 2, 177; Cass. 31 mai 1856 (Rogeard), *B. cr.*; Metz, 5 nov. 1856 (Stoffel), *J. p.*, 57, 557. — *Contrà :* Limoges, 25 juin 1852 (Bardon); D., 53, 2, 7; Metz, 3 avril 1856 (Schmitt), *J. p.*, 56, 1, 561. V. notes sous l'art. 1, § 4, C. i. cr., *Codes crim.*

2. La poursuite pour cause de diffamation ou d'injures ne peut avoir lieu que sur la plainte de la partie lésée, soit que l'injure ait été publique, soit qu'elle ne l'ait pas été. — Cass. 17 fév. 1832 (Passe), *J. p.*; Chassan, t. 2, p. 27; Mangin, t. 1, p. 319.

3. Soit qu'elle ait été verbale ou écrite. — Cass. 1ᵉʳ juillet 1830 (Filioux), *J. p.*; 13 mai 1831 (Lebosse, *J. p.*; de Grattier, t. 1, p. 348. V. sous l'art. 1ᵉʳ C. i. cr., n° 91, *Codes crim.*

4. Soit que l'injure s'adresse à un fonctionnaire public. — Cass. 22 oct. 1831 (Blanchet), *J. p.*

5. La plainte préalable est nécessaire, même dans le cas où il s'agit d'un outrage public dirigé contre un fonctionnaire à raison de ses fonctions, prévu par l'art. 6, L. 25 mars 1822. — Cass. 25 sept. 1847 (Malin); D., 47, 4, 390; Limoges, 29 juin 1850 (Dubreuil), D.; Poitiers, 26 oct. 1850 (Dubreuil), D.; Montpellier, 5 déc. 1855 (Falgous); D., 56, 2, 73; Cass. 31 mai 1856 (Rogeard), *B. cr.*; Dalloz, v° *Presse*, n° 1057; Parant, p. 212; de Grattier, t. 1, p. 339; Rauter, t. 2, p. 466. — *Contrà :* Metz, 30 janv. 1856 (Didier); Paris, 8 mars 1856 (Nisard); Dijon, 19 sept. 1856 (Beaux); D., 58, 2, 122; Chassan, t. 2, p. 28. V. sous l'art. 1 C. i. cr., § 4, *Codes crim.*

6. Mais la plainte préalable n'est pas nécessaire au cas d'outrage fait publiquement par paroles, gestes ou menaces, envers un fonctionnaire public, ou autres personnes publiques, dans l'exercice de leurs fonctions, délit prévu par l'art. 222 C. pén. — Cass. 19 janv. 1850 (Boutet), *B. cr.*; 31 mai 1856 (Rogeard), *B. cr.*; Chassan, t. 2, p. 31; Dalloz, v° *Presse*, n° 1063.

7. Alors que les outrages ne présentent pas les caractères constitutifs de la diffamation et de l'injure qualifiés par l'art. 13, L. 17 mai 1819. —

Amiens, 28 juillet 1855 (Lelièvre), *J. p.*, 56, 1, 97.

8. La plainte n'est pas non plus nécessaire lorsque l'outrage a été commis envers un magistrat à l'audience. — Cass. 30 déc. 1858 (Coutanceau), *B. cr.*; 5 juin 1851 (Dubois), *B. cr.*; Parant, p. 212; Chassan, t. 2, p. 31; de Grattier, t. 1, p. 342. V. sous l'art. 222 C. pén., n° 20, *Codes crim.*

9. A l'égard des jurés et des ministres du culte. V. notes sous l'art. 6, L. 25 mars 1822.

10. L'exception prise de ce que l'action publique n'était recevable que sur la plainte de la partie lésée ne peut être invoquée devant la cour de cassation, alors que, proposée devant les juges du fond, elle a été repoussée par un jugement non frappé d'appel. — Cass. 14 nov. 1840 (Herbreteau), *J. p.*, 41, 2, 438.

11. Le chef d'une administration publique, par exemple le préfet de police, peut porter plainte à raison des diffamations commises contre les membres de cette administration, lorsque le diffamateur ne les a ni nommés, ni suffisamment désignés. — Cass. 16 juin 1832 (Brian), *J. p.*; 12 août 1843 (Dabirel), *B. cr.*; de Grattier, t. 1, p. 344; Parant, p. 110, 218; Chassan, t. 2, p. 40. — *Contrà :* Si l'injure était dirigée contre des personnes désignées, la plainte de ces personnes serait nécessaire. — Chassan, t. 2, p. 37.

12. De même, le maire, comme chef de la police municipale, a le droit de porter plainte à raison d'un délit de diffamation envers les agents de police non désignés individuellement et qui ne se plaignent pas. — Cass. 17 août 1849 (Le Bihannic), *B. cr.*

13. Le chef de la garde nationale a qualité pour rendre plainte des outrages adressés aux gardes nationaux collectivement. — Parant, p. 219.

14. Les membres d'une communauté religieuse, même non autorisée, ont qualité pour former une action en diffamation à raison de faits injurieux qui leur sont adressés en cette qualité. — Angers, 24 mars 1842 (les dames du Bon Pasteur); S., 42, 2, 456; Chassan, t. 2, p. 42.

15. L'action en diffamation, lorsque la partie qui se prétend diffamée est une société civile, ne peut être exercée que par les membres de cette société agissant en leur nom personnel, et non par le directeur. Au contraire, lorsque cette partie est une société anonyme, l'action est valablement exercée par le directeur, pourvu qu'elle soit autorisée par le gouvernement. — Cass. 21 juillet 1854 (Gerson Lévy), *B. cr.*; Dalloz, v° *Presse*, n° 1124.

16. Il faut que la plainte soit personnelle. Ainsi, un procès-verbal dressé par un maire d'une injure adressée à son adjoint dans le sein du conseil municipal ne peut constituer une plainte de la part de ce dernier, encore qu'il ait signé ce procès-verbal avec tous les assistants. — Cass. 26 avril 1833 (Veau); Dalloz, v° *Presse*, n° 1107.

17. Celui qui remplace un fonctionnaire par intérim ne peut porter plainte pour une injure proférée contre ce fonctionnaire même, à raison de ses actes administratifs. — Douai, 8 mai 1835 (Varnier), *J. p.*; Cass. 30 juillet 1835 (Varnier), *J. p.*; Parant, p. 474; Chassan, t. 2, p. 37; de Grattier, t. 1, p. 343.

18. Un fils n'a pas qualité pour porter plainte au nom de son père. Cette nullité ne peut être couverte par la ratification du père donnée ultérieurement. — Agen, 9 mars 1843 (Comède Miramont), *J. p.*, 45, 1, 128.

19. La plainte d'un mineur ou d'une femme mariée met en mouvement l'action publique, aussi bien que la plainte des parties maîtresses de leurs droits. — Cass. 5 fév. 1857 (Blondeau), *B. cr.* V. sous l'art. 63, n°ˢ 5 et suiv., C. pén., *Codes crim.*

20. Le décès de la partie qui se prétend diffamée

n'a pas pour effet de dépouiller la juridiction correctionnelle de la plainte dont elle est saisie, ni d'en attribuer la connaissance à la juridiction civile.—Cass. 21 mars 1836 (Durand Vaugaron), *J. p.* — Il en est de même de la prescription de l'action publique. — Cass. 20 mai 1842 (Laurent et Vacherie), *J. p.*, 42, 2, 635. V. sous l'art. 2, nº 6, C. i. cr., *Codes crim.*

21. L'action en réparation d'injures déjà intentée par la personne injuriée passe à ses héritiers.—Montpellier, 22 déc. 1825 (Audouy), *J. p.*; Mangin, *Act. publ.*, nº 127; de Grattier, t. 1, p. 345; Dalloz, vº *Presse*, nº 1126.— *Contrà :* Si l'action n'avait pas été intentée. — Chassan, t. 2, p. 39; Dalloz, *id.* — Elle pourrait encore, en ce cas, être exercée par les héritiers si l'injure était grave. — Mangin, *id.*

22. Les héritiers d'une personne décédée ont le droit de demander la réparation des faits diffamatoires imputés à sa mémoire, lorsque ces faits sont de nature à porter atteinte à leur honneur et à leur considération, et qu'ils ont été publiés dans cette intention. — Paris, 11 juillet 1836 (Fournier-Verneuil), *J. p.*; Dalloz, vº *Presse*, nº 1128. V. autres décisions sous l'art. 63, nº 25, C. i. cr., *Codes crim.*

23. A l'égard de ceux qui ont qualité pour porter plainte, V. sous l'art. 63, § 1ᵉʳ, C. i. cr., *Codes crim.*

24. La plainte n'est assujettie à aucune forme déterminée. Il appartient aux tribunaux d'apprécier si l'action du ministère a été suffisamment provoquée. —Cass. 23 fév. 1832 (Crocq), *J. p.*; 9 janv. 1858 (Duparc), *B. cr.*; Parant, p. 219; de Grattier, t. 1, p. 345; Chassan, t. 2, p. 42. V. sous l'art. 1ᵉʳ C. i. cr., nᵒˢ 99 et suiv., *Codes crim.*

25. On doit considérer comme constituant la plainte exigée :
La demande que la partie offensée fait auprès du maire pour faire constater le délit. — Limoges, 25 juin 1852 (Bardou); D., 53, 2, 7. — Mais la seule dénonciation d'une injure ne constitue pas la plainte. — Chassan, t. 2, p. 49.

26. La plainte constatée par le procès-verbal d'un brigadier de gendarmerie envoyé au parquet. — Cass. 29 mai 1845 (Beaujoin), *J. p.*, 45, 2, 567.

27. L'envoi d'un procès-verbal adressé au ministère public par un lieutenant de gendarmerie, pour outrages contre lui proférés dans ses fonctions. — Cass. 23 fév. 1832 (Crocq), *J. p.*; 9 janv. 1858 (Duparc), *B. cr.*; Parant, p. 110; de Grattier, t. 1, p. 345. V. sous l'art. 1ᵉʳ, nº 99 et suiv., C. i. cr., *Codes crim.*

28. Au contraire, la plainte ne peut s'entendre que d'un acte légal et authentique, et non d'une lettre écrite au sous-préfet ou au procureur du roi. — Bourges, 22 avril 1831 (Vaillant), *J. p.*

29. Une action formée par la partie offensée devant la juridiction civile ne peut tenir lieu de plainte. — De Grattier, t. 1, p. 347; Dalloz, vº *Presse*, nº 1098.

30. La plainte qui désigne l'auteur du délit s'étend virtuellement aux coauteurs et complices qui pourraient être découverts. — Cass. 23 mars 1860 (Sain), *B. cr.* V. sous l'art. 1ᵉʳ C. i. cr., nº 116, *Codes crim.*

31. Il n'est pas même besoin qu'elle désigne l'auteur du délit. — Chassan, t. 2, p. 50; de Grattier, t. 1, p. 346.

32. Mais elle ne peut s'étendre aux faits postérieurs qui ne sont pas dénoncés. — Cass. 13 janv. 1837 (Edeline), *B. cr.*; de Grattier, t. 1, p. 348.

33. Ni aux faits à l'égard desquels elle garde le silence. — Cass. 15 fév. 1834 (Roux), *J. p.*; de Grattier, *id.*; Dalloz, vº *Presse*, nº 1100.

34. Le ministère public n'est pas obligé de suivre sur les plaintes qui lui sont adressées, soit par les chambres, soit par les chefs des gouvernements étrangers, soit par les fonctionnaires, etc. — Chassan, t. 2, p. 14; de Grattier, t. 1, p. 307; Dalloz, vº *Presse*, nº 1073.

35. Alors même que le plaignant se constituerait partie civile devant le juge d'instruction. — Chassan, *id.*, p. 25. — *Contrà :* Parant, p. 226; de Grattier, t. 1, p. 312; Dalloz, vº *Presse*, nº 1074. V. sous l'art. 1ᵉʳ C. i. cr., nºˢ 44 et suiv., *Codes crim.*

36. Mais cet article n'interdit pas à la partie lésée de citer directement le prévenu devant le tribunal correctionnel. — Cass. 25 fév. 1830 (Guise), *J. p.*; Parant, p. 222; Chassan, t. 2, p. 15; de Grattier, t. 1, p. 313.

37. Le ministère public saisi d'une plainte en diffamation n'est pas tenu de la relater dans la citation par lui donnée au prévenu. — Cass. 21 mai 1840 (Moreau); D., 40, 1, 416.

38. Si en matière de diffamation l'exercice de l'action publique est subordonnée à la plainte de la partie lésée, les poursuites exercées après cette plainte sont valablement continuées, nonobstant le désistement du plaignant.—Cass. 28 mai 1852 (Tomasini); D., 52, 1, 144; de Grattier, t. 1, p. 315; Parant, p. 223; Chassan, t. 2, p. 52. V. sous l'art. 1ᵉʳ C. i. cr., nᵒˢ 108, 111, *Codes crim.*

39. Sur les effets de la plainte, V. notes sous l'art. 1ᵉʳ, § 4, C. i. cr., *Codes crim.*

Art. 6 à 11. *Abrogés par le décret du 17 févr. 1852, art. 27 (1). V. sous l'art. 183 C. i. cr. des Codes crim.*

Art. 12. Dans les cas où les formalités prescrites par lois et règlements concernant

---

(1) *Texte des anciens articles :*

ART. 6. La partie publique, dans son réquisitoire, si elle poursuit d'office, ou le plaignant, dans sa plainte, seront tenus d'articuler et de qualifier les provocations, attaques, offenses, outrages, faits diffamatoires ou injures, à raison desquels la poursuite est intentée, et ce, à peine de nullité de la poursuite.

ART. 7. Immédiatement après avoir reçu le réquisitoire ou la plainte, le juge d'instruction pourra ordonner la saisie des écrits, imprimés, placards, dessins, gravures, peintures, emblèmes ou autres instruments de publication. — L'ordre de saisir et le procès-verbal de saisie seront notifiés, dans les trois jours de ladite saisie, à la personne entre les mains de laquelle la saisie aura été faite, à peine de nullité.

ART. 8. Dans les huit jours de ladite notification, le juge d'instruction est tenu de faire son rapport à la chambre du conseil, qui procède ainsi qu'il est dit au C. d'instr. crim., liv. Iᵉʳ, chap. ix, sauf les dispositions ci-après.

ART. 9. Si la chambre du conseil est unanimement d'avis qu'il n'y a pas lieu à poursuivre, elle prononce la mainlevée de la saisie.

ART. 10. Dans le cas contraire, ou dans le cas de pourvoi du procureur du roi ou de la partie civile contre la décision de la chambre du conseil, les pièces sont transmises, sans délai, au procureur général près la cour royale, qui est tenu, dans les cinq jours de la réception, de faire son rapport à la chambre des mises en accusation, laquelle est tenue de prononcer dans les trois jours dudit rapport.

ART. 11. A défaut par la chambre du conseil du tribunal de première instance d'avoir prononcé dans les dix jours de la notification du procès-verbal de saisie, la saisie sera de plein droit périmée. Elle le sera également à défaut par la cour royale d'avoir prononcé sur cette même saisie dans les dix jours du dépôt en son greffe de la requête que la partie saisie est autorisée à présenter, à l'appui de son pourvoi, contre l'ordonnance de la chambre du conseil. Tous les dépositaires des objets saisis seront tenus d eles rendre au propriétaire sur la simple exhibition du certificat des greffiers respectifs, constatant qu'il n'y a pas eu d'ordonnance ou d'arrêt dans les délais ci-dessus prescrits. — Les greffiers sont tenus de délivrer ce certificat à la première réquisition, sous peine d'une amende de 300 fr., sans préjudice des dommages-intérêts, s'il y a lieu. — Toutes les fois qu'il ne s'agira que d'un simple délit, la péremption de la saisie entraînera celle de l'action publique.

le dépôt auront été remplies, les poursuites à la requête du ministère public ne pourront être faites que devant les juges du lieu où le dépôt aura été opéré, ou de celui de la résidence du prévenu.

En cas de contravention aux dispositions ci-dessus rappelées concernant le dépôt, les poursuites pourront être faites soit devant le juge de la résidence du prévenu, soit dans les lieux où les écrits et autres instruments de publication auront été saisis.

Dans tous les cas, la poursuite à la requête de la partie plaignante pourra être portée devant les juges de son domicile lorsque la publication y aura été effectuée.

1. Cet article se trouve abrogé par le décret du 17 fév. 1852, qui a fait rentrer les délits commis par la voie de la presse, quant à la juridiction, à la compétence et aux formes de la poursuite, dans les dispositions générales du Code d'instruction criminelle. — Cass. 30 janv. 1858 (Dumont), *B. cr.*

2. Cette décision nous paraît contestable; nous avons de la peine à admettre qu'on puisse assimiler *aux formes de la poursuite* les règles relatives à la compétence dont s'occupe l'art. 12. V. en ce sens Rousset, *Code annoté de la presse*, p. 137. — Nous croyons donc devoir rapporter toutes les solutions qui se réfèrent à cet article.

§ 1er.

3. La disposition du premier alinéa de cet article est applicable à la presse périodique. Art. 9, L. 9 juin 1819. — Chassan, t. 2, p. 102; de Grattier, t. 1, p. 393; Dalloz, v° *Presse*, n° 1413.

4. L'attribution de juridiction est établie par cet article dans l'intérêt du prévenu, et ne peut pas être invoquée par le ministère public qui a saisi le tribunal de la poursuite. — Amiens, 8 mars 1823 (Vernot), *J. p.*; de Grattier, t. 1, p. 391.

5. Elle ne concerne que les imprimeurs ou éditeurs, et ne s'applique pas aux poursuites exercées contre les libraires qui ne sont pas chargés de faire le dépôt. — Même arrêt.

6. L'appréciation des faits qui constituent la résidence appartient aux tribunaux; une cour peut considérer comme résidence du prévenu la prison où il est détenu. — Cass. 7 nov. 1834 (Legeuvre), *J. p.* — *Contrà :* De Grattier, t. 1, p. 390; Dalloz, v° *Presse*, n° 1412.

7. Lorsque des poursuites sont exercées contre le colporteur ou le distributeur d'un écrit, à raison du contenu de la publication, devant le tribunal du lieu où la publication a été faite, on ne peut, sur le motif de la connexité, entraîner l'éditeur devant le même tribunal si cet écrit a été déposé conformément à la loi. — Cass. 14 sept. 1849 (Durand); D., 49, 1, 303; Chassan, *Lois de la presse*, p. 100.

§ 2.

8. Les mots : *et autres instruments de publication* ne désignent autre chose que les gravures, lithographies et autres instruments semblables de publication. — Chassan, t. 2, p. 106; Dalloz, v° *Presse*, n° 1414. — *Contrà :* Ils s'étendent aux caractères d'imprimerie et aux presses. — De Grattier, t. 1, p. 392.

§ 3.

9. La partie plaignante qui use de la faculté accordée par le dernier paragraphe de cet article peut porter son action aussi bien devant le tribunal civil que devant le tribunal répressif de son domicile. — Paris, 31 mars 1835 (Cicéron), *J. p.*; Chassan, t. 2, p. 214; de Grattier, t. 1, p. 393; Dalloz, v° *Presse*, n° 1460.

10. Pour que la poursuite puisse être portée devant le tribunal du domicile de la partie offensée, lorsque la publication y a été effectuée, il n'est pas nécessaire que cette partie se constitue partie civile, il suffit qu'elle ait rendu plainte. — Cass. 25 mai 1838 (Mangin), *B. cr.*; de Grattier, t. 1, p. 395. — *Contrà :* Dalloz, v° *Presse*, n° 1459. — Sans qu'il y ait lieu de distinguer entre les simples citoyens et les cours et tribunaux. — Cass. 20 sept. 1844 (Ricard); S. 45, 1, 313; de Grattier, t. 1, p. 399; Parant, p. 279; Chassan, t. 2, p. 116.

11. Le tribunal du lieu où l'écrit a été distribué et vendu par le fait d'une personne autre que l'auteur n'est pas compétent pour connaître de l'action en diffamation. — Cass. 18 sept. 1818 (Dunoyer), *J. p.*

Art. 13. Les crimes et délits commis par la voie de la presse ou tout autre moyen de publication, à l'exception de ceux désignés dans l'article suivant, seront renvoyés par la chambre des mises en accusation de la cour royale devant la cour d'assises, pour être jugés à la plus prochaine session. L'arrêt de renvoi sera de suite notifié au prévenu.

1. Cet article a été remplacé seulement quant aux délits par l'art. 25 déc. 17 fév. 1852. — Circ. min. just., 27 mars 1852.

2. Celui qui, poursuivi à raison d'un article, insère dans un journal l'arrêt de la chambre d'accusation, rendu dans son affaire, qui contient textuellement l'article incriminé, ne se rend pas coupable d'un nouveau délit. — Cass. 3 nov. 1831 (Robert), *J. p.*

Art. 14. Les délits de diffamation verbale ou d'injure verbale contre toute personne, et ceux de diffamation ou d'injure par une voie de publication quelconque contre des particuliers, seront jugés par les tribunaux de police correctionnelle, sauf les cas attribués aux tribunaux de simple police.

Art. 15. *Abrogé implicitement par les art. 25 et 27 du décret du 17 février 1852.*

Cass., 23 février 1854 (Guillelouvette), *B. cr.* (1).

Art. 16 à 22. *Abrogés implicitement par le décret du 17 février 1852, art. 27 (2).*

---

(1) *Ancien article :*

ART. 15. Sont tenues, la chambre du conseil du tribunal de première instance, dans le jugement de mise en prévention, et la chambre des mises en accusation de la cour royale, dans l'arrêt de renvoi devant la cour d'assises, d'articuler et de qualifier les faits à raison desquels lesdits prévention ou renvoi sont prononcés, à peine de nullité desdits jugements ou arrêts.

(2) *Anciens articles :*

ART. 16. Lorsque la mise en accusation aura été prononcée pour crimes commis par voie de publication, et que l'accusé n'aura pu être saisi, ou qu'il ne se présentera pas, il sera procédé contre lui

Art. 23. *Abrogé implicitement par l'art. 28 décret du 17 février 1852* (1).

Art. 24. *Abrogé implicitement par l'art. 27 décret du 17 février 1852.*

Circul. min. just. du 25 mars 1852 (2).

Art. 25. Lorsque les faits imputés seront punissables selon la loi, et qu'il y aura des poursuites commencées à la requête du ministère public, ou que l'auteur de l'imputation aura dénoncé ces faits, il sera, durant l'instruction, sursis à la poursuite et au jugement du délit de diffamation.

1. Cet article n'a pas été abrogé par l'art. 28 du décret du 17 fév. 1852. — Cass. 19 janv. 1855 (Carles), *B. cr.*; 1ᵉʳ juin 1855 (Roux), *B. cr.*; Orléans, 26 fév. 1855 (Piemontesi); D., 55, 2, 228.

2. Sa disposition sur le sursis est générale et absolue. Elle n'établit aucune distinction entre le cas où la poursuite en diffamation a lieu sur la plainte d'un fonctionnaire public, et celui où elle est exercée par un simple particulier. — Cass. 21 avril 1821 (Galeypy); 26 juillet 1821 (Même), *J. p.*, D.; Chassan, t. 2, p. 373; Mangin, t. 1, p. 571; de Grattier, t. 1, p. 496.

3. Elle est applicable encore que la preuve de la vérité des faits ne soit pas admise par la loi. — Cass. 21 avril 1821 (Galeypy), *J. p.* — L'art. 28 décr. du 17 fév. 1852, qui interdit la preuve des faits diffamatoires n'est applicable qu'aux faits non punissables par la loi. — Dalloz, vᵒ *Presse*, nᵒ 1365.

4. Mais elle ne peut s'étendre aux faits d'outrage, soit que ces faits soient prévus par les art. 222 et suiv. C. pén., soit qu'ils rentrent dans les termes de l'art. 6 loi 25 mars 1822. — Cass. 27 juin 1811 (Royer), *J. p.*; 26 nov. 1812 (Siblot), *J. p.*; 3 août 1850 (Pierre), *B. cr.*; Chassan, t. 2, p. 378; Dalloz, vᵒ *Presse*, nᵒ 1362. — *Contrà :* Cass. 15 oct. 1812, *J. p.*

5. Le sursis peut être prononcé d'office. — De Grattier, t. 1, p. 498; Dalloz, vᵒ *Presse*, nᵒ 1357.

6. Il peut être demandé par le ministère public. — Chassan, t. 2, p. 371; de Grattier, *id.*; Dalloz, *id.*

7. Il peut être proposé en tout état de cause, même en appel. — Chassan, t. 2, p. 372; de Grattier, *id.*; Dalloz, vᵒ *Presse*, nᵒ 1359.

8. Il y a lieu au sursis soit que la dénonciation ait précédé, soit qu'elle ait suivi la plainte. Cet article ne distingue pas. — Cass. 11 juin 1808 (Hersant); 26 juillet 1821 (Même), *J. p.*; Parant, p. 336; Chassan, t. 1, p. 373, 376; Mangin, t. 1, p. 569; de Grattier, t. 1, p. 497; Dalloz, vᵒ *Presse*, nᵒ 1349.

9. Le tribunal ne peut refuser de surseoir par le motif que les faits dénoncés ne sont point vraisemblables. — Cass. 6 mars 1812 (Pepin), *J. p.*; Chassan, t. 2, p. 370; Dalloz, vᵒ *Presse*, nᵒ 1340.

10. Ni en se fondant sur ce que le ministère public aurait déclaré ne vouloir pas donner suite à la dénonciation. — Cass. 8 déc. 1837 (Goujard), *B. cr.*; 5 juillet 1844 (Lambert), *B. cr.*; Chassan, t. 2, p. 369. — Les parties ayant dans ce cas le droit de saisir le juge d'instruction en se portant parties civiles. — Montpellier, 24 mars 1851 (F.); D., 52, 2, 195; de Grattier, t. 1, p. 493.

11. Il ne peut dépendre du ministère public de priver les parties de ce moyen d'instruction. — Cass. 8 déc. 1837 (Goujard), *B. cr.*

12. Le refus du ministère public ne peut avoir d'autre effet que de maintenir indéfiniment le sursis. — Chassan, t. 2, p. 369.

13. Ainsi, le ministère public ne peut se refuser de suivre sur la dénonciation. Ses poursuites sont obligatoires. — Montpellier, 22 nov. 1841 (Balestrier); S. 42, 2, 160; Bordeaux, 2 juillet 1846 (Rambaud), *J. p.*, 48, 1, 51; Dalloz, vᵒ *Presse*, nᵒ 1351; Chassan, t. 2, p. 370. — *Contrà :* Parant, p. 108; de Grattier, t. 1, p. 492.

14. Le tribunal saisi d'une plainte en calomnie peut, lorsque les faits sont dénoncés par le prévenu, enjoindre au ministère public et au juge d'instruction d'informer sur ces faits. — Cass. 24 juin 1819 (Cochenet). — *Contrà :* Cass. 8 déc. 1826 (Calmette), *J. p.*

---

ainsi qu'il est prescrit au liv. II, tit. IV du C. d'instr. crim., chap. des *contumaces.*

A₁ᴛ. 17. Lorsque le renvoi à la cour d'assises aura été fait pour délits spécifiés dans la présente loi, le prévenu, s'il n'est présent au jour fixé pour le jugement par l'ordonnance du président, dûment notifiée audit prévenu ou à son domicile, dix jours au moins avant l'échéance, outre un jour par cinq myriamètres de distance, sera jugé par défaut. La cour statuera sans assistance ni intervention de jurés, tant sur l'action publique que sur l'action civile.

Aʀᴛ. 18. Le prévenu pourra former opposition à l'arrêt par défaut dans les dix jours de la notification qui lui en aura été faite ou à son domicile, outre un jour par cinq myriamètres de distance, à charge de notifier son opposition, tant au ministère public qu'à la partie civile. — Le prévenu supportera, sans recours, les frais de l'expédition et de la signification de l'arrêt par défaut et de l'opposition, ainsi que de l'assignation et de la taxe des témoins appelés à l'audience pour le jugement de l'opposition.

Aʀᴛ. 19. Dans les cinq jours de la notification de l'opposition, prévenu devra déposer au greffe une requête tendant à obtenir du président de la cour d'assises une ordonnance fixant le jour du jugement de l'opposition : cette ordonnance fixera le jour aux plus prochaines assises: elle sera signifiée, à la requête du ministère public, tant au prévenu qu'au plaignant, avec assignation au jour fixé dix jours au moins avant l'échéance. Faute par le prévenu de remplir les formalités mises à sa charge par le présent article, ou de comparaître par lui-même ou par un fondé de pouvoir au jour fixé par l'ordonnance, l'opposition sera réputée non avenue, et l'arrêt par défaut sera définitif.

Aʀᴛ. 20. Nul ne sera admis à prouver la vérité des faits diffamatoires, si ce n'est dans le cas d'imputation contre des dépositaires ou agents de l'autorité, ou contre toutes personnes ayant agi dans un caractère public, de faits relatifs à leurs fonctions. Dans ce cas, les faits pourront être prouvés par-devant la cour d'assises par toutes les voies ordinaires, sauf la preuve contraire par les mêmes voies. — La preuve des faits imputés met l'auteur de l'imputation à l'abri de toute peine, sans préjudice des peines prononcées contre toute injure qui ne serait pas nécessairement dépendante des mêmes faits.

Aʀᴛ. 21. Le prévenu qui voudra être admis à prouver la vérité des faits dans le cas prévu par le précédent article, devra dans les huit jours qui suivront la notification de l'arrêt de renvoi devant la cour d'assises, ou de l'opposition à l'arrêt par défaut rendu contre lui, faire signifier au plaignant, — 1ᵒ Les faits articulés et qualifiés dans cet arrêt desquels il entend prouver la vérité; 2ᵒ La copie des pièces; 3ᵒ Les noms, professions et demeures des témoins par lesquels il entend faire sa preuve. — Cette signification contiendra élection de domicile près la cour d'assises; le tout à peine d'être déchu de la preuve.

Aʀᴛ. 22. Dans les huit jours suivants, le plaignant sera tenu de faire signifier au prévenu, au domicile par lui élu, la copie des pièces, et les noms, professions et demeures des témoins par lesquels il entend faire la preuve contraire; le tout également sous peine de déchéance.

(1 et 2) *Anciens articles :*

Aʀᴛ. 23. Le plaignant en diffamation ou injure pourra faire entendre des témoins qui attesteront sa moralité : les noms, professions et demeures de ces témoins seront notifiés au prévenu ou à son domicile, un jour au moins avant l'audition. — Le prévenu ne sera point admis à faire entendre des témoins contre la moralité du plaignant.

Aʀᴛ. 24. Le plaignant sera tenu, immédiatement après l'arrêt de renvoi, d'élire domicile près la cour d'assises, et de notifier cette élection au prévenu et au ministère public, à défaut de quoi toutes significations seront faites valablement au plaignant au greffe de la cour. Lorsque le prévenu sera en état d'arrestation, toutes notifications, pour être valables, devront lui être faites à personne.

3.

15. Cependant si le prévenu de diffamation abandonne sa dénonciation sur laquelle le ministère public n'a pas cru devoir poursuivre, il ne peut y avoir dans cette dénonciation un motif de sursis. — Cass. 2 oct. 1817 (Ferrets); Chassan, t. 2, p. 376; Mangin, t. 1, p. 567.

16. Il n'y a pas non plus lieu à surseoir, lorsque le procureur général refuse de donner suite à une plainte portée contre un magistrat, lequel ne peut être jugé que par la cour d'appel. — Cass. 11 nov. 1842 (Lafond), *B. cr.*; Dalloz, v° *Presse*, n° 1353.

17. Ni lorsque, sur une plainte en forfaiture adressée contre un magistrat au ministre de la justice, celui-ci n'a voulu donner aucun ordre de poursuite, et lorsque aucune autorité compétente n'a été saisie de la dénonciation dans le délai imparti. Art. 486 C. i. cr. — Cass. 13 mars 1818 (Selves); Dalloz, v° *Presse*, n° 1113.

18. Lorsque les faits dénoncés ont été commis par un agent de l'autorité, le refus d'autorisation de poursuivre ne peut empêcher le sursis, s'il y a recours au conseil d'État. — Cass. 24 juin 1819 (Cochenet), *J. p.*; de Grattier, t. 1, p. 492.

19. Il n'y a lieu de prononcer un sursis sur une plainte en diffamation qu'autant que le prévenu se porte dénonciateur d'une manière expresse et par écrit, une plainte verbale ne suffit pas. — Cass. 8 déc. 1837 (Goujard), *B. cr.*; Chassan, t. 2, p. 369; de Grattier, t. 1, p. 491. — La plainte doit être assimilée à la dénonciation. — Chassan, t. 2, p. 369.

20. Qu'autant que la poursuite sur les faits dénoncés a lieu par voie d'instruction criminelle ou correctionnelle. Une action civile ne peut autoriser le sursis. — Cass. 24 avril 1818 (Guénier), *J. p.*; Bruxelles, 23 mai 1829 (V.), *J. p.*

21. Qu'autant que la dénonciation a été portée devant une autorité compétente : l'autorité judiciaire. — Cass. 15 juin 1815 (Vallée), *J. p.*; 28 sept. 1815 (Selves), *J. p.*; Chassan, t. 1, p. 369; Mangin, t. 1, p. 566.

22. Ainsi il ne suffit pas que les faits imputés à un employé des contributions indirectes aient été dénoncés à l'administration générale. — Cass. 15 juin 1815 (Vallée), *J. p.*; de Grattier, t. 1, p. 490; Dalloz, v° *Presse*, n° 1346.

23. Que les faits imputés à des avoués aient été dénoncés à leur chambre. — Cass. 28 sept. 1815 (Selves), *J. p.*

24. Le sursis ne peut avoir lieu si la dénonciation a été portée devant un tribunal étranger. — Cass. 7 mars 1817 (Mendiry), *J. p.*; Parant, p. 337; Mangin, t. 1, p. 565; de Grattier, t. 1, p. 491.

25. Il n'est pas nécessaire que le dénonciateur se porte partie civile. — Bordeaux, 2 juillet 1846 (Rambaud), *J. p.*, 48, 1, 51; Dalloz, v° *Presse*, n° 1356.

26. Ni qu'il consigne les frais auxquels les poursuites peuvent donner lieu. — Montpellier, 22 nov. 1841 (Balestrier); S. 42, 2, 160; Dalloz, *id.*

27. Le sursis ne peut être accordé qu'autant que le fait dénoncé est personnel au plaignant. — Orléans, 31 mai 1847 (Renon-Ract); D., 47, 2, 161. — *Contrà :* Chassan, t. 2, 372; Montpellier, 22 nov. 1841 (Balestrier), *J. p.*

28. Qu'autant que les faits dont la preuve est requise sont identiquement les mêmes que ceux allégués dans l'imputation diffamatoire; il ne suffit pas que les faits soient de même nature, quelque directe que soit la relation du fait dénoncé avec le fait articulé. — Cass. 9 juin 1815 (Selves), *J. p.*; 21 mai 1836 (Durand-Vaugaron), *J. p.*; 9 nov. 1839 (Reynaud), *B. cr.*; Mangin, t. 1, p. 567; de Grattier, t. 1, p. 494.

29. Qu'autant que les faits dénoncés par le prévenu sont punissables suivant la loi. — Cass. 27 juin 1811 (Royer), *J. p.*; 28 fév. 1812 (Aublin), *J. p.*; 9 fév. 1821 (Selves), *J. p.*; 18 sept. 1845 (Dupuy), *B. cr.*; Orléans, 31 mai 1847 (Renon-Ract); D., 47, 2, 161; Parant, p. 336; Chassan, t. 2, p. 374; Mangin, t. 1, p. 562; de Grattier, t. 1, p. 489; Dalloz, v° *Presse*, n° 1338.

30. Ou que l'auteur de ces faits est encore vivant. — Chassan, t. 2, p. 375.

31. Ainsi il n'y a pas lieu à sursis lorsque les faits dénoncés ne présentent que l'imputation de défauts et de vices. — Cass. 27 juin 1811 (Royer), *J. p.*; 28 fév. 1812 (Aublin), *J. p.*; Mangin, t. 1, p. 562; de Grattier, t. 1, p. 489.

32. Ou que l'imputation d'un fait immoral. — Cass. 18 sept. 1845 (Dupuy), *B. cr.*

33. Il ne suffirait pas qu'ils fussent susceptibles de motiver une peine disciplinaire. — Cass. 28 sept. 1815 (Selves), *J. p.*; de Grattier, t. 1, p. 489; Dalloz, v° *Presse*, n° 1339.

34. Mais lorsque le ministère public a agi d'office ou qu'il a exercé des poursuites sur les faits dénoncés, le tribunal saisi de la plainte en calomnie n'est point maître de refuser le sursis, sous le prétexte que les faits ne sont pas punissables. — Cass. 17 avril 1817, *J. p.*; Mangin, *Act. publ.*, t. 1, p. 564; Chassan, t. 2, p. 375; de Grattier, t. 1, p. 490; Dalloz, v° *Presse*, n° 1342.

35. Il y a toujours lieu à sursis lorsque, sur une plainte en diffamation, le ministère public rend plainte contre le plaignant lui-même, à raison des faits que celui-ci prétend diffamatoires. — Cass. 18 juin 1824 (Guyard), *J. p.*

36. Il n'y a plus lieu à surseoir lorsque les faits imputés sont prescrits. — Arg. cass. 9 mai 1845 (Bousquet), *B. cr.*; Chassan, t. 2, p. 374; Parant, p. 336; Mangin, t. 1, p. 563; de Grattier, t. 1, p. 492; Dalloz, v° *Presse*, n° 1341. — Lorsqu'ils ont été déclarés prescrits par la chambre d'accusation. — Cass. 23 mai 1829 (V.), *J. p.*

37. Ou qu'il a été déclaré n'y avoir lieu à suivre. — Bruxelles, 23 mai 1829 (Adrien), *J. p.*; de Grattier, t. 1, p. 492.

38. Lorsque les faits ont été amnistiés. — Chassan, t. 2, p. 375.

39. Lorsque celui à qui les faits diffamatoires étaient imputés est décédé. — Cass. 21 mai 1836 (Durand-Vaugaron), *J. p.*

40. Lorsqu'une plainte porte sur plusieurs faits, dont un ou plusieurs sont punissables, ces faits punissables deviennent des faits principaux dont les autres ne sont que des accessoires qui doivent demeurer soumis aux règles prescrites pour les faits principaux. Il y a donc lieu à surseoir sur le tout. — Cass. 26 juillet 1821 (Mène), *J. p.*; Chassan, t. 2, p. 376; Mangin, t. 1, p. 568; de Grattier, t. 1, p. 489; Dalloz, v° *Presse*, n° 1344.

41. Cependant lorsque la dénonciation ne porte que sur une partie des faits diffamatoires objet de la plainte, elle ne peut arrêter la poursuite qu'en ce qui concerne ces faits. — Cass. 18 sept. 1845 (Dupuy), *B. cr.*

42. La dénonciation faite à l'autorité compétente n'autorise pas à donner à l'individu qui en a été l'objet des qualifications injurieuses, alors même qu'elles feraient allusion aux faits dénoncés. Des poursuites pourraient être commencées à raison de ces injures, sans qu'il y ait lieu de surseoir. — Chassan, t. 2, p. 377; Mangin, t. 1, p. 568; de Grattier, t. 1, p. 495.

43. Lorsque la dénonciation a donné lieu à une condamnation, elle doit réagir sur l'action en diffamation et faire disparaître le délit. — Chassan, t. 2, p. 371; de Grattier, t. 1, p. 498. — Alors qu'il est établi qu'il n'y a pas eu intention coupable. —

Bordeaux, 14 avril 1833 (Duvoyon), *J. p.* — *Contrà :* Le prévenu n'est point complétement justifié, sa culpabilité peut seulement être atténuée. — Cass. 21 avril 1821 (Galeypy), *J. p.*; Montpellier, 22 nov. 1841 (Balestrier), *J. p.*, 42, 2, 573; Dalloz, v° *Presse*, n° 1360.

Art. 26. Tout arrêt de condamnation contre les auteurs ou complices des crimes et délits commis par voie de publication ordonnera la suppression ou la destruction des objets saisis, ou de tous ceux qui pourront l'être ultérieurement, en tout ou en partie, suivant qu'il y aura lieu pour l'effet de la condamnation.

L'impression ou l'affiche de l'arrêt pourront être ordonnées aux faits du condamné.

Ces arrêts seront rendus publics dans la même forme que les jugements portant déclaration d'absence.

1. Cet article n'a pas été abrogé par l'art. 27 du décr. du 17 fév. 1852. — Circ. min. 27 mars 1852.

2. La suppression d'un écrit ne peut être prononcée lorsqu'il y a acquittement du prévenu sur la poursuite d'un prétendu délit contenu audit écrit. —Cass. 17 août 1860 (Poplinaux), *B. cr.*—*Contrà :* S'il a un caractère blâmable ou immoral. — Paris, 15 janv. 1825 (Barba), *J. p.*; Poitiers, 2 juin 1860 (Poplinaux); S., 60, 2, 329; de Grattier, t. 1, p. 499.

3. De même, lorsque le prévenu est acquitté, la destruction des exemplaires d'un ouvrage saisi comme immoral et précédemment condamné ne peut être ordonnée. — Cass. 20 juin 1840 (Lavigne), *B. cr.*; Dalloz, v° *Presse*, n° 1037.—*Contrà :* Chassan, t. 1, p. 152; t. 2, p. 444.

4. Même en cas de condamnation du prévenu, la suppression ne peut être ordonnée si la condamnation porte sur un fait extérieur à l'écrit, et, par exemple, sur un fait de distribution.—Cass. 17 août 1860 (Poplinaux), *B. cr.*

5. Mais la cour d'assises peut, à titre de dommages-intérêts, sur la demande de la partie civile, ordonner la suppression de l'écrit, malgré l'acquittement du prévenu. — Cass. 5 avril 1839 (Salbois), *J. p.*; 3 mars 1842 (Champanhet), *B. cr.*; Chassan, t. 2, p. 445. V. *Codes crim.*, sous l'art. 358 C. inst. cr., n°ˢ 68 et suiv.

6. Le tribunal qui reconnaît l'existence d'un délit de diffamation ne peut s'abstenir de statuer sur les conclusions de la partie civile tendant à la saisie et à la suppression de l'écrit diffamatoire. — Cass. 11 juillet 1823 (Gemond), *J. p.*

7. Les objets non saisis dont la destruction est ordonnée peuvent être appréhendés par un officier de police ou de justice, qui dresse procès-verbal. — Chassan, t. 2, p. 459; de Grattier, t. 1, p. 501.

8. Un jugement ne peut être imprimé ni affiché si la mesure n'a été ordonnée par justice.—Chassan, t. 2, p. 447.

9. Il doit indiquer le nombre d'exemplaires des affiches. — De Grattier, t. 1, p. 502.

10. Ce nombre ne peut être dépassé sans constituer un fait dommageable. — Paris, 1ᵉʳ juin 1831 (Dumont), *J. p.*; Chassan, *id.*

11. Le juge ne peut ordonner à la fois l'impression et l'affiche; il doit prescrire l'une ou l'autre. — Dalloz, v° *Presse*, n° 1040. — *Contrà :* De Grattier, t. 1, p. 502.

12. Il peut ordonner l'insertion du jugement dans un journal, au lieu de l'impression et de l'affiche. — Bordeaux, 17 août 1826 (Gaye); Dalloz, v° *Presse*, n° 1040.

13. Cette réparation peut être ordonnée par la juridiction civile saisie d'un fait de diffamation commis par la voie de presse. — Cass. 29 janv. 1840 (Salmon) : Dalloz, v° *Presse*, n° 1039.

14. L'insertion dans les journaux, autorisée par cet article, est une véritable peine qui peut être prononcée par le juge d'appel sur l'appel seul du ministère public, sans qu'il y ait appel de la partie civile. — Cass. 19 mai 1860 (Larbaud), *B. cr.*

15. Elle peut être ordonnée d'office. — De Grattier, t. 1, p. 502.

16. Quand la loi permet l'affiche d'un jugement, elle est censée aussi autoriser le juge à ordonner qu'il en sera fait publiquement lecture. — Cass. 25 mars 1813 (Gaillard), *J. p.*; de Grattier, t. 1, p. 503. — *Contrà :* Legraverand, t. 2, p. 275.

Art. 27. Quiconque, après que la condamnation d'un écrit, de dessins ou gravures, sera réputée connue par la publication dans les formes prescrites par l'article précédent, les réimprimera, vendra ou distribuera, subira le *maximum* de la peine qu'aurait pu encourir l'auteur.

1. Cet article n'a pas été abrogé par l'art. 27 décr. 17 fév. 1852.— Circ. min. just., 27 mars 1852.

2. La destruction d'exemplaires d'ouvrages, ordonnée d'office sans opposition de la partie saisie, ne peut, quoique rendue publique, avoir l'effet d'une condamnation légale. — Paris, 14 janv. 1830 (Langlois), *J. p.*

3. Au contraire, il suffit qu'il y ait eu condamnation de l'écrit. Ainsi, cet article est applicable au cas où, en prononçant l'acquittement du prévenu, les juges auraient maintenu la saisie de l'ouvrage et ordonné sa suppression. — Chassan, t. 1, p. 152.

4. L'exposition ou la mise en vente dans un magasin de librairie ouvert au public d'un ouvrage antérieurement condamné équivaut à sa vente même. —Cass. 10 nov. 1826 (Fleury), *J. p.*; 11 oct. 1851 (Ollivier), *B. cr.*; Chassan, t. 1, p. 149; de Grattier, t. 1, p. 510. — *Contrà :* A l'égard des individus qui ne font pas profession de vendre des livres. — Chassan, *id.*; de Grattier, *id.*; Dalloz, v° *Presse*, n° 964.

5. L'inscription de l'envoi d'un ouvrage condamné, sur le livre-journal d'un libraire, n'est pas une preuve qu'il en a opéré la vente. — Paris, 14 janv. 1830 (Langlois), *J. p.*

6. La condamnation qui a pour objet des paroles extraites d'une chanson écrite peut servir de base à l'incrimination contenue dans cet article. — Cass. 11 oct. 1851 (Ollivier), *B. cr.*

7. La réimpression et la vente d'un ouvrage déjà condamné ne constituent pas invariablement une simple contravention; elles peuvent aussi se produire soit comme crime, soit comme délit, selon que la publication reproduite aura constitué par elle-même une contravention, un crime ou un délit. — Cass. 13 oct. 1837 (Gombert), *J. p.*; Dalloz, v° *Presse*, n° 963.

8. La moralité d'un ouvrage déjà condamné est remise en question lorsque la réimpression en est poursuivie, il n'y a pas chose jugée. — Cass. 20 juin 1840 (Lavigne), *B. cr.*; 13 oct. 1837 (Gom-

bert) ; D., 38, 1, 33 ; 8 déc. 1837 (Spony) ; D., 38, 1, 180 ; 12 janv. 1839 (Pagnerre), *B. cr.* — *Contrà :* De Grattier, t. 1, p. 520. — Cette réimpression constitue un délit et non une simple contravention. — Chassan, t. 1, p. 145. — *Contrà :* De Grattier, *id.*

9. Les tribunaux peuvent apprécier les circonstances de moralité, examiner l'intention et la bonne foi du prévenu. — Cass. 13 oct. 1837 (Gombert) ; 8 déc. 1837 (Spony), *loc. cit.*

10. La condamnation précédente n'est qu'une circonstance aggravante du délit. — Cass. 10 nov. 1826 (Fleury), *J. p.* ; Chassan, t. 1, p. 150.

11. L'impression de l'arrêt ou du réquisitoire qui renferme les passages incriminés ou condamnés ne peut donner lieu à une nouvelle poursuite. — Cass. 3 nov. 1831 (Robert), *J. p.* ; Chassan, t. 1, p. 151 ; de Grattier, t. 1, p. 511 ; Dalloz, vᵒ *Presse*, nᵒ 969.

Art. 28. *Abrogé implicitement par l'art.* 27 *décret du* 17 *février* 1852.

Circul. min. just., 27 mars 1852 (1).

Art. 29. *Abrogé par le même décret.*

Cass. 23 février 1854 (Guillelouvette), *B. cr.* ; Circul. min. just., 27 mars 1852 (2). *V.* notés sous l'art. 638 C. inst. crim., nᵒ 35. *Codes crim.*,

25 MARS 1822. — LOI *relative à la répression et à la poursuite des délits commis par la voie de la presse ou par tout autre moyen de publication.*

TITRE Iᵉʳ. — *De la répression.*

Art. 1. Quiconque, par l'un des moyens énoncés en l'art. 1ᵉʳ de la loi du 17 mai 1819, aura outragé ou tourné en dérision la religion de l'Etat, sera puni d'un emprisonnement de trois mois à cinq ans et d'une amende de 300 fr. à 6,000 fr.

Les mêmes peines seront prononcées contre quiconque aura outragé ou tourné en dérision toute autre religion dont l'établissement est légalement reconnu en France. Art. 8, L. du 17 mai 1819.

1. L'outrage à la religion n'ayant point été défini par la loi, qui n'en détermine point les éléments, la cour de cassation ne peut rechercher si la loi a été violée dans la qualification de ce délit. — Cass. 15 oct. 1825 (Gatineau), *J. p.* ; 17 mars 1827 (Touquet), *J. p.* ; 15 janv. 1830 (Marquezy), *J. p.* V. décisions contraires sous l'art. 408 C. inst. cr., nᵒˢ 104 et suiv., *Codes crim.*

2. Se rend coupable du délit d'outrages à la religion celui qui s'oppose à la célébration, par le ministre du culte, d'une cérémonie funèbre, et célèbre lui-même, dans l'église, cette cérémonie. — Cass. 5 fév. 1852 (Morin), *B. cr.* V. notes sous l'art. 262 C. pén., *Codes crim.*

3. Celui qui porte la croix en tête d'une mascarade publique, offrant le simulacre d'un enterrement. — Cass. 26 juin 1852 (Routhier), *B. cr.*

4. Il est dans les attributions des cours royales d'apprécier si la négation d'un dogme religieux peut, par les circonstances dont elle est accompagnée et les expressions dont on s'est servi, constituer le délit d'outrage à la religion. — Cass. 15 janv. 1830 (Rousseau Marquezy), *J. p.* ; Chassan, t. 1, p. 302.

5. Ne constitue point le délit d'outrage à la religion :

La simple négation d'un dogme religieux, par exemple, la négation de la perpétuité du christianisme. — Aix, 3 déc. 1829 (Rousseau Marquezy), *J. p.* ; Paris, 17 déc. 1829 (Chatelain), *J. p.* ; de Grattier, t. 2, p. 37 ; Chassan, t. 1, p. 297, 301.

6. Il en serait autrement si la négation était accompagnée de sarcasmes et d'ironies. — Aix, 3 déc. 1829.

7. La dénégation de la révélation des vérités du christianisme et de la divinité de Jésus-Christ. — Paris, 22 janv. 1828 (de Sénancourt), *J. p.* ; Chassan, t. 1, p. 301 ; de Grattier, *id.*

8. Mais la publication incomplète ou mutilée des livres saints, qui sont le fondement de la religion catholique, ou des livres dogmatiques des autres religions, et spécialement la publication de l'Evangile, dans laquelle on aurait supprimé les miracles et autres faits qui démontrent la divinité de Jésus-Christ, peut constituer le délit d'outrage envers ces religions. — Cass. 17 mars 1827 (Touquet), *J. p.* ; de Grattier, t. 2, p. 38 ; Chassan, t. 1, p. 299.

9. Les juges d'appel peuvent déclarer coupable d'avoir tourné en dérision la religion un individu qui n'a été poursuivi que comme prévenu d'avoir outragé cette même religion. Ces faits ne constituent pas des délits différents. — Cass. 15 janv. 1830 (Rousseau Marquezy), *J. p.* ; de Grattier, t. 2, p. 38.

Art. 2. *Remplacé par les art.* 1, *L. du* 29 *novembre* 1830, *décr. du* 11 *août* 1848 ; *L. du* 27 *juillet* 1849 (1).

Art. 3. *Remplacé par l'art.* 3 *décr. du* 11 *août* 1848 (2).

---

(1) *Ancien article :*

ART. 28. Toute personne inculpée d'un délit commis par la voie de la presse, ou par tout autre moyen de publication, contre laquelle il aura été décerné un mandat de dépôt ou d'arrêt, obtiendra sa mise en liberté provisoire, moyennant caution. La caution à exiger de l'inculpé ne pourra être supérieure au double du *maximum* de l'amende prononcée par la loi contre le délit qui lui est imputé.

(2) *Ancien article :*

ART. 29. L'action publique contre les crimes et délits commis par la voie de la presse, ou tout autre moyen de publication, se prescrira par six mois révolus, à compter du fait de publication qui donnera lieu à la poursuite. — Pour faire courir cette prescription de six mois, la publication d'un écrit devra être précédée du dépôt et de la déclaration que l'éditeur entend le publier. — S'il a été fait, dans cet intervalle, un acte de poursuite ou d'instruction, l'action publique ne se prescrira qu'après un an, à compter du dernier acte, à l'égard même des personnes qui ne seraient pas impliquées dans ces actes d'instruction ou de poursuite. — Néanmoins, dans le cas d'offense envers les chambres, le délai ne courra pas dans l'intervalle de leurs sessions. — L'action civile ne se prescrira, dans tous les cas, que par la révolution de trois années, à compter du fait de la publication.

(1) *Ancien article :*

ART. 2. Toute attaque, par l'un des mêmes moyens, contre la dignité royale, l'ordre de successibilité au trône, les droits que le roi tient de sa naissance, ceux en vertu desquels il a donné la charte, son autorité constitutionnelle, l'inviolabilité de sa personne, les droits ou l'autorité des chambres, sera punie d'un emprisonnement de trois mois à cinq ans et d'une amende de 300 fr. à 6,000 fr.

(2) *Ancien article :*

ART. 3. L'attaque, par l'un de ces moyens, des droits garantis

Art. 4. *Remplacé par l'art. 4 décret du 11 août 1848 (1).*

Art. 5. La diffamation ou l'injure, par l'un des mêmes moyens, envers les cours, tribunaux, corps constitués, autorités ou administrations publiques, sera punie d'un emprisonnement de quinze jours à deux ans, et d'une amende de 150 fr. à 5,000 fr.

1. Cet article ne s'applique qu'à la diffamation et à l'injure commises par voie de publication envers les cours et tribunaux, *pour des faits relatifs à leurs fonctions*, et n'a point dérogé à l'art. 222 C. pén., qui prévoit les outrages par paroles contre les magistrats *dans l'exercice de leurs fonctions*. — Cass. 27 fév. 1832 (Raspail), *J. p.*; de Grattier, t. 2, p. 46.

2. Le tribunal est compétent pour rechercher si la diffamation a eu lieu envers un corps constitué. — Cass. 28 avril 1826 (Descoutures), *J. p.*; Chassan, t. 1, p. 488; de Grattier, t. 2, p. 48.

3. Mais le tribunal saisi d'une plainte en diffamation envers un conseil municipal est incompétent pour rechercher s'il était légalement composé et si ses délibérations, à l'occasion desquelles il y avait eu diffamation, étaient régulières. — Cass. 28 août 1826 (Descoutures), *J. p.*; Riom, 19 mars 1827 (Descoutures), *J. p.*; de Grattier, t. 2, p. 48; Dalloz, v° *Presse*, n° 898; Chassan, t. 1, p. 489; Parant, p. 109.

4. L'offense n'est pas moins punissable lorsqu'elle a lieu à l'occasion d'un acte susceptible d'annulation. — Cass. 28 avril 1826 (Descoutures), *J. p.*; de Grattier, *id.*

5. L'ordre des avocats n'est pas un corps constitué. — Chassan, t. 1, p. 488.

6. V., sur ce qu'on doit entendre par corps constitué, les notes sous l'art. 4, L. 26 mai 1819.

7. On doit comprendre sous le nom d'administration publique l'administration de la police. — Cass. 16 juin 1832 (de Brian), *J. p.*; Chassan, t. 1, p. 487; de Grattier, t. 2, p. 48.

Art. 6. L'outrage fait publiquement, d'une manière quelconque, à raison de leurs fonctions ou de leur qualité, soit à un ou plusieurs membres de l'une des deux chambres, soit à un fonctionnaire public, soit enfin à un ministre de la religion de l'Etat ou de l'une des religions dont l'établissement est légalement reconnu en France, sera puni d'un emprisonnement de quinze jours à deux ans, et d'une amende de 100 fr. à 4,000 fr.

Le même délit envers un juré, à raison de ses fonctions, ou envers un témoin, à raison de sa déposition, sera puni d'un emprisonnement de dix jours à un an, et d'une amende de 50 fr. à 3,000 fr.

L'outrage fait à un ministre de la religion de l'Etat, ou de l'une des religions légalement reconnues en France, dans l'exercice même de ses fonctions, sera puni des peines portées par l'art. 1er de la présente loi.

Si l'outrage, dans les différents cas prévus par le présent article, a été accompagné d'excès ou violences prévus par le premier paragraphe de l'art. 228 du Code pénal, il sera puni des peines portées audit paragraphe et à l'art. 229, et, en outre, de l'amende portée au premier paragraphe du présent article.

Si l'outrage est accompagné des excès prévus par le second paragraphe de l'article 228 et par les art. 231, 232 et 233, le coupable sera puni conformément audit Code.

§ 1er. — *Règles générales.*

1. Cet article n'a pas été abrogé par la loi du 8 oct. 1830. — Cass. 19 janv. 1833 (Ledieu), *J. p.* —Mais le premier paragraphe dudit article a été remplacé par l'art. 5 du décret du 11 août 1848.

2. Il comprend l'outrage public fait par écrit aussi bien que l'outrage public par paroles, il n'exige pas la présence du fonctionnaire. — Cass. 18 juillet 1828 (de Magnoncourt), *J. p.*; Parant, p. 143; Chassan, t. 1, p. 415, 432; de Grattier, t. 2, p. 52. V. sous l'art. 222 C. pén., n°s 54 et suiv., *Codes crim.*

3. Il comprend les paroles et gestes menaçants comme tout autre mode d'outrage. — Cass. 13 août 1841 (Billiout-Jouard), *B. cr.*; Chassan, t. 1, p. 450.

4. A plus forte raison, le jet d'ordures à un fonctionnaire au moment où il remplit ses fonctions. — Dalloz, v° *Presse*, n° 685.

5. Il n'a fait que changer la pénalité de l'art. 19, L. 17 mai 1819, en résumant par le mot *outrage* l'ensemble des injures, expressions outrageantes, termes de mépris ou invectives qui s'adressent aux fonctionnaires publics, et en y ajoutant : *d'une manière quelconque*. —Cass. 17 juillet 1846 (Lambert), *B. cr.*; Parant, p. 141.

6. Il modifie, en ce qui concerne les fonctionnaires, les art. 16 et 17, L. 17 mai 1819; aux délits de diffamation et d'injures définis par cette loi, il a substitué l'outrage, dont il laisse l'appréciation aux magistrats. — Cass. 18 juillet 1828 (de Magnoncourt), *J. p.*; Chassan, t. 1, p. 256, 414; Parant, p. 92; de Grattier, t. 2, p. 53. — *Contrà* : il n'a point abrogé l'art. 16, L. 17 mai 1819. Les dispositions de ces articles ne sont point inconciliables. — Cass. 17 juillet 1845 (l'Espérance), *B. cr.*; Dalloz, v° *Presse*, n° 902. V. les notes sous l'art. 16, L. 17 mai 1819.

7. Le délit d'outrage envers les fonctionnaires s'identifie avec celui de diffamation et d'injure défini par les art. 13 et 14, L. 17 mai 1819. — Douai, 1er mars 1831 (Cressent), *J. p.*; Cass. 10 juillet 1834 (Lanta), *J. p.*

8. L'outrage par paroles fait publiquement à un magistrat de l'ordre administratif ou judiciaire, *à l'occasion de l'exercice de ses fonctions*, est réprimé par cet article et non par l'art. 222 C. pén. —Cass.

---

par les art. 5 et 8 de la Charte constitutionnelle, sera punie d'un emprisonnement d'un mois à trois ans et d'une amende de 100 fr. à 4.000 fr.

(1) *Ancien article* :

ART. 4. Quiconque, par l'un des mêmes moyens, aura excité à la haine ou au mépris du gouvernement du roi, sera puni d'un emprisonnement d'un mois à quatre ans et d'une amende de 150 fr. à 5,000 fr. — La présente disposition ne peut pas porter atteinte au droit de discussion et de censure des actes des ministres.

22 fév. 1844 (Pierrel) *B. cr.*; de Grattier, t. 2, p. 58. V. sous l'art. 222 C. pén., § 1er, *Codes crim.*

9. A l'égard des fonctionnaires non compris dans l'énumération des art. 222 et suiv. C. pén., si l'outrage commis contre eux *dans l'exercice* de leurs fonctions avait pour motif ou pour occasion l'exercice même de ces fonctions, il serait punissable comme fait à raison de cet exercice. — Chassan, t. 1, p. 456.

10. V. dans quels cas l'outrage par paroles tombe sous l'application des art. 222 et suiv. C. pén., les notes sous cet article, § 1er, *Codes crim.*

11. Les outrages publics envers un fonctionnaire, à raison de ses fonctions, ne peuvent être excusés parce qu'il y aurait eu de sa part provocation par injures. — Cass. 19 août 1842 (Germigney), *B. cr.*; Rouen, 11 janv. 1844 (Godalier); Dalloz, v° *Presse*, n° 1333; Chassan, t. 1, p. 431. — *Contrà :* Grenoble, 21 avril 1825 (Charmeil), *J. p.*

12. Cependant des expressions qui, considérées isolément, peuvent paraître inconvenantes, ne sont pas punissables s'il est reconnu que celui à qui elles sont imputées ne s'en est servi que dans le but de se justifier d'imputations odieuses.—Riom, 19 mars 1827 (Descoutures), *J. p.*

§ 2. — *De la publicité.*

13. A la publicité définie et restreinte par l'art. 1er, loi 17 mai 1819, cet article a substitué une publicité dont il laisse l'appréciation aux magistrats. — Cass. 18 juillet 1828 (de Magnoncourt), *J. p.*; 30 nov. 1844 (Duporzon), *B. cr.*; Chassan, t. 1, p. 417; Parant, p. 142; de Grattier, t. 2, p. 52.— *Contrà :* Dalloz, v° *Presse*, n° 725.

14. Ainsi, il suffit que le jugement constate que l'outrage a été public. — Cass. 18 juillet 1828 (de Magnoncourt), *J. p.*; de Grattier, *id.*

15. Les expressions outrageantes contenues dans un acte extra-judiciaire signifié à un magistrat sont, par le caractère public de cet acte, légalement aggravées. — Cass. 5 juin 1845 (Duporzon), *B. cr.*

16. Ainsi, une citation en conciliation, notifiée par huissier au magistrat outragé, étant, par sa nature, destinée à recevoir de la publicité, imprime aux imputations et expressions outrageantes qui y sont contenues le caractère de publicité exigé par cet article.—Cass. 30 nov. 1844 (Duporzon), *B. cr.* V. notes sous l'art. 14, § 4.

17. De même, des expressions outrageantes pour un juge de paix, contenues dans une citation donnée devant lui, entre deux particuliers, deviennent publiques par la lecture qui en est donnée à l'audience. — Cass. 22 fév. 1839 (Faure), *B. cr.* — Elles ne sont point adressées au magistrat dans l'exercice de ses fonctions. — Même arrêt.

18. Mais des expressions outrageantes adressées à un maire dans une lettre missive qui ne devait être connue que du magistrat lui-même, et qui n'a reçu aucune publicité, ne constituent pas le délit d'outrages. — Cass., ch. réun., 11 fév. 1839 (Castillon), *J. p.*, 39, 1, 201.—Mais elles peuvent donner lieu à des peines de simple police. — Cass. 30 août 1851 (Allain), *B. cr.*; Chassan, t. 1, p. 421. — Elles ne constituent ni crime ni délit. — Cass. 22 juin 1844 (Presle-Duplessis), *J. p.*, 44, 2, 591. V. autres décisions sous l'art. 222 C. pén., n° 56 et suiv., *Codes crim.*

19. V. ce qu'on doit entendre par lieux et réunions publics, les notes sous l'art. 1, L. 17 mai 1819, §§ 3 et 4, et sous l'art. 14, L. 17 mai 1819, §§ 2 et 3.

§ 3. — *Dans quels cas il y a outrage envers un fonctionnaire public.*

20. Des interpellations agressives adressées à un magistrat, dans la rue, au sujet d'un acte de ses fonctions, suivies d'une scène scandaleuse constituent le délit d'outrage. — Cass. 16 déc. 1859 (Faure), *B. cr.*

21. De même, dire à un fonctionnaire : *Allez moucharder ailleurs*, c'est l'outrager. — Cass. 2 janv. 1834 (Gazard), *J. p.*

22. Un magistrat n'est point outragé pour des faits relatifs à ses fonctions, lorsque cet outrage lui est fait à raison de ses sollicitations pour un avancement. — Cass. 28 fév. 1845 (Crestin), *B. cr.*

23. Il en est de même d'un député outragé à raison de la demande d'un emploi, si elle ne se rattache pas à un acte de participation aux actes du pouvoir législatif. — Cass. 25 nov. 1843 (Peyrot), *B. cr.*; Chassan, t. 2, p. 164; Dalloz, v° *Presse*, n° 1531.

24. Ou à raison d'une affaire qu'il aurait procurée à un tiers par son influence auprès des ministres. — Cass. 4 mai 1839 (Viennot), *B. cr.*; Dalloz, v° *Presse*, n° 668.

25. Ces articles punissent aussi bien les outrages adressés à un ancien fonctionnaire pour faits relatifs à ses fonctions, que ceux adressés à un fonctionnaire actuellement en fonctions. — Cass. 23 mars 1860 (Sain), *B. cr.*; de Grattier, t. 2, 70; Dalloz, v° *Presse*, n° 907.

26. La cour de cassation a le droit d'apprécier si les faits constatés par l'arrêt constituent le délit d'outrage public à un fonctionnaire. — Cass. 16 déc. 1859 (Faure), *B. cr.*

27. V. sur les attributions de la cour de cassation l'art. 408 C. inst. crim., n°s 80 et suiv., *Codes crim.*

28. Les jugements doivent énoncer et caractériser les propos offensants. — Cass. 7 oct. 1825 (Chagnon), *J. p.*; 11 déc. 1845 (Tasson), *B. cr.*; Dalloz, v° *Presse*, n° 683. — *Contrà :* Cass. 11 avril 1822 (Cénac), *J. p.*; de Grattier, t. 2, p. 52. V. sous l'art. 408 C. inst. crim., n°s 80 et suiv., *Codes crim.*

§ 4. — *Quels sont ceux qui peuvent être réputés fonctionnaires.*

29. Le fonctionnaire public est celui qui est revêtu de l'autorité publique, qui a la puissance du commandement dans le cercle des attributions qui lui sont confiées. Lorsque cette puissance manque à une personne revêtue d'un caractère public, elle n'est plus qu'un simple agent de l'autorité ou de la force publique. — De Grattier, t. 2, p. 54.

30. Les agents de l'autorité ne sont point des fonctionnaires publics. Les art. 16 et 17, L. 17 mai 1819, restent applicables aux injures et diffamations qui leur sont adressées. — Chassan, t. 1, p. 418, 440. — *Contrà :* Dalloz, v° *Presse*, n° 908.

31. On doit considérer comme des fonctionnaires publics :
Les professeurs de l'université. — Cass. 31 mai 1856 (Rogeard), *B. cr.*

32. Les juges suppléants, lorsqu'ils exercent leurs fonctions.—Cass. 14 avril 1831 (Fourdinier), *J. p.*; de Grattier, t. 2, p. 54.

33. Les employés des contributions indirectes.—Bordeaux, 4 août 1853 (Sorbier); D., 53, 2, 218.

34. Les agents des contributions directes.—Cass. 26 juillet 1821 (Mine), *J. p.*; Chassan, t. 1, p. 441. — Par exemple, les contrôleurs et percepteurs,

lorsqu'ils procèdent au recensement prescrit par leur administration. — Poitiers, 19 janv. 1842 (Grousseau), *J. cr.*, n° 2998.

35. Les maires et les sous-préfets.—Cass. 16 janv., 10 juin 1834, *J. p.*; de Grattier, *id.*

36. Le rapporteur d'un conseil municipal. — Riom, 19 mars 1827 (Descoutures), *J. p.*; Cass. 28 avril 1826 (Descoutures), *J. p.*; de Grattier, t. 2, p. 54.

37. Le président d'une assemblée électorale.—De Grattier, t. 2, p. 64.

38. Les commissaires de police. — Cass. 13 juin 1828 (Buhot Launay), *J. p.*; Parant, p. 142; de Grattier, t. 2, p. 54. V. sous l'art. 222 C. pén., n°s 25 et suiv., *Codes crim.*

39. Les gardes champêtres. — Poitiers, 11 mars 1843 (Viaud), *J. p.*, 43, 2, 825; Nancy, 7 nov. 1854 (Richard); D., 56, 2, 288; Cass. 9 janv. 1858 (Duparc), *B. cr.* — Alors même qu'ils constatent des délits autres que les délits ruraux.—Poitiers, 11 mars 1843 (Viaud); Dalloz, v° *Presse*, n° 709. — *Contrà* : Les gardes champêtres ne sont que des dépositaires ou agents de l'autorité. L'art. 224 C. pén., ou l'art. 19, L. 17 mai 1819, leur est seul applicable. — Metz, 4, 5 déc. 1826, *J. p.* V. sous l'art. 224 C. pén., n°s 24 et suiv., *Codes crim.*

40. Les gardes particuliers.—Metz, 7 nov. 1825 (Hugo), *J. p.*

41. Les officiers d'une compagnie de sapeurs-pompiers. — Grenoble, 9 mai 1834 (Piot), *J. p.*; de Grattier, t. 2, p. 54.

42. On ne peut pas restreindre la protection accordée par cet article aux agents qui ne peuvent être poursuivis sans autorisation du conseil d'Etat. Ainsi, il est applicable aux injures adressées à un agent-voyer. — Cass. 28 juillet 1859 (Poindextre), *B. cr.*

43. Ne sont point fonctionnaires publics :
Les gendarmes. — Limoges, 23 nov. 1851; S., 52, 2, 25.

44. Les membres des commissions des hospices. — Cass. 23 mai 1862 (Dithurbide), *B. cr.*

45. Les avoués. — Cass. 14 avril 1831 (Fourdinier), *J. p.*; 9 sept. 1836 (Hocmelle), *J. p.*; Paris, 19 nov. 1836 (Hocmelle); Chassan, t. 1, p. 441; de Grattier, t. 2, p. 54.

46. Les notaires; ils doivent être rangés dans la classe des simples particuliers. — Cass. 9 sept. 1836 (Hocmelle); Paris, 19 nov. 1836 (Hocmelle), *J. p.*; Cass. 27 nov. 1840 (Clément), *J. p.*, 41, 1, 438; Riom, 13 nov. 1846; D., 47, 2, 37; Bordeaux, 21 mars 1860 (Chavenat); S., 60, 2. 620; de Grattier, *id.* — *Contrà* : Cass. 22 juin 1809 (Vincent), *J. p.* V. sous l'art. 224 C. pén., *Codes crim.*

47. Les huissiers. Ils ne sont que de simples particuliers. — Cass. 25 juin 1831 (Bergé), *J. p.*

§ 5. — *Des jurés, des témoins, des ministres des cultes.*

48. *Jurés.* — La disposition de cet article s'applique aux jurés nommés pour une expropriation. — Chassan, t. 1, p. 446; de Grattier, t. 2, p. 72. — *Contrà* : Dalloz, v° *Presse*, n° 720.

49. *Témoins.* — En punissant l'outrage fait au témoin à raison de sa déposition, cet article n'a pas restreint sa disposition pénale, soit au cas où la déposition n'a pas encore eu lieu, soit à celui où le témoin est interrompu en l'émettant. Il suffit que la déposition soit l'objet de l'outrage. — Cass. 13 août 1841 (Billiout-Jouard), *B. cr.* — *Contrà* : Cet article n'est applicable qu'à l'outrage fait au juré dans l'exer-

cice de ses fonctions, et au témoin pendant sa déposition. — De Grattier, t. 2, p. 73.

50. L'outrage n'en est pas moins punissable, quoiqu'il ait été proféré en l'absence du témoin. Il ne peut être considéré comme constituant une simple diffamation envers un particulier. — Cass. 12 sept. 1828 (Jaussand), *J. p.*; Parant, p. 141.

51. Mais si l'outrage n'est pas public, il rentre dans la catégorie des injures simples. — De Grattier, t. 2, p. 73.

52. A l'égard des témoins, la loi ne fait aucune distinction entre les matières civiles et les matières criminelles. — Dalloz, v° *Presse*, n° 721.

53. L'outrage public envers des témoins ou des jurés peut être poursuivi d'office par le ministère public et sans une plainte préalable. — Cass. 8 fév. 1851 (Robert); D., 51, 1, 175; Nancy, 9 avril 1851 (Robert); D., 51, 5, 439; Chassan, t. 2, p. 28. — *Contrà* : De Grattier, t. 1, p. 341; Parant, p. 212.

54. S'il a eu lieu à l'audience, il doit être réprimé immédiatement par le juge. Celui-ci ne pourrait remettre à un autre jour pour statuer en même temps que sur la contravention. Il n'appartient pas à un autre tribunal d'y statuer. — Cass. 24 déc. 1858 (Rojou), *B. cr.*; Chassan, t. 2, p. 31; de Grattier, t. 1, p. 341. V. notes sous l'art. 319 C. inst. cr., n°s 27 et suiv., *Codes crim.*

55. Si le tribunal est incompétent pour prononcer des peines correctionnelles, ou si, l'outrage ayant été fait au témoin hors de sa présence, celui-ci n'a pas pu saisir de sa plainte le tribunal devant qui l'outrage lui a été fait, et qui avait caractère pour prononcer des peines correctionnelles, ses droits, dans ces deux cas, n'en demeurent pas moins entiers, et il peut exercer son action conformément aux règles de l'art. 17, L. 25 mars 1822. — Cass. 6 nov. 1823 (Leprêtre), *J. p.*

56. *Ministres du culte.* — Le ministère public peut de même poursuivre d'office l'outrage adressé à un ministre du culte *dans l'exercice* de son ministère, délit prévu par l'arrêt 262 C. pén. Mais la poursuite ne pourrait avoir lieu sans une plainte de la partie lésée, si les injures et les outrages avaient été adressés à un ministre du culte seulement *à raison de ses fonctions* ou de sa qualité. — Cass. 10 janv. 1833 (Godet), *J. p.*; 25 juin 1846 (Detrez), *B. cr.*; Parant, p. 213; Chassan, t. 2, p. 31; de Grattier, t. 1, p. 340. — *Contrà* : La plainte n'est pas nécessaire. — Metz, 30 janv. 1856 (Didier); D., 57, 2, 20.

57. L'outrage adressé au ministre du culte *à raison* de ses fonctions, lorsqu'il n'est pas public, rentre dans la catégorie des injures non publiques commises envers de simples particuliers. — De Grattier, t. 2, p. 71; Chassan, t. 1, p. 448. — Il est réprimé par l'art. 262 C. pén., s'il a été commis *dans l'exercice des fonctions* sans publicité. — Chassan, t. 1, p. 465; Parant, p. 138; de Grattier, t. 2, p. 71. V. sous l'art. 262, n° 1, C. pén., *Codes crim.*

58. S'il est accompagné de voies de fait, il rentre dans le droit commun, et la plainte préalable n'est pas nécessaire. — Chassan, t. 2, p. 31; Parant, *id.*; de Grattier, t. 2, p. 75.

59. Si l'outrage ne consiste que dans des coups portés publiquement, l'art. 6 de cette loi, combiné par les art. 228 et 229 C. pén., reste applicable. — Cass. 21 mars 1839 (Lagarde), *J. p.*; de Grattier, t. 2, p. 76; Chassan, t. 1, p. 448.

60. Lorsque les voies de fait n'ont pas été publiques, il y a lieu de recourir aux art. 228, 229, 230 C. pén. — Chassan, *id.* — *Contrà* : Il faut recourir

aux art. 311 et suiv. C. pén. L'art. 263 C. pén. est dans tous les cas complètement abrogé. — Parant, p. 140; de Grattier, t. 2, p. 75.

Art. 7. L'infidélité et la mauvaise foi dans le compte que rendent les journaux et écrits périodiques des séances des chambres et des audiences des cours et tribunaux, seront punies d'une amende de 1,000 fr. à 6,000 fr.

En cas de récidive, ou lorsque le compte rendu sera offensant pour l'une ou l'autre des chambres, ou pour l'un des pairs ou des députés, ou injurieux pour la cour, le tribunal, ou l'un des magistrats, des jurés ou des témoins, les éditeurs du journal seront en outre condamnés à un emprisonnement d'un mois à trois ans.

Dans les mêmes cas, il pourra être interdit, pour un temps limité ou pour toujours, aux propriétaires et éditeurs du journal ou écrit périodique condamné, de rendre compte des débats législatifs ou judiciaires. La violation de cette défense sera punie de peines doubles de celles portées au présent article.

§ 1er. — *Des comptes rendus.*

1. Cet article ne s'applique qu'aux comptes rendus faits par les journaux et écrits périodiques; si le compte rendu injurieux est fait par d'autres écrits, l'action qui en résulte est celle résultant de l'outrage ordinaire.— Chassan, t. 1, p. 446; de Grattier, t. 2, p. 81.

2. Il appartient au juge du fait d'apprécier les circonstances qui constituent l'infidélité et la mauvaise foi dans les comptes rendus faits par les journaux des audiences. — Cass. 11 nov. 1843 (Leleux), *B. cr.*; Chassan, t. 1, p. 491; de Grattier, t. 2, p. 80.

3. Mais il appartient à la cour de cassation de décider si un article d'un journal contient les éléments qui constituent le compte rendu d'un procès.—Cass. 12 mai 1837 (Lebon), *B. cr.*; 23 fév. 1837 (Brière), *J. p.*; 2 mars 1838 (Delamarre), *J. p.*; Dalloz, v° *Presse*, n° 298; Chassan, t. 1, p. 644.

4. Et d'apprécier les exceptions que le prévenu oppose à la poursuite. — Cass. 12 mai 1837 (Lebon), *B. cr.*

5. Le caractère d'un compte rendu ne doit se déterminer ni par la place qu'il occupe dans le journal, ni par la forme qu'on lui a donnée, mais par le contenu de l'article. — Cass. 18 oct. 1833 (Paulin), *J. p.*; de Grattier, t. 2, p. 79.

6. Les observations ou appréciations mêlées au récit d'un débat judiciaire n'enlèvent pas à ce récit le caractère d'un compte rendu.—Cass. 18 oct. 1833 (Paulin), *J. p.*; 2 août 1839 (Lafond), *B. cr.*; haute cour, 26 oct. 1849 (Tribune des peuples), D., 49, 1, 266.

7. On doit considérer comme un compte rendu :
L'article inséré dans un journal immédiatement à la suite d'un compte rendu d'une audience, et qui se rattache à lui par une transition, par le mode de rédaction et surtout par l'objet dont il s'occupe. — Cass. 6 juin 1834 (Crépu), *J. p.* — *Contrà*: Si cet article, sans reproduire le précédent, se borne à faire

des réflexions sur son contenu.— Cass. 2 août 1839 (Souilhac), *B. cr.*

8. Un article de journal qui présente des faits plus ou moins nombreux comme s'étant passés à l'audience d'une cour d'assises, encore bien qu'il se trouve dans la même feuille un récit plus étendu de cette même audience. — Cass. 18 oct. 1833 (Paulin), *J. p.*; de Grattier, t. 2, p. 79; Chassan, t. 1, p. 492; Parant, p. 144. — Et qu'il soit écrit dans un style burlesque et ironique. — Cass. 19 oct. 1833 (Cruchet), *J. p.*

9. L'article d'un journal qui, au sujet d'un arrêt rendu par la chambre correctionnelle, contient le nom du prévenu, la qualification du fait à lui imputé, l'indication des témoins entendus, l'appréciation de leurs dépositions, et en substance le dispositif du jugement et celui de l'arrêt. — Orléans, 27 mai 1851 (Tavernier); D., 52, 2, 87.

10. Cet article est applicable au compte rendu d'une ordonnance du président d'une cour d'assises, prononçant le renvoi de l'affaire aux prochaines assises, lorsque cette ordonnance a été prononcée à l'audience publique. — **Cass.** 6 juin 1834 (Crépu), *J. p.*; de Grattier, t. 2, p. 80; Chassan, t. 1, p. 493; Parant, p. 145.

11. L'infidélité ne suffit pas pour donner lieu aux poursuites, il faut encore qu'il y ait mauvaise foi. — Parant, p. 144; Dalloz, v° *Presse*, n° 998.

12. L'infidélité d'un compte rendu ne peut être excusée sous prétexte qu'à raison de la distance il était impossible de vérifier l'exactitude du compte rendu envoyé par un correspondant, surtout lorsque le récit était écrit dans un style passionné et injurieux. — Rennes, 11 oct. 1850 (Mangin); D., 52, 5, 436.

13. Il suffit que l'arrêt énonce que le compte rendu est infidèle, et qu'il fasse résulter cette infidélité du rapprochement de l'article et des enquêtes faites; la précision des circonstances du fait établissant l'infidélité n'est point exigée à peine de nullité.—Il en est de même pour la mauvaise foi et l'injure. — Cass. 11 nov. 1843 (Leleux), *B. cr.*

14. Le délit d'infidélité et de mauvaise foi dans un compte rendu peut-il être poursuivi d'office? V. notes sous l'art. 16, L. 25 mars 1822.

§ 2. — *Compte rendu injurieux.*

15. La loi n'exige pas que le compte rendu renferme une injure ou une offense caractérisée; il suffit qu'il soit offensant ou injurieux par le ton général de l'article. — Chassan, t. 1, p. 495; de Grattier, t. 2, p. 64; Dalloz, v° *Presse*, n° 1004.

16. Le compte rendu injurieux n'est que l'accessoire du compte infidèle et de mauvaise foi; il suit le sort du principal. — Cass. 4 août 1839 (Lafond), *B. cr.* — La poursuite pour compte rendu injurieux, lorsque la circonstance de l'infidélité et de la mauvaise foi est écartée, est de la compétence des juges ordinaires de la diffamation. — Cass. 12 mai 1837 (Lebon), *J. p.*; Chassan, t. 1, p. 494; de Grattier, t. 2, p. 84; Dalloz, v° *Presse*, n° 1443.

17. Il appartient aux juges du fait d'apprécier souverainement si un compte rendu est injurieux.— Cass. 2 août 1839 (Lafond), *B. cr.*; 11 nov. 1843 (Leleux), *B. cr.*

§ 3. — *Récidive.*

18. Il y a récidive lorsque le journal condamné pour un compte rendu infidèle d'un débat législatif tombe dans le même délit en rapportant un débat judiciaire. — Chauveau et Hélie, t. 1, p. 330; Chas-

san, t. 1, p. 182; Parant, p. 147; de Grattier, t. 2, p. 86.

19. Il n'est pas nécessaire en ce cas que la première condamnation excède un an d'emprisonnement. L'art. 7, L. 25 mars 1822, fait une exception à l'art. 25, L. 17 mai 1819. — Chauveau et Hélie, t. 1, p. 330; Chassan, t. 1, p. 182; de Grattier, t. 2, p. 85; Dalloz, v° *Presse*, n° 1001.

20. En cas de récidive, l'emprisonnement est obligatoire comme l'amende. — Chassan, t. 1, p. 162; de Grattier, t. 2, p. 85. — *Contrà :* Chauveau et Hélie, t. 1, p. 330.

21. Mais les juges ne sont pas obligés de prononcer le maximum de l'amende ni celui de l'emprisonnement. — Chassan, t. 1, p. 183; Chauveau et Hélie, t. 1, p. 330; Parant, p. 148; de Grattier, t. 2, p. 85.

22. Une première condamnation pour compte rendu infidèle et de mauvaise foi ne peut devenir la base de la récidive en cas de condamnation ultérieure pour offense ou injure par compte rendu, quoique les deux infractions soient de même nature. — De Grattier, t. 2, p. 86. — *Contrà :* Chassan, t. 1, p. 183; Dalloz, v° *Presse*, n° 1001.

23. La récidive pour délit d'offense n'est encourue qu'autant qu'il y a eu précédente condamnation à plus d'un an d'emprisonnement pour délit de presse. — Chassan, t. 1, p. 184.

24. Il y a lieu, en ce cas, à l'application des peines de la récidive, lors même que la deuxième poursuite ne porterait pas sur une offense envers la même autorité. — Chassan, t. 1, p. 183; Dalloz, v° *Presse*, n° 1001. V. *suprà*, n° 18.

25. Pour la peine, en cas de récidive du délit d'offense, il faut se référer à l'art. 25, L. 17 mai 1819, et à l'art. 10, L. 9 juin 1819. — Chassan, t. 1, p. 184; de Grattier, t. 2, p. 86.

§ 4. — *Interdiction de rendre compte.*

26. L'interdiction de rendre compte des débats est facultative, même au cas de récidive du délit d'offense. — Chassan, t. 1, p. 184; Chauveau et Hélie, t. 1, p. 330; de Grattier, t. 2, p. 87.

27. L'interdiction de rendre compte des débats législatifs de la chambre qui a prononcé l'interdiction ne peut s'étendre aux débats législatifs de l'autre chambre. — Chassan, t. 1, p. 254.

28. De même, la défense prononcée contre un journal de rendre compte des débats judiciaires ne doit s'entendre que des débats ouverts devant la cour ou le tribunal dont les audiences ont été reproduites avec infidélité ou mauvaise foi. On ne peut l'étendre aux débats judiciaires de toutes les cours et de tous les tribunaux. — Cass. 14 déc. 1833 (Paulin), *J. p.*; Parant, p. 148; de Grattier, t. 2, p. 87; Chassan, t. 1, p. 495; Dalloz, v° *Presse*, n° 1008.

29. Alors même que, par suite d'un renvoi de la cour de cassation, l'interdiction serait prononcée par un autre tribunal. — Chassan, *id.*; de Grattier, *id.*; Parant, *id.*

30. La prohibition de rendre compte des débats judiciaires est exécutoire le jour même où le pourvoi en cassation est rejeté, sans qu'il soit nécessaire que l'arrêt soit notifié. — Cass. 31 mai 1834 (Paulin), *J. p* : Parant, p. 146; de Grattier, t. 2, p. 90. V. notes sous l'art. 16, L. 25 mars 1822.

31. Lorsqu'il a été interdit à un journal de rendre compte des débats judiciaires, la question de savoir si un autre journal fondé par les mêmes propriétaires est nouveau, ou s'il est la continuation du même journal, appartient aux juges du fond. — Cass., ch. réun.,

6 août 1834 (Carrel), *J. p.* — *Contrà :* Cass. 4 avril 1834 (Carrel), *J. p.*; Dalloz, v° *Presse*, n° 1014.

32. Quant au *double* de la peine, il faut l'entendre de cette manière, qu'on ne pourra pas condamner à moins de 2,000 francs d'amende et de deux mois d'emprisonnement (double du *minimum*), et qu'on pourra élever ces deux peines jusqu'à une amende de 12,000 francs et un emprisonnement de six ans (double du *maximum*). — Chassan, t. 1, p. 255; de Grattier, t. 2, p. 94; Dalloz, v° *Presse*, n° 1012.

Art. 8. Seront punis d'un emprisonnement de six jours à deux ans, et d'une amende de 16 fr. à 4,000 fr., tous cris séditieux publiquement proférés.

Art. 9, 10. *Abrogés et remplacés par les art. 6 et 7 décret du 11 août 1848.*

Cass., 13 déc. 1855 (Roussel), *B. cr.* (1).

Art. 11. Les propriétaires ou éditeurs de tout journal ou écrit périodique seront tenus d'y insérer, dans les trois jours de la réception, ou dans le plus prochain numéro, s'il n'en était pas publié avant l'expiration des trois jours, la réponse de toute personne nommée ou désignée dans le journal ou écrit périodique, sous peine d'une amende de 50 fr. à 500 fr., sans préjudice des autres peines et dommages-intérêts auxquels l'article incriminé pourrait donner lieu. Cette insertion sera gratuite, et la réponse pourra avoir le double de la longueur de l'article auquel elle sera faite. *V. art. 13, L. du 27 juillet* 1849.

§ 1er. — *Règles générales.*

1. La poursuite de cette contravention peut avoir lieu d'office à la requête du ministère public, sans plainte préalable. — Chassan, t. 1, p. 664; de Grattier, t. 2, p. 109. — *Contrà :* La plainte du réclamant est nécessaire. — Dalloz, v° *Presse*, n° 341.

2. La loi n'exige pas que la réponse soit notifiée par huissier. Il suffit qu'elle soit déposée au bureau du journal. Ce dépôt peut être prouvé par tous les moyens de preuve admis en matière criminelle. — Chassan, t. 1, p. 664; de Grattier, t. 2, p. 352; Rauter, *T. du dr. crim.*, t. 1, p. 578; Dalloz, v° *Presse*, n° 342.

3. Lorsque la réponse a été signifiée au bureau de la rédaction du journal, siége de l'administration, le gérant ne peut se justifier du défaut d'insertion en prétendant qu'il est étranger à tout ce qui se passe

---

(1) *Anciens articles :*

ART. 9. Seront punis d'un emprisonnement de quinze jours à deux ans et d'une amende de 100 fr. à 4,000 fr., — 1° l'enlèvement ou la dégradation des signes publics de l'autorité royale, opérés en haine ou mépris de cette autorité; 2° le port public de tous signes extérieurs de ralliement non autorisés par le roi ou par des règlements de police; 3° l'exposition dans les lieux ou réunions publics, la distribution ou la mise en vente de tous signes ou symboles destinés à propager l'esprit de rébellion ou à troubler la paix publique.

ART. 10. Quiconque, par l'un des moyens énoncés en l'art. 1er de la loi du 17 mai 1819, aura cherché à troubler la paix publique en excitant le mépris ou la haine des citoyens contre une ou plusieurs classes de personnes, sera puni des peines portées en l'article précédent.

dans le bureau de la rédaction. — Metz, 23 mai 1850 (Merentie), D., 51, 2, 55; Chassan, *Lois de la presse*, p 109; Dalloz, v° *Presse*, n° 342. — Ou qu'il n'y avait pas place dans le numéro du journal. — Chassan, *Traité des délits de la presse*, t. 1, p. 663.

4. Il appartient aux tribunaux d'apprécier si l'insertion est satisfaisante, soit par la place qu'elle occupe, soit par les caractères d'imprimerie dont on s'est servi. — Chassan, *Lois de la presse*, p. 109; Dalloz, v° *Presse*, n° 347.

5. Lorsqu'un journal cesse de paraître après avoir refusé sans motif légitime l'insertion d'une réponse, les juges peuvent ordonner l'impression et l'affiche aux frais du gérant de l'arrêt contenant la lettre dont l'insertion a été illégalement refusée. Art. 26, L. 26 mai 1819; — Metz, 23 mai 1850 (Merentie). D., 51, 2, 55; Chassan, *Lois de la presse*, p. 109; Dalloz, v° *Presse*, n° 348.

6. Une seconde réponse peut être requise lorsqu'elle est nécessitée par un nouvel article du journal, ou par les observations dont il a accompagné la première réclamation. — Cass. 24 août 1832 (Legall), *J. p.*; Riom, 14 janv. 1844 (de Pons); S. 47, 2, 502; de Grattier, t. 2, p, 106; Chassan, t. 1, p. 662; Parant, p. 441; Dalloz, v° *Presse*, n° 331.

7. Néanmoins les observations dont un journaliste fait précéder l'insertion de la réponse ne sont pas toujours de nature à justifier une réplique. — Chassan, *id.*

8. Le journaliste a, dans tous les cas, un délai de trois jours pour insérer la réponse. — Dalloz, v° *Presse*, n° 343.

9. Indépendamment du droit de réponse, la partie désignée dans un journal peut exercer l'action en diffamation. — Cass. 15 fév. 1834 (Roux), *J. p.*; Chassan, t. 1, p. 661; Parant, p. 152; de Grattier, t. 2, p. 108; Dalloz, v° *Presse*, n° 353.

§ 2. — *A qui le droit de réponse appartient.*

10. Il suffit que l'on ait été l'objet de l'article d'un journal pour avoir le droit de faire insérer une réponse. — Cass. 11 sept. 1829 (Marquezy), *J. p.*; Paris, 25 juin 1846; D., 46, 4, 417; Parant, p. 151.

11. Encore que l'on n'ait pas été nommé, si l'on est suffisamment désigné. — Metz, 23 mai 1850 (Merentie); D., 51, 2, 55.

12. Les rédacteurs d'un journal sont fondés à exiger l'insertion d'une réponse à un article d'un autre journal, lors même que cet article ne les aurait pas désignés individuellement et n'aurait nommé que le journal auquel ils sont attachés. — Orléans, 28 sept. 1859 (Delafare); S., 60, 2, 27; de Grattier, t. 2, p. 102; Dalloz, v° *Presse*, n° 339. — *Contrà*: Si la polémique ne s'adresse qu'au journal. — Chassan, t. 1, p. 656.

13. La personne nommée ou désignée doit seule apprécier son intérêt à répondre à l'article qui la concerne. — Cass. 1er mars 1838 (Lavalesquerie), *B. cr.*; 27 nov. 1845 (Loyau de Lacy), *B. cr.*; Chassan, t. 1, p. 650. — Quelle que soit la nature des faits ou des réflexions à l'occasion desquels son nom figure dans le journal. — Cass. 27 nov. 1845, *loc. cit.*; Orléans, 9 juin 1846. — *Contrà*: Elle doit justifier d'un intérêt appréciable. — Paris, 20 fév. 1836 (de la Pelouze), *J. p.*; de Grattier, t. 2, p. 103; Dalloz, v° *Presse*, n° 332.

14. On ne peut lui refuser ce droit par le motif qu'elle n'aurait été nommée que dans un article de critique littéraire. — Lyon, 19 janv. 1826 (Galois), *J. p.*; Cass. 11 sept. 1829 (de Flotte); Chassan, t. 1, p. 656; de Grattier, t. 2, p. 104. — *Contrà*: Paris, 20 fév. 1836 (de la Pelouze), *J. p.*

15. Par exemple, dans le compte rendu d'une tragédie par elle livrée au public et parce que les citations inexactes étaient peu importantes. — Cass. 27 nov. 1845 (Loyau de Lacy), *B. cr.*; Orléans, 9 juin 1846 (Loyau de Lacy); S. 46, 2, 332.

16. Il n'est pas nécessaire que l'article ait été injurieux ou diffamatoire. — Lyon, 19 janv. 1826 (Galois), *J. p.*; Cass. 11 sept. 1829 (Marquezy), *J. p.*; 24 août 1832 (Legal), *J. p.*; Chassan, t. 1, p. 651; Parant, p. 151; de Grattier, t. 2, p. 104.

17. Le droit accordé par cet article à toute personne nommée ou désignée dans un journal n'est point subordonné au contrôle des tribunaux. — Cass. 1er mars 1838 (Lavalesquerie), *B. cr.* — *Contrà*: Paris, 20 fév. 1836 (de la Pelouze), *J. p.*

18. Le tribunal ne peut refuser ce droit sous prétexte que la réponse ne s'appliquait pas à l'article dans lequel le plaignant était nommé, mais à un autre article du même journal qui lui était étranger, et que d'ailleurs l'article dans lequel il était nommé n'était pas de nature à faire peser sur lui la responsabilité morale des réflexions contenues dans l'autre article. — Cass. 1er mars 1838 (Lavalesquerie), *B. cr.*; Chassan, t. 1, p. 651; de Grattier, t. 2, p. 106.

19. Le droit de réponse peut être exercé par les personnes qui ont été nommées dans un compte rendu des débats judiciaires comme dans tout autre article. — Rouen, 13 déc. 1839 (Rivoire); S. 40, 2, 77. — Sans qu'elles soient tenues d'établir que le compte rendu est inexact. — Chassan, t. 1, p. 660; Dalloz, v° *Presse*, n° 337.

20. Il peut être exercé à raison de l'appréciation faite par un journal d'une séance de l'assemblée législative. — Paris, 19 oct. 1849 (Pecoul), *ined.*; Chassan, *Lois de la presse*, p. 108; Dalloz, *id.*

21. Un représentant du peuple nommé ou désigné dans un compte rendu, fait par un journal, du discours qu'il a prononcé, peut toujours exercer le droit de réponse. — Cass. 8 fév. 1858 (Morel-Lombard), *B. cr.*

22. Mais la publication des actes officiels et notamment du compte rendu des séances du corps législatif et du sénat ne peut donner ouverture au droit de réponse de la part des personnes désignées. — Paris, 15 juin 1861 (Leymarie); S. 61, 2, 420.

23. Les héritiers d'une personne nommée dans un journal peuvent exiger l'insertion de leur réponse. — De Grattier, t. 2, p. 105; Dalloz, v° *Presse*, n° 338.

24. Le droit de réponse peut être invoqué non-seulement par les simples particuliers et les fonctionnaires, mais encore par une administration, par un corps constitué, un tribunal, etc. — Cass. 31 déc. 1835 (Degeorge), *J. p.*; Chassan, t. 1, p. 656; de Grattier, t. 2, p. 101; Dalloz, v° *Presse*, n° 352.

§ 3. — *Forme de la réponse. — Refus d'insertion.*

25. Les personnes nommées dans un article sont juges de la convenance des réponses qu'elles se croient dans le cas d'adresser. — Cass. 24 août 1832 (Legall), *J. p.*; Paris, 3 juin 1841 (Tirebarbe), *J. p.*, p. 43, 2, 786; Chassan, t. 1, p. 650.

26. Elles sont seules juges de leur opportunité et de leur étendue. — Cass. 26 mars 1841 (Tirebarbe), *B. cr.*; Paris, 3 juin 1841 (Tirebarbe), *loc. cit.*; Chassan, t. 1, p. 650.

27. Le droit consacré par cet article est absolu; c'est à celui qui l'exerce qu'il appartient de juger de ce qu'il est nécessaire à sa défense de faire entrer dans sa réponse, d'en régler la forme et la teneur. — Cass. 1er nov. 1838 (Lavalesquerie), *B. cr.*; 26 mars 1841 (Tirebarbe), *B. cr.*; Metz, 23 mai 1850 (Merentie); D., 51, 2, 55; 8 fév. 1850 (Morel-Lombard), *B. cr.*;

20 juillet 1854 (Panier), *B. cr.*; Dalloz, vᵒ *Presse*, nᵒ 345.

28. Un député peut exiger l'insertion du texte officiel de son discours comme réponse à l'article qui en fait la critique. — Cass. 8 fév. 1850 (Lombard), *B. cr.*

29. Le refus d'insertion ne pourrait être justifié que si la réponse avait le caractère de crime ou de délit. — Cass. 1ᵉʳ mars 1838 (Lavalesquerie), *B. cr.*

30. Que si elle était contraire aux lois et aux bonnes mœurs. — Cass. 29 janv. 1842 (Fournet de Marsilly), *B. cr.*

31. Ainsi, le gérant peut refuser l'insertion d'une lettre qui présente les caractères d'un délit de diffamation envers un tiers. — Cass. 6 oct. 1842 (Fournet de Marsilly), *B. cr.* — Et qui est injurieuse.— Paris, 12 déc. 1846; S. 47, 2, 507; Cass. 21 janv. 1860 (Bourget), *B. cr.*; Chassan, t. 1, p. 652; de Grattier, t. 2, p. 106; Dalloz, vᵒ *Presse*, nᵒ 334.

32. Il n'est pas affranchi de toute responsabilité à l'égard des tiers. — Cass. 11 sept. 1829 (Marquesy), *J. p.*; de Grattier, t. 2, p. 107; Chassan, t. 1, p. 652; Dalloz, *id.*

33. Les tribunaux ont le droit d'autoriser le journaliste à refuser l'insertion d'une réponse contraire aux lois, à l'intérêt légitime des tiers ou à son honneur personnel. — Metz, 23 mai 1850 (Merentie); D., 51, 2, 55; Cass. 8 fév. 1850 (Morel-Lombard), p. 50, 1, 641, *B. cr.*; 20 juillet 1854 (Panier), *B. cr.*; Chassan, t. 1, p. 651; de Grattier, t. 2, p. 106.

34. Mais l'exercice du droit d'examen des juges doit se réduire aux seuls cas où l'ordre social, la morale publique, l'intérêt d'un tiers, l'honneur du journal réclameraient cet examen. — Cass. 26 mars 1841 (Tirebarbe), *B. cr.*; Chassan, *id.*

35. Les tribunaux sont fondés, dans l'appréciation qu'ils font d'une réponse, à prendre en considération la nature et la forme de l'attaque, les besoins de la défense et la légitime susceptibilité de la personne nommée. — Cass. 24 juillet 1854 (Panier), *B. cr.*

36. On ne peut considérer comme injurieuse pour le gérant une réponse qui renferme des expressions vives, énergiques même, lorsqu'elles sont inspirées par la gravité excessive de l'imputation. — Metz, 23 mai 1850 (Merentie); D., 51, 2, 55; Chassan, t. 1, p. 653; Dalloz, vᵒ *Presse*, nᵒ 336. — Lorsqu'elles s'expliquent par l'espèce de provocation résultant du ton et du contenu des articles.— Riom, 14 janv. 1844 (de Pons); S. 47, 2, 502. — Lorsqu'elles n'excèdent pas le droit de légitime défense.—Paris, 25 juin 1846 (Béranger); D., 46, 5, 417.

37. Le gérant d'un journal ne peut refuser l'insertion de la réponse d'une personne nommée ou désignée dans ce journal, par le motif que la réponse contiendrait des assertions hasardées et étrangères aux faits qui concernent cette personne. — Paris, 25 fév. 1840 (Desertine), *J. p.*; Cass. 29 janv. 1842 (Fournet de Marsilly), *B. cr.*; Chassan, t. 1, p. 651.

38. Ni sous le prétexte du défaut de convenance sous le rapport de la forme et de ce qu'il y a d'affligeant dans la polémique engagée. — Riom, 14 janv. 1844 (de Pons); S. 47, 2, 501.

39. La cour de cassation a le droit d'apprécier si une réponse faite à un article de journal contenait une énonciation de nature à autoriser le refus d'insertion. — Cass. 31 déc. 1857 (Lardin), *B. cr.*

40. La réponse doit être intégralement insérée. Il ne peut y être fait aucune suppression, alors que les passages supprimés ne portent atteinte ni à la morale ni aux lois. — Cass. 26 mars 1841 (Tirebarbe), *loc. cit.*; Paris, 3 juin 1841 (Tirebarbe); D., 42, 1, 11; Douai, 16 juin 1845 (Dayez); D. 48, 2, 11; Dalloz, vᵒ *Presse*, nᵒ 344.

41. Mais le journaliste a le droit de refuser l'insertion d'un article qui ne se rattacherait ni directement ni indirectement à l'attaque dont on le supposerait la réfutation ; ce qui lui ôterait le caractère de réponse. — Paris, 3 juin 1841 (Tirebarbe); 12 décembre 1846 (La Démocratie); D., 47, 2, 221; Dalloz, vᵒ *Presse*, nᵒ 330.

42. Il a le droit de retrancher tout ce qui est étranger aux faits qu'il avait publiés.—Rouen, *J. p.*; 20 août 1840 (Tirebarbe); D., 41, 2, 39.

43. Lorsqu'il a fait des suppressions dans la réponse d'une personne nommée dans son journal, sur le motif que cette réponse renfermait des passages injurieux, il doit prouver que ces passages supprimés avaient ce caractère. — Cass. 7 nov. 1834 (Roux), *J. p.*; de Grattier, t. 2, p. 106; Chassan, t. 1, p. 653; Parant, p. 470.

Art. 12. *Remplacé par l'art. 22 décret du 17 février 1852 (1).*

Art. 13. L'art. 10 de la loi du 9 juin 1819 est commun à toutes les dispositions du présent titre, en tant qu'elles s'appliquent aux propriétaires ou éditeurs d'un journal ou écrit périodique. *V. art. 14, L. du 18 juillet 1828.*

Les dispositions de l'art. 58 C. pén. s'appliquent aux délits prévus par la loi du 25 mars 1822.— Cass. 26 fév. 1835 (Delvigne), *J. p.*

Art. 14. Dans les cas de délits correctionnels prévus par les premier, second et quatrième paragraphes de l'art. 6, par l'art. 8 et par le premier paragraphe de l'art. 9 de la présente loi, les tribunaux pourront appliquer, s'il y a lieu, l'art. 463 du Code pénal.

Décidé avant le décret du 11 août 1848 que l'art. 463 était inapplicable aux délits de diffamation envers les particuliers.— Cass. 5 juin 1829 (Coste), *J. p.*—Qu'il était inapplicable aux autres délits prévus par la loi du 25 mars 1822 et par celle du 17 mai 1819. — Cass. 6 fév. 1823 (Bêche), *J. p.*; Parant, p. 153. — Mais voir les art. 8 du décret du 11 août 1848 et 23, L. du 27 juillet 1849 et les notes.

TITRE II. — *De la poursuite.*

Art. 15. Dans le cas d'offense envers les chambres ou l'une d'elles par l'un des moyens énoncés en la loi du 17 mai 1819, la chambre offensée, sur la simple réclamation d'un de ses membres, pourra, si mieux elle n'aime autoriser les poursuites par la voie ordinaire, ordonner que le prévenu sera traduit à sa barre. Après qu'il aura été entendu ou dûment appelé, elle le condamnera, s'il y a lieu, aux peines

---

(1) *Ancien article :*

ART. 12. Toute publication, vente ou mise en vente, exposition, distribution, sans autorisation préalable du gouvernement, de dessins gravés ou lithographiés, sera, pour ce seul fait, punie d'un emprisonnement de trois jours à six mois, et d'une amende de 10 fr. à 500 fr., sans préjudice des poursuites auxquelles pourrait donner lieu le sujet du dessin.

portées par les lois. La décision sera exécutée sur l'ordre du président de la chambre.

1. Cet article n'a été abrogé par aucune loi postérieure. — Cass. 15 nov. 1849 (Dufraisse), *B. cr.*

2. Il est applicable au député qui aurait commis une offense envers la chambre des pairs. — Chassan, t. 1, p. 69; de Grattier, t. 2, p. 115.

3. Ou qui aurait commis une offense envers la chambre dont il fait partie. — De Grattier, *id.*

Art. 16. Les chambres appliqueront elles-mêmes, conformément à l'article précédent, les dispositions de l'art. 7 relatives au compte rendu par les journaux de leurs séances.

Les dispositions du même art. 7 relatives au compte rendu des audiences des cours et tribunaux seront appliquées directement par les cours et tribunaux qui auront tenu ces audiences.

1. Les dispositions de cet article n'ont été abrogées par aucune loi postérieure. — Cass. 11 mai 1833 (Paulin), *J. p.*; 4 janv. 1850 (Dusautoir), *B. cr.*; Chassan, t. 2, p. 611; Parant, p. 155.

2. L'art. 25 du décret du 17 fév. 1852, en déférant à la juridiction correctionnelle les délits commis par la voie de la presse ou tout autre moyen de publication, n'a pu comprendre les infractions prévues par l'art. 7 de la loi du 25 mars 1822, ni déroger à la compétence spéciale créée par l'art. 16 de ladite loi pour ces infractions. — Cass. 29 juillet 1852 (Busseuil), *B. cr.*

3. La compétence de la chambre, en cas d'infidélité du compte rendu de ses séances, est exclusive; elle ne peut se borner à autoriser la poursuite de ce délit par les voies ordinaires. — Chassan, t. 2, p. 683.— *Contrà :* De Grattier, t. 2, p. 119.

4. Le délit d'infidélité et de mauvaise foi dans le compte rendu par un journal de l'audience d'une cour ou d'un tribunal peut être poursuivi par le ministère public, sans provocation de la cour ou du tribunal. — Cass. 2 août 1839 (Lafond), *B. cr.*; Parant, p. 214; Chassan, t. 2, p. 33, 600; de Grattier, t. 2, p. 121. — Et sans délibération préalable. — Cass. 11 mai 1833 (Paulin), *J. p.*; Colmar, 11 janv. 1834 (Blanc), *J. p.*; Orléans, 27 mai 1851 (Tavernier); D., 52, 2, 87. — Encore qu'il soit injurieux.— Cass. 2 août 1839 (Lafond), *B. cr.*; Orléans, 27 mai 1851 (Tavernier); Parant, p. 217; de Grattier, *id.*

5. Si le tribunal qui a tenu l'audience dont le compte rendu a été infidèle ne possède pas un ministère public, il tient de lui-même et directement l'exercice de la poursuite et peut, en vertu de son autorité, mander l'inculpé à sa barre pour y être jugé. — Chassan, t. 2, p. 599.

6. Une délibération préalable du tribunal doit en ce cas enjoindre à un huissier de citer le journaliste. — Chassan, t. 2, p. 625.

7. Le tribunal civil est seul compétent pour juger un compte rendu infidèle de ses audiences. Il doit exercer ce pouvoir à l'audience civile à charge d'appel. — Cass. 24 juillet 1846 (Bernez), *B. cr.*

8. La loi n'ordonne pas que la cour appelée à juger une inculpation du délit de compte rendu infidèle et de mauvaise foi soit composée des mêmes juges que ceux qui siégeaient à l'audience dont le compte rendu est incriminé.— Cass. 6 mars 1823 (Catineau), *J. p.*; 23 fév. 1837 (Brière), *B. cr.*; de Grattier, t. 2, p. 120;

Chassan, t. 2, p. 618; Mangin, t. 1, p. 335. — Mais il faut que ce soit la même chambre de la cour ou du tribunal.— Chassan, t. 2, p. 620; de Grattier, t. 2, p. 121.

9. Si l'audience dont il a été rendu un compte infidèle est la dernière de la session de la cour d'assises, le délit pourra être légalement déféré à la session suivante.—Chassan, t. 2, p. 621; de Grattier, t. 2, p. 121; Dalloz, vᵒ *Presse*, nᵒ 1444.

10. Ainsi encore, le tribunal saisi d'une affaire de cette nature par un renvoi prononcé après cassation est compétent pour statuer au fond. — Cass. 18 oct. 1833 (Paulin), *J. p.*; Parant, *id.*; Chassan, t. 2, p. 640; Dalloz, vᵒ *Presse*, nᵒ 1446.

11. Le droit conféré par cet article aux chambres comme aux cours et tribunaux, leur donne nécessairement celui de prononcer sans audition de témoins sur les faits qui se sont passés sous leurs yeux. — Cass. 26 août 1831 (Lapelouze), *J. p.*; 24 déc. 1836 (Dupont), *J. p.*; Chassan, t. 2, p. 630.

12. Lorsque les souvenirs des juges sont suffisants, la preuve testimoniale peut être rejetée, autrement il y a lieu d'ordonner d'office une instruction orale. — Cass. 7 déc. 1822 (Guise), *J. p.*; Parant, p. 158; Chassan, t. 2, p. 630; de Grattier, t. 2, p. 123.

13. Les juges peuvent n'admettre la preuve testimoniale que sur une partie des faits, lorsque leur conviction n'est pas formée pour ceux-ci. — Cass. 24 déc. 1836 (Dupont), *J. p.*; de Grattier, t. 2, p. 123.

14. Les juges qui ont tenu l'audience peuvent être cités comme témoins en cause d'appel, ou devant le tribunal de renvoi. — Cass. 7 déc. 1822 (Guise), *J. p.*; de Grattier, t. 2, p. 126. — Pourvu qu'ils n'aient pas connu de la poursuite pour délit de compte rendu. — Chassan, t. 2, p. 633.

15. En statuant sur un compte rendu infidèle ou de mauvaise foi, le tribunal doit déclarer dans son jugement, ou plutôt dans un procès-verbal séparé, au cas d'une nullité qui pourrait le faire anéantir, les faits et discours tels qu'ils se sont passés ou ont été tenus en sa présence, sans cependant que cette omission opère nullité.—Cass. 7 déc. 1822 (Guise), *J. p.*; Parant, p. 158; Chassan, t. 2, p. 630; de Grattier, t. 2, p. 125.

16. Le procès-verbal ou le jugement dans lequel les juges ont constaté les faits d'infidélité, de mauvaise foi ou d'injures dans le compte rendu de leurs audiences, a pour effet de les fixer irrévocablement. — Cass. 6 mars 1823 (Catineau), *J. p.* — Mais non jusqu'à inscription de faux. — Chassan, p. 634. — *Contrà :* Grenoble, 26 déc. 1828 (Pélissier), *J. p.*

17. Il ne pourrait y être suppléé par une déclaration délibérée par le tribunal postérieurement au jugement. — Cass. 7 déc. 1822 (Guise), *J. p.*; de Grattier, t. 2, p. 126; Chassan, p. 631.

18. Mais le jugement n'a pas besoin de l'appui du procès-verbal. — Cass. 26 août 1831 (Valentin), *J. p.*

19. Toutefois, à défaut de procès-verbal ou d'aucune preuve pour y suppléer, le tribunal d'appel peut déclarer qu'il manque d'éléments nécessaires pour apprécier le bien ou le mal jugé et renvoyer le prévenu de la poursuite. — Cass. 12 mai 1837 (Lebon), *B. cr.*; de Grattier, t. 2, p. 126.

20. Les jugements intervenus en vertu de cette attribution spéciale sont régis par les dispositions du droit commun; ainsi, ils sont soumis à l'appel. — Cass. 23 nov. 1833 (Blanc), *J. p.*; Colmar, 11 janv. 1834 (Blanc), *J. p.*; de Grattier, t. 2, p. 123; Parant, p. 157; Chassan, t. 2, p. 636; Dalloz, vᵒ *Presse*, nᵒ 1555. — A l'opposition et au recours en cassation. — Cass. 7 déc. 1822 (Guise), *J. p.*;

6 mars 1823 (Catineau), *J. p.*; Parant, *id.*; Chassan, t. 2, p. 626; de Grattier, *id.*

21. L'appel, s'il s'agit d'un jugement du tribunal civil ou de commerce, doit être jugé par l'une des chambres civiles de la cour imp. — Cass. 24 juillet 1846 (Bernez), *B. cr.*; Chassan, t. 2, p. 637.

22. Le délai pour l'interjeter doit être celui qui concerne l'appel des infractions commises à l'audience. — Chassan, *id.* V. *Codes criminels*, les notes sous les art. 181 et 505 C. i. cr.

23. Lorsqu'il a été interdit à un journal de rendre compte des séances d'une cour d'assises, cette cour est exclusivement compétente pour connaître de toutes les infractions faites à cette défense. — Cass. 8 fév. 1834 (Carrel), *J. p.*; Chassan, t. 2, p. 615; Parant, p. 157, *J. p.*; Dalloz, v° *Presse*, n° 1447.

24. Ces infractions sont jugées sans assistance du jury. — Cass. 14 déc. 1833 (Paulin), *J. p.*; de Grattier, t. 2, p. 120.

25. Le tribunal des audiences duquel il a été rendu un compte infidèle reste compétent pour prononcer sur les infractions à la défense de rendre compte de ses débats judiciaires, quoique, par suite d'un renvoi ordonné après cassation, cette interdiction ait été prononcée par un autre tribunal. — Cass. 14 déc. 1833 (Paulin), *J. p.*; 8 fév. 1834 (Carrel), *J. p.*; Parant, p. 158; Chassan, t. 2, p. 615; de Grattier, t. 2, p. 127.

Art. 17, 18. *Abrogés par l'art.* 5, *Loi du* 8 *octobre* 1830.

8 OCTOBRE 1830. — LOI *sur l'application du jury aux délits de la presse et aux délits politiques.*

Art. 1, 2, 3, 4. *Abrogés par le décret du* 17 *février* 1852, *art.* 25, *et par le décret du* 25 *février* 1852, *art.* 1er (1).

Art. 5. Les art. 12, 17 et 18 de la loi du 25 mars 1822 sont abrogés.

Art. 6, 7. *Abrogés par les décrets des* 17 *et* 25 *février* 1852 (2).

22 MARS 1848. — DÉCRET *relatif au jugement des délits commis par la voie de la presse, ou par tout autre moyen de publication, contre les fonctionnaires ou contre tout citoyen revêtu d'un caractère public.*

Art. Ier. Les tribunaux civils sont in-

compétents pour connaître des diffamations, injures ou autres attaques dirigées par la voie de la presse ou par tout autre moyen de publication contre les fonctionnaires ou contre tout citoyen revêtu d'un caractère public, à raison de leurs fonctions ou de leur qualité. Ils renverront devant qui de droit toute action en dommages-intérêts fondée sur des faits de cette nature.

1. Ce décret s'applique même au cas où la diffamation contre un fonctionnaire public a été verbale, encore bien qu'elle soit de la compétence des tribunaux correctionnels. — Cass. 29 mai 1854 (Labarthe); D., 55, 1, 64.

2. Mais il ne s'applique pas à l'action civile pour diffamation non publique; cette action peut être exercée séparément de l'action publique devant la juridiction civile. — Cass. 14 janv. 1861 (Vuidepot); D., 61, 1, 372.

3. Les réparations à raison d'une attaque contre un fonctionnaire pour des faits relatifs à ses fonctions, alors que cette attaque n'a pas dégénéré en délit qualifié, peuvent toujours être poursuivies devant les tribunaux civils. — Chassan, *Lois sur la presse*, p. 16.

Art. 2. L'action civile résultant des délits commis par la voie de la presse ou par toute autre voie de publication contre les fonctionnaires ou contre tout citoyen revêtu d'un caractère public ne pourra, dans aucun cas, être poursuivie séparément de l'action publique. Elle s'éteindra de plein droit par le seul fait de l'extinction de l'action publique.

Cet article doit être entendu en ce sens que l'action civile ne pourra être poursuivie qu'autant que l'action publique pourra l'être. La loi n'a pas voulu interdire l'action civile devant les tribunaux correctionnels, sans le concours du ministère public. — Chassan, *id.*, p. 18.

11 AOUT 1848. — DÉCRET *relatif à la répression des crimes et délits commis par la voie de la presse.*

Les lois des 17 mai 1819 et 25 mars 1822 sont modifiées ainsi qu'il suit :

Art. Ier. Toute attaque par l'un des moyens énoncés en l'art. 1er de la loi du 17 mai 1819 contre les droits et l'autorité de l'assemblée nationale, contre les droits et l'autorité que les membres du pouvoir exécutif tiennent des décrets de l'assemblée, contre les institutions républicaines et la Constitution, contre le principe de la souveraineté du peuple et du suffrage universel,

---

(1 et 2) *Anciens articles :*

ART. 1er. La connaissance de tous les délits commis, soit par la voie de la presse, soit par tous les autres moyens de publication énoncés en l'art. 1er de la loi du 17 mai 1819, est attribuée aux cours d'assises.

ART. 2. Sont exceptés les cas prévus par l'art. 14 de la loi du 26 mai 1819.

ART. 3. Sont pareillement exceptés les cas où les chambres, cours et tribunaux jugeraient à propos d'user des droits qui leur sont attribués par les art. 15 et 16 de la loi du 25 mars 1822.

ART. 4. La poursuite des délits mentionnés en l'art. 1er de la présente loi aura lieu d'office et à la requête du ministère public, en se conformant aux dispositions des lois des 26 mai et 9 juin 1819.

ART. 6. La connaissance des délits politiques est pareillement attribuée aux cours d'assises.

ART. 7. Sont réputés politiques les délits prévus, — 1° Par les chapitres I et II du titre Ier du livre III du Code pénal; 2° par les paragraphes 2 et 4 de la section III et par la section VII du chapitre III des mêmes livre et titre ; 3° par l'art. 9 de la loi du 25 mars 1822.

sera punie d'un emprisonnement de trois mois à cinq ans, et d'une amende de 300 fr. à 6,000 fr. — *V. art. 3, Loi 25 mai 1822.*

1. Cet article a remplacé l'art. 1ᵉʳ de la loi du 29 nov. 1830 (1).

2. La loi considère comme une attaque la discussion qui a pour but de mettre en question l'existence, la légalité, ou même la perpétuité du gouvernement établi. — Chassan, t. 1, p. 274.

3. L'article d'un journal qui déclare que le gouvernement peut et doit, dans certaines circonstances, changer la loi d'élection par ordonnance, ne sort pas des limites d'une controverse permise aux écrivains, et ne commet point une attaque contre les droits et l'autorité des chambres. — Paris, 16 avril 1830 (Henrion), *J. p.*

Art. 2. L'offense par l'un des moyens énoncés en l'article 1ᵉʳ de la loi du 17 mai 1819, envers l'assemblée nationale, sera punie d'un emprisonnement d'un mois à trois ans, et d'une amende de 100 fr. à 5,000 fr.

1. Cet article n'a aucunement abrogé les art. 2, L. 26 mai 1819, et 15, L. 25 mars 1822, qui exigent l'autorisation des chambres pour les poursuites à exercer en cas d'outrages commis envers elles. — Cass. 15 nov. 1849 (Dufraisse), *B. cr.* — *Contrà :* Il ne s'applique pas au sénat et au corps législatif créés par la constitution de 1852. Les outrages envers ces corps doivent être poursuivis comme s'ils étaient adressés aux autres corps constitués. — Dalloz, vᵒ *Presse,* nᵒ 655.

2. Il y a offense contre la chambre alors même que l'outrage serait dirigé contre une partie de la chambre seulement. — Chassan, t. 1, p. 246; de Grattier, t. 1, p. 170; Dalloz, vᵒ *Presse,* nᵒ 660.

3. Les attaques dirigées contre les députés pris collectivement constituent le délit d'offense envers les chambres, et non le délit d'excitation contre une classe de personnes. — Cass. 13 janv. 1838 (Sers), *B. cr.*; Chassan, t. 1, p. 247.

4. L'offense envers une chambre de députés dissoute ne peut constituer un délit. — Paris, 19 oct. 1827 (Lardier), *J. p.*; Dalloz, vᵒ *Presse,* nᵒ 664. — *Contrà :* De Grattier, t. 1, p. 171.

5. L'appréciation de cette offense, en fait comme en droit, n'appartient pas à l'autorité judiciaire tant qu'il n'est pas intervenu une autorisation de poursuivre émanée de la nouvelle chambre. — Cass. 7 déc. 1827 (Lardier), *J. p.*; Mangin, t. 1, p. 313; Chassan, t. 2, p. 22; de Grattier, t. 1, p. 173; Parant, p. 109.

Art. 3. L'attaque par l'un de ces moyens contre la liberté des cultes, le principe de la

propriété et les droits de la famille, sera punie d'un emprisonnement d'un mois à trois ans, et d'une amende de 100 fr. à 4,000 fr.

Art. 4. Quiconque, par l'un des moyens énoncés en l'art. 1ᵉʳ de la loi du 17 mai 1819, aura excité à la haine ou au mépris du gouvernement de la République, sera puni d'un emprisonnement d'un mois à quatre ans, et d'une amende de 150 fr. à 5,000 fr.

La présente disposition ne peut porter atteinte au droit de discussion et de censure des actes du pouvoir exécutif et des ministres.

1. Cet article a remplacé l'art. 4, L. 25 mars 1822.

2. La disposition qui punit l'excitation à la haine et au mépris du gouvernement ne peut s'entendre que des ministres agissant collectivement sous l'autorité du souverain et responsables de leurs actes. — Cass. 27 mars 1830 (Coudert), *J. p.*; Paris, 1ᵉʳ avril 1830 (Bert), *J. p.*; de Grattier, t. 2, p. 42.

3. Cependant l'excitation contre le ministère ne constitue pas toujours et dans tous les cas l'excitation contre le gouvernement. On doit apprécier l'ensemble de l'écrit, examiner son but, sa tendance, l'effet désiré, etc. — Chassan, t. 1, p. 288. — Ces solutions ne sont plus applicables sous la constitution de 1852 ; le ministère ne constitue pas le gouvernement. — Dalloz, vᵒ *Presse,* nᵒ 565.

4. En matière de presse, la cour de cassation a le droit de juger l'appréciation et la qualification des écrits sur lesquels sont intervenues les décisions qui lui sont déférées, et, par exemple, de décider si les expressions d'un article désignent clairement le gouvernement et renferment le délit d'excitation au mépris et à la haine du gouvernement. — Cass. 7 fév. 1833 (Garnier), *J. p.*; ch. réun., 23 mai 1834 (Coulange), *J. p.*; 29 mai 1834 (Rupert), *J. p.*; 15 déc. 1848 (Lemoine); D., 51, 5, 409; 17 août 1860 (Poplinaux), *B. cr.* — Ou le délit d'attaque contre les institutions. — Cass. 15 décembre 1848 (Lemoine); *J. p.*, 50, 1, 160.

5. Au contraire, la loi, ne définissant pas les caractères et les circonstances du délit d'excitation à la haine et au mépris du gouvernement, en laisse nécessairement l'appréciation à la conscience des juges du fond. — Cass. 27 mars 1830 (Coudert), *J. p.*

6. La déclaration en fait d'une chambre d'accusation qu'un article ne désigne point clairement le gouvernement, et qu'il ne renferme point le délit d'excitation à la haine et au mépris, est à l'abri de la censure de la cour de cassation. — Cass., ch. réun., 4 nov. 1834 (Rupert), *J. p.* V. décisions contraires sous l'art. 408, nᵒ 108, C. inst. cr., *Codes crim.*

7. C'est exciter à la haine et au mépris du gouvernement que de lui supposer l'intention d'imposer des contributions publiques et de modifier le système électoral sans le concours des chambres. — Paris, 1ᵉʳ avril 1830 (Bert), *J. p.*; de Grattier, t. 2, p. 44.

8. Une association ayant pour objet le refus de tout impôt qui serait illégalement perçu peut constituer le délit d'excitation à la haine et au mépris du gouvernement. — Cass. 27 mars 1830 (Coudert), *J. p.*

---

(1)   LOI DU 29 NOVEMBRE 1830.

Offenses contre le roi et les chambres.

ART. 1ᵉʳ. Toute attaque, par l'un des moyens énoncés en l'art. 1ᵉʳ de la loi du 17 mai 1819, contre la dignité royale, l'ordre de successibilité au trône, les droits que le roi tient du vœu de la nation française, exprimé dans la déclaration du 7 août 1830, et de la charte constitutionnelle par lui acceptée et jurée dans la séance du 9 août de la même année, son autorité constitutionnelle, l'inviolabilité de sa personne, les droits et l'autorité des chambres, sera punie d'un emprisonnement de trois mois à cinq ans et d'une amende de 300 fr. à 6,000 fr.

9. On ne peut admettre la preuve par témoins des imputations contenues dans un article ayant pour objet d'exciter à la haine et au mépris du gouvernement.—Cass. 27 déc. 1850 (Treillard), *B. cr.*

10. Un individu peut être déclaré coupable comme auteur principal, en qualité de gérant d'un journal, et comme complice, en qualité d'imprimeur dudit journal, du même délit d'excitation à la haine et au mépris du gouvernement. — Cass. 20 juin 1851 (Larcher), *B. cr.*

11. L'arrêt ne doit pas se borner à spécifier les numéros d'un journal contenant l'article incriminé; il doit encore constater le fait de la publication. — Cass. 19 janv. 1850 (Marion), *B. cr.*

Art. 5. L'outrage fait publiquement d'une manière quelconque, à raison de leurs fonctions ou de leur qualité, soit à un ou plusieurs membres de l'assemblée nationale, soit à un ministre de l'un des cultes qui reçoivent un salaire de l'Etat, sera puni d'un emprisonnement de quinze jours à deux ans, et d'une amende de 100 fr. à 4,000 fr. *V. art.* 6, *Loi* 25 *mars* 1822.

Art. 6. Seront punis d'un emprisonnement de quinze jours à deux ans, et d'une amende de 100 fr. à 4,000 fr. :

1° L'enlèvement ou la dégradation des signes publics de l'autorité du gouvernement républicain, opéré en haine ou mépris de cette autorité;

2° Le port public de tous signes extérieurs de ralliement non autorisés par la loi ou par des règlements de police;

3° L'exposition dans des lieux ou réunions publics, la distribution ou la mise en vente de tous signes ou symboles propres à propager l'esprit de rébellion ou à troubler la paix publique.

Cet article a remplacé l'art. 9, L. 25 mars 1822.

§ 2.

1. Le jugement doit exprimer, à peine de nullité, que les signes extérieurs exposés sont des signes de ralliement. — Cass. 6 janv. 1821 (Champigny), *J. p.*; Dalloz, vº *Presse*, nº 582.

§ 3.

2. La distribution ou la mise en vente clandestine de signes ou symboles destinés à propager l'esprit de rébellion ou à troubler la paix publique constituent un délit, quoiqu'elles n'aient pas été précédées d'une exposition publique et qu'elles aient eu lieu dans un magasin. — Cass. 16 août 1833 (Alexandre Léon), *J. p.*; Parant, p. 150; de Grattier, t. 2, p. 96; Dalloz, vº *Presse*, nº 584.

3. Constitue le délit prévu par le 3ᵉ § de cet article :

L'exposition dans une cérémonie publique et religieuse de fleurs de lis et de bannières blanches. — Cass. 18 nov. 1854 (Malary), *B. cr.*

4. L'exposition de fleurs de lis sur le toit d'une maison au-dessus d'une girouette. — Cass. 30 sept. 1832 (Dubourg), *J. p.*; Chassan, t. 1, p. 260; Parant, p. 150; de Grattier, t. 2, p. 96.—*Contrà :*

Si elle était faite dans l'intérieur de la maison.—Même arrêt.

5. La vente de foulards à l'effigie du duc de Bordeaux, sous le nom de Henri V. — Cass. 16 août 1833 (Alexandre Léon), *J. p.*

6. L'envoi avec un journal d'une gravure représentant Henri V.— Cass. 22 fév. 1834 (Coulange), *J. p.*; de Grattier, t. 2, p. 96. — Au contraire, un arrêt a pu décider que cette distribution n'avait pas été destinée à propager l'esprit de rébellion, ni à troubler la paix publique.—Cass., ch. réun., 23 mai 1834 (Coulange), *J. p.*

7. Celui qui a exposé dans un lieu public un emblème séditieux peut être renvoyé des poursuites s'il est déclaré qu'il n'a pas agi avec une intention coupable. — Cass. 16 janv. 1830 (Rommel), *J. p.*; de Grattier, t. 2, p. 95; Dalloz, vº *Presse*, nº 586.

8. Il en est de même de celui qui a enlevé ou dégradé des signes publics de l'autorité. — Chassan, t. 1, p. 222.

9. Les tribunaux peuvent déclarer que, s'il résulte d'un procès-verbal que le prévenu a mis en vente des marchandises dont les enveloppes portaient l'effigie de Henri de France, les circonstances de la cause sont exclusives de toute idée coupable et de toute intention criminelle. — Cass. 22 avril 1854 (Paulin), *B. cr.* V. notes sous l'art. 22; D., 17 fév. 1852.

10. Un tribunal saisi du délit d'emblèmes séditieux peut y substituer la contravention d'exposition et de mise en vente de ces emblèmes sans autorisation, prévue par l'art. 22 décr. 17 fév. 1852.— Cass. 2 avril 1853 (Delpret), *B. cr.*; Dalloz, vº *Presse*, nº 514.

Art. 7. Quiconque, par l'un des moyens énoncés en l'art. 1ᵉʳ de la loi du 17 mai 1819, aura cherché à troubler la paix publique en excitant le mépris ou la haine des citoyens les uns contre les autres, sera puni des peines portées en l'article précédent.

1. Cet article a remplacé l'art. 10, L. 25 mars 1822.

2. Exciter le mépris ou la haine des citoyens contre une partie d'entre eux, en les désignant par un nom générique, c'est chercher à troubler la paix publique. — Cass. 27 fév. 1832 (Raspail), *J. p.*; Chassan, t. 1, p. 346; Parant, p. 470.

3. L'excitation au mépris ou à la haine des citoyens contre une classe de personnes, étant de nature à troubler la paix publique, une cour qui reconnaît qu'un article tendait à cette excitation ne peut renvoyer le prévenu des poursuites sous le prétexte qu'il n'a pas eu l'intention de troubler la paix publique. — Cass. 3 oct. 1834 (Thoumas), *J. p.*; de Grattier, t. 2, p. 97; Chassan, t. 1, p. 346. — *Contrà :* Dalloz, vº *Presse*, nº 594.

4. Le délit d'excitation à la haine et au mépris contre les membres de la chambre des pairs ou des députés renferme une offense envers ces chambres, qui ne peut être poursuivie sans leur autorisation.— Cass. 13 janv. 1838 (Sers), *B. cr.*; de Grattier, t. 2, p. 100.

5. L'attaque dirigée non contre une cour ou un tribunal, en particulier, mais contre les magistrats ou la magistrature, en général, constitue le délit d'excitation contre une classe de personnes. — Chassan, t. 1, p. 348.

6. Il en est de même de l'attaque dirigée contre une classe de citoyens désignés sous le nom de

riches privilégiés, de bourgeois. — Cass. 27 fév. 1832 (Raspail), *J. p.*

7. L'excitation au mépris ou à la haine des citoyens les uns contre les autres est uniquement celle qui, allant atteindre un nombre important ou toute une catégorie de citoyens, peut avoir pour résultat de troubler la paix publique. L'art. 7, L. 11 août 1848, est inapplicable quand l'écrit ne s'attaque qu'à quelques personnes vaguement désignées. — Cass. 3 fév. 1865 (Molot) *B. cr.*,

8. Doivent être considérés comme une *classe* de citoyens :

Les gardes nationaux. — Cass. 29 avril 1831 (Ragon), *J. p.* ; Chassan, t. 1, p. 347 ; Mangin, *Act. publ.*, t. 1, p. 318 ; de Grattier, t. 2, p. 99.

9. Les militaires d'une armée. — Cass. 6 avril 1832 (Bouchard), *J. p.* ; Chassan, *id.* ; de Grattier, *id.*

10. Les électeurs. — Chassan, *id.* ; de Grattier, *id.*

11. Les décorés de juillet. — Cass. 3 oct. 1834 (Thoumas), *J. p.* ; de Grattier, t. 2, p. 100.

12. Ces solutions, antérieures au décret du 11 août 1848, peuvent encore avoir leur intérêt.

13. Les outrages adressés à des gardes nationaux rentrent dans l'application de l'art. 19, L. 17 mai 1819, lorsqu'ils leur sont adressés dans l'exercice de leurs fonctions d'agents de la force publique ou à l'occasion de cet exercice ; autrement ils constituent le délit prévu par l'art. 7 du décret du 11 août 1848. — V. Cass. 19 avril 1831 (Ragon). *J. p.* ; Chassan, t. 1, p. 347 ; Mangin, t. 1, p. 318.

14. L'attaque limitée au parti socialiste et républicain, qui se propose la destruction des lois et la ruine de la société, ne constitue pas le délit d'excitation à la haine et au mépris des citoyens les uns contre les autres, dans le but de troubler la paix publique. — Limoges, 30 mars 1850 (Vignaud); D., 50, 2, 108 ; Dalloz, vᵒ *Presse*, nᵒ 595.

15. Le délit prévu par cet article n'a rien de commun avec celui de diffamation ou d'injures. — Cass. 6 avril 1832, *J. p.* — Ce n'est pas le caractère propre à ce dernier délit qui peut constituer le délit d'excitation à la haine des citoyens. Chassan, t. 1, p. 349.

16. Ainsi, la preuve par témoins de la vérité des inculpations diffamatoires contre une classe de citoyens est inadmissible. — Cass. 6 avril 1832 (Bouchard), *J. p.*

Art. 8. *L'art. 463 du Code pénal est applicable aux délits de la presse.*

Cet article est remplacé et implicitement abrogé par l'art. 15, L. 11 mai 1868.

27 JUILLET 1849. — LOI *sur la presse.*

CHAPITRE Iᵉʳ. — *Délits commis par la voie de la presse ou par toute autre voie de publication.*

Art. 1. Les art. 1ᵉʳ et 2 du décret du 11 août 1848 sont applicables aux attaques contre les droits et l'autorité que le président de la république tient de la Constitution, et aux offenses envers sa personne.

La poursuite sera exercée d'office par le ministère public.

1. Dénier que l'élévation du souverain au trône ait été dans le vœu de la nation, déclarer que cet acte n'a été que l'œuvre d'une coterie, c'est attaquer les droits qu'il tient du vœu de la nation. — Cass. 21 oct. 1831 (Hardoin), *J. p.* ; de Grattier, t. 2, p. 44, 228.

2. C'est de même attaquer les droits que le souverain tient du vœu de la nation que de dire que l'ordre de choses paraît funeste à la France ; qu'on ne doit pas volontairement lui prêter appui ; qu'en cas de guerre civile, on se réunira aux partisans de la branche aînée des Bourbons. — Cass. 7 juin 1832 (Desavignac), *J. p.* ; de Grattier, t. 2, p. 228.

3. Que de prêter au souverain le dessein de se soumettre à la réélection, de déposer sa couronne en faveur d'un plus digne, et de soutenir que l'état de choses ne pouvait durer plus longtemps, qu'une nouvelle ère s'ouvrait pour la France. — Cass. 10 juillet 1841 (feuille de Douai), *B. cr.*

4. Que de dire que le duc de Bordeaux ne mourrait pas dans l'exil, et qu'il serait un jour roi. — Cass. 5 août 1831 (Robert), *J. p.*

5. Enfin, que de faire adhésion à une autre forme de gouvernement par les moyens prévus par l'art. 1. L. 17 mai 1819. — Dalloz, vᵒ *Presse*, nᵒ 560.

6. L'offense envers la personne de l'Empereur est prévue et punie par les art. 9, L. 17 mai 1819, et 86 C. pénal. — V. notes sous l'art. 9, L. 17 mai 1819.

Art. 2. Toute provocation par l'un des moyens énoncés en l'art. 1ᵉʳ de la loi du 17 mai 1819, adressée aux militaires des armées de terre et de mer, dans le but de les détourner de leurs devoirs militaires et de l'obéissance qu'ils doivent à leurs chefs, sera punie d'un emprisonnement d'un mois à deux ans, et d'une amende de 25 fr. à 4,000 fr., sans préjudice des peines plus graves prononcées par la loi, lorsque le fait constituera une tentative d'embauchage ou une provocation à une action qualifiée crime ou délit.

La provocation, pour être punissable, n'a pas besoin d'avoir pour but un délit ou un crime qualifié et puni par la loi. — Chassan, *Lois sur la presse,* p. 89 ; Dalloz, vᵒ *Presse*, nᵒ 590.

Art. 3. Toute attaque par l'un des mêmes moyens contre le respect dû aux lois et l'inviolabilité des droits qu'elles ont consacrés, toute apologie de faits qualifiés crimes ou délits par la loi pénale, sera punie d'un emprisonnement d'un mois à deux ans, et d'une amende de 16 fr. à 1,000 fr. (1).

1. L'attaque contre le respect dû aux lois ne doit pas être confondue avec la provocation à la désobéissance réprimée par l'art. 6, L. 17 mai 1819. — Chassan, *Lois de la presse,* p. 91 ; *id., Traité des délits de la presse,* t. 1, p. 329.

<hr>

(1)   SÉNATUS-CONSULTE DU 18 JUILLET 1866.

Art. 2. Est interdite toute discussion ayant pour objet la critique ou la modification de la Constitution, et publiée ou reproduite soit par la presse périodique, soit par des affiches, soit par des écrits non périodiques des dimensions déterminées par le § 1ᵉʳ de l'art. 9 du décret du 17 février 1852.

Les pétitions ayant pour objet une modification ou une interprétation de la Constitution ne peuvent être rendues publiques que par la publication du compte rendu officiel de la séance dans laquelle elles ont été rapportées.

Toute infraction aux prescriptions du présent article constitue une contravention punie d'une amende de 500 à 10,000 francs.

2. La critique de la loi, lorsqu'elle est faite avec convenance, ne constitue pas le délit d'attaque au respect dû à la loi. — Chassan, t. 1, p. 329; Dalloz, v° *Presse*, n° 600. V. les notes sous l'art. 6, L. 17 mai 1819.

3. L'apologie d'un fait qualifié simple contravention de police n'est pas réprimée par la loi. — Chassan, t. 1, p. 343; de Grattier, t. 2, p. 318; Dalloz, v° *Presse*, n° 609.

4. Il en est autrement des contraventions qui entraînent des peines correctionnelles. — De Grattier, Dalloz, *id.*

5. La cour de cassation a le droit d'apprécier si un article renferme le délit d'apologie de faits qualifiés crimes. — Cass. 10 mars 1865 (Guillon), *B. cr.*

Art. 4. *Remplacé par l'art. 15, décret du 17 février 1852 (1).*

Art. 5. Il est interdit d'ouvrir ou annoncer publiquement des souscriptions ayant pour objet d'indemniser des amendes, frais, dommages et intérêts prononcés par des condamnations judiciaires. La contravention sera punie, par le tribunal correctionnel, d'un emprisonnement d'un mois à un an et d'une amende de 500 fr. à 1,000 fr.

1. L'interdiction dont parle cet article ne concerne pas seulement les journaux, elle s'étend à toute annonce faite publiquement d'une manière quelconque. — Chassan, t. 1, p. 673; de Grattier, t. 2, p. 329; Dalloz, v° *Presse*, n° 314.

2. Ainsi, une quête entreprise dans le but d'indemniser d'une condamnation, si elle présente le caractère de publicité prévue par la loi, rentre dans les prohibitions de cet article. — Chassan, t. 1, p. 674; Dalloz, *id.*

3. L'interdiction s'applique aux condamnations étrangères à la presse, mais non aux condamnations civiles étrangères à la politique. — Chassan, t. 1, p. 674; de Grattier, t. 2, p. 331; Dalloz, v° *Presse*, n° 318.

4. L'annonce de souscriptions ouvertes dans le but de faciliter à des prévenus des moyens d'appel ne constitue pas une contravention à l'art. 11, L. 9 sept. 1835. — Douai, 23 août 1847 (Leleux); D., 47, 2, 215; Chassan, t. 1, p. 675; Dalloz, v° *Presse*, n° 317.—*Contrà:* de Grattier, t. 2, p. 330.

5. L'annonce indirecte et déguisée d'une souscription est punissable comme l'annonce directe. — Paris, 14 juillet 1836 (Voillet de Saint-Philbert); Cass. 1er sept. 1836 (même affaire), *J. p.*; Cass. 2, août 1862 (Aubry-Foucaut); D., 62, 1, 446.

6. Ainsi, l'annonce de la mise en vente d'une brochure contenant le compte rendu du procès suffit pour constituer le délit prévu par cet article, lorsque la volonté d'ouvrir une souscription est clairement exprimée. — Paris, 14 juillet 1836 (Voillet de Saint-Philbert); Cass. 1er sept. 1836 (Voillet de Saint-Philbert), *J. p.*; Chassan, t. 1, p. 677; de Grattier, t. 2, p. 330. — *Contrà :* Elle doit être formellement exprimée. — Douai, 28 juillet 1836, *J. p.*

7. L'arrêt par lequel une cour, appréciant les termes d'un article de journal, décide en fait qu'il constitue ou ne constitue pas l'annonce d'une souscription, échappe à la censure de la cour de cassation.—Cass. 26 août 1836 (la Mode), *J. p.*; 1er sept. 1836 (Voillet), *J. p.*; Chassan, t. 1, p. 676. V. sous l'art. 408 C. i. cr., n° 104 et suiv.

8. Les annonces d'une souscription prohibée ne constituent pas un délit continu et successif; mais elles constituent autant de délits particuliers qu'il y a d'annonces. — Paris, 14 juillet 1836, *J. p.*; Cass. 1er sept. 1836 (Voillet de Saint-Philbert), *J. p.*; Chassan, t. 1, p. 679; de Grattier, t. 2, p. 331.

9. La répression de cette infraction peut être poursuivie non-seulement contre le gérant du journal, mais encore contre tous ceux qui l'ont aidé avec connaissance. — Chassan, t. 1, p. 679.

Art. 6. Tous distributeurs ou colporteurs de livres, écrits, brochures, gravures et lithographies devront être pourvus d'une autorisation qui leur sera délivrée, pour le département de la Seine, par le préfet de police, et, pour les autres départements, par les préfets.

Ces autorisations pourront toujours être retirées par les autorités qui les auront délivrées.

Les contrevenants seront condamnés, par les tribunaux correctionnels, à un emprisonnement d'un mois à six mois, et à une amende de 25 fr. à 500 fr., sans préjudice des poursuites qui pourraient être dirigées pour crimes ou délits, soit contre les auteurs ou éditeurs de ces écrits, soit contre les distributeurs ou colporteurs eux-mêmes.

§ 1er.—*Dans quels cas cet article est applicable.*

1. Cet article n'a point abrogé la loi du 16 fév. 1834; il ne s'occupe que des distributeurs ou colporteurs de livres, écrits, et non des crieurs publics. — Caen, 13 mars 1851 (Cusse); D., 52, 2, 41.

2. L'autorisation du préfet de colporter et distribuer des imprimés ne contient pas celle de les crier sur la voie publique, et ne dispense pas de l'autorisation municipale exigée à cet effet par l'art. 1er, L. 16 fév. 1834. — Caen, 13 mars 1851 (Cusse); D., 52, 2, 41; Dalloz, v° *Presse*, n° 462.

3. L'infraction prévue par cet article n'est pas soumise à la condition de l'exercice de la profession de distributeur, ni à la circonstance de distribution sur la voie publique. — Cass. 25 avril 1850 (Desquesnes), *B. cr.*

4. La loi de 1834 s'applique aux distributeurs sur la voie publique; la loi nouvelle s'applique au colportage et à la distribution hors la voie publique, dans les maisons comme dans les lieux ou réunions publics. — Même arrêt. Chassan, *Lois sur la presse*, p. 95.

§ 2. — *Quels écrits ne peuvent être colportés ou distribués sans autorisation.*

5. L'autorisation de colporter n'est pas spéciale à la personne et à la profession, elle s'applique plus particulièrement à la nature des ouvrages. Le préfet a le droit de spécifier les écrits dont il autorise le colportage. — Chassan, *Lois de la presse*, p. 97; Dalloz, v° *Presse*, n° 441.

6. Le mot *écrit* est employé dans l'acception la

---

(1) *Ancien article.*

Art. 4. La publication ou reproduction, faite de mauvaise foi, de nouvelles fausses, de pièces fabriquées, falsifiées ou mensongèrement attribuées à des tiers, lorsque ces nouvelles ou pièces seront de nature à troubler la paix publique, sera punie d'un emprisonnement d'un mois à un an, et d'une amende de 50 fr. à 1,000 francs.

4.

plus large; il s'étend aux simples bulletins électoraux. — Cass. 27 sept. 1855 (Palun), *B. cr.*; 16 nov. 1855 (Delayen), *B. cr.*; ch. réun., 26 mars 1856 (Brun), *B. cr.*; 28 mars 1856 (Delayen), *B. cr.*; 3 avril 1856 (Thomas), *B. cr.*; ch. réun., 30 janv. 1857 (Thomas), *B. cr.*; 11 juillet 1862 (Michel), Rousset, *Code de la presse*, p. 163. — *Contrà* : Aix, 3 mars 1854 (Esmenard), *Gaz. des Trib.* du 14 mars; Aix, 28 déc. 1855; Amiens, 12 janv. 1856; Lyon, 25 janv. 1856 (Thomas), *Gaz. des Trib.* 12, 18 janv., 7 juillet 1856; Riom, 4 juin 1862 (Michel); Dalloz, v° *Presse*, n° 429. Mais voir notes sous l'art. 10, L. 16 juillet 1850.

7. Aux listes imprimées de candidats au conseil des prud'hommes. — Cass. 20 mai 1854 (Esmenard), *B. cr.*

8. Cet article ne distingue pas entre les journaux et les autres imprimés, la nécessité de l'autorisation s'applique aux uns comme aux autres. — Paris, 26 juin 1850 (Lherminier); D., 52, 5, 434; Montpellier, 7 mai 1850 (Relin); D., 50, 2, 84; Caen, 30 janv. 1850; D., 50, 2, 121; trib. de la Seine, 7 juillet 1857, *Gaz. des Trib.* 8 juillet. Chassan, *Lois de la presse*, p. 96; Dalloz, v° *Presse*, n° 428.

9. Il ne s'applique pas à la distribution d'un mémoire en défense à des poursuites correctionnelles dirigées contre l'auteur de cette distribution, si des faits de distribution distincts de l'exercice du droit de défense ne sont pas constatés. — Cass. 8 mars 1861 (Antoni), *B. cr.*; Dalloz, v° *Presse*, n° 430.

10. Mais il est applicable à la distribution d'un écrit qualifié défense, lorsqu'il a eu lieu antérieurement à l'introduction de toute action en justice. — Cass. 25 juin 1852 (Bocher), *B. cr.*

11. Il est applicable à un écrit publié à l'occasion d'un procès sur lequel il a été définitivement statué par la cour de cassation. — Cass. 7 mars 1863 (Mirès). *B. cr.*

12. Il n'est pas limitatif, il doit s'appliquer à la distribution de médailles avec effigie et inscriptions. — Cass. 6 sept. 1851 (Lalanne), *B. cr.*; Dalloz, v° *Presse*, n° 431.

§ 3. — *Dans quels cas il y a colportage.*

13. Doivent être considérés comme colporteurs : les individus qui présentent à domicile des brochures ou livraisons d'ouvrages, à l'effet d'obtenir des souscriptions. — Cass. 2 sept. 1852 (Chaufour), *B. cr.* — *Contrà* : Antérieurement à la loi de 1849. — Paris, 23 août 1834 (Leauté), *J. p.*

14. Le facteur d'une administration particulière portant et remettant à leurs adresses des écrits imprimés. — Bordeaux, 15 fév. 1850 (Danna); D., 52, 2, 41; Dalloz, v° *Presse*, n° 425.

15. La distribution d'écrits par la voie de la poste, sans autorisation, ne peut constituer le délit de colportage ou de distribution. — Cass. 17 août 1850 (Jacquemart), *B. cr.*; 8 avril 1853 (de Thieffries); D., 2 juillet 1853 (de Thieffries), *B. cr.*; Cass. 10 août 1867 (Faure), *B. cr.*; Chassan, *Lois de la presse*, p. 99; Dalloz, v° *Presse*, n° 436.

16. Il en est de même de la distribution personnelle, lorsqu'elle n'est que la continuation de la distribution faite par la poste. — Cass. 17 août 1850 (Jacquemart), *B. cr.* — *Contrà* : Chassan, *id.*

17. Cet article demeure applicable aux colporteurs, même en temps d'élection. — Chassan, *Lois sur la presse*, p. 97. Mais *V.* l'art. 10 L. 16 juillet 1850 et les notes.

18. Le seul fait de possession de livres, brochures et écrits imprimés, de la part d'un individu qui ne fait pas habituellement métier de colporter, sans avoir été suivi d'aucun acte ayant pour objet la vente ou la distribution de ces écrits, ne constitue pas de délit. — Douai, 23 juin 1854 (d'Ecquevillez); D., 55, 2, 25.

19. Ainsi n'est pas punissable celui dans la malle duquel des livres, brochures et imprimés séditieux apportés de l'étranger ont été saisis au moment de son débarquement en France et avant qu'il ait pu faire aucune démarche pour les distribuer. — Même arrêt. Dalloz, v° *Presse*, n° 437. Mais s'il s'agissait de journaux politiques publiés à l'étranger, il y aurait le délit d'introduction, puni par l'art. 2, décr. 17 fév. 1852.

20. Les distributions gratuites sont assujetties à l'autorisation comme celles faites à prix d'argent. — Orléans, 18 juin 1850 (Camus); D., 51, 5, 413; Agen, 14 juillet 1850 (Bruchet); D., 50, 2, 122.

§ 4. — *Distributions accidentelles.*

21. La disposition de cet article atteint non-seulement la profession de colporteur, mais encore la distribution accidentelle d'un écrit par toute personne non autorisée. — Paris, 28 déc. 1849; D., 50, 2, 120; Cass. 15 fév. 1850 (Chrétien), *B. cr.*; 6 juin 1850 (Bruchet), *B. cr.*; 25 juin 1852 (Bocher), *B. cr.*; 26 mars 1856 (Brun), *B. cr.*; ch. réun., 30 janv. 1857 (Thomas), *B. cr.*; Cass. 12. déc. 1862 (Guibouin), *B. cr.*; 7 mars 1862 (Mirès), *B. cr.*; Rousset, *Code de la presse*, p. 164.

22. La remise de deux exemplaires d'un écrit à une seule personne peut, selon les circonstances qui ont précédé et suivi ce fait, constituer le délit de colportage. — Bourges, 21 mars 1850 (Gillet); D., 50, 2, 121.

23. Un fait de communication ou de distribution d'un livre peut être considéré comme un fait de colportage ou de distribution, lorsque l'arrêt constate qu'il se rattache à des faits antérieurs de même nature et qu'il n'est que la continuation d'une œuvre de propagande dont le prévenu s'est constitué l'agent. — Cass. 29 avril 1859 (Bœsner), *B. cr.*

24. Mais des communications particulières d'écrits ou d'imprimés, bien que répétées, ne peuvent être considérées, quand elles n'émanent pas de la même personne, comme des actes de colportage ou de distribution, à moins qu'elles n'aient eu lieu par suite d'un concert arrêté. — Bourges, 4 janv. 1854 (Roger); D., 54, 5, 588.

25. Ne constitue pas le délit de distribution : La communication confidentielle d'un écrit à une seule personne alors qu'il n'est pas établi qu'il ait circulé. — Cass. 11 mai 1854 (Hubin); D., 54, 5, 588; Dalloz, v° *Presse*, n° 433. — Encore bien que cette personne l'ait communiqué à d'autres. — Bourges, 4 janv. 1854 (Roger); D., 54, 5, 588.

26. La distribution, par un membre d'une association fraternelle, dans son domicile, à ses coassociés, d'une brochure contenant les statuts de cette association, et imprimée aux frais de celle-ci. — Cass. 11 avril 1851 (Peigné), *B. cr.*

27. Le fait de confier momentanément un écrit à un tiers, dans le but d'y faire apposer les signatures des citoyens qui adhéreraient à son contenu. — Cass. 7 fév. 1851 (Ismeur), *B. cr.*

28. Par exemple, la simple présentation à des personnes, dont on veut obtenir la signature, d'une pétition imprimée. — Cass. 6 juillet 1850 (Oudin); D., 50, 1, 207; 18 juillet 1850 (Richard), *B. cr.*; 9 août 1850 (Caubet), *B. cr.*; 24 janvier 1851 (Sansanné), *B. cr.*; Chassan, *Lois sur la presse*, p. 99.

29. Cet article s'applique aussi bien à l'auteur qui colporte son propre écrit qu'à l'individu qui ré-

pand l'écrit d'autrui. —Cass. 6 juin 1850 (Bruchet), *B. cr.* — *Contrà :* Rousset, *Code de la presse,* p. 168.

30. Par exemple, il est applicable à l'auteur d'un écrit qui remet et transmet par différentes voies, à diverses personnes, un certain nombre d'exemplaires de son écrit. — Poitiers, 2 juin 1860 (Popelineau); S., 60, 2, 329.

31. Il est applicable à celui qui remet lui-même, au domicile de plusieurs personnes, une circulaire relative à ses affaires commerciales, encore qu'elle soit cachetée et porte l'adresse du destinataire, si cette remise n'était pas le résultat soit d'une convention antérieure, soit même d'une relation personnelle du signataire avec les destinataires. — Cass. 26 avril 1862 (Micolci), *B. cr.*

32. A la distribution personnelle faite par l'auteur de son écrit à des magistrats, s'ils ne sont pas saisis du fond du procès. — Cass. 10 août 1867 (Faure), *B. cr.*

33. Mais il n'est pas applicable à l'auteur qui distribue son propre ouvrage à un petit nombre de personnes, à titre d'hommage. — Cass. 15 oct. 1852 (Thibaudeau); D., 54, 1, 46; Chassan; *Lois de la presse,* p. 100; Dalloz, vᵒ *Presse,* nᵒ 427.

§ 5. — *Distribution à domicile.*

34. Cet article est applicable aux personnes qui font à leur domicile des distributions d'imprimés. — Paris, 16 janv. 1850 (Collier); D., 50, 2, 122; Paris, 26 juin 1850 (Lherminier); D., 52, 5, 434; Orléans, 18 juin 1850 (Camus); D., 51, 5, 413; Montpellier, 7 mai 1850 (Relin); D., 50, 2, 85; Dalloz, vᵒ *Presse,* nᵒ 434. — Sans être libraires. — Chassan, *Lois sur la presse,* p. 96; Paris, 16 janv. 1850 (Collier), *J. p.,* 50, 2, 203.

35. Il s'applique à toutes distributions publiques de livres, écrits, brochures, à titre gratuit ou onéreux, soit au dehors, soit à domicile, et, par exemple, au peintre vitrier qui, après avoir placé une annonce contre un carreau de vitre d'une fenêtre de sa boutique, aurait distribué chez lui plusieurs exemplaires de cet écrit. — Cass. 25 avril 1850 (Desquesnes), *B. cr.* — Ou au limonadier qui expose des imprimés aux vitres de son magasin.— Paris, 16 janv. 1850 (Collier).

36. Mais il n'est pas applicable aux libraires même non brevetés qui se livrent au commerce des livres, sans aucun fait de distribution ou de colportage en dehors de ce commerce. Cette contravention est réprimée par la loi du 21 oct. 1814. — Cass. 28 mars 1851 (Delcloque), *B. cr.*; 21 août 1851 (Coutural), *B. cr.*; Dalloz, vᵒ *Presse,* nᵒ 426.

37. La vente des numéros d'un journal légalement publié, au siége de l'établissement et pour le compte des propriétaires, ne rentre pas dans la disposition de cet article; l'autorisation préalable n'est pas nécessaire. — Cass. 3 juillet 1851 (Meyselle, *B. cr.*; Dalloz, vᵒ *Presse,* nᵒ 435. — *Contrà :* Si le gérant établit des bureaux de distribution et de vente de son journal. — Chassan, *Lois de la presse,* p. 98.

§ 6. — *Complicité.*

38. L'infraction à cet article pouvant exister indépendamment de l'intention et de la bonne foi, constitue une simple contravention qui ne comporte pas les éléments constitutifs de la complicité prévue par les art. 59, 60 C. pén. — Cass. 11 avril 1856 (Caseneuve), *B. cr.*; Metz, 23 avril 1856 (Donyeau); S., 56, 2, 405; Dalloz, vᵒ *Presse,* nᵒ 490. — *Contrà :* Cass. 18 août 1849 (Chevallier), *B. cr.*; Metz,

9 fév. 1849 (Oudin), *J. p.,* 54, 2, 241. — *Contrà :* Ceux qui permettent à un individu non autorisé d'exposer en vente des écrits à l'étalage extérieur de leur boutique se rendent complices de la contravention.— Chassan, *Lois de la presse,* p. 98.

39. Il n'y a pas lieu de rechercher si le distributeur agit pour son compte ou pour le compte d'un tiers. — Paris, 25 avril 1850 (Brosse); D., 52, 2, 41; Chassan, *id.*

40. La loi n'atteint que l'auteur direct du fait matériel de distribution, et non celui pour le compte et par les ordres duquel il agit. — Cass. 11 avril 1856 (Caseneuve), *B. cr.*; Chassan, t. 1, p. 709. — *Contrà :* Cass. 18 août 1849 (Chevalier), *B. cr.*

41. Le distributeur d'un écrit renfermant des délits n'est pas recevable à exciper du défaut de poursuites contre l'auteur de l'écrit. — Colmar, 20 nov. 1823 (Zickel), *J. p.*

Art. 7. Indépendamment du dépôt prescrit par la loi du 21 octobre 1814, tous écrits traitant de matières politiques ou d'économie sociale et ayant moins de dix feuilles d'impression, autres que les journaux ou écrits périodiques, devront être déposés par l'imprimeur au parquet du procureur de la république du lieu de l'impression vingt-quatre heures avant toute publication et distribution.

L'imprimeur devra déclarer, au moment du dépôt, le nombre d'exemplaires qu'il aura tirés.

Il sera donné récépissé de la déclaration.

Toute contravention aux dispositions du présent article sera punie, par le tribunal de police correctionnelle, d'une amende de 100 fr. à 500 fr.

1. Les circulaires électorales et les écrits relatifs aux élections ne sont pas exemptés de l'application de cet article en temps d'élection. — Chassan, *Lois de la presse,* p. 101. V. art. 10 L. 16 juillet 1850.

2. Une lettre circulaire portant convocation à une réunion politique rentre dans la catégorie des écrits dont le dépôt au parquet est ordonné. — Cass. 22 août 1850 (Tousch), *B. cr.*

3. Mais un écrit par lequel le gérant d'un journal annonce à ses abonnés la suspension du journal peut, suivant les circonstances, n'être considéré que comme un dernier numéro du journal. — Cass. 30 août 1851 (Delamarre), *B. cr.*

4. Lorsqu'un écrit politique a été déposé au parquet et non en même temps à la préfecture, conformément à l'art. 16, L. 21 oct. 1814, c'est l'amende édictée par cette dernière loi qui doit être prononcée et non celle portée par cet article — Toulouse, 3 mai 1850 (Périès), D., 52, 2, 138. V. notes sous l'art. 9, L. 16 juill. 1850.

5. Les brochures ou écrits traitant de matières politiques ou d'économie sociale et ayant moins de 10 feuilles d'impression doivent continuer à être déposés au parquet, quoiqu'ils jouissent de l'exemption de timbre au-dessus de 6 feuilles par une innovation de l'art. 3, § 4, de la loi du 11 mai 1868. — Circ. min. just., 4 juin 1868.

CHAPITRE II. — *V. la IIIᵉ Partie.*

CHAPITRE III. — *De la poursuite.*

Art. 16 à **22** (1). *Ces articles se trouvent implicitement abrogés par le décret du 17 février 1852, dont l'art. 25 attribue aux tribunaux correctionnels la connaissance des délits de la presse. Circ. min. just. 27 mars 1852.*

Art. 23. *L'art. 463 du Code pénal est applicable aux délits prévus par la présente loi.*

Lorsqu'en matière de délits, le jury aura déclaré l'existence des circonstances atténuantes, la peine ne s'élèvera jamais au-dessus de moitié du *maximum* déterminé par la loi. *V. art. 14, loi du 25 mars 1822.*

1. Le premier paragraphe de cet article est implicitement abrogé et remplacé par l'art. 15, loi du 11 mai 1868.

2. Les délits de presse sont aujourd'hui soumis à la juridiction des tribunaux correctionnels.

---

(1) *Anciens articles :*

ART. 16. Le ministère public aura la faculté de faire citer directement à trois jours, outre un jour par cinq myriamètres de distance, les prevenus devant la cour d'assises, même après qu'il y aura eu saisie.

La citation contiendra l'indication précise de l'écrit ou des écrits, des imprimés, placards, dessins, gravures, peintures, médailles ou emblèmes incriminés, ainsi que l'articulation et la qualification des délits qui ont donné lieu à la poursuite.

Dans le cas où une saisie aurait été ordonnée ou exécutée, copie de l'ordonnance ou du procès-verbal de ladite saisie sera notifiée au prévenu en tête de la citation, à peine de nullité.

ART. 17. Si le prévenu ne comparaît pas au jour fixé par la citation, il sera jugé par défaut par la cour d'assises, sans assistance ni intervention de jurés.

L'opposition à l'arrêt par défaut devra être formée dans les trois jours de la signification à personne ou à domicile, outre un jour par cinq myriamètres de distance, à peine de nullité.

L'opposition emportera de plein droit citation à la première audience.

Si, à l'audience où il doit être statué sur l'opposition, le prévenu n'est pas présent, le nouvel arrêt rendu par la cour sera définitif.

ART. 18. Toute demande en renvoi, pour quelque cause que ce soit, tout incident sur la procédure suivie, devront être présentés avant l'appel et le tirage au sort des jurés, à peine de forclusion.

ART. 19. Après l'appel et le tirage au sort des jurés, le prévenu, s'il a été présent à ces opérations, ne pourra plus faire défaut.

En conséquence, tout arrêt qui interviendra, soit sur la forme, soit sur le fond, sera définitif, quand bien même le prévenu se retirerait de l'audience et refuserait de se défendre. Dans ce cas, il sera procédé avec le concours du jury, et comme si le prévenu était présent.

ART. 20. Aucun pourvoi en cassation sur les arrêts qui auront statué soit sur les demandes en renvoi, soit sur les incidents de procédure, ne pourra être formé qu'après l'arrêt définitif, et en même temps que le pourvoi contre cet arrêt, à peine de nullité.

ART. 21. Le pourvoi en cassation devra être formé dans les vingt-quatre heures au greffe de la cour d'assises ; vingt-quatre heures après, les pièces seront envoyées à la cour de cassation. Dans les dix jours qui suivront l'arrivée des pièces au greffe de la cour de cassation, l'affaire sera instruite et jugée d'urgence, toutes autres affaires cessantes.

ART. 22. Si, au moment où le ministère public exerce son action, la session de la cour d'assises est terminée, et s'il ne doit pas s'en ouvrir d'autres à une époque rapprochée, il pourra être formé une cour d'assises extraordinaires par ordonnance motivée du premier président. Cette ordonnance prescrira le tirage au sort des jurés conformément à la loi.

Les dispositions de l'art. 81 du décret du 6 juillet 1810 sont applicables aux cours d'assises extraordinaires formées en exécution du paragraphe précédent.

---

17 FÉVRIER 1852. — DÉCRET ORGANIQUE SUR LA PRESSE.

CHAPITRES I ET II. — *Voir la IIIᵉ Partie.*

CHAPITRE III. — *Délits et contraventions non prévus par les lois antérieures. — Juridiction. — Exécution des jugements. — Droit de suspension et de suppression.*

Art. 14. Toute contravention à l'art. 42 de la Constitution sur la publication des comptes rendus officiels des séances du corps législatif sera punie d'une amende de 1,000 fr. à 5,000 fr. (1).

1. La prohibition d'insérer un compte rendu autre que le compte rendu officiel n'enlève pas à la presse la faculté de discuter soit la matière mise en délibération, soit même les discours des orateurs et les débats dont ils font partie.

Un article de discussion ne perd pas son caractère par cela seul qu'il énonce quelques-uns des faits de la séance, lorsque ces énonciations sont nécessaires à cette discussion et servent à en préciser le terrain. — Cass. 3 juillet 1868 (Fouray), *B. cr.*

2. Les tribunaux ont le droit d'apprécier dans chaque affaire, si les énonciations de l'article poursuivi présentent à un degré punissable le caractère de compte rendu, sauf le contrôle de la cour de cassation — Même arrêt.

3. La loi interdit tout compte rendu des séances dont il n'est pas rédigé de compte rendu officiel, et par conséquent des séances tenues à huis clos par le Corps législatif ou des séances d'une de ses commissions. — Cass. 4 avril 1868 (Vrignault), *B. cr.*

4. Le décret du 5 février 1867, art. 96, permet aux membres du Corps législatif de faire imprimer et distribuer à leurs frais les discours qu'ils ont prononcés, pourvu qu'ils en aient obtenu l'autorisation du Corps législatif. Art. 74, déc. 22 mars 1852.

Art. 15. La publication ou la reproduction de nouvelles fausses, de pièces fabriquées, falsifiées ou mensongèrement attribuées à des tiers, sera punie d'une amende de 50 fr. à 1,000 fr.

---

(1) SÉNATUS-CONSULTE DE 2 FÉVRIER 1861.

Les débats des séances du Sénat et du Corps législatif sont reproduits par la sténographie et insérés *in extenso* dans le journal officiel du lendemain.

En outre, les comptes rendus de ces séances, rédigés par des secrétaires rédacteurs placés sous l'autorité du président de chaque assemblée, sont mis, chaque soir, à la disposition de tous les journaux.

Le compte rendu des séances du Sénat et du Corps législatif par les journaux, ou tout autre moyen de publication, ne consistera que dans la reproduction des débats insérés *in extenso* dans le journal officiel, ou du compte rendu rédigé sous l'autorité du président, conformément aux paragraphes précédents.

Néanmoins, lorsque plusieurs projets ou pétitions auront été discutés dans une séance, il sera permis de ne reproduire que les débats relatifs à un seul de ces projets ou à une seule de ces pétitions. Dans ce cas, si la discussion se prolonge pendant plusieurs séances, la publication devra être continuée jusques au vote et y compris le vote.

Le Sénat, sur la demande de cinq membres, pourra décider qu'il se forme en comité secret.

Si la publication ou reproduction est faite de mauvaise foi, ou si elle est de nature à troubler la paix publique, la peine sera d'un mois à un an d'emprisonnement, et d'une amende de 500 fr. à 1,000 fr. Le *maximum* de la peine sera appliqué si la publication ou reproduction est tout à la fois de nature à troubler la paix publique et faite de mauvaise foi.

Cet article a remplacé l'art. 4, L. 27 juill. 1849. — Circ. min. just. 27 mars 1852.

§ 1ᵉʳ.

1. La publication ou la reproduction de fausses nouvelles par la voie de la parole est punie par cet article aussi bien que leur publication ou reproduction par la voie de la presse. — Douai, 25 août 1853 (Chaumont); S., 54, 2, 144; Cass. 28 avril 1854 (Coum), *B. cr.*; 29 sept. 1854 (Baessler), *B. cr.*; 13 mars 1855, ch. réun. (Bonneau), *B. cr.*; Dalloz, vᵒ *Presse*, nᵒ 980.

2. Cet article n'exige pas, comme condition essentielle du délit, la publicité du lieu où les propos auraient été tenus. — Cass. 8 déc. 1854 (Bonneau), *B. cr.*

3. Il n'exige pas que la publication ou la reproduction de nouvelles fausses ait eu lieu par les moyens énoncés dans l'art. 1, L. 17 mai 1819; il suffit que la nouvelle ait été contée à un tiers en particulier et qu'elle ait, par ce fait, circulé dans le public. — Cass., ch. réun., 13 mars 1855 (Bonneau), *B. c.*, 25 juin 1858 (Beaumont), *B. cr.* — *Contrà*. Orléans, 25 janv. 1854 (Fagot), *J. p.*, 54, 2, 289; Cass. 29 sept. 1854 (Baessler), *B. cr.*; Dalloz, vᵒ *Presse*, nᵒ 983.

4. Le délit de publication de fausse nouvelle existe par la simple volonté de publier et le fait de publication, quels que soient le mode ou les moyens employés. — Cass. 8 déc. 1854 (Bonneau), *B. cr.*; 29 avril 1858 (Jobard); S., 58, 1, 496; Nancy, 24 janv. 1865, *J. cr.*, nᵒ 7979.

5. Le fait de conter une fausse nouvelle sous la forme de simple conversation dans une maison en présence de trois personnes ne constitue aucun délit, si cette fausse nouvelle n'a reçu aucune publicité. — Cass., ch. réun., 13 mars 1855 (Bonneau), *B. cr.*

6. De même, la simple volonté de conter une fausse nouvelle par forme de conversation, suivie de sa publication, ne suffit pas pour constituer le délit, il faut que le prévenu ait eu l'intention de lui donner de la publicité. — Cass. 13 mars 1855 (Bonneau), *B. cr.*; 25 juin 1858 (Beaumont), *B. cr.*

7. Cependant, il n'est pas nécessaire que la fausse nouvelle ait été publiée de mauvaise foi. — Cass. 24 nov. 1853 (de la Bigne-Villeneuve), *B. cr.*; 29 avril 1858 (Jobard), *B. cr.*; Paris, 28 nov. 1867 (Terme), *J. cr.*, nᵒ 8522.

8. La mauvaise foi n'est pas un élément constitutif du délit, mais seulement une circonstance aggravante. — Cass. 9 janv. 1864 (Barlatier), *J. p.*

9. Il suffit que la fausse nouvelle soit publiée imprudemment et légèrement, surtout, par exemple, lorsqu'elle peut induire l'opinion publique en erreur sur l'esprit public de plusieurs départements. — Rennes, 3 sept. 1853 (Journal de Rennes); *Gaz. des trib.* du 6 sept. 1853.

10. Le reproducteur de fausses nouvelles ne peut être acquitté parce qu'il n'aurait fait que reproduire ce qu'il avait entendu dire, et qu'il aurait même fait connaître la source où il aurait puisé. — Cass. 9 janv. 1864 (Barlatier), *J. p.*

11. Ou parce qu'il n'aurait fait que reproduire des rumeurs qui auraient circulé dans le public. — Même arrêt. Nîmes, 11 fév. 1864 (Barlatier), *J. p.*

12. C'est au ministère public à faire la preuve de la fausseté de la nouvelle. — Rennes, 17 fév. 1864 (Pastol), *J. p.*, 64, 698.

§ 2.

13. L'intention de troubler la paix publique ne suffirait pas si la publication n'était pas de nature à amener ce résultat. — Chassan, *Lois de la presse*, p. 93.

14. Mais le délit existe, encore que la paix publique n'ait pas été troublée, si la nouvelle était de nature à la troubler. — Chassan, *id.*

15. Se rend coupable du délit de publication de fausses nouvelles :

Le journaliste qui attribue faussement au préfet des instructions, des paroles et des mesures qu'il n'a pas ordonnées. — Cass. 24 fév. 1854 (Brodu), *B. cr.*

16. Celui qui fait une déclaration mensongère à des magistrats d'un vol à l'aide de violences dont il aurait été victime, lorsqu'elle est de nature à répandre l'alarme dans le public. — Colmar, 31 mars 1857 (Brossel); D. 58, 2, 67.

17. Celui qui fait croire à un assassinat sur sa personne. — Nancy, 24 janv. 1865 (B.) *J. cr.* nᵒ 7979.

18. La transformation mensongère d'une mort accidentelle en un assassinat précédé de vol peut en soi devenir l'élément du délit de fausse nouvelle, si le récit, même verbal, se produit dans des circonstances de nature à le constituer, s'il est fait avec l'intention de mettre la nouvelle en circulation, et si ce but a été atteint. — Cass. 11 fév. 1864 (Foucault), *B. cr.*

19. Encore que le récit puisse être considéré comme une diffamation, le même acte pouvant être réprimé par deux dispositions différentes. — Même arrêt.

20. En supposant vrai, au fond, l'article de journal qui a publié une nouvelle, cet article peut être condamné, si une circonstance dénaturée présentée comme un accessoire, sans conséquence, de la nouvelle vraie, constitue un fait principal et grave reconnu faux et porte préjudice à autrui. — Cass. 8 nov. 1861 (Sauvestre), *B. cr.*

21. Mais ne peut tomber sous le coup de cet article :

Une nouvelle entièrement indifférente et inoffensive qui ne porte ni directement ni indirectement aucun préjudice matériel ou moral à la chose publique ni aux intérêts privés. — Cass. 8 nov. 1861 (Sauvestre), *B. cr.*; Cass. 9 janv. 1864 (Barlatier), *B. cr.*; Nîmes, 11 février 1864 (Barlatier), *J. p.*

22. Si elle est insignifiante, sans portée et sans gravité. — Colmar, 26 août 1862 (Houmomel), *J. cr.*, nᵒ 7560.

23. Un propos simplement mensonger ou une opinion erronée sur une question de contribution. — Cass. 15 déc. 1865 (Boutant), *B. cr.*

24. L'annonce de faits à titre de pronostics ou de prédictions, alors que le prévenu n'a pas annoncé ou laissé entendre qu'il fondait ses prédictions sur des données actuelles ou déterminées. — Cass. 28 juin 1860 (Berthon), *B. cr.*

25. L'appréciation morale d'un fait par le journaliste qui le publie ne peut, lorsque ce fait est vrai en lui-même et que d'ailleurs cette appréciation n'est pas de nature à en changer le caractère, constituer une fausse nouvelle. — Cass. 8 juil. 1853 (Brodu), *B. cr.*

26. Il appartient à la cour de cassation d'apprécier

si un article d'un journal a le caractère d'une nouvelle. — Cass. 30 janv. 1858 (Dumont), *B. cr.*

27. Les faux bruits et les fausses nouvelles pour porter atteinte à la liberté des élections sont prévus par l'art. 40, L. 2 fév. 1852, et l'art. 107, L. 15 mars 1849.

Art. 16. Il est interdit de rendre compte des séances du Sénat autrement que par la reproduction des articles insérés au journal officiel. *V. suprà, art.* 14.

Il est interdit de rendre compte des séances non publiques du conseil d'État.

Un journal ne peut, même après avoir inséré en totalité le compte rendu analytique d'une séance du Sénat, publier une reproduction partielle des débats insérés *in extenso* dans le journal officiel, en se bornant à insérer un discours ou des fragments de discours. — Rennes, 9 mars 1864 (de Courmaceul), *J. p.*, 64, 249.

Art. 17. Il est interdit de rendre compte des procès pour délits de presse. La poursuite pourra seulement être annoncée ; dans tous les cas, le jugement pourra être publié.

Dans toutes affaires civiles, correctionnelles ou criminelles, les cours et tribunaux pourront interdire le compte rendu du procès. Cette interdiction ne pourra s'appliquer au jugement, qui pourra toujours être publié. *V. art.* 11, *loi du* 27 *juillet* 1849.

1. Ces dispositions s'appliquent non-seulement aux journaux, mais à tout autre moyen de publication. — Circ. min. just. 27 mars 1852.

2. Elles s'appliquent aussi bien aux actes de l'instruction qu'aux débats de l'audience. — Cass. 17 mars 1854 (Dayez), *B. cr.*; 27 avril 1854 (Arnold), *B. cr.* — *Contrà :* Dalloz, vᵒ *Presse*, nᵒ 308.

3. L'interdiction s'étend à la publication des détails sur la tenue de l'audience, sur sa composition, sur les précautions prises par l'autorité, sur le nom des magistrats et des membres du barreau chargés de la défense. — Circulaire du directeur de la sûreté générale du 28 août 1853.

4. Mais elle ne s'applique qu'aux *délits* et non aux contraventions. — Dalloz, vᵒ *Presse*, nᵒ 307.

5. L'initiative de la prohibition de rendre compte d'un procès appartient au tribunal ; l'audition du ministère public n'est pas indispensable.—Cass. 23 avril 1857 (Combe), *B. cr.*

6. Elle peut être prononcée sans interpellation préalable à l'inculpé ou à son conseil.—Cass. 24 fév. 1860 (Millons); *S.*, 60, 1, 488.

Art. 18. Toute contravention aux dispositions des art. 16 ou 17 de la présente loi sera punie d'une amende de 50 fr. à 5,000 fr., sans préjudice des peines prononcées par la loi, si le compte rendu est infidèle et de mauvaise foi. *V. art.* 7, *loi du* 25 *mars* 1822.

Art. 19. Tout gérant sera tenu d'insérer en tête du journal les documents officiels, relations authentiques, renseignements, ré-

ponses et rectifications qui lui seront adressés par un dépositaire de l'autorité publique.

La publication devra avoir lieu dans le plus prochain numéro qui paraîtra après le jour de la réception des pièces.

L'insertion sera gratuite.

En cas de contravention, les contrevenants seront punis d'une amende de 50 fr. à 1,000 fr. En outre, le journal pourra être suspendu *par voie administrative* pendant quinze jours au plus.

1. Les dépositaires de l'autorité publique sont seuls juges de la forme et de la teneur des documents dont ils requièrent l'insertion ; il n'appartient ni au journaliste, ni même aux tribunaux, de modifier l'exercice de ce droit en se constituant juges de l'importance des mots supprimés dans l'insertion de l'article. — Cass. 5 août 1853 (Union de la Sarthe), *B. cr.*

2. La mauvaise foi n'est pas un élément essentiel de la contravention prévue par cet article ; elle peut résulter de la négligence ou de l'inexactitude du gérant. — Même arrêt.

3. Un journaliste peut toujours se refuser à l'insertion d'un jugement rendu dans un intérêt privé, lorsqu'il a été étranger dans la cause, encore bien que l'impression dans son journal ait été ordonnée et que la partie intéressée offre de payer le prix. — Paris, 16 nov. 1839 (Mothès); D., 40, 2, 38; Douai, 9 août 1843 (Maniel), *J. p.*, 44, 1, 144; Chassan, t. I, p. 666. — *Contrà :* S'il s'agit d'un fermier d'annonces. — Paris, 29 nov. 1861 (Panis), *J. p.*, 62, 620.

4. L'art. 16 de la loi du 11 mai 1868 n'attribue qu'à l'autorité judiciaire le droit de prononcer la suspension du journal.

Art. 20. Si la publication d'un journal ou écrit périodique frappé de suppression ou de suspension *administrative ou judiciaire* est continuée sous le même titre, ou sous un titre déguisé, les auteurs, gérants ou imprimeurs seront condamnés à la peine d'un mois à deux ans d'emprisonnement, et, solidairement, à une amende de 500 fr. à 3,000 fr., par chaque numéro ou feuille publiée en contravention.

1. La peine portée par cet article n'est applicable aux auteurs, gérants et imprimeurs, que dans le cas où ils avaient, avant de commettre la contravention qui leur est imputée, connu l'existence des condamnations ou des décisions administratives, soit par la publicité de droit des unes ou des autres, soit par la notification administrative ou judiciaire qui leur en aurait été faite, soit par tout autre moyen équivalent. — Cass. 11 juin 1858 (Blondeau), *B. cr.*

2. Ainsi, l'imprimeur d'un journal deux fois condamné, qui a ignoré la première condamnation à laquelle il était étranger, n'est passible d'aucune peine à raison de la publication continuée du journal. — Cass. 11 juin 1858 (Blondeau), *B. cr.*

3. La loi du 11 mai 1868 a supprimé la suspension administrative.

Art. 21. La publication de tout article traitant de matières politiques ou d'économie sociale, et émanant d'un individu condamné à une peine afflictive et infamante, ou infamante seulement, est interdite.

Les éditeurs, gérants, imprimeurs qui auront concouru à cette publication seront condamnés solidairement à une amende de 1,000 fr. à 5,000 fr. *V. art. 9, loi du 11 mai 1868.*

Art. 22. Aucuns dessins, aucunes gravures, lithographies, médailles, estampes ou emblèmes, de quelque nature ou espèce qu'ils soient, ne pourront être publiés, exposés ou mis en vente sans l'autorisation préalable du ministre de la police à Paris, ou des préfets dans les départements.

En cas de contravention, les dessins, gravures, lithographies, médailles, estampes ou emblèmes pourront être confisqués, et ceux qui les auront publiés seront condamnés à un emprisonnement d'un mois à un an, et à une amende de 100 fr. à 1,000 fr. (1).

1. Cet article a remplacé l'art. 20, L. 9 sept. 1835, mais il laisse subsister l'art. 6, L. 27 juillet 1849, relatif aux distributeurs et colporteurs. — Circ. min. just. 27 mars 1852.

2. Les expressions *emblèmes, dessins* sont générales et embrassent tout produit des arts, toute manifestation de la pensée autre que celle du geste et de la parole, comme tout mode quel qu'il soit d'exhibition. — Douai, 12 août 1844 (Bion), *J. p.*, 44, 2, 522.

3. Elles embrassent tous dessins et emblèmes sur quelques matières qu'ils soient reproduits. — Cass. 22 avril 1854 (Paulin), *B. cr.*

4. Elles s'appliquent à la fleur de lis, encore qu'elle soit dépourvue de légende ou attributs. — Cass. 1ᵉʳ fév. 1861 (César), *B. cr.*

5. Aux statuettes accompagnées d'épigraphes ou emblèmes contenant des allusions. — Douai, 12 août 1844 (Bion), *loc. cit.* — *Contrà :* Si elles ne présentaient rien d'emblématique. — Dalloz, vᵒ *Presse*, nᵒ 415.

6. Aux dessins sur étoffe, aux gravures et lithographies publiées dans les ouvrages ou journaux scientifiques. — Chassan, t. 1, p. 695; Dalloz, vᵒ *Presse*, nᵒ 413.

7. Mais elles ne s'appliquent pas aux caractères

de musique reproduits par un procédé quelconque. —Paris, 15 nov. 1837 (Schlesinger), *J. p.*, 37, 2, 5, 593; Chassan, t. 1, p. 693; de Grattier, t. 2, p. 363.

8. Les gravures et lithographies exposées postérieurement à la loi du 9 sept. 1835 se sont trouvées subordonnées aux formalités qu'elle a prescrites (art. 20), quoiqu'elles aient été publiées avant cette loi. — Paris, 14 fév. 1845 (Morel), *J. p.*, 45, 1, 668. — Quoique le dépôt et la déclaration, seules conditions exigées par les lois antérieures, en aient été faits. — Cass. 9 déc. 1836 (Lemière), *J. p.*; 10 mars 1847 (Avanzo), *B. cr.*; Chassan, t. 1, p. 696; de Grattier, t. 2, p. 365; Dalloz, vᵒ *Presse*, nᵒ 416.

9. De même, sous l'empire de la loi du 25 mars 1822, art. 12, les dessins qui avaient été livrés au commerce avant cette loi ne pouvaient continuer à être exposés et mis en vente sans autorisation du gouvernement. — Cass. 28 déc. 1827 (Priston), *J. p.* — *Contrà :* Cass. 17 janv. 1823 (Engelmann), *J. p.*

10. L'exposition d'emblèmes sans autorisation peut être poursuivie d'office, quoique l'emblème soit injurieux pour un particulier. — Douai, 12 août 1844 (Bion); *D.*, 45, 2, 11.

11. L'autorisation de publier des gravures, donnée par le ministre de l'intérieur, suffit pour la publication dans toute la France. Il n'y a pas lieu d'en demander une nouvelle aux préfets. — Cass. 10 mars 1837 (Avanzo), *B. cr.*; Chassan, t. 1, p. 692; de Grattier, t. 2, p. 367.

12. Mais l'autorisation délivrée par un préfet n'a d'effet que pour son département. — Même arrêt; Chassan, *id.*; de Grattier, *id.*

13. L'autorisation ne peut profiter à d'autres personnes que celles qui l'ont obtenue, si ce n'est au successeur, ni pour d'autres recueils ou publications. — Chassan, *id.*

14. La distribution de dessins, médailles ou autres emblèmes, de quelque nature qu'ils soient, peut constituer un fait de publication alors même que la distribution a eu lieu dans une maison particulière ou dans une réunion privée. — Cass. 2 janv. 1845 (Rohan-Chabot), *B. cr.*; Chassan, t. 1, p. 691; Dalloz, vᵒ *Presse*, nᵒ 418.

15. La détention de gravures, dessins non autorisés, dans un portefeuille, en magasin, est un véritable fait de mise en vente. — Cass. 16 août 1833 (Léon), *J. p.*; Bordeaux, 24 nov. 1852 (Maggi); *D.* 52, 5, 440; Parant, p. 444; Dalloz, vᵒ *Presse*, nᵒ 417.

16. La vente sans autorisation d'un dessin grave est punissable lors même que l'éditeur en aurait fait le dépôt préalable. — Cass. 28 déc. 1827 (Priston), *J. p.*; Chassan, t. 1, p. 694; Parant, p. 443; de Grattier, t. 2, p. 366. — Et encore que le dessin n'ait pas un caractère séditieux. — Même arrêt

17. L'imprimeur ou le graveur, lorsqu'il n'est pas éditeur, n'est pas le publicateur; il ne peut être passible de la peine encourue; sauf le cas de complicité. — Chassan, t. 1, p. 699.

18. La mise en vente de dessins, emblèmes non autorisés, ne peut être excusée sous prétexte de la bonne foi du prévenu. — Cass. 22 avril 1854 (Paulin), *B. cr.*; de Grattier, t. 2, p. 368.

Art. 23. Les annonces judiciaires exigées par les lois pour la validité ou la publicité des procédures ou des contrats seront insérées, à peine de nullité de l'insertion, dans le journal ou les journaux de l'arrondissement qui seront désignés, chaque année, par le préfet.

---

(1) *Ordonnance du 9 septembre 1835 concernant l'exécution des diverses dispositions de la loi du 9 septembre 1835 relatives à la publication des dessins, gravures, lithographies, estampes ou emblèmes.*

ART. 1ᵉʳ. L'autorisation préalable exigée par l'art. 35, loi du 9 sept. 1835, contiendra la désignation sommaire du dessin, de la gravure, lithographie, estampe ou emblème qu'on voudra publier, et le titre qui lui aura été donné. L'auteur ou l'éditeur sera tenu de la représenter à toute réquisition.

Lorsqu'il s'agira de gravures, lithographies, estampes ou emblèmes se multipliant par le tirage, l'auteur ou l'éditeur, en recevant l'autorisation, déposera au ministère de l'intérieur ou au secrétariat de la préfecture une épreuve destinée à servir de pièce de comparaison. Il certifiera la conformité de cette épreuve avec celles qu'il se proposera de publier.

ART. 2. L'autorisation dont tout dessinateur, graveur ou autre individu est obligé de se pourvoir, d'après l'arrêté du 26 mars 1804, et l'ordonnance du 24 mars 1832, pour faire frapper dans les ateliers du gouvernement les médailles de sa composition, tiendra lieu de celle qui lui est imposée par la loi du 9 septembre 1835 pour la publication, exposition ou mise en vente de ces mêmes médailles, dont un exemplaire devra préalablement être déposé au ministère de l'intérieur.

ART. 3. Les autorisations délivrées à Paris et dans les départements seront insérées, chaque semaine, par ordre alphabétique et de matières, dans le journal général de la librairie.

A défaut de journal dans l'arrondissement, le préfet désignera un ou plusieurs journaux du département.

Le préfet réglera en même temps le tarif de l'impression de ces annonces.

Cet article ne fait pas obstacle à ce que, même alors qu'il existe des journaux dans l'arrondissement, le préfet désigne valablement, au lieu d'un de ces journaux, un journal du département. — Rennes, 23 janv. 1862 (Deschamps), *J. p.*, 62, 531 ; Metz, 15 janv. 1863, *J. p.*, 63, 344. Il nous paraît difficile de concilier cette décision avec les termes de l art. 23.

Art. 24. Tout individu qui exerce le commerce de la librairie sans avoir obtenu le brevet exigé par l'art. 11 de la loi du 21 octobre 1814 sera puni d'une peine d'un mois à deux ans d'emprisonnement, et d'une amende de 100 fr. à 2,000 fr. L'établissement sera fermé.

1. Il ne suffit pas que le brevet ait été demandé, il faut qu'il ait été obtenu. — Cass. 13 mai 1854 (Gauret), *B. cr.*

2. Celui qui tient un cabinet de lecture doit être assimilé à un libraire, et est soumis aux mêmes obligations. — Même arrêt. V. sous l'art. 11, L. 21 octobre 1814, n° 8.

Art. 25. Seront poursuivis devant les tribunaux de police correctionnelle , 1° Les délits commis par la voie de la presse ou tout autre moyen de publication mentionné dans l'art. 1er de la loi du 17 mai 1819, et qui avaient été attribués par les lois antérieures à la compétence des cours d'assises ; 2° les contraventions sur la presse prévues par les lois antérieures ; 3° les délits et contraventions édictés par la présente loi.

Art. 26. Les appels des jugements rendus par les tribunaux correctionnels sur les délits commis par la voie de la presse seront portés directement, sans distinction de la situation locale de ces tribunaux, devant la chambre correctionnelle de la cour d'appel.

Les dispositions de cet article sont aujourd'hui conformes au droit commun.

Art. 27. Les poursuites auront lieu dans les formes et délais prescrits par le Code d'instruction criminelle. *V. décret des 25-28 février* 1852, *art. 1 et 2, et la loi du 11 mai* 1868, *art.* 10.

1. Cet article a abrogé les art. 6 et 15 de la loi du 26 mai 1819, il suffit que la citation soit conforme aux art. 182, 183 C. d'inst. crim. Elle n'a pas besoin de qualifier les faits imputés. — Cass. 17 août 1861 (Laurent), *B. cr.* ; 22 janv. 1863 (Aillaud), *B. cr.* ; 26 nov. 1864 (Bravay), *B. cr.* ; 17 janv. 1866 (Joly), *B. cr.*

2. Le jugement peut leur donner une qualification différente. — Cass. 4 nov. 1861 (Viviani), D. 66, 1, 361. V. sous l'art. 183, n° 54, C. i. cr. *Codes crim.*

3. Le prévenu ne peut se plaindre de ce que le réquisitoire introductif et le réquisitoire définitif ne contiennent pas les éléments de la prévention. — Cass. 19 janv. 1866 (Joly), *B. cr.*

4. Cet article abroge l'art. 19, L. 26 mai 1819, qui autorisait le prévenu d'un délit de presse à se faire représenter par un fondé de pouvoir. — Cass. 25 août 1854 (Conet de Lory), *B. cr.*

5. Il abroge l'art. 29, L. 26 mai 1819, qui fixait à six mois la prescription des délits commis par la voie de la presse. La prescription de ces délits est maintenant déterminée par l'art. 638 C. i. cr. — Cass. 23 fév. 1854 (Guillelouvette), *B. cr.* ; Paris, 24 juillet 1862 (Harguin-Deguy), *J. p.*, 63, 773 ; Colmar, 2 mai 1865 (Moch), *J. p.* ; 65, 846. — *Contrà :* L'art. 29 reste encore en vigueur à l'égard des délits de diffamation verbale. — Rouen, 23 juin 1864 (Patin), *J. p.*, 64, 1025. V. sous l'art. 638, n° 35, C. i. cr. *Codes crim.*

6. Lorsqu'il s'agit d'une publication nouvelle ou d'une réimpression, la prescription ne remonte pas au jour de la première publication, mais au jour de chacune des publications nouvelles. — Cass. 13 déc. 1855 (Roussel), *B. cr.*

Art. 28. En aucun cas, la preuve par témoins ne sera admise pour établir la réalité des faits injurieux ou diffamatoires.

1. Cet article ne contient aucune disposition dérogatoire à celle de l'art. 25, L. du 26 mai 1819. — Cass. 19 janv. 1855 (Carles), *B. cr.* ; Orléans, 26 fév. 1855 (Carles) ; D., 55, 2, 292 ; Cass. 1er juin 1855 (Roux), *B. cr.* — Il n'a entendu s'occuper que des faits non punissables. — Dalloz, v° *Presse*, n° 1365.

2. Il n'interdit pas la preuve par *écrit* de la vérité des faits diffamatoires imputés aux fonctionnaires, notamment à un huissier. — Cass. 29 juillet 1865 (Desmarest), *B. cr.* ; Dalloz, v° *Presse*, n° 1492 ; Aix, 14 mai 1868 (Barlatier), *J. cr.*, n° 8651.

3. Au contraire, il ne permet aucune espèce de preuve pour établir la vérité des faits diffamatoires lorsqu'ils sont imputés *verbalement* à un fonctionnaire public à raison de ses fonctions. — Cass. 29 fév. 1868 (Barlatier), *B. cr.*—*Contrà :* Aix, 14 mai 1868.

4. L'art. 20, loi du 26 mai 1819, aujourd'hui abrogé, interdisait toute espèce de preuve, mais à l'égard des particuliers seulement. Il admettait la preuve, devant la cour d'assises, des faits imputés par écrit à un fonctionnaire. — V. Chassan, t. 2, p. 497.

5. La production de la preuve légale du fait imputé ne peut détruire le délit ; mais elle peut être un moyen de justification ou d'atténuation de la peine, par exemple, si l'auteur s'est trouvé en quelque sorte obligé de faire une pareille imputation. — Chassan, t. 2, p. 413. V. les notes sous l'art. 13, § 1er, L. 17 mai 1819.

6. La prohibition de prouver par témoins la fausseté des faits diffamatoires étant absolue, le plaignant lui-même ne peut être admis à faire cette preuve. — Cass. 2 fév. 1827 (Bicil), *J. p.* ; Parant, p. 355 ; Dalloz, v° *Presse*, n° 1543.

7. Cependant il peut faire entendre des témoins sur sa moralité. — Parant, *id.* ; Chassan, t. 2, p. 427. — *Contrà :* Dalloz, *id.*

8. Le min. public peut user de ce droit. — Cass. 1er nov. 1833 (Aubry-Foucaut), *J. p.* ; Chassan, *id.* — *Contrà :* Dalloz, v° *Presse*, n° 1542.

Art. 29. Dans les trois jours de tout jugement ou arrêt définitif de contravention de presse, le gérant du journal devra acquitter le montant des condamnations qu'il aura encourues ou dont il sera responsable.

En cas de pourvoi en cassation, le montant des condamnations sera consigné dans le même délai.

1. En cas de condamnation pour crime ou délit, V. l'art. 6, loi du 16 juillet 1850.

2. Le défaut de consignation du montant des condamnations ne rend pas le pourvoi en cassation non recevable. — Cass. 13 juin 1858 (Cottenest), *B. cr.* V. notes sous l'art. 6, L. 16 juillet 1850.

Art. 30. La consignation ou le payement prescrit par l'article précédent sera constaté par une quittance délivrée en duplicata par le receveur des domaines.

Cette quittance sera, le quatrième jour au plus tard, remise au procureur de la république, qui en donnera récipissé. *V. art.* 7, *loi du* 16 *juillet* 1850.

Art. 31. Faute par le gérant d'avoir remis la quittance dans les délais ci-dessus fixés, le journal cessera de paraître, sous les peines portées par l'art. 5 de la présente loi. *V. art.* 8, *loi du* 16 *juillet* 1850.

En cas d'offres réelles, si ces offres viennent à être en définitive déclarées insuffisantes par le tribunal, et que dans l'intervalle le gérant ait continué la publication, la contravention est acquise. — Cass. 15 sept. 1832 (Vaillant), *J. p.*; Parant, p. 121; de Grattier, t. 2, p. 11.

Art. 32. *Abrogé par la loi de* 1868 (1).

CHAPITRE IV. — *Dispositions transitoires.*

Art. 36. La présente loi n'est pas applicable à l'Algérie et aux colonies.

Sont abrogées les dispositions des lois antérieures contraires à la présente loi, et notamment les articles 14 et 18 de la loi du 16 juillet 1850.

(1) *Ancien article :*

ART. 32. Une condamnation pour crime commis par la voie de la presse, *deux condamnations pour délits ou contraventions commis dans l'espace de deux années,* entraînent de plein droit la suppression du journal dont les gérants ont été condamnés.

Après une condamnation prononcée pour contravention ou délit de presse contre le gérant responsable d'un journal, le gouvernement a la faculté, pendant les deux mois qui suivent cette condamnation, de prononcer soit la suspension temporaire, soit la suppression du journal.

Un journal peut être suspendu par décision ministérielle, alors même qu'il n'a été l'objet d'aucune condamnation, mais après deux avertissements motivés et pendant un temps qui ne pourra excéder deux mois.

Un journal peut être supprimé soit après une suspension judiciaire ou administrative, soit par mesure de sûreté générale, mais par un décret spécial du président de la république, publié au *Bulletin des lois.*

LOI DU 2 JUILLET 1861.

ARTICLE UNIQUE. Le premier paragraphe de l'art. 32 de la loi du 17 février 1852 est abrogé en ce qui concerne la suppression de plein droit d'un journal condamné deux fois pour délits ou contraventions.

Le deuxième paragraphe du même article est abrogé.

Tout avertissement donné en vertu du paragraphe 3 dudit article est périmé deux ans après sa date.

25-28 FÉVRIER 1852. — DÉCRET.

Art. 1ᵉʳ. Tous les délits dont la connaissance est actuellement attribuée aux cours d'assises, et qui ne sont pas compris dans les décrets des 31 décembre 1851 et 17 février 1852, seront jugés par les tribunaux correctionnels, sauf les cas pour lesquels il existe des dispositions spéciales à raison des fonctions ou de la qualité des inculpés.

Art. 2. *Dispositions transitoires.*

Art. 3. Les poursuites seront dirigées selon les formes et les règles prescrites par le Code d'instruction criminelle.

Art. 4. Sont et demeurent abrogées toutes dispositions relatives à la compétence contraires au présent décret, et notamment celles qui résultent de la loi du 8 octobre 1830, en matière de délits politiques ou réputés tels; de l'art. 6 de la loi du 10 décembre 1830, relatives aux afficheurs et crieurs publics; de l'art. 10 du décret du 7 juin 1848, sur les délits d'attroupement; de l'art. 16, § 2, de la loi du 28 juillet 1848, sur les clubs et les sociétés secrètes; de l'art. 117 de la loi électorale du 15 mars 1849.

5 JANVIER 1853. — DÉCRET *concernant le payement des amendes en matière de presse.*

Art. 1ᵉʳ. Les amendes à acquitter en exécution du paragraphe 1ᵉʳ de l'art. 6 de la loi du 16 juillet 1850, et de l'art. 29 du décret du 17 février 1852, seront versées, à l'avenir, à la caisse des consignations à Paris, et à celle de ses préposés dans les départements; elles y resteront déposées pendant trois mois, avec leur affectation spéciale au profit du trésor.

Les sommes consignées, en cas de pourvoi en cassation, conformément au paragraphe deuxième des articles ci-dessus mentionnés, resteront également déposées pendant le même délai de trois mois, à partir de la date soit du désistement, soit de l'arrêt de rejet, soit du jugement ou de l'arrêt définitif à intervenir.

Art. 2. A l'expiration du délai de trois mois, dans les deux cas prévus en l'article précédent, si le droit de grâce n'a pas été exercé, les sommes consignées seront irrévocablement acquises à l'État, et elles seront versées par la caisse des consignations au bureau du receveur de l'enregistrement, chargé de la recette des amendes et frais de justice dans la ville où se publiait le journal,

TROISIÈME PARTIE.

LOIS RELATIVES A LA PUBLICATION DES JOURNAUX
OU ÉCRITS PÉRIODIQUES.

9 JUIN 1819. — LOI *relative à la publication des journaux ou écrits périodiques.*

Art. 1, 2. *Remplacés par les art.* 1, 6, *loi du* 18 *juillet* 1828, *et l'art.* 1ᵉʳ *de la loi du* 11 *mai* 1868.

Art. 3. Le cautionnement (des journaux) sera affecté, par privilége, aux dépens, dommages-intérêts et amendes auxquels les propriétaires ou éditeurs pourront être condamnés : le prélèvement s'opérera dans l'ordre indiqué au présent article. En cas d'insuffisance, il y aura lieu à recours solidaire sur les biens des propriétaires ou éditeurs déclarés responsables du journal ou écrit périodique, et des auteurs et rédacteurs des articles condamnés. *V. art.* 13, *loi* 18 *juillet* 1828.

1. Sur le cautionnement des journaux, V. les art. 3 et 4 du décret du 17 fév. 1852.

2. Cet article ne fait aucune distinction entre les amendes prononcées par la cour de cassation dans le cours d'une poursuite pour délits de presse, en cas de rejet d'un pourvoi, et celles qui seraient prononcées pour le fait même du délit par les juridictions ordinaires. Elles doivent donc être acquittées conformément à l'art. 4. — Cass. 21 mars 1851 (Pons), *B. cr.* — *Contrà :* Dalloz, vº *Presse,* nº 288.

3. La loi n'admet pas de privilége de second ordre en cette matière. — Dalloz, vº *Presse,* nº 290.

Art. 4. *Remplacé par l'art.* 29 *décret du* 17 *février* 1852 (1).

Art. 5. *Au moment de la publication de chaque feuille ou livraison du journal ou écrit périodique, il en sera remis, à la préfecture pour les chefs-lieux de département, à la sous-préfecture pour ceux d'arrondissement, et, dans les autres villes, à la mairie, un exemplaire signé d'un propriétaire ou éditeur responsable.*

Cette formalité ne pourra ni retarder ni suspendre le départ ou la distribution du journal ou écrit périodique.

Cet article a été abrogé et remplacé par l'article 2 de la loi du 17 mars 1822, puis par l'article 8 de la loi du 18 juillet 1828, qui ont substitué le dépôt au parquet au dépôt à la préfecture. Ce dernier article a été remplacé lui-même par l'article 7 de la loi du 11 mai 1868, qui prescrit les deux dépôts. — V. les notes sous cet article.

Art. 6, 7, 8. *Remplacés par les art.* 5, 14, 16, 19 *du décret du* 17 *février* 1852 (1).

Art. 9. Les propriétaires ou éditeurs responsables d'un journal ou écrit périodique, ou auteurs ou rédacteurs d'articles imprimés dans ledit journal ou écrit, prévenus de crimes ou délits pour faits de publication, seront poursuivis et jugés dans les formes et suivant les distinctions prescrites à l'égard de toutes les autres publications.

Sur la forme des poursuites, V. les art. 25, 26, 27 du décret du 17 fév. 1852 et le décret des 25-28 fév. 1852.

Art. 10. En cas de condamnation, les mêmes peines leur seront appliquées; toutefois les amendes pourront être élevées au double, et, en cas de récidive, portées au quadruple, sans préjudice des peines de la récidive prononcées par le Code pénal. — *Art.* 25, *L.* 17 *mai* 1819.

1. Cet article est toujours en vigueur. — Cass. 20 juin 1851 (Larcher), *B. cr.* Il n'a été abrogé ni modifié par le décret du 11 août 1848 ni par la loi du 16 juill. 1850. — Cass. 6 déc. 1850 (Nefftzer), *B. cr.*

2. Il doit être appliqué à toutes les dispositions des lois postérieures qui prévoient un délit nouveau de presse commun aux éditeurs de journaux et à tous autres auteurs d'écrits distribués et publiés, si ces lois ne dérogent pas expressément aux dispositions dudit article. — Cass. 6 déc. 1850 (Nefftzer), *B. cr.*; Dalloz, vº *Presse,* nº 1045.

---

(1) *Ancien article :*
ART. 4. Les condamnations encourues devront être acquittées et le cautionnement libéré ou complété dans les quinze jours de la notification de l'arrêt; les quinze jours révolus sans que la libération ou le complément ait été opéré, et jusqu'à ce qu'il le soit, le journal ou écrit périodique cessera de paraître.

(1) *Anciens articles :*
ART. 6. Quiconque publiera un journal ou écrit périodique sans avoir satisfait aux conditions prescrites par les art. 1, 4 et 5 de la présente loi sera puni correctionnellement d'un emprisonnement d'un mois à six mois et d'une amende de 200 fr. à 1,200.
ART. 7. Les éditeurs de tout journal ou écrit périodique ne pourront rendre compte des séances secrètes des chambres, ou de l'une d'elles, sans leur autorisation.
ART. 8. Tout journal sera tenu d'insérer les publications officielles qui lui seront adressées à cet effet par le gouvernement le lendemain du jour de l'envoi de ces pièces, sous la seule condition du payement des frais d'insertion.

3. La faculté de quadrupler l'amende n'exclut pas l'application forcée du *maximum* des peines corporelles et pécuniaires édictées par l'art. 58 C. pén., en cas de récidive. — Chassan, t. 1, p. 176; Dalloz, vᵒ *Presse*, nᵒ 1044. — *Contrà :* L'aggravation est purement facultative même en cas de récidive. Cet article ne déroge pas à l'art. 25, L. 17 mai 1819. — Parant, p. 124; Chauveau et Hélie, t. 1, p. 328; de Grattier, t. 2, p. 26.

4. Sur la récidive, V. art. 25 L. 17 mai 1819; 15, L. 18 juillet 1828; 15, L. 27 juillet 1849; 12, loi du 11 mai 1868.

Art. 11. Les éditeurs du journal ou écrit périodique seront tenus d'insérer dans l'une des feuilles ou des livraisons qui paraîtront dans le mois du jugement ou de l'arrêt intervenu contre eux, extrait contenant les motifs et le dispositif dudit jugement ou arrêt.

1. L'insertion prescrite par cet article n'a pas besoin d'être ordonnée par le jugement pour être obligatoire. — Chassan, t. 2, p. 449; de Grattier, t. 2, p. 28; Dalloz, vᵒ *Presse*, nᵒ 1050.

2. La cour peut ordonner l'insertion d'un arrêt incident, en outre des motifs et du dispositif de l'arrêt définitif, lorsqu'il en fait partie intégrante. — Cass. 2 août 1839 (Lafond), *B. cr.*

3. Elle peut ordonner le dépôt au parquet d'un certain nombre d'exemplaires du journal condamné, en déclarant que ce dépôt avait pour objet de rendre public l'arrêt de condamnation. — Même arrêt. — Chassan, t. 2, p. 447.

4. Le gérant condamné à faire l'insertion n'est pas responsable du refus fait par le gérant du journal qui lui a succédé, alors que la vente est antérieure à la condamnation. — Douai, 9 août 1843 (Vaxin); Dalloz, vᵒ *Presse*, nᵒ 1052.

5. Si le journal est suspendu, l'impression de la condamnation peut être ordonnée dans un autre journal. — Cass. 30 nov. 1850 (Semac); D., 50, 5, 365.

Art. 12. La contravention aux art. 7, 8 et 11 de la présente loi sera punie correctionnellement d'une amende de 100 fr. à 1,000 fr.

Art. 13. Les poursuites auxquelles pourront donner lieu les contraventions aux art. 7, 8 et 11 de la présente loi se prescriront par le laps de trois mois, à compter de la contravention ou de l'interruption des poursuites, s'il y en a de commencées en temps utile.

Cet article n'est plus applicable qu'au cas prévu par l'art. 11 resté en vigueur. — De Grattier, t. 2, p. 30.

18 JUILLET 1828. — LOI *sur les journaux et écrits périodiques.*

Art. 1, 2, 3. *Remplacés par les art. 1, 2, 3 du décret du 17 février 1852 (1), et l'art. 1ᵉʳ loi du 11 mai 1868, infrà.*

(1) *Anciens articles :*
ART. 1ᵉʳ. Tout Français majeur, jouissant des droits civils,

Art. 4. En cas d'association, la société devra être l'une de celles qui sont définies et régies par le Code de commerce.

Hors le cas où le journal serait publié par une société anonyme, les associés seront tenus de choisir entre eux un, deux ou trois gérants, qui, aux termes des art. 22 et 24 du Code de commerce, auront chacun individuellement la signature.

Si l'un des gérants responsables vient à décéder ou à cesser ses fonctions par une cause quelconque, les propriétaires seront tenus, dans le délai de deux mois, de le remplacer ou de réduire, par un acte revêtu des mêmes formalités que celui de société, le nombre de leurs gérants. Ils auront aussi, dans les limites ci-dessus déterminées, le droit d'augmenter ce nombre en remplissant les mêmes formalités. S'ils n'en avaient constitué qu'un seul, ils seront tenus de le remplacer dans les quinze jours qui suivront son décès; faute par eux de le faire, le journal ou écrit périodique cessera de paraître, à peine de 1,000 fr. d'amende pour chaque feuille ou livraison qui serait publiée après l'expiration de ce délai.

1. Les sociétés en participation sont comprises au nombre de celles auxquelles la loi permet de publier des journaux. — Douai, 21 avril 1842, *J. p.*, 42, 1, 570; Dalloz, vᵒ *Presse*, nᵒ 242. — *Contrà :* Metz, 2 juillet 1850 (Quesne); D., 51, 2, 137.

2. Au cas de société anonyme, le gérant du journal est naturellement l'administrateur de la société.

3. Les délais de deux mois et de quinze jours accordés aux entrepreneurs de journaux, à l'effet de régulariser leur position, ne sont relatifs qu'à des cas spéciaux ou de force majeure, et ne s'appliquent pas au cas de retraite volontaire de l'un des gérants, retraite ne laissant plus sur la tête des entrepreneurs du journal qu'une fraction de cautionnement. — Metz, 3 juillet 1850 (Quesne); D., 51, 2, 137. — *Contrà :* La loi ne nous paraît pas faire cette distinction. V. Dalloz, vᵒ *Presse*, nᵒ 286.

4. L'amende de 1,000 francs prononcée par la dernière disposition de cet article n'est applicable qu'au cas où il n'y avait qu'un seul gérant. — Chas-

pourra, sans autorisation préalable, publier un journal ou écrit périodique, en se conformant aux dispositions de la présente loi.

ART. 2. Le propriétaire ou les propriétaires de tout journal ou écrit périodique seront tenus, avant sa publication, de fournir un cautionnement....

ART. 3. Seront exempts de tout cautionnement, — 1º les journaux ou écrits périodiques qui ne paraissent qu'une fois par mois ou plus rarement; 2º les journaux ou écrits périodiques exclusivement consacrés, soit aux sciences mathématiques, physiques et naturelles, soit aux travaux et recherches d'érudition, soit aux arts mécaniques et libéraux, c'est-à-dire aux sciences et aux arts dont s'occupent les trois académies des sciences, des inscriptions et des beaux-arts de l'Institut royal; 3º les journaux ou écrits périodiques étrangers aux matières politiques et exclusivement consacrés aux lettres ou à d'autres branches de connaissances non spécifiées précédemment, pourvu qu'ils ne paraissent au plus que deux fois par semaine; 4º tous les écrits périodiques étrangers aux matières politiques et qui seront publiés dans une autre langue que la langue française; 5º les feuilles périodiques exclusivement consacrées aux avis, annonces, affiches judiciaires, arrivages maritimes, mercuriales et prix courants. — Toute contravention aux dispositions du présent article et du précédent sera punie conformément à l'art. 6 de la loi du 9 juin 1819.

san, t. 1, p. 617 ; de Grattier, t. 2, p. 145. Cette opinion paraît résulter de la discussion de la loi à la Chambre des députés.

Art. 5. Les gérants responsables, ou l'un ou deux d'entre eux, surveilleront et dirigeront par eux-mêmes la rédaction du journal ou écrit périodique.

Chacun des gérants responsables devra avoir les qualités requises par l'art. 980 du Code civil, être propriétaire au moins d'une part ou action dans l'entreprise, et posséder, en son propre et privé nom, un quart au moins du cautionnement. *V. art. 3, décr. 17 février* 1852.

1. La direction unique, exclusive du journal doit appartenir au gérant. — Chassan, t. 1, p. 610.

2. Mais il n'est pas nécessaire qu'il soit investi d'un pouvoir illimité ; la société peut placer à côté de lui un contrôle et une surveillance, de manière à concilier l'influence sociale avec l'action du gérant. — Cass. 10 juillet 1845 (Borie) ; D., 45, 2, 390 ; Dalloz, v° *Presse,* n° 245.

3. Le gérant qui, par l'acte social, ne peut faire aucun payement, aucune recette, aucune dépense, et qui, pour toutes les choses qui sont de l'essence de l'administration, est sous la dépendance d'un tiers, ne peut être accepté comme un gérant sérieux. — Orléans, 8 août 1844 ; Cass. 10 juillet 1845 (Borie) ; D., 45, 2, 390 ; Chassan, t. 1, p. 608.

4. La gérance d'un journal peut être retirée, pour cause d'extranéité, à l'individu que l'administration avait d'abord investi de cette gérance par erreur. — Douai, 17 janv. 1848 (Vanderest) ; D., 48, 2, 164.

5. La disposition qui exige que le gérant soit propriétaire d'un quart du cautionnement, remplacée d'abord par l'article 1, loi 14 déc. 1830, et par l'article 15, loi 9 sept. 1835, depuis abrogée, a été remise en vigueur par l'art. 11, loi 16 juill. 1850. C'est ainsi que cela est compris et pratiqué par l'administration.

Art. 6. *Aucun journal ou écrit périodique soumis au cautionnement par les dispositions de la présente loi ne pourra être publié, s'il n'a été fait préalablement une déclaration contenant :*

1° Le titre du journal ou écrit périodique, et les époques auxquelles il doit paraître ; 2° le nom de tous les propriétaires autres que les commanditaires, leur demeure, leur part dans l'entreprise ; 3° le nom et la demeure des gérants responsables ; 4° l'affirmation que ces propriétaires et gérants réunissent les conditions de capacité prescrites par la loi ; 5° l'indication de l'imprimerie dans laquelle le journal ou écrit périodique devra être imprimé.

Toutes les fois qu'il surviendra quelque mutation, soit dans le titre du journal ou dans les conditions de sa périodicité, soit parmi les propriétaires ou les gérants responsables, il en sera fait déclaration devant l'autorité compétente dans les quinze jours qui suivront la mutation, à la diligence des gérants responsables. En cas de négligence, ils seront punis d'une amende de 500 fr.

Il en sera de même si le journal ou écrit périodique venait à être imprimé dans une autre imprimerie que celle qui a été originairement déclarée.

Dans le cas où l'entreprise aurait été formée par une seule personne, le propriétaire, s'il réunit les qualités requises par le § 2 de l'article 5, sera en même temps le gérant responsable du journal.

Dans le cas contraire, il sera tenu de présenter un gérant responsable, conformément à l'article 5.

Les journaux exceptés du cautionnement seront tenus de faire la déclaration préalable prescrite par les n°s 1, 2 et 5 du premier paragraphe du présent article.

Cet article est remplacé et implicitement abrogé par l'art. 2 de la loi du 11 mai 1868, sauf les §§ 5 et 6, dont les dispositions ne sont pas reproduites par la loi nouvelle.

Art. 7. Ces déclarations seront accompagnées du dépôt des pièces justificatives : elles seront signées par chacun des propriétaires du journal ou écrit périodique, ou par le fondé de pouvoir de chacun d'eux. *Elles seront reçues, à Paris, à la direction de la librairie, et dans les départements, au secrétariat général de la préfecture.*

1. Cet article n'a pas été abrogé par le décret du 17 fév. 1852. — Circ. min. just. 27 mars 1852.

2. Sa dernière disposition est abrogée par l'art. 2 de la loi du 11 mai 1868, qui prescrit de faire la déclaration, à Paris, à la préfecture de police et dans les départements, à la préfecture.

Art. 8. Chaque numéro de l'écrit périodique sera signé en minute par le propriétaire, s'il est unique ; par l'un des gérants responsables, si l'écrit périodique est publié par une société en nom collectif ou en commandite ; et par l'un des administrateurs, s'il est publié par une société anonyme.

L'exemplaire signé pour minute sera, au moment de la publication, déposé au parquet du procureur du roi du lieu de l'impression, ou à la mairie, dans les villes où il n'y a pas de tribunal de première instance, à peine de 500 fr. d'amende contre les gérants. Il sera donné récépissé du dépôt.

La signature sera imprimée au bas de tous les exemplaires, à peine de 500 fr. d'amende contre l'imprimeur, sans que la révocation du brevet puisse s'ensuivre.

Les signataires de chaque feuille ou livraison seront responsables de son contenu et passibles de toutes les peines portées par la loi à raison de la publication des articles ou passages incriminés, sans préjudice de la poursuite contre l'auteur ou les auteurs desdits articles ou passages, comme complices. En conséquence, les poursuites judiciaires pourront être dirigées tant contre les signataires des feuilles ou livraisons que contre l'auteur ou les auteurs des passages incriminés, si ces auteurs peuvent être connus ou mis en cause.

§ 1ᵉʳ. — *Signature.*

1. La signature de l'exemplaire déposé au parquet doit être autographe. — Chassan, t. 1, p. 612; de Grattier, t. 2, p. 168.

2. Sur les autres exemplaires, elle doit être imprimée au bas du journal et au-dessous des annonces. —Chassan, t. 1, p. 632; Dalloz, vᵒ *Presse*, nᵒ 381.— Dont le gérant est responsable. — Bordeaux, 2 déc. 1840 (Coudert), *J. p.*; de Grattier, t. 2, p. 173.

3. La signature qui sert de complément au journal ne peut valablement intervenir que quand la rédaction en est achevée et livrée à l'imprimeur; elle ne peut être donnée en blanc à l'avance. — Cass. 4 avril 1851 (Lefrançois), *B. cr.*; 7 février 1852 (Maréchal), *B. cr.*; Parant, p. 440; de Grattier, t. 2, p. 168; Dalloz, vᵒ *Presse*, nᵒ 373. — Encore que le gérant ait vérifié les articles ensuite imprimés. — Cass. 7 fév. 1852 (Maréchal), *B. cr.*

4. Elle est donnée sur le journal imprimé et non sur le manuscrit. — Dalloz, vᵒ *Presse*, nᵒ 372.

5. La publication d'un numéro de journal au bas duquel se trouve, pendant que le gérant subit la prison, la signature d'un individu non désigné suivant la loi, constitue le fait de la publication d'un journal sans gérant, et non le fait de publication par un gérant d'un numéro qu'il n'a pas signé.—Caen, 23 janv. 1850 (Henri L.); D., 52, 2, 250. — *Contrà :* Chassan, t. 1, p. 617; de Grattier, t. 2, p. 359; Dalloz, vᵒ *Presse*, nᵒ 373.

6. Les journaux non cautionnés sont exempts de la signature en minute. — De Grattier, *id.*; Dalloz, vᵒ *Presse*, nᵒ 369. — *Contrà :* l'art 5, L. 9 juin 1819, leur reste applicable.—Chassan, t. 1, p. 622.

7. De même, l'obligation d'imprimer la signature du gérant au bas de chaque feuille n'est imposée qu'aux journaux politiques. — Dijon, 13 mai 1831 (de Jussieu), *J. p.*; Dalloz, vᵒ *Presse*, nᵒ 380; de Grattier, t. 2, p. 165.

8. Aujourd'hui les journaux ou écrits non cautionnés ne sont pas dispensés de l'obligation de la signature en minute de leur gérant. — V. art. 7, loi 11 mai 1868 et les notes.

9. L'omission de la signature était, indépendamment du dépôt, punie par l'art. 16, loi 9 sept. 1835, mais cette loi a été abrogée par le décret du 6 mars 1848 et n'a pas été remplacée.

§ 2. — *Dépôt au parquet.*

9. Le § 2 de cet article, qui prescrit le dépôt au parquet, a été remplacé par l'article 7 de la loi du 11 mai 1868, qui n'a pas reproduit cependant la sanction par l'amende. V. les notes sous cet article.

§ 3. — *Responsabilité du gérant.*

10. Ceux qui se sont présentés à l'autorité comme propriétaires d'un journal, et qui ont fait en cette qualité leur déclaration au ministère de l'intérieur et signé les exemplaires des journaux, ne peuvent, pour se dégager de la responsabilité des infractions aux lois de la presse, prétendre qu'ils ne sont que des prête-noms. — Paris, 17 août 1833 (Rollet), *J. p.*, 43, 2, 784.

11. L'éditeur déclaré d'un journal ou écrit périodique est responsable de tous les articles qui y sont insérés, soit qu'il ait, soit qu'il n'ait pas participé à leur rédaction. — Cass. 22 avril 1824 (Hurez), *J. p.*; 21 oct. 1831 (Hardoin), *J. p.*; Chassan, t. 1, p. 125.

12. Il ne peut exciper de l'ignorance dans laquelle il serait resté relativement au contenu des articles publiés par le journal. — Cass. 29 nov. 1860 (Gounouilhou), *B. cr.*; Chassan, *id.*, p. 129; de Grattier, t. 2, p. 176.

13. Ni de son absence ou de son éloignement causé par la maladie. — Chassan, t. 1, p. 127.—Il peut seulement obtenir une atténuation de peine. — Chassan, t. 1, p. 175.

14. Ni de sa bonne foi. Cette exception n'est admise que pour l'imprimeur par l'art. 24, L. 17 mai 1819. — Cass. 22 avril 1824 (Hurez), *J. p.*

15. Il ne peut être excusé sous prétexte qu'il n'a fait que reproduire un article déjà publié dans un autre journal. — Cass. 21 oct. 1831 (Hardoin), *J. p.*; Rennes, 24 déc. 1835 (Mangin), *J. p.*; de Grattier, t. 1, p. 20. — Et non poursuivi. — Cass. 22 avril 1824 (Hurez), *J. p.*; de Grattier, t. 2, p. 178; Chassan, t. 1, p. 143. — Ou déjà acquitté. — Chassan, *id.*

16. Il ne peut appeler l'auteur de cet article en garantie des condamnations civiles qui pourraient être prononcées à raison de la diffamation qu'il contient. — Riom, 24 mars 1836 (Seguin), *J. p.*; Chassan, t. 1, p. 126; de Grattier, t. 2, p. 176; Dalloz, vᵒ *Presse*, nᵒ 1141.

17. Il est passible des peines édictées par la loi, lors même qu'il y a poursuite contre l'auteur des passages incriminés. — Rennes, 11 oct. 1850 (Mangin); D., 52, 5, 436; Chassan, t. 1, p. 128.

18. Cependant, si l'auteur est connu et s'il est en cause, le gérant peut prouver qu'il n'a pas eu, lui, de mauvaise intention. Il peut, dans ce cas, être condamné à une peine moindre que celle de l'auteur, ou même être affranchi de toute peine. — Chassan, t. 1, p. 130.

19. Le rédacteur de l'article peut être poursuivi, quoique le gérant ne soit pas mis en cause. — Paris, 26 août 1828 (Grandjean), *J. p.*; Chassan, t. 1, p. 161. — Quoique le gérant soit acquitté. — Cass. 8 sept. 1837 (Laurent), *J. p.*, 37, 2, 586; de Grattier, t. 2, p. 177.

20. La participation à la publication comme auteur constitue un mode de complicité spécial. La qualification d'auteur suffit pour caractériser le délit, sans qu'il soit nécessaire de constater l'intention coupable. — Cass. 29 mars 1844 (de Léon), *J. p.*, 44, 1, 609.

21. L'auteur d'un article diffamatoire, condamné comme tel à des dommages-intérêts, ne peut avoir un recours contre l'éditeur du journal qui l'a publié pour la répétition de ces dommages.—Paris, 10 mai 1830 (Buret), *J. p.*

22. Le gérant responsable d'un journal ne peut être mis en prévention pour les délits que renferment les numéros qu'il n'a pas signés, et à la rédaction desquels il n'a pas coopéré, bien qu'il déclare en accepter la responsabilité. Celui qui a signé en son absence peut seul en être responsable. — Douai, 24 mai 1831 (Degeorge), *J. p.*; Caen, 23 janv. 1850; D., 52, 2, 250.

23. Au contraire, il serait responsable de ces délits si aucune signature n'avait été apposée au bas de la feuille.—Chassan, t. 1, p. 130; de Grattier, t. 2, p. 14, 178.

24. Ou si le journal portait la signature d'un individu qui avait été reconnu par jugement n'avoir pas

la qualité de gérant. — Chassan, t. 1, p. 132 ; de Grattier, t. 2, p. 179.

25. Dans le cas où un journal a plusieurs gérants, la responsabilité des contraventions aux lois sur la presse commises dans ce journal est exclusivement à la charge de celui qui a signé les numéros incriminés. — Orléans, 19 nov. 1850 (Groubental) ; D., 55, 2, 200 ; de Grattier, t. 2, p. 180.

26. A l'égard des journaux non politiques et non sujets à cautionnement, la responsabilité d'articles déclarés diffamatoires atteint le propriétaire du journal et non l'individu qui signe la feuille en qualité de gérant ou d'éditeur-gérant. — Cass. 29 juin 1844 (Martin), *B. cr.* ; Dalloz, vᵒ *Presse*, nᵒ 1137. — *Contrà :* Chassan, t. 1, p. 133 ; de Grattier, t. 2, p. 182.

27. Est régulière et valable la signification faite au gérant d'un journal dans les bureaux du journal. — Cass. 2 mars 1833 (Brunet), *J. p.* ; 25 avril 1846 (Moussard), *B. cr.* ; de Grattier, t. 2, p. 182.

Art. 9. *Dispositions transitoires.*

Art. 10. En cas de contestation sur la régularité ou la sincérité de la déclaration prescrite par l'art. 6 et des pièces à l'appui, il sera statué par les tribunaux, à la diligence du préfet, sur mémoire, sommairement et sans frais, la partie ou son défenseur et le ministère public entendus.

Si le journal n'a point encore paru, il sera sursis à la publication jusqu'au jugement à intervenir, lequel sera exécutoire nonobstant appel.

1. Cet article n'a pas été abrogé par le décret du 17 février 1852. — Circ. min. just. 27 mars 1852 — ni par la loi du 11 mai 1868.

2. Il prévoit le cas où, avant toute publication du journal, le préfet conteste la régularité ou la sincérité de la déclaration faite en vertu de l'art. 6. — Cass. 7 août 1850 (Zeppenfeld) ; D., 50, 1, 213.

3. Les tribunaux civils en statuant ne peuvent prononcer aucune peine. — Cass. 7 août 1850 (Zeppenfeld), *loc. cit.* ; de Grattier, t. 2, p. 185 ; Dalloz, vᵒ *Presse*, nᵒ 506. — *Contrà :* Orléans, 16 juillet 1836 (Valéry), *J. p.*

4. Le préfet est investi du droit d'examiner s'il y a eu publication de l'acte de société et si cette publication a été faite selon la loi. — Orléans, 8 août 1844 (Borie) ; D., 45, 1, 386.

6. Le refus par le préfet ou par le secrétaire général de recevoir, comme dénuée de sincérité, la déclaration préalable à la publication d'un nouveau journal constitue une contestation dont l'effet, tant qu'elle subsiste, est d'empêcher la publication du journal. — Cass. 2 juillet 1847 (gérant des Deux Frances) ; D., 47, 1, 873.

5. Le ministère public est non recevable à dénoncer à la juridiction correctionnelle l'insuffisance des déclarations acceptées par le préfet. — Cass. 25 mai 1850 (Raynal), *B. cr.* ; Dalloz, vᵒ *Presse*, nᵒ 259.

Art. 11. Si la déclaration prescrite par l'art. 6 est reconnue fausse et frauduleuse en quelqu'une de ses parties, le journal cessera de paraître. Les auteurs de la déclaration seront punis d'une amende dont le *minimum* sera d'une somme égale au dixième,

et le *maximum*, d'une somme égale à la moitié du cautionnement.

1. Cet article n'a pas été abrogé par le décret du 17 fév. 1852, — Circ. min. just. 27 mars 1851 — ni par la loi du 11 mai 1868.

2. Il n'est applicable qu'à un journal qui a déjà paru. — Cass. 7 août 1850 (Zeppenfeld) ; D., 50, 1, 253 ; Chassan, t. 1, p. 587.

3. Le délit n'existe que lorsqu'à la déclaration est venu se joindre le fait de la publication. — Amiens, 13 mars 1843 (Coste) ; S. 43, 2, 213 ; Parant, p. 169 ; de Grattier, t. 2, p. 188. — Et l'intention de fraude. — De Grattier, t. 2, p. 188

4. Il constitue un délit successif. La prescription ne peut courir tant qu'il se renouvelle.—Cass. 3 sept. 1842 (Coste), *B. cr.* ; Amiens, 13 mars 1843 (Coste) ; S. 43, 2, 213 ; Chassan, t. 1, p. 588, t. 2, p. 83 ; Dalloz, vᵒ *Presse*, nᵒ 520.

5. Le tribunal correctionnel est seul compétent pour appliquer l'amende. — Cass. 7 août 1850 (Zeppenfeld) ; D., 50, 1, 213 ; 5 juillet 1850 (Thomas), *B. cr.* ; de Grattier, t. 2, p. 190. — *Contrà :* Les contraventions prévues par cet article sont de la compétence du tribunal civil. — Orléans, 16 juillet 1836 (Valéry), *J. p.*

6. Lorsque la publication du journal a été précédée d'une déclaration fausse et frauduleuse, le tribunal correctionnel est aussi seul compétent pour apprécier la sincérité de la déclaration. Il n'est pas nécessaire que cette appréciation ait été préalablement faite par les tribunaux civils. — Cass. 5 juillet 1850 (Thomas), *B. cr.*

7. Mais, à défaut d'exercice de l'action du ministère public pour fausse déclaration, le tribunal civil est seul compétent pour statuer à la diligence du préfet sur la sincérité de la déclaration. — Cass. 17 janv. 1851 (Chastaing), *B. cr.*

8. Ainsi le tribunal correctionnel saisi des poursuites dirigées contre un journal publié sans versement préalable de cautionnement ne peut déclarer responsable un citoyen autre que celui désigné dans la déclaration faite au préfet comme propriétaire du journal en se fondant sur ce que cette déclaration n'est pas sincère, lorsque l'action ouverte par l'art. 11 loi du 18 juil. 1828 n'a pas été exercée par le ministère public. — Cass. 17 janv. 1851 (Chastaing), *B. cr.* ; Dalloz, vᵒ *Presse*, nᵒ 506.

9. Mais il est compétent pour décider si le versement du cautionnement du gérant d'un journal a été légalement effectué, alors que la déclaration préalable faite au secrétariat de la préfecture était régulière et sincère. — Toulouse, 1ᵉʳ juin 1837 (Gazette du Languedoc) ; S. 38, 2, 206.

10. Le tribunal saisi d'une poursuite pour fausse déclaration de gérance peut conclure de l'état connu d'insolvabilité du gérant proposé et de son incapacité littéraire que les déclarations relatives soit à la copropriété du prétendu gérant dans l'entreprise, soit à sa copropriété du cautionnement versé, sont fausses et frauduleuses. — Angers, 7 déc. 1847 (Muller) ; D., 47, 2, 215 ; Cass. 7 août 1850 (Zeppenfeld) ; D., 50, 1, 213.

11. Il n'appartient pas au tribunal correctionnel de statuer sur la question de savoir si le gérant d'un journal poursuivi pour n'avoir pas fait la déclaration du changement d'imprimeur peut se prévaloir de celle qui aurait été faite par le nouvel imprimeur. Il doit être statué sur cette contestation par les tribunaux civils à la diligence du préfet. — Cass. 31 janv. 1851 (Amy), *B. cr.*

12. Lorsque la juridiction civile est saisie d'une contestation sur la capacité du gérant ou rédacteur

responsable et sur le taux du cautionnement, le tribunal correctionnel doit surseoir au jugement de l'action publique et non renvoyer le prévenu en se déclarant incompétent. — Cass. 29 nov. 1850 (Grouhental), *B. cr.*; Parant, p. 168 ; de Grattier, t. 2, p. 185.

13. De même, lorsqu'il y a instance devant la juridiction civile sur la propriété du cautionnement d'un journal, les tribunaux correctionnels doivent surseoir à statuer sur la régularité de la transmission de ce cautionnement. — Cass. 30 août 1850 (Quesne), *B. cr.*

14. L'infraction à la prohibition de paraître doit être punie conformément à l'article 2 de la loi du 11 mai 1868, qui renvoie à l'article 5 du décret du 17 février 1852, le journal dont la déclaration a été annulée comme fausse et frauduleuse étant réputé n'avoir fait aucune déclaration. Nous ne pensons pas qu'il y ait lieu de faire application de l'art. 20 du décret du 17 fév. qui prévoit un cas tout différent, celui où le journal a été frappé de suspension à raison d'un délit de presse.

Art. 12. Dans le cas où un journal ou écrit périodique est établi et publié par un seul propriétaire, si ce propriétaire vient à mourir, sa veuve ou ses héritiers auront un délai de trois mois pour présenter un gérant responsable ; ce gérant devra être propriétaire d'immeubles libres de toute hypothèque et payant au moins 500 fr. de contributions directes, si le journal est publié dans les départements de la Seine, de Seine-et-Oise et de Seine-et-Marne, et 150 fr. dans les autres départements.

Le gérant que la veuve ou les héritiers seront admis à présenter devra réunir les conditions requises par l'art. 980 du Code civil.

Dans les dix jours du décès, la veuve ou les héritiers seront tenus de présenter un rédacteur, qui sera responsable du journal jusqu'à ce que le gérant soit accepté.

Le cautionnement du propriétaire décédé demeurera affecté à la gestion.

1. Pendant l'intervalle de dix jours accordé à la veuve ou aux héritiers pour présenter un rédacteur, le journal peut continuer à paraître, mais la responsabilité de la publication incombe à la veuve et aux héritiers. — Chassan, t. 1, p. 620 ; de Grattier, t. 2, p. 195.

2. Il n'est pas nécessaire que ce rédacteur réunisse les conditions d'idonéité exigées pour les gérants. Il suffit qu'il ait la capacité prescrite par l'art. 980 C. Nap. — Chassan, t. 1, p. 620 ; de Grattier, *id.*

Art. 13. Les condamnations pécuniaires prononcées soit contre les signataires responsables, soit contre l'auteur ou les auteurs des passages incriminés, seront prélevées :

1° Sur la portion du cautionnement appartenant en propre aux signataires responsables ;

2° Sur le reste du cautionnement dans le cas où celle-ci serait insuffisante, sans préjudice, pour le surplus, des règles établies par les art. 3 et 4 de la loi du 9 juin 1819.

Art. 14. Les amendes, autres que celles portées par la présente loi, qui auront été encourues pour délit de publication par la voie d'un journal ou écrit périodique, ne seront jamais moindres du double du *minimum* fixé par les lois relatives à la répression des délits de la presse. *V. art.* 10, 12, *loi du 9 juin 1819, et l'art.* 15, *loi du 11 mai 1868.*

1. Cet article, n'ayant rien d'inconciliable avec les dispositions nouvelles du décr. du 17 fév. 1852, se trouve maintenu. — Circ. min. 27 mars 1852.

2. Il ne s'applique qu'aux infractions commises par la voie des journaux et non à celles réprimées par l'art. 11, L. 9 sept. 1835 (art. 5, L. 27 juil. 1849) ; Paris, 14 juil. 1836 (Voillet), *J. p.*; Dalloz, v° *Presse*, n° 319.

3. L'amende encourue pour un délit de diffamation par la voie d'un journal ne peut être moindre du double du *minimum* de celle fixée par l'art. 18, L. 17 mai 1819. — Cass. 6 juil. 1832 (Fourteau), *J. p.* V. art. 10, L. 9 juin 1819 ; Dalloz, v° *Presse*, n° 1043.

Art. 15. En cas de récidive par le même gérant, et dans les cas prévus par l'art. 58 du Code pénal, indépendamment des dispositions de l'art. 10 de la loi du 9 juin 1819, les tribunaux pourront, suivant la gravité du délit, prononcer la suspension du journal ou écrit périodique pour un temps qui ne pourra excéder deux mois, ni être moindre de dix jours. Pendant ce temps, le cautionnement continuera à demeurer en dépôt à la caisse des consignations, et il ne pourra recevoir une autre destination.

V. sur la récidive et sur les cas où il y a lieu à suspension du journal l'art. 15, loi du 27 juillet 1849, et l'art. 12 de la loi du 11 mai 1868, et les notes.

Art. 16. Dans les procès qui ont pour objet la diffamation, si les tribunaux ordonnent, aux termes de l'art. 64 de la Charte, que les débats auront lieu à huis clos, les journaux ne pourront, à peine de 2,000 fr. d'amende, publier les faits de diffamation, ni donner l'extrait des mémoires ou écrits quelconques qui les contiendraient.

Dans toutes les affaires civiles ou criminelles où un huis clos aura été ordonné, ils ne pourront, sous la même peine, publier que le prononcé du jugement.

1. Les art. 16 et 17 ne sont pas abrogés par l'art. 17 du décret du 17 fév. 1852 qui interdit le compte rendu des procès pour délits de presse. — Circ. min. 27 mars 1852. V. art. 11 L. 27 juillet 1849.

2. La prohibition de publier plus que le prononcé des jugements dans les procès jugés à huis clos est absolue. La publicité de l'acte d'accusation et celle du résumé des débats par le président n'autorisent pas la presse périodique à donner des extraits ou analyses de ces pièces ou documents. — Dijon, 20 déc. 1843 (Duchesne) ; D., 44, 2, 112 ; Chassan, t. 1, p. 646 ; Dalloz, v° *Presse*, *id.*, 299.

3. Mais la prohibition ne doit courir que du moment où le huis clos a été ordonné; les audiences antérieures peuvent être reproduites. — Dalloz, vᵒ *Presse,* nᵒ 301.

Art. 17. Lorsque, aux termes du dernier paragraphe de l'art. 23 de la loi du 17 mai 1819, les tribunaux auront, pour les faits diffamatoires étrangers à la cause, réservé soit l'action publique, soit l'action civile des parties, les journaux ne pourront, sous la même peine, publier ces faits, ni donner l'extrait des mémoires qui les contiendraient.

29 JUILLET 1828. — ORDONNANCE *concernant l'exécution de la loi du 18 juillet 1828.*

Art. 1ᵉʳ. Avant toute publication d'un journal ou écrit périodique soumis au cautionnement par les dispositions de la loi du 18 juillet 1828, il sera justifié au procureur du roi du lieu de l'impression du versement du cautionnement auquel ce journal ou écrit périodique est soumis, et de la déclaration prescrite par l'art. 6 de ladite loi. Le procureur du roi donnera acte sur-le-champ de cette justification, et en tiendra registre.

27 JUILLET 1849. — LOI *sur la presse.*

CHAPITRE I. — *V. la IIᵉ Partie.*

CHAPITRE II. — *Dispositions relatives aux journaux et écrits périodiques.*

Art. 8. *Dispositions transitoires* (1).

Art. 9. *Aucun journal ou écrit périodique ne pourra être signé par un représentant du peuple en qualité de gérant responsable. En cas de contravention, le journal sera considéré comme non signé, et la peine de 500 fr. à 3,000 fr. d'amende sera prononcée contre les imprimeurs et propriétaires.*

Cet article est remplacé par l'art. 8 de la loi du 11 mai 1868.

Art. 10. Il est interdit de publier les actes d'accusation et aucun acte de procédure criminelle avant qu'ils aient été lus en audience publique, sous peine d'une amende de 100 fr. à 2,000 fr.

En cas de récidive commise dans l'année, l'amende pourra être portée au double et le coupable condamné à un emprisonnement de dix jours à six mois.

1. Les dispositions de cet article s'appliquent aux matières correctionnelles aussi bien qu'aux matières

de grand criminel. — Cass. 18 juin 1851 (Rives), B. cr.; Dalloz, vᵒ *Presse,* nᵒ 989.

2. Elles s'appliquent à une reproduction, même partielle, de l'arrêt de renvoi ou de l'acte d'accusation. — Cass. 31 mars 1854 (Dayez), *B. cr.*; Dalloz, vᵒ *Presse,* nᵒ 989.

Art. 11. Il est interdit de rendre compte des procès pour outrages ou injures et des procès en diffamation où la preuve des faits diffamatoires n'est pas admise par la loi.

La plainte pourra seulement être annoncée sur la demande du plaignant. Dans tous les cas, le jugement pourra être publié.

Il est interdit de publier les noms des jurés, excepté dans le compte rendu de l'audience où le jury aura été constitué;

De rendre compte des délibérations intérieures, soit des jurés, soit des cours et tribunaux.

L'infraction à ces dispositions sera punie d'une amende de 200 fr. à 3,000 fr.

En cas de récidive commise dans l'année, la peine pourra être portée au double.

V. l'art. 17 du décret du 17 fév. 1852, qui interdit de rendre compte des procès pour délits de presse.

1. La contravention prévue par le premier paragraphe de cet article peut être poursuivie soit d'office par le ministère public, soit à la requête de la partie civile. — Chassan, t. 1, p. 645.

2. Cet article est applicable aux procès engagés devant la juridiction civile. — Chassan, t. 1, p. 642. C'est la jurisprudence du tribunal de la Seine.

3. Il interdit de rendre compte d'un procès pour offenses envers le souverain, les membres de sa famille ou les Chambres. — Parant, p. 430; de Grattier, t. 2, p. 321; Dalloz, vᵒ *Presse,* nᵒ 304. — *Contrà :* Chassan, t. 1, p. 641. V. l'art. 17 décr. 17 fév. 1852.

4. Il interdit le compte rendu des procès en diffamation, lorsqu'il s'agit d'une diffamation *verbale* contre un fonctionnaire où toute espèce de preuve des faits de diffamation est prohibée. — Cass. 29 fév. 1868 (Barlatier). *B. cr.* — *Contrà :* Le compte rendu est permis, la preuve par écrit pouvant être faite. — Montpellier, 24 janv. 1868; Aix, 14 mai 1868 (Barlatier). V. art. 28 déc. 17 fév. 1852 et les notes.

5. Les juges sont-ils appréciateurs souverains de ce qui constitue un compte rendu? V. sur cette question les notes sous l'art. 7, L. 25 mars 1822 et sous l'art. 14 déc. 17 fév. 1852.

6. Un journal ne peut publier les exordes ou les péroraisons des plaidoiries prononcées contre les individus poursuivis pour diffamation, alors même que ces extraits ne contiendraient ni l'exposé de l'affaire, ni l'indication de la défense du prévenu. — Chassan, t. 1, p. 642; de Grattier, t. 2, p. 322.

7. Des réflexions générales sur le procès sont également interdites, alors même qu'elles ne reproduiraient point les faits. — De Grattier, t. 2, p. 325.

8. Le prévenu qui a publié un compte rendu d'un procès d'outrage ne peut être renvoyé de la poursuite par le motif que d'autres journaux de la localité auraient pris l'initiative, et qu'il éprouvait le besoin de publier des explications dans l'intérêt de sa réputation. — Cass. 12 mai 1837 (Lebon), *B. cr.*; ch. réun., 2 mars 1838 (Lebon), *J. p.*; Chassan, t. 1, p. 643; de Grattier, t. 2, p. 322.

9. A l'égard des jugements, il peut être rendu

---

(1) ART. 8. Le décret du 9 août 1848, relatif au cautionnement des journaux et écrits périodiques, est prorogé jusqu'à la promulgation de la loi organique sur la presse.

compte de tous ceux rendus sur les questions inci-
dentes ou préjudicielles, aussi bien que du jugement
définitif. — Chassan, t. 1, p. 642 ; de Grattier, t. 2,
p. 326.

10. L'interdiction de publier les noms des jurés
n'est pas restreinte à la presse périodique. — Chassan, t. 1, p. 669.

11. Elle ne s'applique pas à la liste des jurés tirés
au sort à l'audience publique de la première chambre
de la cour impériale. — Chassan, *id.* ; Dalloz, vᵒ *Presse*,
nᵒ 313.

12. La défense de rendre compte des délibérations
intérieures des tribunaux emporte celle de publier la
décision qui est le résultat de la délibération. —
Rouen, 13 août 1847 (Cazavan) ; D., 47, 2, 224.

13. Elle ne permet pas de faire connaître à quelle
majorité une décision a été rendue. — Cass. 24 fév.
1837, *B. cr.* ; Chassan, t. 1, p. 672.

14. Elle s'applique aux délibérations, quels qu'en
soient l'objet et le résultat, par exemple aux délibérations sur des matières d'ordre intérieur, de discipline,
sur l'examen d'un projet de loi, d'une adresse. —
Chassan, t. 1, p. 670 ; de Grattier, t. 2, p. 327.

Art. 12. Les infractions aux dispositions
des deux articles précédents seront poursuivies devant les tribunaux de police correctionnelle. *V. art.* 17 *décret du* 17 *février* 1852.

Art. 13 (1). L'insertion sera gratuite
pour les réponses et rectifications prévues
par l'art. 11 de la loi du 25 mars 1822,
lorsqu'elles ne dépasseront pas le double
de la longueur des articles qui les auront provoquées ; dans le cas contraire, le prix d'insertion sera dû pour le surplus seulement.

1. Le premier alinéa de cet article a été remplacé
par l'art. 19 décr. 17 fév. 1852.

2. Le fonctionnaire désigné peut exiger l'insertion
en qualité de citoyen et en vertu du deuxième paragraphe de cet article, et non en qualité de dépositaire
de l'autorité publique ; il ne doit payer que ce qui
dépasse le double de l'article du journal. — Metz,
23 mai 1850 (Merentie) ; D., 51, 2, 55 ; Chassan,
Lois de la presse, p. 109.

3. Ce qui excède le double de la longueur de l'ar-
ticle doit être payé suivant le tarif des annonces,
L. 9 sept. 1835. — Chassan, *Lois de la presse*, p. 108 ;
Parant, p. 441 ; Dalloz, vᵒ *Presse*, nᵒ 350.

4. Cet article n'impose pas le payement préalable
du prix d'insertion. — Rouen, 13 déc. 1839 (Rivoire) ;
S., 40, 2, 77 ; Riom, 14 janv. 1844 (de Pons) ; S.,
47, 2, 502 ; Paris, 16 mai 1850 (Grégoire), *J. p.*,
50, 1, 645 ; Metz, 23 mai 1850 (Merentie) ; D., 51,
2, 55 ; Chassan, *Lois de la presse*, p. 107. — *Contrà :*
Le journaliste peut exiger le payement de ce qui excède le double, avant l'insertion. — Chassan, *Traité
des délits de la presse*, t. 1, p. 648 ; de Grattier, t. 2,
p. 352 ; Dalloz, vᵒ *Presse*, nᵒ 351.

5. La quotité du double ne doit pas se déterminer
par l'étendue entière de l'article dans lequel la personne qui fait la réponse est nommée, si la totalité
de l'article ne lui est pas personnelle. — De Grattier,
t. 2, p. 353 ; Chassan, t. 1, p. 649 ; Dalloz, vᵒ *Presse*,
nᵒ 350.

Art. 14. En cas de condamnation du
gérant pour crime, délit ou contravention
de la presse, la publication du journal ou
écrit périodique ne pourra avoir lieu, pendant toute la durée des peines d'emprisonnement et d'interdiction des droits civiques
et civils, que par un autre gérant remplissant toutes les conditions exigées par la loi.
Si le journal n'a qu'un gérant, les propriétaires auront un mois pour en présenter un
nouveau, et, dans l'intervalle, ils seront
tenus de désigner un rédacteur responsable.
Le cautionnement entier demeurera affecté
à cette responsabilité.

Le gérant condamné qui prend, du fond de sa prison, une part active soit à la rédaction du journal,
soit à la direction de cette entreprise, se met en contravention à cet article et à l'art. 6, L. 9 juin 1819.
— Metz, 3 juillet 1850 (Quesne) ; D., 51, 2, 137.

Art. 15. La suspension autorisée par
l'art. 15 de la loi du 18 juillet 1828 pourra
être prononcée par les cours d'assises, toutes
les fois qu'une deuxième ou ultérieure condamnation pour crime ou délit sera encourue, dans la même année, par le même
gérant ou par le même journal.

La suspension pourra être prononcée,
même par un premier arrêt de condamnation, lorsque cette condamnation sera encourue pour provocation à l'un des crimes
prévus par les art. 87 et 91 du Code pénal.
Dans ce dernier cas, l'art. 28 *de la loi du*
26 *mai* 1819 *cessera d'être applicable.*

1. Cet article a été modifié par l'article 12 de la
loi du 11 mai 1868.

2. Il n'exige pas la récidive légale dans les termes
de l'art. 58 C. pén. — Chassan, *Lois de la presse*,
p. 111 ; Dalloz, vᵒ *Presse*, nᵒ 1046.

3. L'article 28 de la loi du 26 mai 1819 est abrogé.

CHAPITRE III. — *V. la* IIᵉ *Partie.*

16 JUILLET 1850. — LOI *sur le cautionnement
des journaux et le timbre des écrits périodiques ou non périodiques.*

Art. 1, 2. *Remplacés par les art.* 3, 4,
5 *du décret du* 17 *février* 1852 (1).

Art. 3. Tout article de discussion politi-

---

(1) *Ancien art.* 13, § Iᵉʳ. Tout gérant sera tenu d'insérer en
tête du journal les documents officiels, relations authentiques,
renseignements et rectifications qui lui seront adressés par tout
dépositaire de l'autorité publique. La publication devra avoir lieu
le lendemain de la réception des pièces, sous la seule condition
du payement des frais d'insertion. Toute autre insertion réclamée
par le gouvernement, par l'intermédiaire des préfets, sera faite
de la même manière, sous la même condition, dans le numéro
qui suivra le jour de la réception des pièces. Les contrevenants
seront punis, par les tribunaux de police correctionnelle, d'une
amende de 50 à 500 fr.

(1) *Texte des anciens articles :*

ART. 1ᵉʳ. Les propriétaires de journaux ou écrits périodiques
politiques seront tenus de verser au trésor un cautionnement en
numéraire dont l'intérêt sera payé au taux réglé pour les cautionnements. — Pour les départements de la Seine, de Seine-et-

que, philosophique ou religieuse, inséré dans un journal, devra être signé par son auteur, sous peine d'une amende de 500 fr. pour la première contravention, et de 1,000 fr. en cas de récidive.

Toute fausse signature sera punie d'une amende de 1,000 fr. et d'un emprisonnement de six mois, tant contre l'auteur de la fausse signature que contre l'auteur de l'article et l'éditeur responsable du journal.

§ 1er. — *Des articles de discussion politique, philosophique et religieuse.*

1. Le premier paragraphe s'applique à tout article de discussion politique, philosophique ou religieuse inséré dans un journal, quel qu'il soit, *politique ou non politique.* — Chassan, *Lois de la presse*, p. 128. — Et à tout article d'économie sociale touchant à la politique. — Dalloz, v° *Presse*, n° 366.

2. L'article d'un journal qui critique des actes de l'autorité municipale a un caractère politique qui le soumet à l'obligation de la signature. — Cass. 18 juin 1858 (Gounouilhou), *B. cr.*

3. V. sur ce qui constitue une discussion politique les notes sous l'art. 3 décr. 17 fév. 1852.

4. La critique d'une circulaire ministérielle concernant des traités particuliers entre les compagnies de chemins de fer et les négociants, de même que l'article consacré à une compagnie d'assurance où on préconise le système des assurances, présentent tous les caractères soit d'une discussion politique, soit d'une discussion d'intérêts individuels et collectifs. — Cass. 22 janv. 1858 (Lavedan), *B. cr.*

5. Un compte rendu des réunions de quelques membres de l'assemblée législative dans les bureaux doit être signé par l'auteur. — Cass. 17 mai 1851 (Dourlens), *B. cr.*; Dalloz, v° *Presse*, n° 367. V. l'art. 14 décr. 17 fév. 1852.

6. La forme d'un article politique est sans importance; la garantie de la signature est due, soit que la discussion émane directement de l'auteur, soit qu'il la place dans la bouche de personnages vrais ou supposés. — Même arrêt. Dalloz, *id.*

7. La garantie de la signature est due, quoique l'article soit en forme de lettre. — Cass. 19 avril 1862 (Sisson), *B. cr.* — Sans qu'il y ait lieu de distinguer si l'auteur est Français ou étranger. — Même arrêt.

8. Une pétition renfermant une discussion d'économie politique ne peut être insérée dans un journal sans être signée de ses auteurs. — Dijon, 4 juillet 1860 (Chailly) ; Gaz. trib. du 10 juillet.

9. N'ont pas besoin d'être signés :
Une lettre qui se borne à un simple narré de faits sans être accompagnée d'aucune discussion de la na-

ture prévue par cet article. — Chassan, *Lois de la presse*, p. 129 ; Dalloz, v° *Presse*, n° 365.

10. Les articles nécrologiques. Ils ne rentrent pas dans la catégorie des articles de discussion. — Cass. 14 juillet 1854 (Lesourd), *J. p.*, 55, 2, 94; Dalloz, v° *Presse*, n° 368.

11. Les petites nouvelles, les entrefilets. — Discours de M. de Tinguy, séance du 10 juillet 1850.

12. Plusieurs paragraphes publiés dans le numéro d'un journal peuvent être considérés comme ne constituant qu'un seul article, bien qu'ils contiennent des nouvelles et des faits distincts, et qu'ils soient séparés par un tiret. Une seule signature à la fin de l'article suffit. — Cass. 10 mai 1851 (Boutel); D., 51, 1, 114 ; Dalloz, v° *Presse*, n° 356.

13. Mais la signature apposée au bas de la chronique parisienne ne peut couvrir un article imprimé en caractères différents, et dans une série de correspondances tout à fait étrangères à ladite chronique. — Cass. 4 avril 1868. (Vrignault), *B. cr.*

§ 2. *Des auteurs des articles.*

14. L'auteur d'un article est celui qui le rédige et non celui qui l'inspire, qui lui donne l'idée capitale ou les éléments principaux, quelquefois même les termes. — Chassan, *Lois de la presse*, p. 131.

15. On ne peut réputer auteur de l'article celui qui a fourni les renseignements qui ont servi à le rédiger. — Cass. 26 juillet 1851 (Duparge), *B. cr.*; Dalloz, v° *Presse*, n° 362.

16. La signature apposée au bas d'un article de journal, bien que cet article soit composé de matériaux fournis par plusieurs collaborateurs, peut être déclarée émaner de l'auteur dudit article, s'il se l'est rendu propre par les coupures et les corrections qu'il y a faites. Peu importe que la signature ait été précédée des mots : *Pour le courrier de la semaine* et d'une initiale étrangère au prévenu. — Cass. 18 juin 1858 (Gounouilhou), *B. cr.*

17. Il importe peu que la signature d'un article appartenant à un rédacteur du journal soit précédée des mots : *Pour copie conforme.* Ces mots peuvent être interprétés comme étant l'indication de renseignements qui avaient inspiré et dirigé la rédaction de l'article ; ils ne sont pas inconciliables avec l'effet légal produit par la signature. — Cass. 17 août 1861 (Lambert), *B. cr.*

18. Mais le vœu de cet article n'est pas rempli lorsqu'un article envoyé par un tiers est inséré avec cette indication : *Pour copie conforme, le secrétaire de la rédaction*, et avec la signature seulement de celui-ci. — Paris, 8 fév. 1862 (Lapp), *J. cr.*, 7385; Cass. 19 avril 1862 (Sisson), *B. cr.*

19. Un article envoyé par un correspondant doit être signé par son auteur; il ne peut l'être par l'un des rédacteurs du journal si celui-ci n'en a pas fait son œuvre personnelle par des modifications apportées à sa rédaction. L'appréciation des juges du fait est souveraine à cet égard. — Cass. 4 avril 1868 (Vrignault), *B. cr.*

20. Les remaniements et transformations que le journaliste fait à la lettre d'un correspondant en font un travail nouveau et son œuvre propre. — Cass. 19 avril 1862 (Sisson), *B. cr.*

21. De même, lorsque le journaliste, au lieu de reproduire textuellement une lettre contenant une discussion, se borne à donner une analyse de cette lettre, ce résumé devient l'œuvre du rédacteur, qui doit y apposer sa signature. — Chassan, *Lois de la presse*, p. 129.

§ 3. — *Fausse signature.*

22. Les tribunaux sont souverains pour décider

Oise, de Seine-et-Marne et du Rhône, le cautionnement des journaux est fixé comme il suit : — Si le journal ou écrit périodique paraît plus de trois fois par semaine, soit à jour fixe, soit par livraisons irrégulières, le cautionnement sera de 24,000 fr.— Le cautionnement sera de 18,000 fr. si le journal ne paraît que trois fois par semaine ou à des intervalles plus éloignés.— Dans les villes de 50,000 âmes et au-dessus, le cautionnement des journaux paraissant plus de cinq fois par semaine sera de 6,000 fr. Il sera de 3,600 fr. dans les autres départements, et respectivement de la moitié de ces deux sommes pour les journaux et écrits périodiques paraissant cinq fois par semaine ou à des intervalles plus éloignés.

ART. 2. Il est accordé aux propriétaires des journaux ou écrits périodiques politiques actuellement existants un délai d'un mois, à compter de la promulgation de la présente loi, pour se conformer aux dispositions qui précèdent.

qu'un article de journal n'émane pas de celui qui l'a signé. — Cass. 6 mars 1862 (Mercier), *B. cr.*

23. L'auteur de l'article au bas duquel a été mise une fausse signature ne peut être puni qu'autant qu'il a participé sciemment à cette fraude. — Chassan, *Lois de la presse*, p. 133.

24. Il en est de même du gérant. — Discours de M. de Tinguy, séance du 10 juillet 1850.

25. Le gérant n'est passible d'aucune peine à raison de la fausse signature, s'il justifie qu'il a été induit en erreur, et qu'il a procédé aux vérifications qu'il était en son pouvoir de faire. Il en serait autrement s'il n'avait pris aucune précaution, aucun renseignement sur l'auteur de la prétendue signature. — Cass. 26 juillet 1851 (Duparge), *B. cr.*

26 L'emploi pour un article, qui doit être signé, d'un nom imaginaire ou pseudonyme constitue non la fausse signature, mais le défaut de signature. — Toulouse, 26 fév. 1864 (l'Avenir), *J. cr.*, 7820.

§ 4. — *Responsabilité.* — *Excuses.* — *Cumul.*

27. *Responsabilité.* — Cet article limite la responsabilité pénale aux personnes qu'il indique; on ne peut l'étendre à d'autres sous prétexte de complicité. —Cass. 26 juillet 1851 (Duparge), *B. cr.*—Contrà : Dalloz, vᵒ *Presse*, nᵒ 363.

28. C'est le gérant ou l'éditeur qui est responsable de l'amende pour défaut de signature. La loi ne rend pas l'auteur de l'article responsable de cette omission. C'est au ministère public, qui prétend que l'auteur a participé à cette omission, à le prouver. La complicité ne résulte pas de plein droit contre lui de l'absence de la signature. — Chassan, *Lois de la presse*, p. 132.

29. *Excuses.* — L'infraction à cet article est une contravention matérielle qui ne comporte aucune excuse : ainsi elle ne peut être excusée par le motif que l'article non signé contenait dans son texte le nom de l'auteur. — Cass. 28 juin 1856 (Fabiani), *B. cr.*

30. L'indication du nom de l'auteur d'un article du journal n'est pas suffisante et ne constate pas que cet auteur a consenti à l'insertion de l'article et qu'il en a assumé la responsabilité. La reproduction de la signature à la suite de l'article remplit seule le vœu de la loi. — Cass. 2 juillet 1852 (Decamp), *B. cr.*; Dalloz, vᵒ *Presse*, nᵒ 360.

31. Un journal, en reproduisant un article d'un autre journal, ne doit pas se borner à indiquer le titre de ce journal, mais doit encore mentionner la signature de l'auteur. — Cass. 17 mai 1851 (Dourlens), *B. cr.*; 28 juin 1856 (Fabiani), *B. cr.*, Dalloz, vᵒ *Presse*, nᵒ 357.

32. Mais lorsqu'il s'agit de la reproduction par les journaux français de discussions politiques publiées par les journaux étrangers, il suffit que le journal nomme la feuille à qui est fait l'emprunt. — Cass. 19 avril 1862 (Sisson), *B. cr.*; Dalloz, vᵒ *Presse*, nᵒ 358.

33. *Cumul.* — Cette loi n'établit aucune dérogation au principe de non-cumul des peines. On ne peut donc infliger qu'une amende, quoique plusieurs articles aient été dépourvus de signatures. — Cass. 13 juillet 1860 (Gounouilhou), *B. cr. Contrà* : Cass. 17 mai 1851 (Dourlens), *B. cr.*; 9 août 1851 (Cassagne), *B. cr.* V. sous l'art. 365 C. i. cr. nᵒˢ 50 et suivants. *Codes crim.* V. art. 9 *infrà*.

Art. 4. Les dispositions de l'article précédent seront applicables à tous les articles, quelle que soit leur étendue, publiés dans des feuilles politiques ou non politiques, dans lesquels seront discutés des actes ou opinions des citoyens, et des intérêts individuels ou collectifs.

On doit considérer comme article de discussion politique ou d'intérêts collectifs celui qui établit un parallèle entre les assurances sur la vie et les sociétés tontinières, les sociétés de secours mutuels et les caisses d'épargne. — Cass. 22 janvier 1858 (Moniteur du Loiret); S., I, 336. V. notes sous l'art. 3 décr. 17 fév. 1852.

Art. 5. *Abrogé implicitement par le décret du 17 février 1852, art. 29, 30, 31. — Circ. min. just. 27 mars 1852 (1).*

Art. 6. Dans les trois jours de tout arrêt de condamnation pour crime ou délit de presse, le gérant du journal devra acquitter le montant des condamnations qu'il aura encourues.

En cas de pourvoi en cassation, le montant des condamnations sera consigné dans le même délai.

1. Les art. 6, 7 et 8 n'ont pas été abrogés par les art. 29, 30 et 31 du décr. du 17 fév. 1852, qui ne s'appliquent qu'aux contraventions. — Circ. min. just. 27 mars 1852.

2. Cet article, en soumettant le gérant d'un journal à acquitter le montant de toute condamnation qu'il aura encourue, n'a pas abrogé les dispositions des lois des 9 juin 1819 et 18 juillet 1828, qui affectent le cautionnement au payement des condamnations encourues par le journal, qu'elles soient prononcées contre les auteurs des articles ou contre le gérant.— Cass. 3 avril 1851 (Pierrot), *B. cr.*

3. Lorsque le gérant d'un journal a été condamné à l'emprisonnement, le versement effectué pour constituer un nouveau gérant ne peut servir à acquitter les condamnations précédemment encourues.—Cass. 29 nov. 1850 (Groubental), *B. cr.*

Art. 7. La consignation ou le payement prescrit par les articles précédents sera constaté par une quittance délivrée en duplicata par le receveur des domaines.

Cette quittance sera, le quatrième jour au plus tard, soit de l'arrêt rendu par la cour d'assises, soit de la notification de l'arrêt de la chambre des mises en accusation, remise au procureur de la république, qui en donnera récépissé.

Art. 8. Faute par le gérant d'avoir remis la quittance dans les délais ci-dessus fixés, le journal cessera de paraître, sous

---

(1) *Ancien article* :

Art. 5. Lorsque le gérant d'un journal ou écrit périodique paraissant dans les départements autres que ceux de la Seine, de Seine-et-Oise, de Seine-et-Marne et du Rhône, aura été renvoyé devant la cour d'assises par un arrêt de mise en accusation pour crime ou délit de presse, si un nouvel arrêt de mise en accusation intervient contre les gérants de la même publication avant la décision définitive de la cour d'assises, une somme égale à la moitié du maximum des amendes édictées par la loi, pour le fait nouvellement incriminé, devra être consignée dans les trois jours de la notification de chaque arrêt, et nonobstant tout pourvoi en cassation. — En aucun cas, le montant des consignations ne pourra dépasser un chiffre égal à celui du cautionnement.

les peines portées contre tout journal publié sans cautionnement.

1. Le journal ne doit cesser de paraître que jusqu'au jour où la libération de la condamnation aura été opérée. Il ne s'agit pas d'une suppression définitive. — Orléans, 19 nov. 1850 (Groubental); D., 55, 2, 200; Dalloz, vᵒ *Presse*, nᵒ 1582.

2. Il appartient aux tribunaux correctionnels de décider si un journal présenté comme nouveau n'est pas en réalité la continuation de celui que publiait précédemment le même gérant. — Même arrêt.

Art. 9. Les peines pécuniaires prononcées pour crimes et délits par les lois sur la presse et autres moyens de publication ne se confondront pas entre elles et seront toutes intégralement subies, lorsque les faits qui y donneront lieu seront postérieurs à la première poursuite.

1. Cet article n'est pas abrogé par le décret du 17 février 1852. — Circ. min. just. 27 mars 1852.

2. Le principe de non-cumulation des peines reprend son empire, si les faits nouveaux sont antérieurs à la première poursuite. — Cass. 25 juil. 1839 (Paya), *J. p.*, 39, 2,478; Chassan, t. 1, p. 190 ; de Grattier, t. 2, p. 338.

3. Ainsi il ne peut être prononcé qu'une seule amende pour contravention à l'art. 8 L. du 18 juillet 1828, quel que soit le nombre des exemplaires du journal compris dans la poursuite. — Même arrêt.

4. Le principe de l'art. 365 C. d'instr. crim. doit s'étendre à toutes les infractions atteintes de peines criminelles ou correctionnelles qui n'en ont pas été explicitement ou implicitement exceptées, soit par le Code pénal, soit par les lois postérieures, soit par le caractère de réparations civiles attaché aux amendes en matière fiscale. — Cass. 8 mai 1852 (Delbreil), *B. cr.*; 26 juillet 1855 (Jacquet), *B. cr.*; 13 juillet 1860 (Gounouilhou), *B. cr.*; Dalloz, vᵒ *Presse*, nᵒ 526. V. autres décisions conformes sous l'art. 365 C. i. cr., nᵒ 50, *Codes crim.*

5. Il est applicable : aux délits commis par la voie de la presse, lesquels découlent nécessairement des prohibitions portées par le Code pénal. — Cass. 3 oct. 1835 (Jaffrenou), *J. p.*

6. Par exemple au délit d'injures privées et au délit de diffamation envers la même personne par la voie de la presse. — Cass. 13 janvier 1837 (Edeline), *J. p.*, 37, 2, 62.

7. Aux contraventions en matière de presse prévues par l'art. 5 déc. 17 fév. 1852 et par l'art. 2 de celui du 28 mars 1852. — Cass. 26 juillet 1855 (Jacquet), *B. cr.* V. sous l'art. 5 déc. 17 fév. 1852.

8. Aux infractions à l'art. 6 L. du 9 juin 1819 sur le cautionnement des journaux. — Cass. 8 mai 1852 (Delbreil), *B. cr.*

9. Aux infractions prévues par les art. 3 et 4 L. du 16 juillet 1850 sur la presse. — Cass. 13 juillet 1860 (Gounouilhou), *B. cr.*

10. La règle du non-cumul est applicable au cas de coexistence d'un délit de presse et d'une contravention aux lois sur la police de la presse. — Dijon, 13 janv. 1864 (Robin), *J. cr.* nᵒ 7766.

11. Au contraire, l'art. 365 n'est applicable qu'aux crimes et délits. On ne peut en étendre le bénéfice aux infractions qui existent par le fait matériel de leur perpétration et qui ne peuvent être excusées par la bonne foi de leurs auteurs. — Cass. 17 mai 1851 (Dourlens), *B. cr.*; 9 août 1851 (Cassagne), *B. cr.*

12. Ainsi il n'est pas applicable aux infractions à l'art. 3 L. 16 juillet 1850 concernant la signature des articles politiques. — Mêmes arrêts.

13. Aux infractions à la loi du 21 oct. 1814 sur la police de l'imprimerie. — Cass. 16 juin 1826 (Veyllet), *J. p.*; 14 août 1846 (Dieulafoy), *J. p.* 46, 2, 707; 17 mai 1851 (Mangin), *B. cr.*; Paris, 20 juillet 1855 (Beaulé), *J. cr.*, nᵒ 5988.

14. Aux contraventions en matière d'imprimerie, particulièrement à l'omission du dépôt au parquet du procureur impérial. (V. art. 7 L. 27 juillet 1849.) La peine édictée par cet article doit se cumuler avec celle prononcée par la loi de 1814 pour omission du nom de l'imprimeur. — Paris, 24 juillet 1850 (Plon); D., 51, 5, 390; Chassan, *Lois de la presse*, p. 102.

15. Il n'est pas applicable au libraire qui n'est pas pourvu d'un brevet et qui en outre a exposé en vente des emblèmes sans autorisation. Il doit être puni des deux peines édictées par les art. 22 et 24 déc. 17 fév. 1852. — Douai, 26 avril 1853 (Bressolle); D., 53, 2, 153.

16. Les annonces successives d'une souscription pour le payement d'une amende constituent autant de délits particuliers dont les peines ne peuvent se confondre. — Paris, 14 juillet 1836 (Voillet), *J. p.*; Cass. 1ᵉʳ sept. 1836 (Voillet), *J. p.*; Chassan, t. 1, p. 191; de Grattier, t. 2, 339.

17. Toute cette jurisprudence a été abandonnée et remplacée par celle ci-dessus indiquée, nᵒˢ 4 et suivants. Elle ne serait plus aujourd'hui en harmonie avec les dispositions de la loi du 11 mai 1868, qui, pour l'application des circonstances atténuantes, ne fait aucune distinction entre les délits et les contraventions de la presse.

18. Un prévenu ne peut être puni de deux peines différentes à raison du même fait envisagé sous deux qualifications distinctes. — Cass. 11 janv. 1851 (Larcher), *B. cr.*

Art. 10. Pendant les vingt jours qui précéderont les élections, les circulaires et professions de foi signées des candidats pourront, après dépôt au parquet du procureur de la république, être affichées et distribuées sans autorisation de l'autorité municipale.

1. Cet article s'applique aux élections municipales comme aux élections législatives. — Cass. 30 janv. 1857 (Thomas), *B. cr.* — *Contrà* : Dalloz, vᵒ *Presse*, nᵒ 444.

2. Les circulaires et professions de foi des candidats peuvent après le dépôt préalable, être affichées même sans déclaration préalable à la mairie. L'art. 10 ci-dessus a abrogé la loi du 21 avril 1849 et l'art. 2 L. 10 déc. 1830. — Amiens, 2 juillet 1863 (Leveillé) S. 62, 2, 148.

3. Les bulletins contenant les noms des candidats dans une élection peuvent, comme les professions de foi, être distribués librement sans autorisation et sans signature pendant les vingt jours qui précèdent l'élection, pourvu qu'un exemplaire signé de tous les candidats qui y sont portés soit déposé au parquet avant toute distribution. — Cass. 30 janv. 1857 (Thomas), *B. cr.*

4. Sous l'empire de la loi du 21 avril 1849, art. 2, remplacé par cet article, les auteurs des écrits ou imprimés affichés ou criés dans les quarante-cinq jours précédant les élections n'avaient d'autre obligation personnelle que celle de les signer. Les afficheurs ou distributeurs étaient seuls responsables de l'omission de la formalité du dépôt. — Cass. 7 juin 1850 (Maillard), *B. cr.*

5. Mais il avait été décidé que celui qui remettait des écrits à des colporteurs pour les distribuer en leur disant qu'ils n'avaient aucune formalité à remplir se rendait complice de l'infraction commise par ces derniers à l'obligation du dépôt. — Cass. 18 août 1849 (Chevalier); D., 49, 1, 261. — L'infraction à l'obligation du dépôt ne constituant qu'une simple contravention ne paraît pas pouvoir donner lieu à une inculpation de complicité. V. les décisions rapportées sous l'art. 6 L. 27 juill. 1849, n°s 38 et suiv.

6. Les circulaires électorales sont affranchies du timbre. Art. 3 L. 11 mai 1868.

Art. 11. Les dispositions des lois des 9 juin 1819 et 18 juillet 1828 qui ne sont pas contraires à la présente loi continueront à être exécutées.

La loi du 9 août 1848 et celle du 21 avril 1849 sont abrogées.

TITRE II. — *Du timbre.*

Art. 12 à 28. *Remplacés par les art. 6 à 14 du décret du 17 février 1852.*

17 FÉVRIER 1852. — DÉCRET *organique sur la presse.*

CHAPITRE Ier. — *De l'autorisation préalable et du cautionnement des journaux et écrits périodiques.*

Art. 1er. *Cet article est abrogé par la loi du 11 mai 1868 (1).*

Art. 2. Les journaux politiques ou d'économie sociale publiés à l'étranger ne pourront circuler en France qu'en vertu d'une autorisation du gouvernement.

Les introducteurs ou distributeurs d'un journal étranger dont la circulation n'aura pas été autorisée seront punis d'un emprisonnement d'un mois à un an et d'une amende de 100 fr. à 5,000 fr.

1. La loi ne fait aucune distinction entre les journaux publiés en langue française et ceux publiés en langue étrangère. — Circ. min. 30 mars 1852.

2. Il importe peu que les publications saisies aient perdu leur caractère d'actualité, et qu'elles soient antérieures au décret du 17 fév. 1852. — Douai, 23 juin 1854 (d'Ecquevilley) D., 55, 2, 25.

3. L'infraction prévue par cet article est une contravention qui existe indépendamment de toute intention coupable. Le fait matériel suffit. — Cass. 15 sept. 1854 (d'Ecquevilley), *B. cr.*

4. La loi du 11 mai 1868 n'a rien changé au

régime d'admission et de circulation qui régit la presse étrangère sur le territoire français. — Circ. min. int. 3 juin 1868.

Art. 3. Les propriétaires de tout journal ou écrit périodique traitant de matières politiques ou d'économie sociale sont tenus, avant la publication, de verser au trésor un cautionnement en numéraire, dont l'intérêt sera payé au taux réglé pour les cautionnements.

§ 1er. — *Matières politiques.*

1. Les expressions *matières politiques* doivent s'entendre par leur généralité de tout ce qui a trait au gouvernement ou à l'administration des villes et des États. — Cass. 11 juillet 1851 (Thomas), *B. cr.* — De tout ce qui se rattache non-seulement à la politique générale, mais encore à la science du gouvernement et à l'administration de la cité. — Lyon, 8 avril 1835 (l'Indicateur), *J. p.*; de Grattier, t. 2, p. 138.

2. Elles s'appliquent notamment à l'examen critique de la condition morale de certaines classes de la société et à l'appréciation de la nature du commerce de la France. — Cass. 11 juillet 1851 (Thomas), *B. cr.*

3. On doit entendre par matières politiques et d'économie sociale tout ce qui, sous quelque forme que ce soit, touche aux théories gouvernementales, administratives ou économiques, ainsi qu'aux faits et documents y relatifs.—Cass. 13 mai 1864 (Grange), *B. cr.*; 1er juillet 1854 (Castillon), *B. cr.*; Montpellier, 22 nov. 1854 (l'Indicateur), D., 55, 5, 347.

4. Tel est un passage emprunté à l'exposé de la situation de l'empire dont le choix constitue une véritable appréciation du document. — Ou une analyse même exacte de cet exposé.—Ou une appréciation critique de la situation de certains établissements indiqués dans le même exposé. — Cass. 13 mai 1864 (Grange), *B. cr.*

5. Tel est un article s'occupant de l'institution du crédit foncier dans un intérêt collectif et général. — Paris, 11 nov. 1854 (Journal de l'agriculture), Gaz. trib. du 2 déc.

6. Ces expressions s'appliquent à la discussion des actes émanés de tous les dépositaires responsables de l'autorité, par conséquent à la polémique relative à l'administration locale des communes aussi bien qu'à celle relative à l'administration centrale. — Cass. 21 sept. 1844 (Soullier), *B. cr.*; 3 juillet 1840 (Guérin), *B. cr.*; Paris, 10 avril 1851 (Montalant); D., 53, 2, 13; Cass. 31 janv. 1855 (Dupin), *B. cr.*; Cass. 24 fév. 1861 (Villeroux), *B. cr.*; 3 déc. 1863 (Destaing), *B. cr.*; Chassan, t. 1, p. 593; de Grattier, t. 2, p. 138.

7. A toutes les discussions qui ont pour objet la critique ou la censure des actes de l'administration, soit générale, soit locale. — Cass. 24 février 1861 (Villeroux), *B. cr.*

8. A la discussion, critique ou censure des actes du gouvernement, ainsi qu'à l'examen et à la critique des actes de l'autorité locale ou municipale. — Cass. 3 déc. 1863 (Destaing), *B. cr.*

9. Elles comprennent toute insertion d'actes, faits ou écrits ayant un caractère politique. — Cass. 2 sept. 1841 (Drouault), *J. p.*, 44, 1, 347. — Les simples nouvelles politiques, — Cass. 29 déc. 1831 (Barthélemy), *J. p.*; Lyon, 30 déc. 1834 (Legros), *J. p.*; Parent, p. 438; de Grattier, t. 2, p. 137.

10. Tout ce qui est relatif soit à des faits, soit à des questions d'administration générale ou à des actes de

---

(1) *Ancien article.*

ART. 1er. Aucun journal ou écrit périodique traitant de matières politiques ou d'économie sociale, et paraissant soit régulièrement et à jour fixe, soit par livraisons et irrégulièrement, ne pourra être créé ou publié sans l'autorisation préalable du gouvernement.

Cette autorisation ne pourra être accordée qu'à un Français majeur, jouissant de ses droits civils et politiques.

L'autorisation préalable du gouvernement sera pareillement nécessaire à raison de tous changements opérés dans le personnel des gérants, rédacteurs en chef, propriétaires ou administrateurs d'un journal.

l'autorité locale ou municipale. — Cass. 9 mai 1856 (Goudard), *B. cr.*; de Grattier, *id.*

11. Se réfèrent à des actes de l'administration municipale :

La critique du projet d'embellissement d'une ville. — Cass. 24 fév. 1865 (Villeroux), *B. cr.*

12. Ou de projets de construction d'édifices départementaux. — Toulouse, 26 fév. 1864 (l'Avenir), *J. cr.*, n° 7820.

13. Ou du projet de reconstruction d'une prison ou de la gendarmerie d'une ville. — Cass. 3 déc. 1863 (d'Estaing), *B. cr.*

14. La discussion de systèmes divers d'aménagement des eaux thermales d'une ville. — Toulouse, 26 fév. 1864 (l'Avenir).

15. Au contraire si l'interdiction s'applique à la discussion des actes de l'autorité municipale agissant en vertu d'attributions qui lui sont déléguées par les pouvoirs publics, il en est autrement lorsqu'il s'agit des intérêts privés de la cité et, par exemple, des travaux de voirie urbaine. — Toulouse, 29 déc. 1864 (Villeroux), *J. cr.*, n° 7968.

16. La reproduction d'un passage d'un autre écrit contenant la mention ou le récit d'un acte ou d'un fait qui rentre dans le domaine de la politique, alors qu'il en contient implicitement l'appréciation ou la censure, a un caractère politique. — Pau, 24 déc. 1866, *J. cr.*, n° 8333.

17. Cependant on ne peut considérer comme traitant de matières politiques ou d'économie sociale les articles d'un journal qui ne sont que de simples nouvelles publiées sans réflexions, dans un intérêt local. — Rouen, 10 juillet 1852 (Vasselin), Gaz. des trib. du 13 juillet; Cass. 4 novembre 1852 (Vasselin), *B. cr.*

18. L'interdiction comprend la politique du pays et celle des pays étrangers. — Chassan, t. 1, p. 594; de Grattier, t. 2, p. 138.

19. Est politique :

L'article qui passe en revue les principales puissances de l'Europe, rend compte de la situation des différents peuples, de leurs souffrances, de leurs besoins, comme des institutions qu'ils repoussent. — Douai, 9 juillet 1830 (l'Etendard), *J. p.*

20. L'article traitant de l'origine et des transformations successives de la juridiction consulaire et contenant un rapprochement critique entre l'ancien et le nouveau mode d'élection des membres d'un tribunal de commerce. — Paris, 10 avril 1851 (Montalant); D., 53, 2, 13.

21. L'article qui se livre à la critique des mesures prises par l'autorité municipale pour l'exécution de la loi sur les élections communales. — Cass. 21 sept. 1844 (Soullier), *B. cr.*

22. L'article d'une revue théâtrale, qui fait des observations et dirige des critiques sur le choix des directeurs de théâtre fait par l'administration et ensuite rappelle et discute des projets de décrets concernant l'organisation administrative des théâtres. — Cass. 31 janv. 1855 (Dupin), *B. cr.*

23. L'article d'un journal dans lequel on examine la légalité de l'arrestation d'un citoyen, on critique et on dénonce la conduite des agents du gouvernement. — Cass. 6 juin 1840 (Pomiès), *B. cr.*; Chassan, *id.*

24. L'article qui contient la critique des pouvoirs accordés aux préfets de désigner les journaux pour les annonces judiciaires. — Cass. 11 août 1860 (Chevalier), *B. cr.*

25. L'écrit périodique en vers qui renferme des satires contre les personnages politiques et des allusions aux événements du temps. — Cass. 29 déc. 1831 (Barthélemy), *J. p.*; Chassan, t. 1, p. 571; de Grattier, t. 2, p. 13, 138; Dalloz, v° *Presse*, n° 272.

26. Un journal judiciaire ou autre qui reproduit les débats d'une affaire politique où ont été discutées des questions politiques est tenu de se conformer aux prescriptions des art. 1, 2 et 3 du décret du 17 fév. 1852. — Cass. 30 avril 1859 (Dubuisson), *B. cr.*

27. Un discours prononcé sur des matières politiques, même par un magistrat, ne peut être reproduit dans un journal sans cautionnement. — Paris, 10 avril 1851 (Montalant); D., 53, 2, 13.

28. Cependant, l'insertion d'un arrêt, dans une affaire politique, par un journal qui donne habituellement les lois et ordonnances, ne suffit pas pour le faire considérer comme traitant des affaires politiques. — Dijon, 13 mai 1831 (de Jussieu), *J. p.*; Chassan, t. 1, p. 593; de Grattier, t. 2, p. 138.

29. La simple reproduction des lois et décrets déjà promulgués et légalement publiés, sans commentaires ni appréciations ou rapprochement d'autres textes, ne rentre pas dans les dispositions prohibitives et préventives du décret du 17 fév. 1852.— Cass. 1ᵉʳ juillet 1854 (Castillon), *B. cr.*; Chassan, t. 1, p. 592.

30. Il n'est pas nécessaire, pour qu'il y ait contravention, que le caractère du journal se trouve essentiellement changé par la publication de plusieurs articles politiques. Il suffit qu'un seul article de ce genre soit publié. — Cass. 22 juin 1826 (Ténié), *J. p.*; Paris, 10 avr. 1851 (Montalant), *loc. cit.*; Chassan, t. 1, p. 596.

31. La cour de cassation est compétente pour apprécier si un écrit périodique peut être considéré comme étranger aux matières politiques. — Cass. 29 déc. 1831 (Barthélemy); 6 juin 1840 (Pomiès), *J. p.*; 3 juillet 1840 (Guérin), *B. cr.*; 30 avr. 1859 (Dubuisson); 11 août 1860 (Chevalier), *B. cr.*; 6 mars 1862 (Mercier), *B. cr.*; Cass. 24 fév. 1865 (Villeroux), *B. cr.* — Ou religieuses. — Cass. 6 mars 1862 (Mercier); Chassan, t. 1, p. 594. — *Contrà* : Cass. 22 juin 1826 (Huré), *J. p.* V. notes sous l'art. 408 C. i. cr., n° 112 et suiv., *Codes crim.*

§ 2. — *Matières d'économie sociale.*

32. Les expressions : *économie sociale* comprennent tout ce qui, dans l'industrie ou le commerce, se rattache aux intérêts généraux des populations; tel est l'article qui compare une industrie à une autre, signale leurs conditions d'existence, leurs avantages, leurs inconvénients, leur antagonisme. — Amiens, 30 avril 1858; D., 58, 2, 204.

33. Si chaque espèce d'industrie ou de commerce renfermée uniquement dans sa sphère professionnelle peut ne pas toucher à l'économie sociale, il en est autrement soit lorsque l'industrie et le commerce sont considérés d'une manière générale, soit lorsque chaque espèce d'industrie ou de commerce est mise en rapport avec des intérêts généraux ou collectifs.— Cass. 1ᵉʳ juillet 1854 (Castillon), *B. cr.*

34. La prohibition ne s'étend pas à un article qui contient une statistique sur la situation de la France, présente un tableau sur la progression de sa population agricole, indique la superficie générale de la France et qui ne touche à l'économie sociale que dans les rapports inévitables de cette science avec l'agriculture. — Rouen, 10 juillet 1852 (Vasselin); Cass. 4 nov. 1852 (Vasselin), *B. cr.*

§ 3. — *Du cautionnement.*

35. Le cautionnement fourni pour la publication d'un journal dans un département ne peut servir pour la publication, dans un autre département, du même journal suspendu dans le premier. — Nîmes, 4 avril 1850; Chassan, *Lois de la presse*, p. 103.

36. Il ne peut être en tout ou en partie fourni par

un tiers, il doit être fourni par les propriétaires du journal. — Metz, 3 juillet 1850 (Quesne), D., 51, 2, 137.

37. La cession que l'ancien gérant d'un journal fait de son cautionnement au nouveau gérant n'équivaut pas, de la part de ce dernier, au versement en numéraire prescrit par la loi. — Toulouse, 1ᵉʳ juin 1837 (Gazette du Languedoc), S., 38, 2, 206; Riom, 28 déc. 1837 (Courrier des Cévennes), S., 38, 2, 207; Montpellier, 11 juin 1838 (Marcou), D., 38, 2, 202.

38. D'ailleurs, le cautionnement des gérants de journaux doit rester, comme celui des comptables de l'État, affecté pendant trois mois, après la cessation de la gérance, à la garantie de leurs faits personnels. Loi 25 niv. an XIII, ord. 18 nov. 1825. — Toulouse, 1ᵉʳ juin 1837 (Gazette du Languedoc), *J. p.*; Dalloz, vᵒ *Presse*, nᵒ 289.

39. Le nouveau gérant ne peut signer le journal avant que l'inscription du cautionnement ait été faite en son nom au trésor. — Riom, 28 déc. 1837 (Courrier des Cévennes), S., 38, 2, 207; Montpellier, 11 juin 1838 (Marcou), D., 38, 2, 202; Chassan, t. 1, p. 604.

40. Le journal qui, après avoir suspendu sa publication pendant moins de trois mois, en reprend le cours, n'est pas soumis au dépôt d'un nouveau cautionnement. — Cass. 30 nov. 1833 (Baverey), *J. p.*; et alors même que la suspension aurait duré plus de trois mois, si le cautionnement n'est pas dégagé. — Chassan, t. 1, p. 605; de Grattier, t. 2, p. 133.

41. Aucune modification n'a été apportée par la loi du 11 mai 1868 ni dans le taux du cautionnement, ni dans les règles qui accompagnent son versement. Les déclarants continueront à faire ce versement dans la caisse du trésorier payeur général du département. — Circ. min. int., 3 juin 1868.

42. Sur la justification du versement du cautionnement. V. ordonnances des 29 juillet 1828 et 18 nov. 1835.

Art. 4. Pour les départements de la Seine, de Seine-et-Oise, de Seine-et-Marne et du Rhône, le cautionnement est fixé ainsi qu'il suit :

Si le journal ou écrit périodique paraît plus de trois fois par semaine, soit à jour fixe, soit par livraisons irrégulières, le cautionnement sera de cinquante mille francs (50,000 fr.).

Si la publication n'a lieu que trois fois par semaine ou à des intervalles plus éloignés, le cautionnement sera de trente mille francs (30,000 fr.).

Dans les villes de cinquante mille âmes et au-dessus, le cautionnement des journaux ou écrits périodiques paraissant plus de trois fois par semaine sera de vingt-cinq mille francs (25,000 fr.).

Il sera de quinze mille francs dans les autres villes, et, respectivement, de moitié de ces deux sommes pour les journaux ou écrits périodiques paraissant trois fois par semaine ou à des intervalles plus éloignés.

Si le journal paraît régulièrement de deux jours l'un, il doit verser le cautionnement de 50,000 fr. — Circ. min. just. 27 mars 1852.

Art. 5. Toute publication de journal ou écrit périodique sans cautionnement ou sans que le cautionnement soit complété sera punie d'une amende de 100 fr. à 2,000 fr. pour chaque numéro ou livraison publiés en contravention, et d'un emprisonnement d'un mois à deux ans.

Celui qui aura publié le journal ou écrit périodique et l'imprimeur seront solidairement responsables.

Le journal ou écrit périodique cessera de paraître.

§ 1ᵉʳ.

1. Il ne peut y avoir contravention aux prescriptions des art. 3 et 5 du décret du 17 fév. 1852 qu'autant que les articles insérés dans un journal non soumis au cautionnement auraient par eux-mêmes le caractère d'un fait ou d'une discussion politique ou d'économie sociale. — Cass. 4 nov. 1852 (Vasselin), *B. cr.*

2. Mais l'insertion d'un seul article politique dans un journal non politique suffit pour constituer la contravention. — Cass. 22 juin 1826 (Huré), *J. p.* V. *suprà* sous l'art. 3, nᵒ 30.

3. Les deuxième et troisième éditions d'un journal doivent être principalement la reproduction de l'édition première. — Cass. 27 mai 1843 (Pian), D., 44, 1, 144. — Sauf les additions que comportent les actes, faits et nouvelles qui ont pu se produire depuis cette première édition. — Cass., ch. réun., 13 avril 1852 (Delbreil), *J. p.*; 52, 2, 160.

4. On doit considérer comme journal nouveau et soumis à l'obligation d'un cautionnement distinct :

La deuxième édition d'un journal qui diffère de la première non-seulement par le format, la périodicité, le prix d'abonnement, mais aussi par la division des matières et la rédaction des articles. — Cass. 24 avril 1851 (Delbreil), *B. cr.*; 26 juillet 1851 (Bareste), *B. cr.*; 13 avril 1852 (Delbreil), *B. cr.*

5. Une cour a le droit d'apprécier si plusieurs feuilles ne sont que des éditions d'un journal, et si les différences qui les caractérisent dépassent ou non les limites que comporte la faculté d'émettre des secondes éditions. — Cass. 23 nov. 1839 (Paya), Dalloz, vᵒ *Presse*, p. 459.

6. On ne peut considérer comme supplément d'un journal que les feuilles additionnelles dont l'abondance des matières peut exiger occasionnellement la publication, et qui sont livrées aux abonnés du journal sans augmentation de prix. — Paris, 26 déc. 1833 (Lionne), *J. p.*; Cass. 27 mai 1843 (Piau), D., 44, 1, 144.

7. Que les feuilles destinées à rendre publics des faits ou événements qui, arrivés lors de la publication du journal, n'ont pu y trouver place. — Amiens, 22 nov. 1841 (Caron), *J. p.*

8. Ne peuvent être considérés comme suppléments : Des numéros de journaux publiés isolément à jour déterminé d'avance, sous le titre de supplément, et ayant le même format, la même étendue, la même distribution de matières que les numéros véritables. — Cass. 24 avril 1851 (Delbreil), *B. cr.*

9. Ni une feuille publiée, sous le titre de supplément, trois jours après la publication du numéro du journal, et qui n'a eu pour objet que d'annoncer des faits qui ne s'étaient passés que la veille de sa publication. — Amiens, 22 nov. 1841 (Caron), *J. p.*, 42, 2, 415.

10. Ni la feuille que le gérant d'un journal pu-

blie tous les jours, qui n'est adressée qu'à ceux des abonnés qui payent un prix d'abonnement différent, et dont les matières ne sont pas les mêmes que celles de la première feuille. — Cass. 27 mai 1843 (Piau), D., 44, 1, 144.

11. Encore bien que le propriétaire et l'imprimeur soient les mêmes, si cette feuille s'adresse à des abonnés particuliers et ne présente pas les caractères d'une édition particulière. — Paris, 26 déc. 1833 (Lionne), *J. p.*; Cass. 18 mars 1843 (Dujarrier), *B. cr.*; de Grattier, t. 2, p. 134. V. sous l'art. 3 décr. 17 février 1852.

12. Encore bien que les deux publications soient réunies l'une et l'autre sur la même feuille d'impression, si cette réunion n'est qu'apparente, si les deux journaux peuvent être séparés, et s'ils diffèrent par le titre et par les matières qu'ils traitent.— Cass. 18 mars 1843 (Dujarrier), *B. cr.*

13. Les divers faits de publication d'un journal sans cautionnement constituent non un délit successif, mais autant de délits de publication dont chacun peut devenir la base de l'application de la loi pénale dans la limite tracée par les lois, relativement aux délits réitérés. — Cass. 3 sept. 1835 (Widerkehr); 23 janvier 1836 (la Justice), Dalloz, vº *Presse*, nº 524; Chassan, t. 1, p. 191, 597.

14. Sous l'empire de la loi du 9 juin 1819, il y avait lieu d'appliquer, en ce cas, l'art. 365 du Code d'inst. crim. qui prohibe le cumul des peines. — Cass. 23 janv. 1835 (Widerkehr), *J. p.*; 23 janv. 1836 (la Justice); 8 mai 1852 (Delbreil), *B. cr.*; Chassan, t. 1, p. 597; Dalloz, vº *Presse*, nº 523. Mais l'art. 5 du décret du 17 février nous paraît déroger pour ce cas au principe de la prohibition du cumul relativement à l'amende.

15. L'art. 365 C. inst. cr. est également applicable au cas où le fait de publication sans autorisation serait accompagné de celui de publication sans cautionnement. — Cass. 20 juillet 1855 (Jacquet), *B. cr.* V. sous l'art. 365 C. inst. cr., nᵒˢ 51 et suiv., *Codes crim.* — Aujourd'hui l'autorisation de publier n'est plus nécessaire, mais cette décision peut encore avoir son intérêt.

16. Un journal non cautionné, qui traite de matières politiques, ne peut être condamné, indépendamment de l'amende édictée pour ce fait, aux peines établies par l'art. 8, L. 18 juillet 1828, pour omission du nom du gérant. — Chassan, t. 1, p. 631.

17. La contravention à l'obligation du cautionnement pour les journaux s'occupant de matières politiques ne peut être excusée ni par la moralité et la bonne foi du contrevenant. — Cass. 2 sept. 1841 (Drouault), *B. cr.*; 21 sept. 1844 (Soullier), *B. cr.* Cass. 11 août 1860 (Chevalier), *B. cr.*; 13 mai 1864 (Grange), *B. cr.*

18. Ni par l'intervention du maire dans les publications du journal.— Cass. 2 sept. 1841 (Drouault), *B. cr.*

19. Ni par la tolérance dont de semblables contraventions auraient été l'objet. — Cass. 21 sept. 1844 (Soullier), *B. cr.*

20. Quoique dans la citation le ministère public n'ait cité que deux numéros d'un journal à l'appui de son action, rien ne s'oppose à ce qu'il en produise un autre qui a paru depuis, non comme constituant un nouveau délit, mais comme un nouvel élément de preuve. — Cass. 21 avril 1827 (Goisbault), *J. p.*

21. Lorsque la citation incrimine tel numéro d'un journal, sans indiquer l'article spécial qui traite de matières politiques, le tribunal correctionnel peut bien faire résulter le délit de tel article; mais sur l'appel, la cour peut le faire résulter des autres articles du même numéro. — Cass. 17 fév. 1844 (Gelly), *B. cr.*; Chassan, t. 1, p. 598.

§ 2.

22. Cet article a entendu rendre celui qui a publié le journal et l'imprimeur responsables, directement et au même titre, des contraventions aux prescriptions des articles précédant l'art. 5, et les rendre également passibles des peines édictées par ledit article 5. L'imprimeur ne peut être déclaré seulement responsable du gérant.— Cass. 26 juillet 1855 (Jacquet), *B. cr.*; 2 mars 1855 (Castillon), *B. cr.*; Dalloz, vº *Presse*, nº 273.

23. L'imprimeur ne peut être excusé par le motif qu'il aurait rempli les formalités du double dépôt prescrit par la loi du 21 oct. 1814, art. 14, et la loi du 27 juillet 1849, art. 7. — Cass. 31 mai 1850 (De Soye), *B. cr.*

§ 3.

24. L'interdiction de paraître doit être prononcée par le jugement contre le journal condamné, dans les cas prévus par cet article. Cette disposition ne peut être laissée à l'appréciation facultative de l'autorité administrative. — Cass. 26 juillet 1855 (Tremollière), *B. cr.*; 11 juin 1858 (Blondeau), *B. cr.*; Dalloz, vº *Presse*, nº 405.

25. Elle constitue une véritable peine accessoire. — Cass. 26 juillet 1855 (Jacquet), *B. cr.*— *Contrà:* Dalloz, *id.*

26. Cette disposition doit être appliquée au journal non politique qui a reproduit accidentellement un article politique. — Cass. 26 juillet 1855 (Tremollière), *B. cr.* — Ce journal pourra reparaître dans son cadre habituel et spécial. — Dalloz, vº *Presse*, nº 406.

27. La suppression ordonnée par cet article est différente de celle prononcée par l'art. 12 de la loi du 11 mai 1868. — Paris, 25 juillet 1868 (Cimetière). *J. cr.*, nº 8684.

11 MAI 1868. — LOI *relative à la presse.*

Art. 1ᵉʳ. Tout Français majeur et jouissant de ses droits civils et politiques peut, sans autorisation préalable, publier un journal ou écrit périodique paraissant soit régulièrement et à jour fixe, soit par livraisons et irrégulièrement.

Cet article ne fait que reproduire les dispositions de l'art. 1ᵉʳ de la loi du 18 juillet 1828, en ajoutant la condition de la jouissance des droits politiques. — V. les art. 4 et 5 de cette loi, sur les cas où le journal est publié par une société, sur la nomination d'un gérant, les qualités qu'il doit avoir, ses fonctions, sa responsabilité.

Art. 2. Aucun journal ou écrit périodique ne peut être publié s'il n'a été fait, à Paris, à la préfecture de police, et dans les départements, à la préfecture, et quinze jours au moins avant la publication, une déclaration contenant :

1º Le titre du journal ou écrit périodique et les époques auxquelles il doit paraître;

2º Le nom, la demeure et les droits des propriétaires autres que les commanditaires;

3º Le nom et la demeure du gérant;

4° L'indication de l'imprimerie où il doit être imprimé.

Toute mutation dans les conditions ci-dessus énumérées est déclarée dans les quinze jours qui la suivent.

Toute contravention aux dispositions du présent article est punie des peines portées dans l'article 5 du décret du 17 février 1852.

§ 1ᵉʳ. — *Observations générales.*

1. Cet article, en reproduisant les dispositions de l'article 6 de la loi du 18 juillet 1828, les abroge implicitement, sauf cependant les paragraphes 5 et 6, qui, n'ayant pas été reproduits par la loi nouvelle, semblent rester en vigueur. Aux termes de l'art. 6 sus-énoncé, les journaux non cautionnés n'étaient pas soumis à la même déclaration que les journaux soumis au cautionnement. Ils n'avaient pas, par exemple, à déclarer le nom de leur gérant. La loi de 1868, au contraire, ne fait aucune distinction entre les journaux cautionnés et les journaux non cautionnés, elle les soumet tous à la même déclaration ; en résulte-t-il que les journaux non cautionnés seraient soumis même à l'obligation d'avoir un gérant responsable, et à toutes les prescriptions des art. 7, 10, 11, 12 de la loi du 18 juillet 1828 relatives au dépôt des pièces justificatives qui doivent accompagner la déclaration, à la régularité ou à la fausseté de cette déclaration, au remplacement du gérant en cas de décès ou de condamnation? Nous hésitons à croire que telle ait été la pensée du législateur.

2. La circulaire du garde des sceaux du 4 juin 1868 se borne à cet égard à dire que la déclaration sera désormais la même pour les écrits périodiques, cautionnés ou non, et que les articles 6, 7 et 10 de la loi du 18 juillet 1828 *seront encore utilement consultés pour les difficultés de détail.*

3. Une circulaire précédente, du 27 mars 1852, déclarait encore en vigueur les dispositions existantes avant le 17 février 1852 relativement à la création et à la publication d'un journal et par conséquent celles qui régissent la capacité et la responsabilité des gérants.

§ 2. — *Du journal, ce qui le constitue. — Déclaration.*

4. Les expressions *journal* ou *écrit périodique* s'appliquent à tous les écrits, quels que soient le mode et l'époque de leur publication successive, qui, par leur titre, leur plan et leur esprit, forment un ensemble. — Douai, 23 juin 1854 (d'Ecquevilley); D.; 55, 2, 25; Dalloz, vᵒ *Presse*, nᵒ 226; Chassan, t. 1, p. 783, 784.

5. La publication faite irrégulièrement et plusieurs fois par mois de bulletins imprimés extraits de divers journaux doit être assimilée à la publication d'un journal ou écrit périodique. — De Grattier, t. 2, p. 12; Dalloz, *id.* — *Contrà* : Aix, 27 juin 1832 (Bousquet) *J. p.*

6. Mais le fait d'adresser chaque semaine et plusieurs fois par semaine, de Paris, sans publicité et dans un but de spéculation, à divers gérants de journaux de département, des écrits traitant de matières politiques, ne peut équivaloir à la publication d'un journal ou écrit périodique, ces gérants étant libres de les reproduire, de les modifier ou de les mettre de côté. — Cass. 30 juillet 1864 (de Saint-Cheron), *B. cr.* Cass., ch. réun., 21 janvier 1865 (de Saint-Cheron), *B. cr.*

7. La déclaration est faite sur papier timbré. — Elle doit être accompagnée des pièces justificatives qui établissent sa sincérité. — Circ. min. int. du 3 juin 1868. V. les art. 7, 10, 11 de la loi du 18 juillet 1828.

8. Il est délivré récépissé au déclarant de sa déclaration. — Dans les quinze jours, le préfet vérifie la capacité du déclarant. Il demande à cet effet le bulletin nᵒ 3 du casier judiciaire au parquet du domicile d'origine du déclarant. — Circ. min. int. du 3 juin 1868.

§ 3. — *Mutation dans les conditions de la publication.*

9. Toute mutation non-seulement du titre, mais dans le titre d'un journal, est soumise à la déclaration. — Cass., ch. réun., 5 avril 1851 (Dupont), *B. cr.*

10. L'addition du millésime de l'année peut constituer un titre nouveau et un nouveau journal, selon les circonstances. — Cass. 4 avril 1834 (le National); ch. réun., 6 août 1834 (le National), *J. p.*

11. La restriction apportée à la publication d'un journal constitue une véritable mutation dans les conditions de la périodicité, soumise à la nécessité d'une déclaration. — Cass. 5 déc. 1850 (Daviot), *B. cr.*; ch. réun., 25 juin 1851 (Daviot), *B. cr.*; Dalloz, vᵒ *Presse*, nᵒ 256.

12. La nécessité de la déclaration de mutation imposée par cet article ne s'applique qu'aux mutations opérées par le fait de l'homme et non à celles opérées par le fait de la loi. — Cass. 24 sept. 1831 (Leval), *J. p.*; Chassan, t. 1, p. 578; de Grattier, t. 2, p. 159.

13. Il y a changement dans le personnel aussi bien lorsqu'il y a substitution d'un gérant ou propriétaire à un autre, que lorsque l'une de ces personnes cesse de faire partie du personnel du journal. Ainsi, il suffit que le rédacteur en chef cesse ses fonctions pour que cette disposition soit applicable. — Cass. 13 juin 1858 (Cottenet), *B. cr.*

14. Il y a changement opéré dans la propriété d'un journal lorsque celui qui le publie en met l'exploitation en société, encore qu'il déclare s'en réserver la propriété. — Cass. 16 janv. 1863 (Noellat), *B. cr.*

15. L'adjonction d'un conseil de surveillance à un gérant qui était seul gérant et propriétaire d'un journal change les conditions dans lesquelles s'exerçaient la gérance et l'administration du journal. Ce changement doit être déclaré à l'autorité administrative. — Cass. 16 janv. 1863 (Noellat), *B. cr.*

16. Les modifications apportées à l'acte de société, lorsqu'elles sont de nature à modifier la propriété, en dénaturant la forme et la transmissibilité des actions, en détruisant la proportion d'intérêt entre les associés, et en substituant à une société ayant un but commercial une société d'une tout autre nature, constituent une mutation parmi les propriétaires. — Cass. 22 mars 1851 (Pons), *B. cr.*

17. En cas de déclaration fausse et frauduleuse, la poursuite peut être portée directement devant le tribunal correctionnel. — Cass. 22 mars 1851 (Pons), *B. cr.* V. sous l'art. 11, L. 18 juillet 1828.

18. Lorsque la déclaration faite a été légalement annulée, le journal ne peut paraître sans qu'une nouvelle déclaration soit faite. — Cass. 11 juillet 1845 (Paya), *B. cr.*; Dalloz, vᵒ *Presse*, nᵒ 363.

19. La publication d'un journal sans déclaration préalable du changement introduit dans la périodicité constitue des délits successifs chaque fois qu'elle se renouvelle. La prescription ne peut courir qu'à dater de la dernière publication. — Toulouse, 14 avril 1842 (Raulet); Dalloz, vᵒ *Presse*, nᵒ 520.

Art. 3, 4, 5, 6. *Dispositions relatives au timbre.* V. *infrà.*

Art. 7. Au moment de la publication de chaque feuille ou livraison du journal ou écrit périodique, il sera remis à la préfecture pour les chefs-lieux de département, à la sous-préfecture pour ceux d'arrondissement, et pour les autres villes à la mairie, deux exemplaires signés du gérant responsable, ou de l'un d'eux s'il y a plusieurs gérants responsables.

Pareil dépôt sera fait au parquet du procureur impérial, ou à la mairie dans les villes où il n'y a pas de tribunal de première instance.

Ces exemplaires sont dispensés du droit de timbre.

Dépôt à la préfecture.

1. Cet article reproduit les dispositions de l'art. 5 de la loi du 9 juin 1819, abrogé par la loi du 17 mars 1822, à l'exception de celles du dernier paragraphe qui disposait que la formalité du dépôt ne pourrait ni retarder ni suspendre la distribution du journal ou écrit périodique. — V. les notes sous l'art. 5 L. 9 juin 1819.

2. Il apporte une modification grave à la loi ancienne. Cette loi n'était applicable qu'aux journaux soumis au cautionnement. L'art. 7 de la loi nouvelle ne fait aucune distinction, il s'étend à tous les journaux ou écrits périodiques cautionnés ou non cautionnés, les uns et les autres sont soumis à l'obligation du dépôt à la préfecture.

3. Le dépôt des deux exemplaires du journal a lieu, à Paris, au ministère de l'intérieur.

L'un des deux exemplaires remis aux préfectures et sous-préfectures ou aux mairies doit être envoyé immédiatement par le préfet, le sous-préfet ou le maire au ministère de l'intérieur (bureau de la presse départementale), — Circ. min. int. 3 juin 1868.

4. L'obligation de ce dépôt administratif n'a reçu aucune sanction de la loi nouvelle, qui n'a pas reproduit celle de l'art. 6 de la loi du 9 juin 1819. — *Contrà :* Elle a pour sanction l'amende édictée par l'art. 8 de la loi du 18 juillet 1828 qui doit s'appliquer au dépôt administratif par identité de motifs. — Paris, 24 juillet 1868 (André Pasquet). Nous ne pensons pas que cette décision puisse faire jurisprudence.

Dépôt au parquet.

5. Tous les journaux sont également soumis à l'obligation du dépôt au parquet, la loi nouvelle ne fait pas davantage de distinction. — Elle remplace et abroge le paragraphe 2 de l'article 8 de la loi du 18 juillet 1828, qui prescrivait le même dépôt au parquet, mais aux journaux cautionnés seulement. Il faut remarquer qu'elle n'a pas reproduit la sanction à cette obligation édictée par ledit article, mais il a été jugé que cette sanction n'avait pas été abrogée. — Paris, 24 juill. 1868 (André Pasquet).

6. Lorsque, à défaut de tribunal, le dépôt est fait à la mairie, le maire doit envoyer immédiatement les deux exemplaires de ce dépôt au parquet. — Circ. min. int. 3 juin 1868.

7. Le dépôt au parquet doit précéder le premier acte de distribution. — Limoges, 24 juillet 1862 (Gautier), *J. cr.*, n° 7489.

8. La remise de numéros d'un journal à une administration chargée de les transporter et de les distribuer est une publication qui ne peut être faite qu'après le dépôt au parquet du premier exemplaire tiré. — Cass. 29 janv. 1851 (Larcher), *B. cr.*

9. Le dépôt peut être fait à toute heure de la journée et même de la nuit ; les procureurs impériaux n'ont pas le droit d'en fixer l'heure. — Chassan, t. 1, p. 615 ; de Grattier, t. 2, p. 169.

10. Il n'y a d'exception à la formalité du dépôt que pour les ouvrages dits de ville ou bilboquets. — Circ. min., 16 juin 1830.

11. L'exemplaire d'un journal déposé au parquet doit être exactement conforme à ceux qui sont publiés ; ainsi, si l'espace du feuilleton est en blanc, il y a contravention lorsque, dans des exemplaires publiés, cet espace a été rempli, quoiqu'il ait été recouvert de maculatures. — Cass. 15 oct. 1834 (Garnier), *J. p.* ; Chassan, t. 1, p. 614, Parant, p. 472 ; de Grattier, t. 2, p. 170.

12. Est assujetti à la formalité d'un double dépôt :
Le journal qui est publié dans deux départements différents avec une suscription distincte et des articles qui ne sont pas toujours les mêmes. — Cass. 19 avril 1839 (Paya), *B. cr.* ; Chassan, t. 1, p. 614. — Quelque peu d'importance qu'aient les changements apportés à chaque édition. — Même arrêt. — Dalloz, v° *Presse*, n° 375.

13. Le journal tiré à deux éditions, l'une pour Paris, l'autre pour les départements. Deux dépôts sont nécessaires, alors même que les deux éditions seraient conformes. — De Grattier, t. 2, p. 170.

14. Le numéro qui est publié, même accidentellement, en deux parties, une le matin, l'autre le soir. Il ne suffirait pas que le dépôt de la première partie fût fait au moment de la publication du supplément. — Rouen, 10 fév. 1842 (Dubreuil), *J. p.*, 42, 1, 516 ; Chassan, t. 1, p. 613.

15. Le gérant d'un journal qui a omis de déposer au parquet un exemplaire signé en minute ne peut être excusé par des considérations tirées de sa bonne foi. — Cass. 16 avril 1841 (Dubreuil), *B. cr.* ; 18 avril 1839 (l'Émancipation), *J. p.*, 39, 1, 473 ; de Grattier, t. 2, p. 170. — Et par exemple, parce que le porteur dudit numéro l'aurait perdu. — Paris, 22 avril 1835 (Simon), *J. p.* ; Chassan, t. 1, p. 612.

16. Les tribunaux ne peuvent admettre ni composition ni excuse. — Cass. 15 oct. 1834 (Paya), *J. p.*

17. La force majeure seule peut être admise comme excuse des contraventions prévues par cet article. — Paris, 22 avril 1835 (Simon), *J. p.* ; Cass. 16 avril 1841 (Dubreuil), *B. cr.* ; de Grattier, *id.*

18. L'absence du gérant et l'erreur de son mandataire ne peuvent être considérées comme un cas de force majeure. — Cass. 16 avril 1841 (Dubreuil), *B. cr.* ; Chassan, t. 1, p. 613.

19. Le récépissé qui sert à constater le dépôt n'est pas le seul mode de preuve de ce dépôt. La loi n'exclut pas les autres modes usités. — Cass. 12 juillet 1866 (Perriquet), *B. cr.* ; Chassan, t. 1, p. 614 ; de Grattier, t. 2, p. 171 ; Dalloz, v° *Presse*, n° 379.

20. Il suffit que les juges déclarent que la contravention est établie par les documents de la cause. — Cass. 12 juillet 1866 (Perriquet), *B. cr.*

21. La signature de la minute et le dépôt au parquet sont deux formalités corrélatives et indivisibles ; leur omission ne constitue qu'une seule contravention punissable d'une seule peine. — Chassan, t. 1, p. 615.

22. Sur la signature des numéros d'un journal et la responsabilité des signataires, v. l'art. 8 de la loi du 18 juillet 1828, dont les dispositions sont maintenues.

Art. 8. Aucun journal ou écrit périodique ne pourra être signé par un membre du Sénat ou du Corps législatif en qualité de gérant responsable. En cas de contravention, le journal sera considéré comme non signé, et la peine de 500 à 3,000 francs d'amende sera prononcée contre les imprimeurs et propriétaires.

1. Cet article abroge implicitement l'art. 9 de la loi du 27 juillet 1849, dont il reproduit les dispositions en les appliquant aux membres du Sénat et du Corps législatif.

2. La loi n'interdit pas à un représentant du peuple de prendre part à la rédaction d'un journal. — Chassan, *Lois de la presse*, nº 103.

Art. 9. La publication par un journal ou écrit périodique d'un article signé par une personne privée de ses droits civils et politiques, ou à laquelle le territoire de France est interdit, est punie d'une amende de 1,000 à 5,000 francs, qui sera prononcée contre les éditeurs ou gérants dudit journal ou écrit périodique.

Sur la défense de publier des articles émanant d'un condamné à une peine afflictive ou infamante, v. l'article 21 du décret du 17 fév. 1852.

Art. 10. En matière de poursuites pour délits et contraventions commis par la voie de la presse, la citation directe devant le tribunal de police correctionnelle ou la cour impériale sera donnée conformément aux dispositions de l'article 184 du Code d'instruction criminelle. Le prévenu qui a comparu devant le tribunal ou devant la cour ne peut plus faire défaut.

V. sur la forme des poursuites et la compétence, les articles 25, 26 et 27 du décret du 17 fév. 1852, les articles 1 et 3 du décret des 23-28 fév. 1852.

Art. 11. Toute publication dans un écrit périodique relative à un fait de la vie privée constitue une contravention punie d'une amende de 500 francs.

La poursuite ne pourra être exercée que sur la plainte de la partie intéressée.

1. En prohibant l'envahissement de la vie privée, sans qu'il soit nécessaire d'établir l'intention criminelle, la loi a entendu interdire toute discussion de la part de la défense sur la vérité des faits. Le remède eût été pire que le mal, si un débat avait pu s'engager sur ce terrain. Circ. min. just. 4 juin 1868. — Mais il importe de ne pas exagérer un principe excellent. Nos mœurs n'admettent pas la prétention d'enlever aux investigations de la publicité les actes qui relèvent de la vie publique, et ce dernier mot ne doit pas être restreint à la vie officielle ou à celle du fonctionnaire. Tout homme qui appelle sur lui l'attention ou les regards du public, soit par une mission qu'il a reçue ou qu'il se donne, soit par le rôle qu'il s'attribue dans l'industrie, les arts, le théâtre, etc., ne peut plus invoquer contre la critique ou l'exposé de sa conduite d'autre protection que les lois qui répriment la diffamation et l'injure. Celui-là seul a droit au silence absolu qui n'a pas expressément

ou indirectement provoqué ou autorisé l'attention, l'approbation ou le blâme. — Circ. min. just. 4 juin 1868. — Nous ne pensons pas qu'il faille comprendre cette circulaire en ce sens que, sous prétexte de discuter la valeur d'un homme comme artiste, comme littérateur ou industriel, il soit permis de s'ingérer dans sa vie privée; ce serait méconnaître la disposition formelle de la loi.

2. Cette disposition n'atteint pas les journaux qui publient les comptes rendus des procès plaidés devant les tribunaux. L'audience étant publique, la publication des débats n'est que la conséquence de cette publicité. — Circ. min. just. 4 juin 1868. — V. les articles 13 et suivants de la loi du 17 mai 1819 sur les diffamations et les injures.

Art. 12. Une condamnation pour crime commis par la voie de la presse entraîne de plein droit la suppression du journal dont le gérant a été condamné.

Pour le cas de la récidive, dans les deux années à partir de la première condamnation pour délits de presse autres que ceux commis contre les particuliers, les tribunaux peuvent, en réprimant un nouveau délit de même nature, prononcer la suspension du journal ou écrit périodique, pour un temps qui ne sera pas moindre de quinze jours ni supérieur à deux mois.

Une suspension de deux à six mois peut être prononcée pour une troisième condamnation dans le même délai. Elle peut l'être également par un premier jugement ou arrêt de condamnation, si la condamnation est encourue pour provocation à l'un des crimes prévus par les articles 86, 87 et 91 du Code pénal, ou pour délit prévu par l'article 9 de la loi du 17 mai 1819.

Pendant toute la durée de la suspension, le cautionnement demeurera déposé au trésor et ne pourra recevoir une autre destination.

1. Cet article n'est point contraire aux dispositions de l'article 15 de la loi du 18 juillet 1828; ce dernier article prononce la suspension du journal dans un cas différent, celui où la première condamnation prononcée *contre le même gérant* s'élève à plus d'une année d'emprisonnement, quelle que soit la date de la première condamnation, conformément à l'art. 58 du Code pénal, et il s'applique à tous les délits de publication, sans excepter ceux commis *contre les particuliers*. Il n'est donc pas abrogé.

2. Mais l'article 12 de la nouvelle loi remplace et abroge l'art. 15 de la loi du 27 juillet 1849, dont il reproduit les dispositions en les modifiant.

3. La suppression du journal condamné doit s'opérer *ipso facto*; elle n'a pas besoin d'être prescrite par la justice. La publication d'un seul numéro est frappée des peines de l'article 20 du décret du 17 fév. 1852. — Cass. 11 juin 1858 (Blondeau), *B. cr.*,

Art. 13. L'exécution provisoire du jugement ou de l'arrêt qui prononce la suspension ou la suppression d'un journal ou écrit périodique pourra, par une disposition spéciale, être ordonnée, nonobstant opposition ou appel en ce qui touche la suspension ou la suppression.

Il en sera de même pour la consignation de l'amende, sans préjudice des dispositions des articles 29, 30 et 31 du décret du 17 février 1852.

Toutefois l'opposition ou l'appel suspendront l'exécution, s'ils sont formés dans les vingt-quatre heures de la signification des jugement ou arrêt par défaut ou de la prononciation du jugement contradictoire.

L'opposition ou l'appel entraîneront de plein droit citation à la plus prochaine audience.

Il sera statué dans les trois jours.

Le pourvoi en cassation n'arrêtera en aucun cas les effets des jugements et arrêts ordonnant l'exécution provisoire.

1. Si le délai de vingt-quatre heures tombe un jour férié, il suffira qu'un huissier constate qu'il a trouvé le greffe fermé, et qu'il n'a pu dès lors formuler un pourvoi qui résulte de cette déclaration même. — Circ. min. just. 4 juin 1868.

2. Si le condamné préfère se soumettre à l'exécution provisoire, il continue à jouir de tous les délais et de toutes les voies de droit pour attaquer les décisions qui l'ont frappé. — Circ. min. just. 4 juin 1868.

3. Cet article doit être entendu dans le même sens que l'article 188 du Code d'inst. crim. La première audience à laquelle l'affaire doit être appelée est celle qui suit le délai de trois jours soit après l'opposition, soit après l'appel. — Paris, 18 juillet 1868 (Cluseret), *J. cr.*, nº 8683.

4. Nonobstant les dispositions de cet article portant qu'il sera statué dans les trois jours, le tribunal peut, pour une raison sérieuse, accorder une remise. — Discours de M. Mathieu, membre de la commission.

5. Sur l'exécution des jugements en matière de presse, v. les articles 6, 7 et 8 de la loi du 16 juillet 1850, 29, 30 et 31 du décret du 17 fév. 1852, 1 et 2 du décret du 5 janv. 1853.

Art. 14. Les gérants de journaux seront autorisés à établir une imprimerie exclusivement destinée à l'impression du journal.

1. Cette autorisation doit être accordée aussi bien au gérant du journal industriel et littéraire qu'au gérant du journal purement politique. — Circ. min. int. 3 juin 1868.

2. L'imprimerie n'est créée que pour assurer la libre fondation du journal lui-même ou ce qui est un élément essentiel de sa publication, comme les prospectus, l'affiche, les bandes d'envoi, les quittances d'abonnement. — Circ. min. int. 3 juin 1868.

Art. 15. L'article 463 est applicable aux crimes, délits et contraventions commis par la voie de la presse, sans que l'amende puisse être inférieure à 50 francs.

1. Cet article remplace les articles 14 de la loi du 25 mars 1822, 8 du décret du 11 août 1848 et 23 de la loi du 27 juillet 1849. Il étend ses dispositions indulgentes même aux contraventions de la presse, et modifie ainsi la législation antérieure.

2. Quoiqu'il se borne à mentionner les crimes, délits et contraventions *de la presse*, ses dispositions n'excluent pas les délits et contraventions commis *par les autres moyens de publication* définis par la loi du 17 mai 1819; le bénéfice des circonstances atténuantes leur était déjà attribué par l'article 14 de la loi du 25 mars 1822 et par l'article 23 de la loi du 27 juillet 1849. La loi nouvelle, qui a été conçue dans un esprit libéral, n'a pu avoir la pensée de le restreindre. — V. Cass. 28 avril 1854 (Marquet), *B. cr.*; Nîmes, 25 fév. 1858 (Bruno), S. 58, 2, 126.

Art. 16. Sont abrogés les articles 1 et 32 du décret du 17 février 1852 et généralement les dispositions des lois antérieures contraires à la présente loi.

La suspension dans le cas prévu par l'article 19 du décret du 17 février 1852 ne pourra être prononcée que par l'autorité judiciaire.

DU TIMBRE ET DU TRANSPORT DES JOURNAUX.

---

17 FÉVRIER 1852. — DÉCRET ORGANIQUE DE LA PRESSE.

CHAPITRE II. — *Du timbre des journaux périodiques.*

Art. 6. Les journaux ou écrits périodiques et les recueils périodiques de gravures ou lithographies politiques de moins de dix feuilles de vingt-cinq à trente-deux décimètres carrés, ou de moins de cinq feuilles de cinquante à soixante-douze décimètres carrés, seront soumis à un droit de timbre.

Ce droit sera de *six* centimes par feuille de soixante-douze décimètres carrés et au-dessous, dans les départements de la Seine et de Seine-et-Oise, et de *trois* centimes pour les journaux, gravures ou écrits périodiques publiés partout ailleurs.

Les suppléments du journal officiel, quelque soit leur nombre, sont exempts de timbre.

Le droit de timbre fixé par cet article a été réduit par la loi du 11 mai 1868 à cinq centimes dans les départements de la Seine et de Seine-et-Oise et à deux centimes partout ailleurs.

Le paragraphe 3 a été abrogé par la même loi. Il n'est pas rapporté ici.

Art. 7. Une remise de un pour cent sur le timbre sera accordée aux éditeurs de journaux et écrits périodiques pour déchets de maculature.

Art. 8. Les droits de timbre imposés par la présente loi seront applicables aux journaux et écrits périodiques publiés à l'étranger, sauf les conventions diplomatiques contraires.

Un règlement d'administration publique déterminera le mode de perception de ce droit. *V. décret du 1er mars* 1852.

Art. 9. Les écrits non périodiques traitant de matières politiques ou d'économie sociale qui ne sont pas actuellement en cours de publication, ou qui, antérieurement à la présente loi, ne sont pas tombés dans le domaine public, s'ils sont publiés en une ou plusieurs livraisons ayant moins de *dix* feuilles d'impression de vingt-cinq à trente-deux décimètres carrés, seront soumis à un droit de timbre de *cinq* centimes par feuille.

Il sera perçu un centime et demi par chaque fraction en sus de dix décimètres carrés et au-dessous.

Cette disposition est applicable aux écrits non périodiques publiés à l'étranger. Ils seront, à l'importation, soumis aux droits de timbre fixés pour ceux publiés en France.

Le nombre de dix feuilles d'impression des écrits non périodiques prévu par cet article a été réduit à six, et le droit de timbre abaissé à quatre centimes par feuille par la loi du 11 mai 1868. V. *infrà.*

Art. 10. Les préposés de l'enregistrement, les officiers de police judiciaire et les agents de la force publique sont autorisés à saisir les journaux ou écrits qui seraient en contravention aux présentes dispositions sur le timbre.

Ils devront constater cette saisie par des procès-verbaux, qui seront signifiés aux contrevenants dans le délai de trois jours.

Art. 11. Chaque contravention aux dispositions de la présente loi, pour les journaux, gravures ou écrits périodiques, sera punie, indépendamment de la restitution des droits frustrés, d'une amende de 50 fr. par feuille ou fraction de feuille non timbrée. Elle sera de 100 fr. en cas de récidive. L'amende ne pourra, au total, dépasser le chiffre du cautionnement.

Pour les autres écrits, chaque contravention sera punie, indépendamment de la res-

titution des droits frustrés, d'une amende égale au double desdits droits.

Cette amende ne pourra, en aucun cas, être inférieure à 200 fr., ni dépasser en total 50,000 fr.

V. l'article 6 L. 11 mai 1868.

Art. 12. Le recouvrement des droits de timbre et des amendes de contravention sera poursuivi et les instances seront instruites et jugées conformément à l'art. 76 de la loi du 28 avril 1816.

Le recouvrement des droits de timbre et des amendes de contravention sera poursuivi par voie de contrainte, et, en cas d'opposition, les instances seront instruites et jugées selon les formes prescrites par les lois des 22 frim. an 7 et 27 ventôse an 9, sur l'enregistrement. — Art. 76 L. 28 avril 1816.

Art. 13. En outre des droits de timbre fixés par la présente loi, les tarifs existants antérieurement à la loi du 16 juillet 1850 pour le transport par la poste des journaux et autres écrits sont remis en vigueur.

V. loi du 2 mai 1861 sur les droits de timbre et de poste en ce qui concerne les suppléments des journaux, et la loi du 11 mai 1808, art. 4 et suiv.

1er MARS 1852. — DÉCRET *relatif au timbre des journaux et écrits périodiques.*

Art. 1er. Les journaux et écrits périodiques et les écrits non périodiques traitant de matières politiques ou d'économie sociale, désignés dans les art. 8 et 9 du décret du 17 février 1852, publiés à l'étranger et importés en France par la voie de la poste, seront frappés par les agents de l'administration des postes d'un timbre spécial à date, portant, à l'encre rouge, le nom du bureau de poste par lequel ils seront entrés sur le territoire français.

Les droits de timbre exigibles, sauf conventions diplomatiques contraires, seront perçus par addition aux droits de poste.

Art. 2. Les expéditeurs, introducteurs ou destinataires d'écrits de ces catégories, adressés en France par une autre voie que celle de la poste, devront faire à un des bureaux de douane désignés pour l'importation des livres et écrits publiés à l'étranger une déclaration des quantités et dimension des écrits assujettis au timbre. L'exactitude de cette déclaration sera vérifiée par les vérificateurs inspecteurs de la librairie, ou, à défaut de ces agents, par les employés délégués à cet effet par les préfets.

Les écrits ainsi importés seront, après acquittement ou consignation des droits de douane, dirigés sous plomb et par acquits-à-caution, aux frais des déclarants, sur le chef-lieu du département le plus voisin ou de tout autre chef-lieu de département que les redevables auront indiqué, pour y recevoir l'application du timbre moyennant le payement des droits dus

Art. 3. A défaut de la déclaration exigée par l'article précédent, les écrits et imprimés passibles du timbre qui seront importés en France seront retenus, selon le cas, au bureau des douanes, ou à la préfecture; la saisie en sera opérée, conformément à l'article 10 du décret du 17 février 1852, par les préposés de l'administration de l'enregistrement, et des poursuites seront exercées pour le recouvrement des droits de timbre, et, s'il y a lieu, des droits de douane, ainsi que des amendes contre les introducteurs ou distributeurs.

Les mêmes pénalités seront encourues, à défaut de décharge régulière et du rapport, dans les délais fixés, des acquits-à-caution délivrés en vertu de l'article précédent; le tout sans préjudice de l'action qui pourrait être intentée en vertu de l'article 2 du décret du 17 février 1852.

28 MARS 1852. — LOI *sur le timbre des journaux et écrits.*

Art. 1ᵉʳ. Sont exempts du droit de timbre les journaux et écrits périodiques et non périodiques exclusivement relatifs aux lettres, aux sciences, aux arts et à l'agriculture.

Ne sont pas exempts du timbre les journaux quotidiens exclusivement consacrés aux annonces et aux affiches. — Cass. 24 fév. 1852, *J. p.*, 52, 1, 155.

Art. 2. Ceux de ces journaux et écrits qui, même accidentellement, s'occuperaient de matières politiques ou d'économie sociale seront considérés comme étant en contravention aux dispositions du décret du 17 février 1852, et seront passibles des peines établies par les art. 5 et 11 de ce décret.

2 MAI 1861. — LOI *qui exempte de timbre et de droits de poste les suppléments des journaux.*

Art. 1ᵉʳ. Sont exempts de timbre et de droits de poste les suppléments des journaux, lorsque ces suppléments sont exclusivement consacrés soit à la publication des débats législatifs, reproduits par la sténographie ou par le compte rendu conformément à l'art. 42 de la Constitution, soit à l'insertion des exposés des motifs de projets de lois ou de sénatus-consultes, des rapports de commissions et des documents officiels dé-

posés au nom du gouvernement sur le bureau du Sénat et du Corps législatif.

Pour jouir de l'exemption sus-énoncée, les suppléments doivent être publiés sur feuilles détachées du journal.

La même exemption s'appliquera aux suppléments des journaux non quotidiens des départements autres que ceux de la Seine et de Seine-et-Oise, publiés en dehors des conditions de périodicité déterminées par leur cautionnement et leur autorisation.

Cet article été modifié par l'article 5 **L.** 11 mai 1868 (*Infrà*).

Art. 2. Sont exemptes de timbre toutes autres publications périodiques exclusivement consacrées aux matières indiquées dans l'art 1ᵉʳ.

Sont encore exempts de timbre les annonces, prospectus et catalogues de librairie, — article 76, loi 25 mars 1817 ; les annonces, prospectus et catalogues d'objets relatifs aux sciences et aux arts, — art. 87, loi 25 mai 1818 ; les avis imprimés qui se crient ou se distribuent dans les rues et lieux publics, ou que l'on fait circuler de toute autre manière. — Art. 12, loi 23 juin 1857.

Art. 3. Il sera tenu compte aux ayants droit des perceptions qui pourraient être opérées, en vertu des lois en vigueur, pour les suppléments publiés à partir du 4 février 1861, dans les conditions prescrites par l'art. 1ᵉʳ ci-dessus.

3 AOUT 1867. — LOI *de finances.*

Art. 29. Le droit de timbre établi sur les journaux et écrits périodiques peut être acquitté par l'apposition sur les papiers destinés à leur publication de timbres mobiles que l'administration de l'enregistrement, des domaines et du timbre est autorisée à vendre et à faire vendre.

Un règlement d'administration publique déterminera la forme et les conditions d'emploi de ces timbres, ainsi que le mode suivant lequel il sera tenu compte de la remise accordée pour déchet de maculature par l'article 7 de la loi du 17 février 1852.

Sont considérés comme non timbrés et soumis aux peines et obligations résultant du paragraphe 1ᵉʳ de l'article 11 du décret du 17 février 1852 les journaux et écrits périodiques sur lesquels les timbres mobiles auraient été apposés sans l'accomplissement des conditions prescrites par les règlements d'administration publique ou sur lesquels auraient été apposés des timbres ayant déjà servi.

Chacune des autres contraventions aux dispositions de ce règlement sera punie d'une amende de 50 francs.

Ceux qui auront sciemment employé, vendu ou tenté de vendre des timbres mobiles ayant déjà servi seront poursuivis devant le tribunal correctionnel et punis d'une amende de 50 fr. à 1,000 fr. En cas de récidive, la peine sera d'un emprisonnement de cinq jours à un mois et l'amende sera doublée. Il pourra être fait application de l'article 463 du Code pénal.

11 MAI 1868. — LOI *relative à la presse.*

Art. 3. Le droit de timbre fixé par l'article 6 du décret du 17 février 1852 est réduit à cinq centimes dans les départements de la Seine et de Seine-et-Oise, et à deux centimes partout ailleurs.

Le paragraphe 3 de l'article 6 du décret du 17 février 1852 est abrogé.

Sont affranchies du timbre les affiches électorales d'un candidat contenant sa profession de foi, une circulaire signée de lui ou seulement son nom.

Le nombre de dix feuilles d'impression des écrits non périodiques, prévu par l'article 9 du décret du 17 février 1852, est réduit à six, et le droit de timbre abaissé à quatre centimes par feuille.

Art. 4. Sont considérées comme suppléments et assujetties au timbre, ainsi que le journal lui-même, s'il n'est déjà timbré, les feuilles contenant des annonces, lorsqu'elles servent de couverture au journal ou qu'elles y sont annexées, ou lorsque, publiées séparément, elles sont néanmoins distribuées ou vendues en même temps.

1. Cet article assujettit au timbre les journaux même non cautionnés qui publient des annonces sur leurs couvertures ou dans des suppléments. Toutefois les journaux consacrés aux lettres, aux sciences, aux arts et à l'agriculture n'y sont pas soumis lorsque les annonces qu'ils publient rentrent dans leur spécialité. Une disposition contraire qui avait été insérée dans le projet de loi a été rejetée.

2. Il s'applique à tout article coté dans les tarifs de journaux et distinct des articles de fonds, où une industrie peut être discutée et recommandée. — Circ. min. just. 4 juin 1868. — Par exemple aux réclames.

Art. 5. Sont exempts de timbre et des droits de poste les suppléments des journaux ou écrits périodiques assujettis au cautionnement, lorsque ces suppléments ne comprennent aucune annonce, de quelque nature qu'elle soit et quelque place qu'elle y occupe, et que la moitié au moins de leur superficie est consacrée à la reproduction des documents énumérés en l'article 1ᵉʳ de la loi du 2 mai 1861.

Art. 6. Sont applicables, en cas de con-

travention aux articles précédents, les dispositions des articles 10 et 11 paragraphe 1ᵉʳ du décret du 17 février 1852.

Dans aucun cas, l'amende ne peut dépasser le tiers du cautionnement versé par le journal ou de celui auquel il aurait été assujetti s'il eût traité de matières politiques ou d'économie sociale.

25 JUIN 1856. — LOI *sur le transport des imprimés.*

Art. 1ᵉʳ. Le port des journaux et ouvrages périodiques traitant, en tout ou en partie, de matières politiques ou d'économie sociale, et paraissant au moins une fois par trimestre, est de quatre centimes par chaque exemplaire du poids de 40 grammes et au-dessous.

Au-dessus de 40 grammes, le port est augmenté d'un centime par chaque 10 grammes ou fraction de 10 grammes excédant.

Art. 2. Le port des journaux, recueils, annales, mémoires et bulletins périodiques, uniquement consacrés aux lettres, aux sciences, aux arts, à l'agriculture et à l'industrie, et paraissant au moins une fois par trimestre, est de deux centimes par chaque exemplaire du poids de 20 grammes et au-dessous.

Au-dessus de 20 grammes, le port est augmenté d'un centime par chaque 10 grammes ou fraction de 10 grammes excédant.

Les ouvrages périodiques spécifiés dans le présent article sont exceptés de la prohibition établie par l'article 1ᵉʳ de l'arrêté du 27 prairial an 9, s'ils forment un paquet dont le poids dépasse 1 kilogramme ou s'ils font partie d'un paquet de librairie qui dépasse le même poids.

Art. 3. Les journaux et ouvrages périodiques destinés pour l'intérieur du département dans lequel ils sont publiés ne payent que la moitié du port fixé par les articles précédents.

Les journaux et ouvrages périodiques publiés dans les départements autres que ceux de la Seine et de Seine-et-Oise, et destinés pour les départements limitrophes de celui où ils sont publiés, ne payent également que la moitié du port fixé par les articles précédents.

Dans le cas où le port comprend une fraction de centime, cette fraction est comptée comme un centime entier.

Art. 8. Les objets compris dans la présente loi ne sont admis au bénéfice des taxes qu'elle établit qu'autant qu'ils ont été affranchis. S'ils ont été expédiés sans affranchissement, ils sont taxés au prix du tarif des lettres.

S'ils ont été affranchis en timbres-poste et que l'affranchissement soit insuffisant, ils sont frappés, en sus, d'une taxe égale au triple de l'insuffisance de l'affranchissement.

Les taxes prévues par les deux paragraphes qui précèdent sont payées par l'expéditeur lorsque, par une cause quelconque, elles n'ont pas été acquittées par le destinataire. — En cas de refus de payement, le recouvrement en est opéré comme il est dit en l'article 2 de la loi du 20 mai 1854.

LOIS DE LA PRESSE

CODIFIÉES ET CLASSÉES DANS LEUR ORDRE RATIONNEL.

PREMIÈRE PARTIE.

CRIMES ET DÉLITS COMMIS PAR LES DIVERS MOYENS DE PUBLICATION.

Nota. Nous mettons en italique toutes les dispositions implicitement abrogées.

LOI DU 17 MAI 1819 *sur la répression des crimes et délits commis par la voie de la presse, ou par tout autre moyen de publication.*

CHAPITRE 1er. — *De la provocation publique aux crimes et délits.*

Art. 1er. Quiconque, soit par des discours, des cris ou menaces proférés dans des lieux ou réunions publics, soit par des écrits, des imprimés, des dessins, des gravures, des peintures ou emblèmes vendus ou distribués, mis en vente, ou exposés dans des lieux ou réunions publics, soit par des placards et affiches exposés aux regards du public, aura provoqué l'auteur ou les auteurs de toute action qualifiée crime ou délit à la commettre, sera réputé complice et puni comme tel.

Art. 2. Quiconque aura, par l'un des moyens énoncés en l'article 1er, provoqué à commettre un ou plusieurs crimes, sans que ladite provocation ait été suivie d'aucun effet, sera puni d'un emprisonnement qui ne pourra être de moins de trois mois ni excéder cinq années, et d'une amende qui ne pourra être au-dessous de cinquante francs ni excéder six mille francs.

Art. 3. Quiconque aura, par l'un des mêmes moyens, provoqué à commettre un ou plusieurs délits, sans que ladite provocation ait été suivie d'aucun effet, sera puni d'un emprisonnement de trois jours à deux années, et d'une amende de trente francs à quatre mille francs, ou de l'une de ces deux peines seulement, selon les circonstances, sauf les cas dans lesquels la loi prononcerait une peine moins grave contre l'auteur même du délit, laquelle sera alors appliquée au provocateur.

Art. 4. *Article abrogé, remplacé aujourd'hui par les articles 1er du décret du 11 août 1848 et de la loi du 27 juillet 1849.*

Art. 5. *Article abrogé, remplacé aujourd'hui par les articles 8 de la loi du 25 mars 1822, 1 et 6 du décret du 11 août 1848.*

DÉCRET DU 11 AOUT 1848.

Art. 1er. Toute attaque, par l'un des moyens énoncés en l'article 1er de la loi du 17 mai 1819, contre les droits et l'autorité de l'Assemblée nationale, contre les droits et l'autorité que les membres du pouvoir exécutif tiennent des décrets de l'Assemblée, contre les institutions républicaines et la Constitution, contre le principe de la souveraineté du peuple et du suffrage universel, sera punie d'un emprisonnement de trois mois à cinq ans, et d'une amende de trois cents francs à six mille francs.

Art. 2. L'offense, par l'un des moyens énoncés en l'article 1er de la loi du 17 mai 1819, envers l'Assemblée nationale, sera punie d'un emprisonnement d'un mois à trois ans, et d'une amende de cent francs à cinq mille francs.

LOI DU 27 JUILLET 1849.

Art. 1er. Les articles 1 et 2 du décret du 11 août 1848 sont applicables aux attaques contre les droits et l'autorité que le président de la République tient de la Constitution et aux offenses envers sa personne.

La poursuite sera exercée d'office par le ministère public.

DÉCRET DU 11 AOUT 1848.

Art. 4. Quiconque, par l'un des moyens énoncés en l'article 1er de la loi du 17 mai 1819, aura excité à la haine ou au mépris du gouvernement de la République sera puni d'un emprisonnement d'un mois à quatre ans, et d'une amende de cent cinquante francs à cinq mille francs.

La présente disposition ne peut porter atteinte au droit de discussion et de censure des actes du pouvoir exécutif et des ministres.

LOI DU 25 MARS 1822.

Art. 8. Seront punis d'un emprisonnement de six jours à deux ans, et d'une amende de seize francs à quatre mille francs, tous cris séditieux publiquement proférés.

DÉCRET DU 11 AOUT 1848.

Art. 6. Seront punis d'un emprisonnement de quinze jours à deux ans, et d'une amende de cent francs à quatre mille francs :

1° L'enlèvement ou la dégradation des signes publics de l'autorité du gouvernement républicain, opéré en haine ou mépris de cette autorité;

2° Le port public de tous signes extérieurs de ralliement non autorisés par la loi ou par des règlements de police;

3° L'exposition dans des lieux ou réunions publics, la distribution ou la mise en vente de tous signes ou symboles propres à propager l'esprit de rébellion ou à troubler la paix publique.

Art. 7. Quiconque, par l'un des moyens énoncés en l'article 1er de la loi du 17 mai 1819, aura cherché à troubler la paix publique en excitant le mépris ou la haine des citoyens les uns contre les autres sera puni des peines portées en l'article précédent.

LOI DU 17 MAI 1819.

Art. 6. La provocation, par l'un des mêmes moyens, à la désobéissance aux lois sera également punie des peines portées en l'article 3.

Art. 7. Il n'est point dérogé aux lois qui punissent la provocation et la complicité résultant de tous actes autres que les faits de publication prévus par la présente loi.

LOI DU 27 JUILLET 1849.

Art. 2. Toute provocation, par l'un des moyens énoncés en l'article 1er de la loi du 17 mai 1819, adressée aux militaires des armées de terre et de mer, dans le but de les détourner de leurs devoirs militaires et de l'obéissance qu'ils doivent à leurs chefs, sera punie d'un emprisonnement d'un mois à deux ans, et d'une amende de vingt-cinq francs à quatre mille francs, sans préjudice des peines plus graves prononcées par la loi lorsque le fait constituera une tentative d'embauchage ou une provocation à une action qualifiée crime ou délit.

LOI DU 17 MAI 1819. — CHAPITRE II. — *Des outrages à la morale publique et religieuse et aux bonnes mœurs.*

Art. 8. Tout outrage à la morale publique et religieuse, ou aux bonnes mœurs, par l'un des moyens énoncés en l'article 1er, sera puni d'un emprisonnement d'un mois à un an et d'une amende de seize francs à cinq cents francs.

LOI DU 25 MARS 1822.

Art. 1er. Quiconque, par l'un des moyens énoncés en l'article 1er de la loi du 17 mai 1819, aura outragé ou tourné en dérision la religion de l'État sera puni d'un emprisonnement de trois mois à cinq ans, et d'une amende de trois cents francs à six mille francs.

Les mêmes peines seront prononcées contre quiconque aura outragé ou tourné en dérision toute autre religion dont l'établissement est légalement reconnu en France.

DÉCRET DU 11 AOUT 1848.

Art. 3. L'attaque par l'un de ces moyens contre la liberté des cultes, le principe de la propriété et les droits de la famille, sera punie d'un emprisonnement d'un mois à trois ans, et d'une amende de cent francs à quatre mille francs.

LOI DU 27 JUILLET 1849.

Art. 3. Toute attaque par l'un des mêmes moyens contre le respect dû aux lois et l'inviolabilité des droits qu'elles ont consacrés, toute apologie de faits qualifiés crimes ou délits par la loi pénale, sera punie d'un emprisonnement d'un mois à deux ans, et d'une amende de seize francs à mille francs.

LOI DU 17 MAI 1819. — CHAPITRE III. — *Des offenses publiques envers la personne du roi.*

Art. 9. Quiconque, par l'un des moyens énoncés en l'article 1er de la présente loi, se sera rendu coupable d'offenses envers la personne du roi sera puni d'un emprisonnement qui ne pourra être de moins de six mois, ni excéder cinq années, et d'une amende qui ne pourra être au-dessous de cinq cents francs, ni excéder dix mille francs.

Le coupable pourra, en outre, être interdit de tout ou partie des droits mentionnés en l'article 42 du Code pénal, pendant un temps égal à celui de l'emprisonnement auquel il aura été condamné : ce temps courra à compter du jour où le coupable aura subi sa peine. *V. article 1er loi du 27 juillet 1849, art. 86 Code pénal.*

CHAPITRE IV. — *Des offenses publiques envers les membres de la famille royale, les Chambres, les souverains et les chefs des gouvernements étrangers.*

Art. 10. L'offense, par l'un des moyens énoncés en l'article 1er, envers les membres de la famille royale sera punie d'un emprisonnement d'un mois à trois ans, et d'une amende de cent francs à cinq mille francs.

Art. 11. *Abrogé et remplacé par l'article 2, décr. du 11 août 1848. V. suprà.*

Art. 12. L'offense, par l'un des mêmes moyens, envers la personne des souverains ou envers celle des chefs des gouvernements étrangers, sera punie d'un emprisonnement d'un mois à trois ans, et d'une amende de cent francs à cinq mille francs.

LOI DU 25 MARS 1822.

Art. 6. L'outrage fait publiquement, d'une manière quelconque, à raison de leurs fonctions ou de leur qualité, soit à un ou plusieurs membres de l'une des deux Chambres, soit à un fonctionnaire public, soit enfin à un ministre de la religion de l'Etat ou de l'une des religions dont l'établissement est légalement reconnu en France, sera puni d'un emprisonnement de quinze jours à deux ans et d'une amende de cent francs à quatre mille francs.

Le même délit envers un juré, à raison de ses fonctions, ou envers un témoin, à raison de sa déposition, sera puni d'un emprisonnement de dix jours à un an, et d'une amende de cinquante francs à trois mille francs.

L'outrage fait à un ministre de la religion de l'Etat, ou de l'une des religions légalement reconnues en France, dans l'exercice même de ses fonctions, sera puni des peines portées par l'article 1er de la présente loi.

Si l'outrage, dans les différents cas prévus par le présent article, a été accompagné d'excès ou violences prévus par le premier paragraphe de l'article 228 du Code pénal, il sera puni des peines portées audit paragraphe et à l'article 229, et, en outre, de l'amende portée au premier paragraphe du présent article.

Si l'outrage est accompagné des excès prévus par le second paragraphe de l'article 228 et par les articles 231, 232 et 233, le coupable sera puni conformément audit Code.

DÉCRET DU 11 AOUT 1848.

Art. 5. L'outrage fait publiquement d'une manière quelconque, à raison de leurs fonctions ou de leur qualité, soit à un ou plusieurs membres de l'Assemblée nationale, soit à un ministre de l'un des cultes qui reçoivent un salaire de l'Etat, sera puni d'un emprisonnement de quinze jours à deux ans, et d'une amende de cent francs à quatre mille francs.

LOI DU 17 MAI 1819. — CHAPITRE V. — *De la diffamation et de l'injure publiques.*

Art. 13. Toute allégation ou imputation d'un fait qui porte atteinte à l'honneur ou à la considération de la personne ou du corps auquel le fait est imputé, est une diffamation.

Toute expression outrageante, terme de mépris ou invective, qui ne renferme l'imputation d'aucun fait est une injure.

Art. 14. La diffamation et l'injure commises par l'un des moyens énoncés en l'article 1er de la présente loi seront punies d'après les distinctions suivantes.

Art. 15. *Remplacé par l'article 5 de la loi du 25 mars 1822.*

LOI DU 25 MARS 1822.

Art. 5. La diffamation ou l'injure, par l'un des mêmes moyens, envers les cours, tribunaux, corps constitués, autorités ou administrations publiques, sera punie d'un emprisonnement de quinze jours à deux ans et d'une amende de cent cinquante francs à cinq mille francs.

LOI DU 17 MAI 1819.

Art. 16. La diffamation envers tout dépositaire ou agent de l'autorité publique, pour des faits relatifs à ses fonctions, sera punie d'un emprisonnement de huit jours à dix-huit mois, et d'une amende de cinquante francs à trois mille francs.

L'emprisonnement et l'amende pourront, dans ce cas, être infligés cumulativement ou séparément, selon les circonstances.

Art. 17. La diffamation envers les ambassadeurs, ministres plénipotentiaires, envoyés, chargés d'affaires ou autres agents diplomatiques accrédités près du roi, sera punie d'un emprisonnement de huit jours à dix-huit mois, et d'une amende de cinquante francs à trois mille francs, ou de l'une de ces deux peines seulement, selon les circonstances.

Art. 18. La diffamation envers les particuliers sera punie d'un emprisonnement de cinq jours à un an, et d'une amende de vingt-cinq francs à deux mille francs, ou de l'une de ces deux peines seulement, selon les circonstances.

Art. 19. L'injure contre les personnes désignées par les articles 16 et 17 de la présente loi sera punie d'un emprisonnement de cinq jours à un an et d'une amende de vingt-cinq francs à deux mille francs, ou de l'une de ces deux peines seulement, selon les circonstances.

L'injure contre les particuliers sera punie d'une amende de seize francs à cinq cents francs.

Art. 20. Néanmoins, l'injure qui ne renfermerait pas l'imputation d'un vice déterminé, ou qui ne serait pas publique, continuera d'être punie des peines de simple police.

LOI DU 11 MAI 1868.

Art. 11. Toute publication dans un écrit périodique relative à un fait de la vie privée constitue une contravention punie d'une amende de cinq cents francs.

La poursuite ne pourra être exercée que sur la plainte de la partie intéressée.

LOI DU 17 MAI 1819. — CHAPITRE VI. — *Dispositions générales.*

Art. 21. Ne donneront ouverture à aucune action, les discours tenus dans le sein de l'une des deux Chambres, ainsi que les rapports ou toutes autres pièces imprimés par ordre de l'une des deux Chambres.

Art. 22. *Ne donnera lieu à aucune action le compte fidèle des séances publiques de la Chambre des députés rendu de bonne foi dans les journaux.*

Art. 23. Ne donneront lieu à aucune action en diffamation ou injure les discours prononcés ou les écrits produits devant les tribunaux : pourront, néanmoins, les juges saisis de la cause, en statuant sur le fond, prononcer la suppression des écrits injurieux ou diffamatoires, et condamner qui il appartiendra en des dommages-intérêts.

Les juges pourront aussi, dans le même cas, faire des injonctions aux avocats et officiers ministériels, ou même les suspendre de leurs fonctions.

La durée de cette suspension ne pourra excéder six mois; en cas de récidive, elle sera d'un an au moins et de cinq ans au plus.

Pourront, toutefois, les faits diffamatoires étrangers à la cause donner ouverture soit à l'action publique, soit à l'action civile des parties, lorsqu'elle leur aura été réservée par les tribunaux, et, dans tous les cas, à l'action civile des tiers.

Art. 24. Les imprimeurs d'écrits dont les auteurs seraient mis en jugement en vertu de la présente loi, et qui auraient rempli les obligations prescrites par le titre II de la loi du 21 octobre 1814, ne pourront être recherchés pour le simple fait d'impression de ces écrits, à moins qu'ils n'aient agi sciemment, ainsi qu'il est dit à l'article 60 du Code pénal, qui définit la complicité.

Art. 25. En cas de récidive des crimes et délits prévus par la présente loi, il pourra y avoir lieu à l'aggravation de peines prononcée par le chapitre IV, livre Ier, du Code pénal.

Art. 26. Les articles 102, 217, 367, 368, 369, 370, 371, 372, 374, 375, 377 du Code pénal, et la loi du 9 novembre 1815, sont abrogés.

Toutes les autres dispositions du Code pénal auxquelles il n'est pas dérogé par la présente loi continueront d'être exécutées.

LOI DU 18 JUILLET 1828.

Art. 16. Dans les procès qui ont pour objet la diffamation, si les tribunaux ordonnent, aux termes de l'article 64 de la Charte, que les débats auront lieu à huis clos, les journaux ne pourront, à peine de deux mille francs d'amende, publier les faits de diffamation ni donner l'extrait des mémoires ou écrits quelconques qui les contiendraient.

Dans toutes les affaires civiles ou criminelles où un huis clos aura été ordonné, ils ne pourront, sous la même peine, publier que le prononcé du jugement.

Art. 17. Lorsqu'aux termes du dernier paragraphe de l'art. 23 de la loi du 17 mai 1819, les tribunaux auront, pour les faits diffamatoires étrangers à la cause, réservé soit l'action publique, soit l'action civile des parties, les journaux ne pourront, sous la même peine, publier ces faits, ni donner l'extrait des mémoires qui les contiendraient.

LOI DU 27 JUILLET 1849.

Art. 10. Il est interdit de publier les actes d'accusation et aucun acte de procédure criminelle avant qu'ils aient été lus en audience publique, sous peine d'une amende de cent francs à deux mille francs.

En cas de récidive commise dans l'année, l'amende pourra être portée au double et le coupable condamné à un emprisonnement de dix jours à six mois.

Art. 11. Il est interdit de rendre compte

des procès pour outrages ou injures et des procès en diffamation où la preuve des faits diffamatoires n'est pas admise par la loi.

La plainte pourra seulement être annoncée sur la demande du plaignant. Dans tous les cas, le jugement pourra être publié.

Il est interdit de publier les noms des jurés, excepté dans le compte rendu de l'audience où le jury aura été constitué;

De rendre compte des délibérations intérieures soit des jurés, soit des cours et tribunaux.

L'infraction à ces dispositions sera punie d'une amende de deux cents francs à trois mille francs.

En cas de récidive commise dans l'année, la peine pourra être portée au double.

Art. 12. Les infractions aux dispositions des deux articles précédents seront poursuivies devant les tribunaux de police correctionnelle.

DÉCRET DU 17 FÉVRIER 1852.

Art. 14. Toute contravention à l'article 42 de la Constitution sur la publication des comptes rendus officiels des séances du Corps législatif sera punie d'une amende de mille à cinq mille francs.

Art. 16. Il est interdit de rendre compte des séances du Sénat autrement que par la reproduction des articles insérés au journal officiel.

Il est interdit de rendre compte des séances non publiques du conseil d'État.

Art. 17. Il est interdit de rendre compte des procès pour délits de presse. La poursuite pourra seulement être annoncée; dans tous les cas, le jugement pourra être publié.

Dans toutes affaires civiles, correctionnelles ou criminelles, les cours et tribunaux pourront interdire le compte rendu du procès. Cette interdiction ne pourra s'appliquer au jugement, qui pourra toujours être publié.

Art. 18. Toute contravention aux dispositions des articles 16 et 17 de la présente loi sera punie d'une amende de cinquante francs à cinq mille francs, sans préjudice des peines prononcées par la loi, si le compte rendu est infidèle et de mauvaise foi.

LOI DU 25 MARS 1822.

Art. 7. L'infidélité et la mauvaise foi dans le compte que rendent les journaux et écrits périodiques des séances des Chambres et des audiences des cours et tribunaux seront punies d'une amende de mille francs à six mille francs.

En cas de récidive, ou lorsque le compte rendu sera offensant pour l'une ou l'autre des Chambres, ou pour l'un des pairs ou des députés, ou injurieux pour la cour, le tribunal, ou l'un des magistrats, des jurés ou des témoins, les éditeurs du journal seront en outre condamnés à un emprisonnement d'un mois à trois ans.

Dans les mêmes cas, il pourra être interdit, pour un temps limité ou pour toujours, aux propriétaires et éditeurs du journal ou écrit périodique condamné, de rendre compte des débats législatifs ou judiciaires. La violation de cette défense sera punie de peines doubles de celles portées au présent article.

DÉCRET DU 17 FÉVRIER 1852.

Art. 15. La publication ou la reproduction de nouvelles fausses, de pièces fabriquées, falsifiées ou mensongèrement attribuées à des tiers, sera punie d'une amende de cinquante à mille francs.

Si la publication ou reproduction est faite de mauvaise foi, ou si elle est de nature à troubler la paix publique, la peine sera d'un mois à un an d'emprisonnement, et d'une amende de cinq cents à mille francs. Le maximum de la peine sera appliqué si la publication ou reproduction est tout à la fois de nature à troubler la paix publique et faite de mauvaise foi.

Art. 22. Aucuns dessins, aucunes gravures, lithographies, médailles, estampes ou emblèmes, de quelque nature et espèce qu'ils soient, ne pourront être publiés, exposés ou mis en vente sans l'autorisation préalable du ministre de la police à Paris, ou des préfets dans les départements.

En cas de contravention, les dessins, gravures, lithographies, médailles, estampes ou emblèmes pourront être confisqués, et ceux qui les auront publiés seront condamnés à un emprisonnement d'un mois à un an et à une amende de cent francs à mille francs.

LOI DU 27 JUILLET 1849.

Art. 5. Il est interdit d'ouvrir ou annoncer publiquement des souscriptions ayant pour objet d'indemniser des amendes, frais, dommages et intérêts prononcés par des condamnations judiciaires. La contravention sera punie, par le tribunal correctionnel, d'un emprisonnement d'un mois à un an et d'une amende de cinq cents francs à mille francs.

Art. 6. Tous distributeurs ou colporteurs de livres, écrits, brochures, gravures et lithographies devront être pourvus d'une autorisation qui leur sera délivrée, pour le département de la Seine, par le préfet de police, et, pour les autres départements, par les préfets.

Ces autorisations pourront toujours être

retirées par les autorités qui les auront délivrées.

Les contrevenants seront condamnés, par les tribunaux correctionnels, à un emprisonnement d'un mois à six mois et à une amende de vingt-cinq francs à cinq cents francs, sans préjudice des poursuites qui pourraient être dirigées pour crimes ou délits soit contre les auteurs ou éditeurs de ces écrits, soit contre les distributeurs ou colporteurs eux-mêmes.

LOI DU 16 JUILLET 1850.

Art. 10. Pendant les vingt jours qui précéderont les élections, les circulaires et professions de foi signées des candidats pourront, après dépôt au parquet du procureur de la République, être affichées et distribuées sans autorisation de l'autorité municipale.

LOI DU 11 MAI 1868.

Art. 3. Sont affranchies du timbre les affiches électorales d'un candidat contenant sa profession de foi, une circulaire signée de lui ou seulement son nom.

DÉCRET DU 17 FÉVRIER 1852.

Art. 24. Tout individu qui exerce le commerce de la librairie sans avoir obtenu le brevet exigé par l'article 11 de la loi du 2 octobre 1814 sera puni d'une peine d'un mois à deux ans d'emprisonnement, et d'une amende de cent francs à deux mille francs. L'établissement sera fermé.

DEUXIÈME PARTIE.

POURSUITES ET RÉPRESSION.

LOI DU 26 MAI 1819 *relative à la poursuite et au jugement des crimes et délits commis par la voie de la presse, ou par tout autre moyen de publication.*

Art. 1er. La poursuite des crimes et délits commis par la voie de la presse, ou par tout autre moyen de publication, aura lieu d'office et à la requête du ministère public, sous les modifications suivantes.

Art. 2. Dans le cas d'offense envers les Chambres ou l'une d'elles par voie de publication, la poursuite n'aura lieu qu'autant que la Chambre qui se croira offensée l'aura autorisée.

Art. 3. Dans le cas du même délit contre la personne des souverains et celle des chefs des gouvernements étrangers, la poursuite n'aura lieu que sur la plainte ou à la requête du souverain ou du chef du gouvernement qui se croira offensé.

Art. 4. Dans les cas de diffamation ou d'injure contre les cours, tribunaux, ou autres corps constitués, la poursuite n'aura lieu qu'après une délibération de ces corps prise en assemblée générale et requérant les poursuites.

Art. 5. Dans le cas des mêmes délits contre tout dépositaire ou agent de l'autorité publique, contre tout agent diplomatique étranger accrédité près du roi, ou contre tout particulier, la poursuite n'aura lieu que sur la plainte de la partie qui se prétendra lésée.

Art. 6 à 11. *Abrogés par le décret du 17 février 1852.*

Art. 12. Dans les cas où les formalités prescrites par les lois et règlements concernant le dépôt auront été remplies, les poursuites à la requête du ministère public ne pourront être faites que devant les juges du lieu où le dépôt aura été opéré, ou de celui de la résidence du prévenu.

En cas de contravention aux dispositions ci-dessus rappelées concernant le dépôt, les poursuites pourront être faites soit devant le juge de la résidence du prévenu, soit dans les lieux où les écrits et autres instruments de publication auront été saisis.

Dans tous les cas, la poursuite à la requête de la partie plaignante pourra être portée devant les juges de son domicile, lorsque la publication y aura été effectuée.

Art. 13. Les crimes *et délits* commis par la voie de la presse ou tout autre moyen de publication, à l'exception de ceux désignés dans l'article suivant, seront renvoyés par la chambre des mises en accusation de la cour royale devant la cour d'assises, pour être jugés à la plus prochaine session. L'arrêt de renvoi sera de suite notifié au prévenu. — *Abrogé quant aux délits par l'article 25, décret du 17 février 1852.*

Art. 14. Les délits de diffamation verbale ou d'injure verbale contre toute personne, et ceux de diffamation ou d'injure par une voie de publication quelconque contre des particuliers, seront jugés par les tribunaux de police correctionnelle, sauf les cas attribués aux tribunaux de simple police.

Art. 15 à 24. *Abrogés implicitement par les articles 25, 27 et 28 du décret du 17 février 1852.*

Art. 25. Lorsque les faits imputés seront punissables selon la loi, et qu'il y aura des poursuites commencées à la requête du ministère public, ou que l'auteur de l'imputation aura dénoncé ces faits, il sera, durant l'instruction, sursis à la poursuite et au jugement du délit de diffamation.

DÉCRET DU 17 FÉVRIER 1852.

Art. 28. En aucun cas, la preuve par témoin ne sera admise pour établir la réalité des faits injurieux ou diffamatoires.

LOI DU 25 MARS 1822.

Art. 15. Dans le cas d'offense envers les Chambres ou l'une d'elles par l'un des moyens énoncés en la loi du 17 mai 1819, la Chambre offensée, sur la simple réclamation d'un de ses membres, pourra, si mieux elle n'aime autoriser les poursuites par la voie ordinaire, ordonner que le prévenu sera traduit à sa barre. Après qu'il aura été entendu ou dûment appelé, elle le condamnera, s'il y a lieu, aux peines portées par les lois. La décision sera exécutée sur l'ordre du président de la Chambre.

Art. 16. Les Chambres appliqueront elles-mêmes, conformément à l'article précédent, les dispositions de l'article 7 relatives au compte rendu par les journaux de leurs séances.

Les dispositions du même article 7 relatives au compte rendu des audiences des cours et tribunaux seront appliquées directement par les cours et tribunaux qui auront tenu ces audiences.

DÉCRET DU 22 MARS 1848.

Art. 1er. Les tribunaux civils sont incompétents pour connaître des diffamations, injures ou autres attaques dirigées par la voie de la presse ou par tout autre moyen de publication contre les fonctionnaires ou contre tout citoyen revêtu d'un caractère public, à raison de leurs fonctions ou de leur qualité. Ils renverront devant qui de droit toute action en dommages-intérêts fondée sur des faits de cette nature.

Art. 2. L'action civile résultant des délits commis par la voie de la presse ou par toute autre voie de publication contre les fonctionnaires ou contre tout citoyen revêtu d'un caractère public ne pourra, dans aucun cas, être poursuivie séparément de l'action publique. Elle s'éteindra de plein droit par le seul fait de l'extinction de l'action publique.

DÉCRET DU 17 FÉVRIER 1852.

Art. 25. Seront poursuivis devant les tribunaux de police correctionnelle : 1° les délits commis par la voie de la presse ou tout autre moyen de publication mentionné dans l'article 1er de la loi du 17 mai 1819, et qui avaient été attribués par les lois antérieures à la compétence des cours d'assises; 2° les contraventions sur la presse prévues par les lois antérieures; 3° les délits et contraventions édictés par la présente loi.

Art. 26. *Les appels des jugements rendus par les tribunaux correctionnels sur les délits commis par la voie de la presse seront portés directement, sans distinction de la situation locale de ces tribunaux, devant la chambre correctionnelle de la cour d'appel.*

Art. 27. Les poursuites auront lieu dans les formes et délais prescrits par le Code d'instruction criminelle.

DÉCRET DU 28 FÉVRIER 1852.

Art. 1er. Tous les délits dont la connaissance est actuellement attribuée aux cours d'assises, et qui ne sont pas compris dans les décrets des 31 décembre 1851 et 17 février 1852, seront jugés par les tribunaux correctionnels, sauf les cas pour lesquels il existe des dispositions spéciales à raison des fonctions ou de la qualité des inculpés.

Art. 2. *Dispositions transitoires.*

Art. 3. Les poursuites seront dirigées selon les formes et les règles prescrites par le Code d'instruction criminelle.

Art. 4. Sont et demeurent abrogées toutes dispositions relatives à la compétence contraires au présent décret, et notamment celles qui résultent de la loi du 8 octobre 1830, en matière de délits politiques ou réputés tels; de l'article 6 de la loi du 10 décembre 1830, relative aux afficheurs et crieurs publics; de l'article 10 du décret du 7 juin 1848, sur les délits d'attroupements; de l'article 16, paragraphe 2, de la loi du 28 juillet 1848, sur les clubs et les sociétés secrètes; de l'article 117 de la loi électorale du 15 mars 1849.

LOI DU 11 MAI 1868.

Art. 10. En matière de poursuites pour délits et contraventions commis par la voie de la presse, la citation directe devant le tribunal de police correctionnelle ou la cour impériale sera donnée conformément aux dispositions de l'article 184 du Code d'instruction criminelle. Le prévenu qui a comparu devant le tribunal ou devant la cour ne peut plus faire défaut.

LOI DU 18 JUILLET 1828.

Art. 14. Les amendes, autres que celles portées par la présente loi, qui auront été encourues pour délit de publication par la voie d'un journal ou écrit périodique, ne seront jamais moindres du double du *minimum* fixé par les lois relatives à la répression des délits de la presse.

LOI DU 16 JUILLET 1850.

Art. 9. Les peines pécuniaires prononcées pour crimes et délits par les lois sur la presse et autres moyens de publication ne se confondront pas entre elles, et seront toutes intégralement subies, lorsque les faits qui y donneront lieu seront postérieurs à la première poursuite.

LOI DU 26 MAI 1819.

Art. 26. Tout arrêt de condamnation contre les auteurs ou complices des crimes et délits commis par voie de publication, ordonnera la suppression ou la destruction des objets saisis, ou de tous ceux qui pourront l'être ultérieurement, en tout ou en partie, suivant qu'il y aura lieu pour l'effet de la condamnation.

L'impression ou l'affiche de l'arrêt pourront être ordonnées aux frais du condamné.

Ces arrêts seront rendus publics dans la même forme que les jugements portant déclaration d'absence.

Art. 27. Quiconque, après que la condamnation d'un écrit, de dessins ou gravures, sera réputée connue par la publication dans les formes prescrites par l'article précédent, les réimprimera, vendra ou distribuera, subira le *maximum* de la peine qu'aurait pu encourir l'auteur.

LOI DU 18 JUILLET 1828.

Art. 15. En cas de récidive par le même gérant, et dans les cas prévus par l'art. 58 du Code pénal, indépendamment des dispositions de l'article 10 de la loi du 9 juin 1819, les tribunaux pourront, suivant la gravité du délit, prononcer la suspension du journal ou écrit périodique pour un temps qui ne pourra excéder deux mois, ni être moindre de dix jours. Pendant ce temps, le cautionnement continuera à demeurer en dépôt à la caisse des consignations, et il ne pourra recevoir une autre destination.

LOI DU 27 JUILLET 1849.

Art. 15. La suspension autorisée par l'article 15 de la loi du 18 juillet 1828 pourra être prononcée par les cours d'assises, toutes les fois qu'une deuxième ou ultérieure condamnation pour crime ou délit sera encourue, dans la même année, par le même gérant ou par le même journal.

La suspension pourra être prononcée, même par un premier arrêt de condamnation, lorsque cette condamnation sera encourue pour provocation à l'un des crimes prévus par les articles 87 et 91 du Code pénal.

Dans ce dernier cas, l'article 28 de la loi du 26 mai 1819 cessera d'être applicable.

Cet article est modifié par l'article suivant.

LOI DU 11 MAI 1868.

Art. 12. Une condamnation pour crime commis par la voie de la presse entraîne de plein droit la suppression du journal dont le gérant a été condamné.

Pour le cas de la récidive dans les deux années à partir de la première condamnation pour délit de presse autre que ceux commis contre les particuliers, les tribunaux peuvent, en réprimant un nouveau délit de même nature, prononcer la suspension du journal ou écrit périodique pour un temps qui ne sera pas moindre de quinze jours ni supérieur à deux mois.

Une suspension de deux à six mois peut être prononcée pour une troisième condamnation dans le même délai. Elle peut l'être également par un premier jugement ou arrêt de condamnation, si la condamnation est encourue pour provocation à l'un des crimes prévus par les articles 86, 87 et 91 du Code pénal, ou pour délit prévu par l'article 9 de la loi du 17 mai 1819.

Pendant toute la durée de la suspension, le cautionnement demeurera déposé au trésor et ne pourra recevoir une autre destination.

DÉCRET DU 17 FÉVRIER 1852.

Art. 20. Si la publication d'un journal ou écrit périodique frappé de suppression ou de suspension *administrative ou judiciaire* est continuée sous le même titre, ou sous un titre déguisé, les auteurs, gérants ou imprimeurs seront condamnés à la peine d'un mois à deux ans d'emprisonnement, et, solidairement, à une amende de cinq cents francs à trois mille francs, par chaque numéro ou feuille publiée en contravention.

LOI DU 25 MARS 1822.

Art. 14. *Dans les cas de délits correc-*

tionnels prévus par les premier, second et quatrième paragraphes de l'article 6, par l'article 8 et par le premier paragraphe de l'article 9 de la présente loi, les tribunaux pourront appliquer, s'il y a lieu, l'art. 463 du Code pénal.

DÉCRET DU 11 AOUT 1848.

Art. 8. *L'art. 463 du Code pénal est applicable aux délits de la presse.*

LOI DU 27 JUILLET 1849.

Art. 23. *L'article 463 du Code pénal est applicable aux délits prévus par la présente loi.*

Lorsque, en matière de délits, le jury aura déclaré l'existence des circonstances atténuantes, la peine ne s'élèvera jamais au-dessus de moitié du *maximum* déterminé par la loi.

LOI DU 11 MAI 1868.

Art. 15. L'article 463 est applicable aux crimes, délits et contraventions commis par la voie de la presse, sans que l'amende puisse être inférieure à cinquante francs.

MÊME LOI.

Art. 13. L'exécution provisoire du jugement ou de l'arrêt qui prononce la suspension ou la suppression d'un journal ou écrit périodique pourra, par une disposition spéciale, être ordonnée nonobstant opposition ou appel en ce qui touche la suspension ou la suppression.

Il en sera de même pour la consignation de l'amende, sans préjudice des dispositions des articles 29, 30 et 31 du décret du 17 février 1852.

Toutefois, l'opposition ou l'appel suspendront l'exécution, s'ils sont formés dans les vingt-quatre heures de la signification des jugement ou arrêt par défaut ou de la prononciation du jugement contradictoire.

L'opposition ou l'appel entraîneront de plein droit citation à la plus prochaine audience.

Il sera statué dans les trois jours.

Le pourvoi en cassation n'arrêtera en aucun cas les effets des jugements et arrêts ordonnant l'exécution provisoire.

LOI DU 16 JUILLET 1850.

Art. 6. Dans les trois jours de tout arrêt de condamnation pour crime ou délit de presse, le gérant du journal devra acquitter le montant des condamnations qu'il aura encourues.

En cas de pourvoi en cassation, le montant des condamnations sera consigné dans le même délai. *V. art.* 29, *décr.* 17 *fév.* 1852.

Art. 7. La consignation ou le payement prescrit par les articles précédents sera constaté par une quittance délivrée en duplicata par le receveur des domaines.

Cette quittance sera, le quatrième jour au plus tard soit de l'arrêt rendu par la cour d'assises, soit de la notification de l'arrêt de la chambre des mises en accusation, remise au procureur de la République, qui en donnera récépissé.

Art. 8. Faute par le gérant d'avoir remis la quittance dans les délais ci-dessus fixés, le journal cessera de paraître, sous les peines portées contre tout journal publié sans cautionnement.

DÉCRET DU 17 FÉVRIER 1852.

Art. 29. Dans les trois jours de tout jugement ou arrêt définitif de contravention de presse, le gérant du journal devra acquitter le montant des condamnations qu'il aura encourues ou dont il sera responsable.

En cas de pourvoi en cassation, le montant des condamnations sera consigné dans le même délai.

Art. 30. La consignation ou le payement prescrit par l'article précédent sera constaté par une quittance délivrée en duplicata par le receveur des domaines.

Cette quittance sera, le quatrième jour au plus tard, remise au procureur de la République, qui en donnera récépissé.

Art. 31. Faute par le gérant d'avoir remis la quittance dans les délais ci-dessus fixés, le journal cessera de paraître, sous les peines portées par l'article 5 de la présente loi.

DÉCRET DU 5 JANVIER 1853.

Art. 1er. Les amendes à acquitter en exécution du paragraphe 1er de l'article 6 de la loi du 16 juillet 1850, et de l'article 29 du décret du 17 février 1852, seront versées, à l'avenir, à la caisse des consignations à Paris, et à celle de ses préposés dans les départements ; elles y resteront déposées pendant trois mois, avec leur affectation spéciale au profit du trésor.

Les sommes consignées, en cas de pourvoi en cassation, conformément au paragraphe 2 des articles ci-dessus mentionnés, resteront également déposées pendant le même délai de trois mois, à partir de la date soit du désistement, soit de l'arrêt de rejet, soit du jugement, ou de l'arrêt définitif à intervenir.

Art. 2. A l'expiration du délai de trois mois, dans les deux cas prévus en l'article précédent, si le droit de grâce n'a pas été exercé, les sommes consignées seront irrévocablement acquises à l'Etat, et elles seront versées par la caisse des consignations au bureau du receveur de l'enregistrement, chargé de la recette des amendes et frais de justice dans la ville où se publiait le journal.

LOI DU 9 JUIN 1819.

Art. 11. Les éditeurs du journal ou écrit périodique seront tenus d'insérer dans l'une des feuilles ou des livraisons qui paraîtront dans le mois du jugement ou de l'arrêt intervenu contre eux, extrait contenant les motifs et le dispositif dudit jugement ou arrêt.

Art. 12. La contravention aux articles 7, 8 et 11 de la présente loi sera punie correctionnellement d'une amende de cent francs à mille francs.

Art. 13. Les poursuites auxquelles pourront donner lieu les contraventions aux articles 7, 8 et 11 de la présente loi se prescriront par le laps de trois mois, à compter de la contravention, ou de l'interruption des poursuites, s'il y en a de commencées en temps utile.

Les art. 7 et 8 sont abrogés.

TROISIÈME PARTIE.

LOIS RELATIVES A LA PUBLICATION DES JOURNAUX ET ÉCRITS PÉRIODIQUES.

LOI DU 11 MAI 1868, *relative à la presse.*

Art. 1er. Tout Français majeur et jouissant de ses droits civils et politiques peut, sans autorisation préalable, publier un journal ou écrit périodique paraissant soit régulièrement et à jour fixe, soit par livraisons et irrégulièrement.

LOI DU 18 JUILLET 1828.

Art. 4. En cas d'association, la société devra être l'une de celles qui sont définies et régies par le Code de commerce.

Hors le cas où le journal serait publié par une société anonyme, les associés seront tenus de choisir entre eux un, deux ou trois gérants, qui, aux termes des articles 22 et 24 du Code de commerce, auront chacun individuellement la signature.

Si l'un des gérants responsables vient à décéder ou à cesser ses fonctions par une cause quelconque, les propriétaires seront tenus, dans le délai de deux mois, de le remplacer, ou de réduire, par un acte revêtu des mêmes formalités que celui de société, le nombre de leurs gérants. Ils auront aussi, dans les limites ci-dessus déterminées, le droit d'augmenter ce nombre en remplissant les mêmes formalités. S'ils n'en avaient constitué qu'un seul, ils seront tenus de le remplacer dans les quinze jours qui suivront son décès ; faute par eux de le faire, le journal ou écrit périodique cessera de paraître, à peine de mille francs d'amende pour chaque feuille ou livraison qui serait publiée après l'expiration de ce délai.

Art. 5. Les gérants responsables, ou l'un ou deux d'entre eux, surveilleront et dirigeront par eux-mêmes la rédaction du journal ou écrit périodique.

Chacun des gérants responsables devra avoir les qualités requises par l'article 980 du Code civil, être propriétaire au moins d'une part ou action dans l'entreprise, et posséder en son propre et privé nom un quart au moins du cautionnement.

Art. 6. *Aucun journal ou écrit périodique soumis au cautionnement par les dispositions de la présente loi ne pourra être publié, s'il n'a été fait préalablement une déclaration contenant :*

1º Le titre du journal ou écrit périodique et les époques auxquelles il doit paraître ;

2º Le nom de tous les propriétaires autres que les commanditaires, leur demeure, leur part dans l'entreprise ;

3º Le nom et la demeure des gérants responsables ;

4º L'affirmation que ces propriétaires et gérants réunissent les conditions de capacité prescrites par la loi ;

5º L'indication de l'imprimerie dans laquelle le journal ou écrit périodique devra être imprimé.

Toutes les fois qu'il surviendra quelque mutation, soit dans le titre du journal ou dans les conditions de sa périodicité, soit parmi les propriétaires ou les gérants responsables, il en sera fait déclaration devant l'autorité compétente dans les quinze jours qui suivront la mutation, à la diligence des gérants responsables. En cas de négligence, ils seront punis d'une amende de cinq cents francs.

Il en sera de même si le journal ou écrit périodique venait à être imprimé dans une autre imprimerie que celle qui a été originairement déclarée.

Dans le cas où l'entreprise aurait été formée par une seule personne, le propriétaire, s'il réunit les qualités requises par le paragraphe 2 de l'article 5, sera en même temps le gérant responsable du journal.

Dans le cas contraire, il sera tenu de présenter un gérant responsable, conformément à l'article 5.

Les journaux exceptés du cautionnement seront tenus de faire la déclaration préalable prescrite par les nᵒˢ 1, 2 et 5 du premier paragraphe du présent article.

LOI DU 11 MAI 1868.

Art. 2. Aucun journal ou écrit périodique ne peut être publié s'il n'a été fait, à Paris, à la préfecture de police, et dans les départements, à la préfecture, et quinze jours au moins avant la publication, une déclaration contenant :

1° Le titre du journal ou écrit périodique et les époques auxquelles il doit paraître;

2° Le nom, la demeure et les droits des propriétaires autres que les commanditaires;

3° Le nom et la demeure du gérant;

4° L'indication de l'imprimerie où il doit être imprimé.

Toute mutation dans les conditions ci-dessus énumérées est déclarée dans les quinze jours qui la suivent.

Toute contravention aux dispositions du présent article est punie des peines portées dans l'article 5 du décret du 17 février 1852.

LOI DU 18 JUILLET 1828.

Art. 7. Ces déclarations seront accompagnées du dépôt des pièces justificatives : elles seront signées par chacun des propriétaires du journal ou écrit périodique, ou par le fondé de pouvoir de chacun d'eux. *Elles seront reçues à Paris à la direction de la librairie, et dans les départements au secrétariat général de la préfecture.*

Art. 10. En cas de contestation sur la régularité ou la sincérité de la déclaration prescrite par l'article 6 et des pièces à l'appui, il sera statué par les tribunaux, à la diligence du préfet, sur mémoire, sommairement et sans frais, la partie ou son défenseur et le ministère public entendus.

Si le journal n'a point encore paru, il sera sursis à la publication jusqu'au jugement à intervenir, lequel sera exécutoire nonobstant appel.

Art. 11. Si la déclaration prescrite par l'article 6 est reconnue fausse et frauduleuse en quelqu'une de ses parties, le journal cessera de paraître. Les auteurs de la déclaration seront punis d'une amende dont le *minimum* sera d'une somme égale au dixième, et le *maximum*, d'une somme égale à la moitié du cautionnement.

Art. 12. Dans le cas où un journal ou écrit périodique est établi et publié par un seul propriétaire, si ce propriétaire vient à mourir, sa veuve ou ses héritiers auront un délai de trois mois pour présenter un gérant responsable : ce gérant devra être propriétaire d'immeubles libres de toute hypothèque et payant au moins cinq cents francs de contributions directes si le journal est publié dans les départements de la Seine, de Seine-et-Oise et de Seine-et-Marne, et cent cinquante francs dans les autres départements.

Le gérant que la veuve ou les héritiers seront admis à présenter devra réunir les conditions requises par l'article 980 du Code civil.

Dans les dix jours du décès, la veuve ou les héritiers seront tenus de présenter un rédacteur, qui sera responsable du journal jusqu'à ce que le gérant soit accepté.

Le cautionnement du propriétaire décédé demeurera affecté à la gestion.

LOI DU 27 JUILLET 1849.

Art. 14. En cas de condamnation du gérant pour crime, délit ou contravention de la presse, la publication du journal ou écrit périodique ne pourra avoir lieu, pendant toute la durée des peines d'emprisonnement et d'interdiction des droits civiques et civils, que par un autre gérant remplissant toutes les conditions exigées par la loi. Si le journal n'a qu'un gérant, les propriétaires auront un mois pour en présenter un nouveau, et, dans l'intervalle, ils seront tenus de désigner un rédacteur responsable. Le cautionnement entier demeurera affecté à cette responsabilité.

DÉCRET DU 17 FÉVRIER 1852.

Art. 2. Les journaux politiques ou d'économie sociale publiés à l'étranger ne pourront circuler en France qu'en vertu d'une autorisation du gouvernement.

Les introducteurs ou distributeurs d'un journal étranger dont la circulation n'aura pas été autorisée seront punis d'un emprisonnement d'un mois à un an et d'une amende de cent francs à cinq mille francs.

Art. 3. Les propriétaires de tout journal ou écrit périodique traitant de matières politiques ou d'économie sociale sont tenus, avant la publication, de verser au trésor un cautionnement en numéraire, dont l'intérêt sera payé au taux réglé pour les cautionnements.

Art. 4. Pour les départements de la Seine, de Seine-et-Oise, de Seine-et-Marne et du Rhône, le cautionnement est fixé ainsi qu'il suit :

Si le journal ou écrit périodique paraît plus de trois fois par semaine, soit à jour fixe, soit par livraisons irrégulières, le cautionnement sera de cinquante mille francs (50,000ᶠ).

Si la publication n'a lieu que trois fois par semaine ou à des intervalles plus éloignés, le cautionnement sera de trente mille francs (30,000ᶠ).

Dans les villes de cinquante mille âmes et au-dessus, le cautionnement des journaux ou écrits périodiques paraissant plus de trois fois par semaine sera de vingt-cinq mille francs (25,000ᶠ).

Il sera de quinze mille francs dans les autres villes, et, respectivement, de moitié de ces deux sommes pour les journaux ou écrits périodiques paraissant trois fois par semaine ou à des intervalles plus éloignés.

Art. 5. Toute publication de journal ou écrit périodique, sans cautionnement ou sans que le cautionnement soit complété, sera punie d'une amende de cent à deux mille francs par chaque numéro ou livraison publiés en contravention, et d'un emprisonnement d'un mois à deux ans.

Celui qui aura publié le journal ou écrit périodique et l'imprimeur seront solidairement responsables.

Le journal ou écrit périodique cessera de paraître.

ORDONNANCE DU 29 JUILLET 1828 *concernant l'exécution de la loi du 18 juillet 1828 sur les journaux et écrits périodiques.*

Art. 1ᵉʳ. Avant toute publication d'un journal ou écrit périodique soumis au cautionnement par les dispositions de la loi du 18 juillet 1828, il sera justifié au procureur du roi du lieu de l'impression du versement du cautionnement auquel ce journal ou écrit périodique est soumis, et de la déclaration prescrite par l'article 6 de ladite loi. Le procureur du roi donnera acte sur-le-champ de cette justification et en tiendra registre.

LOI DU 9 JUIN 1819.

Art. 3. Le cautionnement sera affecté, par privilége, aux dépens, dommages-intérêts et amendes auxquels les propriétaires ou éditeurs pourront être condamnés : le prélèvement s'opérera dans l'ordre indiqué au présent article. En cas d'insuffisance, il y aura lieu à recours solidaire sur les biens des propriétaires ou éditeurs déclarés responsables du journal ou écrit périodique, et des auteurs et rédacteurs des articles condamnés.

LOI DU 18 JUILLET 1828.

Art. 13. Les condamnations pécuniaires prononcées soit contre les signataires responsables, soit contre l'auteur ou les auteurs des passages incriminés, seront prélevées : 1° sur la portion du cautionnement appartenant en propre aux signataires responsables; 2° sur le reste du cautionnement dans le cas où celle-ci serait insuffisante, sans préjudice, pour le surplus, des règles établies par les articles 3 et 4 de la loi du 9 juin 1819.

LOI DU 9 JUIN 1819.

Art. 5. *Au moment de la publication de chaque feuille ou livraison du journal ou écrit périodique, il en sera remis à la préfecture pour les chefs-lieux de département, à la sous-préfecture pour ceux d'arrondissement, et dans les autres villes à la mairie un exemplaire signé d'un propriétaire ou éditeur responsable.*

Cette formalité ne pourra ni retarder ni suspendre le départ ou la distribution du journal ou écrit périodique.

LOI DU 11 MAI 1868.

Art. 7. Au moment de la publication de chaque feuille ou livraison du journal ou écrit périodique, il sera remis à la préfecture pour les chefs-lieux de département, à la sous-préfecture pour ceux d'arrondissement, et pour les autres villes à la mairie, deux exemplaires signés du gérant responsable, ou de l'un d'eux s'il y a plusieurs gérants responsables.

Pareil dépôt sera fait au parquet du procureur impérial, ou à la mairie dans les villes où il n'y a pas de tribunal de première instance.

Ces exemplaires sont dispensés du droit de timbre.

LOI DU 18 JUILLET 1828.

Art. 8. Chaque numéro de l'écrit périodique sera signé en minute par le propriétaire, s'il est unique; par l'un des gérants responsables, si l'écrit périodique est publié par une société en nom collectif ou en commandite; et par l'un des administrateurs, s'il est publié par une société anonyme.

L'exemplaire signé pour minute sera, au moment de la publication, déposé au parquet du procureur du roi du lieu de l'impression, ou à la mairie dans les villes où il n'y a pas de tribunal de première instance, à peine de cinq cents francs d'amende contre les gérants. Il sera donné récépissé du dépôt.

La signature sera imprimée au bas de tous les exemplaires, à peine de cinq cents francs d'amende contre l'imprimeur, sans que la révocation du brevet puisse s'ensuivre.

Les signataires de chaque feuille ou livraison seront responsables de son contenu et passibles de toutes les peines portées par la loi à raison de la publication des articles ou passages incriminés, sans préjudice de la poursuite contre l'auteur ou les auteurs desdits articles ou passages comme complices. En conséquence, les poursuites judiciaires pourront être dirigées tant contre les signataires des feuilles ou livraisons que contre l'auteur ou les auteurs des passages incriminés, si ces auteurs peuvent être connus ou mis en cause.

LOI DU 27 JUILLET 1849.

Art. 9. *Aucun journal ou écrit périodique ne pourra être signé par un représentant du peuple en qualité de gérant responsable. En cas de contravention, le journal sera considéré comme non signé, et la peine de cinq cents francs à trois mille francs d'amende sera prononcée contre les imprimeurs et propriétaires.*

LOI DU 11 MAI 1868.

Art. 8. Aucun journal ou écrit périodique ne pourra être signé par un membre du Sénat ou du Corps législatif en qualité de gérant responsable. En cas de contravention, le journal sera considéré comme non signé, et la peine de cinq cents à trois mille francs d'amende sera prononcée contre les imprimeurs et propriétaires.

LOI DU 16 JUILLET 1850.

Art. 3. Tout article de discussion politique, philosophique ou religieuse, inséré dans un journal, devra être signé par son auteur, sous peine d'une amende de cinq cents francs pour la première contravention, et de mille francs en cas de récidive.

Toute fausse signature sera punie d'une amende de mille francs et d'un emprisonnement de six mois, tant contre l'auteur de la fausse signature que contre l'auteur de l'article et l'éditeur responsable du journal.

Art. 4. Les dispositions de l'article précédent seront applicables à tous les articles, quelle que soit leur étendue, publiés dans des feuilles politiques ou non politiques, dans lesquels seront discutés des actes ou opinions des citoyens et des intérêts individuels ou collectifs.

DÉCRET DU 17 FÉVRIER 1852.

Art. 21. La publication de tout article traitant de matières politiques ou d'économie sociale, et émanant d'un individu condamné à une peine afflictive ou infamante, ou infamante seulement, est interdite.

Les éditeurs, gérants, imprimeurs qui auront concouru à cette publication seront condamnés solidairement à une amende de mille à cinq mille francs.

LOI DU 11 MAI 1868.

Art. 9. La publication par un journal ou écrit périodique d'un article signé par une personne privée de ses droits civils et politiques, ou à laquelle le territoire de France est interdit, est punie d'une amende de mille à cinq mille francs, qui sera prononcée contre les éditeurs ou gérants dudit journal ou écrit périodique.

LOI DU 25 MARS 1822.

Art. 11. Les propriétaires ou éditeurs de tout journal ou écrit périodique seront tenus d'y insérer, dans les trois jours de la réception, ou dans le plus prochain numéro, s'il n'en était pas publié avant l'expiration des trois jours, la réponse de toute personne nommée ou désignée dans le journal ou écrit périodique, sous peine d'une amende de cinquante francs à cinq cents francs, sans préjudice des autres peines et dommages-intérêts auxquels l'article incriminé pourrait donner lieu. Cette insertion sera gratuite, et la réponse pourra avoir le double de la longueur de l'article auquel elle sera faite.

LOI DU 27 JUILLET 1849.

Art. 13. L'insertion sera gratuite pour les réponses et rectifications prévues par l'article 11 de la loi du 25 mars 1822, lorsqu'elles ne dépasseront pas le double de la longueur des articles qui les auront provoquées; dans le cas contraire, le prix d'insertion sera dû pour le surplus seulement.

Le 1er § de cet article a été remplacé par l'art. 19 décret 17 fév. 1852.

DÉCRET DU 17 FÉVRIER 1852.

Art. 19. Tout gérant sera tenu d'insérer en tête du journal des documents officiels, relations authentiques, renseignements, réponses et rectifications qui lui seront adressés par un dépositaire de l'autorité publique.

La publication devra avoir lieu dans le plus prochain numéro qui paraîtra après le jour de la réception des pièces.

L'insertion sera gratuite.

En cas de contravention, les contrevenants seront punis d'une amende de cinquante francs à mille francs. En outre, le journal pourra être suspendu *par voie administrative* pendant quinze jours au plus.

LOI DU 11 MAI 1868.

Art. 16. La suspension, dans le cas prévu par l'article 19 du décret du 17 février 1852, ne pourra être prononcée que par l'autorité judiciaire.

LOI DU 9 JUIN 1819.

Art. 9. Les propriétaires ou éditeurs responsables d'un journal ou écrit périodique, ou auteurs ou rédacteurs d'articles imprimés dans ledit journal ou écrit, prévenus de crimes ou délits pour fait de publication, seront poursuivis et jugés dans les formes et suivant les distinctions prescrites à l'égard de toutes les autres publications.

Art. 10. En cas de condamnation, les mêmes peines leur seront appliquées : toutefois les amendes pourront être élevées au double, et, en cas de récidive, portées au quadruple, sans préjudice des peines de la récidive prononcées par le Code pénal.

LOI DU 25 MARS 1822.

Art. 13. L'article 10 de la loi du 9 juin 1819 est commun à toutes les dispositions du présent titre, en tant qu'elles s'appliquent aux propriétaires ou éditeurs d'un journal ou écrit périodique.

DÉCRET DU 17 FÉVRIER 1852.

Art. 23. Les annonces judiciaires exigées par les lois pour la validité ou la publicité des procédures ou des contrats seront insérées, à peine de nullité de l'insertion, dans le journal ou les journaux de l'arrondissement qui seront désignés, chaque année, par le préfet.

A défaut du journal dans l'arrondissement, le préfet désignera un ou plusieurs journaux du département.

Le préfet réglera en même temps le tarif de l'impression de ces annonces.

LOI DU 11 MAI 1868.

Art. 14. Les gérants de journaux seront autorisés à établir une imprimerie exclusivement destinée à l'impression du journal.

LOI DU 27 JUILLET 1849.

Art. 7. Indépendamment du dépôt prescrit par la loi du 21 octobre 1814, tous écrits traitant de matières politiques ou d'économie sociale et ayant moins de dix feuilles d'impression, autres que les journaux ou écrits périodiques, devront être déposés par l'imprimeur, au parquet du procureur de la République du lieu de l'impression, vingt-quatre heures avant toute publication et distribution.

L'imprimeur devra déclarer, au moment du dépôt, le nombre d'exemplaires qu'il aura tirés.

Il sera donné récépissé de la déclaration.

Toute contravention aux dispositions du présent article sera punie, par le tribunal de police correctionnelle, d'une amende de cent francs à cinq cents francs.

Nota. Nous ne rapportons pas ici les dispositions législatives sur le timbre des écrits périodiques ; nous les avons données plus haut dans l'ordre qu'elles doivent conserver.

AFFICHEURS ET CRIEURS PUBLICS.

18-22 MAI 1791. — DÉCRET *relatif au droit de pétition.*

Art. 11. Dans les villes et dans chaque municipalité, il sera, par les officiers municipaux, désigné des lieux exclusivement destinés à recevoir les affiches des lois et des actes de l'autorité publique. Aucun citoyen ne pourra faire des affiches particulières dans lesdits lieux, sous peine d'une amende de cent livres, dont la condamnation sera prononcée par voie de police.

Art. 13. Aucun citoyen et aucune réunion de citoyens ne pourront rien afficher sous le titre d'arrêtés, de délibérations, ni sous toute autre forme obligatoire et impérative.

Art. 14. Aucune affiche ne pourra être faite sous un nom collectif ; tous les citoyens qui auront coopéré à une affiche seront tenus de la signer.

Art. 15. La contravention aux deux articles précédents sera punie d'une amende de cent livres, laquelle ne pourra être modérée, et dont la condamnation sera prononcée par voie de police.

22-23 JUILLET 1791. — DÉCRET.

Les affiches des actes émanés de l'autorité publique seront seules imprimées sur papier blanc ordinaire, et celles faites par des particuliers ne pourront l'être que sur papier de couleur, sous peine de l'amende ordinaire de police municipale.

28 AVRIL 1816. — LOI *sur les finances.*

Art. 65. Toutes les affiches, quel qu'en soit l'objet, seront sur papier timbré.... Conformément à la loi du 28 juillet 1791, ce papier ne pourra être de couleur blanche.

Art. 66. Les avis et autres annonces, de quelque nature et espèce qu'ils soient, assujettis au timbre par la loi du 6 prair. an VII, qui ne sont pas destinés à être affichés, pourront être imprimés sur papier blanc.

Art. 69. La contravention d'un imprimeur à ces dispositions sera punie d'une amende de 500 francs, sans préjudice du droit de Sa Majesté de lui retirer sa commission.

Ceux qui seront convaincus d'avoir ainsi fait afficher et distribuer des imprimés non timbrés seront condamnés à une amende de 100 francs.

Les afficheurs et distributeurs seront, en outre, condamnés aux peines de simple police déterminées par l'art. 474 du Code pénal.

L'amende sera solidaire et emportera contrainte par corps.

25 MARS 1817. — LOI *sur les finances.*

Art. 77. Les particuliers qui voudront se servir, pour affiches, avis ou annonces, d'autre papier que celui de l'administration de l'enregistrement, seront admis à le faire timbrer avant l'impression.

La contravention à la disposition de l'article 65 de la loi du 28 avril 1816, qui dé-fend de se servir pour les affiches de papier de couleur blanche, sera punie d'une amende de 100 francs à la charge de l'imprimeur, qui sera toujours tenu d'indiquer son nom et sa demeure au bas de l'affiche.

10 DÉCEMBRE 1830. — LOI *sur les afficheurs et les crieurs publics.*

Art. 1er. Aucun écrit, soit à la main, soit imprimé, gravé ou lithographié, contenant des nouvelles politiques ou traitant d'objets politiques, ne pourra être affiché ou placardé dans les rues, places ou autres lieux publics.

Sont exceptés de la présente disposition les actes de l'autorité publique.

Cet article est applicable à celui qui appose au vitrage de sa boutique, à l'intérieur, un écrit contenant une propagande électorale. — Cass. 17 fév. 1849 (Place), *B. cr.*

Art. 2. Quiconque voudra exercer, même temporairement, la profession d'afficheur ou crieur, de vendeur ou distributeur sur la voie publique d'écrits imprimés, lithographiés, gravés ou à la main, sera tenu d'en faire préalablement la déclaration devant l'autorité municipale et d'indiquer son domicile.

Le crieur ou afficheur devra renouveler cette déclaration chaque fois qu'il changera de domicile. *V. art.* 6, *L.* 27 *juillet* 1849.

1. Cet article a été modifié par l'art 1er, L. 16 fév. 1834, qui soumet à une autorisation préalable l'exercice de la profession d'afficheur, crieur, vendeur, etc. — Dalloz, v° *Presse,* n° 456.

2. Ses dispositions ne peuvent s'étendre aux propriétaires qui apposeraient eux-mêmes ou feraient apposer par une autre personne des affiches imprimées ou manuscrites pour la vente d'un bien, la location d'une ferme. — De Grattier, t. 2, p. 23 ; Chassan, t. 1, p. 704 ; Dalloz, v° *Affiches,* n° 152.

La loi du 10 décembre 1830 n'est relative qu'aux écrits contenant des nouvelles politiques ou traitant d'objets politiques ; elle n'a point modifié ou restreint le pouvoir attribué à l'autorité municipale de subordonner à son autorisation préalable l'affiche de tout placard ou annonce quelconque relatif à d'autres objets, et d'interdire ces affiches à toutes autres personnes qu'aux afficheurs par elle commissionnés à cet effet. — Cass. 19 juillet 1862 (Lemille), *B. cr.*

4. Ainsi le règlement municipal qui interdit toutes publications et annonces à tous autres qu'aux crieurs et aux afficheurs commissionnés à cet effet n'est pas contraire à la loi du 10 déc. 1830. — Cass. 13. fév. 1834 (Gobert) ; 26 fév. 1842 (Alleaume) ; 12 nov. 1847 (Papais), *J. p.* ; de Grattier, t. 2, p. 233 ; Dalloz, v° *Presse,* n° 449.

5. Est obligatoire l'arrêté municipal qui réglemente le mode d'affichage et réserve un emplacement pour les affiches de l'autorité. Décr. 18-22 mai 1791. — Cass. 28 déc. 1855 (Durand), *B. cr.*

6. Qui interdit aux particuliers d'apposer aucune affiche ou annonce sans la permission de l'autorité municipale. — Cass. 3 janv. 1834 (Vivien), *J. p.* ;

13 fév. 1834 (Gobert); 12 nov. 1847 (Papais), *J. p.*; de Grattier, t. 1. p. 82; Dalloz, v° *Affiches*, n° 117. — Et sans avoir déposé au bureau de police de la mairie un exemplaire daté et signé par l'afficheur public. — Cass. 28 déc. 1855 (Durand), *B. cr.*; Chassan, t. 1, p. 700. — *Contrà:* Cass. 11 janv. 1834 (Perret), *J. p.*

7. Il ne suffit pas d'avoir demandé le *visa* de l'autorité municipale, il faut l'avoir obtenu. — Cass. 3 janv. 1834 (Vivien); 11 janv. 1834 (Perret), *J. p.*; Chassan, t. 1, p. 701; de Grattier, t. 2, p. 234.

8. Mais un pareil règlement n'est pas applicable aux affiches apposées en vertu des décisions judiciaires. — Cass. 9 août 1838 (Darmès), *J. p.*, 38, 2, 310; 28 déc. 1855 (Thoret, *B. cr.*; — Ni aux actes de l'autorité publique. — Cass. 13 fév. 1834 (Gobert), *J. p.*; 28 déc. 1855 (Durand), *B. cr.*

9. Par exemple aux placards ou affiches annonçant qu'un notaire, commis à cet effet par jugement, procédera tel jour, dans son étude, à une vente aux enchères publiques de meubles. — Cass. 9 août 1838 (Darmès), *B. cr.*; Chassan, t. 1, p. 701.

10. Ni aux affiches ayant pour objet une vente faite par des syndics à la suite d'une faillite. — Chassan, t. 1, p. 702.

11. Au contraire, il est applicable aux affiches apposées par un huissier pour annoncer une vente volontaire de meubles aux enchères. — Cass. 28 déc. 1855 (Thorel-Durand), *B. cr.*; 19 juillet 1862 (Lemille), *B. cr.*

12. Mais l'officier ministériel qui a remis l'affiche à l'afficheur pour la placarder n'est pas responsable de la contravention, si l'arrêté municipal ne fait point de cette remise une contravention distincte. — Cass. 19 juillet 1862 (Lemille), *B. cr.*

13. N'est pas obligatoire l'arrêté d'un maire qui soumet l'impression des affiches à l'autorisation préalable de l'autorité municipale. — Cass. 11 janv. 1834 (Perret), *J. p.*

14. Les affiches faites à l'aide de planches noircies et ensuite appliquées à la main sur le papier ne sont point assujetties aux formalités prescrites pour les affiches imprimées.—Paris, 13 mai 1836 (Delachanterie); D., 37, 2, 113; de Grattier, t. 1, p. 39.

15. V. sous l'art. 471-15 C. pén., *Codes crim.*, le mot *Affiches*. — A l'égard des crieurs, V. L. du 16 fév. 1834, qui a modifié la loi du 10 déc. 1830.

Art. 3. Les journaux, feuilles quotidiennes ou périodiques, les jugements et autres actes d'une autorité constituée ne pourront être annoncés dans les rues, places et autres lieux publics autrement que par leur titre.

Aucun autre écrit imprimé, lithographié, gravé ou à la main, ne pourra être crié sur la voie publique qu'après que le crieur ou distributeur aura fait connaître à l'autorité municipale le titre sous lequel il veut l'annoncer, et qu'après avoir remis à cette autorité un exemplaire de cet écrit. *V. L.* 16 *fév.* 1834.

Le fait de la remise et de la déclaration prescrites par le paragraphe 2 de cet article peut être constaté autrement que par le visa de l'autorité et par tous les moyens admis devant les tribunaux. — Cass. 22 nov. 1833 (Delente), *J. p.*; Chassan, t. 1, p. 712; de Grattier, t. 2, p. 240; Dalloz, v° *Presse*, n° 467.

Art. 4. La vente ou distribution de faux extraits de journaux, jugements et actes de l'autorité publique, est défendue, et sera punie des peines ci-après.

Art. 5. L'infraction aux dispositions des articles 1er et 4 de la présente loi sera punie d'une amende de 25 fr. à 500 fr. et d'un emprisonnement de six jours à un mois, cumulativement ou séparément.

L'auteur ou l'imprimeur de faux extraits défendus par l'article ci-dessus sera puni du double de la peine infligée au crieur, vendeur ou distributeur de faux extraits.

Les peines prononcées par le présent article seront appliquées sans préjudice des autres peines qui pourraient être encourues par suite des crimes et délits résultant de la nature même de l'écrit.

Art. 6. *Abrogé par le décret du 25 fév.* 1852.

Art. 7. Toute infraction aux art. 2 et 3 de la présente loi sera punie, par la voie ordinaire de police correctionnelle, d'une amende de 25 francs à 200 francs, et d'un emprisonnement de six jours à un mois, cumulativement ou séparément.

Art. 8. Dans les cas prévus par la présente loi, les cours d'assises et les tribunaux correctionnels pourront appliquer l'article 463 du Code pénal, si les circonstances leur paraissent atténuantes, et si le préjudice causé n'excède pas 25 fr.

La condition d'un préjudice n'excédant pas 25 francs a été abrogée par l'art. 463 C. pén. revisé en 1832. — Chassan, t. 1, p. 704; Parant, p. 188; de Grattier, t. 2, p. 244; Dalloz, v° *Presse*, n° 493.

Art. 9. La loi du 5 nivôse an v, relative aux crieurs publics, et l'article 290 du Code pénal sont abrogés.

8 JUILLET 1852. — LOI *sur les finances.*

Art. 30. A partir du 1er août 1852, toute affiche inscrite dans un lieu public, sur les murs, sur une construction quelconque, ou même sur toile, au moyen de la peinture ou de tout autre procédé, donnera lieu à un droit d'affichage fixé à 50 centimes pour les affiches d'un mètre carré et au-dessous, et à 1 fr. pour celles d'une dimension supérieure. Un règlement d'administration publique déterminera le mode d'exécution du présent article.

Toute infraction à la présente disposition et toute contravention au règlement à intervenir pourront être punies d'une amende de 100 fr. à 500 fr., ainsi que des peines portées à l'art. 464 du Code pénal.

7

1. Cet article n'a entendu parler que des affiches peintes ou tracées immédiatement sur les murs ou même sur toile. Il ne s'applique pas aux affiches imprimées ou écrites sur papier timbré, et ensuite appliquées sur les murs ou même collées sur toile, puis accrochées à des murs en forme de tableaux ou placards mobiles. — Bourges, 17 avril 1856 (Radet); D., 56, 2, 98. Cass. 20 déc. 1866 (Ellier), *B. cr.*

2. On ne peut assimiler aux affiches définies par cette loi :

Une planchette mobile accrochée au mur et portant, avec l'indication du prix de sommiers élastiques, l'indication de la demeure du fabricant. — Cass. 2 sept. 1853 (Lyon), *B. cr.*

3. Ni des portraits photographiques renfermés dans des cadres mobiles attachés au mur, et portant, avec l'indication du prix, l'indication du nom et de la demeure de l'artiste. Ces indications ne peuvent être considérées que comme des enseignes. — Cass. 2 sept. 1853 (Leroux), *B. cr.*; Dalloz, v° *Presse.* n° 450.

4. Les loi et décret des 8 juillet et 25 août 1852 sont applicables aux affiches exposées dans l'intérieur d'une boutique, derrière les carreaux. — Paris, 22 août 1857 (Roch) ; S., 57, 2, 703.

5. Il est dû une amende pour chaque affiche différente. — Même arrêt.

25-31 AOUT 1852. — DÉCRET *contenant règlement sur les affiches inscrites, dans un lieu public, sur les murs, sur une construction quelconque, ou même sur une toile (rendu pour l'exécution de l'article 30 de la loi du 8 juillet 1852).*

Art. 1ᵉʳ. Tout individu qui voudra, au moyen de la peinture ou de tout autre procédé, inscrire des affiches dans un lieu public, sur les murs, sur une construction quelconque ou même sur toile, sera tenu préalablement de payer le droit d'affichage établi par l'art. 30 de la loi du 8 juillet 1852, et d'obtenir de l'autorité municipale dans les départements, et à Paris du préfet de police, l'autorisation ou permis d'afficher.

Le payement du droit se fera au bureau de l'enregistrement dans l'arrondissement duquel se trouvent les communes où les affiches devront être placées.

Dans le département de la Seine, il se fera à un ou plusieurs bureaux d'enregistrement désignés à cet effet.

Ces dispositions ne s'appliquent pas aux affiches sur papier, qui restent soumises à la loi du 10 déc. 1830. Dalloz, v° *Presse*, n° 449. V. *suprà* sous l'art. 30, n° 1.

Art. 2. Le droit sera perçu sur la présentation, pour chaque commune, d'une déclaration en double minute, datée et signée, contenant : — 1° Le texte de l'affiche; — 2° Les noms, prénoms, professions et domiciles de ceux dans l'intérêt desquels l'affiche doit être inscrite et de l'entrepreneur de l'affichage; — 3° La dimension de l'affiche; — 4° Le nombre total des exemplaires à inscrire; — 5° La désignation précise des rues et places où chaque exemplaire devra être inscrit; — 6° Et le nombre des exemplaires à inscrire dans chacun de ces emplacements.

Un double de la déclaration restera au bureau pour servir de contrôle à la perception; l'autre, revêtu de la quittance du receveur de l'enregistrement, sera rendu au déclarant.

Les droits régulièrement perçus ne seront point restituables, lors même que, par le fait des tiers, l'affichage ne pourrait avoir lieu.

Mais ces droits seront restitués si l'autorisation d'afficher est refusée par l'administration.

Art. 3. L'autorité municipale ou le préfet de police ne délivrera le permis d'affichage qu'au vu et sur le dépôt de la déclaration portant quittance dont il est parlé dans l'article précédent, et sans préjudice des droits des tiers.

Chaque permis sera enregistré, sur un registre spécial, par ordre de date et de numéro.

Le numéro du permis devra être lisiblement indiqué au bas de chaque exemplaire de l'affiche, qui devra porter, en outre, son numéro d'ordre.

Art. 4. Aucun exemplaire de l'affiche ne pourra être d'une dimension supérieure à celle pour laquelle le droit aura été payé.

Art. 5. Les contraventions à l'art. 30 de la loi du 8 juillet 1852 et aux dispositions du présent règlement seront constatées par des procès-verbaux rapportés soit par les préposés de l'administration de l'enregistrement et des domaines, soit par les commissaires, gendarmes, gardes champêtres et tous autres agents de la force publique.

Art. 6. Il sera accordé, à titre d'indemnité, aux gendarmes, gardes champêtres et autres agents de la force publique qui auront constaté les contraventions, un quart des amendes payées par les contrevenants.

Art. 7. Les poursuites seront faites à la requête du ministère public et portées devant le tribunal de police correctionnelle dans l'arrondissement duquel la contravention aura été commise.

Art. 8. Les contraventions à l'art. 1ᵉʳ, au dernier alinéa de l'art. 3 et à l'art. 4 du présent règlement, seront passibles des peines portées par l'art. 30 de la loi du 8 juillet 1852.

Il sera dû une amende pour chaque exemplaire d'affiche inscrit sans payement du droit ou d'une dimension supérieure à celle pour laquelle le droit aura été payé, et pour chaque exemplaire posé dans un emplacement autre que celui indiqué par la déclaration.

Dans tous les cas, les contrevenants devront rembourser les droits dont le trésor aura été frustré.

Art. 9. Ces droits, amendes et frais seront recouvrés par l'administration de l'enregistrement et des domaines.

Art. 10. *Dispositions transitoires.*

16 JUILLET 1834. — LOI *sur les crieurs publics.*

Art. 1er. Nul ne pourra exercer, même temporairement, la profession de crieur, de vendeur ou de distributeur, sur la voie publique, d'écrits, dessins ou emblèmes imprimés, litographiés, autographiés, moulés, gravés ou à la main, sans autorisation préalable de l'autorité municipale.

Cette autorisation pourra être retirée.

Les dispositions ci-dessus sont applicables aux chanteurs sur la voie publique. *V. art.* 6, *L.* 27 *juillet* 1849.

1. Cette loi n'est applicable qu'à la distribution d'écrits sur la voie publique exclusivement ; à l'égard des distributions faites dans d'autres lieux, c'est à l'art. 6, L. 27 juillet 1849, qu'il faut se reporter. — Chassan, *Lois de la presse,* p. 95. V. les notes sous cet article.

2. Elle est applicable à celui qui, sans autorisation, distribue sur la voie publique des journaux ou écrits périodiques. — Dalloz, v° *Presse,* n° 457. — Ou de simples adresses. — Paris, 13 janv. 1835 (Romet), *J. p.*; Chassan, t. 1, p. 707 ; de Grattier, t. 2, p. 278.

3. A celui qui, par des signes ostensibles, annonce sur la voie publique qu'il vend des numéros d'un journal dont il est porteur, lorsqu'il n'en a pas obtenu la permission de l'autorité municipale.—Amiens, 31 mars 1834 (Ruel). *J. p.*; Dalloz, v° *Presse,* n° 459. — *Contrà :* de Grattier, t. 2, p. 279.

4. Il y a vente sur la voie publique lorsque l'offre de l'imprimé y a été faite et qu'il y a eu accord sur le prix, bien que la livraison ait été faite dans l'intérieur d'une maison. — Cass. 15 juin 1844 (Brée), *B. cr.*; Amiens, 21 avril 1834 (Ruel), *J. p.*; Dalloz, *id.*; Chassan, t. 1, p. 710.

5. Mais le simple passage sur la voie publique d'un individu qui va porter des écrits qu'il est chargé de distribuer à domicile ne constitue point une tentative de distribution sur la voie publique. — Paris, 23 août 1834 (Leauté), *J. p.*; de Grattier, t. 2, p. 279. Mais il peut constituer le délit de colportage.

6. La contravention prévue par cet article est encourue par un seul fait de criage, de distribution ou de chant sur la voie publique. — De Grattier, t. 2, p. 281 ; Dalloz, v° *Presse,* n° 460. — Alors même qu'il émanerait de l'auteur. — Chassan, t. 1, p. 709. Dalloz, *id.* V. notes sous l'art. 6, L. 27 juillet 1849.

Art. 2. Toute contravention à la disposition ci-dessus sera punie d'un emprisonnement de six jours à deux mois pour la première fois, et de deux mois à un an en cas de récidive. Les contrevenants seront traduits devant les tribunaux correctionnels, qui pourront, dans tous les cas, appliquer les dispositions de l'art. 463 du Code pénal.

Une seconde infraction à cette loi spéciale constitue la récidive, quelle qu'ait pu être la première condamnation. — Chassan, t. 1, p. 708; de Grattier, t. 2, p. 282; Dalloz, v° *Presse,* n° 463.

THÉATRES.

30 DÉCEMBRE 1852. — DÉCRET *relatif à la représentation des ouvrages dramatiques.*

Art. 1er. Les ouvrages dramatiques continueront à être soumis, avant leur représentation, à l'autorisation de notre ministre de l'intérieur à Paris, et des préfets dans les départements.

Art. 2. Cette autorisation pourra toujours être retirée pour des motifs d'ordre public.

1. Ce décret, relatif à la police des théâtres, n'ayant point édicté de peines, ne trouve sa sanction que dans l'art. 471-15 C. pén. L'amende déterminée par les lois des 30 juillet 1850 et 30 juillet 1851 ne peut avoir survécu à la durée et à l'effet même de ces lois. — Cass. 17 avril 1856 (Thibeaud), *B. cr.*

2. Les pièces dont la représentation à Paris a été autorisée par le ministre de l'intérieur ne peuvent aujourd'hui être jouées dans les départements sans l'autorisation des préfets, qui ont toujours le droit de les interdire. V. *infrà* art. 3 décret du 6 janv. 1864 et les notes.

3. Les préfets peuvent subordonner leur autorisation à des conditions, par exemple à la suppression de certains passages d'une pièce. — Cass. 17 avril 1856 (Thibeaud), *B. cr.*

4. L'autorisation du préfet ne peut être remplacée par celle du sous-préfet. — Cass. 1er mars 1844 (Radou), *B. cr.*; Chassan, t. 1, p. 719.

5. Ni par celle du maire. — Rouen, 24 fév. 1842 (Poitevin). D., 42. 2. 94.

6. L'autorisation donnée à une pièce de théâtre ne peut pas nuire à l'intérêt privé, ni empêcher les par-

ties qui se prétendraient lésées par la représentation de cette pièce de porter plainte. — Chassan, t. 1, p. 720 ; de Grattier, t. 2, p. 379. V. les notes sous l'art. 471-15 C. pén., v° *Théâtres* ; *Codes crim.*

6 JANVIER 1864. — DÉCRET *relatif à la liberté des théâtres.*

Art. 1er. Tout individu peut faire construire et exploiter un théâtre, à la charge de faire une déclaration au ministère de notre maison et des beaux-arts, et à la préfecture de police pour Paris, à la préfecture dans les départements.

Les théâtres qui paraîtront plus particulièrement dignes d'encouragements pourront être subventionnés soit par l'État, soit par les communes.

Le préfet reçoit la déclaration du constructeur et celle de l'exploitant. Il se borne à faire respecter les ordonnances, décrets et règlements pour tout ce qui concerne l'ordre, la sécurité et la salubrité publics. — Circ. min., 28 avril 1864.

Art. 2. Les entrepreneurs de théâtres devront se conformer aux ordonnances, décrets et règlements pour tout ce qui concerne l'ordre, la sécurité et la salubrité publics (1).

ORDONNANCE DU PRÉFET DE POLICE DE PARIS, DU 1er JUILLET 1864.

Construction. — Déclaration préalable.

ART. 1er. Tout individu voulant faire construire et exploiter un théâtre est tenu d'en faire la déclaration préalable au ministère de la maison de l'Empereur et des beaux-arts, ainsi qu'à la préfecture de police.

Il sera joint à l'appui les plans détaillés, avec coupes, et l'indication du nombre des places calculé par personne à raison de $0^m 80^c$ de profondeur sur $0^m 45^c$ de largeur, pour les places en location, et $0^m 70^c$ sur $0^m 45^c$, pour les autres places.

Les travaux ne pourront être commencés que sur votre avis formel, après examen du projet.

Sauf les cas de dérogation que nous nous réservons d'admettre, les salles seront établies, construites et distribuées conformément aux prescriptions suivantes :

Mesures d'isolement.

ART. 2. L'édifice peut être isolé ou adossé, au choix du constructeur. En cas d'isolement, il sera laissé sur tous les côtés qui ne seront pas bordés par la voie publique un espace libre ou chemin de ronde, qui pourra n'être que de trois mètres de largeur si les maisons voisines n'ont pas de jour sur ledit chemin. Dans le cas contraire, la largeur serait rationnellement augmentée en égard, notamment, à l'importance et aux dispositions de l'édifice.

En cas d'adossement, il sera construit un contre-mur en briques de $0^m 25^c$, au moins, d'épaisseur, pour préserver les murs mitoyens.

L'épaisseur de ce contre-mur pourrait être augmentée comme la largeur du chemin de ronde ci-dessus et par les mêmes considérations.

Prescriptions concernant la grosse construction, surtout en vue des dangers d'incendie.

ART. 3. Les murs intérieurs, les murs qui séparent les loges d'acteurs et le théâtre, le mur d'avant-scène, le mur qui sépare la salle, le vestibule et les escaliers, seront en maçonnerie.

ART. 4. Les portes de communication entre les loges d'acteurs et le théâtre seront en fer et battantes, de manière à être constamment fermées.

Le mur d'avant-scène qui s'élève au-dessus de la toiture ne pourra être percé que de l'ouverture de la scène et de baies de communication fermées par des portes de fer.

L'ouverture de la scène doit être fermée par un rideau en fil de fer maillé, de $0^m 05^c$ au plus de maille, qui intercepte entièrement toute communication entre les parties combustibles du

Continueront d'être exécutées les lois existantes sur la police et la fermeture des

théâtre et de la salle. Ce rideau doit être soutenu par des cordages incombustibles.

Les décorations fixes, dans les parties supérieures de l'ouverture d'avant-scène, doivent toujours être incombustibles.

ART. 5. Tous les escaliers, les planchers de la salle et les cloisons des corridors doivent être également en matériaux incombustibles.

ART. 6. La calotte de la salle doit être en fer et plâtre, sans boiseries.

Pompes à incendie et leur alimentation.

ART. 7. Dans l'une des parties les plus élevées du mur d'avant-scène et sous les combles, il sera placé un appareil de secours contre l'incendie, avec colonne en charge, au poids de laquelle il sera, au besoin, ajouté une pression hydraulique assez puissante pour fournir un jet d'eau dans les parties les plus élevées du bâtiment. La capacité de l'appareil se déterminera selon l'importance du théâtre.

ART. 8. Les pompes doivent être installées au rez-de-chaussée, dans un local séparé du théâtre par des murs en maçonnerie.

ART. 9. Elles seront toujours alimentées par les eaux de la ville recueillies dans des réservoirs et par un puits, de manière que chacune des deux conduites puisse suffire au jeu des pompes établies.

ART. 10. En dehors des salles de spectacle, il doit être établi des bornes-fontaines alimentées par les eaux de la Ville et pouvant servir chacune au débit d'une pompe à incendie ; le nombre en est déterminé par l'autorité.

Chauffage et ventilation.

ART. 11. La salle ne peut être chauffée que par des bouches de chaleur dont le foyer est dans les caves.

Les bouches s'ouvriront à $0^m 30^c$ au-dessus du plancher.

ART. 12. Les salles de spectacle doivent être ventilées convenablement ; l'air y sera renouvelé au moyen de dispositions que l'autorité appréciera.

Des thermomètres seront placés en vue dans les corridors.

Dispositions relatives à l'établissement d'ateliers au-dessus du théâtre.

ART. 13. Aucun atelier ne peut être établi au-dessus du théâtre.

ART. 14. Des ateliers ne peuvent être établis au-dessus de la salle que pour les peintres et les tailleurs, et sous la condition que les planchers soient carrelés et lambrissés : dans le cas où l'on établirait des ateliers pour les peintres, la sorbonne, à moins que les combles ne soient en fer et plâtre, doit être enfermée dans des cloisons bourdées et enduites en plâtre, plafonnée, carrelée et fermée par une porte en tôle.

ART. 15. Aucune division ne peut être faite dans les combles que pour les ateliers désignés ci-dessus.

Corridors et escaliers de dégagement.

ART. 16. La largeur des corridors de dégagement, le nombre et la largeur des escaliers ainsi que des portes de sortie, seront proportionnés à l'importance du théâtre.

Toutefois, il doit y avoir au moins deux escaliers spécialement destinés au service de la salle et donnant issue à l'extérieur.

Magasin de décorations et machines.

ART. 17. Tout théâtre doit avoir un magasin de décorations et machines hors de son enceinte, établi dans des conditions convenables et avec notre autorisation.

ART. 18. Aucun magasin ou approvisionnement inutile de décorations, machines, accessoires, ne doit être fait sous le théâtre ou sur la scène : leur lieu de dépôt doit toujours être séparé du théâtre par un mur en maçonnerie.

Interdiction pour certaines locations et logements.

ART. 19. Il est interdit de louer une boutique ou un magasin dépendant du théâtre à tout commerce ou industrie qui offrirait des dangers exceptionnels d'incendie, notamment par la nature de ses marchandises ou de ses produits.

Les tuyaux de cheminée des boutiques louées, s'ils traversent le théâtre ou ses dépendances, seront en maçonnerie et montés verticalement jusqu'au-dessus du comble. Ces tuyaux seront, en outre, dans la hauteur de la salle, garnis d'une enveloppe en briques.

ART. 20. Personne autre que le concierge et le garçon de caisse ne peut occuper de logement dans les salles des théâtres, ni dans aucune partie des bâtiments qui communiquent avec les salles.

EXPLOITATION.

Réception de la salle. — Service d'ordre et de police.

ART. 21. L'ouverture d'un théâtre ne peut avoir lieu qu'après

théâtres, ainsi que sur la redevance établie au profit des pauvres et des hospices.

Art. 3. Toute œuvre dramatique, avant d'être représentée, devra, aux termes du

---

qu'il a été constaté par nous que la salle est solidement construite et dans des conditions suffisantes de sûreté, de salubrité et de commodité.

Des modifications apportées ultérieurement dans la construction, dans la division et dans les distributions intérieures nécessiteraient un nouvel examen avant la réouverture.

Art. 22. Les agents de l'autorité supérieure devront être mis à même d'exercer dans chaque théâtre une surveillance quotidienne, tant au point de vue de la censure dramatique que dans l'intérêt de l'ordre et de la sécurité publique.

Art. 23. Il y aura un bureau pour les officiers de police et un corps de garde.

Art. 24. Un commissaire de police est chargé de la surveillance générale de chaque théâtre.

Une place convenable lui sera assignée dans l'intérieur de la salle.

Art. 25. Tout individu arrêté, soit à la porte du théâtre, soit à l'intérieur de la salle, doit être conduit devant le commissaire de police, qui statuera.

Art. 26. La garde de police est spécialement chargée du maintien de l'ordre et de la libre circulation au dehors du théâtre, ainsi que de l'exécution des consignes relatives aux voitures.

Elle ne pénétrera dans l'intérieur de la salle que dans le cas où la sûreté publique serait compromise ou sur la réquisition du commissaire de police.

Art. 27. Il y aura dans chaque salle de spectacle un service médical organisé conformément à l'arrêté de police du 12 mai 1852.

Art. 28. Le service des sapeurs-pompiers s'effectuera conformément à la consigne générale du 20 juillet 1862, approuvée par nous.

Des cadrans-compteurs, servant à constater les rondes faites pendant la nuit, seront placés dans l'intérieur des théâtres, sur les points que désignera le commandant du bataillon des sapeurs-pompiers.

Urinoirs.

Art. 29. Les directeurs feront établir des urinoirs, fixes ou mobiles, appropriés aux localités et dans des conditions de convenance et de salubrité que l'autorité appréciera.

Affichage. — Billets. — Location. — Publication des prix.

Art. 30. Les affiches de spectacle ne pourront être apposées que sur les emplacements où cet affichage ne peut nuire à la circulation et en se conformant d'ailleurs aux prescriptions générales de l'ordonnance de police du 3 septembre 1851.

Art. 31. Est et demeure prohibée, à moins d'une autorisation et à l'exception de l'affiche du spectacle, toute apposition d'affiches ou inscription d'annonces industrielles et autres à l'intérieur des théâtres, soit sur les rideaux, soit dans les péristyles, escaliers et corridors, soit dans les foyers.

Art. 32. Il est expressément défendu aux directeurs de faire annoncer sur leurs affiches la première représentation d'un ouvrage sans avoir préalablement justifié au commissariat de police du quartier de l'approbation du manuscrit par l'autorité.

Art. 33. Les affiches obligatoires du spectacle du jour seront imprimées sur papier de format de 0f 05c ou de 0f 10c, au gré des directeurs, pourvu que la dimension ne dépasse pas 0m 63c de hauteur sur 0m 43c de largeur.

Art. 34. Ces affiches ne pourront être apposées au-dessous de 0m 50c, ni à une élévation dépassant 2m 50c, à partir du sol.

Art. 35. Les changements survenus dans le spectacle du jour ne pourront être annoncés que par des bandes de papier blanc appliquées sur les affiches du jour, avant l'ouverture de la salle au public.

Il est interdit aux directeurs d'annoncer ces changements par de nouvelles affiches imprimées, quelle que soit la couleur du papier.

Art. 36. Le tarif du prix des places pour chaque représentation devra toujours être indiqué très-ostensiblement sur les affiches, en même temps que la composition des spectacles annoncés.

Un exemplaire sera apposé au bureau du théâtre et à tous autres qui pourraient être établis comme succursales.

Ledit tarif devra être inscrit en tête de chaque feuille de location, pour que le public soit toujours utilement averti de ses variations.

Une fois annoncé, le tarif de chaque représentation ne pourra être modifié.

Art. 37. Les directeurs ne doivent émettre aucun billet indiquant plusieurs catégories de places, au choix des spectateurs; réciproquement, ceux-ci ne peuvent s'installer qu'aux places portées sur leurs billets.

Art. 38. Ils ne peuvent louer à l'avance que les loges et les places converties en fauteuils ou en stalles, ou, dans tous les cas, numérotées.

La location doit cesser avant l'heure de l'introduction du public dans la salle.

Art. 39. Les places louées doivent être inscrites sur la feuille de location; l'étiquette indicative ne peut être placée que sur celles qui figureront sur ladite feuille.

Art. 40. Il est enjoint aux directeurs de faire remettre au commissaire de police de service, avant l'introduction du public, un double de la feuille de location.

Entrée. — Police extérieure.

Art. 41. La salle devra être livrée au public et la représentation commencera aux heures indiquées par l'affiche.

Les bureaux de distribution des billets devront être ouverts au moins une demi-heure avant le lever du rideau.

Art. 42. Il est défendu d'introduire des spectateurs dans la salle avant l'ouverture des bureaux.

Aucun spectateur n'entrera que par les portes ouvertes au public.

Les files d'attente seront établies hors de la voie publique.

Art. 43. Il est défendu de s'arrêter dans les péristyles et vestibules servant d'entrées aux théâtres et de stationner aux abords de ces établissements.

Art. 44. Il ne peut y avoir pour le service public, à l'entrée des théâtres, que des commissionnaires permissionnés par nous et porteurs de leurs insignes réglementaires.

Prohibition de ventes de billets ou contre-marques sur la voie publique.

Art. 45. La vente et l'offre de billets ou contre-marques et le racolage ayant ce trafic pour objet, sont formellement interdits sur la voie publique.

Art. 46. Tout individu trouvé vendant ou offrant des billets ou contre-marques sur la voie publique, ou racolant pour en procurer aux passants, sur lieu ou dans une localité quelconque, sera conduit devant le commissaire de police, qui avisera.

Dépôt des armes, cannes et parapluies au vestiaire.

Art. 47. Il est défendu d'entrer au parterre et aux amphithéâtres avec des armes, cannes ou parapluies. Un vestiaire destiné à recevoir ces objets en dépôt sera établi dans chaque théâtre, de telle sorte que la circulation ne soit pas gênée.

Un exemplaire du tarif fixé par l'arrêté de police du 10 décembre 1841 sera affiché au vestiaire.

Police intérieure de la salle et de la sortie.

Art. 48. Il est enjoint aux directeurs de faire fermer, pendant le spectacle, les portes de communication de la salle aux coulisses, aux foyers particuliers et aux loges des artistes, où il ne doit être admis aucune personne étrangère au service du théâtre.

Une clef de la porte communiquant de l'intérieur de la salle à la scène sera mise, avant la représentation, à la disposition du commissaire de police de service.

Art. 49. Il est défendu de placer des sièges, chaises ou tabourets dans les passages ménagés pour la circulation, notamment des personnes se rendant à l'orchestre, au parterre, aux galeries et aux amphithéâtres.

Art. 50. — Il est défendu de parler ou de circuler dans les corridors, pendant la représentation, de manière à troubler le spectacle.

Art. 51. Il est également défendu, soit avant, soit après le lever du rideau, de troubler l'ordre en causant du tapage, en faisant entendre des interpellations ou des clameurs.

Art. 52. Les spectateurs ne peuvent demander l'exécution d'un chant, morceau de musique ou récit quelconque qui n'est pas annoncé dans les affiches du jour.

Art. 53. Nul ne peut avoir le chapeau sur la tête lorsque le rideau est levé.

Art. 54. Il est défendu de fumer dans les salles de spectacle et sur la scène.

Art. 55. Toutes les fois que dans une représentation on devra faire usage d'armes à feu, le commissaire de police s'assurera qu'elles ne sont chargées qu'à poudre.

Art. 56. Il ne peut être annoncé, vendu ou distribué, dans l'intérieur comme à l'extérieur des salles de spectacle, d'autres écrits que des pièces de théâtre portant l'estampille du ministère, et les programmes de spectacle, journaux et imprimés dont la vente et la distribution ont été dûment autorisées.

Art. 57. Les objets perdus par le public et trouvés dans l'intérieur des salles de spectacle par les ouvreuses ou employés du théâtre, qui n'auront pu pendant la représentation être remis au commissaire de police de service, devront être déposés le lendemain au bureau du commissariat du quartier où est situé le théâtre.

décret du 30 décembre 1852, être examinée et autorisée par le ministre de notre maison et des beaux-arts pour les théâtres de Paris, par les préfets pour les théâtres des départements.

Art. 58. A la fin du spectacle, toutes les portes latérales et autres issues seront ouvertes pour faciliter la sortie du public.

Les battants de ces portes devront s'ouvrir en dehors, et leurs abords, tant à l'intérieur qu'à l'extérieur, seront constamment libres de tout obstacle ou embarras.

Toutes les portes des loges s'ouvriront de l'intérieur et à la volonté des spectateurs.

Art. 59. Il est expressément défendu aux directeurs de faire cesser l'éclairage dans l'intérieur de la salle, dans les escaliers, corridors et vestibules, avant l'entière évacuation du théâtre.

Art. 60. Des lampes brûlant à l'huile, contenues dans des manchons de verre, allumées depuis l'entrée du public jusqu'à la sortie, seront placées en nombre suffisant, tant dans la salle que dans les corridors et escaliers, pour prévenir une complète obscurité, en cas d'extinction subite du gaz.

Heure de clôture.

Art. 61. L'heure de clôture des représentations théâtrales est fixée à MINUIT *précis* en tout temps.

Dans le cas de représentations extraordinaires ou à bénéfice, il pourra être dérogé à la règle, mais sur la demande expresse que devront nous adresser les directeurs.

Circulation des voitures.

Art. 62. Les voitures ne peuvent arriver aux différents théâtres que par les voies désignées dans les consignes.

Il est défendu aux cochers de quitter, sous quelque prétexte que ce soit, les rênes de leurs chevaux pendant que descendent et montent les personnes qui occupent la voiture.

Art. 63. Les voitures particulières ou retenues, destinées à attendre jusqu'à la fin du spectacle, doivent aller stationner sur les points désignés.

Art. 64. A la sortie du spectacle, les voitures qui auront attendu ne pourront se mettre en mouvement que lorsque la première foule se sera écoulée.

Art. 65. Les voitures de place ne chargeront qu'après le défilé des autres voitures.

Art. 66. Aucune voiture ne pourra aller qu'au pas et sur une seule file jusqu'à ce qu'elle soit sortie des rues avoisinant le théâtre.

DISPOSITIONS GÉNÉRALES.

Art. 67. Les directeurs des théâtres subventionnés restent soumis envers l'administration aux clauses et conditions de leurs cahiers des charges. En conséquence, la présente ordonnance ne leur est applicable que sous les réserves résultant de leur situation exceptionnelle.

Art. 68. Sont astreints, comme par le passé, à notre autorisation préalable, et par conséquent laissés en dehors de la présente ordonnance, les *cafés-concerts* et *cafés* dits *chantants* où les exécutions instrumentales ou vocales doivent avoir lieu en habit de ville, sans costume ni travestissement, sans décors et sans mélange de prose, de danse et de pantomime, les spectacles de curiosités, de physique, de magie, les panoramas, dioramas, tirs, feux d'artifice, expositions d'animaux, exercices équestres, spectacles forains et autres exhibitions du même genre, qui n'ont ni un emplacement durable, ni une construction solide.

Art. 69. Sont et demeurent rapportés les ordonnances et arrêtés précédents en contradiction ou en double emploi avec la présente, notamment les ordonnances des 9 juin 1829, 26 décembre 1832, 3 octobre 1837, 22 novembre 1838, 7 mars 1839, 15 juin 1841, 23 novembre 1843, 30 mars 1844; l'arrêté du 11 mars 1845, et les ordonnances des 8 mars 1852 et 16 mars 1857.

Cette autorisation pourra toujours être retirée pour des motifs d'ordre public.

Les pièces qui sont interdites à Paris sont par cela même interdites pour toute la France. — Celles qui y ont été autorisées peuvent être interdites par le préfet d'un département, si elles ne peuvent y être jouées sans danger. — Circ. min. 28 avril 1864. V. *suprà* les notes sous l'art. 2 décr. du 30 déc. 1852.

Art. 4. Les ouvrages dramatiques de tous les genres, y compris les pièces entrées dans le domaine public, pourront être représentés sur tous les théâtres.

Art. 5. Les théâtres d'acteurs enfants continuent d'être interdits.

Art. 6. Les spectacles de curiosités, de marionnettes, les cafés dits cafés chantants, cafés-concerts et autres établissements du même genre, restent soumis aux règlements présentement en vigueur.

Toutefois, ces divers établissements seront désormais affranchis de la redevance établie par l'article 11 de l'ordonnance du 8 décembre 1824 en faveur des directeurs des départements, et ils n'auront à supporter aucun prélèvement autre que la redevance au profit des pauvres et des hospices.

1. Les préfets peuvent autoriser les propriétaires de cafés à faire exécuter dans leurs établissements toute espèce de musique instrumentale, et chanter toutes sortes de morceaux de musique, sauf les droits des auteurs, pourvu que ces exécutions aient lieu sans aucun costume ou travestissement, sans décor et sans mélange de prose, de danse et de pantomime. —Circul. *idem.*

3. Par spectacles de curiosités, il faut entendre les petits spectacles de physique et de magie, les panoramas, dioramas, tirs, feux d'artifice, expositions d'animaux et tous les spectacles forains et d'exercices équestres qui n'ont ni emplacement durable, ni une construction solide. — Circ. *idem.*

Art. 7. Les directeurs actuels des théâtres autres que les théâtres subventionnés sont et demeurent affranchis, envers l'administration, de toutes les clauses et conditions de leurs cahiers des charges, en tant qu'elles sont contraires au présent décret.

Art. 8. Sont abrogées toutes les dispositions des décrets, ordonnances et règlements dans ce qu'elles ont de contraire au présent décret.

SUPPLÉMENT

AU

CODE DES LOIS DE LA PRESSE.

Nota. *Les numéros qui précèdent chacune des notes se réfèrent aux annotations des codes criminels avec lesquelles ces notes ont de l'affinité.*

PREMIÈRE PARTIE.

21 octobre 1814. — Loi *relative à la liberté de la presse.*

Art. 11.

7 *bis.* Ne sont point tenus de se pourvoir d'un brevet les membres des congrégations religieuses qui fournissent des livres aux élèves dont ils dirigent l'éducation.

La loi du 21 oct. 1814 n'est pas applicable à ceux qui ne vendent des livres qu'accidentellement. — Cass. 21 mars 1864 (Laurent), *J. p.*, 64, 756.

16. Les libraires brevetés peuvent se transporter soit dans une foire, soit dans tout autre lieu de réunion accidentelle et passagère pour y vendre des livres, à la charge de se conformer aux lois sur le colportage ou aux règlements qui y régissent l'industrie des libraires étaleurs.— Pau, 31 janv. 1863 (Lasseru), *J. cr.*, n° 7648.

Art. 13.

7 *bis.* Celui qui fabrique les circulaires de son commerce à l'aide d'un papier préparé avec un produit chimique appliqué sur une pierre commet le délit de détention de presse clandestine. — Lyon, 4 juin 1862. Gaz. des trib. du 17 juin.

Art. 14.

15. Les circulaires et professions de foi des candidats aux élections ne sont pas dispensées de la déclaration et du dépôt prescrits par cet article, auquel il n'a pas été dérogé par l'art. 10, L. 16 juillet 1850, ni par l'art. 7, L. 27 juillet 1849. — Cass. 18 déc. 1863 (Gounouilhou), *B. cr.*

21. Conf. Paris, 21 oct. 1852 (Leymarie), Gaz. du 22 oct.

22. 23. 24. Aujourd'hui la déclaration et le dépôt imposés à l'imprimeur par cet article sont remplacés à l'égard des journaux et écrits périodiques cautionnés ou non cautionnés par la déclaration et le double dépôt prescrit par les art. 2 et 7 de la loi du 11 mai 1868. — V. les notes sous ces articles.

38 *bis.* Une double amende doit être prononcée lorsqu'il y a défaut de déclaration et omission du dépôt. — Paris, 21 oct. 1853 (Leymarie), Gaz. du 22 oct.—Il y a lieu d'appliquer l'art. 365 C. inst. crim. V. sous l'art. 9, L. 16 juillet 1850, n°s 4 et suiv.

DEUXIÈME PARTIE.

17 mai 1819. — Loi *sur la répression des crimes et délits commis par la voie de la presse ou par tout autre moyen de publication.*

Art. 1er.

§ 2. — *Publication. — Discours. — Écrits.*

6 et 7. Le mot *proféré* embrasse les propos tenus dans un lieu public sur le ton de la conversation ordinaire, et n'excepte que ceux dits à voix basse ou à titre confidentiel. — Cass. 26 nov. 1864 (Bravay), *B. cr.*

8 *bis.* La cour de cassation a le droit de rechercher si les circonstances ressortant des constatations d'un arrêt constituent la publicité. — Cass. 26 nov. 1864 (Bravay), *B. cr.*

15. *Écrits.*— En ce qui concerne les écrits et les imprimés, la vente et la distribution constituent la publication, sans aucune autre circonstance, notamment sans celle de la publicité du lieu ou de la réunion. — Cass. 19 janv. 1866 (Joly), *B. cr.*

24 *bis.* Le rédacteur d'un écrit ne peut être poursuivi comme auteur principal du délit de publication, lorsque ce n'est pas par son fait que la publication a eu lieu ; il ne peut être que réputé complice.

Il est complice, encore que dans l'origine l'écrit ait été composé et publié à l'étranger, s'il a été dans son intention de concourir à sa publication en France. Trib. de la Seine, 29 mars 1855 (Collet), Gaz. des trib.

§ 3. — *Des lieux publics.*

37 *bis.* Le bureau d'une mairie doit être considéré comme un lieu public. — Cass. 26 nov. 1864 (Bravay), *B. cr.*

43. Une salle à manger d'une auberge est un lieu public par sa destination. — Même arrêt.

Art. 13.

§ 1er. — *Intention de nuire. — Excuses.*

1 et 2. En matière de diffamation comme en toute autre matière correctionnelle, l'intention de nuire est une circonstance essentielle, sans laquelle le délit ne saurait exister et dont l'appréciation appartient exclu-

sivement aux juges du fait. — Cass. 21 avril 1864 (Rouveure), *B. cr.*

4. Les tribunaux sont juges du caractère de mauvaise foi de l'article incriminé, ainsi que de l'intention de nuire des auteurs de cet article; cette appréciation échappe à la censure de la cour de cassation. — Cass. 17 mars 1864, *B. cr.*; 23 avril 1863 (Albaric), *B. cr.*

4. Conf. Cass. 10 août 1866 (Rocca), *B. cr.*; 10 août 1867 (Faure), *B. cr.*

15. En matière de diffamation, la mauvaise foi ou l'intention de nuire résulte virtuellement de l'imputation ou de l'allégation d'un fait qui porte atteinte à l'honneur ou à la considération. Celui qui publie le fait est de plein droit, lorsque les juges ne décident pas qu'il n'a pas eu intention de nuire, passible de la peine édictée par l'art. 18. — Cass. 11 nov. 1865 (Labaume), *B. cr.*; 26 nov. 1864 (Bravay), *B. cr.*

17. L'intention de nuire ne peut disparaître que par la preuve contraire résultant des motifs de l'arrêt. — Cass. 26 nov. 1864 (Bravay), *B. cr.* V. sous l'art. 408 C. i. cr., n° 89.

17 *bis.* Si en principe, lorsque l'imputation est diffamatoire, il en résulte une présomption de l'intention de nuire, cette intention cependant peut être écartée par les circonstances de la cause. — Cass. 4 mai 1865 (Schoenfeld), *B. cr.*

19 *bis.* La circonstance que l'auteur d'un article injurieux aurait agi sous l'influence des idées et des convictions de ses chefs ne peut enlever à l'article son caractère délictueux, ni dégager l'auteur de la responsabilité qu'il a encourue.— Cass. 23 avril 1863 (Albaric), *B. cr.*

28. Conf. Cass. 4 août 1865 (Sax), *B. cr.*

30. L'excuse résultant de la provocation n'est pas admissible au cas du délit de diffamation.— Colmar, 21 mai 1867 (Spira), *J. cr.*, n° 8510.

§ 2. — *Dans quels cas il y a diffamation.*

35 *bis.* Est diffamatoire l'imputation d'avoir commis un délit de chasse. — Cass. 4 août 1865 (Sax), *B. cr.*

38 *bis.* L'imputation d'avoir été le coaccusé d'un assassin. — Cass. 10 août 1866 (Rocca), *B. cr.*

43 *bis.* La qualification de faussaire adressée à un individu, sans aucune indication des circonstances de lieu et de temps dans lesquels un crime de faux aurait été commis, ne constitue pas la diffamation, mais seulement une injure. — Cass. 29 juillet 1865 (Grosmiller), *B. cr.*

44. Des insinuations vagues et générales, qui ne précisent ni le fait ni ses auteurs, qui ne font porter le blâme sur aucune personne désignée, ne contiennent point les caractères de la diffamation.—Cass. 13 juillet 1864 (Molot), *B. cr.*

50 *bis.* La demande en radiation d'un citoyen de la liste électorale peut constituer une diffamation lorsqu'il y a imputation faite avec mauvaise foi et rendue publique d'un fait portant atteinte à la considération. — Cass. 27 janv. 1866 (Danizan), *B. cr.*

54. La cour de cassation a le droit d'apprécier si un écrit s'adresse à une personne déterminée et s'il impute à cette personne un fait de nature à porter atteinte à son honneur et à sa considération. — Cass. 17 mars 1864 (Robin), *B. cr.*

55. Si un écrit a un caractère de diffamation. — Cass. 31 déc. 1863 (Reibel), *B. cr.*; 17 mars 1864 (Robin), *B. cr.* — Ou d'outrage. — Cass. 10 août 1867 (Faure), *B. cr.*

56. Si des paroles sont injurieuses ou si elles sont diffamatoires. — Cass. 4 nov. 1861 (Viviani), *D.*, 66, 1, 361.

60 *bis.* Le juge peut s'appuyer sur des lettres privées et non incriminées du prévenu pour faire res-

sortir l'intention malveillante qui caractérise le délit. — Cass. 1er juin 1866 (Toussaint), *B. cr.*

67 *bis.* Le mot canaille est une injure et non une diffamation. — Riom, 13 nov. 1867 (Quinque), *J. p.*, 68, 564.

Art. 14.

§ 1er. — *Éléments du délit de diffamation. — Publicité.*

6 *bis.* La publicité de la diffamation ne résulte pas de ce que le prévenu aurait propagé son imputation auprès d'un grand nombre de personnes. Il faut que la publicité résulte des moyens mentionnés dans l'art. 1, L. 17 mai 1819. — Riom, 13 nov. 1867 (Quinque), *J. p.*, 68, 564.

§ 2. — *Diffamations et injures proférées dans des lieux publics.*

21. L'étude d'un avoué ou d'un huissier ni le cabinet d'un notaire ne peuvent être réputés lieu public. — Riom, 13 nov. 1867 (Quinque), *J. p.*

26. Ne sont pas punissables, des propos diffamatoires tenus sur la voie publique, lorsqu'ils ont été adressés confidentiellement par le prévenu aux personnes avec lesquelles il se promenait. — Cass. 23 avril 1863 (Albaric), *B. cr.*

26 *bis.* Des propos tenus à haute voix sur une place publique peuvent n'avoir pas le caractère de publicité lorsque les deux interlocuteurs étaient seuls et que personne ne passait à proximité. — Cass. 29 déc. 1865 (Maurin), *B. cr.*

30. Au contraire, il n'est pas nécessaire qu'il se trouve un public dans le lieu public. Dès l'instant où l'imputation a eu lieu dans un lieu public par sa nature ou par sa destination, il suffit qu'elle se soit produite de manière à être entendue des personnes qui se trouvaient ou auraient pu se trouver dans ce lieu. — Cass. 26 nov. 1864 (Bravay), *B. cr.*

§ 4. — *Diffamations et injures commises par écrit.*

49 *bis.* Une diffamation insérée dans un journal étranger est publique en France lorsque ce journal a été adressé en France à des établissements publics tels que cafés, cabinets de lecture. — Paris, 25 janv. 1867 (Biernewski), *J. p.*, 67, 806.

Art. 16.

10 *bis.* Les agents des chemins de fer nommés par les compagnies et assermentés doivent être réputés agents de la force ou de l'autorité publique. — Grenoble, 7 nov. 1862 (Godard), *D.*, 63, 2, 67.

19. Les notaires ne peuvent être assimilés à des agents ou dépositaires de l'autorité publique, ni à des fonctionnaires publics. — Colmar, 16 oct. 1866 (Kuenemann), *J. p.*, 67, 224.

Art. 20.

1. L'injure n'est passible d'une peine correctionnelle qu'autant qu'elle réunit le double caractère de publicité et d'imputation d'un vice déterminé. — Cass. 31 janv. 1867 (Vindry), *B. cr.*

7. Conf. Riom, 13 nov. 1867 (Quinque), *J. p.*

11. Le mot *voleur* renferme l'imputation d'un vice déterminé. — Cass. 31 janv. 1867 (Vindry), *B. cr.*

13. Conf. Caen, 29 août 1861 (Destiné), *J. cr.*, n° 7354.

Art. 21.

4. Les allégations blessantes produites à l'appui d'une protestation adressée au Corps législatif contre une élection ne constituent pas une diffamation, si l'inculpé n'a pas eu pour but de diffamer. Il en serait

autrement si le mémoire avait été répandu dans le public avant même d'être discuté au Corps législatif. — Colmar 7 juin 1864 (de Heckeren), *J. cr.*, n°7851.

Mais cet article protége les explications rendues publiques par le rapport de la commission. — Même arrêt.

5. Conf. Cass. 22 janv. 1863 (Ailhaud), *B. cr.*

Art. 23.

§ 2. — *Écrits produits devant les tribunaux.*

26. Conf. Bourges, 24 avril 1863 (Pichot), *J. cr.*, n° 7650.

26. Les écrits produits en justice cessent de jouir de l'immunité accordée par cet article et rentrent dans le droit commun, lorsqu'ils sont en même temps répandus dans le public en dehors de l'audience. — Cass. 15 déc. 1864 (William), *B. cr.*; 6 nov. 1863 (Mercier), *B. cr.*

§ 3. — *Tribunaux compétents pour prononcer sur les injures et diffamations.*

47. Au contraire, le juge de paix siégeant au bureau de conciliation constitue un tribunal dans le sens de cet article. Les propos diffamatoires tenus à son audience par une des parties contre l'autre ne peuvent, alors même qu'ils seraient étrangers aux débats, donner lieu à une action en dommages-intérêts devant un autre tribunal, qu'autant que cette action aurait été réservée à la partie plaignante. — Limoges, 23 avril 1868 (Descubes), *J. p.*, 68, 695.

§ 4. — *Suppression des écrits.*

65. Les tribunaux peuvent d'office ordonner la suppression d'un mémoire injurieux. — Cass. 4 déc. 1862 (Roger), *B. cr.*

69. Ils peuvent se borner à ordonner la suppression des conclusions injurieuses pour l'organe du min. public, sans appliquer la peine de l'art. 222 C. pén. — Cass. 8 fév. 1866 (Marrot), *B. cr.*

77 *bis*. Ils peuvent supprimer les écrits produits devant eux qui ne peuvent donner lieu à aucune action en diffamation proprement dite, bien qu'ils soient injurieux ou diffamatoires.— Cass., req., 6 juil. 1864 (Marcand), *J. p.*, 65, 546.

§ 6. — *Des réserves.*

103. Au contraire, lorsque le juge civil a donné acte à une partie de ses réserves de poursuivre les diffamations contenues dans un mémoire, sans déclarer que les imputations prétendues diffamatoires sont étrangères à la cause, le juge correctionnel a mission de résoudre cette question. — Cass. 4 mai 1865 (Schoenfeld), *B. cr.*

§ 7. — *De l'action des tiers.*

125. Le témoin contre lequel le prévenu articule pour sa défense un fait diffamatoire n'est pas un tiers; il n'est point recevable à intenter ultérieurement une action en diffamation, si cette action n'a pas été expressément réservée par le juge et si celui-ci n'a pas déclaré que l'imputation était étrangère à la cause. — Metz, 27 nov. 1867 (Wagner), *J. cr.*, n° 8562.

126. Un témoin dont le témoignage et la moralité ont été appréciés d'une manière injurieuse par l'avocat d'une des parties dans sa plaidoirie imprimée et publiée à titre de mémoire a le droit d'intervenir pour demander la suppression des passages injurieux. — Grenoble, 1er juin 1865 (Roux), *D.*, 65, 2, 170.

137 *bis*. Le juge de paix est compétent pour connaître de l'action civile des tiers, à raison des injures ou diffamations commises envers eux dans des discours prononcés à son tribunal. — Cass. 9 déc. 1863 (Viet-Dubourg), *J. p.*, 64, 529.

26 MAI 1819. — LOI *relative à la poursuite et au jugement des crimes et délits commis par la voie de la presse ou par tout autre moyen de publication.*

Art. 4.

5 *bis*. Cet article est inapplicable lorsque la plainte émane d'anciens membres d'un conseil municipal, agissant chacun individuellement et non comme représentant ce conseil municipal. — Cass. 16 juin 1866 (Robert), *B. cr.*

Art. 5.

2. Conf. Cass. 22 avril 1864 (Labayaude), *B. cr.*

5. La plainte préalable est nécessaire dans le cas où il s'agit d'un outrage public envers un magistrat, à raison de sa qualité ou de ses fonctions. — Cass. 20 avril 1867 (Chavagnie), *B. cr.*

11. Dans le cas d'imputation contre une classe entière d'agents non désignés individuellement, la plainte préalable indispensable peut émaner régulièrement de l'administrateur en chef de qui émane la délégation des fonctions et à qui appartient la surveillance des agents. — Cass. 10 mars 1865 (Guillon), *B. cr.*

22. Les héritiers ont le droit de porter plainte à raison de la diffamation contre la mémoire de leur auteur. — Cass. 23 mars 1866 (Perrin), *B. cr.* — *Contrà:* Rennes, 22 nov. 1865 (Peltier, *J. p.*, 66, 230. Angers, 28 mai 1866 (Cornou), *J. p.*, 66, 822. V. sous l'art. 63 C. i. cr., n° 25.

29 *bis*. Si la plainte exigée par l'art. 5 de la loi du 26 mai 1819 n'est soumise à aucune forme sacramentelle, elle doit cependant se produire sous une forme qui permette d'en constater l'existence, ce qui laisse à la cour de cassation les moyens d'exercer son contrôle. On ne peut la faire résulter de certaines circonstances extrinsèques et d'une volonté non écrite et simplement présumée. — Cass. 20 mai 1865 (Blondeau), *B. cr.*

29 *ter*. La révélation par la partie offensée, dans une déposition par elle faite en justice à raison d'un autre délit de paroles diffamatoires proférées contre elle par le prévenu, n'équivaut pas à une plainte, si l'intention de dénoncer le fait n'est pas exprimée. Il n'y a dans cette déposition ni spontanéité ni liberté. — Aix, 8 mai 1867 (Reipert), *J. cr.*, n° 8578.

Art. 12.

1. Conf. Cass. 8 août 1861 (Sauvestre), *B. cr.*

Art. 25.

1. Conf. Cass. 29 déc. 1865 (Lemasson,) *B. cr.*

10. Le tribunal ne peut refuser de surseoir en se fondant sur ce que le min. publ. aurait déclaré que, vérification faite, il refusait de donner suite à la dénonciation.— Cass. 29 déc. 1865 (Lemasson), *B. cr.*

16. Lorsqu'il s'agit d'imputations dirigées contre un des fonctionnaires protégés par l'article 479 C. inst. crim., c'est au procureur général qu'il appartient de décider quelle suite il convient de donner à la dénonciation. S'il refuse de poursuivre, sa décision suffit pour autoriser les juges saisis de la connaissance du délit de diffamation à passer outre au jugement. — Cass. 29 déc. 1865 (Lemasson), *B. cr.*

19. Pour motiver le sursis, il ne suffit pas que la dénonciation soit faite au ministère public par des conclusions prises à la barre du tribunal correctionnel. Les faits doivent être dénoncés aux officiers de police compétents pour recevoir la plainte. — Paris, 14 fév. 1868 (Perrin), *J. cr.* n° 8596.

28. Conf. Cass. 8 déc. 1866 (Lemasson), *B. cr.*

Art. 29.

Conf. Dijon, 12 juillet 1865 (Dutron), D., 65, 2, 224.

Cet article est encore applicable aux délits de diffamation verbale envers les particuliers. — Rouen, 23 juin 1864 (Patin), *J. p.*, 64, 1025. — Mais voir notes sous l'art. 638 C. inst. crim., n° 35.

25 MARS 1822. — LOI *relative à la répression et à la poursuite des délits commis par la voie de la presse ou par tout autre moyen de publication.*

Art. 6.

25 *bis.* L'outrage peut exister encore bien que le fonctionnaire outragé n'ait pas été désigné par son nom, s'il est suffisamment désigné; les tribunaux sont souverains à cet égard. — Cass. 7 fév. 1868 (Fabregat), *B. cr.* V. sous l'art. 13, L. 17 mai 1819, n° 51.

Art. 11.

§ 2. — *A qui le droit de réponse appartient.*

19. Mais le droit de réponse n'existe pas au cas où le journaliste s'est borné à la reproduction exacte d'une décision judiciaire, sans ajouter aucun récit qui serait son œuvre personnelle.— Rennes, 27 janv. 1868 (Catel), *J. p.*, 68, 334.

19 *bis.* L'insertion dans un journal d'une circulaire électorale donne à celui qui se prétend désigné dans cette circulaire le droit d'y répondre. — Orléans, 29 mai 1863 (Periera), Gaz. des trib. 6 juin.

22. Conf. Cass. 6 janv. 1863 (Leymarie), *J. p.*, 63, 132.

22 *bis.* La publication par un journal, sans aucune critique et sans aucun commentaire, des procès-verbaux officiels des séances d'un conseil général, n'ouvre pas au profit des personnes désignées dans ces pro-cès-verbaux, le droit de réponse. — Montpellier, 10 avril 1866 (le Messager), *J. p.*, 66, 586.

22 *ter.* Le droit accordé par cet article est inapplicable aux désignations que renferment des articles dont le gérant du journal n'est ni l'auteur ni légalement responsable, tels, par exemple, que les annonces judiciaires qui sont l'œuvre de l'officier ministériel chargé de les rédiger. — Amiens, 11 fév. 1864 (Renaud), *J. p.*, 64, 779.

§ 3. — *Refus d'insertion.*

31. Le refus d'insertion de la réponse d'une personne désignée dans un journal est suffisamment justifié lorsqu'elle contient une provocation ou une menace.— Cass. 6 janv. 1865 (de Richemont), *B. cr.*

31 *bis.* Le gérant d'un journal peut refuser l'insertion d'une réponse qui le blesse dans son honneur. — Pau, 2 fév. 1866 (de Barante), *J. cr.*, n° 8218.

33 *bis.* Aucun délai, aucune formalité n'a été imposée en matière de refus d'insertion; il suffit que le prévenu soumette aux tribunaux les motifs de son abstention et les leur fasse agréer.— Cass. 6 janv. 1865 (Lemercier), *B. cr.*

39. Conf. Cass. 6 janv. 1865 (Lemercier), *B. cr.*

39. La cour de cassation a le droit de rechercher si une réponse a excédé les limites du droit de légitime défense. — Cass. 17 mars 1865 (Dupont), *B. cr.*

11 AOUT 1848. — DÉCRET *relatif à la répression des crimes et délits commis par la voie de la presse.*

Art. 4.

1. Cet article n'a pas été abrogé par la constitution de 1852. — Cass. 19 janv. 1866 (Joly), *B. cr.*; 21 juin 1867 (de Girardin), *B. cr.*

4. Conf. Cass. 21 juin 1867 (de Girardin), *B. cr.*; 10 janv. 1868 (Ferrouillat), *B. cr.*

7 *bis.* Cet article est applicable à l'écrit qui discute les actes de l'autorité, de mauvaise foi, avec le parti pris d'abaisser le gouvernement dans l'esprit des populations et de soulever les passions contre lui. — Cass. 21 juin 1867 (de Girardin), *B. cr.*

Art. 7.

3. Conf. Cass. 23 juillet 1864 (Molot), *B. cr.*

FIN DU CODE DES LOIS DE LA PRESSE.

TABLE DE CONCORDANCE

Constitution. Discussion prohibée, sénatus-consulte 18 juillet 1861.

Contraventions : aux règlements sur la librairie et l'imprimerie, constatations, procès - verbaux, art. 45, décr. 5 fév. 1810; art. 20, loi 21 oct. 1814; art. 7, ordonn. 24 octobre 1814; art. 5, décret 22 mars 1852. — Dénonciation, poursuite d'office, art. 21, loi 21 oct. 1814; art. 7, ordonn. 24 oct. 1814; art. 47, décr. 5 fév. 1810. V. *Imprimerie, Librairie.*

Corps constitués. Injures, diffamation, article 4, loi 26 mai 1819.

Crieur. V. *Afficheur, Vente sur la voie publique.*

Cris séditieux. Art. 8, loi 25 mars 1822.

Cumul des peines. Art. 9, loi 16 juillet 1850; art. 5, décr. 17 fév. 1852.

D

Décès : du propriétaire d'un journal. Présentation d'un nouveau gérant, cautionnement, art. 12, loi 18 juillet 1828.

Déclaration préalable. Pour la publication d'un journal, ce qu'elle doit contenir, art. 6, loi 18 juillet 1828; art. 2, loi 11 mai 1868. — Justifications, art. 7, loi 18 juillet 1828. — Fausses déclarations, art. 10 et 11, *id.* V. *Imprimeur lithographe, Imprimeur.*

Délibération. Corps constitué, injures, art. 4, loi du 26 mai 1819.

Délits de presse. V. *Contraventions.*

Dépôt à la préfecture par l'imprimeur de tout écrit. Art. 14, loi 21 oct. 1814. — De deux exemplaires des numéros d'un journal, art. 7, loi du 11 mai 1868; 5, loi 9 juin 1819.

Dépôt au parquet : des numéros d'un journal. Art. 8, loi 18 juillet 1828; art. 7, loi 11 mai 1868. — De tous écrits politiques ou d'économie sociale, art. 7, loi 27 juillet 1849. V. *Imprimeur, Imprimeur lithographe.*

Députés. V. *Outrages, signature.*

Dessins. V. *Emblèmes.*

Destruction des objets saisis. Art. 26, loi 26 mai 1819.

Diffamation. Définition, art. 13, loi 17 mai 1819. — Envers un agent de l'autorité, art. 16, loi 17 mai 1819. — Envers les agents diplomatiques, art. 17, *id.* — Envers les particuliers, art. 18, *id.* — Envers les corps constitués et les autorités, art. 5, loi 25 mars 1822. — Devant les tribunaux, art. 23, loi 17 mai 1819. V. *Compte rendu.*

Discours : devant les tribunaux. Art. 23, loi 17 mai 1819. — Dans les Chambres, art. 21, *id.*

Distributeur. V. *Afficheur, Vente sur la voie publique.*

Distribution et colportage : d'écrits. Art. 6, loi 27 juillet 1849. — Des discours prononcés dans les Chambres, art. 74, décr. 22 mars 1852. V. *Signes et symboles.*

Dommages-intérêts. Discours injurieux à l'audience, art. 23, loi 17 mai 1819.

Droits de poste. Journaux, art. 13, décr. 17 fév. 1852; art. 5, loi du 11 mai 1868.

E

Économie sociale. Journal, écrit périodique, art. 3, décr. 17 fév. 1852.

Écrits : condamnés; réimpression, art. 27, loi 26 mai 1819. — Écrits produits devant les tribunaux, art. 23, loi 17 mai 1819. V. *Saisie, Vente sur la voie publique.*

Écrit périodique. V. *Journal.*

Éditeurs de journaux. Poursuites, art. 9, loi 9 juin 1819. — Peines, art. 10, *id.* — Responsabilité, art. 13, loi 25 mars 1822.

Élections. V. *Circulaires et professions de foi.*

Emblèmes, dessins, médailles. Autorisation préalable, art. 22, décr. 17 fév. 1852. V. *Signes et symboles.*

Enlèvement et dégradation des signes de l'autorité. Art. 6, décr. 11 août 1848.

Estampes. Dépôt d'exemplaires, contravention, saisie, art. 10, ordonn. 24 oct. 1814. — Diffamatoires, contraires aux mœurs, art. 11, *id.*

Excitation à la haine ou au mépris : contre les personnes. Art. 7, décr. 11 août 1848. — Contre la république, art. 4, *id.*

Exécution provisoire des jugements : suppression du journal, suspension, amende. — Opposition. — Appel, art. 13, loi 11 mai 1868.

Exposition. V. *Signes et symboles.*

F

Fausses nouvelles : publication, art. 15, décr. 17 fév. 1852.

Fonctionnaires. V. *Outrages.*

Fondeurs en caractères. V. *Registres.*

G

Gérant. Association, art. 4, loi 18 juillet 1828. — Signature, art. 8, *id.* — Responsabilité, art. 5 et 8, *id.* — Incompatibilité, art. 9, loi 27 juillet 1849; art. 8, L. 11 mai 1868. — Poursuites, formes, art. 9, loi 9 juin 1819. — Condamnation, remplacement, art. 14, loi 27 juillet 1849. V. *Décès.*

Graveurs. V. *Emblèmes, Estampes.*

H

Huis clos. Diffamation; publication interdite, art. 16, loi 18 juillet 1828.

I

Images. V. *Presses.*

Imprimerie clandestine, art. 13, loi 21 oct. 1814. V. *Contravention, Saisie.*

Imprimerie pour un journal. Art. 14, loi 11 mai 1868.

Imprimeur. Lieux de travail, déclar. 10 mai 1728. — Nombre, art. 3, décr. 5 fév. 1810; décr. 11 fév. 1811; loi 14 déc. 1859. — Brevet, serment, art. 5, décr. 5 fév. 1810; art. 11, loi 21 oct. 1814. — Nombre de presses, art. 6, décr. 5 fév. 1810. — Capacité, art. 7, *id.* — Délivrance du brevet, enregistrement, serment, art. 8 et 9, *id.*; décr. 2 fév. 1811, 22 mars 1852. — Quand le brevet peut être retiré, art. 12, loi 21 oct. 1814. — Déclaration préalable à l'impression et dépôt, art. 14, *id.*; ordonn. 9 janv. 1828. — Récépissé, noms et demeure de l'imprimeur, saisie et séquestre des ouvrages, art. 15, loi 21 oct. 1814. — Peine pour défaut de déclaration et de dépôt, art. 16, *id.* — Pour défaut d'indication des noms et demeure, art. 17, *id.* — Défense d'imprimer les lois et règlements avant leur publication, art. 1, 2, décr. 6 juillet 1810; ordonn. 12 janv. 1820. — Registres, inscriptions, art. 2, ordonn. 24 oct. 1814. — Complicité, art. 24, loi 17 mai 1819. — Responsabilité, publication d'un journal non cautionné, art. 5, décr. 17 fév. 1852. — D'un journal supprimé, art. 20, *id.* — D'une publication interdite, art. 21, *id.* — Impression des discours de l'Assemblée législative, art. 74, décr. 22 mars 1852. — Des actes interdits aux conseils municipaux, art. 27, loi 5 mai 1855. V. *Cautionnement des journaux.*

Imprimeur-lithographe. Brevet, serment, art. 1er, ord. 8 octob. 1817. — Déclaration et dépôt, art. 2, *id.*

Imprimeur en taille-douce. Brevet, serment, art. 1er, décr. 22 mars 1852.
Injures. Définition, art. 13, loi 17 mai 1819. — Peine, art. 19, 20, *id.* — Injures envers les autorités, art. 5, loi 25 mars 1822. — Devant les tribunaux, art. 23, loi 17 mai 1819. V. *Compte rendu*, *Vie privée.*
Insertion des jugements de condamnation, art. 11, loi 9 juin 1819. — Peine en cas de contravention, art. 12, *id.* — Insertions obligatoires, rectifications, art. 19, décr. 17 fév. 1852. V. *Réponses.*

J

Journal. Publication, art. 1er, loi 11 mai 1868. — Journaux étrangers, circulation, art. 2, *id.* — Introducteurs, distributeurs, peines, art. 2, *id.* V. *Association, Cautionnement, Condamnation, Déclaration, Dépôt, Gérant, Imprimerie, Signature, Suppression, Suspension.*
Juré. Outrages, art. 6, loi 25 mars 1822. V. *Noms des jurés.*

L

Libraire. Brevet, serment, art. 29, décr. 5 fév. 1810; art. 11, loi 21 oct. 1814. — Délivrance du brevet, enregistrement, serment, art. 30, décr. 5 fév. 1810. — Quand le brevet peut être retiré, art. 12, loi 21 oct. 1814. — Défaut de brevet, peine, art. 24, décr. 17 fév. 1852. — Mise en vente d'ouvrages sans nom d'imprimeur, peines, art. 19, loi 21 oct. 1814. V. *Brevet, Commerce de livres.*
Libraire-imprimeur. Formalités à remplir, art. 30, 31, décr. 5 fév. 1810. — Capacité, art. 33, *id.*
Librairie. V. *Contraventions, Saisie.*
Lieux publics. Caractères, art. 1er, loi 17 mai 1819.
Lithographie. V. *Imprimeur-lithographe.*
Livres. V. *Libraire, Commerce de livres.*
Lois. V. *Attaque.*
Lois et règlements non publiés. V. *Imprimeurs.*

M

Matières politiques. Art. 3, loi 16 juillet 1850; art. 3, décr. 17 fév. 1852.
Médailles. V. *Emblèmes.*
Mise en vente. Provocation à des crimes et délits, art. 1er, loi 17 mai 1819. V. *Emblèmes.*
Morale. V. *Outrage.*
Mutation dans les conditions de publicité d'un journal, art. 2, loi du 11 mai 1868.

N

Noms des jurés. Publication, interdiction, art. 11, loi 27 juillet 1849.
Nom et demeure de l'imprimeur. V. *Imprimeur, Libr.*
Nouvelle fausse. V. *Fausses nouvelles.*

O

Objets saisis. V. *Destruction.*
Offense : au roi, art. 9, loi 17 mai 1819. — Aux membres de la famille royale, art. 10, *id.* — Envers les souverains étrangers, art. 12, *id.* — Envers l'Assemblée nationale, art. 2, décr. 11 août 1848. — Envers le Président de la république, art. 1er, loi 27 juillet 1849.
Opposition à jugement par défaut. Délai, art. 13, loi 11 mai 1868.
Outrage public : à la morale, art. 8, loi 17 mai 1819. — A la religion, art. 1er, loi 25 mars 1822. — Envers les députés, fonctionnaires, ministres des cultes, jurés, témoins, art. 6, *id.* — Envers les membres de l'Assemblée nationale, ministres des cultes, art. 5, décr. 11 août 1848. V. *Compte rendu.*
Ouvrage dramatique. V. *Théâtre.*

P

Peines. V. *Cumul.*
Plainte. Nécessaire, art. 2, 3, 4, 5, loi 26 mai 1819,
Poursuites d'office. Art. 1er, loi 26 mai 1819. — Formes, art. 27, décr. 17 fév. 1852; art. 3, décr. 25 février 1852; art. 3, loi 26 mai 1819. — Autorisation, art. 15, loi 25 mars 1822. V. *Citation, Contraventions.*
Pourvoi en cassation. Effets, art. 13, loi 11 mai 1868. V. *Condamnation.*
Prescription. Art. 13, loi 9 juin 1819.
Presses. Détention, déclaration, art. 1er, décr. 18 nov. 1810. — Autorisation, art. 2 et 3, *id.*; art. 2, décr. 22 mars 1852. — Contraventions, constatations, peines, art. 5, décr. 18 nov. 1810; art. 3, décr. 22 mars 1852. V. *Registres.*
Preuve testimoniale des faits injurieux ou diffamatoires, art. 28, décr. 17 fév. 1852.
Procès-verbal. V. *Contraventions.*
Provocation : à des crimes et délits, art. 1, 2, 3, loi 17 mai 1819. — A la désobéissance aux lois, art. 6, *id.* — Adressée à des militaires, art. 2, loi 27 juillet 1849.
Publication. V. *Actes d'accusation, Emblèmes, Fausses nouvelles, Journal, Vie privée.*
Publicité. Caractères, art. 1er, loi 17 mai 1819.
Publicité des arrêts. Affiche et impression, art. 26, loi 26 mai 1819. — Des actes interdits aux conseils municipaux, art. 27, loi 5 mai 1855.

R

Récidive. Art. 25, loi 17 mai 1819; art. 10, loi 9 juin 1819; art. 7, 13, loi 25 mars 1822; art. 15, loi 18 juillet 1828; art. 12, loi 11 mai 1868. V. *Compte rendu.*
Rédacteurs. V. *Auteurs.*
Registres imposés aux fondeurs de caractères, clicheurs, stéréotypeurs, fabricants de presses, marchands d'ustensiles d'imprimerie; inscriptions; copie à transmettre, peines, art. 4, décr. 22 mars 1852. V. *Imprimeur.*
Réimpression. V. *Écrit condamné.*
Réponse (droit de) dans un journal. Art. 11, loi 25 mars 1822. — Insertions gratuites, art. 13, loi 27 juillet 1849; art. 19, décr. 17 fév. 1852.
Réserves à raison d'injures et diffamations, art. 23, loi 17 mai 1819.
Responsabilité. V. *Gérant, Imprimeur.*
Réunions publiques. Art. 1er, loi 17 mai 1819.

S

Saisie d'ouvrages pour contraventions; restitution, art. 18, loi 21 oct. 1814. — Dépôt des ouvrages saisis, art. 46, décr. 5 fév. 1810. — Saisie d'écrits, notification, validité, loi 28 février 1817. — Destruction, art. 26, loi 26 mai 1819.
Serment. V. *Imprimeur, Libraire.*
Signature : des numéros d'un journal, art. 8, loi 18 juillet 1828. — Par député ou sénateur, art. 8, loi 11 mai 1868. — Peine, *id.* — Des articles de journaux, art. 3, 4, loi 16 juillet 1850. — Par un individu privé de ses droits civils et politiques ou un banni, art. 9, loi 11 mai 1868. — Fausse signature, art. 3, 4, loi 16 juillet 1850. V. *Gérant.*
Signataires. Responsabilité, art. 8, loi 18 juillet 1828.

Signes et symboles séditieux, art. 6, décr. 11 août 1848. V. *Emblèmes.*

Signes de l'autorité. V. *Enlèvement.*

Signes de ralliement. Art. 9, loi 25 mars 1822 ; art. 6, décr. 11 août 1848.

Société. V. *Association.*

Solidarité. Imprimeur, journal, art. 5, décr. 17 fév. 1852.

Souscription pour le payement des condamnations, art. 5, loi 27 juillet 1849.

Suppression d'un journal après condamnation. Art. 12, loi 11 mai 1868. — Publication d'un journal supprimé ou suspendu, art. 20, décr. 17 fév. 1852.— Suppression des écrits saisis, art. 26, loi 26 mai 1819. — Des écrits injurieux, art. 23, loi 17 mai 1819.

Suspension d'un journal après condamnation. Art. 15, loi 18 juillet 1828 ; art. 15, loi 27 juillet 1849 ; art. 12, loi 11 mai 1868. — En cas de contravention, art. 19, décr. 17 fév. 1852. V. *Suppression, Récidive.*

Sursis à la poursuite en diffamation. Art. 25, loi 26 mai 1819.

T

Témoin. Outrages. Art. 6, loi 25 mars 1822.

Théâtre. Représentation, autorisation, loi 30 déc. 1852.—Liberté des théâtres, décr. 6 janv. 1864.— Règlements-ordonnance de police du 1ᵉʳ juillet 1864.

Tiers. V. *Discours écrits.*

Timbre des journaux, écrits, recueils périodiques. Art. 6, décr. 17 fév. 1852. Taux, art. 3, loi 11 mai 1868.— Remise de 1 pour 100, art. 7, décr. 17 fév. 1852. — Journaux étrangers, art. 8, *id.* ; art. 1ᵉʳ, décr. 1ᵉʳ mars 1852. — Déclaration à faire, art. 2, déc. 1ᵉʳ mars 1852. — Saisie, peine, art. 3, *id.* — Suppléments des journaux, exemption, art. 1ᵉʳ, loi 2 mai 1861 ; art. 5, loi 11 mai 1868. — Suppléments assujettis au timbre, annonces, art. 4, loi 11 mai 1868. — Écrits périodiques exempts du timbre, art. 1ᵉʳ, loi 28 mars 1852.— Contravention, art. 2, *id.* ; 2, loi 2 mai 1861. Écrits non périodiques soumis au timbre, art. 9, décr. 17 fév. 1852 ; 3, loi 11 mai 1868. — Contravention, saisie, procès-verbaux, art. 10, décr. 17 fév. 1852. — Amende, art. 11, *id.* ; art. 6, loi 11 mai 1868. — Procédure, art. 12, décr. 17 fév. 1852. — Circulaires électorales, exemption, art. 3, loi 11 mai 1868.

Transport des journaux, loi 25 juin 1856.

V

Vente sur la voie publique. Titre de l'écrit, art. 3, loi 10 déc. 1830. — Faux extraits, art. 4 *id.* — Infraction, peine, art. 5, *id.* — Autorisation préalable, art. 1ᵉʳ, loi 16 fév. 1834 ; art. 6, loi 27 juillet 1849. — Peine, art. 2, *id.*

Vie privée. Toute publication interdite, amende, art. 11, loi 11 mai 1868.

Violences envers les fonctionnaires, ministres des cultes, jurés et témoins. Art. 6, loi 25 mars 1822.

FIN DE LA TABLE DE CONCORDANCE.

TABLE

DES

LOIS, DÉCRETS, ORDONNANCES ET RÈGLEMENTS

RAPPORTÉS DANS CET OUVRAGE.

PARIS. TYPOGRAPHIE DE HENRI PLON, IMPRIMEUR DE L'EMPEREUR, RUE GARANCIÈRE, 8.

SUPPLÉMENT
AUX CODES CRIMINELS.

CODE D'INSTRUCTION CRIMINELLE.

Nota. *Les numéros qui précèdent chacune des notes se réfèrent aux annotations des Codes avec lesquelles ces notes ont de l'affinité.*

Art. 1er.

§ Ier. — *De ceux auxquels l'action publique est confiée.*

3 *bis.* L'art. 11 de la loi du 20 avril 1810, qui autorise exceptionnellement les cours impériales à mettre en mouvement l'action publique dont l'art. 6 C. i. cr. leur confie la direction, a uniquement pour objet le cas où une cour impériale, chambres assemblées, a été saisie de la connaissance d'un crime ou d'un délit par la dénonciation de l'un de ses membres, et où il s'agit d'un crime ou délit dont l'instruction n'a pas été commencée. C'est à raison de cette circonstance que la cour est autorisée à mander le procureur général pour lui enjoindre de poursuivre, et pour entendre ultérieurement le compte que ce magistrat devra lui rendre des poursuites qui seraient reconnues utiles.

Il ne donne pas le droit de demander compte au procureur général de toutes les instructions ouvertes par le ministère public en vertu de sa propre initiative, sauf le droit d'évocation autorisé par l'art. 135 C. i. cr. et le droit de dénonciation au garde des sceaux résultant de l'art. 61, L. 20 avril 1810. — Cass. 12 juill. 1861, *B. cr.* V. sous l'art. 235 C. i. cr., n° 3.

10. Le substitut qui a garanti par sa signature, au nom du procureur impérial, les actes se rattachant au service qui lui est confié, est présumé, jusqu'à preuve contraire, avoir agi par l'ordre et avec l'assentiment de ce magistrat. — Cass. 29 avril 1864 (Lévy), *B. cr.*

14. Le min. public n'a pas le droit de retirer l'action qu'il a mise en mouvement ni d'en dessaisir le juge qui conserve l'autorité de sa juridiction pour apprécier l'infraction. —Cass. 10 juin 1864 (Mendy), *B. cr.*

16. Conf. Cass. 16 avril 1864 (Colas), *B. cr.*; 29 juin 1866 (Gonfroy), *B. cr.*; 5 avril 1867 (Tournery), *B. cr.*

16 *bis.* Il ne peut jamais, par ses réquisitions, compromettre l'action publique qui ne lui appartient pas. — Cass. 22 mars 1866 (Ferrandi), *B. cr.*

19. Le ministère public, exerçant l'action publique, ne peut être récusé.

Ainsi un tribunal ne peut s'abstenir à raison de l'intérêt personnel que la personne faisant fonction du ministère public avait dans la cause. — Cass. 18 août 1860 (Burlot), *B. cr.*

§ 2. — *Droits du ministère public, poursuites d'office.*

42. Le min. public a le droit de poursuivre d'office les infractions à l'art. 41, L. 21 mars 1832, qui punit les jeunes gens qui se seront rendus impropres au service, sans attendre que le délit ait été déféré à la justice par le conseil de révision. — Cass. 12 avril 1861 (Lavaure). V. *infrà*, n° 97.

42 *bis.* Mais il ne peut exercer son action tant que le conseil de révision n'a pas décidé si le fait consommé ou tenté par le conscrit était de nature à le rendre impropre au service. — Rennes, 3 mai 1860 (Legoff). S. V. sous l'art. 3, n° 227.

§ 3. — *Indépendance de l'action publique.*

56. Le tribunal de police ne peut prescrire au min. public de mettre en cause comme prévenu un tiers qui n'a été cité que comme civilement responsable. — Cass. 14 déc. 1867 (Huguenin), *B. cr.*

58. De même, un tribunal appelé à statuer sur un délit ne peut, sans porter atteinte à l'indépendance du ministère public, surseoir à statuer sur la prévention jusqu'à ce que la juridiction criminelle ait été saisie d'un autre délit que le min. public n'a pas cru devoir relever. — Cass. 23 août 1866 (Pieri), *B. cr.*

63. La maxime *una electa via* ne peut être opposée au min. public, qui peut toujours poursuivre sur la dénonciation de la partie lésée, encore que celle-ci ait antérieurement saisi la juridiction civile. — Cass. 6 juill. 1866 (Famin), *B. cr.*

68. Le juge de police ne peut se permettre d'adresser un blâme au min. public. — Cass. 4 mai 1861 (Héraud), *B. cr.*

68 *bis.* Il ne peut censurer la conduite du commissaire de police rédacteur du procès-verbal et remplissant les fonctions du min. public. — Cass. 23 mars 1865 (Kuntz), *B. cr.*

72. Un jugement ne peut contenir des paroles de blâme sur la conduite du commissaire de police. — Cass. 11 déc. 1863 (Pomier), *B. cr.*; 17 fév. 1865 (Augustin), *B. cr.*

72 *bis.* Il ne peut déclarer que le min. public avait commis un abus de pouvoir. — Même arrêt.

73. Il ne peut blâmer la conduite du garde champêtre rédacteur du procès-verbal. — Cass. 6 avril 1865 (Marchetti), *B. cr.*

73 *bis*. Cependant, pour l'appréciation des faits, les juges peuvent donner à la conduite de l'agent de police qui les a constatés et qui a été entendu comme témoin, le caractère qui leur paraît résulter et des termes du rapport de cet agent et de sa déposition faite à l'audience. — Cass. 13 déc. 1862 (Deschildebert), *B. cr.*

74. Le tribunal ne censure pas la conduite du min. public en écartant les dépositions de témoins par lui cités comme peu dignes de confiance. — Cass. 2 août 1866 (Hinderer), *B. cr.*

74 *bis*. Il n'y a pas nécessairement blâme illégal de la part du tribunal qui constate dans le jugement le temps pendant lequel le min. public a parlé, si cette mention a pour but de répondre au reproche d'avoir entravé le min. public. — Cass. 24 juin 1864 (Martin), *B. cr.*

§ 4. — *Des cas où une plainte préalable est nécessaire.*

87. Conf. Cass. 20 avril 1867 (Chassagnier), *B. cr.*

87 *bis*. Le délit d'outrage envers un fonctionnaire public ne peut être poursuivi que sur sa plainte, même depuis le décret du 17 fév. 1852. — Besançon, 27 janvier 1860, *J. cr.*, n° 6992.

90. Il en est de même du délit d'outrage public envers un ministre du culte à raison de ses fonctions. — Pau, 26 juill. 1861 (Cientat), *J. cr.*, n° 7303.

99. La plainte pour injure n'est soumise à aucune formalité particulière pour autoriser le min. public à poursuivre. L'art. 5 de la loi du 26 mai 1819 ne se réfère pas à l'art. 65 C. i. cr. — Cass. 3 janv. 1861 (Dubreuil), *B. cr.*

100. La plainte à raison d'une injure proférée contre les membres d'une administration en général est suffisamment provoquée par la lettre du chef de l'administration adressée au procureur impérial. — Cass. 3 janv. 1861 (Dubreuil), *B. cr.*

100 *bis*. En matière de diffamation, la loi n'a pas prescrit de forme sacramentelle pour la plainte que doit porter la partie lésée; elle n'exige pas, par exemple, qu'elle soit datée. — Cass. 18 janv. 1861 (Pirolle), *B. cr.*

§ 5. — *Droits des administrations publiques.*

161. En matière de contributions indirectes, l'administration peut intervenir comme partie civile sur les poursuites exercées par le min. public. — Cass. 3 mai 1867 (Rousseau), *B. cr.*

161 *bis*. En matière de contraventions postales comme de toutes autres contraventions punissables de peines correctionnelles, la poursuite appartient au min. public, à moins que ce droit ne lui ait été enlevé par une disposition spéciale et formelle. La loi du 4 juin 1859, art. 4, en disposant que la poursuite aura lieu à la requête de l'administration, n'empêche pas le min. public d'exercer son action concurremment avec elle ou d'agir en son nom et sur sa réquisition. — Cass. 5 janv. 1865 (Doniau), *B. cr.*

§ 6. — *Agents du gouvernement.*

168. Il appartient à l'autorité judiciaire de décider si le délit imputé à un fonctionnaire a été commis par lui dans l'exercice de ses fonctions. — Metz, 21 mai 1862 (Ney), *J. cr.*, n° 7520.

168 *bis*. De déterminer en quelle qualité des fonctionnaires ont agi, s'ils ont agi comme officiers de police judiciaire ou comme agents de l'autorité administrative. — Cass. 15 fév. 1861 (Louvet), *B. cr.*

171. Conf. Cass. 23 mars 1861 (Jaume), *B. cr.*; 18 avril 1868 (André), *B. cr.*

186. Les commissaires de police peuvent être poursuivis sans l'autorisation du conseil d'État à raison de faits relatifs à leurs fonctions d'officiers de police judiciaire. — Cons. d'État, 19 septembre 1866 (Périer); Cass. 15 fév. 1861 (Louvet), *B. cr.*

186 *bis*. Par exemple, pour délits commis en procédant à la constatation d'un crime. — Cass. 15 fév. 1861 (Louvet), *B. cr.*

189. Conf. Cass. 30 juill. 1861 (Marsal), *J. p.*

204 *bis*. Les garde-ports sont des agents du gouvernement protégés par l'art. 75 de la constitution de l'an VIII. — Cass. 1er juill. 1808 (Blanchard), *J. p.*; 8 août 1862 (Henneton), *B. cr.*

217 *bis*. Est agent du gouvernement et ne peut être poursuivi pour délits commis dans l'exercice de ses fonctions sans l'autorisation préalable du conseil d'État, le maire, qui, en cette qualité, préside le bureau de bienfaisance. — Cass. 22 août 1861 (Marx), *B. cr.*

228. Ou une réunion électorale. L'art. 119 de la loi du 15 mars 1849 a été abrogé par le décret du 2 fév. 1852. — Poitiers, 13 mars 1862 (Plassiart), *J. p.*; Aix, 18 déc. 1862 (Mognac), *J. p.*; Cass. 9 août 1862 (Labroquère), *B. cr.*; Aix, 17 déc. 1863 (Chiappini), *J. p.*, 64, 921.

228 *bis*. Les agents du gouvernement et spécialement les maires et commissaires de police prévenus de délits électoraux ne peuvent être poursuivis sans l'autorisation du conseil d'État. — Cass. 9 août 1862 (Labroquère), *B. cr.*

228 *ter*. Par exemple, pour délit de fraude en matière électorale, l'art. 75 de la constitution de l'an VIII a été remis en vigueur par le décret du 2 fév. 1852. — Cass. 11 avril 1863 (Mireur), *B. cr.*

240 *bis*. Ne sont pas agents du gouvernement et peuvent être poursuivis sans l'autorisation du conseil d'État les fournisseurs des armées. — Cass. 13 juill. 1860 (Rousseau), *B. cr.*

255. Conf. cons. d'État, 6 janvier 1866.

261. Les conseillers municipaux; même pour ce qui se rattache à leurs fonctions; ils ne bénéficient pas de l'immunité accordée aux agents actifs de l'administration. L'art. 60 de la loi du 14 déc. 1789 concerne les actes des corps et non les faits imputables aux individus qui en font partie. — Bourges, 25 mai 1866 (Daguin), *J. p.*, 66, p. 950. — La jurisprudence du conseil d'État est contraire

268. L'interprète judiciaire assermenté en Algérie. — Cass. 20 avril 1867 (Callamand), *B. cr.*

269. Conf. Paris, 30 janv. 1862 (Roger), *J. cr.*, n° 7384.

269 *bis*. Les agents de police, qu'ils soient auxiliaires de la police judiciaire ou agents de la police municipale. — Cass. 23 mars 1861 (Jaume), *B. cr.*

269 *ter*. Il en est de même des inspecteurs de police. — Cass. 18 avril 1868 (André), *B. cr.*

271. Les ecclésiastiques peuvent être traduits directement devant les tribunaux pour des crimes ou délits commis dans leurs fonctions, sans avoir été préalablement déférés au conseil d'État. — Cass. 10 août 1861 (Lhemeaux), *B. cr.*; Toulouse, 18 nov. 1862, *J. p.*, 63, 508.

282. Un fait de violence exercé par un ministre du culte dans l'exercice de ses fonctions est un acte distinct de sa fonction, et ne rentre pas dans le cas d'abus. Le ministre peut être poursuivi sans recours au conseil d'État. — Bordeaux, 27 mars 1862 (Poitevin); S., 62, 464.

284. Conf. Cass. 10 août 1861 (Lhemeaux), *B. cr.*
Dans ce cas d'abus, l'action privée doit être soumise à l'examen et à l'appréciation du conseil d'État, préalablement à la poursuite devant les tribunaux répressifs. — Cass. 10 août 1861 (Lhemeaux), *B. cr.*

288. Un curé qui, contrairement à un arrêté du maire interdisant toute cérémonie extérieure, conduit processionnellement à l'église l'évêque faisant sa visite pastorale, ne commet pas une contravention de droit commun, mais un acte de ses fonctions. Il n'appartient qu'au conseil d'État de décider s'il y a eu abus ; le juge de police doit se déclarer incompétent. — Cass. 25 juin 1863 (Charnier), *B. cr.*

299. Conf. Cass. 30 juill. 1861 (Marsat), *J. p.*

301. Conf. Cass. 14 juill. 1865 (Duplan), *B. cr.*; 22 nov. 1866 (Leroi), *B. cr.*

301 2°. Il ne suffit pas que la partie poursuivie soit un agent du gouvernement, ni même que les faits incriminés se soient produits pendant qu'elle remplissait sa mission, il faut essentiellement que les faits soient relatifs à la fonction, c'est-à-dire qu'ils soient un acte de la fonction elle-même avec laquelle ils s'identifient, et dont ils constituent un exercice, bien qu'abusif. — Cass. 31 mars 1864 (Lefèvre-Pontalis), *B. cr.*

301 3°. Les injures proférées par un maire présidant une assemblée électorale contre un candidat à la députation, ne rentrent pas dans l'exercice des fonctions de président, et ne sont point par elles-mêmes relatives aux fonctions ; elles ne peuvent recevoir ce caractère que des circonstances spéciales qui les auraient amenées, et au milieu desquelles le fait se serait produit ; ces circonstances doivent être énoncées dans l'arrêt. — Cass. 31 mars 1864 (Lefèvre-Pontalis), *B. cr.*

301 4°. Les outrages proférés par un maire surpris en délit de chasse contre un officier de police judiciaire ne se rattachent en rien à ses fonctions d'agent du gouvernement. — Cass. 14 juill. 1865 (Duplan), *B. cr.*

301 5°. Un adjoint au maire ne peut être considéré comme ayant agi dans l'exercice de ses fonctions d'adjoint lorsqu'il dénonce son maire. — Cass. 19 juin 1863 (Pintas), *B. cr.* Toulouse, 29 août 1863 (Pintas), *J. p.*, 63, 1102.

301 6°. Mais une lettre rendue publique contenant des diffamations contre un ancien maire, adressée par un maire au sous-préfet, est relative aux fonctions de maire. — Cass. 20 déc. 1862 (Schramm), *B. cr.*

308 *bis.* Un attentat à la pudeur commis par un préposé du service des douanes pendant la durée de son service n'est pas relatif à ses fonctions. — Cass. 22 nov. 1866 (Leroi), *B. cr.*

311. Conf. Aix, 17 déc. 1863 (Chiappini), *J. p.*, 64, 92; Cass. 11 avril 1863 (Mireur), *B. cr.*

Les tribunaux ne peuvent déclarer les plaignants non recevables dans leur demande. — Même arrêt.

315. Le sursis prononcé à l'égard du fonctionnaire doit s'étendre à celui qui est cité avec lui comme complice d'un fait indivisible, sauf, s'il y a lieu, à prononcer ultérieurement la disjonction. — Cass. 15 mai 1868 (Lanfranchi), *B. cr.*

320. Un percepteur des contributions révoqué peut être poursuivi, sans autorisation du gouvernement, pour des délits commis dans l'exercice de ses fonctions, si les poursuites sont postérieures à sa révocation. — Cass. 26 juin 1862 (Lebourgeois), *B. cr.*

327. Conf. Cass. 30 juill. 1861 (Marsat), *J. p.*

330. Le député ne peut renoncer à la garantie qui lui est accordée par la loi. — Besançon, 10 avril 1865 (David); D., 65, 2, 80.

342. L'autorisation donnée par le conseil d'État de poursuivre un fonctionnaire à fins civiles ne permet pas au plaignant d'exercer sa poursuite devant le tribunal correctionnel. — Paris, 15 nov. 1866 (de Plancy), *J. cr.*, n° 8320.

Art. 2.

§ 1er.

7. Conf. Cass. 17 janv. 1860 (Mercier); **D.**, 60, 1, 200 ; 18 déc. 1862 (Gardon), *B. cr.*; 5 fév. 1863 (Lombard), *B. cr.*; 30 nov. 1865 (Coamba Daga), *B. cr.*

19. Le décès du prévenu avant qu'aucune condamnation pour crime ou délit ait été prononcée contre lui n'empêche pas que la juridiction civile saisie de l'action civile ne vérifie le fait qui lui sert de base, en détermine le caractère et le qualifie. — Cass., req., 2 mai 1864 (Saives), *J. p.*, 64, 935.

20. Mais les tribunaux de répression deviennent incompétents pour statuer sur l'action civile, alors que la mort du condamné, survenue après le pourvoi en cassation, vient éteindre l'action publique ; le sort des condamnations civiles suit nécessairement celui des condamnations prononcées sur l'action publique. — Cass. 15 janv. 1863 (Lambert), *B. cr.*; 5 fév. 1863 (Lombard), *B. cr.*

21. Ainsi, en ce cas, il n'y a lieu à prononcer par la Cour de cassation saisie du pourvoi, ni sur l'intervention de l'héritier du condamné, ni sur celle de la partie civile. — Mêmes arrêts.

Amnistie.

30 *bis.* L'amnistie emporte abolition des crimes et délits auxquels elle est relative ; elle ne laisse rien subsister des condamnations qui avaient été encourues. — Cass. 18 fév. 1864 (Marin), *B. cr.*

35 *bis.* L'amnistie qui fait remise de toutes les condamnations prononcées jusqu'alors en matière correctionnelle ne s'applique pas aux individus dont les condamnations ne sont pas définitives, par exemple, à celles qui font l'objet d'un pourvoi en cassation. — Cass. 7 déc. 1860 (Chaussaud), *B. cr.*

35 *ter.* Au contraire, une amnistie accordée à tous les individus condamnés pour délits politiques s'applique même à ceux de ces délits qui, quoique antérieurs, seraient poursuivis postérieurement, et le juge doit déclarer qu'il n'y a lieu à statuer.—Douai, 1er mars 1860 (Pèche), *J. cr.*, n° 7090.

54 *bis.* Le décret qui fait remise de toutes les condamnations en matière correctionnelle et de police n'est pas un décret d'amnistie abolissant avec les faits mêmes de la poursuite les effets des condamnations, et, par exemple, les incapacités qui en résultent. — Cass. 30 janv. 1862 (Peretti), *B. cr.*

Art. 3.

§ 2. — *Option entre la juridiction civile et la juridiction criminelle.*

29 *bis.* La partie civile qui a demandé devant la juridiction civile la nullité d'une vente, la restitution des sommes payées et des dommages-intérêts, en se fondant sur des manœuvres frauduleuses, ne peut ultérieurement saisir la juridiction correctionnelle d'une demande tendante aux mêmes fins, en s'appuyant sur les mêmes faits qualifiés d'escroquerie. — Cass. 27 août 1863 (Faivre), *B. cr.*

30. Mais en ce cas la chose jugée n'existe pas relativement à l'action publique. La condamnation pénale peut être poursuivie en vertu d'une ordonnance du juge d'instruction, et prononcée sur la réquisition du ministère public. — Cass. 27 août 1863 (Faivre), *B. cr.*

31. Conf. Cass. 16 nov. 1861 (Grimaldi), *B. cr.*

31 *bis.* Une poursuite correctionnelle ne peut être écartée en vertu de la maxime *electa una via* et à raison de la préexistence d'une instance civile qu'au

tant qu'il y a identité dans l'objet des deux actions et identité des parties. — Cass. 23 mai 1868 (Maris), *B. cr.*

32. Conf. Cass. 23 mai 1868 (Maris), *B. cr.*

33. Il n'y a pas identité d'objet entre la demande en liquidation d'une société formée devant le tribunal de commerce, et celle portée devant le tribunal correctionnel en réparation du dommage résultant de détournements frauduleux commis au préjudice de cette société. — Cass. 1er avril 1865 (Hanicotte), *B. cr.*

33 *bis.* Entre une action en référé ayant pour objet des mesures conservatoires et une action par voie correctionnelle, à raison du même fait. — Cass. 24 juill. 1863 (Jacquinot), *B. cr.*

33 *ter.* Entre une action civile pour contrefaçon et une autre action en contrefaçon devant la juridiction correctionnelle pour la répression de faits postérieurs et distincts. — Cass. 23 mai 1868 (Maris), *B. cr.*

34 2°. Entre l'action en nullité d'une vente intentée devant un tribunal de commerce et celle en restitution d'une partie du prix dissimulée par l'acquéreur d'un failli, déférée à la cour d'assises. — Cass. 26 déc. 1863 (Petit), *B. cr.*

34 3°. Entre la demande intentée devant le tribunal de commerce en payement d'un billet à ordre, par un tiers porteur contre le souscripteur, et l'instance correctionnelle ayant pour but de faire constater l'abus frauduleux qui aurait pu être fait du blanc seing donné par le souscripteur au préjudice duquel on aurait rempli, par une obligation sous la forme d'un billet à ordre, le papier confié pour y établir un règlement de compte. — Cass. 27 fév. 1862 (Monié), *B. cr.*

34 4°. Entre une demande devant le tribunal de commerce ayant pour objet de faire prononcer la révocation d'un gérant, et l'action correctionnelle pour la réparation du préjudice causé par les fraudes et les malversations de ce gérant, encore que les deux demandes soient appuyées sur les mêmes faits et fondées sur les mêmes causes. — Cass. 16 nov. 1861 (Grimaldi), *B. cr.*

41 2°. L'exception tirée de ce que la partie lésée aurait antérieurement saisi le juge civil est tardive, lorsqu'elle n'a été présentée par le prévenu qu'après qu'il a produit les témoins et a été interrogé. — Amiens, 22 août 1863 (Varangot), *J. cr.*, n° 7704.

41 3°. La maxime *una via electa...* ne fait pas obstacle à ce que la partie lésée par le délit d'un failli intervienne à la poursuite correctionnelle dirigée par le min. public, après avoir produit par mesure conservatoire à la faillite, et n'obtienne des dommages-intérêts. — Cass. 26 sept. 1867 (Villet), *B. cr.*

41 4°. Ni à ce que l'individu renvoyé à la suite d'une instruction pour crime d'attentat à la pudeur devant la chambre d'accusation soit ensuite cité directement par le procureur impérial au correctionnel, à raison du délit d'outrage public à la pudeur résultant des mêmes faits. — Cass. 28 mai 1868 (Mouillade), *B. cr.* — V. sous l'art. 360 C. i. cr., n° 59.

43 *bis.* Elle ne peut être invoquée par celui contre lequel l'action civile n'avait pas été dirigée, par exemple, par un complice. — Cass. 14 janv. 1864 (Thévenin), *B. cr.*

§ 3. — *Questions préjudicielles. — Des cas où elles peuvent être appréciées par le juge du délit.*

52. Conf. Cass. 21 juill. 1864 (Hottot), *B. cr.*

58. Conf. Nancy, 10 déc. 1861 (Perrin); D., 62, 2, 23.

58 2°. Le juge du délit peut prononcer sur l'existence d'un bail à cheptel opposée par le propriétaire des animaux trouvés en délit de dépaissance, pour dégager sa responsabilité. — Cass. 14 fév. 1862 (Dussard), *B. cr.*; 11 mars 1865 (Vecchioni), *B. cr.*

58 3°. Dans une poursuite pour délit de chasse sans permission de l'adjudicataire, le tribunal correctionnel est compétent pour statuer sur l'exception tirée par le prévenu d'une prétendue convention par laquelle l'adjudicataire lui aurait concédé le droit de chasser pendant toute la durée de son bail. — Nancy, 10 déc. 1861 (Perrin), D., 62, 2, 23.

58 4°. Et pour statuer sur l'exception soulevée par le prévenu et tirée de ce que le fermier n'avait pas qualité pour poursuivre. — Cass. 5 avril 1866 (Philip), *B. cr.*

64. Conf. Cass. 15 fév. 1867 (Ambal), *B. cr.*

65. Conf. Cass. 28 juin 1861 (Floquet), *B. cr.*

75 *bis.* Le juge de police, en matière de vaine pâture, est juge de toute exception qui touche aux conditions mêmes de l'exercice du vain pâturage, et, par exemple, d'une question relative à l'existence de cantonnements. — Cass. 6 mai 1865 (Ouin), *B. cr.*

79. Conf. Cass. 4 août 1865 (Dutertre), *B. cr.*

79 *bis.* Il est juge de l'exception portant sur la nature du terrain. — Cass. 19 fév. 1864 (Appesberro), *B. cr.*

80. En matière de propriété mobilière, le juge de l'action est juge de l'exception, et peut prendre pour base de sa décision les témoignages et déclarations. — Cass. 14 fév. 1862 (Dussard), *B. cr.*

81. Conf. Cass. 12 fév. 1864 (Hertz), *B. cr.*

Et décider que la question de propriété excluait, dans les circonstances particulières du procès, toute intention frauduleuse de la part du prévenu. — Même arrêt.

81 *bis.* Dans une accusation de vol, les tribunaux sont compétents pour apprécier l'exception de don manuel opposée par le prévenu. — Cass. 4 août 1865 (Dutertre), *B. cr.*

82 *bis.* Il n'y a pas lieu au sursis lorsque le prévenu, au lieu d'exciper d'un droit de propriété ou autre droit réel, se borne à alléguer un droit de créance hypothécaire sur l'immeuble objet du délit. — Cass. 14 mai 1868 (Savès), *B. cr.*

§ 4. — *Suite. — Questions préjudicielles. — Des cas où il y a lieu de surseoir. — Droits réels.*

84. Conf. Cass. 21 mars 1868 (Rousseville), *B. cr.*

88. La possession annale, paisible et publique, et à titre de propriétaire, consacre au profit du possesseur un droit qui doit être respecté. — Cass. 23 janv. 1864 (de Suze), *B. cr.*

90. Le prévenu qui représente un jugement au possessoire qui le maintient en possession du terrain, doit être relaxé sans qu'il soit obligé de recourir au pétitoire. — Cass. 8 déc. 1865 (Peignet), *B. cr*

91 *bis.* Mais il y a lieu au sursis lorsque le jugement rapporté par celui qui excipe de sa propriété ne précise pas les limites du terrain possédé. — Cass. 29 juin 1866 (Casenova), *B. cr.*

105 *bis.* Un droit d'usage, dans un bois, invoqué par un prévenu constitue un droit de propriété qui oblige le tribunal de répression à surseoir jusqu'à ce qu'il ait été statué par les juges compétents sur l'interprétation du titre invoqué. — Cass. 8 déc. 1860 (Tessier), *B. cr.*

§ 5. — *Suite. — Questions préjudicielles. — Chemins publics.*

127. Conf. Cass. 15 nov. 1860 (Demars), *B. cr.*

127 *bis.* Le juge de la contravention est compétent pour décider si un chemin est ou non public, alors qu'aucun document administratif ne reconnaît

sa publicité. — Cass. 21 novembre 1861 (**Mazon**), *B. cr.* — S'il s'agit d'un chemin rural. — Cass. 7 fév. 1868 (**Pujos**), *B. cr.*

132. Il est incompétent pour décider si le lieu où la contravention a été commise est ou non une voie publique ou une impasse servant à une communauté d'habitants. — Cass. 8 fév. 1866 (**Marrot**), *B. cr.* V. n° 186.

132 *bis.* Au contraire, il peut décider si un chemin est un simple chemin d'exploitation. — Cass. 21 nov. 1861 (**Mazon**), *B. cr.*; 15 nov. 1860 (**Desmars**), *B. cr.*

137. Conf. Cass. 25 janv. 1868 (**Chauvet**), *B. cr.*

137 *bis.* Ainsi, il y a lieu au sursis lorsque le défendeur soutient que le terrain dont l'assainissement lui est imposé n'est pas sa propriété, mais celle de la commune. — Cass. 25 janv. 1868 (**Chauvet**), *B. cr.*

141. Conf. Cass. 20 fév. 1862 (**Garambois**), *B. cr.*

141 *bis.* Le tribunal saisi d'une contravention à l'art. 471, n° 4, doit surseoir à statuer lorsque le prévenu soutient que le terrain que la commune prétend lui appartenir a été acquis par lui du domaine de l'État; il est incompétent pour statuer sur cette exception soit à raison de la qualité des parties contendantes, soit à raison de la nature du point litigieux. — Cass. 23 juill. 1863 (**Vayson**), *B. cr.*

142. Il y a lieu à surseoir lorsque le prévenu, poursuivi pour avoir refusé de clore une rue ouverte par lui, soutient qu'il en a abandonné la propriété à la ville, abandon accepté par le préfet. — Cass. 2 mai 1862 (**Lanus**), *B. cr.*

143. Conf., s'il s'agit d'un chemin rural. — Cass. 14 fév. 1863 (**Poulain**), *B. cr.*

143 *bis.* Il y a lieu à surseoir lorsque le prévenu d'anticipation sur un chemin rural soutient que ce chemin n'a jamais existé, et articule des faits de possession à lui personnels. — Cass. 5 avril 1867 (**Gibert**), *B. cr.*; 29 mai 1868 (**Barit**), *B. cr.*

160. Conf. Cass. 29 mai 1868 (**Barit**), *B. cr.*

162. Conf. Cass. 26 janv. 1861 (**Patissier**), *B. cr.*

163. Conf. même arrêt.

164. Conf. Cass. 21 déc. 1867 (**Moufle**), *B. cr.*

169. Le sursis est nécessaire lorsque l'arrêté préfectoral qui a fixé la largeur du chemin vicinal a besoin d'être interprété. Cette interprétation ne peut être faite que par le préfet. — Cass. 1er fév. 1867 (**Caillon**), *B. cr.*

169 *bis.* Si le prévenu soutient que le terrain sur lequel la contravention aurait été commise n'est pas compris dans les limites du chemin, la question doit être résolue par la représentation de l'arrêté de classement et de l'acte administratif qui fixe la largeur et l'assiette du chemin sur le point en litige; dans le cas où l'abornement du chemin vicinal n'aurait pas encore eu lieu, il y a lieu au sursis, à l'effet de provoquer préalablement cette mesure administrative. — Cass. 21 déc. 1867 (**Moufle**), *B. cr.*

173. Conf. Cass. 1er déc. 1860 (**Roche**), *B. cr.*; 14 nov. 1861 (**Dubois**), *B. cr.*

173 *bis.* Lorsqu'un arrêté du préfet décide l'élargissement d'un chemin classé comme voie urbaine de la commune, cet arrêté attribue virtuellement à la petite voirie le sol incorporé à la voie publique, et fait obstacle à ce que l'exception de propriété soit accueillie. — Cass. 13 juill. 1861 (**Chicard**), *B. cr.*

186 *bis.* Il n'appartient qu'à l'autorité administrative de décider si un chemin est devenu une voie urbaine affectée à l'usage du public. — Cass. 13 juill. 1861 (**Chicard**), *B. cr.*

§ 6. — *Suite.* — *Autres questions préjudicielles.*

204. Le tribunal de police, compétent pour connaître de la contravention à l'art. 1er du décret du 7 mars 1808, d'après lequel nul ne peut sans autorisation élever aucune habitation à moins de 100 mètres des nouveaux cimetières, est aussi compétent pour reconnaître et déterminer le caractère de la construction et pour décider si elle constitue une *habitation.* — Cass. 27 avril 1861 (**Bartel**), *B. cr.*

223 *bis.* Les tribunaux sont compétents pour décider, au point de vue de la navigation sans rôle d'équipage, si les eaux d'un étang sont ou ne sont pas salées. — Cass. 4 mai 1861 (**Mouraille**), *B. cr.*

§ 7. — *Du sursis.* — *Règles générales.*

235. Conf. Cass. 20 juin 1863 (**Rosolani**), *B. cr.*; 10 nov. 1864 (**Fontaine**), *B. cr.*

236. Conf. Cass. 14 juill. 1860 (**Fontaine**), *B. cr.*; 20 juin 1863 (**Rosolani**), *B. cr.*; 10 juin 1864 (**Durazzo**), *B. cr.*; 19 août 1864 (**Verdier**), *B. cr.*

238. Conf. Cass. 14 juill. 1860 (**Fontaine**), *B. cr.*

241 *bis.* L'exception préjudicielle ne peut être admise, et il n'y a lieu au sursis lorsque le contrevenant se borne à de simples allégations étayées d'un mémoire au préfet préalable à une action civile contre la commune. — Cass. 11 fév. 1865 (**Monnot**), *B. cr.*; 10 juin 1864 (**Durazzo**), *B. cr.*

242. Conf. Cass. 20 juin 1863 (**Rosolani**), *B. cr.*

245. Conf. Cass. 25 janv. 1861 (**Vilcoq**), *B. cr.*

245 *bis.* Le tribunal, en statuant sur le caractère apparent des titres produits, et seulement dans leurs rapports avec la poursuite correctionnelle, laisse entière la compétence de la juridiction civile, et lui réserve le droit de prononcer définitivement. — Cass. 19 août 1864 (**Verdier**), *B. cr.*

254. Conf. Cass. 11 fév. 1865 (**Monnot**), *B. cr.*

257 *bis.* L'exception préjudicielle de propriété ou de servitude ne peut être soulevée par celui qui est prévenu d'avoir rétabli dans le mur de clôture de sa propriété une grille dont le maire avait ordonné l'enlèvement dans un intérêt de salubrité — Cass. 11 fév. 1865 (**Monnot**), *B. cr.*

270. Conf. Cass. 11 janv. 1862 (**Luet**), *B. cr.*; 29 déc. 1865 (**Brun**), *B. cr.*

301 *bis.* La décision d'une question de propriété doit être renvoyée devant les tribunaux civils et non devant le conseil de préfecture. — Cass. 10 juin 1864 (**Durazzo**). *B. cr.*

304. Conf. Cass. 11 avril 1861 (**Laguerrière**), *B. cr.*; 21 déc. 1867 (**Moufle**), *B. cr.*

308. Conf. Cass. 17 nov. 1860 (**Barbieri**), *B. cr.*

308 *bis.* En prononçant le sursis, le tribunal saisi d'une contravention résultant d'une plantation d'arbres à une distance de la voie publique inférieure à celle prescrite, doit mettre à la charge du prévenu qui soulève l'exception, et non à celle du min. public, l'obligation de rapporter la largeur et l'alignement du chemin. — Cass. 21 déc. 1860 (**Brossart**), *B. cr.*

311 *bis.* Le tribunal doit surseoir à statuer et non se déclarer incompétent lorsqu'il décide que des poursuites contre un fonctionnaire ne peuvent être dirigées sans l'autorisation du conseil d'État. — Cass. 15 mai 1868 (**Lanfranchi**), *B. cr.*

316. Conf. Cass. 27 juill. 1860 (**Bénard**), *B. cr.*; 21 déc. 1867 (**Moufle**), *B. cr.*

Le tribunal ne peut ajourner indéfiniment la cause. — Cass. 21 déc. 1867 (**Moufle**).

318. Le tribunal ne peut refuser de réparer l'omission sous le prétexte qu'il serait dessaisi du procès. — Cass. 27 fév. 1863 (**des Turreaux**), *B. cr.*

322. A l'expiration du délai fixé, le tribunal doit statuer sur la contravention si la juridiction civile n'a pas été saisie. — Cass. 15 mars 1862 (**Moutarde**), *B. cr.*

322 bis. Cependant il y a lieu à surseoir de nouveau s'il y a eu appel du jugement qui a ordonné le sursis, encore que cet appel fût non recevable. — Cass. 22 mai 1863 (Villemon), *B. cr.*

323. Après le renvoi à fins civiles sur une question de propriété, le prévenu peut établir que le jugement civil est inutile, et se défendre au fond en soutenant que le terrain n'est pas une voie publique, mais un communal. — Cass. 28 avril 1865 (Malfroy), *B. cr.*

326. Rien ne s'oppose à ce que le prévenu qui a obtenu un sursis pour faire statuer sur une exception préjudicielle forme sa demande au possessoire au lieu de la former au pétitoire, la possession annale étant suffisante pour le faire présumer propriétaire. — Cass. 22 mai 1863 (Villemon), *B. cr.*; 23 janv. 1864 (de Suze), *B. cr.* V. n° 343.

326 bis. Un jugement rendu au possessoire établit en faveur du prévenu une présomption de propriété suffisante. — Cass. 1er déc. 1860 (Roche), *B. cr.*; 23 janv. 1864 (de Suze), *B. cr.*

327 bis. Il ne suffit pas que le prévenu rapporte une délibération du conseil municipal qui a reconnu sa propriété, si cette délibération n'a pas été approuvée par le préfet du département. — Cass. 21 juill. 1860 (Roubaud), *B. cr.*

330. Conf. Cass. 22 mai 1863 (Villemon), *B. cr.*

336. Lorsque le délai du sursis s'est écoulé sans que le prévenu ait saisi la juridiction compétente, le tribunal ne peut décider la question de propriété en faveur du prévenu, en s'appuyant sur un certificat du maire déclarant que le terrain n'était pas propriété publique. — Cass. 15 mars 1862 (Moutarde), *B. cr.*

338. Conf. Cass. 15 mars 1862 (Moutarde), *B. cr.*

340. Lorsque, à l'expiration du délai pour le sursis, le défendeur ne comparaît pas, le jugement qui intervient contre lui sans nouvelle citation ne peut être réputé contradictoire. L'opposition à ce jugement est recevable. — Cass. 25 janv. 1868 (Neuville), *B. cr.*

341. Conf. Cass. 21 juill. 1865 (Carretier), *B. cr.*

341 bis. La litispendance résultant d'une instance antérieurement engagée par le prévenu devant le tribunal civil n'oblige pas le juge correctionnel à surseoir, et ne le dispense pas d'examiner s'il y a titre apparent de droits de propriété ou actes de possession équivalents. — Cass. 19 août 1864 (Verdier), *B. cr.*

341 ter. Les motifs du jugement établissant qu'on n'a rien produit à l'appui de cette instance civile suffisent pour le rejet de l'exception de litispendance. — Cass. 19 août 1864 (Verdier), *B. cr.*

343 bis. Le pourvoi du min. public contre un jugement qui a sursis à statuer sur une question préjudicielle de propriété doit être rejeté lorsque l'arrêté préfectoral qui avait compris dans les limites du chemin vicinal la bande de terrain sur laquelle des plantations avaient été faites a été annulé par le conseil d'État. — Cass. 23 avril 1868 (Soupault), *B. cr.*

§ 8. — *Des questions d'état.*

363 bis. L'action en désaveu d'un enfant n'est pas préjudicielle au jugement du délit d'adultère. — Cass. 3 juill. 1862 (Siry), *B. cr.*

§ 9. — *Suspension de l'action civile pendant l'exercice de l'action publique.*

383 bis. Il n'y a lieu au sursis lorsque l'action publique a été seulement réservée. — Cass., req., 9 fév. 1864 (Roland), *J. p.*, 64, 708.

391 bis. Le tribunal d'appel n'est pas tenu de surseoir sur l'appel d'un jugement en matière de contrefaçon parce que la partie civile aurait intenté une nouvelle action devant le tribunal de première instance. — Cass. 16 août 1860 (Besson), *B. cr.*

Art. 4.

2. La transaction avec la partie civile ne peut arrêter ni suspendre l'action publique. — Cass. 3 mai 1867 (Piper), *B. cr.*

12. Une transaction faite avec l'administration de l'octroi ne peut désarmer l'action publique à l'égard du délit d'escroquerie que présente la fraude organisée pour faire réussir la fausse déclaration. — Cass. 26 juill. 1866 (Cavrois), *B. cr.* — V. notes sous l'art. 405, n° 148 C. p.

14 bis. La question de savoir si une transaction passée avec l'administration forestière éteint l'action publique sur un fait de chasse dans une forêt en temps prohibé, est une question qui ne peut être décidée que par la juridiction saisie. L'autorité administrative ne peut s'en attribuer la décision. — Cass. 7 avril 1866 (Henrys), *B. cr.*

14 ter. Le droit de transiger accordé à l'administration forestière par l'art. 159, L. 18 juin 1859, ne s'applique pas au délit de chasse en temps prohibé. — Metz, 4 juill. 1866 (Henrys), *J. cr.*, n° 8265.

Art. 5.

25. L'inculpé d'un crime ou d'un délit commis à l'étranger ne peut être poursuivi que lorsque son retour en France a été volontaire. Il n'est pas réputé de retour lorsqu'il a été ramené en France par l'ordre de son consul. — Aix, 28 avril 1868 (Reboul), *J. cr.*, n° 8676.

Art. 7.

4. La France a passé un traité d'extradition des malfaiteurs avec la Bavière le 7 mars 1868, avec le duché de Bade le 8 avril 1868.

14 bis. Aucune loi n'autorise les cours et tribunaux à prescrire qu'un prévenu qu'ils considèrent comme détenu en dehors des conditions stipulées par les traités d'extradition sera reconduit à la frontière pour y être mis en liberté; cette mesure est dans les attributions exclusives de l'administration. — Cass. 4 juill. 1867 (Carpentier), *B. cr.*; 25 juill. 1867 (Faure), *B. cr.*

19. Il n'appartient pas aux tribunaux d'expliquer ni d'interpréter les traités d'extradition. — Cass. 4 juill. 1867 (Carpentier), *J. p.*, 67, 1100. — Ils doivent surseoir dès que le caractère des faits produits est contesté comme constituant ou ne constituant pas une extradition. — Cass. 25 juill. 1867 (Faure), *B. cr.*

19 bis. Mais il appartient essentiellement à l'autorité judiciaire d'en faire l'application aux espèces lorsque leur sens et leur portée sont clairs et ne présentent point d'ambiguïté. — Cass. 26 juill. 1867 (Guérin), *B. cr.*

24. L'individu extradé sans réserve sur le vu d'un arrêt qui le condamne par contumace comme banqueroutier frauduleux en qualité d'agent de change, n'est pas fondé à soutenir qu'il ne peut être jugé que comme banqueroutier frauduleux et non comme agent de change failli. — Même arrêt.

24 bis. L'accusé qui, pour se soustraire aux délais nécessités par les formalités préalables à l'extradition, a demandé et obtenu d'être immédiatement livré aux autorités françaises, est sans droit pour se plaindre de l'inobservation des conditions applicables aux cas d'extradition. Après acquittement sur l'accusation de banqueroute frauduleuse, il peut être jugé contradictoirement sur le délit de banqueroute simple. — Cass. 4 juill. 1867 (Carpentier) ; *B. cr.*; 25 juill. 1867 (Faure), *B. cr.*

Art. 10.

8. Le préfet de police à Paris a le droit de saisir à la poste une lettre dans laquelle il présume rencontrer la preuve d'un délit. — Cass. 16 août 1862 (Taule), *B. cr.*

9. Il est investi de toutes les attributions du juge d'instruction quant à l'exercice de la police judiciaire, et notamment du droit de faire personnellement ou de faire faire même chez des tiers, et hors le cas de flagrant délit, les perquisitions auxquelles le juge d'instruction est autorisé à procéder, aux termes des art. 87 et 88 C. i. cr. — Cass. 19 janv. 1866 (Joly), *B. cr.*

Art. 11.

17 *bis.* Un procès-verbal de contravention dressé par un conseiller municipal ne peut être annulé, soit parce que ce conseiller serait moins ancien que les autres conseillers dont l'empêchement est légalement présumé, soit parce que la délégation spéciale du maire ne lui aurait point été donnée par écrit, lorsque d'ailleurs elle n'est pas contestée. — Cass. 14 nov. 1867 (Birades), *B. cr.*

29 *bis.* Les commissaires de police ont, comme les inspecteurs nommés en vertu de la loi du 22 mars 1841, le droit de s'introduire dans les établissements industriels à toute heure et sans réquisition, pour se rendre compte de l'exécution des dispositions concernant le travail des enfants, et dresser procès-verbal des contraventions. — Cass. 16 nov. 1860 (Callaud), *B. cr.*

Art. 15.

1. Conf. Cass. 23 nov. 1860 (Olleris), *B. cr.*

1 *bis.* Cet article n'est point applicable aux commissaires de police.—Cass. 23 nov. 1860 (Olleris), *B. cr.*

1 *ter.* Il n'est point d'ailleurs prescrit à peine de nullité. — Même arrêt.

Art. 16.

14. Les attributions des gardes champêtres n'ont été étendues par la loi du 24 juillet 1867 qu'en ce qui concerne la constatation des contraventions aux arrêtés des maires et des préfets que réprime l'article 471-15° ; cette loi laisse les gardes champêtres sans qualité en ce qui concerne toutes autres contraventions urbaines prévues soit par ledit Code, soit par des lois spéciales, et, par exemple, la contravention résultant d'un embarras de la voie publique, prévue par l'art. 471-4° C. pén. — Cass. 1er mai 1868 (Milloy), *B. cr.*

43 *bis.* Le décès du propriétaire qui a fait assermenter un garde particulier pour la garde de ses propriétés, ne met pas de droit fin à la commission de ce garde ; il n'est pas nécessaire que le mandat soit renouvelé. — Cass. 14 mars 1862 (Defaydeau), *B. cr.*

69 *bis.* Est nul le procès-verbal d'un garde champêtre qui s'est introduit seul dans le domicile du prévenu en profitant de son absence, afin de relever un fait de chasse et de saisir les engins à l'aide desquels il se serait accompli. Son témoignage à l'audience ne peut même servir de base à la prévention. — Cass. 21 avril 1864 (Viard), *B. cr.*

73 *bis.* Est nul le procès-verbal des membres d'un jury médical constatant une visite chez un pharmacien, lorsque ceux-ci n'étaient point assistés d'un commissaire de police. — Cass. 28 mars 1862 (Lelièvre), *B. cr.*

Art. 23.

3. Une fraction de commune ne peut, par un simple arrêté préfectoral, être détachée d'un arrondissement pour être attribuée à un autre. — Cass. 1er juin 1867 (Pantalacci), *B. cr.*

Art. 38.

1. Conf. Cass. 29 juin 1865 (Clerc), *B. cr.*

2. En cas d'omission des précautions prescrites par la loi, les pièces de conviction ne peuvent être écartées du débat, sauf au jury à apprécier le degré de confiance qu'elles doivent inspirer. — Même arrêt.

Art. 44.

8 *bis.* Les dispositions du Code de procédure relatives aux expertises sont inapplicables aux matières criminelles. — Cass. 24 avril 1863 (Buer). — Ainsi, rien ne s'oppose à ce que l'expert qui a procédé à une première expertise ordonnée en justice soit de nouveau nommé pour concourir à une seconde expertise dans la même affaire. — Cass. 8 déc. 1860 (Descheneux), *B. cr.*

21. Conf. Cass. 17 mars 1864 (Peteliot), *B. cr.*

29. Conf. Cass. 7 déc. 1860 (Blondin), *B. cr.*

42. Les experts ne peuvent être dispensés du serment du consentement des parties, alors même que la juridiction correctionnelle n'aurait plus à statuer que sur les intérêts civils des parties. — Cass. 26 juin 1863 (Lefaure), *B. cr.*

44 *bis.* A défaut du serment des experts, il y a nullité du jugement. Le tribunal est réputé avoir fait état de leur appréciation s'il n'exclut pas cet élément. — Cass. 26 juin 1863 (Lefaure), *B. cr.*

45 *bis.* La communication au jury du procès-verbal d'un expert dont le serment n'a été constaté que par un acte non signé du magistrat qui l'a nommé, entraîne nullité. — Cass. 8 août 1867 (Lebrun), *B. cr.*

55 *bis.* Des opérations préliminaires à l'expertise peuvent être faites en la seule présence des parties civiles, sans qu'il y ait nullité. — Cass. 24 avril 1863 (Buer), *B. cr.*

Art. 51.

5. Le juge d'instruction requis d'informer sur un fait délictueux peut aussi constater tous les faits qui, par cette information, sont portés à sa connaissance, surtout lorsque ces faits ont un rapport direct avec le fait principal. — Douai, 21 nov. 1859 (Deroubaix), *J. cr.*, n° 6952.

Art. 63.

§ 1er. — *Des plaintes.* — *Constitution de la partie civile.*

6. *Contrà :* Pour interjeter appel d'un jugement qui a repoussé son action civile, une femme a besoin d'une autorisation nouvelle de son mari ; mais il suffit que l'autorisation intervienne avant décision définitive. — Colmar, 21 mai 1867 (Spira), *J. cr.*, n° 8510.

7. L'exercice par le tuteur au nom des mineurs

de l'action civile en réparation du dommage résultant d'un crime, ne constitue qu'un acte d'administration, et n'a pas besoin d'être autorisé par le conseil de famille. — Cass. 5 oct. 1866 (Couston), *B. cr.*

10. Le commerçant failli, quoique dessaisi de l'administration de ses biens, conserve le droit de poursuivre les actions qui intéressent sa considération et son honneur, et, par exemple, la réparation des détournements commis au préjudice de la faillite, détournements qui avaient pour double résultat de compromettre non-seulement les intérêts sociaux, mais en même temps sa considération et son honneur. — Cass. 17 juin 1865 (Fournier), *B. cr.*

16. Conf. Paris, 21 nov. 1863 (Nullat), *J. cr.*, n° 7340; 6 mars 1868 (Guilhou), *J. cr.*, n° 8604; Cass. 23 mai 1868 (Guilhou), *B. cr.*

22. Conf. Toulouse, 11 nov. 1862 (Viala), *J. p.*, 63, 320.

25. La diffamation envers la mémoire des morts est punie par la loi du 17 mai 1819, et peut être poursuivie par les héritiers du défunt. — Cass. 23 mars 1866 (Cornon), *B. cr.*

25. Le délit de diffamation contre la vie privée d'une personne décédée peut être poursuivi par ses enfants, lorsque les propos ont été tenus devant eux et avec la menace d'une responsabilité pour eux à raison des faits allégués. L'enfant est réellement frappé en même temps que son auteur par la diffamation jetée sur celui-ci. — Cass., ch. réun., 1er mai 1867 (Peltier), *B. cr.*

25 *bis.* Au contraire, l'héritier est non recevable à poursuivre une diffamation contre la mémoire de son auteur, alors qu'il n'agit que dans le but de venger sa mémoire et non à raison du tort que lui a causé personnellement la diffamation. — Angers, 28 mai 1866 (Peltier), *J. p.*, 66, 822; Chassan, t. 1, p. 404.

Et non à raison du préjudice moral qu'elle lui aurait causé. — Rennes, 22 nov. 1865 (Peltier), *J. p.*, 66, 230.

35. Conf. Aix, 14 mars 1862 (Bartholi), *D.*, 62, 2, 24.

35 *bis.* Les médecins d'une ville sont recevables à se porter parties civiles individuellement, et à demander des dommages-intérêts contre un tiers à raison d'exercice illégal de la médecine. — Amiens, 16 janv. 1863 (Fevez), *J. p.*, 63, 855.

35 *ter.* Mais des médecins ne peuvent agir au nom d'une société de secours mutuels même autorisée entre les médecins d'une localité; ils doivent agir en leur nom personnel. — Aix, 13 mars 1861 (Lépine), *J. cr.*, n° 7207.

35 *quater.* Lorsque le fait réprimé constitue vis-à-vis de plusieurs individus une concurrence illicite dans l'exercice de leur profession, ils peuvent exercer conjointement l'action qui compète à chacun d'eux à raison du préjudice qui résulte de cette concurrence. — Cass. 18 août 1860 (Bressac), *B. cr.*

36. Les syndics élus et agréés par l'autorité administrative, d'une corporation autorisée par elle, peuvent demander réparation d'une atteinte portée aux intérêts de la corporation. — Cass. 11 avril 1863 (Thébaud), *B. cr.*

38 *bis.* Une association formée pour la mise en commun et l'exploitation entre divers coparticipants des droits de chasse leur appartenant, constitue une véritable société civile, et peut agir en justice par les représentants qu'elle s'est donnés. — Cass. 18 nov. 1865 (Leroux), *B. cr.*

38 *ter.* Chacun des habitants d'une commune intéressé à l'exercice de la vaine pâture peut poursuivre individuellement la réparation du préjudice qu'il prétend éprouver par l'abus de l'un des habitants. — Cass. 23 août 1867 (Lebugle), *B. cr.* — V. sous l'art. 3 C. i. cr., n°s 277 et suiv.

39. Au contraire, un entrepreneur de voitures publiques concessionnaire d'un privilége accordé par la commune ne peut saisir le tribunal de police d'une demande en dommages-intérêts fondée sur une concurrence illicite par un autre conducteur de voitures; cette action est toute civile ou commerciale. — Cass. 7 juin 1867 (Lahitre), *B. cr.*

43. Un mari a qualité pour intenter au nom de sa femme, devant la juridiction correctionnelle, une action en dommages-intérêts comme réparation pécuniaire d'un délit. — Rennes, 22 nov. 1865 (Peltier), *J. p.*, 66, 228.

45 *bis.* Une femme peut, en réclamant la réparation du dommage souffert par la mort de son mari, stipuler non-seulement pour elle, mais encore pour ses enfants même majeurs, mais frappés d'aliénation mentale; la cour, en lui accordant une rente viagère, peut en ordonner la réversibilité sur la tête de ceux-ci, quoiqu'ils ne soient pas en cause. — Cass. 20 fév. 1863 (Gramont-Caderousse), *B. cr.*

51. En matière de chasse, la poursuite, depuis la loi du 3 mai 1844, ne peut plus être exercée par le fermier. — Cass. 5 avril 1866 (Philip), *B. cr.*

51 *bis.* Mais la poursuite à raison d'un délit de chasse sans la permission du propriétaire sur des terres non dépouillées peut être intentée par le fermier lésé dans ses récoltes. — Même arrêt.

54. Les communes n'ont pas en elles-mêmes le droit d'obtenir des dommages-intérêts pour les diverses infractions qui peuvent être commises aux arrêtés municipaux pris pour réglementer certaines industries. — Cass. 4 mai 1866 (Flamant), *B. cr.* — V. sous l'art. 182, n°s 18 et suiv.

54 *bis.* Ainsi, la contravention à un arrêté municipal sur les jeux publics ne peut donner ouverture à des réparations civiles au profit soit de la commune, soit du fermier adjudicataire des jeux et bals, substitué à ses droits. — Cass. 4 mai 1866 (Flamant), *B. cr.* — V. *suprà*, n° 39.

57. Les créanciers de la partie lésée par un délit peuvent, comme exerçant ses droits, exercer l'action civile. — Bastia, 15 mars 1866 (Thomas), *J. cr.*, n° 8228.

§ 2. — *Compétence.*

77. En matière d'escroquerie, est compétent le tribunal dans le ressort duquel se trouvait le centre des opérations frauduleuses organisées par le prévenu pour surprendre la confiance du public. — Cass. 9 déc. 1864 (Hanicotte), *B. cr.*

78 *bis.* En matière d'abus de confiance, le lieu où les sommes ont été confiées à titre de dépôt ne peut être considéré comme le lieu du délit qu'autant qu'il est constaté que l'intention frauduleuse des prévenus s'était déjà manifestée par des circonstances pouvant tomber sous l'appréciation du juge de répression. Le juge de ce lieu est incompétent si cette intention ne s'est révélée que postérieurement et au moment d'une mise en demeure. — Cass. 5 déc. 1862 (Petit-Perrot), *B. cr.*

79 *bis.* En matière de tromperie par falsification de boissons, le délit est consommé au lieu où les marchandises ont été expédiées, si elles ne devaient être dégustées et acceptées qu'au lieu de la destination. — Cass. 10 août 1861 (Eustache), *B. cr.*

88. En matière de contrefaçon, le tribunal dans le ressort duquel les objets contrefaits ont été fabriqués et celui dans lequel ils sont vendus sont également compétents pour juger les délits. — Cass. 1er mai 1862 (Lepee).

90 *bis*. En matière de presse, le lieu où le journal contenant le délit a été publié et distribué établit la compétence. L'art. 12, L. 26 mai 1819, a été abrogé par le décret du 17 fév. 1852. — Cass. 8 nov. 1861 (Sauvestre), *B. cr.*; 30 janv. 1858 (Dumont), *B. cr.*

106. Le juge du lieu où l'un des prévenus a été trouvé et arrêté est compétent au même degré que le juge du lieu du délit pour le juger. — Cass. 17 nov. 1866 (Pourtauborde), *B. cr.*

106 *bis*. Il est compétent pour juger ses coprévenus, coauteurs ou complices, quel que soit le lieu de leur arrestation. — Cass. 15 juin 1866 (Renaux), *B. cr.*; 17 nov. 1866 (Pourtauborde). *B. cr.*

107. Et non de la prison où il a été écroué, alors que ce n'est pas le lieu de sa résidence. — Aix, 11 mars 1868 (Furnas), *J. cr.*, n° 8674.

114. On ne peut distraire de ses juges naturels, sous le prétexte d'une connexité qui n'existe pas, l'auteur d'un fait constituant un délit particulier. — Cass. 3 janv. 1862 (Thévenin), *B. cr.*

123. Conf. Cass. 6 juill. 1861 (Kretzschmann), *B. cr.*

127. En matière criminelle, l'incompétence est d'ordre public, et peut être soulevée par toutes les parties en tout état de cause, et même être admise d'office par le juge. — Cass. 5 déc. 1862 (Petit-Perrot), *B. cr.*

130. Conf. Cass. 5 déc. 1862 (Petit-Perrot), *B. cr.*

130 *bis*. L'exception d'incompétence *ratione loci* est recevable même lorsqu'elle est proposée pour la première fois en cassation. — Cass. 9 déc. 1864 (Hanicotte), *B. cr.*

Art. 66.

12. La partie civile qui ne s'est pas désistée dans les vingt-quatre heures demeure responsable de tous les frais, sans qu'il y ait lieu de distinguer entre les frais du procès jusqu'au jour du jugement et ceux postérieurs jusqu'à la solution définitive, même de ceux faits devant la cour de renvoi après cassation sur le pourvoi du min. public.—Elle peut intervenir devant la cour de renvoi pour faire maintenir son recours contre le prévenu à raison des frais. — Orléans, 27 août 1860 (Cintrait), *J. p.*, 62, 778.

Art. 67.

14. Conf. Cass. 5 oct. 1866 (Couston), *B. cr.*

21. Conf. Bordeaux, 2 avril 1868 (Gauthier), *J. cr.*, n° 8707.

Art. 75.

1. Conf. Cass. 14 juin 1866 (Couvercelle), *B. cr.*

Art. 78.

1. Conf. Cass. 12 déc. 1861 (Rossi), *B. cr.*

6. Conf. Cass. 12 déc. 1861 (Rossi), *B. cr.*

8. La substitution d'un mot à un autre par une interligne est couverte par un approuvé en marge et parafé. — Cass. 9 avril 1868 (Binet), *B. cr.*

Art. 80.

1. Il n'a pas été dérogé à cet article par la loi du 22 juill. 1867, sur la contrainte par corps.

1. Conf. Cass. 6 fév. 1863 (Lalande), *B. cr.*

11. Conf. Cass. 16 janv. 1862 (Mestrezat), '*B. cr.*

Art. 84.

4. Les dispositions de cet article ne sont pas limitatives et restrictives; un juge d'instruction délégué

peut subdéléguer un commissaire de police pour certains actes d'instruction, au lieu du juge de paix. — Cass. 14 juin 1866 (Couvercelle), *B. cr.*

Art. 87.

13 *bis*. Les formes prescrites pour le mandat d'arrêt par l'art. 96 C. i. cr. ne sont pas exigées pour le mandat de perquisition. Il suffit qu'il énonce : la personne chez qui la perquisition doit être faite, l'objet de la recherche et la nature du délit. — Cass. 19 janv. 1866 (Joly), *B. cr.*

Art. 91.

1. Il est essentiel que le mandat d'amener soit décerné avant que le juge d'instruction se dessaisisse de l'affaire; c'est un acte nécessaire à la validité de toute la procédure par contumace. — Paris, ch. d'acc., 19 fév. 1847 (Muller), *inédit*.

1 *bis*. Est nulle la notification du mandat d'amener faite postérieurement à l'ordonnance de prise de corps. — Paris, ch. d'acc., 10 déc. 1847 (Sababre), *inédit*.

Art. 94.

1 *bis*. Le mandat d'arrêt est un acte de poursuite qui n'a d'autre objet que de faire arrêter le prévenu ; le mandat d'amener a pour objet de l'appeler devant le juge d'instruction et de le mettre en mesure de prendre connaissance du délit ou du crime, et de produire ses moyens de défense. — Paris, ch. d'acc., 6 avril 1847 (Vallat), *inédit*.

3 *bis*. Le mandat d'arrêt qui est facultatif n'a pas besoin d'être notifié avant la clôture de l'information. — Cass. 15 mars 1867 (de Crouy-Chanel), *B. cr.*

10. La cour (ch. des mises en accusation) peut par un arrêt suppléer au refus d'un juge d'instruction de décerner un mandat d'arrêt, et dire que son arrêt vaudra ledit mandat. — Paris, ch. d'acc., 12 oct. 1849 (Varnier), *inédit*.

Art. 105.

2 *bis*. Est régulière la notification du mandat d'amener faite au domicile de la femme du prévenu, acceptée par elle, et suivie de l'exhibition au commissaire de police, alors que le prévenu n'a pas d'autre domicile connu. — Cass. 15 mars 1867 (de Crouy-Chanel), *B. cr.*

2. La remise de la copie du mandat aux voisins ou au maire n'a lieu que si l'accusé, bien qu'absent ou non trouvé, n'a pas cessé d'avoir sa résidence dans la commune.

S'il a abandonné complétement son domicile et qu'on ne lui en connaisse aucun autre, non plus qu'aucune résidence, le mandat doit être notifié au parquet, conformément à l'art. 69 C. proc. civ. — Paris, ch. d'acc., 6 mai 1853 (Royer-Gateau), *inédit*.

3. Conf. Paris, 6 janv. 1860 (Ballacey); 3 fév. 1860 (Rouby), *J. cr.*, n° 6990.

Art. 109.

3 *bis*. L'exécution des formalités prescrites par cet article relativement au mandat d'arrêt ne peut couvrir l'irrégularité qui résulte du défaut de notification du mandat d'amener. — Paris, ch. d'acc., 27 janv. 1852 (de Ménard), *inédit*.

Art. 116.

8. Lorsque l'arrêt de renvoi a été exécuté et que l'accusé a été traduit aux assises, la chambre d'accusation ne peut ordonner sa mise en liberté provisoire, alors même que l'affaire aurait été renvoyée à une autre session. — Cass. 19 juin 1868, 16 juill. 1868, *B. cr.*

8 *bis.* Si cet article attribue virtuellement compétence aux chambres d'accusation dans le cas de pourvoi contre un arrêt de renvoi aux assises, pour statuer sur les demandes des accusés ayant pour objet d'être mis en liberté provisoire, cette exception doit être restreinte au cas spécial prévu par cet article. Ainsi, les chambres d'accusation peuvent accorder la liberté provisoire réclamée, mais seulement jusqu'à ce qu'il ait été statué sur le pourvoi, dont le rejet amène nécessairement l'exécution immédiate de l'ordonnance de prise de corps. — **Cass.** 23 avril 1868 (Chavagnac), *B. cr.*

Art. 122.

1. Conf. Cass. 1er fév. 1867 (Reymondon), *B. cr.*
Peu importe que l'inculpé se présente devant le tribunal s'il déclare faire défaut. Le tribunal doit prononcer la perte de son cautionnement, et peut ordonner qu'il sera saisi et écroué. — Même arrêt.

Art. 126.

Cet article s'applique à toutes les décisions relatives aux demandes de mise en liberté provisoire, sans distinguer entre celle qui est antérieure à l'arrêt de renvoi et celle intervenant à l'occasion du pourvoi contre cet arrêt. A partir du rejet du pourvoi, les accusés doivent être mis en arrestation, en vertu de l'ordonnance de prise de corps qui avait été momentanément suspendue. — Cass. 23 avril 1868 (Chavagnac), *B. cr.* V. sous l'art. 116, *suprà.*

Art. 128.

11 *bis.* L'ordonnance qui, sans préciser les faits de la prévention, se borne à dire qu'il n'y a lieu à suivre à raison des crimes de faux, et renvoie l'inculpé devant le tribunal correctionnel pour escroquerie, ne fait pas obstacle à ce que le tribunal qui se trouve ainsi saisi de tous les faits de la prévention reconnaisse le caractère de l'escroquerie à un fait d'abord envisagé comme faux. — Cass. 5 janv. 1866 (Legrand), *B. cr.*

37. Est nul comme portant atteinte à la chose jugée l'arrêt d'une chambre des mises en accusation qui renvoie un prévenu devant le tribunal correctionnel pour un fait à l'égard duquel le juge d'instruction avait déclaré n'y avoir lieu à suivre. — Cass. 28 sept. 1865 (Coignier), *B. cr.*

Art. 130.

15. Conf. Cass. 8 mai 1868 (Moreau), *B. cr.*

Art. 134.

9 *bis.* Il n'est pas nécessaire que l'ordonnance rendue par le juge d'instruction soit signée par le greffier. — Limoges, 26 juill. 1860 (Robert), D., 61, 2, 212.

Art. 135.

1 *bis.* Le min. public peut former opposition aux ordonnances des juges d'instruction, à quelques phases de la procédure et dans quelques cas que ces ordonnances aient été rendues. — Cass. 16 janv. 1862 (Mestrezac), *B. cr.*

2. Ainsi, il peut former opposition à l'ordonnance qui refuse de faire droit à ses réquisitions tendant à la condamnation à l'amende d'un témoin qui refuse de comparaître. — Même arrêt.

17. *Contrà :* Colmar, 13 fév. 1863 (Ertzbischoff), *J. cr.*, n° 7633.

20 1°. L'opposition par le prévenu aux ordonnances du juge d'instruction pour cause d'incompétence n'est pas recevable si ce moyen n'a pas fait l'objet d'un déclinatoire devant le juge. — Cass. 6 fév. 1830 (Paillet), *J. p.*; 3 juillet 1862 (Siry), *B. cr.* — V. notes sous l'art. 539 C. i. cr.

20 2°. Lorsque l'inculpé oppose devant le juge d'instruction un déclinatoire, le juge doit statuer sur ce moyen ; il ne peut en même temps prononcer sur le fond. — Agen, 10 mai 1868 (P.), *J. cr.*, n° 8701.

20 3°. L'ordonnance par laquelle le juge d'instruction se dessaisit de l'affaire et renvoie le prévenu devant qui de droit peut être frappée d'opposition par ce dernier. — Cass. 9 fév. 1866 (Chicot), *B. cr.*

20 4°. Elle doit être communiquée au prévenu détenu, ou signifiée, s'il est non détenu, et ce à peine de nullité de l'arrêt de la chambre d'accusation qui a statué sur l'opposition du prévenu. La Cour de cassation, en ce cas, renvoie la cause devant la chambre des mises en accusation pour être statué après l'accomplissement des formalités prescrites par l'art. 135. — Cass. 9 fév. 1866 (Chicot), *B. cr.*

21 *bis.* L'ordonnance du juge d'instruction qui rejette la demande de mise en liberté du prévenu, et maintient le mandat de dépôt décerné, ne rentre point dans la disposition restrictive de l'art. 135, et n'est point susceptible d'opposition. — Cass. 3 janv. 1861 (Miquel), *B. cr.*

25. Conf. Bourges, 26 avril 1866 (Tripet), *J. cr.*, n° 8339. — L'opposition doit être formée le jour férié. — Même arrêt.

30. Est régulière l'opposition formée par la partie civile dans les vingt-quatre heures de la signification de l'ordonnance, sans qu'on puisse lui opposer le retard apporté par le min. public à la signification elle-même. — Cass. 10 fév. 1866 (Hougron), *B. cr.*

48 *bis.* Le procureur général ne peut plus former opposition à l'ordonnance du juge d'instruction qui renvoie un prévenu en police correctionnelle lorsque le tribunal, en exécution de cette ordonnance, a statué sur le délit, encore qu'il fût dans le délai. — Cass. 10 sept. 1860 (Ghislain), *B. cr.*

Art. 137.

18. Conf. Cass. 3 mars 1866 (Courtois-Varin), *B. cr.*

18 *bis.* Ainsi, le fait de garde à vue de bestiaux dans les récoltes d'autrui étant puni d'une amende et d'un emprisonnement pouvant s'élever à une année, est de la compétence du tribunal correctionnel. — Cass. 17 nov. 1865 (Couvert), *B. cr.*

19. Conf. Cass. 3 mars 1866 (Courtois-Varin), *B. cr.*

21. Le tribunal de police ne peut ordonner qu'il serait fait preuve préalable de l'étendue du dommage. — Même arrêt.

49. Conf. Cass. 21 août 1863 (Communeau), *B. cr.*

49 *bis.* Ainsi, dès l'instant où le titre de la prévention dénonce un fait correctionnel, le tribunal de police doit s'abstenir de passer outre aux débats. — Cass. 21 août 1863 (Communeau), *B. cr.*

49 *ter.* Il doit se déclarer incompétent avant tout examen du fond, encore même que le libellé de la citation puisse manquer de précision et laisser incertain si le fait imputé constitue un délit ou une contravention. — Cass. 13 avril 1866 (Vignan), *B. cr.*

49 quater. Il est tenu de statuer, *in limine litis,* sur la compétence d'après le titre de l'action et non d'après les modifications que le débat d'audience pourrait lui faire subir ; il doit donc s'abstenir d'apprécier le fait. — Cass. 22 mars 1866 (Ferrandi), *B. cr.*

50. Il ne peut, en appréciant le fond, décider que le fait articulé comme un délit ne constitue qu'une simple contravention, et se déclarer compétent. Par exemple, il ne peut décider que les faits articulés comme une injure publique ne renferment pas l'imputation d'un vice déterminé. — Cass. 8 mars 1866 (Corne), *B. cr.*

Art. 141.

8. Les greffiers ne peuvent exercer leurs fonctions dans les affaires dans lesquelles ils sont prévenus. — Cass. 26 mars 1863 (Morel), *B. cr.*

Art. 144.

8. Conf. Cass. 30 déc. 1865 (Cavelier de Mocomble), *B. cr.*

Art. 145.

23. Le juge peut prononcer une peine sur la citation donnée par la partie civile, encore que la demande de celle-ci en dommages-intérêts soit déclarée mal fondée. — Cass. 7 juin 1867 (Lahitte), *B. cr.*

51. Aucun texte de loi ne prescrit de rappeler soit dans le procès-verbal, soit dans la citation, les dispositions du règlement préfectoral auquel il aurait été contrevenu. Il suffit qu'il soit donné connaissance au prévenu de la nature et de l'objet de la contravention. — Cass. 15 avril 1864 (Leblond), *B. cr.*

55 bis. L'erreur sur la date de la contravention commise dans le billet d'avertissement ne peut rien contre la constatation du procès-verbal. — Cass. 29 déc. 1866 (Capone), *B. cr.*

58. Le tribunal ne peut condamner un prévenu pour une contravention non comprise dans la citation, et sur laquelle il n'a pas été mis en état de se défendre. — Cass. 2 mars 1866 (Hazard), *B. cr.* — Encore que le prévenu soit défaillant. — Cass. 7 avril 1865 (Sandler), *B. cr.*

58 bis. Le tribunal de police peut statuer sur une contravention non comprise dans la citation si le débat sur ce point a été accepté par toutes les parties. — Cass. 7 mai 1868 (Godard), *B. cr.*

60. Conf. Cass. 17 juill. 1863 (Fleury), *B. cr.,* 17 fév. 1865 (Campi), *B. cr.*

60 bis. Le juge de police est saisi non-seulement des faits relevés dans la citation, mais encore de ceux constatés par le procès-verbal dont il a été donné lecture à l'audience. — Cass. 20 fév. 1862 (Mouchez-Nana), *B. cr.*

61 bis. Le tribunal d'appel peut relever une seconde contravention constatée par le procès-verbal et ainsi soumise au premier juge, quoique celui-ci ait omis d'y statuer. — Cass. 23 janv. 1863 (Fontaine-Liénard), *B. cr.*

Art. 146.

1. Conf. Cass. 17 déc. 1864 (Mariotti), *B. cr.* La citation est régulière s'il n'est pas prouvé qu'elle ait été donnée la veille après l'heure indiquée pour l'ouverture de l'audience du lendemain. — Cass. 17 déc. 1864 (Mariotti), *B. cr.*

1 bis. La citation donnée à un délai moindre de vingt-quatre heures ne peut être une cause de nullité lorsque l'affaire a été remise et plaidée à diverses audiences, et lorsque le prévenu n'a pas excipé de l'insuffisance du délai. — Cass. 17 déc. 1864 (Mariotti), *B. cr.*

Art. 147.

1. Conf. Cass. 1er juill. 1864 (Martel), *B. cr.* — Notamment dans le cas où il y a lieu de craindre que le prévenu fasse défaut, les frais de cette citation ne peuvent être rejetés comme frustratoires. — Même arrêt.

Art. 149.

3. Le juge ne peut statuer par défaut à l'égard d'un prévenu qui n'a été appelé devant lui que par un simple avertissement. — Cass. 20 déc. 1860 (Seltz), *B. cr.*

7. Conf. Cass. 2 fév. 1861 (Marin), *B. cr.*

12 bis. Est réputé par défaut, nonobstant comparution personnelle à une première audience et un jugement contradictoire d'avant faire droit, le jugement rendu ultérieurement en l'absence du prévenu sur des éléments nouveaux fournis par une descente sur les lieux. — Cass. 23 fév. 1867 (Gouverneur), *B. cr.*

Art. 151.

10. Lorsqu'il n'y a pas de commissaire de police, l'opposition au jugement par défaut doit être notifiée au maire, quoique les fonctions du ministère public aient été remplies par l'adjoint. — Cass. 24 nov. 1865 (Natali), *B. cr.*

11. L'opposition de la part du prévenu empêche l'effet de l'appel du min. public. Il doit être statué d'abord sur l'opposition. — Cass. 19 mars 1868 (Leroy), *B. cr.* — V. sous l'art. 203, n° 26.

Art. 152.

1. La disposition de cet article n'est pas prescrite à peine de nullité. — Circ. 7 mars 1862 (Tisné), *B. cr.* ; 6 avril 1866 (Delafin), *B. cr.*

1 bis. Sauf au min. public et à la partie civile le droit de s'opposer à l'audition d'un mandataire dépourvu de procuration spéciale. — Cass. 6 avril 1866 (Delafin), *B. cr.*

1 ter. Ou de contester la procuration et d'en exiger la preuve, ou au juge celui d'exiger la comparution personnelle du prévenu. — Cass. 23 mars 1865 (Kuntz), *B. cr.*

2. Conf. Cass. 23 mars 1865 (Kuntz), *B. cr.*

3. Conf. même arrêt.

5 bis. Est régulière et spéciale la procuration qui autorise le mandataire à se présenter devant le tribunal de police tant en demandant qu'en défendant, pour toutes affaires qui peuvent concerner le mandant. — Cass. 7 mars 1862 (Tisné), *B. cr.*

12 bis. L'huissier de service auprès du tribunal ne peut être mandataire du prévenu. — Cass. 15 mars 1862 (Dulac), *B. cr.*

Art. 153.

14 bis. La lecture de tous les procès-verbaux, sans distinction, qui doit avoir lieu au début de l'audience, ne peut être refusée au cours du débat quand elle n'a pas eu lieu avant, encore qu'ils contiennent des déclarations émanées de parents qui ne pourraient être entendus comme témoins. — Amiens, 20 nov. 1863 (Éloy), *J. cr.*, n° 7812.

19 bis. Mais le juge de police qui procède personnellement à toute l'instruction de l'affaire peut statuer régulièrement, quoique à une audience précédente le débat ait été ouvert par un autre juge, si ce juge n'a statué que sur une remise de cause. — Cass. 28 juin 1861 (Beaufils), *B. cr.*

29 *bis*. Les remises de causes n'ont pas besoin d'être mentionnées dans le jugement. —Cass. 13 déc. 1862 (Gossot-Fauleau), *B. cr.*

34. Le tribunal ne peut, à peine de nullité, prononcer son jugement en l'absence du min. public.— Cass. 10 déc. 1864 (Campy), *B. cr.*; 24 déc. 1864 (Rossi), *B. cr.*

34. Il ne suffit pas que le min. public ait assisté à l'instruction de l'affaire.—Cass. 24 janv. 1861 (Polias), *B. cr.*

39. Conf. Cass. 10 nov. 1860 (Foriel), *B. cr.*

Des attestations produites en dehors et postérieurement sont inopérantes. — Même arrêt.

39 *bis*. Il y a nullité lorsqu'il n'est point indiqué, soit par le jugement, soit par les notes d'audience, quel est l'officier qui a rempli les fonctions du min. public, ni qu'il ait assisté à toutes les audiences. — Cass. 6 avril 1865 (Marchetti), *B. cr.*

42. Conf. Cass. 4 déc. 1862 (Roche), *B. cr.*

52. Si, après les conclusions du min. public, un nouveau témoin est entendu, il n'y a pas nullité, quoique le min. public n'ait pas été entendu de nouveau; il suffit qu'il soit constaté qu'il n'a pas cessé d'être présent et qu'il n'a pas été empêché de réitérer ses conclusions avant le jugement. — Cass. 17 janv. 1868 (Laurent), *B. cr.*

54. Le jugement doit constater, à peine de nullité, que le min. public a résumé l'affaire et donné ses conclusions. — Cass. 6 déc. 1861 (Janvier), *B. cr.*; 27 fév. 1863 (Franzini), *B. cr.*; 13 nov. 1863 (André), *B. cr.*

54 *bis*. Ou qu'il a été mis en demeure de conclure. — Cass. 18 août 1860 (Barlot), *B. cr.*; 31 janv. 1861 (Coiffier), *B. cr.*; 2 fév. 1861 (Griollet), *B. cr.*; 8 juill. 1864 (Bonafous), *B. cr.*

55. Il ne suffit pas que le jugement constate que le min. public était présent à l'audience. — Cass. 22 nov. 1867 (Touret), *B. cr.*

55 *bis*. Quand l'affaire est engagée par la citation de la partie civile, la mention que le min. public a été entendu ne suffit pas pour établir si c'est comme partie jointe ou comme partie principale. — Cass. 6 avril 1865 (Marchetti), *B. cr.*

55 *ter*. Dans le cas où l'audition du min. public n'est pas constatée dans le jugement, il suffit qu'elle le soit par les notes d'audience régulièrement tenues. — Cass. 10 juill. 1863 (Joubert), *B. cr.*

64 *bis*. Devant le tribunal de police, le min. public peut prendre ou modifier ses conclusions jusqu'au jugement, qui seul met fin aux débats. — Cass. 2 juin 1865 (Deschamps), *B. cr.*

64 *ter*. Le juge n'est pas lié par les conclusions du min. public; il doit appliquer la loi pénale qui prévoit le fait constaté, lors même que le min. public aurait invoqué une autre disposition. — Cass. 2 juin 1865 (Deschamps), *B. cr.*—V. sous l'art. 190, n°s 95 et suiv.

65. Conf. Cass. 27 juill. 1866 (Stablo), *B. cr.*

Art. 154.

§ 1er. — *Des procès-verbaux.* — *Règles générales.* — *Absence ou insuffisance des procès-verbaux.*

5. A défaut de procès-verbal, les contraventions à la loi du 22 mars 1841, relative au travail des enfants dans les manufactures, peuvent être prouvées par témoins. —Cass. 15 mars 1862 (Courieu), *B. cr.*

11. Conf. Cass. 2 mars 1866 (Monnier), *B. cr.*

14. Conf. Cass. 20 nov. 1863 (Gallois), *B. cr.*; 19 nov. 1864 (Destenaves), *B. cr.*

15. Conf. mêmes arrêts; Cass. 24 janv. 1861 (Ball), *B. cr.*

17. Le tribunal ne peut refuser d'admettre la preuve testimoniale offerte par le min. public lorsque le procès-verbal est insuffisant. — Cass. 24 juin 1864 (Hervé), *B. cr.* — Ou irrégulier. — Cass. 12 mai 1864 (Cochin), *B. cr.*

26. Conf. Cass. 2 mars 1866 (Monnier), *B. cr.* — Il suffit que les faits ne soient parvenus à la connaissance du garde par aucun moyen réprouvé par la loi. — Même arrêt.

26 *bis*. Lorsqu'un procès-verbal ne peut faire foi à cause de l'incompétence de celui qui l'a rédigé, la déposition de celui-ci à l'audience, faite sous serment, peut établir suffisamment la contravention. — Cass. 20 déc. 1866 (Degrave), *B. cr.*

29. Lorsque le procès-verbal d'un garde-champêtre est nul à cause du défaut d'assistance du maire dans une perquisition au domicile du prévenu, le témoignage du garde est affecté du même vice radical. — Cass. 21 avril 1864 (Viard), *B. cr.*

29 *bis*. Lorsqu'il a été suppléé à l'irrégularité d'un procès-verbal par la preuve testimoniale, le jugement de condamnation ne peut être attaqué sous prétexte que, la preuve tirée simultanément d'un procès-verbal frappé de nullité et des témoignages entendus étant indivisible, le jugement ne repose sur aucune base légale. — Cass. 6 juill. 1866 (Brun), *B. cr.*

31. V. *infrà*, n° 476.

34. Conf. Cass. 28 déc. 1866 (Trouilleboue), *B. cr.*

34 *bis*. Les poursuites pour contraventions prévues par les art. 74 et 75, L. du 19 brum. an VI, relatives à la tenue régulière d'un registre d'achats et de ventes et à l'obligation de n'acheter que de personnes connues, sont, comme pour toutes les autres contraventions à cette loi, subordonnées à la rédaction d'un procès-verbal par les agents supérieurs. — Cass. 28 déc. 1866 (Trouilleboue), *B. cr.* — V. n° 49.

43. Conf. Cass. 16 avril 1868 (Detaille), *B. cr.*

55. Conf. Cass. 24 juin 1854 (Level), *B. cr.*

§ 2. — *Procès-verbaux faisant foi jusqu'à preuve contraire.*

76. Conf. Cass. 18 juill. 1861, *B. cr.*; 30 juill. 1865 (Salducci), *B. cr.*

§ 3. — *Agents dont les procès-verbaux ne peuvent faire foi.*

85. Conf. Cass. 17 juill. 1863 (Fleury), *B. cr.*

87. Ne peuvent faire foi en justice :
Les procès-verbaux des agents de police. — Cass. 13 déc. 1862 (Deschilbert), *B. cr.*

87. Les rapports des sergents de ville; ces agents ne sont pas des officiers publics. Ils sont investis du droit de rechercher et dénoncer, non de constater les contraventions; leurs rapports sont de simples renseignements. —Cass. 3 mars 1865 (Maisonville), *B. cr.*

87 *bis*. Les rapports des agents du balayage public. — Cass. 13 mars 1862 (Delétang), *B. cr.*

89. Mais les rapports écrits des agents de police peuvent être retenus dans la procédure comme simples renseignements. — Cass. 18 déc. 1862 (Vassel), *B. cr.*

94. Conf. Cass. 9 mars 1867 (Breton), *B. cr.*

§ 4. — *Formalités des procès-verbaux.* — *Forme et rédaction.*

97 *bis. Forme et rédaction.* La loi ne fixe pas le délai pour la rédaction d'un procès-verbal de contravention par un commissaire de police. — Cass. 23 nov. 1860 (Olleris), *B. cr.*

98. Ni pour la rédaction du procès-verbal d'un garde champêtre; elle peut être faite sept ou dix-neuf jours après la constatation du fait. — Cass. 17 mai 1861 (Galinier), *B. cr.*; 20 juin 1861 (Greffier), *B. cr.*

111 et 112. Conf. Cass. 9 mars 1866 (Antoniotti), *B. cr.*

112 *bis.* Lorsque le commissaire de police, au lieu de se borner à recevoir la déclaration du garde champêtre suivie de son affirmation et de sa signature, se transporte sur les lieux et vérifie les faits déclarés, l'acte constitue un procès-verbal dudit commissaire de police. — Cass. 12 mai 1864 (Cochin), *B. cr.*

115 *bis.* Est nul le procès-verbal d'un garde champêtre écrit et rédigé par l'instituteur de la commune. — Cass. 24 janv. 1861 (Ball), *B. cr.*

121. De même, lorsque le procès-verbal du garde champêtre est écrit par une main étrangère, il suffit que l'officier public qui en reçoit l'affirmation en donne lecture et fasse mention de cette formalité (art. 165 C. for).— Cass. 9 mars 1866 (Antoniotti), *B. cr.*

135. *Énonciations des procès-verbaux.* Les officiers de police judiciaire ne sont pas tenus, à peine de nullité de leurs procès-verbaux, d'y consigner les désignations ou spécifications contenues dans le 2ᵉ § de l'art. 11 et l'art. 16 C. i. cr. — Cass. 24 janv. 1861 (Ball), *B. cr.*

156. La défense faite aux tribunaux de rendre aucun jugement sur des actes non enregistrés ne s'applique qu'au cas où il s'agit d'intérêts privés, et ne s'étend pas aux actes qui intéressent l'ordre et la vindicte publique. — Cass. 20 avril 1865 (Parmentier), *B. cr.*

Tels que ceux qui sont l'objet d'un procès-verbal du commissaire de police. — Cass. 18 nov. 1865 (Octave), *B. cr.*

158. Un procès-verbal constatant un délit n'est pas nul faute d'enregistrement; cette omission n'empêche pas la force probante qui lui appartient. — Cass. 9 mars 1861 (Cochet), *B. cr.*

159. Conf. Cass. 20 avril 1865 (Parmentier), *B. cr.*

173. *Affirmation.* L'affirmation n'est pas prescrite pour les procès-verbaux des commissaires de police. — Cass. 12 mai 1864 (Cochin), *B. cr.*

173 *bis.* Ni pour les procès-verbaux dressés par les agents voyers. — Cass. 5 janv. 1838 (Mayeur), *B. cr.*

173 *ter.* Ou en matière de petite voirie. — Cass. 23 fév. 1838 (Benjamin), *B. cr.*

175. La formalité de l'affirmation d'un procès-verbal rédigé par un vérificateur des poids et mesures est substantielle à sa validité. — Cass. 26 janv. 1860 (Menneret), *B. cr.*

196. L'art. 165 du Code forestier, qui forme le dernier état de la législation sur la matière, admet la concurrence des juges de paix, de leurs suppléants, des maires et de leurs adjoints, pour la réception des affirmations, sans la subordonner à des conditions d'absence ou d'empêchement des premiers. — Cass. 9 mars 1866 (Antoniotti), *B. cr.*

201. Le procès-verbal qui n'a pas été affirmé entre les mains d'un officier public compétent ne peut faire foi en justice. — Cass. 20 fév. 1862 (Terrier), *B. cr.*

203. Est nul le procès-verbal d'un garde champêtre qui a été affirmé devant un commissaire de police. — Cass. 20 fév. 1862 (Terrier), *B. cr.*

208 *bis.* La lecture du procès-verbal avant l'affirmation n'est prescrite que lorsqu'il a été dressé par un garde forestier, et que ce garde n'a fait que le signer. — Cass. 24 janv. 1861 (Ball), *B. cr.*

208 *ter.* Le procès-verbal dressé et signé par deux gardes forestiers et écrit par l'un d'eux n'est pas soumis, comme le procès-verbal écrit par un tiers, à la formalité d'une lecture préalable aux signataires par l'officier public qui en reçoit l'affirmation. — Grenoble, 25 août 1858 (Plumel); D., 65, 5, 313.

210 *bis.* Le procès-verbal est nul quand c'est le maire et non le garde qui déclare *affirmer.* — Cass. 9 mars 1866 (Antoniotti), *B. cr.*

210 *ter.* L'acte d'affirmation du garde ne peut être remplacé par le vu et approuvé du maire. — Cass. 24 fév. 1865 (Tavera), *B. cr.*

212 *bis.* L'affirmation peut faire corps avec le procès-verbal lui-même rédigé par le maire sous la dictée du garde. — Cass. 9 mars 1866 (Antoniotti), *B. cr.*

213. Conf. Cass. 9 mars 1866 (Antoniotti), *B. cr.*

213 *bis.* Est nul le procès-verbal d'un garde forestier si l'acte d'affirmation n'est pas signé par celui qui le fait dresser. — Cass. 20 nov. 1863 (Pompani), *B. cr.*

§ 5. — *Faits dont ils font foi.*

218. Les procès verbaux des officiers de police judiciaire ne font foi, jusqu'à preuve contraire, que des faits matériels que leurs rédacteurs ont vu commettre personnellement. — Cass. 7 août 1862 (Thiercelin), *B. cr.*

218 *bis.* Ces actes ne sont que de simples rapports lorsque les agents n'ont fait qu'y consigner les renseignements par eux recueillis. — Cass. 13 avril 1861 (Leclercq), *B. cr.*

230. Un procès-verbal ne fait pas foi qu'un chien trouvé errant sans muselière appartient à telle personne, si ce fait n'est attesté que par des ouï-dire. — Cass. 16 janv. 1868 (Chatellard), *B. cr.*

232 *bis.* Mais il fait foi, jusqu'à preuve contraire, qu'un chien est de la catégorie des chiens de garde. — Cass. 30 nov. 1861 (Tessier), *B. cr.*

233 *bis.* Qu'une voie publique est un chemin rural et non une rue. — Cass. 8 août 1862 (Cloup), *B. cr.* — V. sous l'art. 471, § 5, nᵒˢ 146 et suiv., C. pén.

239. Que des chants ont été entendus par les habitants des maisons voisines. — Cass. 17 juill. 1862 (Aldebert), *B. cr.*

241 *bis.* Le procès-verbal de la gendarmerie en matière de roulage fait foi de l'usage et de la destination d'une voiture circulant sur la voie publique sans être éclairée. — Cass. 16 avril 1863 (Faux), *B. cr.*

242. Mais si le procès-verbal constate que l'un des buveurs était étranger à la commune, le juge, en déclarant qu'il ne se trouvait dans l'établissement qu'en qualité de voyageur, ne fait que tirer des énonciations du procès-verbal une conséquence qui n'est point contraire à ses constatations. — Cass. 17 mai 1861 (Boileau), *B. cr.*

247. Ne peut faire foi, jusqu'à preuve contraire, le procès-verbal d'un commissaire de police dressé sur le rapport d'agents de la police administrative. — Cass. 27 juin 1867 (Verrier), *B. cr.*

Et énonçant des faits non vérifiés personnellement

par cet officier de police. — Cass. 30 avril 1868 (Suchet), *B. cr.*

247 *bis.* La foi due aux procès-verbaux ne peut s'étendre à la véracité même des déclarations des tiers entendus par le garde. — Cass. 14 nov. 1861 (Pillois), *B. cr.*

249. Conf. Cass. 15 fév. 1866 (de Malgaive), *B. cr.*

§ 6. — *De la foi qui est due aux procès-verbaux.* — *Dans quels cas il y est porté atteinte.*

266. Conf. Cass. 2 juin 1864 (Blin), *B. cr.*

267. Conf. Cass. 25 juin 1863 (Pélisson), *B. cr.*; 6 nov. 1863 (Marochi); *B. cr.*; 5 mars 1864 (Eldin), *B. cr.*

269. Conf. Cass. 8 août 1862 (Corroy), *B. cr.*; 18 fév. 1864 (Courtois), *B. cr.*; 19 fév. 1864 (Krauss), *B. cr.*; 23 déc. 1865 (Griscelli), *B. cr.*

269 *bis.* Le tribunal ne peut relaxer un individu à raison d'une contravention matériellement constatée par un procès-verbal, en se fondant sur son défaut d'intention ou sur d'autres excuses non admises par la loi. — Cass. 18 août 1860 (Gasset), *B. cr.* — V. notes sous l'art. 65 C. pén.

270. Conf. Cass. 6 déc. 1867 (Nageotte), *B. cr.*

271. En se fondant sur des renseignements extra-judiciaires non contradictoirement débattus et sur les allégations des inculpés. — Cass. 3 mars 1866 (Roussel), *B. cr.*

274. Conf. Cass. 13 juill. 1861 (Menaud), *B. cr.*; 15 nov. 1861 (Levavasseur), *B. cr.*; 7 nov. 1863 (Gentil), *B. cr.*; 23 déc. 1865 (Griscelli), *B. cr.*; 29 déc. 1866 (Montalti), *B. cr.*

279 *bis.* En présence d'un procès-verbal non débattu par la preuve contraire, le fait d'inondation d'un chemin vicinal ne peut être dénié par le juge qui s'est borné à se transporter sur les lieux deux mois après les faits constatés. — Cass. 13 janv. 1865 (de Colbert), *B. cr.*

280 1°. Lorsqu'un procès-verbal constate qu'un propriétaire a fait un dépôt de matériaux sur la voie publique, le tribunal ne peut, sans ordonner une enquête, décider que le dépôt n'embarrassait pas la voie publique. — Cass. 21 mars 1868 (Rousseville), *B. cr.*

280 2°. Ni relaxer le prévenu sous prétexte que les travaux qui avaient donné lieu au dépôt avaient été exécutés par un entrepreneur à forfait qui était seul responsable des encombrements se trouvant sur la voie publique. — Cass. 6 déc. 1867 (Morati), *B. cr.*

280 3°. Ni décider que ce dépôt était non sur la voie publique, mais sur un terrain adjacent. — Cass. 21 mars 1868 (Rousseville), *B. cr.* — En se fondant sur les explications du min. public et sur des documents non authentiques. — Cass. 25 juin 1863 (Hinsberger), *B. cr.*

280 4°. Il ne peut décider, contrairement à un procès-verbal, que le chemin le long duquel des constructions ont été élevées est rural et non vicinal. — Cass. 16 mars 1867 (Casanova), *B. cr.*

280 5°. Ni décider, lorsqu'il est constaté par un procès-verbal qu'un travail a été fait à un bâtiment joignant la voie publique, qu'il a été fait sur un terrain appartenant au prévenu. — Cass. 8 nov. 1861 (Corte), *B. cr.*

280 6°. Ni décider, lorsqu'il est constaté par un procès-verbal que l'usurpation a été commise sur un chemin vicinal, qu'il n'est pas établi que le terrain litigieux fait partie d'un chemin vicinal. — Cass. 26 janv. 1861 (Patissier), *B. cr.*

281 *bis.* Le tribunal ne peut décider, en l'absence de toute preuve contraire, que ce qu'un procès-verbal qualifie de puisard est un réservoir. — Cass. 31 mai 1862 (Gal), *B. cr.*

281 *ter.* Il ne peut, sans entendre aucun témoin, décider qu'un champ était récolté, lorsque le procès-verbal constate le contraire. — Cass. 13 juill. 1861 (Oudin), *B. cr.*

299 *bis.* Le prévenu qui, contrairement aux énonciations d'un procès-verbal, nie non-seulement le caractère rural et public d'un chemin qu'il a usurpé, mais même son existence, est tenu de faire la preuve de son exception; cette preuve ne peut être mise à la charge du min. public. — Cass. 3 fév. 1865 (Fouhard), *B. cr.*

309. Il n'y a pas violation de la foi due jusqu'à inscription de faux aux procès-verbaux des employés de la garantie dans l'arrêt qui, sans dénier le fait matériellement constaté qu'un individu a été trouvé fabriquant des bijoux dans son domicile, déclare que ce domicile était commun avec un fabricant autorisé dont le prévenu était l'ouvrier. — Cass. 7 avril 1866 (Liaou-Assoun), *B. cr.*

315. Le tribunal ne peut admettre l'excuse de la force majeure, malgré les constatations d'un procès-verbal, sans vérifier le mérite de ce moyen de défense à l'aide de l'un des modes de preuve déterminés par cet article. — Cass. 6 janv. 1866 (Tavera), *B. cr.*

319. Conf. Cass. 18 juill. 1861, *B. cr.*

§ 7. — *De la preuve contraire.*

329. La preuve contre un procès-verbal ne peut résulter que de dépositions de témoins entendus sous serment, ou de procès-verbaux, expertises, arrêtés ou autres documents authentiques. — Cass. 30 déc. 1864 (Jacquette), *B. cr.*

329 *bis.* Le juge de police, même en présence d'un procès-verbal régulier faisant foi jusqu'à preuve contraire, peut, si le prévenu dénie la contravention, se transporter d'office sur les lieux litigieux, et après leur examen relaxer le prévenu. — Cass. 20 déc. 1866 (Pascal), *B. cr.*

334. Si le juge a le droit d'apprécier la valeur des preuves produites contre les procès-verbaux, il est néanmoins nécessaire, si elles lui paraissent de nature à faire disparaître la contravention, qu'il articule nettement en quoi ces preuves sont contraires à la teneur des procès-verbaux, et ont le pouvoir d'ébranler la foi qui leur est due. Il ne peut relaxer le prévenu en se bornant à manifester de simples doutes sur la réalité des faits constatés. — Cass. 21 déc. 1860 (Grandjean), *B. cr.*

335. Mais le juge de police peut, après audition régulière de témoins, décider que la contravention imputée au prévenu par un procès-verbal n'est pas établie. — Cass. 15 nov. 1860 (Blanchet), *B. cr.*

337. Conf. Cass. 14 déc. 1861 (Baudrier), *B. cr.*

339. Le tribunal saisi d'une contravention constatée par un procès-verbal ne peut relaxer le prévenu en se fondant sur un certificat délivré par le maire. — Cass. 30 déc. 1864 (Jacquette), *B. cr.*

346. Conf. Cass. 21 déc. 1860 (Grandjean), *B. cr.*

350. Conf. Cass. 16 mars 1867 (Pagau), *B. cr.*

350 *bis.* La preuve contraire ne peut résulter de la déposition de témoins dont la prestation de serment est irrégulière. — Cass. 30 déc. 1864 (Jacquette), *B. cr.*

351. Conf. Cass. 14 déc. 1861 (Baudrier), *B. cr.*

352. Cass. 17 mars 1866 (Dangla), *B. cr.*

353. Conf. Cass. 26 fév. 1863 (Quentin), *B. cr.*

§ 8. — *De la preuve par témoins.*

354. Le tribunal ne peut refuser la preuve offerte par le min. public pour combattre les excuses par

lesquelles les prévenus entendent se justifier. — Cass. 28 nov. 1862 (Sauvage), *B. cr.*

355. Il ne peut refuser d'admettre la preuve par témoins offerte par le min. public, sous le prétexte qu'il ne l'aurait pas offerte d'une manière régulière et légale. — Cass. 31 juill. 1862 (Bonfils), *B. cr.*

364. Sous prétexte qu'il résulterait des renseignements recueillis aux débats que la contravention n'est pas justifiée. — Cass. 23 mai 1863 (Prévost), *B. cr.*

364 *bis.* Le tribunal ne peut écarter les témoins proposés par le min. public pour combattre les témoignages entendus contre le procès-verbal, sous prétexte que les témoins entendus portaient les caractères de la sincérité et étaient suffisants pour éclairer sa religion. — Cass. 20 fév. 1862 (Feugas), *B. cr.*

367. Conf. Cass. 4 déc. 1862 (Roche), *B. cr.*

371. Cependant sont tardivement produites les réquisitions prises par le min. public pour faire entendre un nouveau témoin après la mise en délibéré de la cause, et au moment où le tribunal va rendre jugement. — Cass. 3 mars 1864 (Pillost), *B. cr.*

374. Le tribunal peut rejeter une offre de preuve lorsqu'il la reconnaît inutile. — Cass. 26 janv. 1867 (Drouelle), *B. cr.*

374 *bis.* Il a le droit de refuser la preuve de faits articulés à l'audience lorsqu'il se trouve suffisamment éclairé et que la preuve lui paraît frustratoire. — Cass. 18 nov. 1864 (Parat), *B. cr.*

374 *ter.* Il peut refuser d'entendre les témoins lorsque leur audition est demandée d'une manière frustratoire et pour entraver la marche de l'affaire, ou lorsque les parties ont négligé l'exercice de leur droit, malgré les divers ajournements qui leur auraient été donnés. — Cass. 26 fév. 1863 (Quentin), *B. cr.*

374 *quater.* Il y a rejet implicite, mais virtuel, des conclusions tendant à une nouvelle audition de témoins dans l'arrêt qui déclare la preuve offerte inadmissible comme ne pouvant infirmer les preuves déjà acquises et jugées déterminantes. — Cass. 2 déc. '864 (Dourisboure), *B. cr.*

376. Conf. Cass. 1er mai 1863 (Fraud), *B. cr.*

377 *bis.* Le tribunal peut refuser d'entendre un témoin dont l'audition est demandée par le min. public, s'il la déclare inutile, la preuve résultant des dépositions faites antérieurement par les témoins produits. — Cass. 3 mars 1864 (Pillost), *B. cr.*

378 *bis.* Lorsque le prévenu n'a pas dénié les faits à lui imputés et s'est seulement prévalu d'une exception, les juges ne sont pas tenus d'entendre des témoins, et peuvent le déclarer coupable en se fondant sur les débats et les pièces du procès. — Cass. 4 avril 1861 (Viviani), *B. cr.*

383. Le droit pour le ministère public de faire entendre des témoins n'est pas illimité; il doit se concilier avec celui du tribunal à qui il appartient de juger de la pertinence des faits dont la preuve est demandée, et d'apprécier souverainement les excuses et la culpabilité des inculpés. Ainsi le tribunal peut, après une première remise demandée par l'inculpé, en refuser une seconde au min. public pour un supplément d'enquête, en décidant que cette enquête ne pourrait porter que sur des faits non concluants et occasionner des faits frustratoires. — Cass. 23 juill. 1864 (Louis), *B. cr.*

383 *bis.* Le tribunal de police peut refuser d'entendre des témoins proposés par le min. public après trois audiences consacrées à l'audition d'un grand nombre de témoins, lorsqu'il constate qu'il est suffisamment éclairé, que les nouveaux témoins indiqués ne pouvaient être concluants, vu leur éloignement des lieux, et que leur audition ne ferait qu'aug-

menter les délais et les frais. — Cass. 31 mars 1865 (Cherrey), *B. cr.*

385. Est nul l'arrêt correctionnel qui refuse d'entendre les témoins produits par la partie civile en se bornant à affirmer : 1° la non-pertinence des faits articulés sans énoncer leur nature et les délits qu'ils auraient constitués ; 2° leur inadmissibilité basée sur ce que ces faits étaient rendus invraisemblables par des déclarations constatées dans des documents, lorsque le caractère probant de ces documents non précisés ne se trouve pas établi. — Cass. 2 mars 1866 (V. Martin), *B. cr.*

385 *bis.* Le tribunal ne peut refuser d'admettre le plaignant à faire preuve par témoins de la diffamation dont il se plaint, sous le prétexte que le prévenu établirait qu'il n'a pas diffamé et que l'offre de preuve ne pourrait amener aucun résultat. — Cass. 24 juill. 1863 (Cancade), *B. cr.*

390 *bis.* Lorsque l'un des témoins dont l'audition a été ordonnée, sur la demande du prévenu, par un arrêt préparatoire, n'a pas été entendu, il y a présomption que cette audition a été reconnue inutile et que la défense y a renoncé, lorsqu'elle n'a fait aucune réclamation. — Cass. 26 mai 1864 (Cirodde), *B. cr.*

393 *bis.* Il peut être passé outre au jugement nonobstant l'absence d'un témoin qui n'a pas été trouvé à son domicile au moment de la citation. — Cass. 7 janv. 1865 (Réal), *B. cr.*

399. Le tribunal, en appréciant les déclarations faites par les agents de l'autorité, n'a pour règle que sa conscience. — Cass. 13 déc. 1862 (Deschildert), *B. cr.*

400. Conf. Cass. 4 mai 1866 (Thomas), *B. cr.*

§ 9. — *Exceptions à l'admission de la preuve testimoniale.*

415. Conf. Cass. 13 janv. 1866 (Dearanjo), *B. cr.*

416. La preuve testimoniale peut être admise pour établir que le prévenu, par des manœuvres frauduleuses, a amené son créancier à lui remettre le titre qu'il lui avait souscrit. — Cass. 15 fév. 1861 (Tamisier), *B. cr.*

§ 10. — *De l'aveu du prévenu.*

430. Le tribunal de police ne peut acquitter le prévenu qui fait l'aveu de la contravention, en se fondant sur ce que le rédacteur du procès-verbal n'a pas vu la contravention. — Cass. 25 mars 1865 (Frebillot), *B. cr.*

442. Il appartient aux tribunaux d'apprécier la force probante des déclarations du prévenu, de dire si elles constituent ou non l'aveu des faits, et de décider que ces déclarations prises dans leur ensemble et rapprochées des autres circonstances de la cause n'avaient pas le caractère d'un aveu pouvant servir de base à une condamnation. — Cass. 26 janv. 1861 (Menneret), *B. cr.*

§ 11. — *Autres moyens de preuve. — Supplément d'instruction.*

452. Il n'y a pas violation du droit de défense dans le refus d'ouvrir une enquête sur l'état mental du plaignant, qui ne peut être, comme celui du prévenu, une excuse légale du délit. — Cass. 12 avril 1866 (Béc), *B. cr.*

454. Le juge de police est appréciateur souverain de l'utilité du transport requis par les parties; il n'est tenu que de statuer sur la réquisition; il peut refuser d'y faire droit sur le motif qu'il est suffisamment éclairé. — Cass. 28 juin 1861 (Beaufils), *B. cr.*

454 bis. Le juge reste toujours le maître d'ordonner une expertise qui lui est demandée ou de ne pas y avoir recours. — Cass. 3 nov. 1864 (Sardou), *B. cr.*, en indiquant les raisons qui la rendent inutile. — Cass. 10 déc. 1863 (Daniel), *B. cr.*

455. Le rejet de conclusions à fin d'expertise est suffisamment motivé quand, en statuant au fond, le juge montre qu'il est suffisamment éclairé sur l'objet même de l'expertise. — Cass. 29 janv. 1864 (Basson), *B. cr.*

455 bis. Lorsqu'il déclare que le prévenu a seul pu commettre le délit et qu'il s'en est reconnu l'auteur. — Cass. 3 nov. 1864 (Sardou), *B. cr.*

459. Le tribunal a le droit de repousser les conclusions de la partie civile tendant à une vérification des livres du prévenu, lorsqu'il déclare l'absence de tout commencement de preuve et même de tout indice de nature à faire admettre comme vraisemblables les faits articulés. — Cass. 3 avril 1868 (Letel), *B. cr.*

459. Il peut refuser d'ordonner l'apport et la vérification des livres en déclarant que, d'après les faits constatés, ces livres ne seraient d'aucune utilité et que les articulations des prévenus n'y trouveraient aucun élément de justification. — Cass. 1er mai 1863 (Renard), *B. cr.*

468. Conf. Colmar, 17 avril 1866 (Crampon), *J. cr.*, n° 8229. — Le tribunal doit procéder lui-même ou déléguer un de ses membres pour procéder à ce supplément d'instruction. — Même arrêt.

476. Conf. Cass. 24 avril 1868 (Dupuy), *B. cr.*

476 1°. Cet article détermine le genre de preuves sur lesquelles le juge peut asseoir sa conviction; il n'admet que celles qui, produites aux débats, peuvent être l'objet d'une discussion contradictoire et devenir ultérieurement l'objet du contrôle de la Cour de cassation.— Cass. 18 juill. 1862 (Lechaudel), *B. cr.*

476 2°. Les tribunaux de police ne peuvent puiser les éléments de leur décision que dans les procès-verbaux dont ils sont saisis et dans les débats qui ont eu lieu en audience publique. — Cass. 4 nov. 1865 (Sautel), *B. cr.*

476 3°. Toutefois les modes de preuve indiqués par l'art. 154 sont démonstratifs et non limitatifs; il appartient au juge du fait, en matière correctionnelle, de former son opinion sur tous les documents résultant de l'instruction et des débats. — Cass. 18 déc. 1862 (Vassel), *B. cr.*; 30 juill. 1863 (Linker), *B. cr.*

476 5°. Il peut s'appuyer sur tous autres moyens, pourvu qu'ils soient soumis aux débats de l'audience. Il peut faire entrer dans les éléments de sa conviction les documents que l'instruction écrite a recueillis, notamment la déposition écrite d'un témoin décédé ou absent. — Cass. 30 juill. 1863 (Linker), *B. cr.* V. notes sous l'art. 189 C. i. cr.

476 5°. Des procès-verbaux faits à la requête de la partie civile peuvent être appréciés comme tout autre document. — Cass. 15 janv. 1864 (Ledot), *B. cr.*

477. Mais le tribunal ne peut acquitter le prévenu en faisant état de la connaissance personnelle qu'il avait des lieux et des faits et de la notoriété publique. — Cass. 20 déc. 1860 (Seltz), *B. cr.*; 28 mars 1862 (Maître), *B. cr.*; 17 janv. 1867 (Deluermoz), *B. cr.*

479. Conf. Cass. 18 juill. 1862 (Lechaudel), *B. cr.*; 5 nov. 1863 (Pouyalet), *B. cr.*

479 2°. Est nul le jugement de police qui fonde le relaxe du prévenu sur des renseignements particuliers fournis au juge en dehors des éléments légaux de conviction. — Cass. 4 nov. 1865 (Sautel), *B. cr.*

479 3°. Ou qui fait état d'une lettre provoquée par le juge et à lui adressée par un maire à l'insu des parties. — Cass. 10 nov. 1860 (Voriel), *B. cr.*

479 4°. Le juge ne pouvant fonder sa décision que sur un débat oral et contradictoire, ne peut prendre pour élément juridique de sa conviction un procès-verbal produit après la mise en délibéré. — Cass. 1er août 1862 (Siouret), *B. cr.*

479 5°. Cependant le tribunal peut faire état dans sa décision d'un procès-verbal dressé par le commissaire de police au domicile et en présence du prévenu, qui ne peut l'avoir ignoré, encore que ce procès-verbal n'ait point été discuté aux débats. — Cass. 10 juill. 1863 (Joubert), *B. cr.*

485. Lorsqu'une expertise a été ordonnée, le tribunal n'est pas lié par cette mesure; il peut, après l'avoir annulée pour irrégularité, s'éclairer par d'autres moyens d'instruction; il n'est pas tenu d'en ordonner une nouvelle. — Cass. 2 juill. 1863 (Masse), *B. cr.*

488. Conf. Cass. 27 fév. 1863 (Castets), *B. cr.*; 28 fév. 1863 (Clavel), *B. cr.*; 3 juin 1864 (Peignet), *B. cr.*; 11 nov. 1864 (Potin), *B. cr.*; et sans que le prévenu soit présent ou ait été appelé. — Cass. 4 mai 1866 (Thomas), *B. cr.*

489. Il ne peut être procédé à une visite de lieux sans que cette mesure ait été préalablement ordonnée par un jugement rendu en audience publique. — Cass. 4 mai 1866 (Thomas), *B. cr.* — L'irrégularité de ce jugement vicie l'opération elle-même; elle devient un moyen de nullité, quoique non comprise dans le pourvoi contre le jugement définitif.— Même arrêt.

490. Il ne peut être donné défaut contre le min. public. — Cass. 4 mai 1866 (Thomas), *B. cr.*

491 bis. Est nul le jugement qui fait état d'une visite sur lieux contentieux à laquelle le tribunal a procédé sans l'assistance du greffier. — Cass. 8 déc. 1866 (Courtefoy), *B. cr.*

491 ter. Le juge doit constater le résultat de la descente des lieux par un procès-verbal spécial. — Cass. 15 fév. 1862 (Dessoliès), *B. cr.*

492, 493. Conf. Cass. 22 nov. 1860 (Millot), *B. cr.*; 22 août 1861 (Lemoine), *B. cr.*; 21 fév. 1863 (Chaillot), *B. cr.*; 18 fév. 1864 (Callet), *B. cr.*; 11 nov. 1864 (Potin), *B. cr.*; 3 juin 1864 (Peignet), *B. cr.*; 21 janv. 1866 (Belluart), *B. cr.* — Par un jugement qui doit être rédigé. — Cass. 15 déc. 1862 (Dessoliès), *B. cr.*

492 bis. Le juge ne peut se décider d'après une vérification faite par lui-même, *d'une manière officieuse*. — Cass. 27 fév. 1863 (Castets), *B. cr.*

493. Conf. Cass. 21 juin 1866 (Billuart), *B. cr.*; 17 janv. 1867 (Deluermoz), *B. cr.*

495. Lorsque le jugement qui ordonne le transport et le procès-verbal spécial n'ont pas été rédigés, il suffit que le jugement du fond constate que le prévenu et le min. public ont été présents à la descente de lieux et y ont fait leurs observations. — Cass. 15 fév. 1862 (Dessoliès), *B. cr.*

Art. 155.

§ 1er. — *Déposition et serment des témoins.*

1. Conf. Cass. 26 juill. 1861 (Payard), *B. cr.*; 26 fév. 1863 (Quentin), *B. cr.*; 24 nov. 1866 (Hardy), *B. cr.*

4. Conf. Cass. 28 déc. 1860 (Hubert), *B. cr.*; 23 août 1861 (Cottard), *B. cr.*; 13 nov. 1863 (Touzis), *B. cr.*; 20 juillet 1865 (Desse), *B. cr.*; 22 nov. 1867 (Wamain), *B. cr.*

8. Conf. Cass. 30 mars 1861 (Guérin), *B. cr.*; 22 juill. 1864 (Coti), *B. cr.*; 22 mars 1866 (Ferrandi), *B. cr.*; 25 juill. 1867 (Barel), *B. cr.*; 17 janv. 1868 (Prat), *B. cr.*; 15 mai 1868 (Steinmetz), *B. cr.*

9, 11. Conf. Cass. 22 mars 1866 (Ferrandi), *B. cr.*

19. Conf. Cass. 14 nov. 1861 (Raoul), *B. cr.*; 25 fév. 1862 (Massing), *B. cr.*; 11 avril 1863 (Mayet), *B. cr.*; 24 juin 1864 (Level), *B. cr.*; 6 avril 1865 (Rullier), *B. cr.*; 20 déc. 1866 (Martineau), *B. cr.*; 8 mai 1868 (Boutin), *B. cr.*

20. Conf. Cass. 6 avril 1865 (Rullier), *B. cr.*

21. Conf. Cass. 21 août 1862 (Bouchet), *B. cr.*

23. Conf. Cass. 2 mai 1861 (Caminade), *B. cr.*; 8 août 1862 (Calmel), *B. cr.*

31. Conf. Cass. 24 janv. 1860 (Desmoulins), *B. cr.*; 23 nov. 1860 (Leclerq), *B. cr.*; 24 janv. 1861 (Pel...), *B. cr.*; 2 fév. 1861 (Arnal), *B. cr.*

31 *bis.* Est nul le jugement qui ne constate pas que le garde champêtre entendu à l'audience ait prêté serment. — Cass. 18 fév. 1865 (Deschamps), *B. cr.*

33. La constatation dans les notes d'audience tenues par le greffier du serment régulièrement prêté par les témoins suffit, quoique le jugement n'en fasse pas mention. — Cass. 15 nov. 1860 (Blanchet), *B. cr.*; 12 nov. 1863 (Chaussenot), *B. cr.*

36. Conf. Cass. 12 janv. 1867 (Claverie), *B. cr.*

38. Conf. Cass. 20 juin 1861 (Bardoux), *B. cr.*; 21 avril 1864 (Bayer), *B. cr.*

39. Conf. Cass. 27 fév. 1863 (Moreau-Aussaye), *B. cr.*

40. Conf. Cass. 24 déc. 1864 (Rossi), *B. cr.*; 26 janv. 1865 (Vidal), *B. cr.*; 24 juin 1865 (Narbonne-Pelet), *B. cr.*

41. Conf. Cass. 15 mars 1862 (Dulac), *B. cr.*; 21 avril 1864 (Bayer), *B. cr.*

45. Conf. Cass. 20 juin 1861 (Bardoux), *B. cr.*

51. Conf. Cass. 15 nov. 1860 (Castellani), *B. cr.*; 27 déc. 1860 (Simonnet), *B. cr.*; 7 déc. 1861 (Louber), *B. cr.*; 15 mars 1862 (Dulac), *B. cr.*; 4 déc. 1862 (Roche), *B. cr.*; 7 mai 1863 (Tissier), *B. cr.*; 5 nov. 1863 (Jacquet), *B. cr.*; 4 nov. 1865 (Thévenet), *B. cr.*; 9 nov. 1866 (Franchi), *B. cr.*

53. Conf. Cass. 29 nov. 1861 (Bourgoin), *B. cr.*

53 *bis.* Est nul le jugement qui relaxe un prévenu en faisant état de la déposition d'un agent de police entendu comme témoin sans serment. — Cass. 6 déc. 1867 (Aubry), *B. cr.*; 15 mai 1868 (Steinmetz), *B. cr.*

53 *ter.* Ou d'une déclaration de témoin entendu hors de l'audience sans serment. — Cass. 10 nov. 1864 (Barbazan), *B. cr.*

55. Conf. Cass. 14 nov. 1861 (Raoul), *B. cr.*; 8 août 1862 (Calmel), *B. cr.*

56. Conf. Cass. 15 fév. 1862 (Massing), *B. cr.*

56 *bis.* L'omission du serment d'un témoin est une cause de nullité, alors qu'il n'est pas établi que cette preuve irrégulière n'a pas exercé une influence quelconque sur le jugement. — Cass. 30 mars 1861 (Guérin), *B. cr.*

Art. 156.

4. Lorsque deux affaires ont été réunies comme connexes, le père de l'un des prévenus ne peut être entendu comme témoin s'il y a opposition du min. public, même à la requête de l'autre prévenu, avec lequel il n'a aucun lien de parenté. — Cass. 22 juill. 1864 (Coti), *B. cr.*

4 *bis.* Cet article ne s'oppose pas à ce que les tiers transmettent à la justice les renseignements qu'ils ont recueillis près des parents ou de la femme du prévenu. — Besançon, 8 fév. 1860 (Nicod), *J. cr.*, n° 7021. V. notes sous l'art. 322, n° 1.

35. Le tribunal ne peut étendre les dispositions restrictives de cet article à d'autres individus, spécialement sous prétexte qu'ils avaient un intérêt dans la poursuite. — Cass. 11 avril 1861 (Laguerrière), *B. cr.*

38 *bis.* Sous prétexte qu'ils étaient domestiques du prévenu. — Cass. 26 juill. 1861 (Payard), *B. cr.*

Art. 157.

1. Il n'a pas été dérogé à cet article par la loi du 22 juill. 1867 sur la contrainte par corps.

Art. 159.

6 *bis.* Le juge ne peut acquitter un prévenu en se bornant à dire que la contravention n'est pas établie; cette rédaction laisse incertain s'il s'est décidé par une raison de fait ou par une raison de droit. — Cass. 22 nov. 1860 (Duez), *B. cr.*

Art. 160.

2. Le tribunal de police n'est pas compétent pour connaître d'une inculpation d'injures verbales lorsqu'elle se lie indivisiblement par le mode de défense à un délit. — Cass. 22 mars 1866 (Ferrandi), *B. cr.*

3. Pour connaître d'une plainte pour tapage nocturne lorsque les faits qui constituent cette contravention donnent lieu à une action pour coups et violences. Il y a connexité, et il n'y a pas lieu de saisir deux juridictions différentes. — Cass. 4 nov. 1864 (Guillerme), *B. cr.*

3 *bis.* Le tribunal de police saisi d'une plainte pour violences légères doit se déclarer incompétent s'il résulte des explications du plaignant que ces violences consistaient en coups de canne sur la tête et ont occasionné une blessure. — Cass. 4 nov. 1864 (Guillerme), *B. cr.*

8. Lorsque le fait constaté par un procès-verbal peut constituer un délit et que le min. public conclut à l'incompétence, le tribunal doit se dessaisir; il ne peut décider que les faits n'existent pas, ou qu'ils ne constituent pas un délit. — Cass. 22 nov. 1862 (Arnaudet), *B. cr.*

15 *bis.* Mais le tribunal qui prononce son incompétence par le motif que le fait constitue un délit doit préciser le fait qu'il a tenu pour constant et qu'il a qualifié de délit. — Cass. 21 déc. 1866 (Dougnac), *B. cr.*

Art. 161.

§ 1er. — *Application des peines.*

5. Conf. Cass. 18 août 1860 (Ponçon), *B. cr.*

§ 2. — *Des dommages-intérêts.* — *Règles générales.*

23 *bis.* Les tribunaux ne peuvent, après avoir acquitté le prévenu, retenir la cause entre le plaignant et la partie civilement responsable. — Cass. 10 août 1860 (de Berga), *B. cr.*

29 *bis.* Un tribunal correctionnel qui a condamné un prévenu à des dommages-intérêts à donner par état reste compétent pour la fixation de ces dommages-intérêts, si ce jugement a été confirmé sur appel. La compétence du tribunal n'est pas modifiée par l'annulation de l'arrêt sur pourvoi en cassation si la cour de renvoi a maintenu le jugement. — Cass. 18 janv. 1862 (Drouin), *B. cr.*

§ 3. — *Suite.* — *Dans quels cas des dommages-intérêts peuvent être accordés.*

33 *bis.* Cependant la juridiction correctionnelle reste compétente pour statuer sur l'action civile, quoiqu'elle ne puisse prononcer aucune nouvelle

peine contre le prévenu déjà condamné à une peine supérieure par application de l'art. 365 C. i. cr. — Cass. 6 juill. 1861 (Kretzschemann), *B. cr.* — V. sous l'art. 365, n° 146, et sous l'art. 2, n°s 20 et suiv.

37. Le tribunal d'appel ne peut faire courir les dommages-intérêts à partir d'une époque antérieure à celle fixée par les premiers juges, sans avoir préalablement établi que les faits reprochés au prévenu avant cette date présentaient les mêmes caractères délictueux. — Cass. (Darau), *B. cr.*

53. Conf. Cass. 15 nov. 1861 (Savignac), *B. cr.*

61 *bis.* Le tribunal peut, pour défaut de restitution de sommes, arbitrer le chiffre des dommages-intérêts dus à la partie civile, sans avoir égard aux règles tracées par les art. 1153, 1996 C. Nap. — Cass. 18 sept. 1862 (Camuzet), *B. cr.*

77. Conf. Bourges, 29 nov. 1860 (Jeannet), *J. p.*

77 et 79. *Affiche.* Conf. Cass. 25 avril 1862 (Lécluse), *B. cr.* — Encore bien que le min. public ait pris à l'audience les mêmes conclusions. — Même arrêt.

§ 4. — *Destruction ou cessation de travaux faits en contravention.*

98 *bis.* Le tribunal, en condamnant un propriétaire qui n'a pas établi de fosses d'aisances dans sa maison, conformément à un arrêté du maire, doit autoriser l'administration à l'établir aux frais du condamné. — Cass. 15 juill. 1864 (Deha), *B. cr.*; 18 août 1860 (Mascou), *B. cr.*

101. Il doit ordonner la fermeture immédiate d'un établissement incommode formé sans autorisation. — Cass. 26 mars 1868 (Hans), *B. cr.*

102 *bis.* En condamnant le propriétaire d'un établissement incommode ou insalubre pour avoir fait exécuter sans autorisation des modifications notables à son usine, il doit ordonner le rétablissement des lieux dans leur état primitif, à titre de réparations civiles. — Cass. 10 juin 1864 (Chabaud), *B. cr.*

104 *bis.* Il doit ordonner la démolition des constructions indûment élevées auprès d'un cimetière. — Cass. 23 fév. 1867 (Ruffin), *B. cr.*

110. Il ne peut se dispenser d'ordonner la destruction d'un nouvel œuvre entrepris au mépris d'un arrêté qui défend les constructions en bois, sous prétexte que, par son isolement, le nouvel œuvre n'ajoutait rien au danger d'incendie. — Cass. 30 nov. 1861 (Vorbe), *B. cr.*

111. *Contrà :* S'il n'y a pas empiétement. — Cass. 11 janv. 1862 (Turenne), *B. cr.*

112. Lorsqu'il s'agit d'un empiétement commis sur un chemin rural, c'est au tribunal de police et non au conseil de préfecture qu'il appartient d'ordonner la réparation du dommage. — Cass. 14 fév. 1863 (Barré), *B. cr.* — Ou la démolition des travaux exécutés. — Cass. 7 avril 1866 (Trotier), *B. cr.*

112 *bis.* Au contraire, en cas de travaux exécutés le long d'un chemin vicinal, sans autorisation, le tribunal de police, en réprimant la contravention, est incompétent pour statuer sur l'alignement réservé au préfet et sur la démolition, qui ne peut être ordonnée que par le conseil de préfecture. — Cass. 27 janv. 1866 (Vialard), *B. cr.* — Voir sous l'art. 479, 10, C. p., 42 et suiv.

112 *ter.* Il en est de même lorsqu'il s'agit d'une anticipation commise sur une grande route. — Cass. 17 mars 1865 (Dangaix), *B. cr.*; 12 août 1865 (Aubry), *B. cr.*; 13 avril 1866 (Durazzo), *B. cr.*

112 *quater.* Ou lorsqu'il s'agit d'une construction élevée sans autorisation le long d'un chemin de grande communication. — Cass. 29 juill. 1864 (Siouvet), *B. cr.*; 14 fév. 1863 (Moreau), *B. cr.*

114. Ainsi le tribunal est incompétent pour ordonner que les arbres plantés sans autorisation le long d'un chemin de grande communication seront arrachés ; il doit se borner à prononcer l'amende, sauf au conseil de préfecture à apprécier si la plantation pouvait être une cause de dégradation pour le chemin. — Cass. 12 avril 1867 (Blaviel), *B. cr.*

114 *bis.* Le tribunal de police est seul compétent pour statuer sur la démolition de travaux faits sans autorisation au mur de face d'une maison joignant la voie publique. Le conseil de préfecture n'est compétent que pour statuer sur les anticipations. — Cons. d'État, 3 janv. 1868.

119. Le juge de police ne peut se dispenser d'ordonner la démolition d'un récrépissage fait sans autorisation à une maison sujette à reculement, ce travail étant confortatif. — Cass. 21 fév. 1863 (Bodier-Coffinet), *B. cr.*

123 *bis.* Il doit ordonner la démolition d'une partie de mur élevée sans autorisation sur une portion retranchable d'une propriété, encore que ce mur ait été rendu nécessaire pour la clôture de celle-ci par suite des retranchements imposés par l'autorité sur la propriété voisine. — Cass. 17 juill. 1863 (Giraud-Pinard), *B. cr.*; ch. réun., 20 juin 1864 (Giraud-Pinard), *B. cr.*

Peu importe qu'il ait été décidé que les travaux n'étaient pas confortatifs. — Cass., ch. réun. (Giraud-Pinard), *B. cr.*

123 *ter.* Il ne peut refuser d'ordonner la démolition d'un mur surélevé par le motif que l'exhaussement était une charge qui ne pouvait que hâter la ruine du mur et que les travaux n'étaient point confortatifs. — Cass. 22 janv. 1864 (Schneider), *B. cr.*

126 *bis.* En ordonnant que les lieux seront rétablis dans leur état primitif, le tribunal prescrit implicitement la destruction de tout ce qui a été nouvellement fait. — Cass. 2 fév. 1861 (Marin), *B. cr.*

131 *bis.* Il n'y a pas lieu d'ordonner la démolition des constructions élevées en contravention lorsqu'elles ne causent aucun préjudice, soit parce que le sol de la voie publique n'a pas été usurpé, soit parce que le terrain sur lequel on a bâti est un terrain libre et qui n'a été compris dans aucun plan projeté. — Cass. 27 juill. 1867 (Cougot), *B. cr.*

131 *ter.* Le tribunal doit vérifier si les travaux exécutés sans autorisation l'ont été en dehors de l'alignement. — Cass. 3 janv. 1868 (Stora), *B. cr.*

133. Conf. Cass. 23 août 1860 (Martin), *B. cr.*

134. Conf. Cass. 13 mars 1863 (Roccaserra), *B. cr.*; 20 mars 1863 (Fabry), *B. cr.*; 15 déc. 1866 (Pomayrols), *B. cr.*

134 2°. Lorsque l'absence d'un alignement laisse incertain le point de savoir si la construction nouvelle empiète sur la voie publique, le juge doit surseoir jusqu'à ce que le prévenu se soit fait délivrer par le maire un alignement régulier. — Cass. 25 janv. 1861 (Caldier), *B. cr.*; 21 fév. 1863 (Perrichon), *B. cr.*

134 3°. Le tribunal ne peut, avant qu'un plan général ou un arrêté spécial soient produits, dire qu'il n'y a lieu d'ordonner la démolition. — Cass. 18 août 1860 (Chavanet), *B. cr.*

134 4°. Si l'exécution d'un arrêté d'alignement est subordonnée à la confection d'un plan général d'alignement, il y a lieu de prononcer un sursis. — Cass. 22 janv. 1864 (Schneider), *B. cr.*

134 5°. Le tribunal ne peut refuser d'ordonner la démolition d'une construction élevée sur le bord de la voie publique sans demande d'alignement, alors qu'il résulte d'actes administratifs que cette

construction empiète sur la voie publique, sous prétexte que cet alignement n'était pas exécutoire. — Cass. 28 déc. 1867 (Saucey), *B. cr.*

135 *bis*. Lorsque l'arrêté du maire, duquel il résulte que le mur construit sans autorisation est en dehors de l'alignement, est annulé par le préfet, le jugement qui a ordonné la démolition n'ayant plus de base est annulé pour le tout, et la Cour de cassation renvoie à statuer sur la contravention après délivrance d'un nouvel alignement. — Cass. 15 déc. 1866 (Berryer), *B. cr.*

135 *ter*. De même si, depuis le recours en cassation du prévenu condamné à démolir, le conseil d'État annule l'arrêté d'alignement pris par le maire ou par le préfet, il y a lieu de casser le jugement et de renvoyer devant un autre tribunal pour être statué sur la question de démolition après que l'alignement aura été régulièrement donné par l'autorité compétente. — Cass. 11 avril 1862 (Lebrun), *B. cr.* — Cass. 24 août 1863 (Lebrun), *B. cr.*

142 *bis*. Il n'y a pas lieu d'ordonner la démolition de travaux entrepris sans autorisation préalable, mais conformément à un arrêté d'alignement, quoique cet arrêté ait été rapporté depuis l'exécution de ces travaux. — Cass. 21 juill. 1864 (Courboulin), *B. cr.*

142 *ter*. Il n'y a pas lieu d'ordonner la démolition de constructions ou réparations faites sur un terrain qui ne borde point une voie publique et qui est seulement compris dans le plan d'une rue projetée, même approuvé, ou dans le prolongement ou le redressement d'une voie ancienne. Le propriétaire ne peut être dépossédé qu'en vertu d'une acquisition ou expropriation régulière. — Cass. 16 avril 1864 (Sussillon), *B. cr.* — V. C. pén., art. 471, 5, n° 103.

150 *bis*. Le juge ne peut dispenser le propriétaire de démolir des réparations faites à un mur sujet à reculement, sans autorisation, sous prétexte que ce mur avait été mis à jour et affaibli par la démolition d'une maison à laquelle il était adossé. — Cass. 11 mai 1865 (Pierlay), *B. cr.*

159 *bis*. Il ne peut refuser d'ordonner la démolition de travaux faits sans autorisation, sous prétexte de la bonne foi du prévenu. — Cass. 25 janv. 1861 (Caldier), *B. cr.*; 13 mars 1863 (Roccaserra), *B. cr.*

Ou d'une autorisation verbale. — Cass. 13 mars 1863 (Roccaserra), *B. cr.*

160. Conf. Cass. 15 déc. 1866 (Pomayrols), *B. cr.*

167 *bis*. Sous prétexte que le maire n'avait pas fait sommation au contrevenant par un arrêté spécial d'avoir à enlever les saillies. — Cass. 21 avril 1864 (Guilloteaux), *B. cr.*

170. Conf. Cass. 25 janv. 1861 (Caldier), *B. cr.*; 28 août 1863 (Moquet), *B. cr.*

171. Conf. Cass. 25 janv. 1861 (Caldier), *B. cr.*

177. Il y a toujours lieu à rechercher, avant d'ordonner la démolition de travaux faits sans autorisation, si, par anticipation ou par consolidation, ils ont porté préjudice à la voie publique. — Cass. 20 mars 1863 (Fabry), *B. cr.* — V. *suprà*, n°s 128 et suiv.

177 *bis*. La démolition de travaux faits sans autorisation sur une partie non retranchable d'une maison sujette à reculement ne peut être ordonnée que lorsqu'ils ont eu pour effet de la consolider. — Cass. 13 avril 1866 (Vᵉ Thomas), *B. cr.*

179. Conf. Cass. 3 janv. 1868 (Stora), *B. cr.*

179 *bis*. Le tribunal est incompétent pour apprécier si des travaux faits à un bâtiment sujet à reculement sont confortatifs; il doit prononcer un sursis et fixer un délai pour faire fixer par l'autorité compétente quelle est la nature et quels doivent être les effets des travaux effectués. — Cass. 13 avril 1866 (Vᵉ Thomas), *B. cr.*

179 *ter*. Il ne peut refuser de prononcer la démolition de travaux faits sans autorisation, sur le motif qu'ils n'avaient rien de confortatif; c'est à l'autorité administrative que cette question doit être soumise. — Cass. 23 mai 1863 (Lavageau), *B. cr.*

180. Conf. Cass. 28 août 1863 (Moquet), *B. cr.*

180 *bis*. Mais il ne peut, sans méconnaître la foi due à un procès-verbal non débattu constatant que des travaux exécutés étaient ceux qu'avait interdits un arrêté préfectoral, ensemble l'autorité de cet acte administratif qui avait déclaré le caractère confortatif desdits travaux, surseoir à statuer sur le maintien ou la démolition desdits travaux jusqu'à ce que l'autorité administrative ait décidé s'ils étaient confortatifs. — Cass. 8 déc. 1860 (Optat), *B. cr.*

182. Conf. Cass. 8 août 1862 (Lemercier), *B. cr.*; 17 nov. 1866 (Batisse), *B. cr.*

183. Le tribunal doit prononcer la démolition des travaux faits sans autorisation dès l'instant où ils ont lieu sur un mur sujet à reculement, sans qu'il y ait lieu d'examiner si ces travaux avaient un caractère confortatif. — Cass. 23 août 1860 (Rateau), *B. cr.*

184. Conf. Cass. 8 déc. 1860 (Optat), *B. cr.*; 8 août 1862 (Lemercier), *B. cr.*

186. Conf. Cass. 8 déc. 1860 (Optat), *B. cr.*; 21 fév. 1863 (Perrichon), *B. cr.*; 29 déc. 1866 (Mestayer), *B. cr.*

186 *bis*. Conf. Cass. 7 nov. 1863 (Baron), *B. cr.* — Il doit surseoir sur le tout. — Même arrêt.

188. Conf. Cass. 29 août 1862 (Folliard), *B. cr.*

Art. 162.

1. Conf. Cass. 31 janv. 1861 (Coiffier), *B. cr.*

8. Conf. Cass. 7 juill. 1864 (Ébrard), *B. cr.*

28. Le tribunal ne peut distraire des dépens, sous prétexte qu'il est sans valeur légale ou qu'il ne fait pas foi jusqu'à preuve contraire, ni le coût du visa pour timbre et de l'enregistrement d'un procès-verbal rédigé par un garde champêtre en matière de police urbaine. — Cass. 23 août 1866 (Geay), *B. cr.*

28 *bis*. Ni les frais d'un procès-verbal rédigé par le commissaire de police sur le rapport d'un agent de police. — Cass. 11 juill. 1867 (Lemétayer), *B. cr.*

29. Il ne peut distraire des dépens à la charge du condamné le coût du procès-verbal, sous prétexte qu'il succombe par suite de son aveu. — Cass. 17 nov. 1860 (Barthelas), *B. cr.*

30. Le juge peut distraire des dépens les frais d'un procès-verbal non régulièrement affirmé. — Cass. 20 fév. 1862 (Terrier), *B. cr.*

32 *bis*. Le juge de police saisi par une ordonnance du juge d'instruction d'une contravention de police ne peut distraire des dépens à la charge du contrevenant les frais qu'a entraînés l'information nécessaire pour éclaircir les faits et déterminer leur caractère légal au point de vue de la compétence. — Cass. 10 août 1867 (Bordier), *B. cr.*

Art. 163.

§ 1ᵉʳ. — *Motifs des jugements.*

8. N'est pas suffisamment motivé le jugement qui déclare qu'un prévenu *a participé* à une contravention; il doit s'expliquer sur la question de savoir si, au lieu d'être un instrument passif et innocent de la contravention, il ne doit pas être regardé comme coauteur. — Cass. 6 mars 1862 (Fourquet), *B. cr.*

14. Il n'est pas nécessaire que les injures soient spécifiées. — Cass. 11 avril 1822 (Conac), *J. p.*

§ 2. — *Insertion des termes de la loi.*

18. Conf. Cass. 15 avril 1864 (Leblond), *B. cr.*
24. Conf. Cass. 1er août 1862 (Renard-Robert), *B. cr.*; 15 avril 1864 (Leblond), *B. cr.*
31. Conf. Cass. 23 janv. 1863 (Fontaine-Limard), *B. cr.*

Art. 172.

2. Conf. Cass. 13 janv. 1865 (Desblancs), *B. cr.*

Art. 174.

2. Conf. Cass. 7 juill. 1864 (Bradi), *B. cr.*
6. Conf. Cass. 22 nov. 1867 (Chaloum-Charbit), *B. cr.*

Art. 175.

4. Conf. Cass. 12 nov. 1863 (Chaussenot), *B. cr.*
5. Conf. Cass. 12 nov. 1863 (Chaussenot), *B. cr.*

Art. 176.

3. Le tribunal d'appel qui reconnaît l'incompétence du juge qui a rendu le jugement pour statuer sur un fait constitutif d'un délit, doit, en annulant ce jugement, se déclarer incompétent et non évoquer le fond. — Cass. 21 août 1863 (Communeau), *B. cr.*
10. Est nulle comme aggravant le sort d'un prévenu seul appelant, la décision du tribunal supérieur qui transforme d'office une contravention d'injures simples en délit d'injures publiques, et substitue une amende correctionnelle à une amende de simple police. — Cass. 23 nov. 1865 (Lepage), *B. cr.*

Art. 177.

3 *bis.* Le jugement des tribunaux de police, quel que soit le taux des condamnations, est toujours en dernier ressort par rapport au min. public, à qui n'appartient dans aucun cas le droit d'interjeter appel. — Cass. 3 mars 1866 (Marseglesi), *B. cr.* — V. sous l'art. 172, n° 33.
4. Conf. Cass. 12 janv. 1867 (Colonna), *B. cr.* 23 fév. 1867 (Gouverneur), *B. cr.*
4 2°. Est non recevable le pourvoi en cassation formé par le min. public contre un jugement de simple police rendu par défaut, tant que le condamné est encore dans les délais pour y former opposition. — Cass. 19 nov. 1864 (Valentini), *B. cr.*; 4 fév. 1864 (Lancelot), *B. cr.* — Ou s'il n'a pas été renouvelé depuis l'expiration des délais de l'opposition. — Cass. 28 juill. 1864 (Moquard), *B. cr.*
4 3°. Est également non recevable le pourvoi en cassation formé par le min. public contre les jugements de police avant l'expiration du délai d'appel appartenant au condamné, s'il s'agit d'un jugement de condamnation rendu contradictoirement. — Cass. 4 fév. 1864 (Lancelot), *J. p.*; 3 mars 1866 (Marseglesi), *B. cr.*
4 4°. Ainsi est non recevable le pourvoi contre un jugement du tribunal de police prononçant une condamnation et non signifié au prévenu. — Cass. 14 nov. 1861 (Linard), *B. cr.*; 3 juin 1864 (Rolland), *B. cr.*; 3 mars 1866 (Marseglesi), *B. cr.*
4 5°. Au contraire, le droit accordé au prévenu seul d'appeler d'un jugement qui l'a condamné à l'emprisonnement ou à une amende excédant cinq francs ne fait pas obstacle au droit qu'a le ministère public de se pourvoir en cassation dans les trois jours de sa prononciation ; mais la Cour de cassation surseoit à statuer jusqu'après décision sur l'appel ou jusqu'après le délai de l'appel à partir de la signification. — Cass. 10 avril 1863 (Pinard), *B. cr.*
6. Conf. Cass. 4 fév. 1864 (Lancelot), *B. cr.*; 7 avril 1865 (Sandler), *B. cr.*
7. Conf. Cass. 20 juill. 1865 (Beauvais), *B. cr.*
22. Conf. Cass. 23 janv. 1864 (de Suze), *B. cr.*
33 *bis.* Est recevable le pourvoi en cassation formé par le maire au nom de sa commune, lorsque son intervention comme partie civile a été admise par un jugement ayant acquis l'autorité de la chose jugée. — Cass. 17 fév. 1865 (Camps), *B. cr.*

Art. 179.

3. Conf. Cass. 10 nov. 1864 (Lafourcade), *J. p.*, 65, 576.
12. La compétence du tribunal se détermine par la nature de la demande; le titre de la prévention est sa règle. Il ne peut retenir la cause et instruire sur un fait qualifié crime, et décider implicitement que le crime n'existe pas. — Cass. 7 janv. 1865 (Merle), *B. cr.*

Art. 180.

6. Conf. Cass. 1er juin 1867 (Duhoux), *B. cr.*
7. Est nul le jugement rendu par un tribunal dont la composition n'est constatée qu'à l'aide d'interlignes ou de ratures non approuvées. — Même arrêt.
20. Conf. Cass. 9 août 1861 (Gaudin), *B. cr.*
20 *bis.* La mention finale d'un arrêt constatant les noms des magistrats qui ont assisté aux diverses audiences consacrées à une affaire est suffisante pour constater leur présence à chacune des audiences de l'affaire, alors même que dans l'énonciation surabondante de chacune de ces audiences une d'elles aurait été omise. — Cass. 21 mai 1863 (Brunfaut), *B. cr.*
22. Est nul le jugement définitif rendu par un juge qui a fondé sa décision sur une enquête ordonnée et reçue à une audience antérieure par un autre juge. — Cass. 1er déc. 1860 (Mossiani), *B. cr.*
46. Conf. Paris, 10 janv. 1868 (Longuet), *J. cr.*, n° 8557. — De la prononciation du jugement et non à partir de la signification qui n'est pas nécessaire. — Même arrêt.
49 *bis.* Pour le jugement de la récusation sur appel, la partie qui récuse ne doit pas être appelée à l'audience. — Même arrêt.

Art. 181.

1. *Errata.* Au lieu de : *ne s'occupe pas des délits,* lisez : *ne s'occupe que des délits.*
4 *bis.* Le tribunal correctionnel peut se saisir, en vertu de cet article, d'un délit de faux témoignage commis à sa propre audience et faire application au coupable de l'art. 362 C. pén. — Bourges, 20 janv. 1864; D., 64, 2, 191. — Il n'est pas tenu, s'il se trouve suffisamment éclairé, de soumettre l'affaire à une instruction préalable. — Cass. 11 nov. 1864 (Vermond), *B. cr.*; Douai, 31 janv. 1865 (Vermond), *J. p.*, 65, 948.
5. *Contrà :* Chassan, t. 2, p. 540.

Art. 182.

§ 1er.

3. Un tribunal ne peut statuer qu'à l'égard des personnes qui sont parties au procès; il ne peut se saisir lui-même. — Cass. 6 déc. 1861 (Vigouroux), *B. cr.*

§ 3.

24 *bis*. Devant la justice répressive, la commune qui exerce l'action civile résultant d'un délit doit avoir l'autorisation de plaider. Loi 18 juill. 1837. — Douai, 10 juill. 1860 (ville de Douai), *J. p.*

27. Une compagnie est régulièrement mise en cause dans une plainte en contrefaçon par l'assignation donnée à son gérant ou directeur. — Cass. 30 janv. 1863 (Jennesson), *B. cr.*

31. Une citation donnée par la partie civile ne peut être annulée par le motif qu'elle conclut à l'application de la peine. — Aix, 17 déc. 1863 (Chiappini), *J. p.*, 64, 921.

§ 4.

50. Le tribunal peut substituer une qualification d'escroquerie à la qualification de vol, lorsque le fait est le même. — Cass. 5 mars 1868 (Haebig), *B. cr.*

62. Conf. Cass. 4 avril 1863 (Larbaud), *B. cr.*

63. Conf. Cass. 15 déc. 1865 (Boutant), *B. cr.*

67. L'individu cité comme prévenu d'abus de confiance par l'ordonnance de renvoi peut être condamné comme complice pour recel, pourvu qu'il s'agisse du même fait qualifié autrement. — Cass. 11 juill. 1867 (Cahen), *B. cr.*

68 *bis*. Le tribunal peut, sans égard à la citation contenant plainte du délit d'injures puni par l'art. 19, § 2, loi du 17 mai 1819, qualifier les imputations conformément aux art. 13 et 18 même loi. — Cass. 4 avril 1861 (Viviani), *B. cr.* — V. sous l'art. 183, n° 54.

69. Le tribunal saisi par la citation d'un fait qualifié contrefaçon de marques de fabrique peut y substituer la qualification d'imitation desdites marques. — Cass. 3 mai 1867 (Piper), *B. cr.*

76. Conf. Cass. 17 avril 1863 (Heiries), *B. cr.*

91 *bis*. Le tribunal ne peut statuer sur un chef de prévention qui a été omis dans la copie de la citation notifiée au prévenu. — Cass. 12 mai 1864 (Cochonneau-Destournelles), *B. cr.*

101. Les tribunaux correctionnels ne peuvent se déclarer incompétents pour d'autres causes que celles spécifiées aux art. 213 et 214 C. i. cr., et ils ne peuvent refuser de statuer sur des faits qui sont de leur compétence, sous prétexte de la connexité de ces faits avec d'autres non actuellement poursuivis, mais qui pourraient donner lieu à une poursuite devant une juridiction différente. — Cass. 18 avril 1868 (Parent), *B. cr.* V. sous l'art. 226, n° 6.

§ 5.

105 *bis*. Devant les tribunaux correctionnels, un prévenu ne peut appeler en garantie purement civile un tiers étranger à la poursuite, même en matière de contrib. indir. — Cass. 15 fév. 1867 (Lagarde), *B. cr.*

105 *ter*. L'art. 36, décr. du 1er germin. an XIII, qui dispose que les propriétaires des boissons saisies peuvent intervenir ou être appelés par les conducteurs ou voituriers sur lesquels les saisies ont été faites, ne déroge point à ce principe; il ne leur permet que de contester la validité de la confiscation. — Paris, 13 avril 1866 (Lagarde), *J. cr.*, n° 8231.

108. Un tiers qui n'est ni prévenu, ni plaignant, ni civilement responsable, ne peut être reçu à intervenir au débat, sous prétexte d'un intérêt civil et d'un litige entre lui et la partie poursuivante. — Cass. 12 janv. 1866 (Leblond), *B. cr.*

108 *bis*. L'intervention admise au civil en faveur du tiers à qui un jugement peut préjudicier est inadmissible au criminel.

Ainsi, celui qui a vendu à un prévenu l'objet argué de contrefaçon ne peut intervenir dans l'instance correctionnelle. — Douai, 17 mai 1860 (Dequoy), *J. p.*

109. Conf. Metz, 29 avril 1863 (Loux); D., 64, 2, 70.

Art. 183.

§ 1er.

6. La citation qui désigne le prévenu sous un prénom autre que le sien n'est pas nulle s'il était connu sous ce prénom. — Metz, 1er sept. 1863 (Lamotte), *J. cr.*, n° 7741.

16. L'omission de la date de la citation entraîne la nullité du jugement qui serait prononcé par défaut, mais non celle de la citation. — Nîmes, 27 juin 1867 (Carle), *J. cr.*, n° 8508.

42. Une citation donnée par la partie civile ne peut, en l'absence du prévenu, et sur la simple réquisition du min. public, être annulée pour vices de forme. — Aix, 17 déc. 1863 (Chiappini), *J. p.*, 64, 921.

§ 2.

51. Conf. Cass. 28 mai 1868 (Mouillade), *B. cr.*

54. Conf. Cass. 4 avril 1861 (Viviani), *B. cr.*; 17 août 1861 (Laurent), *B. cr.*; 22 janv. 1863 (Ailhaud), *B. cr.*; 26 nov. 1864 (Bravay), *B. cr.*

54 *bis*. Il suffit que la citation pour délit commis par la voie de la presse contienne l'indication suffisante des faits et le caractère légal du délit poursuivi. — Cass. 4 avril 1861, 17 août 1861, 22 janv. 1863, *B. cr.*

55. Il suffit que le fait de diffamation soit articulé et qualifié par la citation, de manière à ce que le prévenu ne puisse se méprendre sur l'objet de la poursuite. — Cass. 26 nov. 1864 (Bravay), *B. cr.*

55 *bis*. S'il s'agit de diffamation par la voie de la presse, il n'est pas nécessaire que la citation indique les passages incriminés de l'écrit; il suffit qu'elle énonce et qualifie les faits imputés en se référant à cet écrit. — Cass. 16 juin 1866 (Robert), *B. cr.*

62 *bis*. Il suffit que les énonciations de la citation, rapprochées des actes de la procédure antérieure, ordonnance, réquisitoires et interrogatoires, aient mis le prévenu à même de connaître l'incrimination sur laquelle il doit se défendre. — Cass. 30 août 1866 (Fourcroye), *B. cr.*

73 *ter*. Il suffit que la citation indique le fait sur lequel le prévenu a à répondre; il n'est pas nécessaire qu'il précise la date, la nature et les circonstances du fait. — Cass. 28 mai 1868 (Mouillade), *B. cr.*

97. Il n'est pas indispensable que la citation donnée par la partie civile conclue formellement à des dommages-intérêts, il suffit qu'elle contienne l'énonciation des faits. — Aix, 17 déc. 1863 (Chiappini), *J. p.*, 64, 921.

Art. 187.

8. La signification irrégulière d'un jugement par défaut ne fait pas courir les délais d'opposition ni d'appel. — Cass. 26 avril 1866 (Fano), *B. cr.*

18 *bis*. Est régulière la signification d'un jugement par défaut faite à domicile, parlant à un mandataire légal ou officieux. — Cass. 7 juill. 1864 (Bradi), *B. cr.*

21. Lorsque l'instruction constate le domicile de fait du prévenu, c'est-à-dire sa dernière habitation, la notification du jugement par défaut doit lui être faite à ce domicile; si l'huissier ne trouve ni le prévenu ni aucun de ses parents ou serviteurs, il doit employer les formes prescrites par l'art. 68 C. proc.;

ce n'est que lorsque le prévenu n'a pas de domicile connu et qu'il y a impossibilité constatée d'appliquer ces formes qu'il y a lieu de recourir soit au domicile d'origine, soit aux formalités prescrites par l'art. 69, n° 8, même Code. — Cass. 26 avril 1866 (Fauo), *B. cr.*

30. Conf. Metz, 1er sept. 1863 (Lamotte); *J. cr.*, n° 7741.

46. Un jugement par défaut, quoique antérieur à la loi du 27 juin 1866, qui a modifié cet article, doit être considéré comme étant encore susceptible d'opposition s'il n'a pas été signifié à personne. — Douai, 3 déc. 1867 (Charmensat), *J. cr.*, n° 8599.

Art. 188.

8 *bis*. Si à la première audience il n'intervient ni débouté d'opposition ni remise à jour déterminé, il y a nécessité de citer les parties. — Cass. 27 avril 1861 (Grassal), *B. cr.*

9. Conf. Cass. 11 janv. 1862 (Montal), *B. cr.*

14. La citation donnée à la mère en la qualité de tutrice qu'elle avait eue au procès, quoique les enfants, devenus majeurs, aient procédé dans l'acte d'opposition en leur nom personnel, n'est pas une cause de nullité si leur avoué et leur avocat, se présentant sur cette citation, ont plaidé pour la mère, tant en son nom personnel que comme tutrice. Ces enfants n'en ont pas moins été réellement représentés et défendus. — Cass. 27 avril 1861 (Grassal), *B. cr.*

Art. 189.

1. Conf. Cass. 30 juill. 1863 (Linker), *B. cr.*

1 *bis*. Un arrêt peut prendre en considération une déposition de témoin faite dans l'instruction écrite, alors que les déclarations de ce témoin absent ont été rappelées par des témoins régulièrement entendus à l'audience. — Cass. 4 juill. 1862 (Gentil), *B. cr.*

Art. 190.

§ 1er.

1. Conf. Cass. 4 mai 1866 (Thomas), *B. cr.*
6. Conf. Cass. 11 avril 1863 (Mireur), *B. cr.*

§ 2.

26. Conf. Cass. 17 nov. 1864 (Marquis), *B. cr.* — Même malgré l'opposition du prévenu. — Même arrêt.

§ 3.

33. Conf. Cass. 22 fév. 1861 (Bugué), *B. cr.*

34. Ainsi le tribunal ne peut fonder la preuve d'un délit sur des dépositions de témoins entendus à une audience précédente, à laquelle le prévenu n'avait pas été cité. — Même arrêt.

§ 6.

85. Le jugement doit constater à peine de nullité que le min. public a donné ses conclusions. — Cass. 17 août 1865 (Mannaud), *B. cr.*

86. Est nul l'arrêt qui, sans avoir entendu les conclusions du min. public, ordonne une expertise sur divers points débattus. — Cass. 28 juill. 1865 (Drouelle), *B. cr.*

90. Conf. Cass. 15 fév. 1862 (Dessolies), *B. cr.*

92 *bis*. Les réserves faites par le min. public contre un prévenu, au cours des débats, de le poursuivre au sujet d'un fait étranger ne peuvent causer à celui-ci aucun préjudice et ne peuvent fonder aucun grief. — Cass. 15 mars 1866 (de Combas), *B. cr.*

96. Le juge n'étant pas lié par les réquisitions du min. public peut appliquer un article différent du règlement invoqué. — Cass. 15 avril 1864 (Leblond), *B. cr.*

§ 7.

102. Conf. Colmar, 19 fév. 1866 (Schmits), *J. cr.*, n° 8210.

§ 8.

106. Le jugement, rendu après délibéré sans indication du jour où il devait être prononcé et en l'absence du prévenu, qui ordonne une preuve et le renvoi de l'affaire à un autre jour déterminé, doit être signifié avec réassignation ; autrement est nul le jugement de condamnation rendu en l'absence du prévenu. — Cass. 22 août 1862 (Mopty), *B. cr.*

110. Mais une décision judiciaire publiquement rendue et revêtue des formes légales ne peut être réformée par le juge de qui elle émane. — Cass. 11 janv. 1861 (Rialland), *B. cr.*

112 *bis*. Est nul l'arrêt de condamnation qui se borne à constater l'audition du prévenu et du min. public sur un incident sans constater cette audition sur le fond. — Cass. 3 déc. 1863 (Veuille), *B. cr.*

114 *bis*. Une demande en interprétation d'arrêt est non recevable lorsqu'elle a pour conséquence nécessaire de mettre en contradiction l'arrêt à interpréter avec un arrêt rendu par la Cour de cassation dans l'intérêt de la loi. — Cass. 8 nov. 1862 (Mirès), *B. cr.*

Art. 191.

7. Conf. Cass. 9 nov. 1861 (Perdrigeon), *B. cr.* Ou que la plainte n'est nullement justifiée. — Cass. 3 juill. 1863 (Baron), *B. cr.*

30 *bis*. Les art. 191 et 212 C. i. cr. sont purement facultatifs ; ils permettent aux tribunaux correctionnels de statuer sur les dommages-intérêts, mais le prévenu **acquitté** peut porter sa demande devant la juridiction civile. — Cass. 2 déc. 1861 (Boilley), *J. p.* 62, 1068.

42 *bis*. Lorsque le prévenu est renvoyé des poursuites, le tribunal ne peut statuer sur l'action civile dirigée contre la partie civilement responsable. — Cass. 10 août 1860 (de Berguc), *B. cr.*; — V. notes sous l'art. 161, n° 23.

44 *bis*. Cependant un jugement a pu prononcer des dommages-intérêts au profit de la partie civile lorsqu'il déclare l'existence d'un délit et la culpabilité du prévenu, et qu'il ne s'abstient de prononcer une peine que par une erreur de droit. — Cass. 15 avril 1865 (Dufaure-Laprade), *B. cr.*

Art. 192.

5. Conf. Angers, 22 juin 1863 (Waeyenburg); D., 63, 2, 220. — Paris, 30 juin 1865 (Arnon), *J. cr.*, n° 8105.

Art. 193.

3. Il ne peut dépendre d'un inculpé de forcer la juridiction correctionnelle à se déclarer incompétente par cela seul qu'il allègue des circonstances aggravantes non comprises dans la poursuite, lorsque le juge ne trouve pas qu'elles soient suffisamment indiquées par le débat. — Cass. 12 déc. 1863 (Favre), *B. cr.*

12. Le juge saisi par citation directe, ordonnance du juge ou arrêt de mise en prévention, conserve le droit de décliner, soit d'office, soit sur les réquisitions des parties, la compétence qui lui a été ainsi attribuée. — Cass. 12 fév. 1864 (Beauvais), *B. cr.*

12 *bis.* Le tribunal correctionnel saisi par ordonnance du juge d'instruction d'une prévention d'outrage public à la pudeur sur une enfant de douze ans, se déclare à bon droit incompétent lorsque le fait se rattache à une scène unique qui, dans l'ensemble de ses éléments indivisibles, constitue principalement le crime d'attentat à la pudeur. — Cass. 8 mai 1868 (Moreau), *B. cr.* — Et ce, quoique l'ordonnance du juge d'instruction ait déclaré n'y avoir lieu à suivre sur le crime. — Cass. 14 mars 1868 (Donadey), *B. cr.* — *Contrà :* Si les faits sont distincts. — Amiens, 27 juill. 1866, *J. p.* — Ou si la citation ne fait pas mention des circonstances qui constitueraient un crime. — Aix, 22 déc. 1864 (Chauvet); D., 65, 2, 223.

14. Mais il ne doit se dessaisir que lorsque le fait d'aggravation est sinon prouvé, ce qui rentre dans les attributions de la cour d'assises, au moins fondé sur des indices et des charges assez graves pour constituer une prévention suffisante. — Cass. 12 fév. 1864 (Beauvais), *B. cr.*

14 *bis.* Il ne peut retenir l'affaire s'il exprime des doutes sur la réalité de la circonstance aggravante. — Même arrêt.

15. Conf. Cass. 12 déc. 1861 (Leguen), *B. cr.*; 18 sept. 1862 (Chaurin-Chauvinière), *B. cr.*

Art. 194.

§ 1er.

4 *bis.* Le prévenu condamné pour un délit ne doit pas supporter les frais afférents à un autre chef d'inculpation non connexe compris dans l'information, et à l'égard duquel il y a une déclaration de non-lieu à suivre. — Aix, 28 mars 1860 (Legrand), *J. cr.*, n° 7271.

11. Lorsque plusieurs prévenus compris dans la même poursuite sont condamnés aux frais sans solidarité pour délits non connexes, si la distribution de ces frais n'a pas été faite par la cour, elle peut l'être ultérieurement entre les condamnés. — Cass. 13 déc. 1861 (Decheneux), *B. cr.*

§ 2.

12. Conf. Cass. 13 juin 1863 (Laillet), *B. cr.*

§ 3.

33 *bis.* Le maître qui intervient au procès comme prenant fait et cause pour son domestique doit être avec celui-ci condamné aux dépens envers la partie civile. — Cass. 15 fév. 1866 (de Malgaive), *B. cr.*

§ 4.

44 *bis.* Les frais d'un incident jugé contre une partie civile doivent être mis à sa charge. — Cass. 15 mai 1868 (Lanfranchi), *B. cr.*

45 *bis.* Lorsque le prévenu est reconnu coupable, le tribunal ne peut mettre les dépens à la charge de la partie civile, encore que celle-ci succombe dans sa demande en dommages-intérêts. — Cass. 15 nov. 1861 (Savignac), *B. cr.*

§ 5.

53 *bis.* Le coût d'un rapport d'expert dressé par le syndic d'une faillite ne change pas de nature et d'objet pour avoir été versé aux pièces d'une poursuite dirigée contre le failli, et ne peut être répété dans la masse des dépens de l'instruction correctionnelle. — Cass. 21 mars 1867 (Guillet), *B. cr.*

60. Conf. Bourges, 13 mai 1864 (Glatard); D., 64, 2, 128.

60. Les honoraires d'avoué restent en police correctionnelle des frais légaux susceptibles d'entrer en taxe contre la partie privée qui succombe, à moins qu'ils ne soient reconnus frustratoires par le juge dans les circonstances particulières de la cause. — — Cass. 27 juin 1861 (Dussart-Belsence), *B. cr.*

60 *bis.* Le tribunal peut comprendre dans les dépens les droits et honoraires de l'avoué qui a occupé pour le prévenu acquitté. — Cass. 3 avril 1868 (Letel), *B. cr.*

61. Les frais occasionnés par la présence d'un avoué ne peuvent être de plein droit ni passés en taxe contre la partie qui succombe, ni rejetés de ladite taxe. Le juge doit apprécier si ces frais ont été avancés dans un intérêt de légitime défense, ou si au contraire ils sont frustratoires. — Cass. 9 juin 1864 (Boscher), *B. cr.*

61 *ter.* Ainsi, le tribunal ne peut condamner le prévenu aux frais d'avoué exposés par la partie civile sans apprécier en eux-mêmes lesdits frais et l'utilité du ministère de l'avoué par une déclaration formelle. — Cass. 10 janv. 1868 (Coroenne), *B. cr.*; 23 mai 1868 (Marris), *B. cr.*

63. Conf. Cass. 9 juin 1864 (Boscher), *B. cr.*

63 *bis.* C'est le tribunal correctionnel en chambre du conseil qui est compétent pour statuer sur une opposition à un exécutoire de frais réclamés par des experts. — Cass. 22 déc. 1860 (Masse), *B. cr.*

Art. 195.

§ 1er.

3. Conf. Cass. 9 déc. 1864 (Luc Laroche), *B. cr.*

6 *bis.* Il importe peu que l'énonciation des faits dont le prévenu est déclaré coupable se rencontre dans le dispositif ou dans les motifs auxquels se réfère et s'unit intimement le dispositif. — Cass. 11 nov. 1865 (Labaume), *B. cr.*

6 *ter.* S'il est plus régulier que les faits soient mentionnés dans le dispositif, il n'y a pas nullité quand, étant rapportés dans les motifs, ils ne sont pas répétés dans le dispositif. — Cass. 14 fév. 1868 (Lemoine), *B. cr.*

8. L'erreur sur la date du fait incriminé n'est d'aucune conséquence lorsqu'il est certain que c'est bien du fait constaté par les procès-verbaux que le prévenu a eu à répondre. — Cass. 12 nov. 1863 (Chaussenot), *B. cr.*

9 *bis.* Est nul pour défaut de motifs : le jugement qui prononce une condamnation pour délit d'excitation habituelle à la débauche sans énoncer les faits qui y ont servi de base, en se bornant à déclarer que les conditions caractéristiques du délit se rencontraient dans l'espèce. — Cass. 13 mars 1863 (Lesimple), *B. cr.*

11 *bis.* Le jugement qui maintient une condamnation par défaut frappée d'opposition, par l'unique considérant que les moyens allégués par le prévenu ne sont pas justifiés, sans faire connaître ces moyens. — Cass. 27 mars 1868 (Milsot), *B. cr.*

16 *bis.* En matière d'usure, il n'est pas nécessaire que chacune des opérations dont l'ensemble constitue l'habitude d'usure soit spécifiée et appréciée distinctement dans l'arrêt. — Cass. 14 nov. 1862 (Villemot), *B. cr.*

17. Est suffisamment motivé, quoique la formule soit défectueuse : le jugement qui constate une tentative de vol dans les termes mêmes employés par les art. 2 et 379 C. pén. pour la définir et la caractériser, alors qu'il n'est soulevé aucune exception tendant à établir que ces articles sont inapplicables. — Cass. 28 avril 1864 (Vood), *B. cr.*

17 *bis.* L'arrêt qui énonce le fait de coups et blessures dans les termes mêmes de l'art. 311 C. pén. — Cass. 14 fév. 1868 (Lemoine), *B. cr.*

22. En matière de contrefaçon, le tribunal est tenu de donner des motifs explicites sur la question de bonne foi, lorsqu'elle est soulevée par le prévenu. — Cass. 1er mai 1862 (Lepée), *B. cr.*

37 *bis.* N'a pas besoin d'être motivé l'arrêt qui se borne à donner acte au prévenu, sur sa demande, d'un fait par lui articulé. — Cass. 18 mai 1865 (Houdebine), *B. cr.*

47. Conf. Cass. 31 mars 1865 (Bisson), *B. cr.*

47 *bis.* Il n'est pas indispensable que le jugement réponde directement aux arguments invoqués à l'appui des conclusions du prévenu tendantes au renvoi, notamment à ceux qui tendraient à faire écarter deux témoins comme suspects de partialité. — Cass. 2 janv. 1863 (Paur), *B. cr.*

47 *ter.* Les juges ne sont pas tenus de répondre par un motif spécial à chacun des arguments présentés par le min. public. — Cass. 7 nov. 1863 (Brunet), *B. cr.*

60 *bis.* La mention dans un jugement que les faits qu'il déclare constants résultent de l'instruction et des débats s'entend de l'instruction orale et non de celle antérieure suivie devant le juge d'instruction. — Cass. 4 mai 1866 (Boudet), *B. cr.*

68. Conf. Cass. 11 avril 1861 (Barle), *B. cr.*

§ 2.

76. Conf. Cass. 17 mars 1865 (Dupont), *B. cr.*

79. Conf. même arrêt.

79 *bis.* Cet article ne prescrit pas à peine de nullité la lecture à l'audience et la mention de cette lecture, dans le jugement, du texte de la loi pénale. — Cass. 24 mai 1862 (Fornel), *B. cr.*

81. Conf. Cass. 17 mars 1865 (Dupont), *B. cr.*

Art. 196.

1. Cet article ne prescrit pas à peine de nullité que les arrêts soient signés dans les vingt-quatre heures. — Cass. 23 avril 1863 (Albaric), *B. cr.*

Art. 199.

6. Conf. Nîmes, 20 déc. 1860 (Almeras), *J. cr.*, n° 7241; Cass. 17 janv. 1868 (Vieillard), *B. cr.* — Sauf à la cour, si le fait est reconnu par elle bien qualifié, à déclarer le jugement rendu en dernier ressort. — Cass. 29 déc. 1865 (Maurin), *B. cr.*

11. Conf. Cass. 17 janv. 1868 (Vieillard), *B. cr.*

16. Conf. Cass. 17 janv. 1868 (Vieillard), *B. cr.* — Malgré la connexité de la contravention avec le délit. — Même arrêt.

16 *bis.* Ainsi, le tribunal d'appel saisi de l'appel d'un jugement qui prononce une condamnation pour un délit et une contravention ne peut acquitter le prévenu appelant que sur le délit et non sur le chef relatif à la contravention. — Cass. 11 mars 1864 (Olivieri), *B. cr.*

41 *bis.* Le jugement qui se borne à joindre au fond des exceptions tirées par le prévenu de la chose jugée et de l'insuffisance de la déclaration préalable sur la fausseté de faits dénoncés, est purement préparatoire. L'appel n'est pas suspensif. — Cass. 16 nov. 1866 (Blondeau de Combas), *B. cr.*

Art. 201.

1. Au contraire, l'appel d'un jugement rendu par un juge civil qui condamne à une peine correctionnelle pour outrage commis à son audience doit être porté devant la juridiction correctionnelle. — Cass. 26 juin 1864 (Dumoulin), *B. cr.*; 7 janv. 1860 (Davaud), *B. cr.* V. sous l'art. 505, n° 15.

7 *bis.* Les membres de la chambre correctionnelle appelés à siéger à la cour d'assises comme assesseurs peuvent reprendre leur service ordinaire lorsqu'ils ne sont pas retenus aux audiences de la cour d'assises. — Cass. 16 nov. 1866 (Blondeau de Combas), *B. cr.*

Art. 202.

§ 1er. — *Appel du prévenu.*

7. Il y a renonciation implicite à un appel formé par le prévenu contre un jugement rendu sur un incident lorsque ses conclusions portent sur d'autres jugements et non pas sur ce jugement. — Cass. 16 nov. 1866 (Blondeau de Combas), *B. cr.*

11. En cas de désistement du condamné appelant, il y a lieu de comprendre dans les frais à sa charge les déboursés faits par la partie civile non appelante. Art. 67 décr. 16 fév. 1807. — Metz, 13 juin 1866, *J. cr.*, n° 8269.

15. La cour saisie par le seul appel du prévenu ne peut, en supprimant l'emprisonnement, élever l'amende prononcée par les premiers juges. — Cass. 19 juill. 1862 (Villette), *B. cr.*

26 *bis.* La cour peut, sans aggraver le sort du prévenu appelant, justifier les motifs de la décision des premiers juges en invoquant d'autres passages de l'écrit incriminé. — Cass. 1er juin 1866 (Toussaint), *B. cr.*

31 *bis.* Mais elle ne peut, sur l'appel unique d'un prévenu de contrefaçon, en l'acquittant de ce délit, aggraver son sort en le reconnaissant coupable d'un autre chef de contrefaçon dont le tribunal n'a pas été saisi. — Cas. 29 mai 1868 (Preux), *B. cr.*

33. Conf. Cass. 26 juin 1862 (Cognet), *B. cr.*; 26 mars 1864 (Daguzan), *B. cr.*; 26 mai 1864 (Salvaire), *B. cr.*; 3 mai 1866 (Goetz), *B. cr.* — *Contrà :* Rennes, 2 mars 1864 (Garin); D., 64, 2, 54.

37. Conf. Cass. 23 juill. 1868 (Foulupt), *J. p.*, 68, 1116.

37 *bis.* La règle que la situation du prévenu ne peut être aggravée sur son seul appel n'est pas applicable au cas où, les premiers juges n'ayant statué que sur une question de compétence, le fond est demeuré intact et se trouve attiré tout entier devant la cour d'appel par l'effet de l'évocation. — Cass. 23 nov. 1865 (Choumert), *B. cr.*

§ 2. — *Appel de la partie civile.*

49. La partie civile n'est pas recevable, à défaut d'appel contre le prévenu, dans l'appel par elle formé contre la personne civilement responsable. — Paris, 22 fév. 1866 (Girardeau), *J. cr.*, n° 8194.

53 *bis.* La cour peut statuer sur l'action civile en dommages-intérêts, quoique le prévenu ait été acquitté en première instance par une erreur de droit, si sa culpabilité a été reconnue. — Cass. 15 avril 1865 (Dufaure-Laprade), *B. cr.*

66. Conf. Agen, 27 nov. 1867 (Montagnac), *J. cr.*, n° 8597.

67 *bis.* Mais la cour peut, même en l'absence de l'appel des prévenus, admettre l'exception de déchéance d'un brevet déjà admise par les premiers juges en la fondant sur d'autres circonstances non reconnues dans les motifs du jugement. — Cass. 27 avril 1861 (Grassal), *B. cr.*

70. Le prévenu acquitté par les premiers juges et intimé devant la cour peut, sans violer l'autorité de la chose jugée, reproduire certains moyens de défense qui avaient été écartés par le tribunal. — Cass. 27 juill. 1866 (Abadie), *B. cr.*

72. La cour qui, en cas d'extinction de l'action publique, n'a plus à statuer que sur la demande en dommages-intérêts de la partie civile, doit prendre

connaissance des faits et les qualifier au point de vue de l'intérêt civil. — Cass. 7 janv. 1865 (Merle), *B. cr.*

73. La condamnation à des dommages-intérêts prononcée sur l'appel seul de la partie civile se justifie suffisamment par une déclaration implicite de l'existence d'un délit; la déclaration de culpabilité n'a pas de forme sacramentelle et peut s'induire des termes de la décision qui alloue les dommages-intérêts. — Cass. 17 mars 1865 (Dupont), *B. cr.*

73 *bis*. La cour ne peut, sur l'appel de la partie civile, statuer sur les dommages-intérêts réclamés par elle lorsque le tribunal était incompétent pour prononcer l'acquittement du prévenu à raison de la nature du fait qui lui était imputé; elle doit annuler le jugement de relaxe et renvoyer devant le juge compétent. — Cass. 7 janv. 1865 (Merle), *B. cr.*

75. Encore bien qu'il s'agisse d'un délit d'injures. — Cass. 31 janv. 1867 (Vindry), *B. cr.*

82 *bis*. La cour saisie du double appel du prévenu et de la partie civile ne peut, en réformant le jugement sur un chef à raison duquel le prévenu avait été condamné à l'emprisonnement, condamner celui-ci sur un autre délit à raison duquel il avait été acquitté, quoique la même peine soit prononcée, ce dernier délit ne pouvant plus être apprécié qu'au point de vue des intérêts civils. — Cass. 7 juin 1867 (Ringuier), *B. cr.*

94 *bis*. En matière d'octroi, la demande étant plutôt une réparation civile qu'une peine, le juge d'appel peut, sur l'appel seul du maire, au nom de l'octroi, condamner le prévenu à l'amende. — Cass. 18 janv. 1861 (Gaubert), *B. cr.*

§ 5. — *Effets de l'appel du ministère public.*

135 *bis*. Le min. public ne peut, même sur son appel, substituer au délit de blessures par imprudence, objet de la citation et de la condamnation, le délit de blessures volontaires. — Poitiers, 17 déc. 1863 (Delahaye); D., 64, 2, 148.

156. Conf. Cass. 16 août 1862 (Taule), *B. cr.*

163. La cour peut condamner en appel comme complice l'individu condamné comme auteur en première instance. — Riom, 15 janv. 1862 (Chevalier); D., 62, 2, 82.

170. Conf. Bourges, 29 nov. 1860 (Jeannet), *J. p.*

§ 6. — *Appel du procureur général.*

189 *bis*. L'appel du procureur général est recevable, bien que la première chambre civile de la cour ait été saisie par lui de la même affaire. — Cass. 23 nov. 1865 (Choumert), *B. cr.*

190. L'exécution du jugement par le procureur impérial ne peut créer une fin de non-recevoir contre l'appel du procureur général. — Pau, 9 nov. 1867 (Castellary), *J. cr.*, n° 8632.

190 *bis*. Conf. Cass. 31 janv. 1861 (Choulet), *B. cr.*

Ainsi, l'ordonnance du juge d'instruction rendue sur la demande du procureur impérial à la suite d'un jugement correctionnel qui déclare l'incompétence, ne peut entraver l'exercice du droit d'appel du procureur général. — Même arrêt.

Art. 203.

§ 1er. — *Délai de l'appel.*

2. Conf. Colmar, 2 juin 1863, *J. cr.*, n° 7721.

4. Conf. Colmar, 4 août 1862 (Dietrich), *J. cr.*, n° 7533.

14. L'appel d'un jugement par défaut est non recevable lorsqu'il est déclaré plus de dix jours après la signification légalement faite au domicile du prévenu, dont celui-ci ne s'était absenté que pour se soustraire à un mandat d'arrêt. — Cass. 21 avril 1864 (Courtecuisse), *B. cr.* — Aux termes de l'art. 187, modifié par la loi du 27 juin 1866, l'opposition est recevable tant que la signification du jugement par défaut n'a pas été faite à la *personne* du prévenu ou tant que celui-ci n'en a pas eu connaissance.

14 *bis*. Si le jugement est par défaut à l'égard de l'une des parties et contradictoire à l'égard des autres, celles-ci n'en doivent pas moins interjeter appel dans les dix jours à partir de la prononciation du jugement, sauf au tribunal d'appel à surseoir à statuer jusqu'à ce que les délais d'opposition soient expirés. — Cass. 19 mars 1868 (Leroy), *B. cr.*

25. Conf. Besançon, 18 janv. 1865 (Dupuy); D., 65, 2, 70.

32. Conf. Aix, 22 mai 1862 (Bocli), *J. p.*, 62, 1088.

§ 2.

36. La partie civile ne peut saisir le tribunal d'appel par citation directe qu'autant qu'elle a préalablement fait sa déclaration d'appel au greffe. — Grenoble, 29 janv. 1863 (Sauvan); D., 63, 5, 28.

52. Lorsque le délai de trois jours francs entre la citation donnée au prévenu et le jour de la comparution a été observé, celui-ci ne peut, par un appel postérieur, rendre nécessaire une nouvelle citation et un nouveau délai. — Cass. 16 avril 1863 (Buisson de Bournazel), *B. cr.*

64. Conf. Cass. 29 nov. 1867 (Soalhat), *B. cr.* — Et le délai de huitaine ne court que du jour de la signification du jugement. — Même arrêt.

§ 3.

90. Conf. Colmar, 2 fév. 1864 (Daury); D., 65, 2, 8; Nîmes, 7 juin 1866 (Baculard), *J. p.*, 67, 593.

94. L'appel d'un prévenu ne peut profiter à son coprévenu, encore que les condamnations soient solidaires. — Colmar, 30 août 1862 (Dietrich), *J. cr.*, n° 7533.

Art. 204.

3 *bis*. La requête autorisée par cet article est purement facultative, et ne peut, quelles qu'en soient les conclusions, modifier le droit que confère au juge d'appel la généralité d'un acte d'appel. — Cass. 2 déc. 1865 (Cassin), *B. cr.*

Art. 205.

3 *bis*. La nullité de la citation donnée au prévenu par le procureur général appelant ne peut résulter de ce que, dans la copie, il aurait été énoncé à tort que la citation était donnée à la requête du procureur impérial. — Bourges, 3 mai 1866 (Frehaut); D., 66, 2, 129.

9 *bis*. Le min. public près le tribunal d'appel peut, tant qu'il est dans le délai de deux mois, interjeter appel à l'audience du tribunal d'appel, même à la deuxième audience, où l'instruction et les débats ont lieu entièrement. Il peut être statué de suite sur cet appel si le prévenu ne réclame aucun délai. — Cass. 4 avril 1861 (Viviani), *B. cr.*

22. Conf. Riom, 15 janv. 1862 (Chevalier); D., 62, 2, 82.

25 *bis*. Un arrêt interlocutoire qui ordonne un supplément d'enquête sur l'appel du condamné n'équivaut pas à la signification du jugement exigée par cet article pour réduire le délai d'appel du procu-

reur général. — Riom, 15 janv. 1862 (Chevalier); D., 62, 2, 82.

Art. 209.

10. Conf. Cass. 6 juill. 1866 (Lang), *B. cr.*
Mais l'omission du rapport peut être réparée si la défense reproduit, ses conclusions et s'il y est statué par un nouvel arrêt. — Même arrêt.

11 *bis.* L'arrêt de la cour qui donne défaut contre les prévenus et ordonne qu'il sera passé outre aux débats n'a pas besoin d'être précédé du rapport. — Cass. 31 janv. 1863 (Maillard), *B. cr.*

14. Le rapport fait à l'audience par un conseiller n'a pas besoin d'être renouvelé à une audience ultérieure, où l'affaire a été renvoyée après disjonction pour entendre de nouveaux témoins, si les magistrats sont les mêmes et si aucun acte de procédure n'est intervenu entre les deux audiences. — Cass. 27 fév. 1864 (Maroni), *B. cr.*

15 *bis.* Il n'y a pas lieu à un second rapport par le motif que, dans le délai accordé par la cour pour citer des témoins, le procureur impérial se serait livré à quelques informations et aurait recueilli divers renseignements relatifs à l'affaire. Il n'y a pas là information supplémentaire proprement dite. — Cass. 9 août 1861 (Gaudin), *B. cr.*

15 *ter.* Il n'est utile de faire un second rapport qu'autant qu'il s'est produit des faits nouveaux dont il est nécessaire de donner connaissance. — Cass. 5 août 1865 (Eyrin-Ducastel), *B. cr.*

16. Conf. Cass. 5 août 1865 (Eyrin-Ducastel), *B. cr.*

16 *bis.* Un second rapport n'est pas rendu nécessaire par l'appel de la partie civile qui ne change rien à la situation des parties ni aux éléments primitifs de la contestation. — Cass. 29 nov. 1867 (Soalhat); *B. cr.*

18. Conf. Cass. 7 fév. 1868 (Fabrigat), *B. cr.*

19. Conf. Cass. 29 mai 1868 (Helleringer), *B. cr.*

27 *bis.* Le rapport d'un juge n'est point exigé quand les délits sont, à raison de la qualité des prévenus, déférés directement à la chambre civile de la cour impériale. — Cass. 13 juill. 1866 (Dartier), *B. cr.*

Art. 210.

2. Le min. public doit être entendu à peine de nullité, lors même qu'aucune peine ne pouvant plus être appliquée, il ne s'agit plus entre les parties que de réparations civiles. — Cass. 17 août 1865 (Pascal), *B. cr.*

2 *bis.* Lorsque le min. public, en interjetant un appel incident, motive cet appel, il n'a pas besoin d'être entendu de nouveau. — Cass. 5 août 1865 (Eyrin-Ducastel), *B. cr.*

4 *bis.* Lorsque les conclusions prises en appel limitent le débat sur un chef, les autres moyens présentés devant les premiers juges peuvent être considérés comme abandonnés. — Cass. 21 fév. 1862 (Fox), *B. cr.*

22 *bis.* La cour peut statuer, du consentement de toutes les parties, sur la demande en dommages-intérêts présentée pour la première fois en appel par la partie civile. Les parties peuvent renoncer au bénéfice du double degré de juridiction. — Cass. 18 déc. 1863 (Jombart), *B. cr.*

22 *ter.* Mais le débat devant le tribunal d'appel ne peut s'étendre contre le gré du prévenu à un autre chef non compris dans le procès-verbal et la citation, encore qu'il en ait été fait mention dans le jugement. — Besançon, 27 juin 1863 (Aigrot); D., 63, 2, 181. — V. sous l'art. 182, n° 88.

Art. 211.

§ 1er. — *Instruction.* — *Preuves.*

1. Conf. Cass. 21 août 1863 (Quilichini), *B. cr.*

2 *bis.* Mais le prévenu qui a interjeté appel et qui se présente devant la cour assisté d'un défenseur qui a reçu communication de toutes les pièces ne peut faire défaut et n'accepter le débat contradictoire que sur une partie du procès. — Grenoble, 23 nov. 1860 (Bertrand), *J. cr.*, n° 7197.

9. L'audition de nouveaux témoins sur l'appel est facultative pour les tribunaux; l'admission ou le rejet de cette mesure est laissée à leur appréciation discrétionnaire. — Cass. 3 déc. 1863 (Veuille), *B. cr.*; 27 avril 1866 (Destal), *B. cr.* — V. sous l'art. 154 C. i cr., n° 354 et suiv.

15. Les juges d'appel peuvent puiser les éléments de leur conviction dans l'instruction faite à l'audience du tribunal, encore que le prévenu y ait fait défaut, alors d'ailleurs que l'instruction a été contradictoire avec des coprévenus, et déclarer inutile la preuve offerte devant eux par le prévenu. — Cass. 16 nov. 1866 (Blondeau de Combas), *B. cr.*

15 *bis.* Il appartient à la cour d'appel de décider si l'audition des témoins cités par le prévenu est nécessaire. — Cass. 23 nov. 1865 (Choumert), *B. cr.*

§ 2. — *Motifs des arrêts.*

39. L'arrêt qui ne contient aucun exposé des faits constatés par l'instruction, mais qui ne contredit sous aucun rapport les déclarations des premiers juges relatives à l'existence matérielle de ces faits, dont il examine au contraire la portée pour leur donner une nouvelle qualification, s'y réfère nécessairement. — Cass. 28 juin 1862 (Mirès), *B. cr.*

51 *bis.* Le rejet pur et simple de l'opposition et la confirmation de l'arrêt par défaut n'impliquent pas nécessairement l'adoption des motifs de cet arrêt. — Cass. 17 avril 1863 (Heiriès), *B. cr.*

53. Conf. Cass. 14 mars 1862 (Pigault), *B. cr.*

54. Le juge d'appel rejette de fait un sursis demandé pour faire interpréter administrativement un acte de l'administration en statuant au fond par une confirmation du jugement. — Cass. 23 janv. 1863 (Fontaine-Liénard), *B. cr.*

57 *bis.* La cour d'appel peut, en adoptant les constatations en fait du jugement, en tirer une conclusion contraire. — Cass. 21 juill. 1864 (Blavoyer), *B. cr.*

57 *ter.* Un arrêt n'est pas tenu de répondre par un motif explicite sur un moyen de prescription dont il n'a été fait mention que dans les motifs des conclusions prises en première instance auxquelles celles prises devant la cour ne se réfèrent que d'une manière générale et vague. — Cass. 15 janv. 1864 (Ledot), *B. cr.*

58. Est nul pour défaut de motifs : un arrêt qui, réformant un jugement de relaxe, condamne un prévenu pour des outrages publics à la pudeur sans répondre ni aux conclusions de la défense ni aux motifs du jugement de relaxe, et sans énoncer les faits mis à la charge du prévenu ni caractériser les éléments essentiels de publicité constitutive du délit. — Cass. 17 mars 1865 (Boimaud-Cordier), *B. cr.*

58 *bis.* L'arrêt qui, sans s'expliquer sur une exception de bonne foi admise par les premiers juges, réforme le jugement en se bornant à dire que le délit est établi. — Cass. 13 janv. 1866 (Plon), *B. cr.*

63. Lorsqu'un jugement condamne un libraire non breveté en déclarant que, s'il existe un acte qui le

reconnaît associé d'un breveté, celui-ci n'en serait que le prête-nom, l'arrêt ne peut infirmer en se bornant à dire que les deux individus étaient associés, il faut de plus qu'il reconnaisse que l'acte de société n'a pas eu pour but de constituer un prête-nom. — Cass. 28 juill. 1827 (Barba), *J. p.*

65 *bis.* Est non recevable une demande en interprétation d'arrêt formée par le min. public, si elle ne porte que sur les motifs et non sur l'exécution même de l'arrêt. — Cass. 8 nov. 1862 (Mirès), *B. cr.*

§ 3. — *Lecture, insertion du texte de la loi pénale.*

67. Conf. Cass. 1er août 1862 (Renard), *B. cr.*; 23 janv. 1863 (Fontaine-Liénard), *B. cr.*

§ 4. — *Condamnation aux frais.*

82. Dans le cas même où la partie civile est désintéressée par le prévenu condamné et où celui-ci n'interjette appel qu'à raison de la peine, le ministère public peut intimer cette partie et la faire condamner aux frais de l'instance d'appel, sauf recours. — Metz, 2 mars 1865 (Scheltienne), *J. cr.*, n° 8040.

Art. 215.

4 *bis.* Le droit d'évocation n'est point subordonné soit aux réquisitions du min. public, soit à la demande des parties; il peut être exercé d'office. — Cass. 1er juin 1861 (Daniel), *B. cr.*

6. Les juges d'appel doivent évoquer le fond : lorsqu'ils annulent le jugement pour violation d'une formalité substantielle; par exemple, parce que le min. public n'a pas été entendu. Peu importe qu'en définitive ils n'arrivent comme les premiers juges qu'à une simple déclaration d'incompétence. — Cass. 22 déc. 1860 (Masse), *B. cr.*

6 *bis.* Lorsqu'ils annulent le jugement pour avoir statué sur une prévention non énoncée dans la copie de la citation donnée au prévenu. — Cass. 12 mai 1864 (Cochonneau-Destournelles), *B. cr.*

13. Ils doivent évoquer le fond, soit que le juge du premier degré ait statué sur de simples incidents ou par avant faire droit, soit qu'il ait prononcé au fond. — Cass. 1er juin 1861 (Daniel), *B. cr.*

18. Conf. Amiens, 30 juill. 1858 (Lefebvre); D., 58, 2, 191.

20. Ou pour avoir mal à propos déclaré l'action de la partie civile non recevable. — Cass. 3 janv. 1863 (Hémery), *B. cr.*

24. Conf. Cass. 12 déc. 1863 (Patris), *B. cr.*

26. Conf. Cass. 1er juin 1861 (Daniel), *B. cr.*

39. Les termes de cet article ne doivent pas être entendus dans un sens limitatif. — Cass. 3 janv. 1863 (Hémery), *B. cr.*

40. La cour qui n'est saisie que par l'appel du prévenu, ne pouvant aggraver sa position, ne peut évoquer le fond sur un chef de prévention à l'égard duquel le premier juge aurait omis de statuer. — Cass. 31 déc. 1863 (Reibel), *B. cr.*

41. Elle doit évoquer le fond, alors même qu'elle n'est saisie que de l'appel par la partie civile d'un jugement qui l'a déclarée non recevable. — Cass. 3 janv. 1863 (Hémery), *B. cr.*

41 *bis.* Alors même qu'elle n'est saisie que de l'appel par la partie civile seule d'un jugement qui n'a statué que sur une question préjudicielle de sursis; elle peut évoquer le fond et prononcer contre le prévenu la peine du délit. — Cass. 28 fév. 1862 (Genetier), *B. cr.*

Art. 216.

5. Conf. Cass. 14 fév. 1868 (Sarre), *B. cr.*

11. Le pourvoi en cassation contre un arrêt par défaut signifié doit être formé dans le délai de trois jours à partir de l'expiration du délai d'opposition. — Cass. 13 fév. 1864 (Hertz), *B. cr.*

11 *bis.* Le délai pour le pourvoi en cassation, même au cas où le jugement est contradictoire, ne court que du jour où ce jugement a été signifié, s'il a été prononcé en l'absence du prévenu et sans indication précise du jour de la prononciation. — Cass. 29 mai 1868 (Barit), *B. cr.*

Art. 217.

7. La chambre d'accusation n'est pas tenue d'accorder au prévenu un délai pour fournir un mémoire. — Cass. 13 août 1863 (Armand), *B. cr.*

10. La loi ne prescrit point au procureur général d'avertir l'accusé du jour où les pièces ont été transmises et déposées au greffe de la cour. — Cass. 13 août 1863 (Armand), *B. cr.*; 31 mai 1866 (Philippi), *B. cr.*

11. Conf. Cass. 13 août 1863 (Armand), *B. cr.*

Art. 218.

1 *bis.* Lorsqu'un conseiller est appelé à compléter la chambre d'accusation, il y a présomption légale que tous ceux qui le précédaient sur le tableau étaient absents ou empêchés. — Cass. 13 août 1863 (Armand), *B. cr.*

Art. 222.

L'accusé ne peut, sans s'inscrire en faux, prétendre que, vu la brièveté de la délibération, il n'est pas possible que les pièces du procès aient été lues, lorsque l'arrêt constate cette lecture. — Cass. 28 janv. 1864 (Lafourcade), *B. cr.*

Art. 224.

2. Conf. Cass. 16 juin 1864 (Maréchal), *B. cr.*

Art. 225.

13 *bis.* Aucune loi ne prescrit à la chambre d'accusation de statuer sur les exceptions proposées par les parties et sur le fond par des dispositions distinctes et rendues à des jours différents, ni d'informer les parties du rejet desdites exceptions avant de procéder au jugement du fond. — Cass. 13 août 1863 (Armand), *B. cr.*

Art. 226.

4. Les articles 226 et 227 ne sont pas limitatifs, mais simplement énonciatifs. Les délits considérés comme connexes peuvent être jugés par le tribunal compétent pour connaître de l'un d'eux. — Cass. 7 déc. 1860 (Chaussaud), *B. cr.*

6. Le tribunal compétent pour juger le fait qui lui est déféré ne peut se dessaisir, sous prétexte d'une connexité entre ce fait et un autre fait dont la connaissance appartient à la cour d'assises. — Cass. 18 avril 1868 (Parent), *B. cr.*

27. Il n'y a pas participation de deux personnes à un même délit dans le fait de deux individus chassant ensemble sans permis, mais deux délits indépendants l'un de l'autre devant être, le cas échéant, poursuivis devant deux juridictions différentes. — Orléans. 3 juin 1865 (Blottin); D., 65, 2, 152.

32 *bis.* Le prévenu non militaire entraîne avec lui

devant le tribunal de police le militaire qui a contrevenu avec lui à un règlement de voirie. Art. 76 C. just. milit. — Cass. 30 avril 1863 (Servat), *B. cr.*

34. Mais le corrupteur non militaire et le militaire corrompu doivent être renvoyés chacun devant leurs juges naturels, ces deux crimes étant distincts. — Orléans, 8 juill. 1864 (Gamanille); D., 64, 2, 148.

36. Conf. Cass. 11 avril 1867 (Brouillet), *B. cr.*; Chauveau et Hélie, t. 2, p. 77.

37. Conf. Cass. 30 avril 1863 (Servat), *B. cr.*; 11 juin 1863 (Leplanquais), *B. cr.*

39. Conf. Cass. 17 janv. 1861 (Adoué), *B. cr.*

45 *bis.* La compétence cesse s'il y a non lieu à l'égard de l'auteur principal du délit, et elle ne revit pas pour juger le complice, quoique l'auteur principal ait été plus tard repris et condamné, le complice se trouvant par là forcément seul en cause. — Paris, 15 fév. 1866 (Rozé), *J. cr.*, n° 8183.

65 et 71. Conf. Cass. 9 juin 1866 (Leroy), *B. cr.*

67. Mais en ce cas, l'arrêt n'a que le caractère d'un simple règlement de procédure, et laisse intacte la question de compétence. — Cass. 5 déc. 1862 (Petit-Perrot), *B. cr.*

Art. 227.

20 *bis.* Il y a connexité entre le fait d'avoir imprimé un écrit sans nom d'imprimeur et le fait d'avoir participé à la publication dudit écrit avec d'autres personnes. — Cass. 21 juin 1838 (Marie); D., 39, 1, 142.

40. Conf. Cass. 7 déc. 1860 (Chaussaud), *B. cr.*; 9 déc. 1861 (Malaterre), *B. cr.*

41. Il appartient au juge du fait d'apprécier la nécessité ou la convenance de la jonction des procédures dans l'intérêt de la meilleure administration de la justice. — Cass. 19 sept. 1861 (Malaterre), *B. cr.*

Ainsi, deux infanticides distincts commis par deux sœurs peuvent être soumis au même jury. — Même arrêt.

Art. 229.

2. La chambre d'accusation ne peut prononcer le relaxe d'un prévenu sans s'expliquer sur l'existence des faits et leur qualification, sans reconnaître ni dénier l'exposé sommaire des faits et leurs qualifications légales, tels qu'ils résultent de l'ordonnance du juge d'instruction et du réquisitoire du procureur général. — Cass. 22 déc. 1864 (Damnon), *B. cr.*

2 *bis.* N'est pas suffisamment motivé un arrêt de la chambre d'accusation qui relaxe un prévenu en se bornant à déclarer que les faits de la procédure ne réunissaient pas toutes les conditions voulues pour constituer le crime que prévoit la loi; il doit déterminer les caractères légaux qui manquent aux faits incriminés pour être punissables. — Cass. 22 déc. 1864 (Damnon), *B. cr.*

3. Mais la chambre d'accusation peut déclarer qu'il n'y a lieu à suivre en se fondant sur ce que l'inculpé n'avait pas d'intention criminelle. — Cass. 26 déc. 1867 (Lozano), *B. cr.*

15. Le recours en cassation contre les arrêts portant qu'il n'y a lieu à suivre est recevable lorsque la chambre d'accusation n'a pas assuré les conséquences légales aux faits par elle déclarés constants. — Cass. 11 oct. 1860 (Orcel), *B. cr.*

20. Le délai du pourvoi du procureur général contre les arrêts de non-lieu à suivre sont de trois jours et non de vingt-quatre heures. — Cass. 11 oct. 1860 (Orcel), *B. cr.*

24. Conf. Cass. 30 déc. 1864 (Leplat-Dewawrin), *B. cr.*

Art. 230.

14. Conf. Cass. 10 fév. 1866 (Hongron), *B. cr.*

19 *bis.* Le pourvoi du prévenu contre un arrêt de la chambre d'accusation qui le renvoie en police correctionnelle est recevable lorsqu'il est fondé sur un défaut de motifs. Le délai est de trois jours. — Cass. 15 déc. 1866 (Calvé), *B. cr.*

Art. 231.

11 *bis.* Quand l'information contre un inculpé comprend un délit et un crime, le juge d'instruction doit ordonner la transmission des pièces sur le tout; il ne peut prématurément renvoyer d'abord le prévenu devant la police correctionnelle sur le délit et continuer l'information sur le crime. Il appartient à la chambre d'accusation d'apprécier tous les faits résultant de la procédure et de décider s'il y a connexité. — Besançon, 9 juin 1862, *J. cr.*, 7448.

12. La chambre d'accusation saisie d'une opposition formée par le procureur général à une ordonnance portant n'y avoir lieu à suivre contre un inculpé de coups et blessures volontaires ne peut, en l'absence d'une évocation prononcée en vertu de l'art. 235, statuer à l'égard de deux militaires qui, par la même ordonnance, ont été renvoyés devant l'autorité militaire pour le même délit, puisqu'ils n'ont pas été renvoyés devant elle et n'ont pas été compris dans l'opposition. — Cass. 24 mai 1867 (Luce), *B. cr.*

21 *bis.* Est nul l'arrêt qui se borne à déclarer que le crime paraît avoir été commis par le prévenu. — Cass. 2 mai 1861 (Brizon), *B. cr.*

30. Conf. Cass. 12 fév. 1864 (Beauvais), *B. cr.*

Art. 232.

1. Lorsque l'accusé a été renvoyé aux assises sous des nom et prénoms qu'il a acceptés dans son interrogatoire comme lui appartenant, la cour d'assises peut, nonobstant une contestation soulevée seulement après le verdict du jury, passer outre au jugement. — Cass. 16 mars 1865 (Perriat), *B. cr.*

2 *bis.* L'exposé sommaire peut résulter des circonstances de fait mentionnées dans les diverses parties dont se compose l'ensemble de la décision judiciaire. — Cass. 15 fév. 1861 (Louvet), *B. cr.*

3. Il suffit que l'arrêt précise les faits imputés, les circonstances dans lesquelles ils auraient eu lieu, et leur donne leur qualification légale; on ne peut se faire un moyen de cassation de ce qu'il n'indiquerait pas les charges qui rendent probables le crime imputé. — Cass. 16 juin 1864 (Maréchal), *B. cr.*

4. Conf. Cass. 23 mars 1861 (Jaume), *B. cr.*; 4 avril 1862 (Laroche), *B. cr.*; 8 fév. 1862 (Monteil), *B. cr.*

6 *bis.* Est nul l'arrêt de la chambre d'accusation qui se borne à s'en référer sur le fait à ce qui est indiqué par l'information. — Cass. 2 mai 1861 (Brizon), *B. cr.*

10 *bis.* La chambre d'accusation peut formuler des qualifications complexes et alternatives; elle n'est pas tenue de les diviser et de les préciser comme elles devront l'être par le président des assises. — Cass. 1er fév. 1866 (Protoy), *B. cr.*

Art. 234.

5. L'omission du nom de l'un des conseillers qui ont rendu l'arrêt dans l'expédition de cet arrêt no-

tifiée à l'accusé ne peut infirmer les constatations de l'expédition authentique transmise à la Cour de cassation. — Cass. 16 juin 1864 (Maréchal), *B. cr.*

Art. 235.

9. Cet article est sans application au cas où il s'agit d'une procédure terminée par une ordonnance de renvoi en police correctionnelle passée en force de chose jugée. — Cass. 12 juill. 1861, *B. cr.*

Art. 241.

26 *bis.* L'acte d'accusation ne peut, à la qualification d'un arrêt qui renvoie l'accusé pour exposition d'enfant dans un lieu solitaire, ajouter qu'il a donné l'ordre d'exposer ainsi l'enfant. — Cass. 28 déc. 1860 (Larqué), *B. cr.*

33 *bis.* L'énonciation irrégulière dans l'acte d'accusation d'un chef d'accusation non relevé dans l'arrêt de renvoi n'empêche pas le président de poser ce fait au jury comme résultant des débats. — Cass. 28 déc. 1860 (Larqué), *B. cr.*

Art. 242.

1. Conf. Cass. 16 mai 1861 (Vernay), *B. cr.*; 27 avril 1865 (Henri-Édouard), *B. cr.*

1 *bis.* La signification de l'arrêt de renvoi et de l'acte d'accusation et la remise qui doit être faite à l'accusé d'une copie de ces deux actes sont des formalités essentielles au droit de la défense. — Cass. 12 déc. 1867 (Terrail), *B. cr.*

23. La preuve que copie de l'arrêt de renvoi et de l'acte d'accusation a été laissée à l'accusé peut résulter du coût de l'exploit délivré à l'accusé. — Cass. 14 fév. 1867 (Level), *B. cr.*

23 *bis.* Si, lorsqu'il y a plusieurs accusés et que le fait de la remise est constaté par l'exploit, on peut trouver dans le coût la preuve du nombre des copies laissées aux accusés, cette preuve ne peut s'étendre jusqu'au fait même de la remise, qui ne peut résulter que de l'exploit lui-même ou des autres actes de procédure. — Cass. 12 déc. 1867 (Terrail), *B. cr.*

23 *ter.* Mais la preuve qu'une copie de la notification de l'arrêt de renvoi et de l'acte d'accusation a été remise à chacun des accusés résulte suffisamment de la mention qui constate que copie a été remise successivement 1° à..., 2° à..., 3° à..., et en outre par le coût de l'exploit qui constate l'existence de trois copies. — Cass. 12 sept. 1861 (Daméc), *B. cr.*

25. L'omission de la mention de la remise de la copie de l'arrêt de renvoi et de l'acte d'accusation peut être suppléée par l'interrogatoire de l'accusé ou l'arrêt de condamnation. — Cass. 12 déc. 1867 (Terrail), *B. cr.*

31. Conf. Cass. 7 fév. 1867 (Lebars), *B. cr.*; 13 fév. 1868 (Pouchou), *B. cr.* — Alors même que l'acte serait terminé par ces mots : *lui laissant copie du présent et desdits arrêt et acte d'accusation, en lui déclarant qu'il allait être transféré...* — Cass. 7 fév. 1867 (Lebars), *B. cr.*

35. Conf. Cass. 5 janv. 1866 (Rolle), *B. cr.*; 8 mai 1862 (Battaillard), *B. cr.*

35 *bis.* La notification est nulle lorsqu'elle est faite à l'accusé en parlant à un tiers. — Cass. 16 mai 1861 (Vernay), *B. cr.*

36. Conf. Cass. 16 mai 1861 (Vernay), *B. cr.*

38 *bis.* La notification de l'arrêt de renvoi n'est pas nulle quoique l'huissier se soit servi de ces mots impropres : *parlant en personne,* s'il est énoncé que copie a été laissée à l'accusé entre les deux guichets. — Cass. 28 déc. 1860 (Larqué), *B. cr.*

38 *ter.* L'erreur sur la date de l'acte d'accusation dans l'exploit de notification ne peut nuire à l'accusé; elle est rectifiée d'ailleurs par la remise de la copie de l'acte d'accusation portant sa véritable date. — Cass. 5 déc. 1867 (Farueau), *B. cr.*

53. Conf. Cass. 27 avril 1865, *B. cr.* — Et non à celui de la ville où l'accusé s'est dit domicilié. — Même arrêt.

56 *bis.* La nullité tirée de l'irrégularité de la notification de l'arrêt de renvoi à un accusé en fuite n'est pas couverte par le pourvoi formé plus tard par cet accusé contre l'arrêt de renvoi et par l'arrêt qui en a prononcé le rejet. — Cass. 27 avril 1865 (Henri-Édouard), *B. cr.*

Art. 243.

1. L'exécution plus ou moins complète de la mesure purement administrative prescrite par cet article ne peut constituer un moyen de cassation. — Cass. 9 juill. 1863 (Mechta), *B. cr.*

Art. 247.

4 *bis.* Les charges nouvelles peuvent résulter de la constatation d'un nouveau crime ou délit commis par l'inculpé dans des circonstances identiques au premier; les témoignages entendus et les constatations faites dans la seconde occurrence peuvent être de nature à fortifier les preuves jugées trop faibles. — Cass. 17 janv. 1867 (Neveu), *B. cr.*

Art. 252.

§ 1er.

7. Le premier président a le droit de désigner les conseillers qui devront, en cas d'empêchement des titulaires, suppléer ces derniers et siéger en leur place pendant la session. — Cass. 20 mars 1863 (Heutte), *B. cr.*

§ 3.

48. Un juge suppléant, après avoir pris part comme assesseur, au début de la session, à la formation de la liste du jury, peut remplir les fonctions de min. public à l'une des audiences subséquentes. — Cass. 29 nov. 1866 (Fargeot), *B. cr.*

§ 4.

56. La capacité d'un commis greffier qui assiste la cour repose jusqu'à preuve contraire sur une présomption de droit qui dispense de toute mention spéciale, soit relativement au serment professionnel, soit relativement aux autres conditions de capacité. — Cass. 28 mars 1867 (Lino), *B. cr.*

56 *bis.* Ainsi, il y a présomption que le commis greffier a prêté le serment prescrit, quoique le procès-verbal ne le constate pas. — Cass. 8 avril 1864 (Letournier), *B. cr.*

Art. 253.

2 *bis.* Lorsque l'ordonnance qui fixe l'ouverture des assises et qui désigne les assesseurs est signée par le second des présidents de chambre de la cour, agissant en l'absence du premier président, il y a présomption légale que le premier président et le plus ancien des présidents de chambre étaient légitimement empêchés. — Cass. 21 janv. 1865 (Féty), *B. cr.*

4. Conf. Cass. 6 juin 1861 (Ballagny), *B. cr.*

5. Conf. Cass. 6 juin 1861 (Vernouillet), *B. cr.*

9. Le magistrat qui remplace même temporairement le président des assises empêché de choisir un juge pour l'affaire dont il ne peut connaître, a les mêmes prérogatives et peut pourvoir au remplacement. — Cass. 2 avril 1863 (Fabre), *B. cr.*

9 *bis.* L'ordonnance du président des assises qui nomme un autre assesseur en remplacement de l'assesseur empêché sans énoncer si l'empêchement est temporaire ou accidentel, a son effet pour le reste de la session. Il y a présomption que l'empêchement continue. — Cass. 18 avril 1867 (Forey), *B. cr.*

Art. 257.

§ 1er.

9. Conf. Cass. 15 mai 1863 (Peraldi), *B. cr.*

16 *bis.* La cour dont fait partie un magistrat qui a voté sur la mise en accusation étant irrégulièrement composée, ne peut, avec le concours de ce magistrat, rendre arrêt pour annuler les débats commencés. — Cass. 28 déc. 1860 (Portarrieu), *B. cr.*

20 *bis.* Le concours d'un magistrat à l'arrêt par lequel la chambre des appels correctionnels s'est déclarée incompétente ne fait pas obstacle à ce que plus tard il préside la cour d'assises appelée à statuer sur les mêmes faits ; il peut néanmoins s'abstenir, et son abstention ne peut entraîner une nullité. — Cass. 29 janv. 1863 (Drailhe), *B. cr.*

§ 2.

27. Cet article n'est pas applicable au magistrat qui n'a été qu'un intermédiaire passif chargé par le juge d'instruction de recevoir le serment d'experts commis et de leur remettre des pièces ou des objets de conviction. — Cass. 3 fév. 1865 (ve Lehautchant), *B. cr.*

§ 3.

35. Conf. Cass. 29 avril 1864 (Lévy), *B. cr.*

35 *bis.* Le procureur impérial qui, soit directement, soit indirectement par le réquisitoire de son substitut, a participé à une instruction, ne peut siéger comme juge dans la même affaire. — Cass. 29 avril 1864 (Lévy), *B. cr.*

Art. 263.

1. Conf. Cass. 6 juin 1861 (Vernouillet), *B. cr.*

1 *bis.* Pour la cour d'assises du chef-lieu de la cour impériale, le premier président a le droit de désigner, même après l'ouverture de la session, les conseillers chargés de remplacer soit le président d'assises, soit les assesseurs empêchés. Il n'y a lieu de recourir au mode de remplacement autorisé par les art. 263 et 264 dans ces cours d'assises, que quand le premier président n'a pas usé de cette faculté. — Cass. 23 avril 1863 (Regnault), *B. cr.*

3 *bis.* Le choix du premier président pour remplacer le président empêché peut être fait soit nommément, soit implicitement, en portant à la tête des trois magistrats appelés en remplacement de tous les membres de la cour d'assises empêchés le plus ancien conseiller d'entre eux. — Cass. 23 avril 1863 (Regnault), *B. cr.*

Art. 264.

17. Conf. Cass. 29 juillet 1865 (Martin), *B. cr.*

22. L'adjonction comme assesseur supplémentaire d'un conseiller plus ancien dans un moment où la cour était déjà légalement composée par l'appel d'un magistrat moins ancien ne peut vicier rétroactivement la composition de la cour. — Cass. 29 juill. 1865 (Martin), *B. cr.*

Art. 267.

13. Conf. Cass. 11 avril 1867 (Niochau), *B. cr.*

Art. 268.

2. Conf. Cass. 28 déc. 1860 (Labbé), *B. cr.*; 25 juill. 1867 (Clerissi), *B. cr.*

7. Conf. Cass. 23 juill. 1863 (Poisson), *B. cr.*

22 *bis.* Le président peut décider seul qu'un témoin âgé de moins de quinze ans sera entendu sans prestation de serment à titre de renseignement. — Cass. 18 sept. 1862 (Grenier), *B. cr.*

24 *bis.* Il appartient au président seul de refuser ou d'autoriser la lecture à l'audience d'une déposition écrite. — Cass. 20 déc. 1860 (Vincent), *B. cr.*

28 *bis.* La cour ne peut être appelée à statuer sur le refus du président d'autoriser la lecture d'une déposition écrite, qu'autant qu'il s'élève un contentieux à cet égard ; des conclusions par lesquelles le défenseur requiert qu'il lui soit donné acte du refus du président ne saisissent point la cour d'un débat contentieux. — Cass. 20 déc. 1860 (Vincent), *B. cr.*

29. Si la cour doit statuer sur les conclusions prises par la défense ou par le min. public, elle n'en doit pas moins examiner ce qui, dans la mesure provoquée, peut appartenir au pouvoir discrétionnaire du président ou rentrer dans les limites de ses propres attributions. — Cass. 15 avril 1861 (Bonnard), *B. cr.*

30 *bis.* La cour doit se déclarer incompétente pour ordonner la lecture d'une déposition écrite ou l'introduction aux débats, malgré l'opposition de l'accusé, d'un témoin dont le nom ne lui a pas été notifié. Ces mesures extraordinaires sont exclusivement confiées au président. — Cass. 27 déc. 1860 (Didier), *B. cr.*; 5 avril 1861 (Bonnard), *B. cr.* — V. sous l'art. 269, n° 105.

30 *ter.* Pour ordonner l'apport ou le dépôt de toute pièce nouvelle. — Cass. 5 avril 1861 (Bonnard), *B. cr.*

Art. 269.

§ 1er.

5. Il importe peu que le témoin entendu en vertu du pouvoir discrétionnaire se trouve à l'audience et offre spontanément de déposer, ou qu'étant en dehors de l'audience il soit mandé par ordre du président. — Cass. 4 juin 1864 (La Pommerais), *B. cr.*

6. Conf. Cass. 4 juin 1864 (La Pommerais), *B. cr.*

9 *bis.* Le président peut entendre, en vertu du pouvoir discrétionnaire et sans serment, des personnes appelées pour donner leur opinion sur des questions d'art ou de science. — Cass. 4 juin 1864 (La Pommerais), *B. cr.*

10. Alors même qu'elles auraient figuré comme experts dans l'instruction écrite, si elles n'avaient point été citées à l'audience par le min. public. — Cass. 4 juin 1864 (La Pommerais), *B. cr.*

10 *bis.* Un expert entendu d'abord en cette qualité sous la foi du serment peut ensuite être entendu, en vertu du pouvoir discrétionnaire, sur des faits étrangers à la mission à lui confiée comme expert. — Cass. 3 fév. 1863 (Marion), *B. cr.*

11. Le président peut entendre, en vertu de son pouvoir discrétionnaire, un témoin entendu au cours de l'instruction préparatoire, mais non cité devant la cour d'assises. — Cass. 9 janv. 1868 (Domergue), *B. cr.*

14. Conf. Cass 20 mars 1863 (Heulte), *B. cr.*

19. Conf. Cass. 25 août 1861 (Vincent), *B. cr.*

22. Conf. Cass. 13 août 1863 (Lacomme), *B. cr.*

29. Conf. Cass. 10 janv. 1861 (Gogeot), *B. cr.*

48. Le serment prêté par un témoin ou par un expert appelé en vertu du pouvoir discrétionnaire n'est pas une cause de nullité, alors surtout que l'accusé et son défenseur ne s'y sont pas opposés. — Cass. 2 janv. 1868 (Pourailly), *B. cr.*

§ 2.

53. Conf. Cass. 14 fév. 1868 (Germain), *B. cr.*

58 *bis.* Le président peut donner lecture de la déposition écrite d'un témoin déjà entendu sous serment. — Cass. 14 fév. 1868 (Germain), *B. cr.*

59. D'un procès-verbal de confrontation entre deux témoins, et ce pendant le cours de la déposition de l'un d'eux et avant l'audition de l'autre. — Cass. 13 août 1863 (Lacomme), *B. cr.*

59 *bis.* Mais il ne peut, dans le cours de l'interrogatoire d'un accusé, avant l'audition des témoins, donner lecture de la déposition écrite d'un témoin cité, alors même qu'ultérieurement ce témoin, parent de l'accusé, n'aurait été entendu qu'en vertu du pouvoir discrétionnaire. — Cass. 12 déc. 1867 (Barrien), *B. cr.*

63. Conf. Cass. 18 mai 1865 (Houdebine), *B. cr.*

68. Le président peut donner lecture d'une note écrite sur le carnet d'un témoin. — Cass. 6 juin 1861 (Troublé), *B. cr.*

75. D'un rapport d'expert non cité aux débats. — Cass. 23 janv. 1868 (Farradjia), *B. cr.*

80 *bis.* D'une lettre de l'accusé interceptée à la prison, en ordonnant qu'elle sera jointe à la procédure. — Cass. 16 mars 1866 (Oursel), *B. cr.*

91. De la déposition d'un témoin entendu dans une procédure antérieure. L'indication par erreur que cette déposition est celle d'un témoin entendu dans l'instruction ne peut préjudicier aux droits de la défense. — Cass. 18 fév. 1864 (Masson), *B. cr.*

92. D'une pièce qui n'a été ni jointe au dossier ni communiquée, sauf à l'accusé et à son défenseur à la débattre ou à demander le renvoi de l'affaire à un autre jour. — Cass. 16 juill. 1863 (Mazères), *B. cr.*

§ 3.

104. Le président peut charger un juré, ne faisant pas partie du jury du jugement, d'une expertise. — Cass. 24 janv. 1868 (Mallet), *B. cr.*

105. L'attribution faite au président d'ordonner les mesures d'instruction de droit commun, par exemple une expertise, la levée et la communication d'un plan, etc., n'enlève pas à la cour le droit de recourir, sur les conclusions des parties, à ces moyens d'instruction. — Cass. 5 avril 1861 (Bonnard), *B. cr.*

105 *bis.* Les actes ordinaires d'instruction, tels que la distribution aux juges, aux jurés et à l'accusé, de copies d'un plan des lieux qui sont de droit commun, peuvent être ordonnés soit par le président, soit par la cour d'assises sur la réquisition qui est faite. — Cass. 27 déc. 1860 (Didier); 5 avril 1861 (Bonnard), *B. cr.*

111. Un expert appelé en vertu du pouvoir discrétionnaire est dispensé du serment, encore qu'il ait été mandé par une citation de témoin. — Cass. 24 janv. 1868 (Mallet), *B. cr.*

Art. 277.

1. Conf. Cass. 16 août 1839 (Casalonga); D.

19. Conf. Cass. 20 mai 1862 (Jeannin), *B. cr.*

25. L'arrêt qui ordonne que, nonobstant l'absence de témoins, il sera passé outre aux débats, est suffisamment constaté par le procès-verbal des débats. — Cass. 20 mars 1862 (Jeannin), *B. cr.*

Art. 293.

§ 1er.

5. Conf. Cass. 18 mai 1854 (Levêque), *B. cr.*; 19 fév. 1863 (Baron), *B. cr.*; 21 janv. 1864 (Hebrard), *B. cr.*; 4 juin 1864 (La Pommerais), *B. cr.*

5. S'il est plus régulier de faire précéder l'interrogatoire de la signification de l'acte d'accusation et l'arrêt de renvoi, l'interversion de cet ordre n'est pas une cause de nullité. — Cass. 21 janv. 1864 (Hebrard), *B. cr.*

§ 2.

15. Le président du trimestre courant n'est pas dessaisi, même après la clôture de la session, du pouvoir de procéder à l'interrogatoire d'un accusé qui doit être jugé aux assises suivantes. — Cass. 9 août 1860 (Joannon), *B. cr.*

15 *bis.* Le président d'une session de la cour d'assises peut, avant l'ouverture de cette session et dans le cours de la session qui précède, procéder à l'interrogatoire des accusés qui seront jugés sous sa présidence. — Cass. 21 janv. 1864 (Hebrard), *B. cr.*

18. Cet article n'exige pas que le magistrat délégué par le président pour entendre à sa place les accusés fasse partie de la cour d'assises. — Cass. 9 fév. 1865 (Le Picard), *B. cr.*

19. Conf. Cass. 28 août 1862 (Roquère), *B. cr.*

19 *bis.* La délégation du président des assises pour procéder à l'interrogatoire de l'accusé reste entière, quoique le président qui l'a faite soit ultérieurement remplacé par un autre président. — Cass. 6 juin 1861 (Vernouillet), *B. cr.*

26 *bis.* L'indication d'un procès-verbal que le président était assisté du *greffier ordinaire* s'applique au commis greffier signataire de ce procès-verbal. — Cass. 16 déc. 1864 (Rudeau), *B. cr.*

§ 3.

32. Conf. Cass. 21 déc. 1861 (Dubois), *B. cr.*; 2 avril 1868 (Bernard), *B. cr.*

34. Conf. Cass. 13 oct. 1865 (Nikitschenkoff), *B. cr.*

Art. 294.

10. Un seul défenseur peut être nommé à plusieurs accusés d'un même crime, lorsqu'ils n'ont pas d'intérêts opposés. Il y a présomption d'intérêts communs lorsque l'avocat a accepté et rempli sa mission sans réclamation des accusés. — Cass. 31 mai 1867 (Raffa ben Missoun), *B. cr.*

Art. 296.

24. Conf. Cass. 16 avril 1868 (Depetris), *B. cr.*

30. Conf. Cass. 16 avril 1868 (Petit), *B. cr.*

31. Conf. Cass. 22 août 1861 (Cambiazo Stephano), *B. cr.*; 11 août 1864 (Saad ben Ahmed), *B. cr.*

32. Conf. Cass. 11 août 1864 (Saad ben Ahmed), *B. cr.*

41. Conf. Cass. 6 juin 1867 (Casamatta), *B. cr.*

54. Conf. Cass. 22 mai 1862 (Giraud), *B. cr.*

71. Conf. Cass. 4 janv. 1866 (Fages), *B. cr.*; 30 juin 1864 (Guepin), *B. cr.*

74. Conf. Cass. 4 janv. 1866 (Fages), *B. cr.*

77 *bis.* Est nul le procès-verbal de l'interrogatoire de l'accusé, si la date du jour où il a été fait est

omise et ne peut être remplacée par les autres énonciations de l'acte. — Cass. 9 mars 1865 (Ferradj ben Saïd), *B. cr.*

79. Conf. Cass. 24 déc. 1863 (Carlier), *B. cr.*; 10 août 1860 (Poirel), *B. cr.*

Art. 298.

7. Le pourvoi du procureur général contre un arrêt de renvoi, fondé sur des qualifications inexactes ou des omissions, ne repose pas sur l'incompétence. Il n'est recevable que s'il est formé dans le délai de l'art. 373 C. i. cr. — Cass. 29 nov. 1866 (Goubert), *B. cr.*

Art. 299.

2. Conf. Cass. 11 janv. 1866 (Gorraz), *B. cr.*

3. Ainsi, un accusé n'est pas recevable à se pourvoir contre un arrêt de mise en accusation par le motif que les faits imputés constitueraient des faux en écriture privée, et non des faux en écriture authentique. C'est à la cour d'assises, qui n'est pas liée par la qualification donnée aux faits de l'accusation, à les caractériser d'après la déclaration du jury. — Cass. 11 janv. 1866 (Gorraz), *B. cr.*

14 *bis.* L'arrêt de la chambre d'accusation qui renvoie devant la cour d'assises pour des faits réellement qualifiés crimes par la loi ne peut être attaqué par l'accusé sous le prétexte que des faits postérieurs auraient réduit ces faits aux proportions d'un simple délit. — Cass. 23 août 1866 (Robert), *B. cr.*

16. Conf. Cass. 11 janv. 1866 (Gorraz), *B. cr.*

25. Conf. Cass. 4 févr. 1864 (Bassot), *B. cr.*

25-28. Les causes de nullité énumérées dans cet article ne sont pas limitatives d'une manière absolue; les violations de la loi en général, et notamment en ce qui touche le droit de la défense et les formalités substantielles, peuvent également donner ouverture à cassation. — Cass. 4 fév. 1865 (Pélissier-Seguin), *B. cr.*

25 *bis.* Mais dans ce cas les pourvois doivent être formés dans les trois jours de la signification de l'arrêt. — Cass. 4 fév. 1865 (Pélissier-Seguin), *B. cr.*; 4 fév. 1864 (Bassot), *B. cr.*

Art. 302.

12. En matière correctionnelle, le prévenu, par lui-même ou par son conseil, a le droit de prendre communication des pièces de l'instruction au greffe sans déplacement, et même de prendre des notes, extraits ou copies. — Metz, 23 mai 1866 (Huber), *J. cr.*, n° 8241.

Art. 303.

15 *bis.* Le président du trimestre courant, même après la clôture de la session, n'est pas dessaisi du pouvoir de procéder aux informations énoncées en cet article. Le président de la session où l'accusé doit être jugé n'a pas compétence exclusive. — Cass. 9 août 1860 (Joannon), *B. cr.*

16 *bis.* Le président peut, quel que soit le lieu de la résidence des témoins qu'il s'agit d'entendre, déléguer, pour procéder à leur audition, soit un juge d'instruction, soit celui de ses assesseurs qu'il lui convient de commettre. — Cass. 2 janv. 1864 (Laignaiz), *B. cr.*

31. Le procureur général peut, après l'arrêt de renvoi, faire prendre des renseignements sur l'identité de l'individu arrêté, sauf à laisser au président le soin de procéder aux interrogatoires de droit. — Cass. 16 janv. 1868 (Zabetta), *B. cr.*

31 *bis.* Il peut faire prendre officieusement sur le lieu du crime, par le commissaire de police, des renseignements pour s'éclairer sur la rédaction de la liste des témoins, et les joindre avant l'audience au dossier, afin que copie en puisse être donnée à l'accusé. — Cass. 28 juin 1866 (Filippi), *B. cr.*

31 *ter.* Il peut faire recueillir dans ce but, par le juge de paix et par la gendarmerie, des déclarations et faire des enquêtes. — Elles ne peuvent exercer une influence illégale lorsqu'il n'en est pas donné lecture à l'audience, et qu'elles ne sont pas communiquées au jury. — Cass. 29 juin 1865 (Clerc), *B. cr.*

34. Il ne peut résulter nullité de ce qu'il aurait été procédé à un supplément d'information par le juge de paix, par suite de la délégation du procureur impérial, s'il n'est pas même allégué que les procès-verbaux aient été versés au procès ou remis par le président de la cour d'assises au jury; s'il n'est pas établi d'ailleurs qu'ils contiennent autre chose que les renseignements que le ministère public est, en tout état de cause, autorisé à recueillir pour arriver à la découverte de la vérité. — Cass. 23 mai 1863 (Auragnier), *B. cr.*

34 *bis.* Le min. public peut et doit, lorsqu'il parvient à sa connaissance un élément de conviction, le recueillir, et transmettre, à titre de renseignement, les actes qui le constatent, pourvu que ces actes ne soient pas remis au jury lors de sa délibération. — Cass. 12 sept. 1861 (Damée), *B. cr.*

35 *bis.* Le condamné ne peut, devant la cour de cassation, demander à faire la preuve de l'existence d'une instruction faite irrégulièrement depuis l'arrêt de renvoi, lorsque les faits dont il veut faire la preuve ont été produits postérieurement à l'arrêt de condamnation, qu'ils n'ont été vérifiés ni constatés au cours des débats et qu'ils n'y ont été l'objet d'aucune réclamation, d'aucune réserve. — Cass. 23 mai 1863 (Auragnier), *B. cr.*

Art. 304.

Il n'a pas été dérogé à cet article par la loi du 22 juillet 1867 sur la contrainte par corps.

Art. 305.

14. Conf. Cass. 29 juin 1865 (Clerc), *B. cr.*

14 *bis.* Il n'est pas dû copie à l'accusé d'une pièce étrangère à la procédure. — Cass. 31 mai 1866 (Benistout), *B. cr.*

27-28. Conf. Cass. 11 janv. 1866 (Si Mansour), *B. cr.*

47 *bis.* Il suffit que la copie des pièces soit remise au défenseur; si l'accusé prétend que cette remise ne lui est pas parvenue, c'est à la cour d'assises qu'il doit porter sa réclamation. Le silence par lui gardé à cet égard le rend non recevable à s'en faire un moyen de cassation. — Cass. 23 juill. 1863 (Poisson), *B. cr.*

48. L'accusé ne peut se plaindre du défaut de communication d'un document, lorsqu'il appert du numéro d'ordre que porte ce document, ainsi que de l'inventaire, qu'il a été joint au dossier au moment où la procédure a été transmise au greffe de la cour impériale. — Cass. 5 juillet 1867 (Kist), *B. cr.*

48 *bis.* Il ne peut se faire un moyen de cassation de ce qu'un plan des lieux dressé sur l'ordre du président ainsi que l'état des punitions par lui subies dans la maison d'arrêt n'ont pas été communiqués à son défenseur avant l'audience, s'il est constaté que ces deux pièces n'ont été versées aux débats qu'après

que ledit défenseur en a eu pris connaissance. — Cass. 23 déc. 1864 (Merlé), *B. cr.*

Art. 307.

8. Conf. Cass. 30 mars 1861 (Jamois), *B. cr.*

15 *bis.* L'exercice de la faculté de jonction ne peut aller jusqu'à porter atteinte soit aux lois touchant la compétence et l'ordre des juridictions, soit aux droits essentiels de l'accusation ou de la défense. — Cass. 30 mars 1861 (Jamois), *B. cr.*

16. *Contrà.* Cass. 30 mars 1861 (Jamois), *B. cr.*

23. Le consentement donné par l'accusé à la jonction de deux procédures le rend non recevable à la critiquer ultérieurement. — Cass. 30 mars 1861 (Jamois), *B. cr.*

29 *bis.* Lorsqu'une procédure dirigée contre deux individus pour des faits distincts d'attentat à la pudeur, mais successifs, a été réglée par un seul et même arrêt de renvoi, et qu'un seul acte d'accusation a été dressé, il n'y a pas lieu pour le président d'ordonner la jonction ; les deux accusés sont régulièrement soumis aux mêmes débats. — Cass. 16 août 1860 (Rolland), *B. cr.*

Art. 309.

§ 2.

11. Les mots de l'arrêt : *fait et prononcé en audience publique* ne constatent pas suffisamment la publicité de l'examen et des débats. — Cass. 14 juin 1866 (Ahmed ben Ali), *B. cr.*

Il en est de même lorsque le procès-verbal se borne à énoncer que l'arrêt a été prononcé en présence du public. — Même arrêt.

§ 3.

37. Conf. Cass. 5 juill. 1866 (Sansonetti), *B. cr.*

45-46. Conf. Cass. 11 janv. 1867 (Cousin), *B. cr.*

Il ne suffit pas que l'arrêt vise l'art. 81 de la Constitution de 1848. — Même arrêt.

48. Conf. Cass. 16 mars 1866 (Oursel), *B. cr.*

La décision ordonnant le huis clos est suffisamment motivée par l'affirmation du danger qui devait naître de la publicité de l'audience. — Cass. 16 mars 1866 (Oursel), *B. cr.*

62. N'a pas besoin d'être prononcé publiquement l'arrêt qui admet l'intervention d'une partie civile, lorsque le ministère public ni l'accusé n'ont fait aucune observation ; il ne peut être considéré que comme un incident faisant partie du débat. — Cass. 8 déc. 1864 (Degouts), *B. cr.*

Art. 310.

1. Conf. Cass. 20 mars 1862 (Klopfenstein), *B. cr.*

5 *bis.* Le président peut ordonner qu'une accusée ne gardera pas près d'elle un enfant qu'elle allaite et dont la présence trouble l'audience. — Cass. 11 août 1864 (Gamot), *B. cr.*

20. La loi ne prescrit pas d'ordre obligatoire à suivre entre les interrogatoires et les dépositions de témoins ; le président peut procéder d'abord à l'audition d'un témoin et interroger ensuite l'accusé conformément à l'art. 327. — Cass. 23 avril 1863 (Regnault), *B. cr.*

20 *bis.* Il n'est point interdit au président d'interroger les accusés en présence des témoins. — Cass. 22 sept. 1864 (Ettlin), *B. cr.*

Art. 312.

16. Conf. Cass. 20 mars 1863 (Heutte), *B. cr.*

Art. 313.

4. La lecture de l'arrêt de renvoi et de l'acte d'accusation n'est point prescrite à peine de nullité. — Cass. 13 nov. 1862 (Deviva), *B. cr.*; 4 déc. 1862 (Vanhalwyn), *B. cr.* — Alors surtout que l'accusé n'a pas demandé cette lecture. — Cass. 8 juin 1866 (Prinquet), *B. cr.*

6. Conf. Cass. 6 avril 1866 (Rangez), *B. cr.*

Art. 315.

§ 1er.

2. Conf. Cass. 8 mars 1866 (Chavot), *B. cr.*

§ 2.

9. Le min. public n'est pas tenu de faire appeler aux débats tous les témoins entendus dans l'instruction. — Cass. 30 août 1866 (Leyval), *B. cr.*

19. Conf. Cass. 21 août 1863 (Lemarchand), *B. cr.*

30 *bis.* La notification du nom des experts n'est pas prescrite par la loi. — Cass. 3 sept. 1863 (Marioni), *B. cr.*

§ 3.

40. Un témoin dont le nom a été notifié à l'accusé est régulièrement entendu, quoique non cité. — Cass. 13 déc. 1866 (Thomas), *B. cr.*

44. Conf. Cass. 18 avril 1867 (Nivoliès), *B. cr.*

44 *bis.* Un témoin cité et notifié à l'accusé peut être écarté par arrêt de la cour et entendu à titre de simple renseignement si le procureur général s'est opposé à son audition et si l'accusé n'a pas insisté pour qu'il fût entendu. — Cass. 9 janv. 1868 (Domergue), *B. cr.*

49, 51. Conf. Cass. 13 déc. 1867 (Bouquet), *B. cr.*

51. Sous prétexte que le témoin est idiot. — Même arrêt. — Alors même que le min. public et l'accusé auraient déclaré qu'ils ne s'opposaient pas à ce que le témoin fût entendu à titre de simples renseignements. — Même arrêt.

§ 4.

68. Conf. Cass. 10 janv. 1861 (Gogeat), *B. cr.*; 11 sept. 1862 (Loret), *B. cr.*; 26 déc. 1863 (Soubielle), *B. cr.*; 6 oct. 1864 (Paitre), *B. cr.*

69. Conf. Cass. 26 déc. 1863 (Soubielle), *B. cr.*

70. Le témoin cité régulièrement, mais dont le nom n'a pas été notifié, doit être entendu sous serment à peine de nullité, s'il n'y a pas opposition ; il ne peut être entendu en vertu du pouvoir discrétionnaire, même avec le consentement de l'accusé. — Cass. 6 oct. 1864 (Paitre), *B. cr.*

75 *bis.* Lorsqu'un individu qui n'a pas été cité comme témoin a été entendu par erreur sous serment, il n'y a pas nullité dès que son audition n'a soulevé aucune opposition ; mais le président peut annuler le serment prêté indûment et entendre ce témoin à titre de renseignement. — Cass. 19 juill. 1866 (Philippi), *B. cr.*

Art. 316.

1. Conf. Cass. 17 août 1861 (Léger), *B. cr.*; 18 mars 1864 (Odc), *B. cr.*; 22 sept. 1864 (Ettlin), *B. cr.*; 8 déc. 1864 (Degouts), *B. cr.*; 6 avril 1866 (Rangez), *B. cr.*; 5 juill. 1866 (Sansoneti), *B. cr.*

2. Il ne peut résulter nullité de ce qu'un témoin laissé par erreur dans l'audience a assisté à l'interrogatoire de l'accusé. — Cass. 17 août 1861 (Léger), *B. cr.*

2 *bis.* Conf. Cass. 8 déc. 1864 (Degouts), *B. cr.*

Art. 317.

§ 1er. — *Audition séparée des témoins. — Ordre établi.*

2. Conf. Cass. 3 oct. 1867 (Julien), *B. cr.*

3. Conf. même arrêt.

8. Rien n'empêche le président, alors surtout qu'il ne s'élève aucune réclamation, de scinder la déposition des témoins en les interpellant distinctement sur chaque chef d'accusation, tantôt avant, tantôt après d'autres témoins. — Cass. 31 mai 1867 (Segui), *B. cr.*

§ 2. — *Du serment.*

16. Les dépositions des témoins âgés de moins de quinze ans et dont les noms ont été notifiés peuvent être reçues avec ou sans prestation de serment. Art. 79 C. i. cr. — Cass. 4 juin 1864 (La Pommerais), *B. cr.*; 22 août 1867 (Constant), *B. cr.*

16 *bis.* Elles peuvent être reçues sous serment, surtout en l'absence de toute réclamation. Le serment ne constitue qu'une garantie surabondante et ne peut causer préjudice à l'accusé. — Cass. 18 sept. 1862 (Grenier), *B. cr.*

18. Conf. Cass. 13 sept. 1866 (Picard), *B. cr.*

18 *bis.* Il y a présomption; quoique le procès-verbal ne le dise pas, que c'est le président qui a dispensé du serment les enfants âgés de moins de quinze ans. — Cass. 26 déc. 1867 (Ménaget), *B. cr.*

19. Un témoin ne peut refuser de prêter le serment dans les termes prescrits par la loi, sous prétexte que sa conscience n'admet aucune religion ni même l'existence de Dieu. — Bruxelles, 10 mai 1867 (Malfaison), *J. cr.*, 8501.

30. Conf. Cass. 19 sept. 1861 (Garnerin), *B. cr.*

32. Conf. Cass. 27 déc. 1860 (Divario), *B. cr.*

33. Conf. Cass. 6 fév. 1862 (Abdelnebbi), *B. cr.*; 15 mars 1867 (Collet), *B. cr.*

37. Conf. Cass. 27 déc. 1860 (Divario), *B. cr.*

38. Conf. Cass. 3 nov. 1864 (Gueye), *B. cr.*

43. Conf. Cass. 26 juill. 1866 (Clément), *B. cr.*

54. Conf. Cass. 20 mars 1863 (Heutte), *B. cr.*; 2 mai 1867 (Vuillemin), *B. cr.*; 7 déc. 1860 (Blondin), *B. cr.*

57. Conf. Cass. 20 mars 1863 (Heutte), *B. cr.*

63 *bis.* Il y a nullité lorsque le procès-verbal ne constate pas l'absence aux débats ou l'audition sous serment d'un témoin dont le nom a été notifié. — Cass. 7 déc. 1860 (Blondin), *B. cr.* — Ou d'un expert appelé comme témoin. — Même arrêt.

64. Conf. Cass. 8 avril 1864 (Sisalah), *B. cr.*

65 *bis.* La mention qui, au commencement du procès-verbal, constate que tous les témoins entendus dans la séance ont prêté le serment de l'art. 317, comprend non-seulement ceux qui ont déposé avant l'absence momentanée du greffier et son remplacement, mais encore ceux qui ont déposé après qu'il a été de retour. — Cass. 18 mai 1865 (Houdebine), *B. cr.*

66. La mention générale que tous les témoins ont prêté serment n'admet aucune exception et comprend notamment les témoins à décharge. — Cass. 28 sept. 1865 (Garrigues), *B. cr.*

70. Est suffisante, quoique incorrecte, la mention que les témoins ont déposé avec prestation de serment et les autres formalités prescrites par l'art. 317. — Cass. 12 mars 1868 (Rivière), *B. cr.*

71. Il y a nullité lorsque le procès-verbal des débats a omis de constater dans la formule du serment d'un témoin les mots : rien que la vérité. — Cass. 10 oct. 1867 (Germain), *B. cr.*

78. Lorsque, après avoir fait régulièrement la con-statation du serment selon la formule, le procès-verbal déclare que certains témoins ont déposé sous la foi du serment, on ne saurait en conclure qu'ils n'ont pas prêté serment dans les termes de l'art. 317; il se réfère à la mention générale. — Cass. 18 mai 1865 (Houdebine), *B. cr.*

§ 4.

102. Il y a présomption que les témoins ont été entendus oralement lorsque le procès-verbal constate qu'ils ont été entendus et que la défense n'a élevé aucun incident. — Cass. 31 mai 1866 (Rancy), *B. cr.*

Art. 318.

1. Conf. Cass. 17 sept. 1863 (Verragou), *B. cr.*

4 *bis.* Le président peut faire consigner dans le procès-verbal les dépositions de deux témoins sur un fait nouveau produit au débat lorsqu'il juge utile de le faire. — Cass. 13 août 1863 (Lacomme), *B. cr.*

Art. 319.

10. L'accusé et son conseil ont le droit de faire questionner un coaccusé aussi bien qu'un témoin. — Cass. 30 août 1866 (Laborderie), *B. cr.*

11. Le président peut refuser de poser, sur la demande du défenseur, avant tout interrogatoire, à un coaccusé une question dont on ne lui fait même pas connaître l'objet. — Cass. 30 août 1866 (Laborderie), *B. cr.*

18. Conf. Cass. 30 août 1866 (Laborderie), *B. cr.*

21 *bis.* Un tribunal peut refuser de demander à un agent de police cité comme témoin les noms des personnes de qui il tient les renseignements objet de sa déposition. — Cass. 18 déc. 1862 (Vassel), *B. cr.*

Art. 320.

1 *bis.* Le président peut ordonner qu'un expert, après qu'il a été entendu, assistera aux débats. — Cass. 3 sept. 1863 (Marion), *B. cr.*

Art. 321.

1 et 2. Conf. Cass. 9 avril 1868 (Longé), *B. cr.*

Le président peut adopter l'ordre établi par le procureur général pour entendre les témoins. — Même arrêt.

Art. 322.

§ 2. — *Des parents et des alliés.*

12. La prohibition d'entendre les alliés s'étend aux enfants d'un premier lit du mari de l'accusée, encore qu'il n'existe aucun enfant issu du second mariage. — Cass. 8 mai 1862 (Duclo), *B. cr.*

22. Conf. Cass. 23 juill. 1863 (Poisson), *B. cr.*

26 *bis.* Le jury peut être suffisamment informé du lien de parenté existant entre le témoin et les accusés par les réponses faites par ce témoin aux interpellations du président sur ses nom, âge et qualité. — Cass. 6 août 1863 (Duvivier), *B. cr.*

29. Conf. Cass. 4 oct. 1860 (Ulder), *B. cr.*

§ 3. — *Des dénonciateurs, etc.*

40. Conf. Cass. 4 sept. 1862 (Duvoisin), *B. cr.*

42. L'accusé ne peut prétendre devant la Cour de cassation que le témoin n'avait pas qualité pour se porter partie civile et qu'il n'avait pu être dispensé

du serment, alors qu'il n'a pas élevé cette prétention devant la cour d'assises. — Même arrêt.

43. L'audition avec serment de la partie civile ne peut vicier les débats lorsqu'il n'y a pas eu opposition de l'accusé ou du min. public. — Cass. 11 avril 1861 (Burle), *B. cr.*

44. Conf. Cass. 11 avril 1861 (Burle), *B. cr.*

45. Conf. Cass. 8 déc. 1865 (Paccini), *B. cr.*

46 *bis.* La femme mariée qui ne justifie pas de l'autorisation de son mari pour se porter partie civile peut être entendue comme témoin sans que le président soit tenu de soumettre à la cour cet incident, si aucune conclusion des parties ne le rend contentieux; la cour peut ultérieurement lui donner acte de sa constitution de partie civile si elle justifie de l'autorisation de son mari. — Cass. 4 août 1864 (f° Coste), *B. cr.*

50. Cet article ne s'applique point à celui qui a intenté une action civile contre le prévenu si cette action n'a point le même objet. — Cass. 13 juill. 1861 (Palaprat), *B. cr.* — (V. art. 3, § 2. C. i. cr.).

64. L'accusé ne peut se plaindre de ce que, sur sa demande, un témoin a été entendu sans serment, sous prétexte d'une incapacité qui n'aurait pas existé. — Cass. 5 déc. 1867 (Vingataramin), *B. cr.*

64 *bis.* Le serment prêté par une personne frappée de l'incapacité de témoigner en justice, loin de préjudicier à la défense, ne fait qu'apporter une garantie plus forte à ses déclarations. — Cass. 5 déc. 1867 (Vingataramin), *B. cr.*

69 *bis.* Ne peuvent être considérés comme des dénonciateurs récompensés par la loi les fonctionnaires, agents ou préposés qui sont tenus par état de rendre compte aux autorités constituées des faits qui parviennent à leur connaissance. — Cass. 18 déc. 1862 (Vassel), *B. cr.* Paris, 2 janv. 1868 (Robinet), *J. cr.*, n° 8561.

73 *bis.* Peut être entendu comme témoin aux débats l'huissier audiencier à l'audience où le débat est porté. — Cass. 18 mars 1864 (Ode), *B. cr.*

§ 4. — *Du droit d'opposition.*

80. Conf. Cass. 28 déc. 1860 (Labbé). *B. cr.*

81. Conf. Cass. 4 oct. 1860 (Alder), *B. cr.*

82 *bis.* Le silence du procès-verbal est une présomption légale que l'audition du témoin a eu lieu sans opposition de l'accusé. Il n'est pas nécessaire que son consentement soit constaté. — Cass. 13 juill. 1866 (Strich), *B. cr.*

86. Le président peut décider seul que la femme de l'accusé citée comme témoin ne sera pas entendue lorsque aucune réclamation ne s'est élevée qui ait pu constituer un incident contentieux. — Cass. 20 déc. 1861 (Guenée), *B. cr.*

91 *bis.* La nullité résultant de l'audition d'un témoin allié au degré prohibé d'un des accusés profite à ses coaccusés. — Cass. 8 mai 1862 (Duclo), *B. cr.*

Art. 323.

1. Conf. Cass. 2 avril 1863 (Juteau), *B. cr.*; 14 sept. 1865 (Jouan), *B. cr.*

5. Conf. Cass. 2 avril 1863 (Juteau), *B. cr.*

Art. 327.

11. Le président peut se borner à réitérer en présence de l'accusé momentanément écarté les interrogatoires, déclarations de témoins, actes et observations ayant eu lieu en son absence. — Cass. 16 mai 1863 (Verdet), *B. cr.*

Art. 329.

1. Conf. Cass. 1er oct. 1863 (Égron), *B. cr.*; 28 sept. 1865 (Garrigues), *B. cr.*; 2 janv. 1868 (Pourailly), *B. cr.*

3. Conf. Cass. 1er déc. 1860 (Hébrard), *B. cr.*; 31 juill. 1862 (Lesage), *B. cr.*

4. Conf. Cass. 31 juill. 1862 (Lesage), *B. cr.*; 1er oct. 1863 (Égron), *B. cr.*; 28 sept. 1865 (Garrigues), *B. cr.*

5 *bis.* L'accusé qui a consenti à ce qu'il fût passé outre aux débats, malgré l'absence des pièces à conviction, n'est pas fondé à exciper de cette absence devant la Cour de cassation. — Cass. 10 oct. 1861 (Gianoli), *B. cr.*

Art. 330.

1. Conf. Cass. 11 janv. 1867 (Giovacchini), *B. cr.*; 1er fév. 1866 (Potier), *B. cr.*

Le président n'est pas tenu de statuer sur des conclusions adressées à la cour, qui se déclare incompétente. — Cass. 11 janv. 1867 (Giovacchini), *B. cr.*

11. Il peut toujours rapporter son ordre d'arrestation et ordonner la mise en liberté du témoin qui s'est rétracté avant la clôture des débats. — Cass. 1er fév. 1866 (Potier), *B. cr.*

14. Il peut, au lieu d'ordonner l'arrestation du témoin, se contenter de le mettre en surveillance provisoire, et lever cette surveillance à l'audience du lendemain. Cette mesure n'est pas de nature à porter préjudice à l'accusé. — Cass. 27 fév. 1864 (Maroni), *B. cr.*

18. Conf. Cass. 27 fév. 1864 (Maroni), *B. cr.*; 11 nov. 1864 (Vermond), *B. cr.*

Art. 331.

5. L'accusé ne peut se faire un grief de ce que la parole ne lui a pas été accordée sur l'incident. — Cass. 1er fév. 1866 (Potier), *B. cr.*

Art. 332.

§ 1er. — *Du cas où il y a lieu de nommer un interprète.*

2 *bis.* A défaut de mention de la présence de l'interprète au tirage des assesseurs, la présence du défenseur et les récusations exercées emportent présomption que les droits de la défense n'ont pas été entravés. — Cass. 5 déc. 1867 (Vingataramin), *B. cr.*

§ 3. — *Serment de l'interprète.*

58 *bis.* Le serment prêté par l'interprète suffit pour toute la durée de l'affaire et s'étend à tous les actes qui doivent s'accomplir à l'audience. — Cass. 13 nov. 1862 (Deviva), *B. cr.*

59 *bis.* Le président peut charger l'une des personnes présentes à l'audience de transmettre à l'accusé, qui entend difficilement, les déclarations des témoins et autres incidents du débat, sans lui faire prêter serment. Cette personne ne peut être assimilée à un interprète. — Cass. 19 juin 1862 (Pillot), *B. cr.*

60. Conf. Cass. 11 mai 1861 (Mohamed), *B. cr.*

60 *bis.* La mention que l'interprète était un interprète *juré* suffit pour constater, dans les colonies, que cet officier était assermenté. — Cass. 5 déc. 1867 (Vingataramin), *B. cr.*

61 *bis.* La mention que l'interprète ou l'expert a prêté le serment prescrit par la loi ne suffit pas. Il faut indiquer que le serment prêté est celui prescrit par cet article ou par l'art. 44. — Cass. 8 déc. 1865 (Paccini), *B. cr.*; 30 déc. 1864 (Granges), *B. cr.*

§ 4. — *Fonctions de l'interprète.*

63. Conf. Cass. 13 oct. 1865 (Nikitschenkoff), *B. cr.*

66. Conf. Cass. 14 juillet 1864 (El Hadj), *B. cr.*

67. Conf. Cass. 31 janv. 1867 (Mohamed), *B. cr.*; 14 juillet 1864 (El Hadj), *B. cr.*

74 *bis.* Il n'est pas nécessaire que l'interprète fasse la traduction des pièces dont il est donné lecture à l'audience, si ces pièces font partie du dossier. — Cass. 13 nov. 1862 (Deviva), *B. cr.* — Ni des pièces lues à l'audience lorsqu'elles ne constituent pas un acte de procédure ou d'instruction introduit au débat, mais un simple document, alors que cette production n'a donné lieu à aucune réclamation. — Même arrêt.

75-76. La loi n'oblige pas le président à faire traduire à l'accusé l'arrêt de renvoi et l'acte d'accusation. — Cass. 13 nov. 1862 (Deviva), *B. cr.*; 4 déc. 1862 (Vanhalwyn), *B. cr.*

81 *bis.* Le président doit préciser en français les termes légaux du serment à prêter par les témoins; il ne peut se borner à transmettre à l'interprète, pour être lue à ceux-ci, une formule écrite en langue étrangère. — Cass. 4 juin 1863 (Aïssa). *B. cr.*

82. Conf. Cass. 13 nov. 1862 (Deviva), *B. cr.*

83. Conf. même arrêt.

85. Conf. même arrêt.

86. Ni les questions posées au jury, si elles sont conformes à l'arrêt de renvoi et à l'acte d'accusation. — Même arrêt.

Art. 333.

4. Conf. Cass. 5 avril 1861 (Bonnard), *B. cr.*

4 *bis.* Les dispositions de cet article ne sont pas limitatives, le président peut donner pour interprète à un témoin qui ne s'exprime que par mots entrecoupés et en patois et qui est sourd un autre témoin déjà entendu qui a seul l'habitude de converser avec lui et de se faire comprendre. — Cass. 5 avril 1861 (Bonnard), *B. cr.*

5 *bis.* L'énonciation que la personne choisie pour interprète avait l'habitude de converser avec le témoin est suffisante, surtout lorsqu'elle est sa sœur. — Cass. 22 sept. 1864 (Micaelli). *B. cr.*

5 *ter.* Il ne peut résulter d'irrégularité de ce que le témoin sourd-muet aurait déposé par gestes de manière à se faire comprendre, s'il est constant qu'il ne savait pas écrire et si d'ailleurs il était assisté d'un interprète. — Cass. 22 sept. 1864 (Micaelli), *B. cr.*

7. Il suffit que le procès-verbal constate que l'interprète était présent et placé près du témoin, et par conséquent prêt à lui prêter son assistance pendant toute la durée de sa déposition. — Cass. 22 sept. 1864 (Micaelli), *B. cr.*

Art. 334.

1. Conf. Cass. 28 sept. 1865 (Garrigues), *B. cr.*

L'usage qu'a pu faire le président des dispositions de cet article ne peut être l'objet d'aucune critique. — Même arrêt.

Art. 335.

73 *bis.* La cour d'assises n'est pas tenue de rouvrir les débats sur une négation d'identité de la part de l'accusé, lorsque celui-ci se borne à demander acte de ses réserves et lorsque sa dénégation est basée sur des circonstances déjà connues et résultant de pièces communiquées aux jurés. — Cass. 16 mars 1865 (Perriat), *B. cr.*

75. Conf. Cass. 28 juillet 1864 (Rey), *B. cr.* — Il n'est pas nécessaire que le président déclare qu'il agit en vertu de son pouvoir discrétionnaire. — Même arrêt.

77. Conf. Cass. 28 juill. 1864 (Rey), *B. cr.*

Art. 336.

6. Conf. Cass. 5 oct. 1866 (Couston), *B. cr.*

8. Conf. 13 juin 1861 (Talbot), *B. cr.*

8. Le 2° § de cet article ne contient qu'une instruction sur les éléments du résumé; il en abandonne l'exécution à la conscience du président. Ainsi l'accusé ne peut se prévaloir de la constatation faite par la cour d'assises, en dehors de ses attributions, que le président n'avait pas cru devoir faire un résumé spécial et séparé de la défense, et qu'il s'était borné à relever quelques arguments pour les repousser. — Cass. 18 juin 1863 (Lacour), *B. cr.*

10. Le président peut, dans son résumé, donner lecture d'un procès-verbal de confrontation de l'accusé avec un témoin, quoique ce procès-verbal n'ait point été discuté aux débats, s'il faisait partie de la procédure et était connu de l'accusé. — Cass. 10 juillet 1863 (Colongeon), *B. cr.*

25. Conf. Cass. 18 juin 1863 (Lacour), *B. cr.*

Art. 337.

§ 2. — *Mode de poser les questions.*

18. Des dissemblances entre les termes de l'arrêt de mise en accusation et les termes des questions ne peuvent être une cause d'annulation toutes les fois que dans les questions on trouve les faits incriminés constitutifs de la culpabilité légale et substantiels de l'accusation. — Cass. 17 sept. 1863 (Verragou), *B. cr.*

24 *bis.* Cet article n'exige dans la question soumise au jury la reproduction des circonstances que comprend le résumé de l'acte d'accusation que lorsqu'elles sont constitutives ou aggravantes. — Cass. 5 juill. 1861 (Gianoli), *B. cr.*

34. Dans une accusation de faux en écriture de commerce, le président peut, pour mieux éclairer le jury sur le caractère commercial du billet argüé de faux, poser des questions nouvelles, présumées de droit résulter des débats, sur la qualité de commerçant pouvant appartenir au souscripteur et au bénéficiaire. — Cass. 21 janv. 1865 (Fety), *B. cr.*

44 *bis.* Le président a le droit de rectifier la date erronée attribuée au crime par l'arrêt de renvoi, surtout si cette rectification est d'accord avec l'exposé même de cet arrêt. — Cass. 23 déc. 1865 (Georges), *B. cr.*

44 *ter.* L'omission de la date du crime n'entraîne pas nullité si aucune erreur n'est possible. — Cass. 9 avril 1868 (Binet), *B. cr.* — V. *infrà* 132.

47. Il n'est pas nécessaire que les questions posées au jury rappellent la circonstance du lieu où le crime a été commis. — Cass. 22 mai 1862 (Giraud), *B. cr.*

50. L'erreur du dispositif de l'arrêt de renvoi peut être réparée par le président des assises, d'office, ou par la cour, s'il y a débat, à l'aide de questions additionnelles capables de purger l'accusation qui résulte de l'ensemble des énonciations de l'arrêt et non de la formule seule du dispositif. — Cass. 29 nov. 1866 (Goubet), *B. cr.*

2° *Modification du résumé.*

69 *bis.* Dans une accusation d'attentat à la pudeur avec violence sur une enfant âgée moins de treize ans, le président peut, sans dénaturer l'accusation, in-

scrire dans la question sur l'âge, *moins de quinze ans* au lieu de moins de treize ans. — Cass. 8 sept. 1864 (Duey), *B. cr.*

3° *Éléments constitutifs du crime.*

96. La question de recel se réfère nécessairement au vol tel qu'il est qualifié par l'ensemble des questions qui le concernent, lorsqu'il est demandé si l'accusé a recélé sciemment tout ou partie de l'objet obtenu à l'*aide du vol ci-dessus.* — Cass. 5 mars 1868 (Zara), *B. cr.*

101. Lorsque l'auteur du crime est en fuite et que le complice paraît seul aux débats, il est de toute nécessité que les questions soumises au jury énoncent les faits constitutifs du crime principal. — Cass. 1er mars 1866 (Chamon), *B. cr.*

101 *bis.* Dans le cas où le crime ne peut être commis que par une certaine personne absente, dont la qualité est un des éléments caractéristiques ou une des circonstances aggravantes du crime, le jury ne peut être, il est vrai, interrogé sur la culpabilité de cette personne, mais il peut l'être sur la question de savoir si elle est l'auteur du fait criminel. — Cass. 1er mars 1866 (Chamon), *B. cr.*

4° *Omissions et erreurs dans les questions.*

122. Conf. Cass. 12 sept. 1861 (Duley), *B. cr.*

134. Une surcharge non approuvée sur la date du crime ne peut être une cause de nullité lorsque l'accusé n'invoque pas la prescription et lorsqu'il est évident d'ailleurs, d'après les chiffres restés intacts, que la prescription n'est pas acquise. — Cass. 23 déc. 1865 (Georges), *B. cr.*

135. Une erreur de date commise dans l'énonciation du fait imputé n'est pas une cause de nullité, si elle ne laisse planer aucun doute sur l'existence du fait. — Cass. 4 sept. 1862 (Duvoisin), *B. cr.*

§ 3. — *Division des questions.*

159. Dans une accusation de faux, les trois éléments indivisibles du crime, savoir la fabrication matérielle de l'acte, l'intention coupable et le préjudice en résultant, doivent être réunis dans une seule et même question. — Cass. 14 sept. 1865 (Jouan), *B. cr.*

164 *bis.* Il n'y a pas complexité dans la question qui mentionne, avec le fait principal, le lieu où le crime a été commis. — Cass. 27 sept. 1860 (Morans-Romann), *B. cr.*

172 *bis.* Depuis que la loi du 9 juin 1853 a ordonné que la déclaration du jury se forme, dans tous les cas, à la majorité, il n'est pas interdit au président, dans les questions posées, pour faciliter la délibération du jury, de diviser les divers éléments constitutifs du crime. — Cass. 1er déc. 1866 (Colombatti), *B. cr.*

Par exemple, de faire une question distincte de l'âge de la victime d'un attentat à la pudeur sans violence. — Même arrêt.

178. Le président, pour faciliter la délibération, a le droit de diviser en questions distinctes les circonstances d'un même fait; par exemple, dans une accusation de complicité, il peut poser une question sur le fait principal et une sur la complicité. — Cass. 1er mars 1866 (Chamon), *B. cr.*

2° *Faits divers constitutifs du crime. — Questions non complexes.*

181. Conf. Cass. 15 sept. 1864 (Picard), *B. cr.*

195. Des faits nombreux de détournement commis par un employé au préjudice de son maître, dans une limite de temps déterminé, peuvent faire l'objet d'une seule question au jury, si elle est conforme à l'arrêt de renvoi, surtout lorsqu'il n'apparaît pas qu'il eût été possible d'assigner à ces faits une date antérieure précise. — Cass. 8 nov. 1860 (Decolange), *B. cr.*

3° *Chefs d'accusation distincts.*

200. Conf. Cass. 31 mai 1867 (Raffa ben Missoun), *B. cr.*

201. Conf. Cass. 26 juin 1862 (Pony), *B. cr.*

201 *bis.* Il ne peut être soumis au jury des questions qui embrassent collectivement différents faits à chacun desquels appartienne la qualification de crime. — Cass. 13 sept. 1866 (Arnaud), *B. cr.*

204. Est entachée de complexité la question qui comprend l'homicide commis sur plusieurs personnes différentes dans la même scène. Cass. 31 mai 1867 (Raffa ben Missoun), *B. cr.*

205. La question qui comprend la fabrication d'un billet et trois faux endossements sur le même billet. — Cass. 13 sept. 1866 (Arnaud), *B. cr.*

205 *bis.* La question qui comprend l'usage de plusieurs faux. — Cass. 13 sept. 1866 (Arnaud), *B. cr.*

208. La question qui comprend la culpabilité de l'accusé comme auteur principal et comme complice. — Cass. 7 avril 1865 (Robbe), *B. cr.*

209. Conf. Cass. 9 juin 1866 (Leroy), *B. cr.*

210. Conf. Cass. 15 sept. 1864 (Picard), *B. cr.*

211. Conf. Cass. 16 déc. 1864 (Euthyme), *B. cr.*

213. Est nulle pour vice de complexité la question qui comprend le fait principal de vol et la circonstance aggravante de maison habitée ou de nuit. — Cass. 3 juin 1864 (Laigle), *B. cr.*

213 *bis.* Ou le fait de vol et la circonstance aggravante de subrécargue. — Cass. 10 oct. 1861 (Priou), *B. cr.*

217. Conf. Cass. 11 mai 1861 (Mohamed), *B. cr.*

218. Ou le fait principal d'avoir frappé un agent de la force publique et la circonstance aggravante résultant de ce que cet agent était dans l'exercice de ses fonctions. — Cass. 8 août 1861 (Charuel), *B. cr.* — V. sous l'art. 231, n° 16, C. pén.

234. Conf. Cass. 9 juin 1866 (Leroy), *B. cr.*

237. Conf. Cass. 30 déc. 1864 (Planix), *B. cr.*

237 *bis.* Chacune des circonstances aggravantes n'a pas besoin d'être répétée à l'égard de chaque accusé, lorsqu'il s'agit de faits matériels qui ne peuvent exister à l'égard de l'un des auteurs du crime sans exister à l'égard des coauteurs. — Cass. 4 avril 1863 (Gaillardie), *B. cr.*; 19 mai 1865 (Hamou ould El Hadj), *B. cr.* — Telle est la circonstance de violence dans une accusation de vol. — Cass. 30 déc. 1864 (Planix), *B. cr.*

239. Conf. Cass. 4 avril 1863 (Gaillardie), *B. cr.*; 19 mai 1865 (Hamou ould El Hadj), *B. cr.*; 30 déc. 1864 (Planix), *B. cr.*

Art. 338.

§ 2.

29. L'accusé ne peut se plaindre qu'une question subsidiaire ait été posée au jury comme résultant des débats sans qu'il ait été averti avant la clôture des débats. — Cass. 18 mai 1865 (Arnault), *B. cr.*

29 *bis.* Il suffit que les questions posées comme résultant des débats soient lues à la fin du résumé; l'accusé est suffisamment mis en situation de réclamer la parole et de demander la réouverture des débats, à l'effet de présenter ses moyens contre la position de ces questions. — Cass. 18 mai 1865 (Arnault), *B. cr.*

29 *ter.* Le procès-verbal doit constater cette lec-

ture. — Cass. 6 juin 1861 (Ballagny), *B. cr.* — L'omission est indifférente si la peine est justifiée par les réponses régulières du jury. — Même arrêt. — V. sous l'art. 411, n° 21, C. i. cr.

§ 4.

54. Conf. Cass. 24 déc. 1863 (Javary), *B. cr.*

77. Conf. Cass. 24 déc. 1863 (Javary), *B. cr.*

Encore bien que le fait qui résulte des débats ait été écarté par la chambre des mises en accusation.— Même arrêt.

80. Conf. Cass. 31 mai 1866 (fe Leroux), *B. cr.*

81. Conf. Cass. 27 janv. 1865 (Parry), *B. cr.*; 18 mai 1865 (Arnault), *B. cr.*

83 *bis.* Le président ne peut poser, à l'égard d'un accusé de banqueroute frauduleuse, une question subsidiaire de complicité de la banqueroute de sa femme, s'il n'est pas établi en termes explicites qu'il s'agit, dans un cas comme dans l'autre, du même commerce et de la même faillite. — Cass. 27 janv. 1865 (Parry), *B. cr.*

Art. 339.

§ 1er.

3 *bis.* L'accusé est sans intérêt à se plaindre de ce que la question d'excuse ait été posée de l'ordre de la cour au lieu de l'être de l'ordre du président. — Cass. 8 déc. 1865 (Paccini), *B. cr.*

§ 2.

13. Conf. Cass. 2 oct. 1862 (Lecouflet), *B. cr.*

37 *bis.* Lorsque la position d'une question d'excuse est demandée par l'accusé et qu'elle repose sur des faits admis comme tels par la loi, la cour ne peut, en la posant, exprimer son opinion sur les faits qui lui servent de base et influencer ainsi l'appréciation du jury. — Cass. 2 juill. 1863 (Chasles), *B. cr.*

§ 3.

44. La circonstance que l'accusé n'a fait usage des pièces de monnaie contrefaites qu'après en avoir vérifié les vices est une question d'excuse qui doit être posée au jury si l'accusé le demande. —Cass. 25 mars 1847 (Cuby), *B. cr.*; 28 juill. 1864 (Perrin), *B. cr.*; 5 juillet 1867 (Krakacier), *B. cr.*

44 *bis.* Mais il n'y a pas lieu de poser une question sur la circonstance prévue par le 1er § de l'art. 135 C. p., qui est comprise dans la question principale. — Cass. 20 avril 1860 (Goyffon), *B. cr.* — V. notes sous l'art. 135 C. pén.

Art. 341.

1. Conf. Cass. 23 déc. 1865 (Georges), *B. cr.*

14. Conf. Cass. 22 mai 1863 (Dapiens), *B. cr.*

20. Conf. Cass. 5 oct. 1866 (Perrin), *B. cr.*

21. Il y a nullité lorsque le procès-verbal ne constate pas que le président a donné l'avertissement prescrit par cet article relativement au scrutin secret. — Cass. 22 mai 1863 (Dapiens), *B. cr.*

26. Conf. Cass. 23 déc. 1865 (Georges), *B. cr.*

Il suffit qu'il soit constaté que le président a donné aux jurés les avertissements prescrits par l'art. 341. — Même arrêt.

51. Conf. Cass. 22 mai 1868 (Ahmed), *B. cr.*

81 *bis.* Des lettres jointes à la procédure antérieurement aux débats et cotées dans l'inventaire peuvent être remises aux jurés; il y a présomption qu'elles ont été communiquées à l'accusé. — Cass. 19 sept. 1861 (fe Garnerin), *B. cr.*

105. La cour d'assises ne peut distraire et écarter des pièces à communiquer au jury des procès-verbaux et des actes transmis par le procureur impérial au juge d'instruction à titre de simples renseignements, lorsqu'ils ont été régulièrement joints au dossier. — Cass. 8 juill. 1865 (Joussiaume), *B. cr.*

Art. 343.

2. Conf. Cass. 20 sept. 1866 (Mariotte), *B. cr.*

16 *bis.* Il ne résulte aucune nullité de ce que l'huissier de service serait entré momentanément dans la chambre des délibérations du jury avec l'autorisation du président pour cause de nécessité de service matériel. — Cass. 7 fév. 1867 (OEillet), *B. cr.*

17. Le président peut, sur l'invitation des jurés, se rendre dans leur chambre pour leur donner les éclaircissements dont ils ont besoin. — Cass. 25 juill. 1867 (Clerissi), *B. cr.*

22. L'ordre à donner au chef de gendarmerie n'est pas prescrit à peine de nullité. — Cass. 24 déc. 1863 (Carlier), *B. cr.*

Art. 345.

§ 5. — *Déclarations contradictoires.*

92. Conf. Cass. 28 mars 1861 (Reygondaud), *B. cr.*; 20 juin 1861 (Paoli), *B. cr.*

92 *bis.* Est contradictoire la déclaration du jury qui, dans une accusation de rébellion avec port d'armes dirigée contre deux accusés, reconnaît la circonstance de port d'armes à l'égard d'un des accusés et la nie à l'égard de l'autre. Cette circonstance est indivisible. — Cass. 10 oct.1861 (Rolais), *B. cr.*

93. Conf. Cass. 1er fév. 1866 (Potier), *B. cr.*

95. Qui déclare l'accusé coupable d'un détournement de mineure et complice dudit détournement commis par une seule personne. — Cass. 12 avril 1861 (Mallet), *B. cr.*

§ 6. — *Déclarations non contradictoires.*

113. Conf. Cass. 31 mai 1866 (fe Leroux), *B. cr.*

120. N'est pas contradictoire : la déclaration du jury qui reconnaît qu'un accusé a commis un crime sur la provocation d'un tiers et qui, dans une seconde question, décide que ce tiers n'est pas complice des faits, lorsque la provocation dont il a été parlé dans la première question n'a pas été énoncée dans les termes constitutifs de la complicité légale. — Cass. 27 mars 1863 (Reynaud), *B. cr.*

120 *bis.* Qui reconnaît l'accusé coupable d'un vol avec pluralité d'auteurs et déclare que son coaccusé n'est pas coupable. — Cass. 1er fév. 1866 (Potier), *B. cr.*; 22 août 1867 (Constant), *B. cr.*

133 *bis.* La réponse du jury qui, après avoir résolu négativement une question concernant un homicide attribué à l'accusé, ainsi que la question de préméditation rattachée à ce premier fait, résout affirmativement la question de complicité posée comme résultant des débats, ainsi que la question de préméditation rattachée à cette question subsidiaire. — Cass. 31 juill. 1862 (Lesage), *B. cr.*

§ 9. — *Déclarations distinctes ou complexes.*

117. Conf. Cass. 1er oct. 1863 (Maurice), *B. cr.*

183. La déclaration du jury : *oui à la majorité sur toutes les questions*, mise en marge de la première réponse, alors que les autres questions ont été l'objet d'une réponse distincte, n'est point viciée par cette superfétation. — Cass. 6 juin 1861 (Poisiée), *B. cr.*

§ 10. — *Circonstances atténuantes.*

187 188. Conf. Cass. 24 avril 1868 (Hamassamy), *B. cr.*

195. Conf. Cass. 16 janv. 1862 (Durrieux), *B. cr.*

196. Le jury peut déclarer des circonstances atténuantes sur certains chefs et non sur d'autres. — Cass. 16 janv. 1862 (Durrieux), *B. cr.*

200. Conf. Cass. 29 janv. 1863 (Druilhe), *B. cr.*; 6 mai 1864 (Duval), *B. cr.*; 28 sept. 1865 (Garrigues), *B. cr.*; 27 juin 1867 (Drouaillet), *B. cr.*

L'irrégularité ne peut pas non plus être invoquée par les autres coaccusés à qui la réponse est complétement étrangère. — Cass. 6 mai 1864 (Duval), *B. cr.*

208 *bis.* C'est au jury qu'il appartient de déclarer les circonstances atténuantes en faveur d'un accusé âgé de moins de seize ans reconnu coupable de crime avec discernement, quoique à raison de l'âge de l'accusé le fait ne puisse être puni que d'une peine correctionnelle. — Cass. 28 fév. 1867 (Roger), *B. cr.*

Art. 347.

1. Conf. Cass. 15 fév. 1861 (Bono), *B. cr.*

2 *bis.* L'expression : *à la majorité* est substantielle ; aucun terme équivalent ne peut y être substitué. — Cass. 17 avril 1862 (Carivène), *B. cr.*

2 *ter.* Est nulle la déclaration du jury portant en abrégé : *oui à la maj*^té. — Cass. 17 avril 1862 (Carivène), *B. cr.*

5. Conf. Cass. 10 août 1865 (Lafargue), *B. cr.*

11. Conf. Cass. 20 juin 1861 (Paoli), *B. cr.*; 18 déc. 1862 (Pinet), *B. cr.*; 4 juin 1863 (Norbel), *B. cr.*

13. Conf. Cass. 4 juin 1863 (Norbel), *B. cr.*; 20 déc. 1866 (Goujon), *B. cr.*; 1er juin 1867 (Perret), *B. cr.* Jurisprudence constante.

Art. 348.

16 *bis.* La lecture publique des réponses qui constituent la déclaration du jury n'est pas prescrite à peine de nullité ; il ne saurait y avoir nullité qu'autant qu'il n'aurait pas été donné lecture de la déclaration du jury en présence de l'accusé, ou que cette lecture n'aurait été donnée que dans une forme compromettante pour le droit de la défense. Il suffit donc, pour satisfaire au vœu de l'art. 348, que le chef du jury proclame les réponses en désignant les questions par leurs numéros. — Cass. 1er fév. 1866 (Potier), *B. cr.*

20. Lorsque la déclaration a été lue par un autre juré que le chef du jury, il y a présomption que la substitution a eu lieu du consentement du juré substitué et sur la désignation des autres jurés, même quand le procès-verbal n'en fait pas mention, s'il n'y a eu aucune réclamation. — Cass. 1er fév. 1866 (Potier), *B. cr.*

26. Conf. Cass. 2 mai 1867 (Vuillemin), *B. cr.*

Art. 349.

8. Conf. Cass. 7 nov. 1861 (Bernardino), *B. cr.*

La mention au procès-verbal des débats que cette déclaration a été signée par le président ne peut prévaloir contre le fait matériel de l'absence de cette signature. — Même arrêt.

9. Est nulle la déclaration qui n'est pas signée par le chef du jury. — Cass. 12 sept. 1861 (Trousselier), *B. cr.*

12. Conf. Cass. 11 mai 1866 (Mohamed).

La signature du président mise surabondamment au bas de la première page et à la suite de la déclaration relative à l'un des accusés ne peut rien ôter de leur valeur aux signatures finales. — Même arrêt.

14. Peu importe la place que la signature du chef du jury occupe sur la feuille des questions, pourvu qu'elle s'applique sans équivoque à la déclaration du jury. — Cass. 28 fév. 1867 (Delamotte), *B. cr.*

14. Cette signature peut être régulièrement apposée au-dessous de la déclaration des circonstances atténuantes qui suit les réponses sur les faits principaux et leurs circonstances. — Cass. 21 janv. 1864 (Hébrard), *B. cr.*; 11 fév. 1864 (Moutardier), *B. cr.*

17 *bis.* Le défaut d'approbation d'une rature par le chef du jury ne constituant qu'une omission matérielle ne doit pas nécessiter le renvoi du jury dans la chambre des délibérations ; l'approbation peut avoir lieu séance tenante. — Cass. 18 avril 1867 (Feray), *B. cr.*

18. La loi n'exige pas que la déclaration du jury soit datée ; l'erreur de date ne peut opérer nullité. — Cass. 8 juin 1866 (Prinquet), *B. cr.*; 1er fév. 1866 (Potier), *B. cr.*

18 *bis.* La date peut être rectifiée à l'audience. — Cass. 1er fév. 1866 (Potier), *B. cr.*

21. La feuille des questions dont la solution a servi de base à la condamnation doit être jointe à la procédure et représentée à la Cour de cassation sous peine de nullité. — Cass. 6 déc. 1862 (Abderrahman), *B. cr.*

33. Conf. Cass. 26 déc. 1861 (Mercuri), *B. cr.*; 12 déc. 1861 (Rossi), *B. cr.* — Encore bien que la déclaration de majorité sur les circonstances atténuantes porte à penser que l'accusé a été déclaré coupable. — Cass. 12 déc. 1861 (Rossi), *B. cr.*

Art. 350.

§ 1er.

19 *bis.* L'accusé déclaré coupable d'un crime d'incendie d'une maison appartenant à autrui ne peut être reçu à soutenir en cassation que la maison lui appartenait. — Cass. 8 fév. 1862 (Héricotte), *B. cr.*

§ 2.

23. Conf. Cass. 6 déc. 1867 (Laget), *B. cr.*

29. Conf. Cass. 6 déc. 1867 (Laget), *B. cr.*

43. Cass. 12 avril 1861 (Mallet), *B. cr.*

57. Mais l'addition faite irrégulièrement à la déclaration à l'audience ne peut fournir un moyen de cassation à l'accusé lorsqu'elle lui profite. — Cass. 9 juin 1866 (Leroy), *B. cr.*

§ 3.

69. Conf. Cass. 2 mai 1867 (Vuillemin), *B. cr.*

70. Conf. même arrêt.

73. L'arrêt de la cour qui ordonne le renvoi du jury dans sa chambre des délibérations peut être rendu en l'absence de l'accusé. — Cass. 12 avril 1861 (Mallet), *B. cr.*

75. Conf. Cass. 26 sept. 1861 (Nachtigall), *B. cr.*

§ 4.

89 *bis.* Le président n'est point obligé, lorsque le jury est renvoyé dans la salle de ses délibérations pour régulariser ou compléter sa déclaration, de l'avertir qu'il a le droit de délibérer de nouveau sans tenir compte de la réponse précédemment faite. — Cass. 13 nov. 1863 (Deviva), *B. cr.*

91 *bis.* Lorsque le jury n'a pas indiqué quel est celui des accusés auquel s'appliquaient les circonstances atténuantes, la cour, en le renvoyant dans sa chambre des délibérations, peut lui prescrire de préciser l'accusé auquel devait profiter cette déclaration. — Cass. 26 sept. 1861 (Nachtigall), *B. cr.*

Art. 353.

13. Il n'y a pas manifestation d'opinion sur l'affaire de la part d'un juré qui qualifie d'importante une question dont il réclame la position. — Cass. 13 sept. 1866 (Picard), *B. cr.*

35. Conf. Cass. 28 déc. 1860 (Larqué), *B. cr.*

41 *bis*. Est légalement remplacé par un des jurés supplémentaires le juré titulaire qui a manifesté publiquement son opinion. — Cass. 19 juill. 1866 (Philippi), *B. cr.*; 28 janv. 1853 (Frogier), *B. cr.*

46. Si les cours d'assises peuvent se refuser à donner acte à la défense de faits qui se sont passés en dehors de l'audience, alors surtout que ces faits ne sont articulés qu'après la clôture du débat et la lecture à l'accusé de la déclaration du jury, il leur appartient néanmoins, lorsqu'elles le jugent utile dans l'intérêt de la justice et de la vérité, de vérifier et constater tout ce qui peut mettre à même d'en apprécier l'exactitude et la portée. — Cass. 4 janv. 1866 (Planteligne), *B. cr.*

47. La communication entre un juré et un témoin pendant une suspension d'audience n'est pas une cause de nullité si des explications données par le juré il résulte que la communication n'a pas été de nature à exercer une influence illégale sur l'opinion du juré. — Cass. 4 janv. 1866 (Planteligne), *B. cr.*

60. Il peut être procédé au tirage du jury de jugement d'une autre affaire pendant la suspension d'audience. — Cass. 16 juill. 1863 (Menussant), *B. cr.*

63 *bis*. Les membres de la cour d'assises peuvent, pendant une suspension d'audience de la cour régulièrement prononcée, siéger aux audiences ordinaires du tribunal dont ils font partie. — Cass. 31 janv. 1867 (Mohamed), *B. cr.*

90. La cour d'assises, en annulant les débats commencés, ne peut ordonner qu'il sera procédé à un nouveau tirage et à la formation d'un nouveau jury; les opérations du tirage du jury sont irrévocables. — Cass. 28 déc. 1860 (Portarrieu), *B. cr.*

Art. 354.

1. Conf. Cass. 25 avril 1839 (Delanoue); D. 13 fév. 1868 (Schumacher), *B. cr.*

9. Si les accusés ou leurs défenseurs doivent être interpellés de s'expliquer sur les réquisitions du min. public, notamment lorsqu'elles tendent à la radiation du nom d'un témoin malade de la liste signifiée, l'omission de cette interpellation ne donne lieu à aucune nullité. — Cass. 15 janv. 1863 (Gigax), *B. cr.*

14, 15. Conf. Cass. 13 fév. 1868 (Schumacher), *B. cr.*

22. Conf. Cass. 20 mars 1862 (Gresse), *B. cr.*

Art. 355.

Le 1er § de cet article est abrogé en ce qui concerne la contrainte par corps. Loi 22 juill. 1867. Mais ne sont pas abrogés les §§ 2 et 3.

Art. 358.

§ 2.

38. La cour d'assises a compétence pour apprécier les contrats versés au procès par les parties; investie de la plénitude de juridiction qui appartient aux juges civils, elle a qualité pour connaître des exceptions opposées par le condamné. — Cass. 17 fév. 1866 (Gaffney), *B. cr.*

§ 3.

46. De la déclaration du jury que l'accusé n'est pas coupable, on ne saurait induire que le fait n'existe pas ou que l'accusé n'en serait pas l'auteur ou n'y aurait pas participé; elle ne fait pas obstacle à ce que le même fait dégagé de tout caractère de crime et réduit aux proportions d'un quasi-délit puisse, au point de vue civil, devenir la base d'une action en dommages-intérêts. — Cass. 26 déc. 1863 (Petit), *B. cr.*

46 *bis*. La cour d'assises peut condamner à des dommages-intérêts l'accusé acquitté si cette condamnation est d'ailleurs conciliable avec la déclaration négative de la culpabilité. — Cass. 23 fév. 1865 (Fabre), *B. cr.*; 7 nov. 1864 (Armand), *B. cr.*

46 *ter*. Pourvu que sa décision ne remette pas en question et ne contredise d'aucune manière la déclaration du jury, et que, d'autre part, elle trouve sa base dans les circonstances mêmes qui ont été l'objet de l'accusation. — Cass. 17 fév. 1866 (Gaffney), *B. cr.*

49. Conf. Cass. 10 déc. 1866 (Roussin), *B. cr.*

54. La cour ne porte point atteinte à la déclaration de non-culpabilité lorsqu'elle se borne, en prenant pour point de départ l'absence de toute criminalité, à rechercher si l'existence du fait matériel était établie et si ce fait imputable à l'accusé entraînait la réparation d'un dommage. — Cass. 5 mars 1868 (Roccas), *B. cr.*

54 *bis*. Ainsi, un accusé acquitté sur une accusation d'usage de faux poinçons de l'État peut être condamné envers l'administration à des dommages-intérêts pour le fait matériel de l'usage de ces poinçons. — Cass. 5 mars 1868 (Roccas), *B. cr.*

56. L'accusé acquitté d'une accusation de coups et blessures peut, sur une action intentée par la partie lésée, être condamné à des dommages-intérêts. — Cass. civ. 10 déc. 1866 (Roussin), *J. p.*, 67, 260. — Fondés sur l'existence du fait matériel et la faute, en vertu de l'art. 1382 C. Nap. — Cass. 23 fév. 1865 (Fabre), *B. cr.*

56 *bis*. La cour d'assises ne peut condamner un accusé de meurtre acquitté à des dommages-intérêts sans déclarer que la mort de la victime est le résultat d'une faute imputable à l'accusé. — Cass. 10 juill. 1862 (Braud), *B. cr.*

59 *bis*. Ainsi l'accusé acquitté du crime de complicité de banqueroute frauduleuse peut être condamné à des dommages-intérêts pour la part matérielle de responsabilité qui lui revient dans les détournements commis par le failli. — Cass. 26 déc. 1863 (Petit), *B. cr.*

59 *ter*. L'accusé déclaré non coupable d'un crime de détournement de mineure par fraude ou violence peut être sans contradiction condamné à des dommages-intérêts envers la partie civile pour avoir détourné une mineure à l'aide de *manœuvres que la morale réprouve*, ces manœuvres n'impliquant pas nécessairement la fraude et la violence. — Cass. 14 fév. 1863 (Maretti), *B. cr.*

60 *bis*. L'accusé acquitté de l'accusation d'abus de confiance peut être condamné à la restitution de la somme. — Cass. 5 déc. 1861 (Latrobe), *B. cr.*

72. Si en thèse générale le verdict négatif du jury laisse subsister le fait matériel comme base possible d'une action civile en dommages-intérêts, il en est autrement dans certaines circonstances exceptionnelles où la matérialité du fait et l'intention de l'agent sont indivisibles. — Cass., req. 11 déc. 1866 (Roux); Grenoble, 1er juin 1865 (Roux); D., 65, 2, 169

73. Ainsi, lorsque le jury a répondu négativement sur une question de blessures faites et de coups volontairement portés, la cour ne peut déclarer qu'il est résulté des débats que l'accusé a maladroitement porté un coup qui peut lui être imputé à faute, sans expliquer comment il était possible de concilier cette imputation avec la déclaration du jury et sans con-

stater que cette déclaration n'avait pas exclu la participation matérielle de l'accusé, aussi bien que sa participation morale au fait qui lui était imputé. — Cass. 7 mai 1864 (Armand), *B. cr.*

73 *bis.* Est non recevable la demande en dommages-intérêts formée après l'acquittement de l'accusé à raison de l'un des faits de l'accusation considéré isolément lorsque ce fait formait un tout indivisible avec d'autres faits dans lesquels la matérialité ne pouvait se concevoir sans l'intention criminelle. — Grenoble, 1er juin 1865 (Roux) ; D., 65, 2, 149.

§ 4. — *Dommages-intérêts réclamés par l'accusé.*

91. Conf. Paris, 19 nov. 1863 (Bertaux), *J. p.*, 64, 500.— V. sous l'art. 29 C. i. cr., n° 3.

Art. 359.

1. Les cours d'assises sont exclusivement compétentes pour statuer sur les dommages-intérêts réclamés ; la demande n'en pourrait être portée devant la juridiction civile.—Cass. 2 déc. 1861 (Boilley) ; *J. p.*, 62, 1068.

2. Conf. Cass. 26 déc. 1861 (Cordonnier), *B. cr.*

3. La partie civile qui a pris cette qualité dans le cours des débats, en se réservant de prendre ultérieurement telles conclusions qu'elle aviserait, peut, après l'ordonnance d'acquittement, présenter ses conclusions tendantes à faire fixer le chiffre des dommages-intérêts. — Cass. 11 avril 1861 (Burle), *B. cr.* ; 20 fév. 1863 (Gramont-Caderousse), *B. cr.*

16. Conf. Cass. 27 juin 1867 (Drouaillet), *B. cr.*

Art. 360.

§ 1er. — *Règles générales.*

15. Conf. Cass. belg. 31 déc. 1859 (Vandenbroeck) ; D., 61, 1, 8 ; Cass. 21 mars 1862 (Demeyer), *B. cr.* ; Amiens, 17 mai 1862 (Demeyer) ; S. 62, 563.

15 *bis.* Le Français qui a été frappé en pays étranger d'une condamnation par contumace non devenue définitive et irrévocable, pour s'être rendu coupable en ce pays de fabrication de fausse monnaie française, peut néanmoins être poursuivi à raison du même fait devant les tribunaux français. — Besançon, 14 nov. 1861 (Guy) ; D., 61, 2, 230. — V. art. 5 C. i. cr.

21 *bis.* L'individu acquitté de la contravention d'avoir construit sans autorisation, sur le motif de la nullité du procès-verbal et malgré les conclusions du min. public requérant au fond, ne peut être ultérieurement, et en vertu d'un nouveau procès-verbal constatant le même fait, remis en jugement. — Cass. 8 fév. 1861 (Lacroix), *B. cr.*

25 *bis.* La chose jugée ne peut résulter que de la contradiction existant entre les dispositifs de deux jugements ayant un caractère définitif, et non de l'un des motifs de ces jugements. — Cass. 24 juill. 1863 (Jacquinot), *B. cr.*

26. Les ordonnances de non-lieu des juges d'instruction ont l'autorité de la chose jugée et font obstacle à ce qu'une partie civile puisse citer le prévenu à raison des mêmes faits. — Grenoble, 31 janv. 1862 (Sautreau), *J. cr.*, n° 7435.

§ 2. — *Éléments constitutifs de la chose jugée.*

47 *bis.* Lorsqu'un fait peut être envisagé comme crime et délit, l'acquittement du jury sur la qualification de crime ne fait pas obstacle à une nouvelle action devant la juridiction correctionnelle.

A plus forte raison s'il s'agit d'un fait complexe divisible présentant dans une partie de ses circonstances isolément le caractère de crime, et dans une autre le caractère d'un délit. — Nîmes, 5 déc. 1861 (Bros), *J. cr.*, n° 7516.

48 *bis.* Il peut y avoir lieu à une nouvelle poursuite si la nouvelle prévention, bien que reproduisant quelques circonstances de l'accusation primitive, y ajoute des éléments nouveaux qui viennent caractériser un délit. — Cass. 1er août 1867 (le Roi), *B. cr.*

52. Conf. Metz, 30 juin 1864 (Grandjean) ; D., 64, 2, 164 ; Montpellier, 17 sept. 1866 (Durand), *J. cr.*, n° 8299 ; et pour inhumation clandestine. — Montpellier, 17 sept. 1866 (Durand), *J. cr.*, n° 8299.

56. Conf. Metz, 30 juin 1864 (Grandjean) ; Limoges, 24 sept. 1863 (David), *J. cr.*, n° 7705 ; Rouen, 20 nov. 1866 (Leroux), *J. cr.*, n° 8269.

59. L'individu acquitté d'un crime d'attentat à la pudeur peut être poursuivi pour outrage public à la pudeur à raison de la même scène. — Cass. 18 juin 1863 (Bougrille), *B. cr.* ; 23 juill. 1863 (Carles), *B. cr.* ; 28 août 1863 (Poulet), *B. cr.* ; 1er août 1867 (le Roi), *B. cr.* ; 19 déc. 1867 (Hardy), *B. cr.* ; 28 mai 1868 (Mouillade), *B. cr.* — Ou pour excitation à la débauche. — Paris, 30 sept. 1863 (Bourgeois), *J. cr.*, n° 7705. — Si dans les mêmes scènes il s'est mis à nu en présence de plusieurs enfants. — Cass. 5 fév. 1863 (Goutry), *B. cr.*

59 *bis.* L'individu acquitté d'une accusation d'attentat à la pudeur avec violence ou de viol peut être poursuivi correctionnellement pour coups et blessures à la même personne. — Cass. 4 août 1865 (Voisin), *B. cr.* ; Nîmes, 5 déc. 1861 (Bros), *J. cr.*, n° 7516 ; Montpellier, 8 déc. 1862 (D.), *J. cr.*, n° 7559.

69. Conf. Cass. 29 août 1863 (Pascalis), *B. cr.* ; 4 août 1865 (Voisin), *B. cr.* ; Amiens, 28 avril 1866 (Berthaut), *J. p.*, 66, 1227.

70. Conf. Cass. 29 août 1863 (Pascalis), *B. cr.* ; 5 fév. 1863 (Gontey), *B. cr.*

70 *bis.* L'autorité de la chose jugée conserve toute sa force lorsque les circonstances empruntées à la première incrimination sont par elles-mêmes constitutives et caractéristiques du crime précédemment nié par le jury. — Cass. 5 fév. 1863 (Gontey), *B. cr.*

71 *bis.* Ainsi, l'individu acquitté du crime d'attentat à la pudeur sans violence sur la personne de jeunes filles ne peut être traduit en police correctionnelle à raison des mêmes obscénités sur la personne de ces mêmes enfants qualifiées d'attentat aux mœurs. — Cass. 5 fév. 1863 (Gontey), *B. cr.*

72. Conf. Cass. 29 août 1863 (Pascalis), *B. cr.*

A moins qu'il ne soit constant que l'intention de faire des blessures ait coexisté avec celle de donner la mort, ou lui ait été substituée à un moment quelconque. — Même arrêt.

74. Conf. Amiens, 28 avril 1866 (Berthaut), *J. p.*, 66, 1227.

74 *bis.* Mais il n'est pas nécessaire que les faits des deux inculpations soient distincts de tous points ; il suffit que la nouvelle prévention, bien que reproduisant quelques circonstances de l'accusation primitive, y ajoute des éléments nouveaux qui viennent caractériser le délit. Il n'y a plus alors identité de l'acte. — Cass. 5 fév. 1863 (Gontey). — V. *supra*, n° 59.

78 *bis.* Un individu ne peut être poursuivi de nouveau, à raison d'un fait de chasse en temps prohibé, lorsque déjà il avait été cité une première fois pour ce fait, encore que sur cette citation il ait été condamné seulement pour chasse sans permis. —Colmar, 15 janv. 1861 (Troller), *J. cr.*, n° 7236.

79 *bis.* L'individu poursuivi pour délit d'escroquerie commis au moyen d'un jeu de hasard tenu sur la voie publique peut être de nouveau poursuivi

pour contravention à l'art. 475, n° 5, qui punit les lieux de hasard sur la voie publique. — Cass. 1er août 1861 (Mohamed), *B. cr.* —Encore que le min. public n'ait pas fait de réserves. — Même arrêt.

05 *bis.* L'acquittement sur des chefs de faux et usage de faux n'emporte pas chose jugée à l'égard d'une prévention d'abus de confiance que les faux avaient servi à dissimuler. — Cass. 30 juin 1864 (Dubœuf), *B. cr.*; 28 février 1868 (Pailhas), *B. cr.*

113 *bis.* Un individu acquitté d'une accusation d'assassinat ne peut être poursuivi de nouveau comme complice du même crime par provocation ou par aide et assistance. — Colmar, 29 janv. 1868 (Sturcler), *J. cr.*, n° 8649.

121. Conf. Cass. 14 mars 1861 (Allouis), *B. cr.*

122 *bis.* L'individu acquitté de la prévention d'usurpation d'un chemin public ne peut être de nouveau poursuivi pour le même fait sur un nouveau procès-verbal précisant mieux la contravention. — Cass. 22 janv. 1864 (Trotignou-Desvarennes), *B. cr.*

123. Conf. Cass. 17 déc. 1864 (Prion), *B. cr.*

Ainsi l'acquittement du prévenu d'une exploitation illégale d'un établissement insalubre n'empêche pas qu'il ne soit poursuivi de nouveau si l'exploitation continue. — Même arrêt.

123 *bis.* Une exploitation continuée sans la permission requise constitue une contravention successive qui peut toujours, à chaque renouvellement, être déférée au tribunal de police.—Cass. 29 août 1861 (Bourgeois), *B. cr.*

124. Conf. Cass. 23 juillet 1864 (Leroy), *B. cr.* — Cass. 19 avril 1861 (Roubaud), *B. cr.*; 22 avril 1864 (Bichon), *B. cr.*—Quoique accompli dans des circonstances identiques et de même nature. — Cass. 22 avril 1864 (Bichon), *B. cr.*

124 *bis.* L'entrepreneur de voitures publiques poursuivi pour diverses contraventions aux lois sur les droits dus aux maîtres de poste peut être l'objet de nouvelles poursuites pour des contraventions distinctes, soit antérieures, soit postérieures. — Cass. 18 janv. 1862 (Fabre), *B. cr.*

Le premier jugement ne fait pas chose jugée même sur les exceptions proposées par le prévenu. — Même arrêt.

125 *bis.* L'acquittement du prévenu poursuivi pour avoir contrevenu à un arrêté qui interdit d'avoir des lieux d'aisance sur une rivière n'empêche pas une poursuite ultérieure à raison du même fait; l'objet de la poursuite étant moins l'existence des constructions contraires à l'arrêté que l'usage auquel elles étaient destinées dont la continuité constitue des contraventions nouvelles. — Cass. 15 mars 1861 (Hennesort), *B. cr.*

125 *ter.* L'acquittement d'un individu prévenu d'avoir fait des réparations à un édifice sujet à reculement n'empêche pas de nouvelles poursuites à raison de la continuation des travaux, si, au lieu de former avec les premiers un ensemble indivisible, ils ne se confondent pas avec eux et constituent des faits nouveaux et distincts. — Cass. 13 déc. 1862 (Gossotfauleau), *B. cr.*

132. Un prévenu condamné pour avoir contrevenu à un arrêté ordonnant la suppression d'une mare infecte ne peut être traduit une seconde fois pour le même fait à défaut d'avoir obéi au jugement qui ordonnait la destruction de cette mare; le maire, ayant été autorisé à faire lui-même les travaux nécessaires, doit s'imputer le maintien de l'état des choses. — Cass. 22 mars 1867 (Tricaut), *B. cr.*

135 *bis.* Un jugement de police ou de police correctionnelle, en statuant sur des moyens préjudiciels, par exemple sur le fait de savoir si un terrain était un bois et non une pâture, n'a d'autorité que dans son application aux faits qu'il avait à juger; si les moyens sont reproduits plus tard entre les mêmes parties, sur des faits autres quoique semblables, et s'ils n'ont pas été l'objet d'une exception préjudicielle tranchée par les tribunaux civils, ils doivent être débattus et appréciés en eux-mêmes. — Cass. 19 fév. 1864 (Appesbero), *B. cr.*

135 *ter.* L'exception de chose jugée ne peut être accueillie contre une action en contrefaçon d'une marque de fabrique, lorsqu'elle ne résulte que d'une exception présentée comme moyen de défense devant la juridiction répressive, sur une poursuite antérieure exercée à raison d'un fait semblable. — Cass. 22 fév. 1862 (Bardou), *B. cr.*

§ 4. — *Influence du criminel sur le civil.*

157. Conf. Bordeaux, 18 avril 1866 (Jobard), **D.** 66, 2, 200.

158. L'arrêt de la chambre d'accusation portant qu'il n'y a lieu à suivre sur une accusation de banqueroute frauduleuse ou simple, en ce qu'il n'est pas établi que l'accusé soit commerçant, ne fait pas obstacle à ce que les juges civils déclarent le même individu en faillite. — Cass. 19 mars 1860, ch. req. (Bideau), *J. p.*

162. Le jugement correctionnel qui acquitte un employé de chemin de fer d'une prévention pour blessures par imprudence ne met pas obstacle à ce que le blessé forme contre la compagnie une action en réparation civile à raison de l'accident dont il a été victime en accomplissant sous la direction de cet employé l'ordre qu'il en a reçu. — Cass. 9 juillet 1866 (Chapuis), *J. p.*, 66, 964.

162 *bis.* L'individu déclaré non coupable d'homicide involontaire par le motif que son imprudence n'est pas la cause directe, mais qu'elle a été seulement l'occasion de cette mort, peut être condamné au civil à des dommages-intérêts. — Metz, 19 fév. 1863 (Villain), *J. p.*, 63, 238.

162 *ter.* La réponse du jury qu'un individu n'est pas coupable d'un incendie volontaire de sa propre maison ne fait pas obstacle à ce que la compagnie d'assurance soit admise à prouver au civil qu'il a lui-même participé volontairement à cet incendie. — Cass. 20 avril 1863 (Jamet).

167. L'acquittement prononcé par la justice criminelle ne peut faire obstacle à l'action civile qu'autant que le juge criminel aurait nié clairement le fait qui est la base commune de l'une et l'autre action et que la demande à fin civile serait absolument inconciliable avec les déclarations, constatations et décisions du juge criminel. — Cass. 20 avril 1863 (Jamet).

167 *bis.* Il ne doit y avoir aucune contradiction entre la décision d'un tribunal civil et celle antérieure d'un tribunal correctionnel.

Ainsi la décision correctionnelle qui prononce l'acquittement d'un prévenu en se fondant sur ce que les faits de la prévention sont simplement probables élève l'autorité de la chose jugée contre toute demande formée postérieurement au civil qui impliquerait à l'égard du même individu la preuve acquise de ces faits. — Cass. 1er août 1864 (de Saint-Ouen); D., 64, 1, 41.

167 *ter.* La chose jugée au criminel n'a autorité au civil que lorsqu'elle exclut nécessairement l'existence du fait qui sert de base à l'action civile.

Ainsi le renvoi d'un prévenu d'escroquerie par le motif que le prêt, qui était l'élément principal du délit, n'est pas suffisamment établi, n'exclut pas nécessairement l'existence de ce prêt, qui peut être reconnu par la juridiction civile.—Orléans, 15 avril 1864 (Archembault); D., 64, 5, 94.

170. Des faits qui ne sont pas considérés par la juridiction correctionnelle comme ayant les caractères légaux de la complicité peuvent être admis par la juridiction civile comme base de dommages-intérêts. — Cass. 1er août 1864 (de St-Ouen) ; D., 64, 1, 429.

171. Conf. Rennes, 12 déc. 1861 (Kern), *J. p.*, 62, 113. Cass., req., 3 août 1864 (Legey), *J. p.*, 64, 1069.

171 *bis.* Les décisions rendues par la juridiction criminelle ont envers tous et contre tous l'autorité de la chose jugée, et il ne saurait être permis à personne de remettre en question devant la juridiction civile le fait qu'elles affirment ou qu'elles nient. — Cass., ch. req., 14 fév. 1860 (Jagaut); S.

171 *ter.* Ainsi, après une condamnation pour faux, même en l'absence de la partie lésée, on ne peut soutenir au civil que la pièce n'est pas fausse. — Cass. 14 fév. 1860 (Jagaut); S.

172. Conf. Lyon, 16 août 1856 (Montvernay); D., 57, 2, 85.

172 *bis.* Le jugement qui acquitte un individu comme n'ayant pris aucune part au délit de blessures involontaires, dont un autre a été seul déclaré coupable, a autorité de la chose jugée au civil. — Rennes, 12 déc. 1861 (Kern), *J. p.*, 62, 113.

172 *ter.* Lorsqu'un individu a été déclaré par le jury coupable d'avoir fait frauduleusement constater dans un acte notarié le fait faux d'une donation faite à son profit au moyen d'une supposition de personne, le notaire rédacteur, poursuivi ultérieurement devant le tribunal civil, en réparation du préjudice causé, ne peut être admis à prouver que c'est bien la personne désignée dans l'acte qui a consenti la donation. —Cass., ch. req., 14 fév. 1860 (Jugant); S.

175. Conf. Rennes, 12 déc. 1861 (Kern), *J. p.*, 62, 113. Grenoble, 17 nov. 1846 (Querenet); S., 47, 2, 547. Lyon, 17 août 1867, *J. p.*, 67, 1260.

176. Le jugement qui condamne un individu pour coups et blessures a autorité de la chose jugée au civil même à l'égard de la personne actionnée comme civilement responsable. — Besançon, 14 janv. 1859 (Gazon) ; S., 59, 2, 522.

Art. 363.

3. Conf. Cass. 13 mars 1862 (Belhote), *B. cr.*

7 *bis.* Il est satisfait à la disposition de cet article lorsque le président a averti par un geste le défenseur qu'il pouvait prendre la parole, alors que précédemment il l'avait averti qu'il pourrait prendre la parole après que le min. public aurait été entendu dans ses conclusions.—Cass. 13 mars 1862 (Belhote), *B. cr.*

Art. 365.

§ 2. — *Prohibition du cumul des peines. — Règles générales.*

20, 21. Un tribunal n'a pas besoin de statuer sur le cumul de la peine qu'il prononce avec une peine antérieure, lorsqu'il n'a été pris aucune conclusion. La question reste entière. — Cass. 16 janv. 1864 (Monlaur), *B. cr.*

31. La peine d'amende pour un délit ne peut être prononcée cumulativement avec une peine d'emprisonnement pour un autre délit. — Cass. 15 avril 1864 (Blondeau), *B. cr.*

31 *bis.* En cas de conviction de plusieurs délits, il faut considérer non-seulement le *maximum*, mais encore le *minimum* de chacune des peines encourues, en sorte que si le *minimum* de la peine la plus forte (quant au maximum) est moins élevé que celui de la peine la plus faible, la première de ces peines ne peut être appliquée dans une proportion inférieure au *minimum* de la dernière. — Poitiers, 19 oct. 1861 (Amélineau); S., 62, 394.

33. Conf. Cass. 6 nov. 1862 (Astoin), *B. cr.* — *Contrà :* lorsque l'arrêt ayant joint deux instances a fait une appréciation d'ensemble en prononçant la peine. Cass. 15 avril 1864 (Blondeau), *B. cr.*

§ 3. — *A quels crimes ou délits s'applique la prohibition du cumul?*

37. Conf. Cass. 3 mai 1866 (Walzer). *B. cr.*

37 *bis.* Si cet article ne régit point les lois spéciales antérieures à la promulgation des Codes criminels, dès que les peines édictées par ces lois sont seules à appliquer, il en est autrement lorsque parmi les infractions poursuivies il s'en rencontre qui sont réprimées par la loi ordinaire; alors l'art. 365 reprend son empire.

Ainsi il n'y a pas lieu de cumuler les peines portées par les lois sur la police de la pharmacie et celle du délit de tromperie, prévu par la loi du 27 mars 1851. — Cass. 27 déc. 1862 (Pottet), *B. cr.*; Amiens, 21 mars 1863 (Pottet), *J. p.*

37 *ter.* Ainsi l'individu condamné pour recel ne peut être en même temps condamné à l'amende pour avoir contrevenu à l'ordonnance du 8 nov. 1780 en n'inscrivant pas sur son registre l'acquisition des marchandises volées. — Cass. 3 mai 1866 (Walzer), *B. cr.*

38. Au contraire, la prohibition du cumul ne s'applique pas aux contraventions, non plus qu'aux infractions non prévues par le Code pénal et qui sont réglées par une législation spéciale. — Nancy, 7 avril 1862 (Thomas), *J. p.*, 61, 688 ; Chauveau et Hélie, t. 1, p. 216.

49. Le principe de non-cumulation des peines est applicable à toutes les infractions atteintes par des peines criminelles ou correctionnelles, soit que les peines soient écrites dans le Code pénal, soit qu'elles soient prononcées par des lois spéciales postérieures à sa promulgation, à moins d'exceptions établies par la loi. — Paris, 28 fév. 1868 (Michaut), *J. p.*, 68, 340.

50. Conf. Cass. 27 déc. 1862 (Pottet), *B. cr.*; 24 nov. 1864 (Riverain), *B. cr.*

51. Ainsi l'art. 365 doit être appliqué aux peines encourues pour outrage à la morale et pour publication de gravures sans autorisation. — Paris, 28 fév. 1868 (Michaut), *J. p.*, 68, 340.

56 *bis.* La règle qui prohibe le cumul des peines est applicable même aux contraventions dont la pénalité excède celle des simples contraventions de police et par exemple aux infractions aux règlements sur les carrières. — Angers, 27 août 1866 (Hamon); D., 66, 2, 181.

58. Cet article ne prohibe le cumul des peines que dans le cas de conviction de plusieurs crimes ou délits; il n'est pas applicable au cas où il s'agit de contraventions, lorsque ces contraventions résultent de faits distincts de ceux qui ont été pris pour éléments constitutifs des délits. — Cass. 28 sept. 1865 (Brunet), *B. cr.*

58 *bis.* Ainsi il y a lieu de cumuler les peines au cas où il s'agit d'une contravention, telle que celle d'exercice illégal de la médecine, jointe à un délit d'escroquerie. — Cass. 28 sept. 1865 (Brunet), *B. cr.*; 12 déc. 1861 (Dovillers), *B. cr.*

59. La peine prononcée à raison d'un délit ne doit pas se confondre avec la peine encourue à raison d'une contravention; une peine spéciale doit être prononcée à raison de cette contravention. — Cass. 11 mars 1864 (Olivieri), *B. cr.*

61 *bis*. Au contraire, il n'y a pas lieu de cumuler les peines encourues pour homicide par imprudence, et pour infraction à la police du roulage. — Cass. 24 nov. 1864 (Riverain), *B. cr.*

69. Conf. Cass. 20 mars 1862 (Gilles), *B. cr.*

69 *bis*. La règle prohibitive du cumul des peines n'est pas applicable aux délits et contraventions prévus par le Code forestier, sans qu'il y ait lieu de distinguer entre les amendes et les peines d'emprisonnement. — Nancy, 26 août 1862 (Comte) ; D., 63, 2, 40.

70. Conf. Cass. 20 mars 1862 (Gilles), *B. cr.*

71. Conf. Nancy, 7 avril 1862 (Thomas), *J. p.*

75. Conf. Cass. 14 nov. 1862 (Villemot), *B. cr.*

78. Conf. Cass. 23 nov. 1860 (Montigny), *B. cr.*; 14 fév. 1863 (Daguin), *B. cr.*; 8 janv. 1864 (Tardivon), *B. cr.*; 27 janv. 1865 (Thouin), *B. cr.*; 24 juin 1865 (Franceschini), *B. cr.*; 13 avril 1866 (Simonetti), *B. cr.*; 21 juin 1866 (Cabanis), *B. cr.*; 10 nov. 1864 (Lafourcade), *J. p.*, 65, 576.

79. Conf. Cass. 18 janv. 1861 (Manduvit), *B. cr.*; 27 janv. 1865 (Thouin), *B. cr.*

80. Conf. Cass. 23 nov. 1860 (Montigny), *B. cr.*

86. Des faits réitérés de dégâts à la propriété d'autrni par l'abandon d'animaux ne constituent pas un fait indivisible et une seule contravention. Ils doivent être punis d'amendes distinctes. — Cass. 16 avr. 1864 (Filippi), *B. cr.*

87. Conf. Cass. 30 août 1866 (Gelin), *B. cr.*

90 *bis*. Lorsqu'un fait est retenu comme constitutif d'un délit, on ne saurait en même temps le retenir comme contravention. — Pau, 30 nov. 1860 (Nays), *J. cr.*, n° 7165. V. sous l'art. 360 C. i. cr., n° 82.

111. Conf. Cass. 29 août 1867 (Corbeau), *B. cr.*

§ 5. — Art. 3. — *Cas où le nouveau fait poursuivi entraîne une peine moins forte.*

143. L'action publique à raison d'un délit n'est pas éteinte par l'épuisement de la pénalité prononcée à raison d'un autre fait.

Ainsi, un individu condamné pour délit au maximum de la peine peut être poursuivi pour un autre délit antérieur, encore qu'aucune peine nouvelle ne puisse être prononcée. — Cass. 3 janv. 1867 (Imbert), *B. cr.*

Art. 366.

11. *Contrà :* La disposition de cet article, qui autorise les cours à ordonner la restitution des objets saisis, ne peut être étendue aux tribunaux correctionnels, qui ne peuvent prononcer sur les intérêts civils qu'accessoirement à un délit et dans les cas seulement de condamnation. — Cass. 12 mars 1868 (Briet), *B. cr.*

En ordonnant que les objets saisis soient restitués à *leur propriétaire*, le tribunal correctionnel ne viole pas cet article; mais la juridiction civile doit seule reconnaître ce propriétaire. — Même arrêt.

Art. 368.

20. Après cassation, si la cour de renvoi ne peut condamner le prévenu aux frais faits devant la Cour de cassation qui a annulé le premier arrêt, ni à ceux de l'arrêt annulé et des débats oraux qui l'ont précédé, il en est autrement des frais de tous les actes écrits de la procédure ou de l'instruction qui ont été complétement faits antérieurement à cet arrêt et au dernier acte annulé. — Cass. 17 mars 1864 (Robin), *B. cr.*

24. Conf. Cass. 17 août 1861 (Léger), *B. cr.*

Encore qu'il y ait partie civile en cause. — Même arrêt.

29. L'accusé acquitté ne peut être condamné aux frais envers l'État, alors même qu'il est condamné à des dommages-intérêts envers la partie civile. — Cass. 6 mai 1852 (Touron), *B. cr.*; Chauveau et Hélie, t. 1, p. 245.

29 *bis*. Il ne peut être condamné aux frais de la poursuite envers la partie civile qu'autant qu'il est expressément déclaré que ces frais sont alloués à celle-ci à titre de dommages-intérêts. — Cass. 5 déc. 1861 (Latrobe), *B. cr.*; 13 fév. 1862 (Collat), *B. cr.*

Art. 369.

13 *bis*. La date du crime qui résulte du verdict du jury n'a pas besoin d'être précisée dans l'arrêt. — Cass. 26 juill. 1866 (Dussehu), *B. cr*

16. Conf. Cass. 31 mars 1866 (Rogalle), *B. cr.*; 5 mars 1868 (Zara), *B. cr.*

17. Conf. Cass. 20 mars 1862 (Jeannin), *B. cr.*

18. Conf. Cass. 19 juin 1862 (Afaux), *B. cr.*; 28 juill. 1864 (Rey), *B. cr.*; 1er fév. 1866 (Potier), *B. cr.*

19. Ainsi, il n'est pas nécessaire de viser ni d'insérer le texte de l'art. 12 C. pén. — Cass. 20 mars 1862 (Jeannin), *B. cr.*; 19 juin 1862 (Afaux), *B. cr.*; 1er fév. 1866 (Potier), *B. cr.*

19 *bis*. Ni de l'art. 59 C. pén. en matière de recel; l'art. 62 suffit. — Cass. 5 mars 1868 (Zara), *B. cr.*

23. Ni de l'art. 381 C. pén. lorsque l'arrêt prononce une condamnation aux travaux forcés pour vol avec effraction; l'insertion de l'art. 384 suffit. — Cass. 22 août 1867 (Constant), *B. cr.*

24. Il n'est pas nécessaire de donner lecture des articles sur la récidive quand les circonstances atténuantes ont réduit la peine à un simple emprisonnement. — Cass. 31 mars 1866 (Rogalle), *B. cr*

26 *bis*. L'arrêt qui statue seulement sur des intérêts civils ne comporte point l'insertion de la loi pénale appliquée sur le fait principal. — Cass. 11 avril 1861 (Burle), *B. cr.* V. sous l'art. 163, n°s 31 et suiv.

29 *bis*. Une décision judiciaire publiquement rendue et revêtue des formes légales ne peut être réformée par le juge de qui elle émane.

Ainsi, une cour d'assises qui, après avoir prononcé un arrêt de condamnation, a diverti à une autre affaire, ne peut, en reconnaissant qu'il y avait prescription, rétracter sa première décision. — Cass. 11 janv. 1861 (Rialland), *B. cr.* V. sous l'art. 190, n° 110.

Art. 372.

§ 1er. — *Rédaction du procès-verbal.*

8. Conf. Aix, 6 juill. 1864 (Martin), *J. p.*, 64, 1113.

8 *bis*. Lorsque le président vient à décéder avant d'avoir signé le procès-verbal des débats et du tirage du jury, la cour (première chambre) doit autoriser l'un des assesseurs à le signer. — Aix, 9 juill. 1864 (Martin); D., 64, 5, 85.

13. Conf. Cass. 1er fév. 1866 (Berger), *B. cr.*

15. Conf. Cass. 17 nov. 1863 (Dauguac), *B. cr.*

16. Conf. même arrêt.

17. Conf. Cass. 1er fév. 1866 (Berger), *B. cr.*

18. Conf. même arrêt.

19. Lorsqu'au cours d'une audience le greffier s'est trouvé indisposé et obligé de se retirer sans pouvoir signer le procès-verbal, la signature du

président suffit pour authentiquer la relation des actes accomplis dans cette partie de l'audience. — Cass. 14 juill. 1864 (El Hadj), *B. cr.*

§ 2. — *Constatation du procès-verbal.*

29. Conf. Cass. 14 nov. 1867 (Chimer), *B. cr.*

34. Le procès-verbal constate suffisamment l'accomplissement de plusieurs prescriptions du Code d'instr. crim. en déclarant qu'on s'est conformé aux divers articles de ce Code y énoncés, édictant spécialement lesdites prescriptions. — Cass. 5 oct. 1866 (Perrin), *B. cr.*

35 *bis.* Le min. public étant indivisible, il importe peu que le procès-verbal constate que l'application de la peine a été requise par tel membre du parquet et que le nom d'un autre magistrat du parquet soit mentionné dans l'arrêt comme ayant pris les mêmes réquisitions. — Cass. 22 août 1867 (Constant), *B. cr.*

49. Conf. Cass. 23 août 1866 (Vidal), *B. cr.*

54. La cour, en réponse aux conclusions de la défense demandant acte de ce qu'un témoin n'avait pas prêté serment, peut déclarer que ses souvenirs ne lui permettent pas de constater le fait. — Cass. 18 mai 1865 (Houdebine), *B. cr.*

§ 3. — *Réponses des accusés.* — *Déclarations des témoins.*

68. Conf. Cass. 12 avril 1861 (Mallet), *B. cr.*; 6 juin 1861 (Ballagny), *B. cr.*

68 *bis.* La prohibition d'insérer au procès-verbal les réponses des témoins ne s'applique pas aux interrogations et aux réponses faites pour constater leur individualité dans les termes de l'art. 317. — Cass. 17 avril 1863 (Ginhoux), *B. cr.*

78. Cette prohibition ne fait pas obstacle à l'exercice du droit qui appartient au min. public en vertu de l'art. 318 de faire constater au procès-verbal, sans être tenu d'en articuler les motifs, tout fait ou toute déposition qui se réfère à l'objet de l'accusation et qui lui paraît devoir être retenu. — Cass. 13 déc. 1860 (Battestini), *B. cr.*

§ 5. — *Foi due au procès-verbal.*

98 *bis.* On ne peut alléguer en cassation que le président a refusé de faire une interpellation à un témoin si le procès-verbal ne constate pas le fait allégué. — Cass. 11 août 1864 (Gamot), *B. cr.*

103. L'autorité du procès-verbal qui atteste que la déposition d'un témoin a été comme toutes les autres transmise à l'accusé par l'interprète est infirmée par la décision de la cour qui, sur les conclusions du défendeur, répond qu'elle n'est pas suffisamment mémorative sur le point de savoir si la formalité a été accomplie. — Cass. 16 août 1862 (Si Mahmoud), *B. cr.*

Art. 373.

2. Conf. Cass. 9 déc. 1864 (Noguiès), *B. cr.*

6. Conf. Cass. 3 fév. 1865 (Nivoix), *B. cr.*; 10 fév. 1866 (Hougron), *B. cr.*

15. Le délai du pourvoi contre un arrêt qui, après acquittement de l'accusé, le condamne à des dommages-intérêts, court du jour de la prononciation de cet arrêt, quoique l'accusé n'y ait pas été présent, si la remise de l'affaire audit jour avait été prononcée contradictoirement avec lui. — Cass. 15 fév. 1866 (Worms), *B. cr.*

16. Conf. Cass. 9 déc. 1864 (Noguiès), *B. cr.*; 21 fév. 1867 (Desolliers), *B. cr.*

17. Conf. Cass. 10 fév. 1866 (Hougron), *B. cr.*

18. Le pourvoi en cassation contre un arrêt par défaut qui déboute un plaignant de son opposition, faute de comparaître, à un précédent arrêt par défaut, est recevable tant que cet arrêt n'a pas été signifié. — Cass. 9 nov. 1861 (de Cintré), *B. cr.*

20. Si l'art. 187 nouveau admet le prévenu à former son opposition, même après le délai de cinq jours de la notification de l'arrêt quand la notification ne lui en a pas été faite à sa personne, cette faveur ne modifie pas le droit accordé au min. public de se pourvoir en cassation dans le délai légal qui a suivi la notification à domicile. — Cass. 29 fév. 1868 (Jeautaud), *B. cr.*

22. Conf. Cass. 8 juill. 1864 (Bonafous), *B. cr.*

23. Conf. même arrêt.

Art. 381.

4. Conf. Cass. 19 août 1864 (Castanet), *B. cr.*

17. Conf. Cass. 8 janv. 1863 (Ramous), *B. cr.*

17, 18. Conf. Cass. 22 sept. 1864 (Ettlin), *B. cr.*; 23 déc. 1865 (Ledroit), *B. cr.*; 6 avril 1866 (Haruois), *B. cr.*; 29 nov. 1866 (Fargeot), *B. cr.*

31 *bis.* Les jurés septuagénaires sont dispensés de faire partie du jury; mais la loi ne leur a pas ôté l'aptitude à remplir ces fonctions, ils peuvent faire partie du jury de jugement. — Cass. 29 janv. 1863 (Druilhe), *B. cr.*

Art. 382.

3 *bis.* Les erreurs commises par l'autorité administrative dans la liste annuelle du jury ne peuvent servir de base à un moyen de cassation. — Cass. 6 juin 1861 (Humbert), *B. cr.*

Art. 383.

1. Conf. Cass. 11 sept. 1862 (Giron), *B. cr.*; 10 sept. 1863 (Calas), *B. cr.*

3. Conf. Cass. 6 avril 1866 (Rangez), *B. cr.*

17. Conf. Cass. 16 mai 1863 (Verdet), *B. cr.*

17 *bis.* Les fonctions de juré ne sont pas incompatibles avec celles de trésorier des invalides de la marine, qui n'est pas à proprement parler un militaire. — Cass. 12 avril 1866 (Angeleri), *B. cr.*; 11 janv. 1867 (Giovacchini), *B. cr.*

17 *ter.* Avec celles de préfet des palais impériaux. — Cass. 4 déc. 1862 (Bondy), *B. cr.*

17 *quater.* Avec celles de receveur buraliste des contributions indirectes qui n'appartient pas au service actif. — Cass. 12 mars 1868 (Rivière), *B. cr.*

Art. 388.

2 *bis.* Lorsque le procès-verbal de la formation du jury constate que le tirage a eu lieu à l'audience publique des vacations, il y a présomption que la chambre des vacations était régulièrement composée, encore que les noms du président et du substitut soient seuls indiqués. — Cass. 16 déc. 1864 (Rudeau), *B. cr.*

2 *ter.* Lorsque le tirage du jury de la session a été fait par le vice-président du tribunal, il y a présomption que le président était empêché. — Cass. 29 nov. 1866 (Fargeot), *B. cr.*

4 *bis.* La jonction de la liste des jurés de la session aux pièces du procès n'est pas une formalité substantielle dont l'inobservation entache de nullité la procédure. — Cass. 4 janv. 1866 (Ducré), *B. cr.*

4 *ter.* L'accusé n'est pas fondé à demander en cassation l'apport au greffe de la cour du procès-verbal de tirage de la session, afin de mettre la cour à

même de vérifier si toutes les formalités prescrites par l'art. 388 ont été observées, alors qu'il n'indique même pas les vices dont elles pourraient être entachées; les formalités prescrites sont légalement présumées avoir été accomplies. — Cass. 28 août 1862 (Artaud), *B. cr.*

5 *bis*. En tirant les noms des jurés de l'urne, le président n'a pas besoin de faire connaître leur profession et leur domicile. — Cass. 20 sept. 1866 (Mariotte), *B. cr.*; 11 oct. 1866 (Siegel), *B. cr.*

9. Le tribunal chef-lieu qui forme la liste des jurés de la session peut écarter de cette liste les jurés qui ont déjà rempli ces fonctions dans l'année courante ou l'année précédente; l'accusé ne peut critiquer cette mesure. — Cass. 15 janv. 1863 (Gigax), *B. cr.*

Art. 390.

14. Il suffit qu'un juré ait eu capacité au moment où il a été porté sur la liste administrative pour qu'il puisse remplir les fonctions de juré dans la session pour laquelle la liste a été dressée.

Ainsi, le transfert du domicile d'un juré dans un autre département ne peut lui enlever la capacité qui lui était acquise. — Cass. 22 sept. 1864 (Ettlin), *B. cr.*

17 *bis*. Le condamné dont le jury de jugement a été tiré sur trente jurés idoines ne peut critiquer en cassation l'opération plutôt administrative que judiciaire par laquelle, au début de la session et hors du contrôle des accusés, la cour prononce sur les excuses ou dispenses des jurés et notamment sur une question d'incompatibilité de fonctions. — Cass. 14 déc. 1865 (Bernaras), *B. cr.* — V. sous l'art. 397, n° 5.

Art. 391.

4. Conf. Cass. 6 juin 1861 (Humbert), *B. cr.*

Art. 392.

9. Un juré qui ne fait pas partie du jury de jugement peut être chargé par le président d'une expertise. — Cass. 24 janv. 1868 (Mallet), *B. cr.*

11 *bis*. Ne peut être considéré comme expert et exclu du droit de faire partie du jury le directeur des contributions directes qui, en sa qualité, a délivré et signé un extrait du plan cadastral de la commune dans laquelle le crime aurait été commis. — Cass. 19 juin 1862 (Afaux), *B. cr.*

24. Deux frères peuvent faire partie du même jury de jugement. On ne peut étendre les incompatibilités établies par l'art. 3, L. 4 juin 1853. — Cass. 11 mars 1865 (Albarel), *B. cr.*; 18 avril 1867 (Nivoliès), *B. cr.*

25 *bis*. Un juré ayant déjà fait partie du jury de jugement dans une affaire renvoyée à une autre session, peut faire partie du nouveau jury appelé à statuer sur l'accusation. — Cass. 18 avril 1861 (Mattei), *B. cr.* — *Contrà :* Cass. 27 juill. 1866 (Grimigni), *B. cr.*

27. La cour d'assises peut maintenir sur la liste du jury des jurés cités comme témoins par l'accusé, et annuler les citations qui leur ont été données, lorsqu'elle constate que ces citations n'ont pas eu pour but l'exercice sérieux et loyal d'une faculté accordée par la loi, mais une manœuvre frauduleuse ayant pour but de paralyser l'action de la justice. — Cass. 18 avril 1861 (Mattei), *B. cr.*

Art. 393.

29. Est nulle la formation du jury faite sur une liste de trente jurés dont l'un avait été entendu comme témoin dans le cours de l'information écrite. — Cass. 27 juin 1861 (Maudavy), *B. cr.*

Encore bien qu'il ait été récusé. — Cass. 27 juin 1861 (Maudavy), *B. cr.*

31. Conf. Cass. 10 sept. 1863 (Calas), *B. cr.*

33. Conf. Cass. 3 juill. 1862 (Camoin), *B. cr.*

36. Conf. même arrêt.

38. L'erreur sur le domicile d'un juré, dans la notification faite à l'accusé, n'est pas de nature à vicier la procédure si le tirage du jury s'est opéré sur plus de trente jurés idoines et si le nom de ce juré n'est pas sorti de l'urne. — Cass. 24 déc. 1863 (Carlier), *B. cr.*

40 *bis*. Le président de la cour d'assises peut procéder seul au retranchement, de la liste des jurés, des noms de ceux d'entre eux qui sont cités comme témoins dans le procès. — Cass. 20 mars 1863 (Heutte), *B. cr.*

46. Conf. Cass. 6 fév. 1862 (Marbotte), *B. cr.*

51. Est nulle la composition du jury lorsqu'au nombre des douze jurés figure un juré dont le nom ne se trouve pas sur la liste notifiée à l'accusé, ou s'il y a incertitude sur l'identité de ce juré avec l'un des jurés compris sur la liste notifiée. — Cass. 17 déc. 1863 (Beaufour), *B. cr.* — V. notes sous l'art. 395.

59 *bis*. Est nulle la déclaration du jury à laquelle a concouru le quatrième juré supplémentaire, alors qu'il est constaté par le procès-verbal que les noms des premier et deuxième jurés supplémentaires avaient seuls été mis dans l'urne pour compléter le nombre de trente jurés et que les autres jurés suppléants n'avaient point pris part au tirage. — Cass. 7 fév. 1863 (Jourdan), *B. cr.*

Art. 394.

8 et 9. Conf. Cass. 5 sept. 1861 (Gamoy), *B. cr.*

13. Conf. Cass. 10 juill. 1863 (Colongeon), *B. cr.*

31. Conf. Cass. 22 nov. 1860 (Pichon), *B. cr.* — L'excès de pouvoir du président qui a pris seul cette mesure ne peut être couvert par l'arrêt de la cour qui, postérieurement et après l'accomplissement d'autres formalités, a ratifié ce qui avait été exécuté. — Même arrêt.

Art. 395.

§ 1er. — *Nécessité de la notification.*

1. Conf. Cass. 6 oct. 1864 (Dufourneau), *B. cr.*

§ 2. — *Ce que doit comprendre la notification.*

6. Conf. Cass. 18 avril 1861 (Mattei), *B. cr.*; 7 déc. 1865 (Liardet), *B. cr.*; 31 mars 1866 (Rogalle), *B. cr.*; 29 mars 1866 (Fargeot), *B. cr.*

7. La notification de la liste des quarante est régulière quoiqu'il ne reste plus sur la liste de service que treize jurés de la liste originaire. — Cass. 18 avril 1861 (Mattei), *B. cr.*

9. Conf. Cass. 31 mars 1866 (Rogalle), *B. cr.*

10. Conf. Cass. 7 déc. 1865 (Liardet), *B. cr.*; 5 oct. 1866 (Coustou), *B. cr.*

10 *bis*. L'accusé ne peut se plaindre de la radiation de quatre noms des jurés titulaires sur la liste à lui notifiée lorsqu'il est mentionné dans l'exploit que ces jurés avaient été antérieurement excusés pour la session, et qu'ils ne participeront point au tirage du jury. — Cass. 8 juill. 1865 (Joussiaume), *B. cr.*

14. Conf. Cass. 18 avril 1861 (Mattei), *B. cr.*

14 *bis*. La loi ne prescrit pas la signification à l'accusé des noms des jurés complémentaires même désignés par le tirage au sort en audience publique,

opéré antérieurement à l'exploit de notification. La notification de la liste des trente-six jurés ordinaires et des quatre jurés supplémentaires suffit. — Cass. 11 janv. 1867 (Giovacchini), *B. cr.*

§ 3. — *Erreurs ou omissions de la liste notifiée.*

55. Conf. Cass. 13 déc. 1866 (Thomas), *B. cr.*; 6 juin 1861 (Ballagny), *B. cr.*; 19 fév. 1863 (Baron), *B. cr.*

56 et 57. Conf. Cass. 5 oct. 1866 (Perrin), *B. cr.*

58. Conf. Cass. 19 fév. 1863 (Baron), *B. cr.*; 14 nov. 1867 (Dudicourt), *B. cr.*

58 *bis.* L'accusé ne peut se faire un moyen de cassation de l'omission d'une particule devant le nom d'un juré. — Cass. 13 déc. 1866 (Thomas), *B. cr.*

62. Conf. Cass. 5 oct. 1866 (Coustou), *B. cr.*

63. Conf. Cass. 3 sept. 1863 (François), *B. cr.*; 9 août 1867 (Yung); 12 déc. 1867 (Terrail), *B. cr.*

Alors que les autres indications ne pouvaient laisser aucun doute sur l'individualité. — Cass. 3 sept. 1863 (Marion), *B. cr.*; 9 août 1867 (Yung), *B. cr.*

65. Conf. Cass. 13 déc. 1866 (Brissaud), *B. cr.*

67. Conf. même arrêt; Cass. 6 juin 1861 (Ballagny), *B. cr.*; 31 mai 1867 (Laffond), *B. cr.*

70. Conf. Cass. 10 déc. 1863 (Humbert), *B. cr.*

72. Conf. Cass. 6 juin 1861 (Humbert), *B. cr.*

72 *bis.* L'accusé n'a pu être égaré sur l'identité d'un juré par l'indication d'une profession qui se fonde sur l'erreur commune. — Cass. 10 déc. 1863 (Humbert), *B. cr.*

72 *ter.* Par l'omission de l'une des professions d'un juré, lorsque toutes les indications du tableau signifié ne peuvent laisser aucun doute sur son identité. — Cass. 23 avril 1863 (Regnault), *B. cr.*

78. Conf. Cass. 12 juill. 1866 (Rasson), *B. cr.*

82 *bis.* Par une erreur sur l'indication du lieu de naissance d'un juré, si, à raison des autres indications, il ne peut exister de doute sur l'identité de ce juré. — Cass. 10 déc. 1863 (Humbert), *B. cr.*

§ 4. — *Forme de la notification*

93. Le défaut de jonction aux pièces de la procédure transmise à la Cour de cassation de l'exploit de notification de la liste des jurés de la session, d'ailleurs régulièrement notifiée, ne peut être une cause de nullité ni même nécessiter un interlocutoire pour ordonner l'apport de cette pièce, si l'accusé n'articule aucune irrégularité de nature à constituer une violation des droits de la défense. — Cass. 27 déc. 1860 (Duval), *B. cr.*

93 *bis.* Les mentions de l'interrogatoire de l'accusé par le président des assises peuvent suppléer au défaut de production de l'exploit de notification. — Cass. 24 avril 1868 (Ramassamy), *B. cr.*

94. Cet article n'exige pas que la liste des jurés soit transcrite en tête de l'original de l'exploit de notification. — Cass. 28 sept. 1865 (Petit), *B. cr.*

98. Est nulle la notification lorsque la copie de la liste des jurés remise à l'accusé n'est pas signée par l'huissier; il ne suffit pas que l'original soit signé. — Cass. 25 sept. 1862 (Bolanneaux), *B. cr.*

100. Conf. Cass. 9 avril 1864 (Mittenhoff), *B. cr.*

106. L'omission de l'immatricule de l'huissier peut être suppléée par la mention de son nom et de son domicile. — Cass. 5 déc. 1867 (Farneau), *B. cr.*

110. Conf. Cass. 9 avril 1868 (Galatry), *B. cr.*

111. Conf. Cass. 31 janv. 1867 (Perez), *B. cr.*

111 *bis.* L'omission du mot *sa* dans la formule *parlant à sa personne* est indifférente; la preuve légale de l'accomplissement des prescriptions de l'art. 395 résulte suffisamment de l'ensemble de la formule. — Cass. 2 avril 1863 (Leprince), *B. cr.*

112. La loi ne prescrivant pas de formule pour la constatation de la remise de la copie de la liste des jurés, il suffit qu'il résulte des termes de l'acte de signification, de ses constatations régulières et de la mention du coût de l'exploit, que l'accusé a reçu copie de ladite liste des jurés. — Cass. 28 nov. 1863 (Gardan), *B. cr.*

114. Il ne peut résulter nullité de ce que le *parlant à personne* était imprimé à l'avance. — Cass. 2 avril 1863 (Leprince), *B. cr.*

116. La notification est nulle lorsque l'accusé ayant été transféré dans un hospice, cette notification lui a été faite en parlant au concierge et non à l'accusé lui-même. — Cass. 14 déc. 1867 (Molasier), *B. cr.*

119. Est nul l'exploit de notification de la liste du jury dont le *parlant à* mentionne deux ou trois accusés, mais ne constate pas que la liste signifiée a été remise séparément à chacun d'eux. — Cass. 7 avril 1864 (Le Gouguec), *B. cr.*; 6 oct. 1864 (Paillet), *B. cr.*

120. Conf. Cass. 12 sept. 1861 (Damée), *B. cr.*

120 *bis.* Le coût de l'exploit peut suppléer à la constatation de la remise à chacun des accusés de la liste du jury. — Cass. 6 oct. 1864 (Paillet), *B. cr.*

121. Mais il ne peut suppléer à la constatation de la remise à plusieurs accusés lorsqu'il n'est indiqué que par son total, et que, même en le décomposant, on arrive à cette conséquence qu'une seule copie a été notifiée. — Cass. 7 avril 1864 (Le Gouguec), *B. cr.* — V. sous l'art. 242, n°s 23 et suiv.

122. Conf. Cass. 7 avr. 1864 (Le Gouguec), *B. cr.*

125. Conf. Cass. 31 mars 1866 (Rogalle), *B. cr.*

§ 5. — *Délai de la notification.*

132. La date véritable de la notification est fixée par l'exploit, quelle que soit l'énonciation du procès-verbal à cet égard. — Cass. 17 janv. 1862 (Lecomte), *B. cr.*

133. Il ne résulte aucune nullité de ce qu'un accusé dont l'affaire était portée au rôle des assises pour un jour a été jugé le lendemain. — Cass. 5 mars 1868 (Zara), *B. cr.*

139. Conf. Cass. 17 janv. 1862 (Lecomte), *B. cr.*; 28 sept. 1865 (Petit), *B. cr.*

§ 6. — *Surcharges.*

146. Conf. Cass. 10 avril 1862 (Jussot), *B. cr.*

154. Il y a nullité lorsque dans l'exploit de notification de la liste du jury il existe trois ratures sur les noms des jurés et que deux ratures seulement sont approuvées, alors que l'un de ces jurés a fait partie du jury de jugement. — Cass. 16 déc. 1864 (Janson), *B. cr.*

155. Conf. Cass. 13 juin 1861 (Bergeron), *B. cr.*

155 *bis.* La rature dans l'exploit de notification de la liste du jury des prénoms d'un juré insérés à tort est virtuellement validée par l'approbation en marge du renvoi contenant les vrais prénoms. — Cass. 6 avril 1865 (Casanova), *B. cr.*

157. Conf. Cass. 6 avril 1865 (Casanova), *B. cr.*

158. Conf. Cass. 6 avril 1863 (Casanova), *B. cr.*

Art. 397.

5. L'accusé ne peut être admis à critiquer l'arrêt qui excuse un juré ni rechercher par des documents extrajudiciaires à infirmer les énonciations de l'arrêt. — Cass. 28 déc. 1860 (Labbé), *B. cr.*

15. Conf. Cass. 28 déc. 1860 (Labbé), *B. cr.*

17. La cour a le droit d'exempter de l'amende les jurés qui justifient qu'ils étaient dans l'impossibilité de se présenter au jour indiqué, sans la présence des accusés, aucun débat contradictoire ne pouvant être soulevé par eux. — Cass. 9 août 1867 (Yung), *B. cr.*

25 *bis.* L'arrêt qui, pour cause d'une absence momentanée, condamne un juré à l'amende sans ordonner sa radiation ou son remplacement ne lui fait pas perdre sa qualité de juré et ne l'empêche pas de participer au tirage du jury. — **Cass. 8 sept. 1864** (Neau), *B. cr.*

Art. 398.

Conf. Cass. 21 nov. 1861 (Moisan), *B. cr.*

Art. 399.

§ 1er. — *Appel des jurés.*

7 *bis.* Cet article n'exige pas qu'au moment du tirage au sort du jury le président fasse connaître à l'accusé le nom des jurés exonérés. — Cass. 9 août 1867 (Yung), *B. cr.* — V. sous l'art. 395, n°s 9 et suiv.

11. Conf. Cass. 31 mai 1867 (Laffond), *B. cr.*

22. Conf. Cass. 18 avril 1867 (Férey), *B. cr.*

23. Conf. Cass. 14 sept. 1865 (Jouan), *B. cr.*

32 *bis.* Le président ne cause aucun préjudice à la défense lorsque, après avoir tiré les noms de plusieurs jurés de l'urne, il remet par inadvertance ces noms dans l'urne, s'il les en retire aussitôt, en maintenant les jurés déjà tirés au sort. — Cass. 19 juin 1862 (Afaux), *B. cr.*

§ 2. — *Annulation du tirage du jury.*

39 et 40. S'il est de principe que lorsque le tirage au sort du jury a été régulièrement opéré, chaque juré dont le nom est sorti de l'urne et qui n'a pas été récusé est investi d'une manière irrévocable du caractère de juge, cette règle peut recevoir exception toutes les fois que quelque irrégularité grave a été commise soit avant, soit dans la formation même du jury; par exemple, le tirage commencé peut être annulé au cas où le président aurait omis d'avertir l'accusé de son droit de récusation, surtout si celui-ci a formellement consenti à ce que le tirage fût recommencé. — Cass. 10 janv. 1861 (Volant), *B. cr.*

43. Au contraire, il n'y a pas lieu d'annuler le tirage du jury déjà commencé sous prétexte d'une erreur résultant de la mise dans l'urne et du tirage du nom d'un juré dispensé et absent, lorsque le nombre des jurés présents est supérieur à trente; il suffit de mettre de côté le nom du juré tiré par erreur. — Cass. 20 juin 1867 (Lebraud), *B. cr.*

43 *bis.* Mais en ce cas la cour peut annuler le tirage du jury de jugement s'il a été commencé sur une liste de trente jurés seulement. — Cass. 18 avril 1861 (Mattei), *B. cr.*

49. Conf. Cass. 20 juin 1867 (Lebraud), *B. cr.*

§ 4. — *Procès-verbal.* — *Ce qu'il doit constater.*

94. Conf. Cass. 11 mai 1866 (Glenadel), *B. cr.*

97. Il y a nullité de l'arrêt de condamnation lorsque le procès-verbal du tirage du jury constate le concours d'un juré dont le nom n'est pas le même que celui mentionné au procès-verbal et lorsqu'il y a doute sur l'identité. — Cass. 16 mars 1865 (Langlois), *B. cr.*

106. Il y a nullité lorsque le procès-verbal de tirage du jury ne contient que la désignation de onze jurés tirés au sort, encore qu'il énonce que le jury a été composé de douze jurés. — Cass. 23 août 1866 (Vidal), *B. cr.*

109 *bis.* La loi n'exige pas que le procès-verbal de tirage contienne la mention formelle qu'il a ou non été exercé des récusations, par qui et en quel nombre : il suffit qu'il indique les noms des douze jurés non récusés. — Cass. 26 juin 1862 (Miesch), *B. cr.*

112. Conf. Cass. 3 août 1865 (Gazagnaire), *B. cr.*

113. Il suffit que le procès-verbal constate que le président a prévenu l'accusé du nombre de récusations qu'il avait le droit d'exercer et du mode d'après lequel il devait le faire; il n'est pas nécessaire qu'il ajoute qu'elles n'ont été exercées qu'au moment où le nom du juré sortait de l'urne. — Cass. 28 sept. 1865 (Petit), *B. cr.*

115. Conf. Cass. 12 juill. 1866 (Laurent), *B. cr.*

123. L'erreur sur la date du procès-verbal du tirage du jury ne peut entraîner nullité lorsqu'elle est rectifiée par la date du procès-verbal des débats mis à la suite. — Cass. 5 déc. 1867 (Farneau), *B. cr.*

Art. 402.

1. La loi ne prescrit pas que l'accusé soit averti du nombre de récusations qui peuvent être exercées soit par lui, soit par le min. public. — Cass. 3 août 1865 (Gazagnaire), *B. cr.* — V. sous l'art. 399, n° 112.

Art. 406.

2. Conf. Cass. 16 mars 1866 (Oursel), *B. cr.*, 5 déc. 1867 (Roman). *B. cr.*

Le refus de la cour d'assises d'obtempérer aux conclusions prises à cette fin par le défenseur de l'accusé ne peut être considéré comme une atteinte au droit de la défense. — Cass. 16 mars 1866 (Oursel), *B. cr.*

3. Conf. Cass. 15 mai 1863 (Petit), *B. cr*

4. La cour d'assises peut ordonner le renvoi à une autre session toutes les fois qu'il y a lieu de recourir à un acte d'instruction ayant pour objet d'éclairer le jury sur les éléments constitutifs du crime. — Cass. 15 mai 1863 (Petit), *B. cr.*

7 *bis.* Lorsqu'il y a lieu de contrôler un fait contesté et de vérifier un fait révélé pour la première fois à l'audience. — Cass. 11 mai 1865 (Mauriac), *B. cr.*

7 *ter.* Ou pour être procédé à une instruction supplémentaire à l'effet de découvrir la participation d'un complice. — Cass. 28 déc. 1865 (Garel), *B. cr.*

8 *bis.* La cour d'assises peut, après les débats commencés, renvoyer l'affaire à une autre session, en matière de banqueroute frauduleuse, en se fondant sur ce que la juridiction civile était saisie de la question relative à la déclaration de faillite, quoiqu'il appartienne au jury de décider si l'accusé était commerçant failli, la décision des tribunaux civils pouvant exercer une influence légitime sur sa déclaration. — Cass. 15 mai 1863 (Petit), *B. cr.*

20 *bis.* La cour justifie d'une manière suffisante le rejet d'une demande en renvoi formée par l'accusé pour produire un nouveau témoin, en décidant que cette demande n'est point justifiée. — Cass. 6 avril 1865 (Casanova), *B. cr.*

22. Conf. Cass. 14 nov. 1867 (Dudicourt), *B. cr.*

22 *bis.* Le pourvoi contre l'arrêt qui a ordonné le renvoi de l'affaire à une autre session n'est pas recevable avant l'arrêt définitif. — Cass. 2 janv. 1868 (Guelfucci), *B. cr.*

23. Conf. Cass. 5 déc. 1867 (Roman), *B. cr.*

24 *bis.* Au cas du renvoi d'une affaire à une autre session, des jurés qui ont fait partie du premier jury

ne peuvent, à peine de nullité, faire partie du second. — Cass. 27 juill. 1866 (Grimigni), *B. cr.* — *Contrà :* Cass. 18 avril 1861 (Mattei), *B. cr.*

Art. 407.

§ 1er.

7 *bis.* Les avis donnés par la chambre d'accusation sur les demandes en réhabilitation ne peuvent être frappés d'un pourvoi en cassation par la partie intéressée ; ils n'ont point le caractère d'arrêts. Il appartient au ministre de la justice seul de les dénoncer à la Cour de cassation. — Cass. 18 janv. 1867 (Martin), *B. cr.*

7 *ter.* On ne peut se pourvoir en cassation contre le tirage au sort du jury de session qui n'a pas le caractère d'un jugement ou arrêt. — Cass. 27 fév. 1863, *B. cr.*

16 *bis.* Le pourvoi formé uniquement contre la partie de l'arrêt qui déclare l'appel du ministère public recevable n'autorise point la Cour de cassation à examiner le chef relatif à la recevabilité de l'action de la partie civile poursuivante. — Cass. 3 janv. 1863 (Hémery), *B. cr.*

20. Conf. Cass. 6 nov. 1862 (Lavoy), *B. cr.* ; 21 nov. 1864 (Telesio), *B. cr.*

29. Sont interdits : les pourvois en cassation contre les décisions du conseil de guerre sur des crimes commis par des individus non militaires dans un pays étranger soumis à l'état de siége. — Cass. 24 nov. 1864 (Telesio), *B. cr.*

30 *bis.* Les pourvois contre les décisions des conseils de guerre formés par des individus non militaires habitant un pays étranger occupé par les troupes françaises, lorsqu'ils sont prévenus, soit comme auteurs, soit comme complices, des crimes et délits prévus par le titre II du livre IV du Code de justice militaire. — Cass. 19 janv. 1865 (Graziani), *B. cr.*

Ou qui portent atteinte à la sûreté de l'armée. — Cass. 13 sept. 1866 (Rocchi), *B. cr.*

§ 2.

36 *bis.* Le min. public est recevable à se pourvoir en cassation dans le seul intérêt du prévenu. — Cass. 26 juin 1862 (Cognet), *B. cr.*

36 *ter.* Ainsi, le min. public a qualité pour se pourvoir contre une décision qui, sur le seul appel du condamné, aggrave sa position par une déclaration d'incompétence. — Cass. 26 mars 1864 (Daguzan), *B. cr.*

44 *bis.* Le pourvoi d'un procureur général est recevable, encore bien que sur le fond il soit dénué d'intérêt, s'il a son utilité au point de vue des frais du procès. — Cass. 11 mars 1864 (Olivieri), *B. cr.*

47. Le min. public est recevable à se pourvoir en cassation contre un jugement qui acquitte un prévenu, même lorsqu'il a conclu à cet acquittement. — Cass. 22 mars 1866 (Ferrandi), *B. cr.*

54. Conf. Cass. 19 juill. 1861 (Lucotte), *B. cr.*

54 *bis.* Il importe peu que dans son mémoire le min. public ait restreint son pourvoi à un seul chef, si l'acte par lequel il a déclaré se pourvoir est général ; la cour est saisie de toute l'affaire. — Cass. 22 mars 1866 (Ferrandi), *B. cr.*

56 *bis.* Mais le pourvoi du min. public qui n'a été formé que contre le prévenu ne peut préjudicier à la partie civile. Ainsi, celle-ci ne peut être condamnée aux dépens si les premiers juges ont omis de mettre les dépens à sa charge. — Cass. 10 août 1861 (Allemand), *B. cr.*

Art. 408.

§ 1er. — *Moyens de nullité contre la procédure antérieure à l'arrêt de renvoi.*

1. On ne peut présenter devant la Cour de cassation des moyens de nullité se référant à des actes antérieurs à l'arrêt de renvoi et de mise en accusation. — Cass. 7 déc. 1865 (Liardet), *B. cr.*

2. Conf. Cass. 25 juill. 1867 (Clerissi), *B. cr.*

§ 4. — *Moyens de nullité contre l'arrêt de condamnation.*

29. La Cour de cassation ne peut apprécier si le verdict du jury est rendu en violation de l'indivisibilité de l'aveu fait dans la procédure écrite ou orale. — Cass. 22 août 1867 (Constant), *B. cr.*

34 *bis.* Le min. public ne peut se pourvoir en cassation contre la décision d'un jugement qui annule un procès-verbal, lorsque, en définitive, le prévenu a été condamné à la peine qu'il avait encourue ; l'annulation du jugement ne pourrait être prononcée que dans l'intérêt de la loi sur le pourvoi du procureur général près la Cour de cassation. — Cass. 10 avril 1863 (Pinard), *B. cr.*

43. Conf. Cass. 6 déc. 1867 (Laget), *B. cr.*

§ 6. — *Moyens de nullité résultant de la fausse qualification des faits. — Attributions de la Cour de cassation.*

78. En matière de contrefaçon, il appartient aux tribunaux d'apprécier souverainement le point de savoir si l'invention avait ou non le caractère de nouveauté. — Cass. 2 janv. 1864 (Dumont), *B. cr.*

80 *bis.* Ils sont souverains pour apprécier si celui qui a signé un article de journal en est véritablement l'auteur. — Cass. 17 août 1861 (Lambert), *B. cr.*

85. Conf. Cass. 10 août 1866 (Rocca), *B. cr.* ; 10 août 1867 (Faure), *B. cr.*

85 *bis.* En matière d'outrages, la Cour de cassation est incompétente pour apprécier si le prévenu a agi avec une intention malveillante ; les tribunaux sont souverains à cet égard. — Cass. 23 nov. 1861 (Fabiani), *B. cr.*

88. Pour décider, en les interprétant, que des propos n'ont pas eu un caractère injurieux. — Cass. 25 juill. 1861 (Guth), *B. cr.*

89. Mais si les cours sont investies du droit d'apprécier souverainement les circonstances qui peuvent dépouiller les faits imputés de tout caractère de criminalité, leur déclaration tombe sous le contrôle de la Cour de cassation lorsqu'elle est en opposition flagrante avec les faits constatés par les arrêts, ou lorsqu'elle est la conséquence ou l'application d'une erreur de droit. — Cass. 28 juin 1862 (Mirès), *B. cr.*

90 1o. Ainsi, les tribunaux ne peuvent, par une appréciation arbitraire, acquitter un contrevenant quand ils ont constaté tous les faits constitutifs de la contravention. — Cass. 15 déc. 1864 (Bourdelle), *B. cr.*

90 2o. S'il appartient souverainement aux cours impériales de statuer sur les circonstances de fait qui peuvent faire connaître l'intention des parties et d'interpréter le sens et la lettre des conventions consenties, il appartient à la Cour de cassation de vérifier les qualifications légales et de rechercher si les cours et tribunaux n'ont pas méconnu le caractère vrai des contrats. — Cass. 29 nov. 1866 (Massue), *B. cr.*

90 3o. En matière de diffamation, la Cour de cassation a le droit de rechercher si les motifs d'un arrêt qui refusent de reconnaître l'intention de nuire

justifient le prévenu sur cette intention. — Cass. 26 nov. 1864 (Bravay), *B. cr.*; 4 mai 1865 (Schœnfeld), *B. cr.*

91. Conf. Cass. 15 sept. 1864 (Antonioli), *B. cr.*; 15 juill. 1865 (Hardange), *B. cr.*

Ainsi, la Cour de cassation a le droit de décider que les faits relevés par un arrêt de non-lieu ne constituent pas l'exception de légitime défense. — Cass. 15 sept. 1864 (Antonioli), *B. cr.*

92. Conf. Cass. 29 mars 1866 (Coulon), *B. cr.*; 4 avril 1861 (Viviani), *B. cr.*

93. Conf. Cass. 27 avril 1861 (Bartal), *B. cr.*

93 *bis.* La Cour de cassation est compétente pour décider que d'après les faits reconnus constants la chambre d'accusation a mal à propos déclaré que des attentats à la pudeur avaient été commis sans violence. — Cass. 8 nov. 1860 (Jousset), *B. cr.*

96 *bis.* Elle a le droit de rechercher si la convention qualifiée dépôt est un contrat de nantissement. — Cass. 29 nov. 1866 (Massue), *B. cr.*

97 *bis.* Si les faits constatés constituent une injure ou une diffamation. — Cass. 4 avril 1861 (Viviani), *B. cr.*

99. De reconnaître, en matière d'outrage, si une imputation était de nature à porter atteinte à la considération du plaignant. — Cass. 23 nov. 1861 (Fabiani), *B. cr.*

104. En matière de presse, il appartient à la Cour de cassation de reviser les qualifications données aux écrits par les juges du fait et de leur donner le caractère légal qui leur appartient. — Cass. 13 mai 1864 (Granges), *B. cr.*

104 2°. En cette matière, si les juges du fait sont souverains pour examiner les éléments extrinsèques à l'écrit incriminé, par exemple, l'intention, il appartient à la Cour de cassation de contrôler l'interprétation donnée à cet écrit, d'en rechercher et d'en déterminer le sens et la portée dans leur rapport avec la qualification légale. — Cass. 9 janv. 1864 (Barlatier), *B. cr.*

104 3°. Ainsi, si les cours impériales sont souveraines pour décider l'absence d'intention coupable en s'appuyant sur des éléments étrangers à l'écrit, elles ne peuvent, sans encourir la censure de la Cour de cassation, méconnaître le sens et la portée des écrits et acquitter le prévenu en se fondant sur une prétendue absence d'intention coupable tirée uniquement des termes de ces écrits. — Cass. 10 mars 1865 (Guillou), *B. cr.*

104 4°. Il appartient à la Cour de cassation de rechercher si l'arrêt a fait une juste et légale interprétation de tout l'article incriminé, et si cet article justifie par les termes de son ensemble la condamnation prononcée. — Cass. 17 mars 1864 (Robin), *B. cr.*

104 5°. Si les articles incriminés renferment ou non les divers caractères voulus par la loi pour constituer un délit. — Cass. 21 nov. 1862 (Hoummel), *B. cr.*

105. Si l'écrit examiné dans ses détails et dans son ensemble renferme ou non les divers caractères prévus par la loi pour constituer le délit de presse imputé et spécialement le délit de diffamation. — Cass. 31 déc. 1863 (Reibel), *B. cr.*; 10 août 1865 (Callou), *B. cr.*

105 2°. S'il s'adresse à une personne déterminée et s'il impute à cette personne un fait de nature à porter atteinte à son honneur et à sa considération. — Cass. 17 mars 1864 (Robin), *B. cr.*

105 3°. Si, en matière d'injures ou de diffamation, les faits constatés au jugement sont de nature à faire disparaître les conséquences légales des délits résultant des termes des articles incriminés. — Cass. 23 avril 1863 (Albaric), *B. cr.*

105 4°. Elle est compétente pour apprécier si certains passages d'un écrit constituent des allégations de faits relatifs aux fonctions, de nature à porter atteinte à l'honneur et à la considération du magistrat auquel ils étaient imputés. — Cass. 8 mars 1861 (Antoni), *B. cr.*

105 5°. Ou si un écrit contient le délit d'outrage à un magistrat à raison de ses fonctions. — Cass. 10 août 1867 (Faure), *B. cr.*

105 6°. Pour décider, contrairement à l'appréciation des juges du fait, qu'un écrit contient le délit de dénonciation calomnieuse. — Cass. 21 mars 1861 (Legentil), *B. cr.*

108. Qu'un article contient le délit d'excitation à la haine et au mépris des citoyens les uns contre les autres. — Cass. 23 juill. 1864 (Molot), *B. cr.*

§ 7. — *Moyens de nullité tirés de l'incompétence.*

122. Toutes les incompétences déclarées par la loi sont, quant à leurs effets légaux, également péremptoires et absolues, et ne sauraient être couvertes par l'acquiescement ou le silence de la partie; un moyen d'incompétence peut être invoqué en cassation quoiqu'il n'ait été proposé ni en première instance ni en appel. — Cass. 17 janv. 1861 (Adoué), *B. cr.*; 14 fév. 1868 (Mas), *B. cr.*

124 *bis.* Malgré l'arrêt de renvoi, l'accusé peut, devant la cour d'assises, débattre la question de savoir s'il s'est rendu coupable du crime en pays étranger avant la loi des 22-27 juin 1867. — Cass. 15 mars 1867 (de Crouy-Chanel), *B. cr.*

128. Conf. Cass. 14 fév. 1868 (Mas), *B. cr.*

§ 8. — *Moyens de nullité résultant du refus ou de l'omission de statuer.*

136. Le tribunal doit, à peine de nullité, statuer sur l'offre de la preuve testimoniale formulée par le min. public, dans le cas où il ne serait pas convaincu. — Cass. 22 juill. 1865 (Ameil Juge), *B. cr.*

136 *bis.* Au cas où le procès-verbal serait reconnu insuffisant. — Cass. 6 déc. 1860 (Alicot), *B. cr.*

136 *ter.* Mais il n'est pas tenu de statuer sur les réquisitions du min. public tendantes à l'audition de témoins s'il admet comme prouvé le fait matériel constaté par le procès-verbal. — Cass. 23 mars 1865 (Kuntz), *B. cr.*

146. Conf. Cass. 26 avril 1861 (Beleguie), *B. cr.*; 11 avril 1862 (Desguez), *B. cr.*; 24 juill. 1863 (Cancade), *B. cr.*; 3 janv. 1868 (Camus), *B. cr.*

148 *bis.* Il n'y a omission de statuer sur l'un des chefs de la prévention dans l'arrêt qui acquitte sur le vol d'une inscription de rente, sans s'expliquer comme l'avait fait la citation sur les coupons restés adhérents. — Cass. 12 mars 1868 (Briet), *B. cr.*

163 2°. Le tribunal est tenu, à peine de nullité, de statuer sur les conclusions de l'accusé tendantes à l'inadmissibilité de la preuve testimoniale; il ne peut passer outre à la décision du fond. — Cass. 8 nov. 1860 (Tamisier), *B. cr.*

163 3°. De statuer sur les conclusions du prévenu tendantes à la nullité du procès-verbal. — Cass. 7 déc. 1861 (Raspail), *B. cr.*

163 4°. Ou sur le chef de confiscation. — Cass. 27 janv. 1865 (Thouin), *B. cr.*

170 *bis.* La cour d'assises ne peut rejeter implicitement les conclusions de l'accusé tendantes à ce que les faits déclarés constants fussent reconnus ne constituer ni crime ni délit; en prononçant la peine, elle doit, à peine de nullité, donner un motif à l'appui de sa décision. — Cass. 1er déc. 1860 (Rigollot), *B. cr.*

171 *bis.* La cour d'appel doit statuer, à peine de nullité, sur les conclusions du prévenu tendantes à la nullité d'une expertise ordonnée par le juge d'instruction. — Cass. 28 déc. 1861 (Mirès), *B. cr.*

171 *ter.* Un arrêt motive suffisamment le rejet de conclusions subsidiaires tendantes à une expertise et l'inutilité de la preuve offerte lorsqu'il déclare le fait constant. — Cass. 12 juill. 1862 (Mignard), *B. cr.*

172 *bis.* Est nul pour défaut de motifs: l'arrêt qui, statuant sur des conclusions faisant porter la contrefaçon sur deux brevets distincts, acquitte le prévenu en se bornant à l'examen d'un seul des deux brevets. — Cass. 27 juill. 1861 (Rouget de Lisle), *B. cr.*

172 *ter.* L'arrêt qui, sans s'expliquer sur une fin de non-recevoir proposée par la partie civile, admet un moyen de nullité invoqué par le prévenu. — Cass. 27 juill. 1861 (Rouget de Lisle), *B. cr.*

177 *bis.* L'omission de statuer sur un moyen des conclusions de la partie civile ne peut donner lieu à cassation lorsque, en admettant même ce moyen comme fondé, il y avait lieu d'acquitter le prévenu. — Cass. 30 nov. 1860 (Arnaud), *B. cr.*

179. L'omission de statuer ne peut déterminer l'annulation d'un arrêt que lorsqu'elle porte sur des conclusions prises formellement devant la cour. — Cass. 9 mars 1866 (Langlois); *B. cr.* — Par le ministère public ou l'accusé, et non lorsqu'ils se bornent à de simples observations; par exemple, lorsqu'ils se bornent à prier la cour d'examiner telle question. — Cass. 1ᵉʳ déc. 1860 (Rigollot), *B. cr.*

187 *bis.* Le fait de la réquisition du min. public doit être constaté expressément ou implicitement, soit dans la procédure, soit dans le jugement. — Cass. 23 mars 1865 (Kuntz), *B. cr.*

187 *ter.* L'existence de conclusions que le demandeur allègue avoir prises en première instance, ne résulte pas de leur production en cassation, lorsqu'elles ne sont ni cotées ni mentionnées dans les inventaires ou les qualités du jugement ou de l'arrêt. — Cass. 9 mars 1866 (Langlois), *B. cr.*

197. La défense n'use pas d'un droit accordé par la loi en demandant devant la cour d'assises qu'une enquête soit ouverte pour établir un fait qui n'avait pas été relevé au cours des débats. — Cass. 16 janv. 1863 (Herbet), *B. cr.*

Art. 411.

1. Conf. Cass. 16 déc. 1864 (Décarsin), *B. cr.*

2. La condamnation ne peut être annulée parce que le juge a appliqué à tort à une contravention de roulage l'art. 471-15°, C. pén., au lieu de la loi spéciale, si la peine est identique. — Cass. 13 janv. 1865 (Desblancs), *B. cr.*

8. On ne peut demander l'annulation d'un arrêt sous prétexte d'une qualification inexacte, lorsque la peine prononcée trouve une base suffisante dans les faits constatés. — Cass. 25 janv. 1861 (Chedal-Bornu), *B. cr.*

8 *bis.* Lorsque la peine prononcée est moindre que celle encourue. — Cass. 4 avril 1861 (Viviani), *B. cr.*

10. La condamnation pour abus de dépôt doit être maintenue, quoique le contrat violé soit un nantissement. — Cass. 29 nov. 1866 (Massac), *B. cr.*

13 *bis.* La condamnation à dix années d'emprisonnement d'un mineur de moins de seize ans, déclaré coupable d'incendie volontaire avec discernement, doit être maintenue, quoique la cour d'assises ait refusé à tort de tenir compte des circonstances atténuantes déclarées par le jury; l'accusé, même

en tenant compte de ces circonstances, ayant pu être condamné à la même peine. — Cass. 28 fév. 1867 (Roger), *B. cr.*

16. Conf. Cass. 18 janv. 1866 (F. Danzon), *B. cr.*

16 *bis.* Lorsque la peine se trouve justifiée par d'autres chefs reconnus constants, il n'y a pas lieu d'annuler l'arrêt, sous prétexte que l'un des faits ne rentre pas dans les dispositions de la loi pénale. — Cass. 14 nov. 1862 (Vuillemot), *B. cr.*; 20 juin 1867 (Delprat), *B. cr.*

18. Conf. Cass. 13 juill. 1866 (Grousset), *B. cr.*

21. Conf. Cass. 9 juin 1866 (Leroy), *B. cr.*

22. Conf. Cass. 5 janv. 1865 (Marre), *B. cr.*; 1ᵉʳ fév. 1866 (Potier), *B. cr.*; 6 avril 1866 (Rangez), *B. cr.*; 16 janv. 1868 (Zabetta), *B. cr.*

25. Lorsque la déclaration de culpabilité sur une circonstance aggravante emportant la peine des travaux forcés à perpétuité est irrégulière, il y a nullité de l'arrêt, quoique la peine de la réclusion appliquée par suite des circonstances atténuantes puisse être justifiée par les faits reconnus constants, puisque les juges auraient pu appliquer un simple emprisonnement s'ils n'eussent été liés par cette déclaration. — Cass. 7 avril 1865 (Robbe), *B. cr.*

Art. 413.

5 *bis.* La partie civile est recevable à se pourvoir contre les fausses qualifications attribuées aux faits incriminés; lorsqu'elles lui causent un dommage personnel. — Cass. 10 août 1865 (Callou), *B. cr.*

14. Conf. Cass. 30 juillet 1863 (Linker), *B. cr.*; 12 août 1864 (Muraine), *B. cr.*

17 *bis.* On ne peut proposer en cassation, lorsqu'on ne l'a pas proposé en appel, le moyen fondé sur ce que le serment prêté par un garde était irrégulier. — Cass. 14 mars 1862 (Defaydeau), *B. cr.*

20. Conf. Cass. 22 fév. 1865 (Froger), *B. cr.*

20 *bis.* Ni le moyen tiré de ce que l'assignation originaire aurait inexactement qualifié l'inculpation, en citant seulement un prévenu, comme civilement responsable. — Cass. 24 déc. 1864 (Collache), *B. cr.*

27. Ni celui tiré de l'irrégularité de la prestation de serment des témoins en première instance. — Cass. 8 août 1861 (Raymond), *B. cr.*; 28 nov. 1863 (Clavier); 8 juillet 1864 (Pollet), *B. cr.*; 24 juin 1864 (Level), *B. cr.*; 28 mai 1864 (Delisle), *B. cr.*; 16 nov. 1866 (Genty), *B. cr.* — Alors même que le prévenu aurait fait défaut sur l'appel. — Cass. 8 août 1861 (Raymond), *B. cr.*

29. Conf. Cass. 15 juin 1866 (Nachury), *B. cr.*

33 *bis.* On ne peut opposer en cassation que les faits imputés au prévenu seraient constitutifs d'une contravention non signalée dans le procès-verbal et dont le juge de répression n'a pas été saisi. — Cass. 29 déc. 1866 (Millet), *B. cr.*

35. On ne peut demander pour la première fois en cassation le renvoi pour litispendance résultant de la citation devant la première chambre civile. — Cass. 23 nov. 1865 (Choumert), *B. cr.*

35 *bis.* Est non recevable devant la cour de cassation, s'il n'a pas été relevé devant les juges du fait, le moyen fondé sur ce que plusieurs prévenus ont été réunis dans une même poursuite, sans qu'il y ait connexité dans les faits. — Cass. 27 fév. 1864 (Maroni), *B. cr.*

36. Ou s'il n'a pas été invoqué en appel, le moyen tiré de ce que le tribunal a admis la preuve testimoniale de la destruction d'une promesse de vente excédant 150 fr. — Cass. 13 juin 1861 (Bouche), *B. cr.*

36 *bis.* Ou de ce que la preuve d'un blanc-seing

excédant 150 fr. aurait été admise. — Cass. 11 oct. 1860 (Boulongne), *B. cr.*

43 *bis.* On peut produire pour la première fois en cassation des exceptions qui sont d'ordre public, telle que celle tirée de ce que la poursuite n'a pas été précédée d'une plainte de la partie lésée, lorsqu'elle est exigée par la loi. — Cass. 20 avril 1867 (Chassagnie), *B. cr.*

Art. 415.

1. L'huissier doit être condamné aux frais de la procédure à recommencer, lorsque la nullité provient de ce qu'il n'a pas signé la copie de la notification de la liste des jurés. — Cass. 23 sept. 1862 (Bolauneaux), *B. cr.*

1 *bis.* Ou de l'irrégularité de la notification à l'accusé de l'arrêt de renvoi. — Cass. 16 mai 1861 (Verney), *B. cr.*

4. Conf. Cass. 7 avril 1864 (Legougnee), *B. cr.*; 6 oct. 1864 (Dufourneau), *B. cr.*

7. Conf. Cass. 9 avril 1864 (Mittenhoff), *B. cr.*

8. Conf. Cass. 31 janv. 1867 (Perez), *B. cr.*

8 2°. Ou de ce qu'il a omis de faire mention de la personne à laquelle copie de la notification de la liste des jurés a été laissée. — Cass. 9 avril 1868 (Golatry), *B. cr.*

8 3°. Ou de ce qu'il n'a pas signifié l'arrêt de renvoi à l'accusé personnellement. — Cass. 5 janv. 1866 (Rolle), *B. cr.*

8 4°. Ou de ce qu'il n'a pas fait mention de la remise de la copie de l'arrêt de renvoi à l'accusé. — Cass. 12 déc. 1867 (Terrail), *B. cr.*; 13 fév. 1868 (Pauchon), *B. cr.*

9. Conf. Cass. 10 avril 1862 (Jussot), *B. cr.* — Sur la date de l'exploit. — Même arrêt.

9 *bis.* Ou lorsque la nullité provient de surcharges non approuvées du nom d'un juré. — Cass. 13 juin 1861 (Bergeron), *B. cr.*

13. Conf. Cass. 12 juillet 1866 (Laurent), *B. cr.*

14. Conf. Cass. 30 juin 1864 (Guépin), *B. cr.*; 4 janv. 1866 (Fages), *B. cr.*

Art. 416.

§ 1. — *Jugements préparatoires ou d'instruction.*

3. Conf. Cass. 16 avril 1863 (Buisson), *B. cr.*

18. Est préparatoire et ne peut être l'objet d'un pourvoi qu'après le jugement définitif, le jugement qui ordonne avant faire droit un transport contradictoire sur les lieux, une enquête, une production de titres. — Cass. 28 juin 1861 (Sauzon), *B. cr.*

19. L'arrêt qui, sans statuer sur une exception péremptoire proposée par le prévenu, ordonne avant dire droit une expertise pour contrôler les allégations contradictoires des parties. — Cass. 10 janv. 1862 (Drouelle), *B. cr.*

Ou à l'effet de vérifier si le prévenu a ou non anticipé sur la voie publique par une construction. — Cass. 10 déc. 1864 (Michaux), *B. cr.*

21. L'arrêt qui sans rien préjudicier joint l'incident au fond pour être statué sur le tout par un seul et même arrêt. — Cass. 23 nov. 1865 (Mahieu), *B. cr.*

21 *bis.* L'arrêt qui ne statue que sur l'appel d'un jugement d'instruction. — Cass. 16 nov. 1866 (Blondeau de Combas), *B. cr.* — V. Notes sous l'art. 199.

23 *bis.* L'arrêt qui renvoie l'affaire à une autre session. — Cass. 2 janv. 1868 (Guefucci), *B. cr.* — Mais V. sous l'art. 406, n° 22.

§ 2. — *Jugements interlocutoires ou définitifs.*

27. Conf. Cass. 28 déc. 1865 (Garel), *B. cr.*

31. Conf. Cass. 23 janv. 1864 (De Suze), *B. cr.*

31 *bis.* Est interlocutoire et définitif : le jugement qui sursoit à statuer sur une contravention à un arrêté préfectoral jusqu'après la décision du conseil d'État saisi d'un pourvoi contre cet arrêté. — Cass. 6 déc. 1862 (Vilon), *B. cr.*

41. Conf. Cass. 23 nov. 1866 (Michel), *B. cr.*

44. Un jugement ordonnant une enquête du résultat de laquelle doit nécessairement dépendre le sort de la poursuite. Il consacre un préjugé irréparable ou définitif et n'est pas seulement préparatoire. — Cass. 8 janv. 1864 (Dru), *B. cr.*

49. L'arrêt qui en prescrivant un acte d'instruction statue en même temps sur une question d'inadmissibilité légale de la preuve, ou toute autre exception ou moyen dont la solution serait susceptible d'acquérir l'autorité de la chose jugée et de lier plus tard les juges du fond. — Cass. 10 janv. 1862 (Drouelle), *B. cr.*

Art. 417.

32. Un pourvoi formé par un condamné tant en son nom personnel qu'au nom de la personne de lui civilement responsable, est nul à l'égard de cette personne s'il n'est pas justifié d'un pouvoir. — Cass. 2 mars 1866 (Hazard), *B. cr.*

Art. 418.

4. Conf. Cass. 26 sept. 1867 (Faure), *B. cr.*

Art. 419.

2 *bis.* La consignation d'amende n'est pas exigée lorsqu'il s'agit d'une demande en renvoi pour cause de suspicion légitime. — Cass. 3 oct. 1867 (Meurs Mazy), *B. cr.*

4. Cass. Conf. 8 août 1861 (Raymond), *B. cr.*

Art. 420.

§ 1er.

3. Conf. Cass. 31 déc. 1864 (Battesti), *B. cr.*

6. Conf. Cass. 31 déc. 1864 (Battesti), *B. cr.*; 23 avril 1863 (Rondel), *B. cr.*; 28 fév. 1868 (Pailhas), *B. cr.*

12 *bis.* Lorsque plusieurs prévenus se sont pourvus contre un arrêt interlocutoire, et que quelques-uns d'entre eux seulement se sont pourvus en même temps contre l'arrêt définitif, il n'y a identité ni de décisions, ni d'intérêts, ni de moyens, ni par conséquent de questions à juger, et dès lors les deux pourvois exigent la consignation de deux amendes distinctes. — Cass. 31 déc. 1864 (Battesti), *B. cr.*

12 *ter.* La cour de cassation qui a joint trois pourvois contre trois arrêts de condamnation pour délits connexes doit prononcer trois amendes. — Cass. 21 fév. 1868 (Pigacé), *B. cr.*

§ 2.

23. Conf. Cass. 13 déc. 1866 (Hertier), *B. cr.*; 20 déc. 1866 (Hassein), *B. cr.*

25. N'est pas dispensé de l'amende l'accusé qui n'est condamné par la cour d'assises que pour un simple délit de vol par suite de la réponse négative du jury sur les circonstances aggravantes. — Cass. 22 fév. 1868 (Beaumont), *B. cr.*

27. Conf. Cass. 1er déc. 1860 (Garçon); *J. p.*, 61, 732; 13 avril 1865 (Lecluse), *B. cr.*

30. Conf. Cass. 2 août 1861 (Montagne), *B. cr.*; 5 déc. 1861 (Lefèvre); D., 61, 1, 504.

31. Le condamné en matière criminelle qui se pourvoit d'une manière restrictive contre la disposition d'un arrêt qui statue sur un intérêt purement civil, n'est pas dispensé de l'amende. — Cass. 17 déc. 1863 (Veytard), *B. cr.*

§ 3.

40. Le certificat du percepteur est insuffisant, le condamné est non recevable dans son pourvoi s'il ne produit pas le certificat d'indigence. — Cass. 31 mai 1867 (Lambotte), *B. cr.* — S'il ne produit pas un certificat contenant l'affirmation personnelle du maire et l'approbation du préfet. — Cass. 3 oct. 1867 (Griffouil), *B. cr.*

41. Ne sont pas suffisants : La déclaration faite au maire que le demandeur en cassation est hors d'état de supporter les frais occasionnés par son pourvoi, déclaration dont il lui est donné acte. — Cass. 28 nov. 1862 (Gillot), *B. cr.*

43 *bis.* Le certificat du maire qui au lieu d'attester l'indigence atteste seulement que le demandeur n'a pas d'autres moyens d'existence que son travail en qualité de laboureur. — Cass. 30 mars 1865 (Landa), *B. cr.*

46. Que le demandeur ne possède rien dans la commune. — Cass. 27 juin 1867 (Biançon), *B. cr.* — Qu'il ne possède aucun immeuble et qu'il ne vit que de son travail. — Cass. 9 avril 1868 (Bonfis), *B. cr.*

47 *bis.* Le certificat du maire que l'immeuble à raison duquel le prévenu est imposé est grevé d'hypothèque au delà de sa valeur. — Cass. 3 janv. 1862 (Moitrier), *B. cr.*

49. Conf. Cass. 16 avril 1868 (Charlety), *B. cr.*

50. Conf. Cass. 30 mars 1865 (Landa), *B. cr.*; 8 nov. 1866 (Ambrosi), *B. cr.*

51. Conf. Cass. 2 août 1861 (Montagne), *B. cr.*

§ 4.

57 *bis.* Le certificat de non-imposition constatant que le demandeur ne paye pas de contributions à Paris, telle rue, n'établit pas qu'il ne soit pas imposé ailleurs. — Cass. 28 nov. 1862 (Gillot), *B. cr.*

Art. 421.

1. Celui en faveur duquel le juge d'instruction a donné main levée du mandat de dépôt n'est pas dispensé de la mise en état ou de la mise en liberté sous caution. Il n'a pas été dérogé à l'art. 421 par les lois des 4 avril 1855 et 14 juillet 1865. — Cass. 16 nov. 1866 (Henry), *B. cr.*

1 *bis.* Mais la mise en liberté provisoire même sans caution suffit. Elle dispense de la mise en état. — Cass. 27 juillet 1867 (Carcopino), *B. cr.*

7. Lorsque le pourvoi est dirigé à la fois contre un arrêt interlocutoire et contre l'arrêt de condamnation au fond, la mise en état préalable est nécessaire. Il n'y aurait pas lieu à la mise en état si le pourvoi n'était dirigé que contre l'arrêt interlocutoire. — Cass. 20 avril 1867 (Rollin), *B. cr.*

13. Conf. Cass. 23 août 1861 (Lyon), *B. cr.*

15. Conf. Cass. 7 mars 1867 (Rapine), *B. cr.*

24. Le pourvoi est non recevable lorsqu'il n'est pas justifié du versement du cautionnement. — Cass. 30 janv. 1868 (Nassar ben Ali), *B. cr.*

Art. 422.

1. La disposition de cet article est facultative. — Cass. 11 oct. 1860 (Orcel), *B. cr.*

3 *bis.* Le délai pour le dépôt de la requête au greffe de la cour n'est pas prescrit à peine de nullité. — Cass. 11 oct. 1860 (Orcel), *B. cr.*

Art. 424.

4 *bis.* La requête adressée par une partie civile à la cour de cassation, tendant à la rétractation de l'arrêt de déchéance précédemment prononcé contre elle, ne peut être présentée à la cour que sous la garantie du ministère d'un avocat à la cour de cassation. — Cass. 28 juin 1861 (Barbier), *B. cr.*

Art. 426.

1. La loi n'impose pas l'obligation de signifier à l'accusé l'arrêt qui casse une précédente condamnation. — Cass. 13 juillet 1861 (Arnaudet), *B. cr.*

1 *bis.* La nullité résultant du défaut de notification d'un arrêt de cassation ne peut être proposée devant la cour de cassation lorsqu'elle n'a pas été proposée devant le tribunal de renvoi. — Cass. 27 sept. 1866 (Lenard), *B. cr.*

Art. 427.

22 *bis.* La cour saisie sur renvoi après cassation est compétente, alors qu'elle a confirmé le jugement de première instance pour connaître de l'appel formé contre un second jugement rendu par le même tribunal sur une difficulté relative à l'exécution du premier, bien que ce tribunal ne soit pas du ressort de la cour de renvoi. — Douai, 31 août 1857 (Delacourt), S., 58, 2, 376.

34. Lorsque le min. public ne s'est pas pourvu contre un jugement d'acquittement rendu par le tribunal de police, la cour de cassation, en cassant le jugement pour cause d'incompétence, renvoie devant la juridiction civile pour statuer sur les conclusions de la partie civile. — Cass. 13 mars 1862 (Moricard), *B. cr.*

40. Il y a lieu de casser sans renvoi lorsqu'il ne reste plus rien dont le juge du renvoi puisse être saisi. — Cass. 12 août 1865 (Aubry), *B. cr.*

40 *bis.* Par exemple, lorsque le jugement est annulé par le motif que l'arrêté sur lequel il s'appuyait a été depuis annulé et qu'il se trouve dépourvu de base légale. — Cass. 29 juillet 1864 (Layrolle), *B. cr.*

40 *ter.* Lorsque aucune juridiction n'a été saisie ni de l'action publique contre le véritable délinquant, ni de l'action civile contre le civilement responsable. — Cass. 19 janv. 1865 (Huot), *B. cr.*

47. Conf. Cass. 31 janv. 1867 (Vindry), *B. cr.*

51 *bis.* Lorsque la cour de cassation annule un arrêt parce que le fait ne constitue pas le délit y spécifié, elle renvoie devant une autre cour, lorsque le jugement frappé d'appel avait autrement qualifié le fait. — Cass. 3 juin 1864 (Charanton), *B. cr.*

54. Conf. Cass. 28 fév. 1862 (Girgois), *B. cr.*

Art. 429.

12. Conf. Cass. 10 janv. 1862 (Page), *B. cr.*

12 *bis.* Conf. Cass. 17 sept. 1863 (Verragon), *B. cr.* — Ou lorsque l'arrêt a mal à propos prononcé la contrainte par corps. — Cass. 1er déc. 1860 (Hebrard), *B. cr.*; 19 sept. 1861 (Abd el Kader), *B. cr.*; 26 déc. 1861 (Cordonnier), *B. cr.*

12 *ter.* Il y a lieu seulement dans ce cas à annulation par voie de retranchement. — Cass. 10 avril 1862 (Delaunoy), *B. cr.*; 22 juillet 1865 (Vᵉ Lemoine), *B. cr.*

Art. 430.

1 *bis.* Lorsque la constatation de la délibération spéciale a été omise, il y a lieu de procéder à une délibération nouvelle, sur le réquisitoire du procureur général. — Cass. 14 sept. 1865 (Callou), *B. cr.*

Art. 434.

§ 1er. — *Renvoi devant une autre cour d'assises, sur la déclaration du jury.*

9 *bis.* La cour d'assises saisie par renvoi de cassation, uniquement pour l'application de la peine, la déclaration du jury étant maintenue, n'est point liée par l'arrêt annulé, elle peut prononcer une peine supérieure à celle qui avait été prononcée. — Cass. 15 mars 1861 (Rigollot), *B. cr.*

§ 3. — *Annulation partielle.*

31. Conf. Cass. 12 déc. 1861 (Rossi), *B. cr.*

31 *bis.* Il y a lieu de casser sur le tout lorsque l'arrêt a prononcé une seule peine pour un crime mal qualifié et pour un délit connexe soumis simultanément au jury. — Cass. 16 juin 1863 (Maurel), *B. cr.*

32. Ou lorsque les faits objet de l'accusation rattachent l'un à l'autre les accusés compris dans l'arrêt de renvoi et forment un tout indivisible ; la cassation prononcée sur un point exclusivement relatif à l'un des accusés réagit sur les autres. — Cass. 26 déc. 1861 (Mercuri), *B. cr.*

33 *bis.* La nullité de la réponse sur le fait principal doit profiter aux complices. — Cass. 20 juin 1861 (Paoli), *B. cr.*

33 *ter.* L'annulation du verdict affirmatif sur la question de complicité posée comme résultant des débats, entraîne cassation du verdict négatif sur la question principale où l'accusé figurait comme auteur. — Cass. 3 mars 1864 (Rolland), *B. cr.*

39. La cour de cassation, en cassant pour vice de forme l'arrêt de condamnation prononcé pour vol, doit renvoyer sur le tout malgré l'acquittement sur le chef d'assassinat, encore que ces deux crimes aient été séparés dans leur exécution par un long intervalle de temps, si l'assassinat avait pour but d'assurer l'impunité du vol. — Cass. 26 déc. 1863 (Soubielle), *B. cr.*

51. Dans une accusation de meurtre, la nullité de la déclaration du jury sur une question de provocation entraîne la nullité de la déclaration affirmative sur le fait principal. — Cass. 20 juin 1861 (Paoli), *B. cr.* — et la nullité de la déclaration affirmative sur une question subsidiaire de blessures faites volontairement ayant occasionné la mort sans intention de la donner. — Cass. 1er juin 1867 (Perret), *B. cr.*

56. Mais l'annulation de la condamnation à des dommages-intérêts ne fait point tomber la déclaration du jury. — Il n'y a lieu à aucun renvoi lorsque l'intervention de la partie civile admise par l'arrêt était irrégulière. — Cass. 26 déc. 1861 (Cordonnier), *B. cr.*

60. Conf. Cass. 16 janv. 1862 (Orye), *B. cr.*

60 *bis.* En matière correctionnelle, le jugement doit être annulé pour le tout lorsque les faits sont indivisibles et ne peuvent être appréciés séparément par le juge. — Cass. 26 mai 1865 (Riffaud), *B. cr.*

60 *ter.* Lorsque diverses contraventions imputées au même individu forment un tout indivisible, l'annulation sur un chef doit entraîner cassation et renvoi pour le tout. — Cass. 16 avril 1864 (Roy), *B. cr.;* 17 fév. 1865 (Camps), *B. cr.*

63 *bis.* La Cour de cassation annule seulement *in parte quâ* l'arrêt qui a omis de prononcer la contrainte par corps. — Cass. 21 juill. 1864 (Blavoyer), *B. cr.* — Ou d'en fixer la durée. Elle renvoie sur ce chef seulement devant d'autres juges. — Cass. 12 déc. 1863 (Martin), *B. cr.;* 26 juill. 1866 (Carrois), *B. cr.*

63 *ter.* Ou qui a prononcé à tort la solidarité entre les condamnés. Elle renvoie pour la répartition des frais. — Cass. 4 août 1864 (Barnout), *B. cr.*

65. La cassation de l'arrêt a lieu pour le tout et même sur le fond lorsqu'elle est motivée sur ce qu'une peine accessoire a été illégalement prononcée ; il n'y a pas seulement lieu à retranchement. — Cass. 21 nov. 1863 (Robin), *B. cr.*

65 *bis.* Est nul pour le tout l'arrêt correctionnel qui a maintenu une condamnation à l'emprisonnement et à l'amende, tandis qu'il écartait celui des deux chefs de prévention qui, en première instance, avait motivé l'application de l'amende. — Cass. 10 fév. 1866 (Souffray), *B. cr.*

67 *bis.* Lorsqu'un prévenu est reconnu coupable de plusieurs délits, la cour, en cassant sur un des chefs de condamnation, casse sur les autres chefs si la peine ne se trouve justifiée que par le chef qui donne lieu à la cassation. — Cass. 11 juill. 1862 (Bordet), *B. cr.*

69. Lorsque le pourvoi est conçu en termes restrictifs qui excluent expressément les réparations civiles, la cassation ne peut s'étendre à ces réparations, et l'intervention de la partie civile est inutile. — Cass. 16 fév. 1867 (Bonamy), *B. cr.* — V. *suprà*, n° 56.

70. Il y a lieu de casser le jugement dans toutes ses parties lorsque le juge de police, en condamnant le contrevenant à l'amende pour travaux faits sans autorisation à un édifice sujet à reculement, s'est abstenu d'ordonner la démolition. — Cass. 17 nov. 1866 (Batisse), *B. cr.*

Art. 436.

2. Conf. Cass. 19 sept. 1867 (Descarpenties), *B. cr.*

2 *bis.* La partie civile dont le pourvoi est rejeté faute par elle d'avoir produit aucune pièce à l'appui de son pourvoi doit être condamnée à l'indemnité envers le prévenu. — Cass. 19 déc. 1867 (Meunier), *B. cr.*

8 *bis.* La dernière disposition de cet article n'est pas applicable à l'agent public qui a reçu de la loi la mission de poursuivre un délit ou une contravention qui intéresse exclusivement l'ordre public, il n'est point soumis aux mêmes conditions, tel est le commissaire de la marine qui poursuit une contravention au décret du 19 mars 1852 sur la navigation maritime. — Cass. 4 juill. 1861 (Bon), *B. cr.*

Art. 441.

2 *bis.* On doit considérer comme acte judiciaire susceptible d'être cassé sur le pourvoi du procureur général près la Cour de cassation, le tirage au sort du jury de session fait en conformité de l'art. 388. — Cass. 27 fév. 1863, *B. cr.*

5 *bis.* Le droit de déférer à la Cour de cassation tout acte judiciaire contraire à la loi s'étend aux motifs et aux solutions de questions qui ne sont que des éléments d'un jugement ou d'un arrêt, pourvu que ce jugement ou cet arrêt n'ait point été annulé par un tribunal supérieur. — Cass. 28 avril 1864 (Bergeon), *B. cr.*

8 *bis.* Est recevable le pourvoi formé dans l'intérêt de la loi contre un jugement du conseil de guerre annulé seulement en partie par le conseil de révision et en ce qui touche l'application de la peine. — Cass. 7 avril 1865 (Robbe), *B. cr.*

Art. 442.

3. Conf. Cass. 14 fév. 1863 (Quilicus), *B. cr.;* 11 nov. 1865 (Girault), *B. cr.*

3 *bis.* Ainsi est non recevable, faute d'intérêt, le pourvoi de l'officier du min. public, dans le but de faire rectifier une erreur de droit, contre le jugement qui a fait droit au fond à ses réquisitions. — Cass. 11 nov. 1865 (Girault), *B. cr.*

8. Conf. Cass. 4 mars 1864 (Ringuier), *B. cr.*

10. Conf. Cass. 14 fév. 1863 (Quilicus), *B. cr.*

Art. 443.

5. Il y a inconciliabilité entre deux jugements qui condamnent des individus différents pour le même fait de vol, alors qu'il n'a pu exister aucun concert entre les individus condamnés par ces deux jugements. — Cass. 20 fév. 1868 (Bal-Sollier), *B. cr.*

Art. 452, 454, 456.

Il n'a point été dérogé à ces articles par la loi du 22 juillet 1867 sur la contrainte par corps.

Art. 460.

3 *bis.* Le tribunal ne peut admettre une inscription de faux contre un procès-verbal qui ne fait foi que jusqu'à preuve contraire. — Cass. 18 juill. 1861, *B. cr.*

7. Il ne peut l'admettre contre un procès-verbal des employés des contributions indirectes qu'autant que les faits articulés sont tels que si la preuve en était rapportée, les faits de fraude seraient par là même démontrés n'avoir pas existé. Des dénégations sèches portant sur des faits accessoires ne suffisent pas. — Amiens, 30 juill. 1858 (Lefebvre); D., 58, 2, 191.

13 *bis.* En admettant l'inscription de faux, le tribunal ne peut se déclarer incompétent; il doit se borner à surseoir au jugement. — Cass. 18 juill. 1861, *B. cr.*

Art. 465.

1 *bis.* Il ne suffit pas que copie de l'ordonnance de se représenter ait été laissée au procureur général, il faut encore que l'exploit soit affiché à la principale porte de la cour d'assises. — Cass. 17 janv. 1862 (Jud), *B. cr.*

Art. 477.

2. Conf. Cass. 27 sept. 1866 (Forcioli), *B. cr.*

5. Conf. même arrêt.

Art. 479.

20. Cet article ne s'applique pas au commissaire de police ayant commis un délit hors de son territoire, quoique officier du ministère public devant le tribunal de police. — Bordeaux, 27 nov. 1867 (Rallion), *J. cr.*, n° 8626.

29. La partie lésée par le délit que le procureur général refuse de poursuivre peut intenter une action civile en réparation du dommage devant les tribunaux civils. — Cass., civ., 16 déc. 1867 (Sirat), *J. p.*

29 *bis.* Mais elle ne peut se pourvoir par citation directe devant la première chambre de la cour en dommages-intérêts. — Paris, 12 nov. 1867, *J. cr.*, n° 8550.

31 *bis.* La chambre civile saisie directement en vertu de cet article doit suivre la procédure correctionnelle déterminée par les art. 179 et suiv. C. i. cr. Il n'y a pas lieu au rapport d'un conseiller. — Cass. 4 mai 1866 (Bondet), *B. cr.*

Art. 483.

3 *bis.* Cet article est applicable au commissaire de police qui commet un délit de chasse dans une commune de son canton, où il se rendait pour remplir une mission relative à ses fonctions. — Aix, 8 janv. 1862 (Nozevan), *J. cr.*, n° 7361.

11. Au garde-champêtre surpris en délit de chasse sur le territoire confié à sa garde. — Cass. 8 mai 1862 (Bouix), *B. cr.*

22 *bis.* Les agents de surveillance assermentés des chemins de fer ne sont pas officiers de police judiciaire et ne peuvent invoquer le privilége établi par cet article. — Rennes, 18 août 1864 (Briant), *J. p.*, 65, 356.

22 *ter.* Il en est de même des inspecteurs de police. — Cass. 18 avril 1868 (André), *B. cr.*

23 *bis.* Des préposés des douanes. — Metz, 29 avril 1863 (Loux); D., 64, 2, 70.

26. Conf. Cass. 14 juill. 1865 (Duplaa), *B. cr.*; 8 mai 1862 (Bouix), *B. cr.*

26 *bis.* Les maires, quoique officiers de police judiciaire, n'en remplissent pas les fonctions d'une manière permanente. Il importe donc de distinguer entre les attributions qu'ils tiennent soit des art. 8, 9, 10, 11, 14, 15 C. i. cr., soit de l'art. 22, L. 3 mai 1844. — Cass. 8 mai 1862 (Bouix), *B. cr.*

26 *ter.* Il peut être déclaré qu'un maire trouvé en délit de chasse sans permis sur le territoire de sa commune n'est pas dans l'exercice de ses fonctions d'officier de police judiciaire. — Cass. 8 mai 1862 (Bouix), *B. cr.*

Par exemple, s'il n'exerçait pas ses fonctions lors du fait de chasse à lui imputé. — Metz, 8 déc. 1862 (Siouville), *J. cr.*, n° 7662. — V. n° 1 sous l'art. 483.

42 *bis.* Une partie ne peut traduire un magistrat devant les tribunaux civils en réparation d'un délit qu'il aurait commis dans ses fonctions. — Paris, 31 janv. 1860 (Delalain), *J. cr.*, n° 6975. — V. art. 479, n° 29.

Art. 504.

4. Les art. 504 et 505 ne contiennent pas la nomenclature complète des infractions qui peuvent être commises en présence des juges et à leur audience; ils n'ont rien d'incompatible avec les art. 10 et 11 C. proc. civ., qui restent applicables dans les cas où les faits constituent non une contravention ou un délit, mais une simple irrévérence envers la justice. — Cass. 24 mai 1867 (Astima), *B. cr.*

4 *bis.* Les art. 10, 11, 12 C. proc. ne sont applicables qu'aux *parties* qui troublent l'audience et manquent de respect à la justice; à l'égard des *assistants* non parties, c'est l'art. 504 C. inst. cr. qui est applicable. — Cass. 24 mai 1862 (Fernel), *B. cr.*

Art. 505.

1. Conf. Cass. 22 août 1862 (Crespin), *B. cr.*

6. Le juge de police est compétent pour réprimer un délit de coups et blessures commis à son audience; mais il ne peut entendre des témoins que sous serment. — Cass. 10 mai 1867 (Colombani), *B. cr.*

11. Cependant le juge de police qui a procédé et instruit séance tenante peut ajourner le jugement sur cet incident. — Cass. 21 déc. 1867 (Keusch), *B. cr.*

11 *bis.* Il peut remettre sa décision sur un outrage commis envers le min. public, à une audience ultérieure où il renvoie l'affaire sur le principal et sur l'incident. Il suffit qu'il ait commencé l'instruction séance tenante en consignant au plumitif les expressions signalées comme offensantes. — Cass. 9 nov. 1866 (Gilson), *B. cr.*

14 bis. Le condamné frappé de plus de cinq francs d'amende a droit d'interjeter appel. — Cass. 24 mai 1867 (Astima), *B. cr.*

19 bis. En cas d'annulation de la décision d'un juge de police sur un délit d'audience, la Cour de cassation doit renvoyer directement devant la juridiction correctionnelle. — Cass. 10 mai 1867 (Colombani), *B. cr.*; 21 déc. 1867 (Keusch), *B. cr.*

Art. 518.

2. Ces dispositions sont générales et n'admettent aucune exception; la question d'identité étant relative à l'exécution soit de l'arrêt de renvoi, soit de l'arrêt de contumace, est par sa nature en dehors de l'attribution du jury. Lorsqu'elle est soulevée d'une manière sérieuse et par des conclusions précises, elle forme une question préjudicielle que la cour doit préalablement examiner. — Cass. 4 nov. 1865 (Delorme), *B. cr.*

2 bis. La procédure en reconnaissance d'identité s'applique à toutes matières, notamment au cas où il s'agit de constater le nom véritable d'un individu condamné sous le nom d'un tiers qu'il avait usurpé. — Cass. 20 juill. 1866 (Plasson), *B. cr.*

Ce jugement conserve tout son effet à l'égard du véritable inculpé, encore que le tiers dont le nom avait été usurpé l'ait fait rétracter en ce qui le concerne. — Même arrêt.

Art. 522.

Il n'a point été dérogé à cet article par la loi du 22 juillet 1867 sur la contrainte par corps.

Art. 526.

27. Conf. Cass. 20 fév. 1868 (Redonnet), *B. cr.*

37. Conf. Cass. 15 mai 1862 (Rochelle), *B. cr.*

57. Il y a lieu à règlement de juges : lorsqu'une chambre d'accusation a renvoyé des prévenus devant une cour d'assises, et qu'une autre chambre d'accusation saisie de la même affaire par la Cour de cassation a renvoyé d'autres prévenus dans la même affaire devant une autre cour d'assises. — Cass. 27 juin 1867 (Castaignet), *B. cr.*

72 bis. Lorsque deux juges d'instruction ne ressortissant point de la même cour impériale se sont déclarés incompétents pour continuer une information. — Cass. 2 mai 1861 (Bessac), *B. cr.*

79 bis. La Cour de cassation appelée à statuer sur une demande en règlement de juges n'a pas à se prononcer sur un chef de prévention distinct de ceux qui font l'objet du conflit, quoique compris dans la même ordonnance de renvoi. — Cass. 17 déc. 1863 (Petitiot), *B. cr.*

Art. 527.

3. Il y a conflit négatif lorsqu'un juge d'instruction s'est déclaré incompétent pour connaître d'un délit imputé à un marin, et que le préfet maritime refuse de le faire juger par le conseil maritime. — Cass. 20 fév. 1868 (Redonnet), *B. cr.*

Art. 539.

4 bis. L'exception d'incompétence soulevée devant le juge d'instruction est préjudicielle; elle a pour effet de suspendre sa décision sur le fond tant qu'elle n'a point été définitivement jugée. La décision rendue sur le fond est nulle si elle a été rendue auparavant. — Agen, 10 mai 1868, *J. cr.*, n° 8701.

Art. 542.

16. Il y a lieu à renvoi devant un autre tribunal lorsque le tribunal est dans l'impossibilité de se constituer, par suite de l'abstention des magistrats qui le composent moins un, les membres du barreau ne pouvant alors compléter le tribunal. — Cass. 22 nov. 1867 (Bouvier), *B. cr.*

27 bis. Il n'y a pas lieu à renvoi pour cause de suspicion légitime lorsque les faits articulés à l'appui ne concernent que le min. public. — Cass. 2 mai 1867 (Nozahic), *J. p.*, 67, 900.

28. La demande en renvoi est non recevable lorsque le demandeur ne justifie d'aucune instance introduite et qu'aucune juridiction n'a été saisie de la plainte. — Cass. 3 oct. 1867 (Meurs-Mazy), *B. cr.*

33. Conf. Cass. 7 fév. 1867 (Even), *B. cr.*

Art. 619 (1).

2 bis. Le droit de poursuivre sa réhabilitation en matière correctionnelle existe pour le condamné dans tous les cas et alors même qu'aucune déchéance, incapacité ou interdiction ne serait la conséquence du jugement. — Cass. 27 avril 1865 (Georg). — *Contrà :* Colmar, 26 juill. 1861 (Denier), *J. cr.*, n° 7310.

Art. 628.

1. Conf. Cass. 18 janv. 1867 (Martin), *B. cr.* — Alors même qu'elles ne seraient pas motivées; le ministre de la justice a seul le droit de les dénoncer à la Cour de cassation. — Même arrêt.

Art. 635.

1. Conf. Cass. 17 avril 1863 (Ginhoux), *B. cr.*

3. Conf. Cass. 11 janv. 1861 (Rialland), *B. cr.*

4. Conf. Cass. 17 avril 1863 (Ginhoux), *B. cr.*

5. Conf. Cass. 5 déc. 1861 (Simonin), *B. cr.*; 27 sept. 1866 (Forcioli), *B. cr.*

6. Conf. Cass. 17 avril 1863 (Ginhoux), *B. cr.*

6 bis. La prescription de l'action publique n'a pu courir sous prétexte que l'ordonnance de se représenter n'aurait pas été notifiée à l'accusé. — Cass. 27 sept. 1866 (Forcioli), *B. cr.* Ou sous prétexte de la nullité de la notification de l'arrêt de mise en accusation. — Cass. 5 décembre 1861 (Simonin), *B. cr.*

11. *Contrà :* Paris, 29 mai 1861 (Allo), *J. p.*, 62, 260.

Art. 636.

7. La prescription de la peine principale, en matière correctionnelle, n'emporte pas la prescription de la peine accessoire de la surveillance, qui ne commence à courir que du jour où la peine principale a été subie ou prescrite. — Lyon, 4 juin 1866 (Jacquin); Nîmes, 7 juin 1866 (Fradin), *J. p.*, 67, 99; Chauveau et Hélie, t. 1, p. 194.

Loi du 19 mars 1864.

Art. 1er. Les notaires, les greffiers et les officiers ministériels destitués peuvent être relevés des déchéances et incapacités résultant de leur destitution.

Art. 2. Toutes les dispositions du Code d'instruction criminelle relatives à la réhabilitation des condamnés à une peine correctionnelle sont déclarées applicables aux demandes formées en vertu de l'art. 1er.

Le délai de trois ans fixé par le dernier paragraphe de l'art. 620 du Code d'instruction criminelle court du jour de la cessation des fonctions.

Art. 638.

§ 1er. — *Règles générales.*

11. L'exception de prescription soulevée pour la première fois en cassation ne peut être accueillie lorsque le point de départ n'est déterminé avec précision ni dans le procès-verbal ni dans le jugement. — Cass. 9 mai 1867 (Hanriot), *B. cr.*

§ 2. — *Durée de la prescription.*

19. Conf. Cass. 25 août 1864 (Liottard), *B. cr.*

31. Les dispositions de l'art. 638 sont applicables aux contraventions en matière d'octroi. La prescription de trois mois de la date des procès-verbaux établie par la loi du 15 juin 1835 n'est relative qu'aux contributions indirectes. — Cass. 18 janv. 1861 (Gaubert), *B. cr.*; 21 août 1863 (Meissonnier), *B. cr.*

35. Conf. Pau, 24 juill. 1862 (Harguindeguy), *J. cr.*, n° 7481; Colmar, 2 mai 1865 (Moch), *J. p.*, 65, 846; Dijon, 12 juill. 1865 (Dutron); D., 65, 2, 224.

35 *bis.* L'art. 29, L. 26 mai 1819, n'est pas abrogé à l'égard des délits de diffamation verbale. — Rouen, 23 juin 1864 (Patin), *J. p.*, 64, 1025.

§ 3. — *Point de départ de la prescription.*

44. En matière de délit de banqueroute simple, la prescription ne court pas du jour où l'état de cessation de payements est dénoncé par une assignation en déclaration de faillite, lorsque le commerçant avait continué ses affaires jusqu'au dépôt de son bilan et que chaque jour il se mettait en contravention à plusieurs des dispositions de l'art. 586 C. com. — Cass. 9 juin 1864 (Fonson), *B. cr.*

50. En matière d'abus de confiance, la prescription court à partir du jour de la reddition de compte, encore bien qu'il soit reconnu que l'intention du détournement existait déjà dans des dissimulations opérées sur les livres du prévenu, si le fait n'a été consommé que par l'acte même de reddition de compte. — Cass. 2 déc. 1865 (Cassin), *B. cr.*

52. Mais en cette matière les juges peuvent prendre pour point de départ de la prescription le jour où l'inculpé aurait manifesté pour la première fois l'intention frauduleuse de garder la somme à lui confiée. — Cass. 10 janv. 1868 (Virgile), *B. cr.*

52 2°. La prescription de ce délit, à moins de circonstances particulières d'où s'induirait pour le juge la preuve du détournement antérieur, ne court que du jour où le mandataire dénie le mandat ou bien où le dépositaire refuse la restitution du dépôt. — Cass. 30 juill. 1863 (Noury), *B. cr.*

52 3°. Elle ne commence à courir que du jour où le mandataire mis en demeure d'employer ou de restituer ne peut pas ou ne veut pas le faire, sans qu'il y ait lieu de distinguer entre le cas où le mandataire doit faire un emploi déterminé et celui où il doit seulement conserver et rendre. — Cass. 16 mars 1867 (Petit), *B. cr.*

52 4°. Que du jour où, sur la sommation ou mise en demeure, il y a en refus de restituer. — Toulouse, 13 fév. 1862 (B.); D., 62, 2, 84. — Ou impossibilité de restituer. — Cass. 14 janv. 1864 (Thévenin), *B. cr.* — Mais V. notes sous l'art. 408 C. pén., n°⁵ 37 et suiv.

52 5°. Le cours de la prescription d'un délit d'abus de confiance ne peut être suspendu sous prétexte que le solde des opérations confiées au prévenu entrait en compte courant; ce compte demeurant étranger aux opérations mêmes dont le résultat final s'y trouve consigné. — Cass. 30 juin 1864 (Dubœuf), *B. cr.*

52 6°. Cependant si les faits sont relatifs à des opérations dont le compte était établi à la fin de chaque mois, le délit se consomme à l'égard de chaque compte distinct du jour où ce compte a été fait et présenté au commettant, encore que le résultat de chaque compte ait été reporté au compte suivant. — Paris, 30 août 1864 (Leplat), *J. cr.*, n° 7928.

52 7°. Les juges du fait apprécient souverainement la date d'un détournement pour en déduire la prescription. — Cass. 30 juin 1864 (Dubœuf), *B. cr.*

52 8°. Ou la date d'une mise en demeure servant de point de départ à la prescription en matière d'abus de confiance. — Cass. 16 mars 1867 (Petit), *B. cr.*

54. Conf. Cass. 30 juin 1864 (Dubœuf), *B. cr.*; Paris, 30 août 1864 (Leplat), *J. cr.*, n° 7928.

55. Conf. Cass. 30 juin 1864 (Dubœuf), *B. cr.*

58 *bis.* Les délits d'abus de blanc seing, d'abus de confiance et de destruction de titres, lorsqu'ils ont été commis au cours d'opérations usuraires et pour en assurer le résultat, s'identifient avec le délit d'usure comme moyen, comme élément ou comme circonstance aggravante, et ne peuvent être soumis à une prescription différente. — Cass. 14 nov. 1862 (Villemot), *B. cr.*

62. Lorsqu'il s'agit d'une publication nouvelle ou d'une réimpression, la prescription ne court que du jour de chacune des publications nouvelles. — Cass. 13 déc. 1855 (Roussel), *B. cr.*

62 *bis.* Ainsi la réimpression d'un écrit diffamatoire est un renouvellement de délit qui ne se prescrit qu'à compter de la nouvelle publication. — Toulouse, 30 déc. 1836, *J. p.*

62 *ter.* La prescription résultant de la vente d'un écrit condamné court non pas de l'impression, mais de la vente de cet écrit. — Cass. 20 juin 1840 (Lavigne), *B. cr.*; 23 avril 1830 (Langlois), *J. p.*

74. Conf. Cass. 14 nov. 1862 (Villemot), *B. cr.*

75. En matière d'usure, les faits récents commis pendant la période des trois années qui ont précédé la poursuite interrompent la prescription à l'égard des autres faits antérieurs. — Cass. 2 fév. 1866 (Bourgarit), *B. cr.* — Alors qu'à aucune époque un espace de trois ans n'a interrompu la prescription. — Cass. 14 nov. 1862 (Villemot), *B. cr.*

92. En matière de chasse, on ne doit pas compter dans le délai de la prescription le jour où le délit a été perpétré; la disposition de la loi du 3 mai 1844 rentre dans l'esprit des art. 637 et 638 C. i. cr. — Cass. 2 fév. 1865 (Romang), *B. cr.* — Contrà : Metz, 23 août 1864 (Walter), *J. cr.*, n° 7910.

§ 4. — *Suspension et interruption de la prescription.*

97. La prescription est suspendue par la demande en autorisation de poursuite contre un fonctionnaire en matière électorale comme en toute autre matière. — Metz, 1er mars 1866, *J. cr.*, n° 8196.

102. Conf. Nîmes, 27 mars 1862 (Duplantier); S., 62, 316.

112 *bis.* On ne peut considérer comme actes d'information ou de poursuite : le procès-verbal dressé par l'officier du min. public de faits délictueux révélés à l'audience où il siège, il ne peut interrompre la prescription. — Toulouse, 12 mai 1866 (Lavigne), *J. p.*, 67, 436.

112 *ter.* Un ordre de citation donné par le min. public — Colmar, 14 mai 1861 (Stœcklin); D., 61, 2, 225.

112 *quater.* Une requête par laquelle le procureur général demande au premier président la fixation d'un jour où il pourra citer un prévenu; elle n'est qu'une mesure préparatoire et d'ordre intérieur. —

Cass. 2 fév. 1865 (Romung), *B. cr.* — *Contrà :* Paris, 11 fév. 1861 (Roger), *J. p.*

120. Conf. Cass. 27 fév. 1865 (Boudier), *B. cr.*

120 *bis.* Les actes d'instruction ou de poursuites interrompent la prescription à l'égard même des personnes qui n'y seraient pas impliquées.

Ainsi, la citation donnée à un individu non reconnu l'auteur du délit interrompt la prescription à l'égard du délinquant véritable. — Cass. 5 mai 1865 (Deville), *B. cr.*

123. Pour les délits qui se constatent par procès-verbaux, tels que les délits de chasse, la prescription ne court qu'à partir du jour de la clôture du procès-verbal, lorsque dans l'intervalle le garde a fait des recherches pour découvrir le délinquant. — Lyon, 10 avril 1866 (Charmay), *J. cr.*, n° 8302.

155. Conf. Cass. 12 mars 1863 (Besson), *B. cr.*; 5 mai 1865 (Deville), *B. cr.*

156. Conf. Cass. 14 avril 1864 (Boudier), *B. cr.*; 27 fév. 1865 (Boudier), *B. cr.*

156 *bis.* La citation devant un tribunal incompétent à raison de la nature du délit interrompt la prescription. — Cass. 22 janv. 1863 (Deville), *B. cr.*

158. Conf. Cass. 22 janv. 1863 (Deville), *B. cr.*; 5 mai 1865 (Deville), *B. cr.*

161. La citation donnée par un officier incompétent interrompt la prescription lorsque l'incompétence est relative et non absolue ; par exemple, lorsque, au lieu d'être faite à la requête du procureur général, à raison de la qualité du prévenu, elle a été donnée par l'administration forestière. — Cass. 27 fév. 1865 (Boudier), *B. cr.*; Colmar, 13 juill. 1865 (Boudier), *J. p.*, 65, 1232. — Et lorsqu'elle a été donnée par l'administration forestière devant le tribunal correctionnel incompétent à raison de la qualité du prévenu. — Cass. 3 avril 1862 (Garnier), *B. cr.*; 14 avril 1864 (Boudier), *B. cr.*

§ 5. — *Prescription de l'action civile.*

173. La prescription établie par les lois criminelles ne s'applique aux actions civiles qu'autant que ces actions ont pour base unique et exclusive un crime, un délit ou une contravention ; il en est autrement lorsqu'il s'agit d'une action qui, en dehors des faits délictueux, puise son principe dans un contrat ou dans une disposition du droit civil. — Cass. 27 août 1867 (Segaux), *J. p.* 68, 276.

173 *bis.* Ainsi, la prescription trentenaire est seule applicable à l'action d'un mandant contre son mandataire en redressement de comptes et en réparation du préjudice que celui-ci lui aurait causé par sa mauvaise gestion et même par son dol, alors même que le libellé de l'assignation aurait accidentellement qualifié d'abus de confiance les faits de responsabilité dont s'agit. — Même arrêt.

173 *ter.* Lorsque, indépendamment du fait délictueux, l'action civile se fonde sur d'autres faits qui n'ont que le caractère d'une simple faute, la prescription de trois ans n'est pas applicable. — Paris, 5 mai 1860 (Mangin), *J. p.*, 61, 393.

178. Conf. Aix, 9 juin 1864 (Debled), *J. p.*, 64, 1046; Colmar, 6 mai 1863 (Albrecht), *J. p.*, 63, 856; Cass. req., 13 mai 1868 (Barmet), *J. p.*, 68, 924.

179. Conf. Cass. 4 janv. 1855 (Decapol); D., 55, 1, 84; Aix, 9 juin 1864 (Debled), *J. p.*, 64, 1046; Nîmes, 19 déc. 1864 (Girard), *J. p.*, 65, 323; Paris, 5 mai 1860 (Mangin), *J. p.*, 62, 392; Colmar, 27 juin 1866 (Koch); D., 63, 2, 141; Dijon (Lamadelaine), D., 66, 2, 152.

180. Conf. Cass. 28 fév. 1855 (Lévy); D., 55, 1, 343.

185 *bis.* La prescription de l'action civile résultant d'un crime ou délit ne peut, à la différence de la prescription de l'action publique, être proposée pour la première fois devant la Cour de cassation. Les juges ne pouvaient la suppléer d'office. — Cass., ch. req., 28 fév. 1860 (Lebel-Delaunay); S.

186. Conf. Dijon, 27 juin 1866 (Lamadelaine); D., 66, 2, 152.

Art. 640.

12. Conf. Chambéry (Joly), 3 oct. 1862; D., 63, 2, 20.

19. Conf. Cass. 2 juin 1865 (Vinciguerra), *B. cr.*

19 *bis.* L'usurpation d'un chemin public se prescrit du jour même où l'usurpation a été commise; elle n'est pas un délit successif. — Cass. 29 mai 1868 (Barit), *B. cr.*

19 *ter.* Le juge doit examiner si, à l'époque du procès-verbal, la contravention avait été commise depuis moins d'une année, et doit fixer la date du dernier acte de culture. — Cass. 11 avril 1868 (Pasquier), *B. cr.*

24. Conf. Cass. 2 juin 1865 (Vinciguerra), *B. cr.*

41. Sont successives les contraventions qui ne résultent pas d'un fait unique et instantané, mais d'un fait continu ou d'une série de faits reliés entre eux et prolongeant pendant un certain temps la durée de ces infractions. — Cass. 1er mars 1867 (Lavoix), *B. cr.*

44. Conf. Cass. 1er mars 1867 (Lavoix), *B. cr.*

46 *bis.* Le défaut d'élaguer des arbres avançant sur la voie publique constitue une contravention successive et continue dont la prescription ne peut commencer à dater du premier procès-verbal de constat, mais seulement du jour où elle a cessé. — Cass. 29 août 1867 (Gallien), *B. cr.*

Art. 643.

2. Conf. Cass. 28 avril 1865 (Bernardini), *B. cr.* Tel est le fait d'avoir laissé des animaux à l'abandon sur le terrain d'autrui. — Même arrêt.

2 *bis.* Le délai d'un mois pour la prescription du délit rural court non du jour où le procès-verbal a été dressé, mais du jour où il a été clos. — Cass. 22 janv. 1863 (Deville), *B. cr.*

7. Conf. Colmar, 14 mai 1861 (Stœcklin); D., 61, 2, 225.

8. La prescription de trois ans est applicable aux délits forestiers lorsque le procès-verbal a été dressé une année après la perpétration du délit. — Colmar, 5 juill. 1860, *J. cr.*, n° 7174.

18. Conf. Cass. 17 mars 1863 (Jourdan), *B. cr.*

18 *bis.* En matière électorale, la prescription de trois mois édictée par la loi du 2 février 1852 ne peut être prolongée par aucun acte interruptif. — Cass. 16 juin 1865 (Labroquère), *B. cr.*

20 MAI 1863. — *Loi sur l'instruction des flagrants délits.*

Art. 5.

Lorsque le caractère de flagrant délit ne paraît pas suffisamment établi au tribunal, il n'en résulte pas que celui-ci puisse se dessaisir et renvoyer le procureur impérial à se pourvoir ainsi qu'il avisera ; il doit renvoyer l'affaire à une des plus prochaines audiences, conformément à l'art. 5 de ladite loi. — Angers, 22 juin 1863 (Malard); Rennes, 25 juin 1863 (Leprince), *J. p.*, 64, 312.

CODE PÉNAL.

Art. 2.

35. Conf. Colmar, 24 fév. 1863 (Gless), *J. cr.*, n° 7632.

68. Conf. Cass. 3 mars 1864 (Rolland), *B. cr.*

70. Conf. Cass. 1er déc. 1860 (Rigollot), *B. cr.* ; 3 mars 1864 (Rolland), *B. cr.*

75. Est punissable comme le crime même la tentative d'empoisonnement. — Cass. 31 mai 1866 (fe Leroux), *B. cr.*

Art. 3.

7 *bis.* La tentative du délit de contrefaçon de marque de fabrique n'est point punie par la loi du 28 juillet 1824. — Cass. 9 juillet 1852 (Barbier), *B. cr.* ; Chauveau et Hélie, t. 1, p. 403.

8. La tentative de corruption exercée sur les membres du conseil de révision n'est punie ni par l'art. 270 du Code de justice militaire du 9 juin 1857, ni par l'art. 45 loi 21 mars 1832. — Cass. 10 nov. 1853 (Vacher), *B. cr.* ; 11 déc. 1862 (Bureau), *B. cr.* ; Chauveau et Hélie, t. 1, p. 403.

9 *bis.* Le fait usuraire est consommé par la remise des titres au prêteur et ne se transforme pas en une simple tentative par l'abandon ultérieur des droits résultant du contrat. — Cass. 15 fév. 1867 (Ambal), *B. cr.*

Art. 4.

6. Conf. Cass. 14 nov. 1862 (Vuillemot), *B. cr.* — Et il y a lieu en ce cas de prononcer l'insertion et l'affiche de l'arrêt autorisés par l'art. 5 loi 19 déc. 1850, sans distinction des faits antérieurs à cette loi. — Cass. 14 nov. 1862 (Vuillemot), *B. cr.*

6 *bis.* Lorsqu'il n'est point allégué que les faits aient été commis à une époque antérieure à la promulgation de la loi qui les punit, l'arrêt, en énonçant qu'ils ont été commis dans l'année de cette promulgation et en leur faisant application de cette loi, constate implicitement, mais suffisamment, que leur perpétration est postérieure à sa promulgation. — Cass. 19 nov. 1863 (Fléau), *B. cr.*

9. Les amendes pour contraventions aux lois sur les douanes n'ayant pas un caractère véritablement pénal, mais étant plutôt une réparation civile, elles sont définitivement acquises lorsque le fait qualifié délit a été commis, sans qu'il puisse y être porté atteinte par une loi postérieure. — Cass. 11 déc. 1863 (Dietsch), *B. cr.*

10. Conf. Cass. 28 mars 1861 (Veuillen), *B. cr.* ; 3 juill. 1863 (Philippi), *B. cr.*

10 *bis.* En cas de réunion d'un pays étranger à la France, celle-ci a le droit de poursuivre les crimes et délits commis antérieurement à la réunion, selon les formes françaises et les qualifications de la loi pénale alors applicable. — Cass. 17 avril 1863 (Ginhoux), *B. cr.*

10 *ter.* Une condamnation en ce cas ne peut se justifier qu'autant que le fait à raison duquel elle est intervenue aurait été prévu et puni tout à la fois par la loi du pays étranger sous l'empire de laquelle il a été commis et par la loi française sous l'empire de laquelle il est jugé. — Cass. 28 mars 1861 (Veuillen), *B. cr.* ; 4 janv. 1861 (Ailloud), *B. cr.* — Sans qu'il y ait lieu de distinguer entre le fait principal et ses circonstances aggravantes. — Cass. 4 janv. 1861 (Ailloud), *B. cr.*

10 *quater.* Ainsi la cour d'assises saisie d'un fait commis en Savoie avant l'annexion de ce pays à la France ne peut faire état ni des circonstances aggravantes prévues par la loi sarde si elles ne sont pas admises par la loi française, ni des circonstances aggravantes prévues par la loi française si elles ne sont pas admises par la loi sarde. — Cass. 4 janv. 1861 (Ailloud), *B. cr.*

23. Conf. Cass. 7 déc. 1865 (Miloud), *B. cr.*

23 *bis.* Les lois de procédure ou d'instruction n'ont pas d'effet rétroactif. Ainsi une saisie de marchandises prohibées opérée sous l'empire de la loi du 28 avril 1816 n'en est pas moins valable, malgré la loi nouvelle des 16-25 mai 1863 qui modifie les conditions de saisie. — Cass. 11 déc. 1863 (Dietsch), *B. cr.*

32. Conf. Cass. 7 déc. 1865 (Miloud), *B. cr.*

Art. 5.

§ 1er. — *Faits de la compétence des tribunaux militaires.*

13 *bis.* Si le délit a été commis par deux militaires dont l'un en congé, la juridiction militaire est seule compétente. — Art. 77, loi 9 juin 1857.

§ 2. — *Individus assimilés aux militaires.*

16. Les vétérinaires en second de l'armée doivent être assimilés aux militaires et sont soumis à la juridiction du conseil de guerre. Art. 13 et 55, loi 9 juin 1857. — Cass. 28 avril 1864 (Bergeon), *B. cr.*

49. Au cas d'état de siége, l'autorité militaire peut revendiquer tous les procès intentés antérieurement à raison d'un complot formé dans le lieu soumis à l'état de siége ou d'une société secrète, alors même que les prévenus ne seraient pas domiciliés et n'auraient pas été arrêtés sur ce territoire ; l'autorité judiciaire est tenue en ce cas de se dessaisir. — Cass. 17 nov. 1851 (Gent), *B. cr.*

51 *bis.* Les conseils de guerre sont compétents pour juger, en pays étranger, tous les faits criminels impliquant une atteinte à la sûreté de notre armée, encore qu'ils soient commis par des indigènes non militaires. — Cass. 30 nov. 1865 (Luzzi), *B. cr.* ; 14 déc. 1865 (Tribuzzio), *B. cr.* ; 11 janv. 1866 (Ambrosio), *B. cr.* ; 31 mars 1866 (Fracassa), *B. cr.*

51 *ter.* Ainsi dans les États romains les habitants sont justiciables des conseils de guerre français à raison des crimes ou délits par eux commis sur des militaires français. — Cass. 23 juin 1865 (Mariani), *B. cr.*

§ 3. — *Militaires réputés en activité de service.*

54 *bis.* Même après avoir reçu l'ordre de joindre un corps, le jeune soldat n'est soumis à la juridic-

tion militaire que dans les cas suivants : 1° pour les faits d'insoumission, art. 58, loi 9 juin 1857 ; 2° lorsqu'il fait partie d'un détachement, qu'il est placé dans un hôpital ou détenu dans un établissement militaire. Art. 56, n° 2, même loi.

56. Conf. Cass. 22 nov. 1861 (Aulagne), *B. cr.*

83. Un crime commis par un prévenu à une époque où il était militaire le rend justiciable du conseil de guerre, alors même qu'il aurait cessé depuis d'appartenir à l'armée. — Orléans, 8 juillet 1864 (Lamanille); D., 64, 2, 148.

§ 4. — *Militaires absents du corps.*

91. Les délits commis par un militaire postérieurement à l'époque où il a été déclaré déserteur et n'était plus porté présent sur les contrôles de son régiment sont de la compétence des tribunaux ordinaires. — Cass. 28 juillet 1864 (Lotin), *B. cr.*; 13 déc. 1860 (Pichou), *B. cr.*; 22 nov. 1861 (Parlet), *B. cr.*

101. Le militaire en congé qui achète ou recèle des effets de grand et de petit équipement est justiciable de la juridiction des conseils de guerre. — Cass. 11 juin 1863 (Leplanquais), *B. cr.*

104. Le militaire en congé est pour les délits de rébellion justiciable du conseil de guerre, soit que la rébellion ait eu lieu contre les agents de l'autorité militaire, soit qu'elle ait eu lieu contre les agents de l'autorité civile. Art. 225, loi 9 juin 1857. — Cass. 7 déc. 1860 (Lusseau), *B. cr.*

104 *bis.* La rébellion commise par un militaire en congé, en réunion avec deux individus non militaires, n'est point punie par le Code de justice militaire et reste soumise aux peines du droit commun. — Douai, 16 mars 1858 (Leroux), *J. p.*

105 *bis.* Les jeunes soldats laissés dans leurs foyers ne sont justiciables des conseils de guerre pour la répression des délits de droit commun que lorsqu'ils sont réunis pour des revues ou exercices. Loi 9 juin 1857. Le délit n'est pas commis pendant la *réunion*, lorsque cette réunion pour une revue était terminée. — Cass. 9 juill. 1863 (Signoret), *B. cr.*

115 *bis.* Les militaires placés dans les hôpitaux civils et militaires sont soumis à la juridiction des conseils de guerre pour tous crimes et délits. Art. 56, loi 9 juin 1857. Pourvu que les hôpitaux civils appartiennent à l'armée et que les militaires y soient soumis à la discipline militaire. — Chauveau et Hélie, t. 1, p. 74.

116 *bis.* Est justiciable des tribunaux ordinaires l'individu non militaire à raison d'un délit qu'il commet dans une prison militaire. — Cass. 28 août 1862 (Ali ben Salah), *B. cr.*

§ 5. — *Délits commis par les gens de mer.*

117. Sont justiciables des conseils de guerre maritimes les individus assimilés aux marins ou militaires de l'armée de mer par les ordonnances ou décrets d'organisation. Art. 77, loi 4 juin 1858.

126 *bis.* Sont justiciables des tribunaux ordinaires : un simple novice travaillant sur un bâtiment de servitude faisant le service dans l'intérieur d'un arsenal maritime, à raison de coups portés à un marin qui n'ont compromis ni la police ni la sûreté de l'arsenal, ni le service maritime. Il n'est ni militaire ni marin. — Cass. 13 juillet 1866 (Migeon), *B. cr.*

126 *ter.* Les gardes maritimes. Ils ne sont ni agents de l'un des corps de la marine, ni assimilés aux marins ou militaires de l'armée de mer. — Cass. 7 fév. 1862 (Gaborit), *B. cr.*

133. Les matelots d'un bâtiment de commerce ne peuvent être justiciables des tribunaux maritimes sous prétexte qu'ils sont soumis aux règlements qui régissent la police de la navigation, l'inscription, le grand et le petit cabotage. — Cass. 17 sept. 1866 (Lénard), *B. cr.*

133. Sont soumis à la juridiction ordinaire des tribunaux français les délits commis à terre envers un Français par un marin faisant partie de l'équipage d'un bâtiment étranger. — Cass. 29 fév. 1868 (Machel Der), *B. cr.*

142. Les infractions en matière de police sanitaire commises par des officiers de marine sont de la compétence exclusive des tribunaux ordinaires; le Code de justice militaire du 4 juin 1858 n'a pas dérogé aux dispositions de la loi spéciale du 3 mars 1822. — Cass. 15 nov. 1860 (Peralo), *B. cr.*

Art. 21.

1. *Contrà :* Chauveau et Hélie, t. 1, p. 263.

Art. 24.

8. Paris, 17 nov. 1860 (Larchevêque); *J. cr.*, n° 7133.

9 *bis.* Lorsque l'appel d'un jugement portant condamnation à l'emprisonnement, interjeté par le condamné, a été déclaré non recevable comme tardif, la durée de la peine ne compte que du jour de l'arrêt. — Aix, 15 oct. 1862 ; *J. p.*, 63, 661.

Art. 26.

3. Conf. Cass. 20 mars 1862 (Klopfenstein), *B. cr.*; 4 janv. 1866 (Ducré), *B. cr.*; 8 mars 1867 (Ramsamy), *B. cr.* — La désignation du lieu de l'exécution n'est pas prescrite à peine de nullité. — Cass. 5 déc. 1867 (Vingataramin), *B. cr.*

5. Conf. Cass. 6 juin 1861 (Ballagny), *B. cr.*

La cour peut ordonner que l'exécution aura lieu sur la place publique de la ville, sans empiéter sur les attributions de l'autorité administrative, à qui seule il appartient de désigner la place. — Même arrêt.

Art. 40.

11 *bis.* Au cas de condamnation à plusieurs mois d'emprisonnement, les mois doivent être comptés quantième par quantième et non par séries de trente jours. — Aix, 15 oct. 1862 ; *J. p.*, 63, 661.

Art. 42.

1 *bis.* Les offices ministériels ne sont pas compris dans les termes de cet article ; ils ne sont point des fonctions ou emplois publics.

Ainsi un huissier condamné pour escroquerie ne peut être interdit par le même jugement de ses fonctions d'huissier en vertu de cet article. — Cass. 30 avril 1863 (Figeau), *B. cr.*

Art. 44 (I).

4. Conf. Paris, 31 janv. 1862 (Bezault), *J. cr.*, n° 7379.

---

(1) *Loi du 9-12 juillet 1852 relative aux interdictions de séjour dans le département de la Seine et dans les communes de l'agglomération lyonnaise.*

Art. 1er. Le séjour du département de la Seine et celui des communes formant l'agglomération lyonnaise, désignées dans l'art. 3 de la loi du 19 juin 1851, peuvent être interdits administrativement pendant un délai déterminé, qui ne pourra excéder deux ans, à ceux qui, n'étant pas domiciliés dans ce département ou ces communes, — 1° Ont subi depuis moins de dix ans une

4 bis. L'exécution de la surveillance n'est pas suspendue par la transportation établie par le décret du 8 déc. 1851, qui n'est qu'une mesure générale et non une peine. — Cass. 22 janv. 1863 (Baverel), *B. cr.*

Art. 45.

1. Conf. Nîmes, 14 mars 1867 (Gardiol), *J. cr.*, n° 8515. Cass. 25 janv. 1868 (Negroni), *B. cr.*

3 bis. L'individu soumis à la surveillance qui est mis en liberté après l'expiration de sa peine, sans que l'administration ait usé à son égard du droit de déterminer le lieu de sa résidence et lui ait remis une feuille de route, ne manque à aucune prescription de la loi et ne peut être réputé en état de rupture de ban en quittant la ville sans attendre sa feuille de route. — Orléans, 22 mai 1865 (Plasse); D., 65, 2, 96.

6 bis. Le prévenu qui n'a été arrêté qu'après le terme de la surveillance ne doit pas échapper pour cela à l'application de la loi, s'il avait enfreint son ban. — Paris, 31 janv. 1862 (Bezault), *J. cr.*, n° 7379.

12 bis. L'infraction à l'art. 4 du décret du 8 déc. 1851 qui interdit le séjour dans Paris et sa banlieue aux individus soumis à la surveillance, est passible de la peine portée par l'art. 45 C. pén.; les mesures que l'administration a le droit de prendre aux termes des art. 5 et 6 de ce décret ne font pas obstacle à l'application de cet article. — Cass. 17 janv. 1863 (Raymond), *B. cr.*

13. Conf. Douai, 25 juillet 1853 (Dulaurier); D., 57, 2, 68; Douai, 15 mai 1861 (Broglia). Colmar, 17 nov. 1862 (Manu), *J. p.*; Douai, 5 janv. 1863 (Cabiro), *J. p.*; Douai, 12 janv. 1863 (Lelièvre), *J. p.*; Douai, 15 avril 1863 (Carette), *J. cr.*, n° 7711.

Art. 52.

4 bis. L'amende prononcée même par le juge de paix en cas d'opposition ou trouble à l'exercice des fonctions de préposés aux douanes entraîne la contrainte par corps. — Amiens, 16 mai 1868 (Tonnellier), *J. cr.*, n° 8717.

13. La durée de la contrainte par corps doit être déterminée par l'ensemble des condamnations à l'amende et aux dommages-intérêts et non par chacune de ces condamnations séparément. — Paris, 15 mai 1868, Gaz. 27 mai.

13 bis. Il y a lieu pour fixer la durée de la contrainte par corps d'ajouter à l'amende le décime de guerre. — Cass. 27 août 1868 (douanes), *B. cr.*

15 bis. Lorsque le sexagénaire n'a pas invoqué le bénéfice de son âge pour obtenir la réduction de la durée de la contrainte par corps, et que les juges

du fond n'ont point eu à statuer sur ce point, la réduction prescrite par la loi s'opère de droit au moment de l'exécution, sur la durée fixée par l'arrêt. — Cass. 30 nov. 1867 (Pollet), *B. cr.*

Art. 55.

§ 1er. — *Règles générales.*

13. *Contrà :* Les divers copropriétaires ou cogérants d'un établissement métallurgique, d'après les ordres desquels a été commise une contravention à la loi ou aux règlements sur les mines, doivent être condamnés chacun et solidairement à une amende distincte. — Dijon, 9 juill. 1862; S., 62, 365.

13 bis. En matière fiscale, et notamment en matière de contributions indirectes, l'amende étant plutôt une réparation civile qu'une peine, il ne doit être prononcé qu'une seule amende contre tous les individus poursuivis à raison d'un fait unique. — Cass. 19 août 1836 (Baurin), *J. p.*; 4 déc. 1863 (Quinson), *B. cr.*

§ 2. — *Dans quels cas il y a lieu de prononcer la solidarité.*

18. La solidarité doit être prononcée lorsque chacun des prévenus a participé au même délit. — Cass. 28 août 1857 (Goubie), *B. cr.*

18 bis. Elle est suffisamment motivée lorsqu'il résulte de l'arrêt de condamnation que les accusés ont été reconnus coupables des mêmes faux. — Cass. 23 janv. 1868 (Farradjia), *B. cr.*

23. Elle doit être prononcée contre les prévenus condamnés pour des faits différents lorsqu'il y a connexité entre ces faits. — Cass. 10 juill. 1862 (Boussès), *B. cr.*; 21 février 1868 (Pigacé), *B. cr.*

23 bis. Pour justifier la solidarité, le jugement doit énoncer les faits d'où résulte la connexité. — Cass. 13 mars 1863 (Lesimple), *B. cr.* — Il doit établir la connexité des faits. — Cass. 15 juill. 1864 (Marchetich), *B. cr.*

23 ter. Cependant il n'est pas nécessaire que cette connexité ait été reconnue et déclarée par le juge du fait. Elle peut être essentielle et virtuelle. — Cass. 5 janv. 1866 (Legrand), *B. cr.*

27. Celui qui a recelé, mis en vente ou exposé en vente des objets contrefaits doit être condamné solidairement avec le contrefacteur à l'amende et aux dommages-intérêts. — Rouen, 4 août 1859 (Leroy), *J. p.*

27 bis. Mais s'il n'a mis en vente qu'une partie des objets contrefaits, il ne peut être condamné solidairement avec le contrefacteur à tous les dommages-intérêts résultant de la fabrication de tous les produits, mais seulement aux dommages-intérêts résultant de la vente par lui faite. — Cass. 16 août 1861 (Bigot), *B. cr.*

28. Conf. Cass. 16 août 1861 (Bigot), *B. cr.*

35. Conf. Cass. 17 avril 1863 (Heiries), *B. cr.*; 4 août 1864 (Barnout), *B. cr.*

38 bis. Il y a lieu à solidarité lorsque la contravention imputée à l'un des prévenus est la suite nécessaire de la contravention imputée à un autre prévenu. — Cass. 20 mars 1868 (Petit), *B. cr.*

39. Conf. Cass. 12 août 1864 (Muraine), *B. cr.*

40 bis. Quoiqu'un prévenu n'ait participé qu'à un seul des chefs de la prévention, il peut être condamné solidairement à l'amende et aux frais si les autres chefs n'ont entraîné pour leur constatation aucuns frais distincts. — Cass. 11 août 1864 (Kolbé), *B. cr.*

46. Conf. Cass. 20 mars 1868 (Petit), *B. cr.*

---

condamnation à l'emprisonnement pour rébellion, mendicité ou vagabondage, ou une condamnation à un mois de la même peine pour coalition; — 2° Ou n'ont pas, dans les lieux susindiqués, des moyens d'existence. — L'interdiction de séjour pourra être renouvelée.

Art. 2. L'arrêté d'interdiction est pris par le préfet de police ou par le préfet du Rhône, et approuvé par le ministre de la police générale. — Il est notifié à l'individu qu'il concerne, avec sommation d'y obtempérer dans un délai déterminé.

Art. 3. Toute contravention à un arrêté d'interdiction sera punie d'un emprisonnement de huit jours à un mois. — Le tribunal pourra, en outre, placer les condamnés sous la surveillance de la haute police, pendant un an au moins et cinq ans au plus. — En cas de récidive, la peine sera de deux mois à deux ans d'emprisonnement, et le condamné sera placé sous la surveillance de la haute police pendant un au au moins et cinq ans au plus.

Art. 56.

2. Conf. Cass. 24 janv. 1862 (Mercery), *B. cr.*; 7 fév. 1862 (Larbaud), *B. cr.*

3. Conf. Douai, 19 mai 1863 (Pommier), *J. cr.*, n° 7719.

3 *bis.* L'état de récidive ne peut résulter d'un jugement par défaut susceptible d'être attaqué par la voie de l'opposition ou de l'appel. — Cass. 7 fév. 1862 (Larbaud), *B. cr.*

8 *bis.* Mais une condamnation par contumace doit servir de base à la récidive lorsqu'elle est devenue irrévocable par l'effet de la prescription. — Cass. 10 mai 1861 (Marniquet), *B. cr.*

18 *bis.* Une première condamnation prononcée par une cour criminelle étrangère, mais depuis réunie à la France, peut servir de base à l'application de la récidive si, d'après la loi étrangère, cette première condamnation était afflictive ou infamante. — Cass. 3 juill. 1863 (Philippe), *B. cr.*

53 *bis.* Une condamnation à une peine afflictive et infamante prononcée par un tribunal militaire pour un fait qui ne constitue qu'un délit aux termes de la loi commune ne constitue pas l'état de récidive. — Cass. 10 janv. 1861 (Deshayes), *B. cr.*

Art. 57.

1. Cet article est applicable en cas d'une nouvelle condamnation à des peines correctionnelles, soit que ce résultat ait été produit par l'admission d'un fait d'excuse, ou par le rejet des circonstances aggravantes, ou par la déclaration de circonstances atténuantes. — Cass. 26 mars 1864 (Rumen), *B. cr.*

Art. 58.

1. Conf. Douai, 22 juin 1863 (Beaumont), *J. cr.*, n° 7723.

1 *bis.* L'aggravation résultant de la récidive est applicable à l'individu coupable d'importation frauduleuse de tabacs. — Douai, 16 mars 1864 (Dufresne), *J. cr.*, n° 7848.

7. Conf. Cass. 14 avril 1864 (Delacroix), *B. cr.*

Art. 59.

§ 1er. — *Dans quels cas la loi punit la complicité.*

3. Conf. Cass. 10 nov. 1864 (Aimé), *B. cr.*; Lyon, 28 mars 1865 (Lafay), *J. p.*, 66, 811.

3 *bis.* Les règles de la complicité peuvent être appliquées au colportage du gibier. — Cass. 10 nov. 1864 (Aimé), *B. cr.* — *Contrà :* Bourges, 13 fév. 1868 (Manjonnet), *J. p.*, 68, 457.

3 *ter.* Elles s'appliquent aux délits ruraux punis d'une peine correctionnelle. — Cass. 22 janv. 1863 (Deville), *B. cr.*

8. Conf. Toulouse, 27 fév. 1868 (Michaud), *J. cr.*, n° 8607.

26. Conf. Cass. 13 avril 1861 (Leclercq), *B. cr.*

26 *bis.* Au contraire, toute contravention que la loi punit d'une peine supérieure à 15 francs, et notamment celle prévue par l'art. 21, loi du 15 juillet 1845 sur la police des chemins de fer, devient un fait correctionnel. Les complices de ces contraventions doivent être punis comme les auteurs principaux. — Toulouse, 24 juill. 1862 (Bardes); D., 62, 2, 176. — Cette décision est contraire à la jurisprudence.

26 *ter.* Les règles sur la complicité ne s'appliquent pas au fait de rupture de ban, qui ne constitue qu'une contravention. — Rennes, 2 janv. 1862 (Frelin), *J. p.*, 62, 623.

29. L'exercice illégal de la médecine comporte l'application des règles sur la complicité lorsque l'usurpation du titre de docteur vient lui donner le caractère de délit. — Cass. 3 mai 1866 (Benatti), *B. cr.*

§ 2. — *Règles générales.*

48 *bis.* Le complice d'une tentative d'avortement n'étant punissable que si le fait principal a été commis par un autre que la femme elle-même, la question de complicité doit énoncer cette circonstance. — Cass. 3 mars 1864 (Rolland), *B. cr.*

55. La question de culpabilité peut être résolue négativement à l'égard de l'auteur principal du crime et résolue affirmativement à l'égard du complice du même crime. — Cass. 3 sept. 1863 (François), *B. cr.*; 17 sept. 1863 (Verragon), *B. cr.* — Pourvu que les jurés reconnaissent l'existence du fait délictueux. — Cass. 14 janv. 1864 (Thévenin), *B. cr.*

68. Lorsque le fait de recélé se rapporte à un seul fait de vol ou à une seule série de vols commis par deux accusés conjointement, il n'y a lieu de poser qu'une question unique à l'égard du recéleur, quoiqu'il ait été posé des questions distinctes pour chaque accusé principal. — Cass. 6 mai 1864 (Grain), *B. cr.*

74 *bis.* L'accusé de détournement de mineure (art. 356 C. p.) ne peut être déclaré coupable comme complice d'un détournement commis par un tiers non désigné, si le sexe de l'auteur principal n'est pas constaté par la déclaration du jury. — Cass. 12 avril 1861 (Mallet), *B. cr.*

§ 3. — *Peines applicables.*

98. Conf. Cass. 18 mai 1865 (Arnault), *B. cr.*

Il n'est pas nécessaire que le complice ait personnellement participé à la préméditation. — Même arrêt.

101. Conf. Cass. 28 mars 1861 (Reygondaud), *B. cr.*

128. Conf. Cass. 11 mai 1866 (Pernot), *B. cr.*

134. Conf. Cass. 22 janv. 1863 (Deville), *B. cr.*

137. Le complice peut être condamné à l'emprisonnement quoique l'auteur principal ne soit condamné qu'à l'amende. — Même arrêt.

Art. 60.

§ 1er. — *Règles générales sur les caractères constitutifs de la complicité.*

11. Conf. Cass. 6 oct. 1864 (Novel), *B. cr.*; 7 avril 1765 (Robbe), *B. cr.*

22. Conf. Cass. 15 sept. 1864 (Picard), *B. cr.*

23. Conf. même arrêt.

27. Conf. Cass. 28 avril 1864 (Wood), *B. cr.*

31. Conf. 12 avril 1861 (Mallet), *B. cr.*

§ 2. — *Complicité par provocation.*

47 *bis.* En matière d'incendie, la loi n'assimile point l'acte de celui qui fait mettre le feu à l'acte de celui qui le met personnellement; le premier n'est que complice, le second est auteur. — Cass. 15 nov. 1862 (Raynaud), *B. cr.* — V. sous l'art. 434, n° 43, C. pén.

§ 4. — *Complicité par aide et assistance.*

66. Conf. Cass. 17 avril 1863 (Heiriès), *B. cr.*; 9 juin 1866 (Leroy), *B. cr.* — Même en matière de viol. — Cass. 9 juin 1866 (Leroy), *B. cr.*

67. Conf. même arrêt.

81. Un commis, en prêtant sciemment son concours aux opérations frauduleuses de son patron, peut se rendre complice des escroqueries commises par celui-ci. — Cass. 27 déc. 1862 (Parly), *B. cr.*

81 *bis.* Se rend complice du délit d'escroquerie celui qui intervient seulement pour faciliter à l'auteur du délit le payement d'une obligation obtenue à l'aide de manœuvres frauduleuses. — Cass. 15 juill. 1864 (Marchetich), *B. cr.*

81 *ter.* Se rend complice du délit de transport de gibier en temps prohibé celui qui aide l'auteur de ce délit à charger le gibier sur ses épaules en se chargeant à son tour du fusil. — Cass. 10 nov. 1864 (Aimé), *B. cr.*

Art. 62.

2. La circonstance que le recel a été fait sciemment doit être énoncée dans le jugement à peine de nullité. — Cass. 17 avril 1863 (Heiriès), *B. cr.*

16 *bis.* Une femme ne peut être réputée complice d'un abus de confiance commis par son mari par cela seul qu'elle aurait cherché par des moyens plus ou moins répréhensibles à dissimuler ces détournements, si elle a agi sous la pression du mari. — Douai, 23 août 1859 (Beudin); S.

22. Le jury ne doit pas être interrogé sur la question de savoir si le recéleur a eu connaissance des circonstances aggravantes du crime. — Cass. 8 mars 1866 (Chavot), *B. cr.*

Art. 63.

1. Conf. Cass. 2 août 1867 (Ali-ben-Latrech), *B. cr.*

2. Conf. même arrêt.

Art. 64.

§ 1er.

7. L'excuse de la démence ne peut résulter que d'une preuve établie dans les termes de l'art. 154 C. i. cr., et non de l'appréciation personnelle du juge. — Cass. 13 mars 1863 (Caussin), *B. cr.*

26 *bis.* Lorsque la démence survient après le pourvoi en cassation, la cour sursoit sur le pourvoi jusqu'à ce qu'un changement soit survenu dans l'état mental du demandeur. — Cass. 23 déc. 1859 (Boursier), *B. cr.*; Chauveau et Hélie, t. 1, p. 558.

§ 2.

28. Conf. Cass. 28 fév. 1861 (Maisonneuve), *B. cr.*; 23 juill. 1864 (Louis), *B. cr.*; 3 mars 1865 (Renaud), *B. cr.*; 21 janv. 1866 (Desjardin). *B. cr.*

32. Conf. Cass. 3 mars 1865 (Renaud), *B. cr.*

32 *bis.* Le juge ne peut admettre la force majeure qu'en se fondant sur les moyens de preuve qu'autorise la loi. — Cass. 21 juin 1866 (Desjardin), *B. cr.*; 28 avril 1865 (Battouil), *B. cr.*

32 *ter.* Le fait de force majeure ne peut être admis lorsqu'il ne ressort point du procès-verbal et qu'aucun témoin n'a été entendu aux débats. — Cass. 28 juin 1861 (Scaglia), *B. cr.*

32 *quater.* Un cas fortuit ne peut être assimilé à la force majeure. — Cass. 5 nov. 1863 (Pouyalet), *B. cr.*

34. Il est réservé à la Cour de cassation de reconnaître si les circonstances constatées par le jugement présentent tous les caractères de la force majeure. — Cass. 28 fév. 1861 (Maisonneuve), *B. cr.*

34 *bis.* Le juge ne peut attribuer le caractère de force majeure à certains faits, alors que ce caractère est démenti par la nature même des faits relevés. — Cass. 7 nov. 1867 (Némery), *B. cr.*

56. Le concessionnaire des eaux auquel sont imposées les obligations réglementaires est responsable pénalement des infractions commises même par ses préposés. — Cass. 22 fév. 1868 (Lacet), *B. cr.*

Art. 65.

9. Conf. Cass. 6 déc. 1867 (Ravacley), *B. cr.*

19. Conf. Cass. 1er fév. 1861 (César), *B. cr.*

28. Conf. Cass. 7 fév. 1863 (Blanchard), *B. cr.*

37. Conf. Cass. 22 avril 1864 (Honoré), *B. cr.*

38. Conf. Cass. 3 mars 1865 (Renaud), *B. cr.*

39. Conf. Cass. 21 déc. 1860 (Grandjean), *B. cr.*; 4 déc. 1862 (Dumont), *B. cr.*

40. Celui qui a commis une contravention ne peut être excusé sous prétexte du défaut d'intention criminelle; il suffit que le fait soit matériellement constaté. — Cass. 27 avril 1866 (Cucchi), *B. cr.*

40 *bis.* Sous prétexte que le prévenu mineur avait agi sans discernement et sans méchanceté. — Cass. 12 fév. 1863 (Cuges), *B. cr.* — V. sous l'art. 66, n° 11, C. pén.

40 *ter.* Sur le défaut d'intérêt de la part du contrevenant et son exactitude habituelle. — Cass. 17 mars 1866 (Dangla), *B. cr.*

50. Sous prétexte qu'il s'était empressé de faire cesser la contravention. — Cass. 19 fév. 1864 (Krauss), *B. cr.*

50 *bis.* Qu'il s'était empressé de réparer l'omission, et en raison de son exactitude ordinaire. — Cass. 12 déc. 1862 (Ancel), *B. cr.*

52 *bis.* Que le préjudice causé a été réparé. — Cass. 9 juin 1866 (Poli), *B. cr.*

53. Conf. Cass. 8 août 1861 (Bidaud), *B. cr.*

Art. 66.

8. Conf. Cass. 7 juill. 1864 (Ébrard); Cass. 21 mars 1868 (Cadiou), *B. cr.*: Chauveau et Hélie, t. 1, p. 509. — V. sous l'art. 162 C. i. cr., n° 8.

15. En matière de contributions indirectes, le mineur de seize ans acquitté comme ayant agi sans discernement doit être condamné à l'amende, dont le père est civilement responsable, l'amende étant en cette matière non une peine, mais une réparation civile. — Metz, 27 nov. 1867 (Manichou), *J. cr.*, n° 8534.

22 *bis.* Le tribunal ne peut ordonner la translation du mineur acquitté pour défaut de discernement dans une colonie pénitentiaire, ce qui est une mesure administrative. Art. 3, L. 5 août 1850. — Paris, 26 janv. 1865 (Mesure), *J. cr.*, n° 801.

22 *ter.* Mais au lieu de le remettre à ses parents, il peut le rendre à la commission administrative de l'hospice chargée de sa tutelle; cette commission doit être assimilée aux parents. — Nancy, 11 nov. 1861 (Joly Louis), *J. p.*, 62, 1044.

Art. 67.

1. Ces dispositions sont générales et obligatoires pour toutes les juridictions devant lesquelles sont traduits des mineurs, à moins qu'il n'y soit spécialement dérogé. — Cass. 7 avril 1865 (Guiovenetti), *B. cr.*

3 et 4. Conf. Cass. 10 août 1866 (Debricou), *B. cr.*

5 *bis.* Lorsque des circonstances atténuantes sont admises en faveur d'un mineur de seize ans déclaré coupable avec discernement de vol domestique, la peine d'emprisonnement prononcée contre lui ne peut dépasser deux ans et demi. — Cass. 2 avril 1864 (Reus), *B. cr.*

Art. 69.

8. Les juges peuvent appliquer la moitié du minimum de la peine correctionnelle, bien que la peine ainsi prononcée ne soit qu'une peine de simple police. — Orléans, 19 oct. 1864 (Pasquier), *J. p.*, 65, 491.

Art. 74.

§ 1er.

1. La responsabilité civile édictée par l'art. 1384 C. Nap. est générale et s'étend à toute la législation civile et pénale, sauf les cas où il en est autrement ordonné. Il importe peu que la loi spéciale dont l'infraction est poursuivie ne contienne aucune disposition à cet égard. — Cass. 14 juin 1861 (Marlet), *B. cr.*

§ 2.

9 *bis*. Le père est civilement responsable des délits commis par son enfant mineur habitant avec lui, lors même qu'au moment où le fait dommageable a eu lieu (un attentat sur une jeune fille) l'enfant ne se trouvait pas auprès de son père, mais était au service d'autrui, si le fait est le résultat de l'éducation vicieuse que le père a donnée à son enfant et des mauvaises mœurs qu'il lui a laissé contracter. — Aix, 11 juin 1859 (Jourdan); S., *J. p.*

11 *bis*. La responsabilité civile du père relativement aux actes du fils mineur n'est pas absolue. Elle peut être écartée quand le fils n'habitait pas avec son père et était sous la direction d'un maître. — Cass. 30 août 1866 (Gelin), *B. cr.*

31. Conf. Cass. 14 juin 1861 (Marlet), *B. cr.*

37 *bis*. Une compagnie d'assurance n'est pas responsable des abus de confiance commis par ses agents, même à l'occasion de faits se rattachant à l'exercice de leurs fonctions, si par la simple lecture des actes d'adhésion ou des polices qu'elle a signés, la victime a pu connaître quelles étaient les limites des pouvoirs des agents. — Orléans, 12 nov. 1860 (la Prudence); D., 61, 2, 22.

42. Conf. Rouen, 13 janv. 1860 (Bonnin), *J. p.*

43 *bis*. Le banquier qui a chargé un courtier de chercher des acquéreurs de titres de rente est civilement responsable des abus de confiance commis par ce courtier. — Cass. 16 avril 1868 (Detaille), *B. cr.*

§ 3.

60 *bis*. La sœur supérieure d'un hospice ne peut échapper à la responsabilité pénale de son fait personnel en alléguant sa situation subordonnée comme préposée de la commission administrative. — Cass. 28 avril 1865 (Bellouil), *B. cr.*

61. Les entrepreneurs de messageries, personnellement responsables des abus préposés pour faits d'immixtion dans le transport des lettres, sont réputés coauteurs de ces contraventions et doivent être comme eux passibles de l'amende. — Cass. 24 déc. 1864 (Collache), *B. cr.*

61 *bis*. La responsabilité pénale d'une infraction commise par le préposé d'un entrepreneur de voitures ne peut être mise à la charge de celui-ci lorsqu'elle ne résulte ni du procès-verbal qui la relève contre le préposé seul ni de l'arrêté municipal dont les termes ne constituent pas cette responsabilité à la charge de l'entrepreneur, à moins que celui-ci n'ait pris fait et cause pour son préposé. — Cass. 22 nov. 1860 (Anatol), *B. cr.*

76 *bis*. Un gérant qui s'immisce personnellement, intentionnellement et frauduleusement dans les actes incriminés, peut être puni comme auteur principal de la fraude dont son préposé n'a été que l'instrument et le bras qui exécute. — Cass. 4 mars 1864 (Ringuier), *B. cr.* V. sous l'art. 64, nº 56.

86. En matière de douanes, l'amende ne peut être prononcée que contre les propriétaires des marchandises. — Art. 20, tit. 13, L. 22 août 1791 ; Chauveau et Hélie, t. 1, p. 210, 4e édit.

Art. 86.

L'art. 6 de la loi de sûreté générale du 27 février 1858 a cessé d'avoir son effet.

Art. 87.

La provocation aux crimes prévus par les art. 86 et 87 est prévue et punie par l'art. 1er, L. du 27 février 1858 (1).

Art. 109.

1. Les dispositions pénales du décret du 2 février 1852 concernant l'élection des députés du Corps législatif sont applicables à l'élection des membres des conseils municipaux. — Cass. 11 mai 1861 (Lelaidier), *B. cr.*

Art. 114.

7 *bis*. Cet article est applicable aux sergents de ville qui arrêtent un citoyen par abus de leur autorité; ils sont des agents ou préposés du gouvernement dans les limites des attributions qui leur sont données. — Cass. 4 déc. 1862 (Roger), *B. cr.*

7 *ter*. Aux inspecteurs de police. — Cass. 18 avril 1868 (Parent), *B. cr.*; Orléans, 5 août 1868 (Parent), *J. cr.*, nº 8704.

13. Il est applicable à l'arrestation arbitraire commise par un fonctionnaire public; l'art. 341 punit l'arrestation commise par un simple particulier. — Cass. Belg., 17 mars 1862 (Petry), *J. cr.*, nº 7436. — L'art. 341 punit l'arrestation commise par tout individu qui agit de son autorité privée et pour la satisfaction de ses passions personnelles. — Cass. 4 déc. 1862 (Roger), *B. cr.*; Paris, 24 janv. 1868 (Parent), *J. cr.*, nº 8563; Orléans, 5 août 1868 (Parent), *J. cr.*, nº 8704.

Art. 132.

26. La fabrication et l'émission sont des actes distincts. Le jury, après avoir reconnu que l'accusé n'avait pas contrefait des monnaies d'argent, peut le déclarer ensuite, sans contradiction, coupable d'émission d'une pièce fausse. — Cass. 22 mai 1856 (Brocco), *B. cr.*

Art. 133.

2. Conf. Cass. 5 juill. 1867 (Krakauer), *B. cr.*

3. Ainsi cet article est applicable à l'introduction en France de billets contrefaits de la banque de Russie. — Cass. 5 juill. 1867 (Krakauer), *B. cr.*

8. Il n'est pas nécessaire de demander au jury si l'introduction en France de la fausse monnaie étrangère a eu lieu avec la connaissance de la fausseté de ladite monnaie; la déclaration de culpabilité implique cette connaissance. — Cass. 5 juill. 1867 (Krakauer), *B. cr.*

Art. 135.

3. La première disposition de cet article spécifie un fait justificatif qui exclut toute culpabilité et

(1) Art 1er. *Loi du 27 février 1858.* Est puni d'un emprisonnement de deux à cinq ans et d'une amende de cinq cents francs à dix mille francs, tout individu qui a provoqué publiquement, d'une manière quelconque, aux crimes prévus par les articles 86 et 87 du Code pénal, lorsque cette provocation n'a pas été suivie d'effet.

se trouve confondu dans la question principale sur la culpabilité; elle ne peut donner lieu à une question ni à une réponse. — Cass. 20 avril 1860 (Goyffon), *B. cr.*; 28 juill. 1864 (Perrin), *B. cr.* — Le président n'est pas tenu d'en faire l'objet d'une question distincte. — Cass. 2 avril 1868 (Bernard), *B. cr.*

3 *bis.* Ce fait constitue une excuse qui ne peut être soumise à l'appréciation du jury qu'autant que l'accusé l'a formellement demandé. — Cass. 5 juill. 1867 (Krakauer), *B. cr.*

4. Mais au cas du 2e § de cet article, le fait dégénérant en délit constitue un fait d'excuse légale qui doit faire l'objet d'une question spéciale au jury, si l'accusé le demande, à peine de nullité. — Cass. 21 juin 1844 (Turpin), *B. cr.*; 25 mars 1847 (Cuby), *J. p.*; 28 mars 1851 (Laurens), *B. cr.*; 27 mai 1853 (Berlès), *B. cr.*; 14 nov. 1851 (Marret), *B. cr.*; 28 juill. 1864 (Perrin), *B. cr.*

4 *bis.* Le président peut même en faire d'office l'objet d'une question au jury s'il résulte des débats. — Cass. 2 avril 1868 (Bernard), *B. cr.*

4 *ter.* La déclaration affirmative du jury sur la participation à l'émission de pièces d'argent contrefaites n'emporte pas nécessairement la solution négative de la question d'excuse prévue par le 2e § de cet article. — Cass. 23 juill. 1864 (Perrin), *B. cr.*

Art. 140.

8. Conf. Cass. 22 nov. 1861 (Corbe), *B. cr.*

Mais la contrefaçon n'existerait point s'il n'y avait pas eu imitation ou tentative d'imitation de la véritable empreinte; par exemple, si le prévenu s'était contenté de tracer au compas sur un blanchi une circonférence de la dimension de la tête du marteau sans essayer d'y figurer aucune marque à l'intérieur. — Même arrêt.

Art. 141.

1 *bis.* L'enlèvement des empreintes du timbre légal ayant déjà servi pour l'apposer sur des feuilles de papier libre ne constitue pas un délit. — Bastia, 5 mars 1858 (Mattei), S.

2. Conf. Cass. 12 août 1865 (Lechaine), *B. cr.*; Metz, 18 oct. 1865 (Lechaine), *J. cr.*, n° 8166.

3. Conf. Cass. même arrêt.

Art. 142.

8 *bis.* Les art. 16 et 17, L. 28 juill. 1824, 1 et 7, L. 23 juin 1857, n'ont abrogé les dispositions de l'art. 142 qu'en ce qui concerne la contrefaçon et l'usage des marques particulières, ladite contrefaçon opérée dans l'intention de susciter à un négociant ou fabricant une concurrence déloyale. L'art. 142 est resté en vigueur à l'égard de toutes contrefaçons non comprises dans les dispositions de ces lois. — Cass. 8 janv. 1859 (femme Legat), *B. cr.*

11. La loi du 14 juill. 1860 sur la fabrication et le commerce des armes de guerre contient une autre exception à l'art. 142.

14. Il y a usurpation frauduleuse d'une marque appartenant à autrui, délit prévu par l'art. 7, L. 23 juin 1857, dans le fait de remplir des sacs revêtus de la marque d'une maison de commerce d'un guano avarié, et de vendre cette marchandise comme le produit de cette maison. — Cass. 1er août 1867 (Savignac), *B. cr.*

15 *bis.* La propriété exclusive d'une marque de fabrique ou de commerce se conserve au profit du déposant, encore que cette marque soit apposée par son propriétaire sur des produits dont le commerce est prohibé. — Cass. 8 mai 1868 (Boyer), *B. cr.*

Art. 143.

Cet article a été modifié par la loi du 23 juin 1857 en ce qui concerne l'usage abusif des marques commerciales.

Art. 145.

6. La possibilité du préjudice est nécessairement attachée au fait par un notaire d'avoir, en rédigeant des actes de son ministère, dénaturé frauduleusement leur substance ou leurs circonstances. — Cass. 6 oct. 1865 (Letocart), *B cr.*

18 *bis.* Sont officiers publics les agents de change. — Cass. 19 juill. 1860 (Colomiès), *B. cr.*

45 *bis.* Se rend coupable de faux le notaire qui ajoute les mots : *lu aux parties* après la clôture et l'enregistrement de l'acte. — Cass. 18 juin 1852 (Boudier), *B. cr.*; Chauveau et Hélie, t. 2, p. 438.

Art. 147.

2° Préjudice. — *Acte irrégulier ou nul.*

20. Tel est un faux visa sur un passe-port revêtu de la signature d'un fonctionnaire. — Cass. 2 mars 1809, *J. p.*; Chauveau et Hélie, t. 2, p. 438, 4e édit. V. art. 153 C. pén.

21. Tel est le faux qui a pour objet de faire participer indûment un individu à une opération de tirage pour le service militaire. — Cass. 10 août 1843 (Dugué), *B. cr.*

31 *bis.* Il ne peut appartenir à la Cour de cassation de rechercher en dehors de la déclaration du jury si les circonstances qui ont accompagné la fabrication et l'usage de la pièce fausse sont de nature à faire disparaître toute éventualité de préjudice. — Cass. 19 avril 1866 (fe Mouillon), *B. cr.*

31 *ter.* Il n'est point nécessaire de poser la circonstance du préjudice lorsque l'accusation porte sur la falsification d'un acte qui, par sa nature même, doit ou peut occasionner un préjudice à autrui. — Cass. 14 sept. 1865 (Jouan), *B. cr.*

61. La fabrication d'un acte authentique ne donne lieu à aucune poursuite si l'accusé n'avait pas l'intention de consommer cet acte par l'apposition d'une fausse signature. — Cass. 14 août 1817 (Goiron), *J. p.*

§ 2. — Écritures authentiques et publiques.

76 *bis.* On doit considérer comme écriture authentique les registres tenus par un agent de change; si ces registres ne prouvent pas d'une manière absolue l'existence du marché, ils en établissent du moins l'état, le caractère et les conditions. — Cass. 19 juill. 1860 (Colomiès), *B. cr.*

86. Les altérations commises sur un permis de chasse ne constituent aujourd'hui que le délit prévu par l'art. 153 Code pénal, modifié par la loi du 13 mai 1863.

99 *bis.* On doit considérer comme faux en écriture publique la fabrication d'une fausse dépêche télégraphique certifiée par les signatures falsifiées ou imaginaires d'employés de l'administration, fonctionnaires spécialement autorisés par la loi à certifier la transmission et l'arrivée des dépêches. — Cass. 6 juill. 1867 (Gorraz), *B. cr.*

105 *bis.* L'endossement d'un bon ou billet émané d'une administration publique, comme le Mont-de-Piété, est un acte purement privé constatant la transmission entre particuliers. La fabrication d'un

pareil endossement sans altération du bon lui-même n'est pas un faux en écriture publique. — Cass. 3 mars 1864 (Surville), *B. cr.*

§ 3. — *Faux par contrefaçon ou altération d'écritures ou de signatures.*

115. Conf. Cass. 11 janv. 1866 (Gorraz), *B. cr.*

§ 5. — *Addition ou altération de clauses, de déclarations ou de faits.*

146. La simulation dans un acte ne peut constituer un faux, encore qu'elle puisse porter préjudice à un tiers. — Chauveau et Hélie, t. 2, p. 346.

162. Conf. Cass. 11 mai 1865 (Bonnevie), *B. cr.*

163. Se rend coupable de faux en écriture authentique le prévenu qui prend le nom d'un tiers devant le tribunal. — Paris, 17 sept. 1861 (Baglin).

165. Conf. Cass. 28 nov. 1861 (Barat), *B. cr.*; Paris, 17 sept. 1861 (Baglin), *J. cr.*, n° 7342.

165 *bis.* L'inculpé qui cache son individualité sous un faux nom dans ses interrogatoires commet le crime de faux si le faux nom est celui d'un individu réellement existant et si l'inculpé qui l'usurpe compromet sciemment la personne de ce tiers et l'expose à subir un préjudice.

Cet élément constitutif doit être, à peine de nullité, compris dans la question posée au jury. — Cass. 11 mai 1865 (Bonnevie), *B. cr.*

165 *ter.* Encore que l'inculpé n'ait pas pris tous les prénoms du tiers, s'il est bien constant que c'est sous son nom qu'il entendait cacher son individualité. — Cass. 28 nov. 1861 (Barat), *B. cr.*

176. Conf. Colmar, 5 mai 1865 (Schucber), *J. cr.*, n° 8119.

178. Même arrêt.

§ 6. — *Faux par supposition de personne.*

189. Conf. Cass. 23 fév. 1867 (Castillon), *B. cr.*; 26 juill. 1866 (Clément), *B. cr.*

190. Conf. Cass. 23 fév. 1867 (Castillon), *B. cr.*

194. Se rend coupable de faux en écriture authentique celui qui fait intervenir dans un contrat devant notaire une femme inconnue comme étant sa femme, et lui fait vendre un immeuble appartenant à celle-ci. — Cass. 26 juill. 1866 (Clément), *B. cr.*

194 *bis.* Est coauteur du faux et non simplement complice celui qui a coopéré comme agent principal à la supposition de personnes par sa présence chez le notaire et à la discussion avec celui-ci des clauses de l'acte. — Cass. 23 fév. 1867 (Castillon), *B. cr.*

195. Se rend coupable de faux par substitution de personne l'individu qui, en signant du nom d'un autre une demande d'admission à l'examen du baccalauréat et en apposant la même signature sur les compositions écrites et sur les registres destinés à constater l'identité du candidat, parvient à subir à la place d'un tiers les épreuves réglementaires. — Cass. 24 déc. 1863 (Sandoz), *B. cr.*

§ 7. — *Questions à poser au jury.*

239. Conf. Cass. 18 déc. 1862 (Valois), *B. cr.*

§ 8. — *Écritures de commerce.*

261. *Billets à ordre.* Conf. Cass. 18 déc. 1862 (Valois), *B. cr.*

263-264. Conf. Cass. 23 janv. 1868 (Farradjia), *B. cr.*

Peu importe que le billet soit causé valeur reçue comptant. — Même arrêt.

266. Les billets à ordre ne doivent pas être réputés écritures commerciales lorsqu'il n'est pas exprimé que les signatures sont celles de commerçants ou qu'elles ont une cause commerciale. — Cass. 5 avril 1867 (Salfati), *B. cr.*

273. Le billet à ordre, bien que le payement dût en être fait dans un lieu autre que celui de sa souscription, ne contient point par cela seul remise de place en place. — Cass. 27 août 1863 (Leclerc), *B. cr.*

287 *bis.* Endossement. Chaque endossement entaché de faux sur un billet à ordre constitue un crime distinct de faux sans préjudice de l'usage. — Cass. 11 janv. 1866 (Gorraz), *B. cr.*

306 *bis.* Quittances. La circonstance de commercialité existe soit lorsque la signature contrefaite est celle d'un commerçant ou de son mandataire, soit lorsque la dette que la quittance avait pour objet d'éteindre avait été contractée par suite d'opération commerciale. — Cass. 23 janv. 1864 (Chazal), *B. cr.*

311 2°. *Registres.* Se rend coupable de faux : le commerçant qui inscrit mensongèrement sur ses livres, d'accord avec un failli, comme remise à celui-ci, une somme touchée pour son compte, afin de diminuer le chiffre du débet résultant du compte courant existant entre eux, au préjudice des créanciers de la faillite. — Cass. 7 mai 1863 (Gueneau), *B. cr.*

311 3°. Le commerçant qui falsifie sur ses livres de commerce le prix des fournitures faites à un autre commerçant. — Cass. 22 juill. 1862 (Grosleron), *B. cr.* — Lorsque la falsification a eu lieu en vue d'une production préjudiciable à autrui, et qu'en réalité cette production a été effectuée. — Cass. 22 mars 1862 (Grosleron), *B. cr.*; 15 mai 1862 (Grosleron), *B. cr.*

311 4°. Le banquier qui altère son registre d'entrée et de sortie des billets, lequel a un caractère commercial. — Cass. 12 sept. 1867 (Denis), *B. cr.*

311 5°. Encore bien que ces registres ne soient ni parafés ni visés par le juge, ils n'en peuvent pas moins présenter des indices et des présomptions constituant un commencement de preuve de nature à nuire à des tiers et à agir sur la décision du juge. — Cass. 15 mai 1862 (Grosleron), *B. cr.*; 22 juill. 1862 (Grosleron), *B. cr.*; 7 mai 1863 (Gueneau), *B. cr.*

311 6°. Le commerçant qui, sur un livre destiné à constater les fournitures faites à un tiers et devant rester dans les mains de ce dernier, altère frauduleusement ou mentionne sur ce livre des livraisons qui n'ont pas été faites, alors que d'après des conventions antérieures ce livre faisait titre entre le vendeur et l'acheteur. — Cass. 29 nov. 1860 (Dumonteil), *B. cr.*

320 *bis.* Le livre de caisse d'une société commerciale pour l'exploitation d'une ardoisière est un livre de commerce. — Cass. 22 sept. 1859 (Montaron), D. 66, 5, 226.

322. *Questions au jury.* Conf. Cass. 16 juin 1865 (Maurel), *B. cr.*

323. Conf. Cass. 25 janv. 1861 (Chadel-Borme), *B. cr.*

324. Ainsi, la question doit relever le caractère commercial d'un marché. — Cass. 16 juin 1865 (Maurel), *B. cr.*

324 *bis.* La déclaration du jury qu'il y a eu falsification d'un compte entre associés et d'un reçu délivré entre associés en vue d'une spéculation sur des achats d'actions, implique l'existence d'une spéculation commerciale, c'est-à-dire d'achat de ces actions pour les revendre et non une spéculation civile. — Cass. 24 janv. 1856 (Maurin), *B. cr.*

338. Conf. Cass. 18 déc. 1862 (Valois), *B. cr.*

Art. 148.

5. Conf. Cass. 20 janv. 1848 (Occelli), *B. cr.*; 22 juin 1832 (Courmont), *J. p.*

9. Conf. Cass. 6 avril 1827 (Bourdillat), *J. p.*

20 *bis*. L'usage d'une pièce fausse se trouve dans le fait d'avoir glissé furtivement un faux acte de mariage de son père parmi les pièces annexées au double de l'acte civil de son propre mariage, déposées dans les archives d'un greffe, et de s'en être fait ensuite délivrer une expédition par le greffier. — Cass. 17 avril 1863 (Lacomme), *B. cr.*

20 *ter*. Le notaire qui, après avoir donné une fausse date à un procès-verbal d'adjudication, le soumet à la formalité de l'enregistrement, en fait par cela même usage. — Cass. 26 août 1853 (Viry), *B. cr.*; Chauveau et Hélie, t. 2, p. 473.

Art. 150.

8. Ne constituent point le crime de faux les fausses énonciations faites par un débiteur dans le billet par lui souscrit au profit de son créancier; elles ne font point preuve de la réalité de ces mentions. — Cass. 22 juill. 1858 (de Naucaze), *B. cr.*; Chauveau et Hélie, t. 2, p. 348.

12. Ni la falsification d'une note de frais dressée par un greffier. — Cass. 23 sept. 1842 (Normand), *B. cr.*; Chauveau et Hélie, t. 2, p. 433, 4e édit.

14. Il n'y aurait point faux si ces notes n'avaient pas été remises au patron avant d'être altérées. — Cass. 31 mai 1855 (Petit), *B. cr.*; Chauveau et Hélie, t. 2, p. 354.

14 *bis*. Il y a faux et non escroquerie dans la falsification des chiffres établissant la situation respective du patron et de l'ouvrier sur le carnet d'ouvrage dont l'ouvrier reste détenteur pour la fixation de ses salaires. Ce carnet forme un lien de droit entre le patron et ses ouvriers. — Cass. 14 fév. 1868 (Mas), *B. cr.*

18 2°. Constitue le crime de faux en écriture privée : La fabrication, dans le but de faire croire à une filiation légitime, d'une fausse copie certifiée par un maire, d'un acte extrajudiciaire par lequel un individu, père de l'accusé, proteste de son union en légitime mariage; ce faux acte ayant pour but et pouvant avoir pour effet de contribuer à la preuve de la filiation légitime. — Cass. 17 avril 1863 (Lacomme), *B. cr.* — V. sous l'art. 147, n°s 46 et suiv.

18 3°. La fabrication d'une fausse copie certifiée par le maire de prétendues lettres patentes conférant un titre de comte. — Cass. 17 avril 1863 (Lacomme), *B. cr.* — V. sous l'art. 147, n° 48.

18 4°. L'altération de la date d'un acte sous seing privé, sans qu'il soit nécessaire de s'expliquer sur les éléments de faux intellectuel. Il y a dans cette altération un préjudice possible. — Cass. 24 janv. 1861 (Tommasi), *B. cr.*

18 5°. Il y a faux en écriture privée dans le fait de l'interprète assermenté qui, par une traduction officielle destinée à être mise sous les yeux du juge dans un procès, a frauduleusement dénaturé le sens d'une lettre missive. — Cass. 20 avril 1867 (Callamand), *B. cr.*

19. Peut constituer le crime de faux une lettre missive signée, fabriquée dans une intention coupable et de nature à nuire à autrui. — Cass. 20 avril 1867 (Callamand), *B. cr.* — Il faut au moins qu'elle forme un commencement de preuve d'une obligation. — Chauveau et Hélie, t. 2, p. 343.

44. Conf. Besançon, 6 déc. 1860 (Crolet), *J. cr.*, n° 7183.

---

48 *bis*. Il y a faux dans la substitution d'une somme à une autre sur le *bon pour...* d'un billet. — Cass. 12 sept. 1867 (Denis), *B. cr.*

60. Se rend coupable de faux le signataire d'un billet qui, après l'avoir remboursé, y insère après coup, au-dessus de sa signature, une ratification d'une vente, et fausse ainsi le sens et la portée de l'obligation primitive et de la quittance du créancier. — Cass. 22 juill. 1858 (de Naucaze), *B. cr.*

Art. 162.

23. La fabrication de pièces fausses pour obtenir un remplacement militaire, quand elle rentre dans les termes de l'art. 162, constitue le crime de faux; la simple production de ces pièces comme moyen de fraude constitue le délit prévu par l'art. 43, L. 21 mars 1832. — Chauveau et Hélie, t. 2, p. 517, 4e édit.

47 *bis*. Il résulte suffisamment la preuve qu'un certificat était de nature à nuire à autrui, soit aux tiers, soit à l'État, lorsque l'accusé est déclaré coupable d'avoir frauduleusement fabriqué et revêtu de la fausse signature d'un commissaire de police des certificats préparatoires qu'un règlement municipal autorisait ce commissaire de police à dresser pour faciliter la délivrance par le maire des certificats définitifs exigés des remplaçants militaires par l'art. 20 de la loi du 21 mars 1832. — Cass. 7 mai 1853 (Trezy), *B. cr.*; Chauveau et Hélie, t. 2, p. 516.

Art. 164.

1. Conf. Cass. 18 janv. 1866 (Éloi), *B. cr.*

10. Conf. Cass. 29 août 1867 (Corbeau), *B. cr.*

Art. 169.

27. Conf. Cass. 19 juin 1863 (Chaspoul), *B. cr.*

27 *bis*. La décision du ministre de la guerre qui fixe la somme des détournements commis par un officier comptable remplit le préalable exigé lorsque cette décision n'a été l'objet d'aucun recours de la part de l'accusé. — Cass. 19 juin 1863 (Chaspoul), *B. cr.*

30. Conf. Cass. 19 juin 1863 (Chaspoul), *B. cr.*

32 *bis*. Les expressions : *en vertu de ses fonctions* ne sont pas sacramentelles; elles peuvent être remplacées par des termes équivalents; par exemple : *en sa qualité d'agent comptable.* — Cass. 19 juin 1863 (Chaspoul), *B. cr.*

32 *ter*. L'argent remis à un percepteur à titre de cautionnement n'est point reçu par lui en vertu de ses fonctions lorsqu'il n'avait aucun droit de l'exiger ni de le recevoir. — Cass. 20 déc. 1867 (Krodja), *B. cr.*

Art. 172.

1. L'amende prononcée par cet article ne peut être cumulée avec une peine plus forte prononcée pour un autre crime. — Cass. 6 nov. 1862 (Astoin), *B. cr.* — V. notes sous l'art. 365 C. i. cr.

Art. 179.

8. Conf. Cass. 25 janv. 1866 (Laferrière), *B. cr.*

12. La tentative de corruption d'un fonctionnaire est punie comme crime si elle n'a manqué son effet que par des circonstances indépendantes de la volonté de l'agent et du fonctionnaire, et comme simple délit si à aucun moment le fonctionnaire ne s'est laissé séduire. — Cass. 24 mai 1867 (Turcon), *B. cr.*

5.

Art. 184.

19. *Contrà* : Cet article exige une violence contre les personnes. — Chambéry (Rivet), *J. p.*, 67, 1253.

Art. 187.

1. Si cet article ne prononce aucune peine contre les personnes privées qui se rendent coupables de suppression ou d'ouverture de lettres confiées à la poste, cette immunité ne peut profiter au particulier qui coopère à l'un de ces actes commis par un fonctionnaire ou agent; les règles sur la complicité lui sont applicables. — Cass. 9 janv. 1863 (Grégoire), *B. cr.*

10 *bis.* Cet article n'a pour objet que d'assurer le secret des correspondances et la conservation matérielle des lettres remises à la poste; il n'exclut pas l'application de la peine plus sévère du vol à tous ceux qui, simples particuliers ou agents du gouvernement, s'approprient frauduleusement des lettres appartenant à autrui. — Cass. 2 avril 1864 (Dubarry), *B. cr.* — V. sous l'art. 255 C. pén.

Art. 193.

La peine portée par cet article est remplacée par celle de l'art. 157 C. Nap. — Chauveau et Hélie, t. 3, p. 46, 4ᵉ éd. — *Contrà* : Carnot sur l'art. 193.

Art. 197.

3 *bis.* Le tribunal doit, à peine de nullité, spécifier les faits qui ont constitué l'exercice illégal de la fonction. — Cass. 12 oct. 1849 (Renucci), *B. cr.*; Chauveau et Hélie, t. 3, p. 52, 4ᵉ édit.

Art. 198.

1. Au contraire, cet article n'est applicable que lorsque le fonctionnaire agit comme complice. L'art. 462, au contraire, punit la perpétration directe et isolée de certains délits par l'officier lui-même, seul. — Chauveau et Hélie, t. 3, p. 59, 4ᵉ édit.

2 *bis.* Il est applicable au maire qui commet un délit de chasse dans sa commune. — Grenoble, 18 mars 1861 (David), *J. cr.*, nº 7260.

7. *Contrà* : Cass. 4 oct. 1844 (Schapmann), *B. cr.*; Paris, 21 déc. 1861.

Art. 207.

3. La publication ou la mise à exécution d'un bref du pape non enregistré n'est qu'un cas d'abus. — Chauveau et Hélie, t. 3, p. 80, 4ᵉ édit.

Art. 209.

1. La loi de sûreté générale du 27 février 1858, art. 6, a cessé son effet.

47. L'existence du délit de rébellion n'est pas subordonnée au plus ou moins de régularité avec laquelle les officiers publics ont procédé; les particuliers n'ont pas le droit de se constituer juges des fonctionnaires publics. L'irrégularité de l'opération pourrait seulement motiver une prise à partie ou une poursuite contre ses auteurs. — Cass. 22 août 1867 (Fanien), *B. cr.*

47 *bis.* Ainsi, un délit de rébellion envers un commissaire de police ne peut être excusé sous prétexte que cet agent se serait introduit sans droit dans une maison pour y constater une contravention à un règlement de police, s'il procédait en vertu et pour l'exécution dudit règlement. — Cass. 22 août 1867 (Fanien), *B. cr.* — Mais voir *infrà*, nº 60.

51. *Contrà* : Lyon, 10 juin 1824 (Beloffet), *J. p.*

Art. 210.

3. Les personnes simplement munies de pierres ne sont pas réputées armées si elles n'en font pas usage. — Chauveau et Hélie, t. 3, p. 102, 4ᵉ édit.

Art. 222.

§ 2.

25. Les commissaires de police sont magistrats de l'ordre administratif et judiciaire. — Amiens, 4 déc. 1863 (Voyeux), *J. p.*, 64, 498.

§ 3.

41. Le maire est dans l'exercice de ses fonctions lorsqu'il préside une séance du conseil municipal délibérant sur des travaux relatifs aux chemins ruraux. — Cass. 20 juill. 1866 (Colson), *B. cr.*

53 *bis.* L'aggravation de peine pour le cas où l'outrage par parole a eu lieu à l'audience d'une cour ou d'un tribunal est inapplicable à l'outrage commis envers un magistrat présent dans la salle d'audience, mais n'y siégeant pas. — Amiens, 4 déc. 1863 (Voyeux), *J. p.*, 64, 498.

§ 4.

54. *Contrà* : Bordeaux, 31 août 1865 (Bouton), *J. cr.*, nº 8157.

54 *bis.* D'après la nouvelle rédaction de cet article, l'outrage, quand il n'est pas public, doit être direct, c'est-à-dire que les paroles outrageantes doivent être prononcées en présence du magistrat ou tout au moins en présence de personnes dont les relations avec lui en font des intermédiaires naturels pour la transmission de l'outrage. — Cass. 15 déc. 1865 (Boutant), *B. cr.*

54 *ter.* L'outrage par paroles à un magistrat, même non public et hors de sa présence, constitue le délit prévu par cet article, si, par la volonté du prévenu, il a été porté à la connaissance du magistrat. — Cass. 17 mars 1866 (Lafond), *B. cr.*

54 *quater.* L'outrage par écrit non rendu public n'est punissable qu'autant que cet écrit a été adressé directement au fonctionnaire outragé ou à un tiers chargé de le lui faire parvenir. Une lettre au procureur impérial où se trouvent des attaques contre un maire ne peut donner lieu à des poursuites. — Rennes, 3 mai 1865 (Guéret), *J. cr.*, nº 8065.

73. Cet article est applicable à celui qui signale un maire comme indigne de remplir ses fonctions. — Cass. 10 mai 1845 (Freslon), *B. cr.*; Chauveau et Hélie, t. 3, p. 124.

73 *bis.* Qui accuse le procureur impérial d'avoir envenimé une affaire dans un but de vengeance personnelle. — Cass. 20 déc. 1867 (Paoli), *B. cr.*

Art. 224.

§ 2.

33. Cet article est applicable aux outrages envers les préposés de l'octroi. — Rouen, 7 sept. 1866 (Paillé), *J. cr.*, nº 8387.

35 *bis.* Les syndics de faillite sont des citoyens chargés d'un ministère de service public. — Riom, 9 mai 1866 (G), *J. p.*, 67, 85; Dijon, 15 avril 1868 (Pelletier), *J. p.*, 68, 842.

36. Conf. Paris, 2 janv. 1868 (Robinet), *J. cr.*, nº 8561.

38. Se rend coupable d'outrage celui qui, voyant

passer des gendarmes, jette un cri d'alarme ironique et fait des réponses dérisoires à leur interpellation. — Bordeaux, 28 fév. 1867 (Bernard), *J. cr.*, n° 8507.

38 *bis.* On ne peut considérer comme un outrage : le fait d'avoir sonné dans une corne à la vue des gendarmes dans le but d'avertir de leur présence des délinquants. — Pau, 4 mai 1864 (Douthe); S., 65, 2, 98.

38 *ter.* Des propositions faites à un fonctionnaire pour le corrompre. — Cass. 25 janv. 1866 (Laferrière), *B. cr.*

46 *bis.* L'injure non publique adressée à un agent de police faisant une démarche officieuse près du prévenu ne peut être excusée par le motif que l'agent outrepassait ses pouvoirs; elle constitue une injure simple prévue par l'art. 471-11 C. pén. — Cass. 12 mars 1864 (Bastien), *B. cr.*

Art. 225.

2. Un brigadier de gendarmerie est, sur le territoire assigné à sa brigade, un commandant de la force publique, alors même qu'il n'est accompagné d'aucun gendarme. — Paris, 9 mai 1862 (Fontaine), *J. cr.*, n° 7438.

2 *bis.* Un sous-lieutenant faisant partie d'un bataillon en marche est un commandant de la force publique. — Paris, 14 nov. 1867 (Stoumpff), *J. cr.*, n° 8521.

Art. 230.

3. Le garde champêtre chargé par l'arrêté préfectoral de veiller à son exécution est un citoyen chargé d'un ministère public. — Besançon, 3 fév. 1866 (Benoist), *J. p.*, 66, 854. — Les gardes champêtres sont, par la loi du 24 juill. 1867, chargés de rechercher les contraventions aux arrêtés municipaux.

Art. 231.

16. Conf. Cass. 8 août 1861 (Charuel), *B. cr.*; 10 janv. 1862 (Esnon), *B. cr.*

Art. 245.

9. Il n'est pas nécessaire, pour l'existence du délit d'évasion par bris de prison, que le local d'où le prévenu s'est évadé ait reçu par une décision administrative le caractère légal de prison, il suffit que ce local ait été affecté par l'administration municipale à la détention des individus provisoirement arrêtés. — Montpellier, 12 octobre 1860 (Poujol), *J. p.*

16 *bis.* La peine de ce délit doit se cumuler avec celles encourues pour tous délits commis antérieurement, même non encore révélés par l'instruction. — Cass. 9 juillet 1859 (Denis), *B. cr.* ; Chauveau et Hélie, t. 3, p. 190, 4ᵉ édit.

Art. 247.

2 *bis.* Tant que la peine n'est pas subie, l'arrestation de l'évadé y doit mettre un terme. — Chauveau et Hélie, t. 3, p. 205, 4ᵉ édit.

Art. 248.

1, 2. Conf. Cass. 27 juillet 1867 (Carcopino), *B. cr.*

3. Il ne suffit pas pour constituer le recélé d'un prévenu de lui procurer les moyens de se soustraire à la justice, il faut en outre qu'on lui ait donné un asile ou un refuge. — Cass. 27 juillet 1867 (Carcopino), *B. cr.*

Art. 254.

1. Un bureau de poste est un dépôt public. — Cass. 2 avril 1864 (Dubarry), *B. cr.*

7 *bis.* Les commis greffiers ne peuvent être considérés comme dépositaires publics. Ils ne sont que les préposés ou les mandataires du greffier. — Rouen, 18 avril 1860, *J. p.*, 61, 1107.

Art. 255.

1. La soustraction dans un dépôt public comprend les lettres missives soustraites à la poste, soit par un agent du gouvernement, soit par un particulier. — Cass. 2 avril 1864 (Dubarry), *B. cr.*

Art. 257.

4 *bis.* Cet article n'a pas été abrogé par le décret du 27 décembre 1851, spécial à la télégraphie, qui le complète. Il est encore applicable au cas où les dégradations ou détériorations commises volontairement aux appareils télégraphiques n'ont pas interrompu le service de la télégraphie. — Cass. 11 juin 1863 (Blanchard), *B. cr.*

5. Il n'est pas applicable à la dégradation d'un lit de camp dans un poste. — Montpellier, 17 juin 1867 (Pascal), *J. cr.*, n° 8316.

Art. 258.

11 *bis.* L'immixtion dans des fonctions publiques peut légalement résulter d'un ensemble de faits qui, sans constituer des actes déterminés et caractérisés, présentent des manœuvres et une mise en scène de nature à faire croire au pouvoir du fonctionnaire prétendu. — Cass. 14 juin 1861 (Laisné), *B. cr.*

Art. 259.

14 *bis.* Cet article ne prononce pas la confiscation des décorations portées sans droit. — Douai, 11 mars 1861 (Escoffier), *J. p.*

16. Conf. Cass. 28 sept. 1865 (Brunet), *B. cr.*

16 2°. En matière d'usurpation de titres nobiliaires, le tribunal est compétent, à l'exclusion du conseil du sceau, pour connaître des exceptions résultant de la production d'actes qu'il déclare apocryphes et frauduleux. — Cass. 16 janv. 1864 (Monlaur), *B. cr.*

16 3°. Il en est autrement lorsque la défense de l'inculpé se fonde sur une série d'actes de famille, sur des possessions anciennes, sur des règles et des usages consacrés par le temps dans la transmission héréditaire des titres. Les tribunaux sont incompétents pour statuer sur cette exception, qui rentre dans les attributions du souverain. Ils doivent surseoir et impartir un délai pour faire statuer par l'autorité compétente. — Cass. 27 mai 1864 (Vernon de Bonneuil), *B. cr.*

16 4°. Si le prévenu prétend avoir le droit de porter le surnom qu'on lui conteste, le tribunal correctionnel doit statuer non sur la question de propriété, mais sur le fait intentionnel. — Chauveau et Hélie, t. 3, p. 248, 4ᵉ édit.

16 5°. Le tribunal peut, pour repousser l'excuse tirée de la bonne foi, se fonder sur les altérations faites par le prévenu dans des actes de l'état civil, encore qu'il n'y ait pas inscription de faux contre ces actes. — Cass. 31 mai 1862 (Montal), *B. cr.*

16 6°. Celui qui ajoute à son nom celui de sa femme, en ajoutant à ce dernier une particule nobiliaire, se rend coupable du délit prévu par la loi du

28 mai 1858. — Paris, 16 janv. 1862 (Hadot), *J. c.*, n° 7382.

Art. 260.

1. Se rendent coupables du délit d'entraves au libre exercice du culte par voies de fait et menaces, les individus qui en se tenant devant la porte d'une église opposent un obstacle matériel à l'entrée du prêtre, en annonçant que pour l'empêcher d'y pénétrer et d'y dire la messe ils auraient au besoin recours à la force. — Orléans, 11 juill. 1864 (Bretton), D. 64, 2, 151.

Art. 261.

1. Cet article protége non-seulement les cultes reconnus, mais aussi ceux dont l'exercice est autorisé par le préfet. — Angers, 26 août 1867 (Bonnelot), *J. cr.* n° 8498.

6 *bis*. Il n'est pas nécessaire pour l'application de cet article que l'exercice du culte ait été interrompu d'une manière absolue ; il suffit que le trouble causé dans l'église ait porté atteinte à la gravité et à la décence de ce culte. — Toulouse, 19 nov. 1868 (Franck), *J. p.*, 69, 83.

Art. 270.

1 *bis*. Est réputé vagabond celui qui refuse de faire connaître son domicile et l'origine des valeurs dont il est en possession, s'il n'exerce d'ailleurs ni métier ni profession. — Riom, 22 janvier 1862 (de Tourville), D. 62, 2, 101.

6 *bis*. Ne peut être considéré comme vagabond, le mineur qui depuis quelques mois seulement, et sans s'éloigner de la commune, a quitté le domicile paternel pour se livrer à une vie désordonnée. — Cass. 31 mars 1866 (Pigorer), *B. cr.*

Art. 274.

2 *bis*. Celui qui sollicite la charité en jouant de l'orgue ne se rend pas coupable du délit de mendicité, s'il est porteur d'un livret, visé par le maire de sa commune, où il est désigné comme joueur d'orgue, encore qu'il ne se soit pas pourvu de l'autorisation du préfet pour exercer cette profession. Il n'est coupable que d'une contravention de police. — Riom, 15 avril 1863 (Dumas), D. 63, 2, 90.

9. L'envoi au dépôt de mendicité étant non une peine, mais une mesure de police qui est à la discrétion de l'autorité administrative, il n'appartient pas aux tribunaux de l'ordonner. — Paris, 7 déc. 1861 (Vasseur), *J. p.*, 62, 230.

Art. 277.

1 *bis*. La possession d'une arme n'est aggravante qu'autant que le vagabond a été trouvé portant l'arme ; il ne suffirait pas qu'il l'eût dans sa malle. — Riom, 22 janv. 1862 (de Tourville), D. 62, 2, 101.

Art. 285.

5. Cet article n'est applicable que dans le cas où la poursuite est dirigée contre un écrit anonyme. — Chauveau et Hélie, t. 3, p. 338, 4° édit. — Il a été remplacé par l'art. 1er. L. 17 mai 1819, *id.*

Art. 288.

1. Cet article n'a pas été abrogé par la loi du 17 mai 1819, ni par aucune loi postérieure. — Paris, 22 déc. 1866 (Gelin), *J. cr.*, n° 8410.

Art. 291 (1).

3 *bis*. Il suffit que la permanence du but et d'action soit constatée dans l'énumération des éléments

---

(1)   LOI DU 6 JUIN 1868 SUR LES RÉUNIONS PUBLIQUES.

TITRE 1er. — *Des réunions publiques non politiques.*

ART. 1er. Les réunions publiques peuvent avoir lieu sans autorisation préalable, sous les conditions prescrites par les articles suivants :

Toutefois les réunions publiques ayant pour objet de traiter de matières politiques ou religieuses continuent à être soumises à cette autorisation.

ART. 2. Chaque réunion doit être précédée d'une déclaration signée par sept personnes domiciliées dans la commune où elle doit avoir lieu et jouissant de leurs droits civils et politiques.

Cette déclaration indique les noms, qualités et domiciles des déclarants, le local, le jour et l'heure de la séance, ainsi que l'objet spécial et déterminé de la réunion.

Elle est remise, à Paris, au préfet de police ; dans les départements, au préfet ou au sous-préfet.

Il en est donné immédiatement un récépissé, qui doit être représenté à toute réquisition des agents de l'autorité.

La réunion ne peut avoir lieu que trois jours après la délivrance du récépissé.

ART. 3. Une réunion ne peut être tenue que dans un local clos et couvert. Elle ne peut se prolonger au delà de l'heure fixée par l'autorité compétente pour la fermeture des lieux publics.

ART. 4. Chaque réunion doit avoir un bureau composé d'un président et de deux assesseurs au moins, qui sont chargés de maintenir l'ordre dans l'assemblée et d'empêcher toute infraction aux lois.

Les membres du bureau ne doivent tolérer la discussion d'aucune question étrangère à l'objet de la réunion.

ART. 5. Un fonctionnaire de l'ordre judiciaire ou administratif, délégué par l'administration, peut assister à la séance.

Il doit être revêtu de ses insignes et prend une place à son choix.

ART. 6. Le fonctionnaire qui assiste à la réunion a le droit d'en prononcer la dissolution : 1° si le bureau, bien qu'averti, laisse mettre en discussion des questions étrangères à l'objet de la réunion ; 2° si la réunion devient tumultueuse.

Les personnes réunies sont tenues de se séparer à la première réquisition.

Le délégué dresse procès-verbal des faits et le transmet à l'autorité compétente.

ART. 7. Il n'est pas dérogé par les articles 5 et 6 aux droits qui appartiennent aux maires en vertu des lois existantes.

TITRE II. — *Des réunions publiques électorales.*

ART. 8. Des réunions électorales peuvent être tenues à partir de la promulgation du décret de convocation d'un collége pour l'élection d'un député au Corps législatif, jusqu'au cinquième jour avant celui fixé pour l'ouverture du scrutin.

Ne peuvent assister à cette réunion que les électeurs de la circonscription électorale et les candidats qui ont rempli les formalités prescrites par l'article 1er du sénatus-consulte du 17 février 1858.

Ils doivent, pour y être admis, faire connaître leurs nom, qualité et domicile.

La réunion ne peut avoir lieu qu'un jour franc après la délivrance du récépissé qui doit suivre immédiatement la déclaration.

Toutes les autres prescriptions des articles 2, 3, 4, 5 et 6 sont applicables aux réunions électorales.

TITRE III. — *Dispositions générales.*

ART. 9. Toute infraction aux prescriptions des articles 2, 3 et 4, et des paragraphes 1, 2 et 4 de l'article 8, constitue une contravention punie d'une amende de cent francs à trois mille francs, et d'un emprisonnement de six jours à six mois.

Sont passibles de ces peines :

1° Ceux qui ont fait une déclaration ne remplissant pas les conditions prescrites par l'article 2, si cette déclaration a été suivie d'une réunion ;

2° Ceux qui ont prêté ou loué le local pour une réunion, si la déclaration n'a pas été faite, ou si le local n'est pas conforme aux prescriptions de l'article 3 ;

3° Les membres du bureau, ou, si aucun bureau n'a été formé, les organisateurs de la réunion, en cas d'infraction aux articles 2, 3, 4 et 8, paragraphes 1 et 4 ;

4° Ceux qui se sont introduits dans une réunion électorale en contravention au deuxième paragraphe de l'article 8 ;

Sans préjudice des poursuites qui peuvent être exercées pour tous crimes ou délits commis dans ces réunions publiques, et de

constitutifs du délit d'association, il n'est pas nécessaire que l'affirmation en soit répétée à l'égard de chaque associé en particulier. — Cass. 11 fév. 1865 (Garnier-Pagès), *B. cr.*

4 *bis*. Cet article est applicable aux sociétés musicales d'orphéon ayant une organisation permanente, quoique leurs réunions soient accidentelles.—Nîmes, 20 nov. 1863 (Bonaud), *J. cr.*, n° 5744.

9. Les articles 291 et 292 s'appliquent à toutes les associations, sans excepter celles qui seraient formées en matière électorale. Le décret du 25 mars 1852 maintient les art. 291 du C. pén., 1 et 2 L. 10 avr. 1834. — Cass. 4 fév. 1865 (Barthélemy), *B. cr.*, 11 fév. 1865 (Garnier-Pagès), *B. cr.*; Chauveau et Hélie, t. 3, p. 360, 4ᵉ édit.

9 *bis*. Le droit de se coaliser accordé par la loi du 25 mai 1864 n'emporte pas le droit de former des associations de plus de vingt personnes. — Cass. 23 février 1866 (Dupin), *B. cr.*; 7 fév. 1868 (Berué), *B. cr.*

9 *ter*. Doit être soumise à l'autorisation préalable : l'association dite internationale des travailleurs, dont le but avoué est de procurer un point central de communication et de coopération entre les ouvriers des différents pays aspirant au même but, savoir : le concours mutuel, le progrès et le complet affranchissement de la classe ouvrière. — Cass. 12 nov. 1868 (Murat), *B. cr.*

9 *quater*. Un comité central composé de plus de vingt personnes ayant sa caisse sociale et son siége connu et public dans le but permanent de se rattacher les comités électoraux des départements et d'imprimer le mouvement à un certain parti dans toute la France, à l'occasion des élections, et exerçant également son action avec permanence. — Cass. 11 fév. 1865 (Garnier-Pagès), *B. cr.*

15. Si on ne peut considérer comme étant de droit membres d'une association tous ceux qui sont ses auxiliaires, ses correspondants ou qui lui fournissent une cotisation, il en est autrement à l'égard de toutes personnes qui, avec une volonté libre et un concours intelligent, coopèrent au but et à l'action de ce comité.—Cass. 11 fév. 1865 (Garnier-Pagès), *B. cr.*

15 *bis*. Il n'est pas nécessaire que l'arrêt indique les noms de tous les associés composant une réunion de plus de vingt personnes, ni qu'ils aient été tous l'objet de poursuites, ni qu'ils soient nominativement connus ou personnellement désignés. — Cass. 11 fév. 1865 (Garnier-Pagès), *B. cr.*

17. *Réunions publiques*. Doit être réputée publique la réunion électorale pour laquelle un appel a été adressé au dehors et dont l'accès a été permis à tous. — Cass. 4 fév. 1865 (Barthélemy), *B. cr.*

---

l'application des dispositions pénales relatives aux associations ou réunions non autorisées.

Art. 10. Tout membre du bureau ou de l'assemblée qui n'obéit pas à la réquisition faite à la réunion par le représentant de l'autorité d'avoir à se disperser, est puni d'une amende de trois cents francs à six mille francs et d'un emprisonnement de quinze jours à un an, sans préjudice des peines portées par le Code pénal pour résistance, désobéissance et autres manquements envers l'autorité publique.

Art. 11. Quiconque se présente dans une réunion avec des armes apparentes ou cachées est puni d'un emprisonnement d'un mois à un an et d'une amende de trois cents francs à dix mille francs.

Art. 12. L'article 463 du Code pénal est applicable aux délits et aux contraventions prévus par la présente loi.

Art. 13. Le préfet de police à Paris, les préfets dans les départements, peuvent ajourner toute réunion qui leur paraît de nature à troubler l'ordre ou à compromettre la sécurité publique.

l'interdiction de la réunion ne peut être prononcée que par décision du ministre de l'intérieur.

Art. 14. Sont abrogés les lois et décrets antérieurs, en ce qu'ils ont de contraire à la présente loi.

Art. 298.

2. Conf. Cass. 26 sept. 1867 (Durbec), *B. cr.*

Art. 299.

12. Conf. Cass. 11 mai 1866 (Pernot), *B. cr.*

14. Conf. Cass. 6 août 1863 (Duvivier), *B. cr.*

Art. 301.

9 *bis*. Le crime d'empoisonnement implique nécessairement la volonté de son auteur. Cette volonté n'a pas besoin d'être exprimée. — Cass. 20 mars 1862 (Gresse), *B. cr.*

Art. 303.

3. Il n'est pas nécessaire que les malfaiteurs aient eu le dessein de tuer la personne qu'ils ont soumise à des tortures. — Chauveau et Hélie, t. 3, p. 540, 4ᵉ édit.

Art. 304.

§ 1ᵉʳ.

1 *bis*. La concomitance des deux crimes est une circonstance aggravante qui doit être soumise au jury. — Cass. 13 juillet 1861 (Jacquet), *B. cr.*

2. La réponse du jury que les deux crimes ont été commis dans la même scène ne suffit pas pour établir la concomitance. — Cass. 13 juillet 1861 (Jacquet), *B. cr.*

16. La concomitance de deux crimes étant une circonstance aggravante, doit faire l'objet d'une question distincte. — Cass. 13 juillet 1861 (Jacquet), *B. cr.*

§ 2.

20 *bis*. Il n'est pas nécessaire que le jury déclare qu'il y a eu concomitance entre le crime et le délit, sa déclaration dans les termes du 2ᵉ § de cet article comprend tous les éléments du crime. — Cass. 16 mai 1863 (Verdet), *B. cr.*

Art. 305.

2 *bis*. La menace peut être déguisée sous des expressions plus ou moins vagues qu'il appartient au juge du fait d'interpréter. — Cass. 19 déc. 1863 (Hauwel), *B. cr.*

3 *bis*. Lorsque la menace est écrite, le fait d'y avoir apposé une condition constitue une circonstance aggravante. — Cass. 3 nov. 1848 (Blot), *B. cr.*; 20 déc. 1850 (Nadaud), *B. cr.*

Art. 307.

4. La menace verbale d'un des attentats spécifiés dans l'art. 305 est punissable encore bien que son auteur n'ait pas eu l'intention de l'exécuter. — Bordeaux, 8 août 1867, *J. p.* 67, 985.

4 *bis*. Au contraire elle n'est pas punissable si elle n'est que le produit d'une irritation passagère et ne permet pas de supposer une détermination sérieuse d'agir. — Douai, 13 nov. 1861 (Baudes), *J. cr.*, n° 7391.

Art. 311.

2 *bis*. Une plainte qui articule des violences qui ont fait beaucoup de mal est de la compétence du tribunal correctionnel. — Cass. 1ᵉʳ juillet 1864 (Barase), *B. cr.*

2 *ter*. La loi du 13 mai 1863 qui a complété les

art. 309 et 311 C. pén., en assimilant aux coups et blessures les autres violences et voies de fait, n'a pas abrogé l'art. 605 n° 8 du Code du 3 brum. an IV, qui réprime les violences légères. — Cass. 7 janv. 1865 (Davenne), *B. cr.*; 13 janv. 1865 (Courtot), *B. cr.* (1).

2 quater. Les violences légères, lorsque personne n'a été blessé ni frappé, sont de la compétence du tribunal de police. — Cass. 26 janv. 1866 (Chedron), *B. cr.*

3. Conf. Cass. 16 avril 1864 (Colas), *B. cr.*

3 bis. Le fait de diriger un pistolet chargé sur la poitrine d'un individu ou de le coucher en joue avec un fusil chargé, pour l'empêcher d'user d'un droit, constitue une voie de fait. — Metz, 18 nov. 1863 (Gatelet), D. 64, 2, 101.

11. Il en est de même du fait de renverser une personne à terre et de lui porter des coups de poing. — Cass. 23 août 1867 (Guillère), *B. cr.*

11 bis. La réciprocité des coups ne peut en effacer le caractère coupable. — Cass. 16 avr. 1864 (Colas), *B. cr.*

Art. 312.

1. Il n'y a pas lieu de restreindre l'application de cet article aux coups et blessures, on doit l'étendre à toutes autres violences; il se réfère à l'art. 309. — Cass. 7 déc. 1866 (Muller), *B. cr.*

Art. 314.

3. Un revolver à six coups ayant vingt centimètres de longueur est un pistolet de poche, et est prohibé. — Paris, 9 fév. 1865 (Brice), *J. cr.*, n° 8096.

12 bis. Il n'y a pas port d'arme prohibée lorsque l'arme a été trouvée dans la malle du prévenu et non sur sa personne. — Douai, 11 mars 1861 (Escoffier), *J. p.*; Riom, 22 janv. 1862 (de Tourville), D. 62, 2. 101.

14. La confiscation doit être prononcée sans qu'il soit permis de rechercher si l'arme appartient au délinquant ou par quelle voie elle est parvenue entre ses mains. — Cass. 9 juin 1866 (Giovannoni), *B. cr.*

Art. 317.

7. Conf. Cass. 2 juill. 1863 (Lecrom), *B. cr.*

15. Il suffit que la substance nuisible ait occasionné un trouble dans la santé; par exemple, des vomissements et des coliques. — Grenoble, 8 nov. 1862, *J. cr.*, n° 7597.

15 bis. L'arrêt correctionnel qui déclare que la substance administrée, sans pouvoir donner la mort, était nuisible à la santé contient une appréciation de fait qui est souveraine et ne peut être attaqué sous prétexte qu'il s'agissait d'un empoisonnement. — Cass. 2 mai 1867 (Libersal), *B. cr.*

Art. 319.

6 bis. Cet article est applicable à celui qui, par un pari, provoque un individu à boire une quantité de liqueurs alcooliques et lui cause ainsi la mort. — Rouen, 10 mai 1860 (Dambreville), *J. p.*, 61, 918.

10 bis. Peut être déclaré responsable d'un acci-

dent : l'ingénieur qui, ayant inspiré, visé, adopté et présenté les plans et devis d'un pont, a autorisé prématurément le décintrement d'une voûte ordonné en sa présence par son chef de service. — Cass. 13 déc. 1867 (Achard), *B. cr.*

10 ter. L'entrepreneur de travaux qui, s'étant opposé au décintrement, a augmenté le danger qu'il avait prévu par des surcharges imprudentes de la voûte du cintre. — Cass. 13 déc. 1867 (Achard), *B. cr.*

11 2°. Les entrepreneurs de travaux de chemins de fer sont responsables des accidents arrivés par inobservation des règlements de police; ils ne sont pas recevables à soutenir qu'on ne peut leur imposer une responsabilité autre que celle qui leur incombe d'après leur cahier de charges. — Cass. 1er mars 1862 (Farina), *B. cr.*

11 3°. La responsabilité pénale d'un déraillement causé par des réparations considérables sur une voie de fer incombe à l'ingénieur à qui l'art. 1er de la loi du 18 août 1856 attribue l'autorité et par suite la surveillance, concurremment avec les conducteurs, de l'exécution des travaux. — Cass. 7 mai 1868 (Perret), *B. cr.*

11 4°. On ne peut considérer comme une imprudence, une négligence, etc., de la part d'un chef de gare le défaut d'une précaution qu'aucun ordre ne lui prescrivait, ou la seule acceptation d'une fonction qui d'ailleurs aurait été exactement remplie.

Il ne peut être condamné sous prétexte qu'il devait provoquer de son administration certaines mesures ou ne pas se charger d'un service qu'il ne pouvait faire sans ces mesures. — Cass. 26 fév. 1863 (Schott), *B. cr.*

13. Conf. Cass. 31 mars 1865 (Bardon), *B. cr.*

13 bis. Le directeur d'une carrière est responsable des accidents occasionnés par l'inobservation des prescriptions du décret du 10 juillet 1862 dans les travaux de découverture comme dans ceux d'exploitation, nonobstant les conventions par lesquelles il se serait déchargé de toute responsabilité sur les entrepreneurs de terrassements. — Cass. 16 août 1867 (Orlowski), *B. cr.*

15. Il y a négligence de la part de l'entrepreneur qui n'a pas fourni à son ouvrier les instruments utiles de travail et l'a vu, sans y porter remède, se servir d'un échafaudage de mauvaise construction qui a entraîné une chute et des blessures. — Cass. 16 juin 1864 (Couvé), *B. cr.*

15 bis. L'architecte peut être déclaré responsable de l'homicide ou des blessures occasionnées à un ouvrier par suite des vices du plan de la construction, encore que ce plan ait été approuvé par l'autorité supérieure. — Cass. 8 mars 1867 (Bernard), *B. cr.*

15 ter. Les art. 319 et 320 n'exigent pas que la négligence du prévenu ait été la cause directe et immédiate des blessures. — Cass. 16 juin 1864, *B. cr.*; 8 mars 1867 (Bernard), *B. cr.* — Ni que le blessé n'ait eu lui-même aucune part d'imprudence. — Cass. 16 juin 1864 (Couvé), *B. cr.*; 4 nov. 1865 (Urbain), *B. cr.*

15 quater. Cependant il ne suffit pas pour l'application de cet article que la faute du prévenu ait été l'occasion de la mort d'un tiers, il faut encore qu'elle en ait été la cause; ainsi il n'y a pas lieu à en faire l'application au prévenu qui, par défaut de précaution, laisse échapper son cheval, si la victime, au lieu de fuir le danger, a trouvé la mort en se précipitant au-devant de l'animal pour l'arrêter. — Metz, 29 janv. 1862 (Thuilleaux), *J. p.*, 63, 238.

16. Le propriétaire qui intervient par des actes directs et personnels dans la construction de sa maison peut être déclaré responsable pénalement, au

---

(1)   CODE DU 3 BRUMAIRE AN IV.

Art. 600. Les peines de police sont celles qui consistent dans une amende de la valeur de trois journées de travail ou au-dessous ou dans un emprisonnement qui n'excède pas trois jours.

605. Sont punis des peines de simple police... n° 8. Les auteurs de rixes..., voies de fait et violences légères, pourvu qu'ils n'aient ni blessé ni frappé personne...

même titre que l'entrepreneur, des blessures ou de l'homicide, suite d'une imprudence commune. — Cass. 24 nov. 1865 (Deshayes-Potet), *B. cr.*

16 *bis.* La responsabilité d'un accident peut atteindre directement le fondateur d'une entreprise de bateaux à vapeur, quoiqu'il n'en soit pas le directeur, s'il en est resté copropriétaire et a pris part à sa direction. — Cass. 13 janv. 1865 (Jouvencel Plasson), *B. cr.*

18 *bis.* Les homicides et blessures involontaires survenus sur les chemins de fer sont prévus et punis par l'art. 19, L. 15 juill. 1845.

Art. 321.

17. La question de provocation doit être posée subsidiairement même dans une accusation de meurtre commis sur un agent de la force publique dans l'exercice de ses fonctions, pour le cas où le jury ferait une réponse négative sur cette circonstance aggravante, lorsque l'accusé le demande. — Cass. 26 déc. 1856 (Basta), *B. cr.*

20 *bis.* Il appartient au juge de police d'apprécier, dans une prévention de violences légères, s'il y a eu provocation ou légitime défense. — Cass. 2 août 1866 (Hinderer), *B. cr.*

Art. 326.

2. La cour d'assises est seule compétente pour apprécier les circonstances atténuantes lorsque le meurtre est déclaré excusable. — Cass. 20 juin 1867 (Barrot), *B. cr.*

Art. 328.

5 *bis.* L'arrestation même illégale faite sous prévention de flagrant délit par des miliciens, sur la réquisition d'un officier, ne constitue pas le cas de nécessité actuelle de la légitime défense. — Cass. 15 sept. 1864 (Antonioli), *B. cr.*

17. La Cour de cassation a le droit de décider que les faits relevés par un arrêt de non-lieu à suivre ne constituent pas l'exception de légitime défense. — Cass. 15 sept. 1864 (Antonioli), *B. cr.*

Art. 330.

5 *bis.* L'arrêt doit énoncer les faits constituant le délit et la publicité. — Cass. 3 mars 1864 (Vautier), *B. cr.*

5 *ter.* La publicité de l'outrage à la pudeur ne doit pas être assimilée à la publicité exigée par l'art. 1er, L. 17 mai 1819. — Orléans, 11 nov. 1861 (Bonna); D., 62, 2, 9.

14. Les boutiques des marchands sont lieux publics si elles sont accessibles aux regards du public. — Chauveau et Hélie, t. 4, p. 212, 4e édit.

21. La publicité peut résulter d'une manière absolue de la nature des lieux où l'acte s'accomplit; par exemple, s'il a été perpétré dans les rues, places ou autres voies publiques, fût-ce même la nuit et loin des regards de tout témoin. — Cass. 1er mai 1863 (Lacombe), *B. cr.*

21 *bis.* S'il a été perpétré même la nuit dans un sentier livré au public, encore qu'il n'ait eu aucun témoin ; il suffit qu'il ait pu être aperçu. — Cass. 16 janv. 1862 (Orye), *B. cr.*

23. Le tribunal peut décider qu'il n'y a pas publicité lorsque l'acte s'est accompli en plein champ dans un point assez éloigné de toute voie publique et sans que personne l'ait aperçu ou pu apercevoir. — Cass. 16 janv. 1862 (Orye), *B. cr.*

24 *bis.* A l'égard de certains lieux qui ne sont publics qu'à des heures déterminées, comme une salle d'école, il n'y a pas publicité si l'outrage n'a eu aucun témoin ; par exemple, si l'heure de la classe était passée, si les portes étaient fermées. — Cass. 1er mai 1863 (Lacombe). *B. cr.*

26. Conf. Cass. 28 nov. 1861 (Moglia), *B. cr.*

26 *bis.* Un acte obscène est public lorsqu'il est commis dans une maison particulière en présence de plusieurs personnes dont la pudeur a été blessée. — Orléans, 11 nov. 1861 (Bonna): D., 62, 2, 9.

29. Conf. Cass. 28 nov. 1861 (Moglia), *B. cr.*

29 *bis.* La publicité résulte non-seulement de ce que le fait délictueux aurait été offert aux regards du public, mais de la possibilité qu'à raison de la nature ou de la situation des lieux il eût été aperçu même fortuitement.

Ainsi est public un acte obscène commis dans l'allée d'une maison ouverte sur la voie publique. — Cass. 23 juill. 1863 (Carles), *B. cr.*

29 *ter.* Au contraire, il n'y a pas publicité : lorsque les faits se sont passés dans l'intérieur d'une maison sur une partie de l'escalier qui n'était en vue ni de la voie publique ni des maisons du voisinage, et hors la présence de témoins. — Cass. 7 nov. 1863 (Brunel). *B. cr.*

33. Ni lorsque le fait s'est accompli dans l'intérieur d'une maison et si des personnes n'ont pu en être témoins que par une indiscrétion coupable en soulevant un rideau et en s'introduisant dans un lieu qui n'est pas public. — Rouen, 25 juin 1862 ; D., 63, 2, 61.

33 *bis.* Ni lorsque le fait a été commis dans une propriété privée (un champ) éloignée de tout chemin public, inaccessible aux yeux du public, et s'il n'a été aperçu que par un témoin qui s'était introduit sans droit sur la propriété d'autrui. — Cass. 30 juill. 1863 (Ravalet), *B. cr.*

Art. 331.

3. Le fait de satisfaire une curiosité obscène en relevant les vêtements d'un enfant ne constitue pas un attentat à la pudeur. — Grenoble, 23 juill. 1862 (Gallay); D., 62, 2, 200.

7. Il y a lieu d'interroger le jury par une seule question sur le fait matériel et sur l'âge. — Cass. 2 avril 1863 (Juteau), *B. cr.* ; 10 nov. 1864 (Vallet), *B. cr.*

7 *bis.* Cependant l'âge de la victime, depuis la loi du 9 juin 1853, peut faire l'objet d'une question séparée. — Cass. 1er déc. 1866 (Colombatti), *B. cr.*

18. N'est pas complexe la question de savoir si l'accusé a commis un *ou* plusieurs attentats à la pudeur sur la même personne. — Cass. 17 janv. 1862 (Lecomte), *B. cr.*

19 *bis.* Au cas du 2e § de cet article, est régulière la question posée sous cette forme : Sur une enfant âgée de moins de quinze ans et *par conséquent* non émancipée par le mariage. — Cass. 4 janv. 1866 (Planteligne), *B. cr.*

Art. 332.

15. Conf. Cass. 23 mars 1865 (Rouganiou), *B. cr.*

15 *bis.* La violence n'est pas une circonstance aggravante, mais une circonstance constitutive du crime d'attentat à la pudeur, lors même que la victime est âgée de moins de treize ans. — Cass. 8 sept. 1864 (Duez), *B. cr.* ; 10 nov. 1864 (Vallet), *B. cr.*

16. Conf. Cass 14 juill. 1864 (Legros), *B. cr.* ; 23 mars 1865 (Rouganiou), *B. cr.*

19. Conf. Cass. 30 juin 1839 (Bile); D. — L'ac-

cusation n'est pas purgée lorsque la circonstance de violence sur un enfant au-dessous de l'âge de quinze ans étant écartée, le président n'a pas posé la question de savoir si l'enfant était âgé de moins de onze ans. — Cass. 30 août 1839 (Bile); D.

Art. 333.

§ 1er.

1. Conf. Cass. 6 avril 1866 (Rangez), *B. cr.*

1 *bis.* La désignation faite par cet article de certaines personnes auxquelles leur qualité imprime le caractère d'autorité n'est qu'énonciative et n'exclut pas l'application de la loi aux faits spéciaux et non prévus desquels peut résulter l'autorité. — Cass. 9 août 1867 (Yung), *B. cr.*

2 *bis.* Il y a autorité de fait lorsque la victime mineure habite le domicile de l'accusé, sous la surveillance et la protection duquel elle était placée depuis son enfance. — Cass. 6 avril 1866 (Rangez), *B. cr.*

9 *bis.* A l'égard des ascendants, l'alliance ne peut être assimilée à la parenté du sang. — Colmar, 13 nov. 1864 (Stein), *J. cr.*, n° 7960.

10 *bis.* La qualité d'oncle, isolée de toute autre circonstance, ne peut produire l'autorité sur la victime. — Cass. 3 oct. 1862 (Coste), *B. cr.*

11. La circonstance que la victime était domestique du père de l'accusé ne suffit pas pour donner à celui-ci l'autorité pouvant donner lieu à l'aggravation pénale, à moins qu'elle ne se trouve accompagnée de circonstances spéciales; par exemple, si l'accusé habitait la même maison que son père, ce qui doit être décidé par le jury. — Cass. 6 oct. 1864 (Pradier), *B. cr.*; Paris, 27 nov. 1860 (Bernard), *J. cr.*, n° 7145.

17. Le professeur qui abuse de son ascendant sur son élève est dans la classe de ceux qui ont autorité sur la personne envers laquelle ils ont commis le crime. — Cass. 9 août 1867 (Yung), *B. cr.*

17 *bis.* Le fils d'un instituteur qui est chargé par son père de remplir d'une manière permanente une partie de ses fonctions est passible de l'aggravation de peine portée par cet article. — Colmar, 9 juin 1863 (Dubail), *J. p.*, 64, 872.

§ 2.

18. Les employés des douanes en service actif sont des fonctionnaires publics. — Cass. 22 nov. 1866 (Leroi), *B. cr.*

20. La qualité de fonctionnaire est par elle-même une circonstance aggravante du crime d'attentat à la pudeur, indépendamment de toute relation de la fonction avec la perpétration du crime. — Cass. 22 nov. 1866 (Leroi), *B. cr.*

§ 3.

21. Le président doit interroger le jury sur les circonstances constitutives de l'autorité. — Cass. 3 oct. 1862 (Coste), *B. cr.*

23. On ne peut demander au jury si l'accusé est un ascendant, lorsqu'il n'est l'ascendant que par alliance. On doit lui demander si l'accusé a commis le crime envers la femme de son fils, sauf à la cour à statuer sur la question de droit. — Cass. 14 sept. 1837 (Assenat), *B. cr.*

27 *bis.* Il n'est pas suffisamment constaté que l'accusé avait autorité sur la victime, lorsque la question posée relève seulement le fait que celle-ci était restée chez l'accusé après la mort de sa mère, et qu'elle était placée en fait sous sa direction. Il fallait indiquer qu'étant mineure elle avait été recueillie par l'accusé, ce qui établissait l'autorité. — Cass. 24 nov. 1866 (Leprince), *B. cr.*

29 *bis.* Il appartient au jury de décider si l'accusé avait telle qualité, mais le point de savoir si cette qualité lui conférait le caractère de fonctionnaire public constitue une question de droit que la cour d'assises seule a le pouvoir de résoudre. — Cass. 22 nov. 1866 (Le Roi) *B. cr.*

§ 4.

34. Au contraire, l'aggravation de la peine est applicable, soit que l'assistance ait été donnée par un complice ou par un coauteur. — Chauveau et Hélie, t. 4, p. 300, 4e édit.

Art. 334.

§ 1er.

4. Conf. Pau, 25 juill. 1861 (Mondran), *J. cr.*, n° 7300. Cass. 13 fév. 1863 (Filleul), *B. cr.*; 21 août 1863 (Forest), *B. cr.*

6. Le tiers auquel une fille mineure a été livrée, moyennant une somme d'argent, par le proxénète, doit être puni comme complice pour avoir provoqué au délit par dons. — Cass. 13 fév. 1863 (Filleul), *B. cr.*

9. L'habitude exigée par cet article s'établit par la multiplicité et la répétition des mêmes faits, soit à l'égard de plusieurs personnes, soit même à l'égard d'une seule. — Limoges, 25 juin 1863 (Mauduit); D. 63, 5, 36.

14. Cet article s'applique à celui qui, à diverses reprises, conduit des mineures dans une maison de prostitution pour s'y livrer à la débauche. — Grenoble, 14 fév. 1868 (Goudard), *J. cr.*, n° 8666.

14 *bis.* Il est applicable au propriétaire qui loue sciemment à un jeune homme, pendant plusieurs jours, une chambre garnie pour y entretenir des relations avec une jeune fille mineure détournée de l'habitation de ses parents; cet entretien pendant plusieurs jours constitue suffisamment l'habitude. — Cass. 1er mai 1863 (Mauduit), *B. cr.*; Limoges, 25 juin 1863 (Mauduit); D. 63, 5, 36.

14 *ter.* Mais il n'est pas applicable au marchand qui se borne à vendre des meubles ou des objets de toilette à des filles mineures et à leurs amants mineurs vivant maritalement. — Rennes, 6 déc. 1865, B., *J. p.*, 66, 678.

16. Il est applicable à celui qui se livre sur lui-même, en présence de mineurs et sans les y faire concourir, à des attouchements obscènes, dans le but de les exciter à la débauche. — Cass. 12 janv. 1867 (Formont), *B. cr.*

20. A celui qui se livre, pour la satisfaction de ses désirs, à des attouchements sur des mineurs réunis par lui, en les rendant témoins de ces impudicités. — Cass. 22 fév. 1865 (Froger), *B. cr.*

23. Conf. Paris, 25 juillet 1861 (Mondran), *J. cr.*, n° 7300, Chauveau et Hélie, t. 4, p. 240.

26. Conf. Cass. 12 déc. 1863 (Martin), *B. cr.*

28. Conf. Cass. 14 août 1863 (Fortuné), *B. cr.*

27. Le règlement de police qui tolère l'admission des mineures de seize à vingt et un ans dans les maisons de débauche ne peut porter atteinte aux dispositions de cet article. — Cass. 12 déc. 1863 (Martin), *B. cr.*

28 *bis.* Un individu excite, favorise ou facilite la débauche ou la corruption d'une mineure, alors que par une coupable intervention il a déterminé une convention ayant pour objet et devant avoir pour résultat de livrer cette jeune fille à un entrepreneur de prostitution, et de la maintenir dans ses habitudes d'immoralité. Il n'y a pas seulement une simple tentative d'attentat aux mœurs sous prétexte que le traité

était subordonné à l'autorisation de la police. — Cass. 5 mars 1863 (Sauron), *B. cr.*

28 *ter*. N'est pas suffisamment motivé l'arrêt qui se borne à déclarer que l'excitation reprochée ne serait qu'un mauvais conseil, il doit déclarer en quoi consiste ce mauvais conseil. — Cass. 14 août 1863 (Fortuné), *B. cr.*

29 *bis*. Les tribunaux peuvent, même en l'absence de l'acte de naissance des jeunes filles victimes du délit d'attentat aux mœurs, déclarer, en présence de l'instruction et des débats, qu'elles étaient mineures de vingt et un ans. — Cass. 5 mars 1863 (Sauron), *B. cr.*

§ 2.

32. La mère qui livre sa fille à un individu dans le but d'établir entre eux des relations intimes, moyennant un prix stipulé, se rend coupable d'excitation habituelle à la débauche, si elle a persévéré dans le consentement par elle donné en profitant de ces relations. — Cass. 13 fév. 1863 (Filleul), *B. cr.*

41. La complicité du proxénétisme ne constitue aucun délit lorsqu'elle consiste dans un fait unique. — Metz, 29 avril 1868, *J. cr.*, n° 8711. V. n° 6.

Art. 336.

§ 2.

27. La femme poursuivie pour adultère peut opposer au mari une condamnation prononcée contre lui par un tribunal étranger, constatant qu'il avait entretenu une concubine dans le domicile conjugal. — Paris, 12 fév. 1863 (Landureau), *J. cr.*, n° 7614.

29. *Contrà :* Cass. 25 juin 1861 (Gallais), D. 61, 1, 478.

32. Lorsque la femme prévenue d'adultère invoque la nullité absolue ou relative du mariage, l'exception est préjudicielle et le tribunal doit renvoyer aux tribunaux civils cette réclamation d'état. — Cass. 13 avr. 1867 (Jacquot), *B. cr.* — *Contrà :* Si la nullité opposée par la femme est simplement relative. — Paris, 20 déc. 1866 (Simon), *J. cr.*, n° 8334.

§ 3.

38. Conf. Cass. req. 23 nov. 1864 (V.), *J. p.* 65, 776.

47. Le décès du mari après la plainte ne peut mettre obstacle à la poursuite. — Cass. 6 juin 1863 (Malevergne), *B. cr.*

§ 4.

55. Conf. Toulouse, 11 avril 1861 (Scribe), S., 61, 419.

56. La condamnation aux dépens n'en doit pas moins être prononcée solidairement contre la femme et le complice. — Nîmes, 9 juillet 1868, *J. cr.*, n° 8703.

57. La réconciliation survenue après l'appel interjeté par la femme et son complice profite à celui-ci, encore bien qu'elle soit survenue entre le désistement par la femme de son appel et l'arrêt qui en a donné acte ; la condamnation n'étant définitive que lorsque l'arrêt a donné acte du désistement. — Cass. 8 août 1867 (Jartier), *B. cr.*

Art. 338.

6. Conf. Cass. 27 avril 1866 (Destal), *B. cr.*

20. Conf. Alger, 27 avril 1866 (Moreno), *J. cr.*, n° 8240.

Art. 339.

2. La demeure du mari est de droit la maison conjugale. — Cass. 23 mars 1865 (Bourasset), *B. cr.*

5 *bis*. Un tribunal peut décider en fait qu'un domicile particulier loué par le mari sous un nom supposé, dans le but d'en cacher l'existence à la femme, ne doit pas être considéré comme le domicile conjugal. — Cass. 7 juin 1861 (Dutertre), *B. cr.*; Chauveau et Hélie, t. 4, p. 336.

10. Conf. Cass. 23 mars 1865 (Bourasset), *B. cr.*

13. Conf. Paris, 2 mars 1866 (Doucher), Rouen, 1er fév. 1867 (Gambu), *J. cr.*, n° 8477. Cass. 28 fév. 1868 (Weist), *B. cr.*

13 *bis*. La concubine entretenue par le mari dans le domicile conjugal peut être punie comme complice du mari, encore bien qu'elle soit mariée et que son mari n'ait pas porté plainte. — Amiens, 26 mars 1863 (Bruniski), *J. p.* 63, 904 ;—ou n'ait pas autorisé la poursuite. — Cass. 28 fév. 1868 (Weist), *B. cr.*

13 *ter*. La dénonciation de l'épouse outragée saisit légalement la justice des faits qu'elle impute à son mari et à la complice de celui-ci, alors même que cette complice est engagée dans les liens du mariage. — Cass. 28 fév. 1868 (Weist), *B. cr.*

Art. 341.

1. Cet article et les suivants ne sont applicables qu'aux simples particuliers qui agissent de leur autorité privée, pour la satisfaction de leurs passions personnelles ; ils ne sont applicables aux fonctionnaires publics, agents ou préposés du gouvernement, qu'autant qu'ils auraient arrêté, détenu ou séquestré une personne quelconque dans un intérêt privé, pour la satisfaction de leurs passions personnelles et non dans l'exercice de leurs fonctions et par abus de l'autorité qui leur a été déléguée. — Cass. 4 déc. 1862 (Roger), *B. cr.*

Art. 345.

§ 1er.

1. C'est à la prévenue à établir que l'enfant dont elle est accouchée n'est pas né vivant. — Chambéry, 29 fév. 1868 (Charlety), *J. cr.*, n° 8662.

19. Le crime prévu par cet article n'est légalement caractérisé qu'autant que le fait matériel du recélé ou de la suppression d'enfant a eu lieu avec la pensée coupable d'arriver ainsi à la suppression de l'état civil de cet enfant. Il est nécessaire que l'arrêt de mise en accusation s'explique formellement sur cet élément intentionnel et constitutif. — Cass. 19 déc. 1863 (Billiet), *B. cr.*

19 *bis*. Il n'y a pas crime de suppression d'enfant lorsqu'il est constaté que l'accusé n'a caché le corps d'un enfant victime d'un infanticide que pour rendre impossible la constatation de l'état du cadavre et du crime. — Cass. 19 déc. 1863 (Billiet), *B. cr.*

20 *bis*. La représentation de l'enfant faite tardivement et après qu'on a déjà fait disparaître son cadavre, ne peut donner satisfaction à la loi, et effacer un délit déjà commis. — Cass. 24 nov. 1865 (Plaise), *B. cr.*

Art. 346.

2. Il suffit que l'enfant mort-né présente les formes d'un être humain. — Paris, 15 février 1865 (Derauger), *J. p.* 66, 453.

3. *Contrà :* Rennes, 30 déc. 1863 (Lolué), *J. p.* 64, 724.

7. Conf. Cass. 28 fév. 1867 (Tremouille), *B. cr.* — Quel que soit le lieu où la femme accouche. — Même arrêt.

9 *ter*. La domestique majeure qui accouche chez ses maîtres est réputée accoucher dans son propre

domicile, et dès lors la sage-femme ne peut rejeter sur autrui l'obligation de déclarer la naissance. — Cass. 10 mars 1865 (Geronimi), *B. cr.*

Art. 349.

1. *Contrà :* Nimes, 16 août 1867 (Chavot), *J. cr.*, n° 6589.

Art. 352.

13. Il n'y a pas lieu en ce cas à une accusation de meurtre. — Cass. 28 déc. 1860 (Largué), *B. cr.*; Chauveau et Hélie, t. 4, p. 433.

Art. 354.

14 *bis.* La fille dont la maternité se trouve déclarée dans l'acte de naissance d'un enfant, a autorité sur cet enfant, encore que celui qui s'en est déclaré le père soit marié. — Cass. 23 août 1861 (Collat), *B. cr.*

14 *ter.* C'est au jury d'ailleurs qu'il appartient de déterminer le caractère des faits incriminés, eu égard aux relations établies soit entre les accusés et la mineure, soit entre celle-ci et sa mère naturelle. — Cass. 23 août 1861 (Collat), *B. cr.*

15 *bis.* Cet article est applicable à l'enlèvement, de la maison d'une personne à la direction de laquelle elle se trouvait soumise de fait, par exemple, sa grand'mère naturelle, d'une mineure sans père ni mère connus et sans tuteur. — Bordeaux, 24 août 1864 (B.), *J. cr.*, n° 7974.

Art. 358.

12. L'inhumation d'un enfant mort-né ne peut être faite sans l'autorisation du maire, à quelque époque que la gestation soit parvenue, pourvu qu'il présente la forme d'un être humain. — Paris, 15 fév. 1865 (Derauger), *J. p.*, 66, 453.

Art. 359.

1. Conf. Limoges, 8 mai 1861 (Brissaud), S., 61, 496.

Art. 360.

1. Conf. Cass. 3 oct. 1862 (Chapuy), *B. cr.*

2 *bis.* L'exhumation de cercueils et leur ouverture faite par un maire, même après cinq ans, constitue une violation de sépulture. Si l'art. 6 du décret du 23 prair. an XII donne après ce délai à l'autorité municipale la faculté d'ouvrir d'anciennes fosses, il n'autorise pas l'exhumation de plein droit, et l'ouverture de ces fosses ne peut avoir lieu qu'en vertu d'un arrêté spécial notifié administrativement à la personne intéressée. — Cass. 3 oct. 1862 (Chapuy), *B. cr.*; Angers, 18 nov. 1862 (Chapuy), S. 62, 562.

Art. 361.

§ 1er.

4 *bis.* Cet article et les suivants s'étendent aux témoins qui, par des raisons tirées de leur religion, ont été dispensés de prêter serment. Il suffit que le témoignage ait été en justice dans une forme qui le rend probant et le fait admettre comme tel par la loi. Tel est le témoignage prêté par un musulman. — Cass. 18 juillet 1861 (Mohamed), *B. cr.*

§ 2.

10. Le faux témoignage est punissable alors même qu'il serait resté sans influence sur le résultat du procès. — Rouen, 14 avril 1864 (Lefebvre), *J. p.*, 65, 230.

10 *bis.* L'accusé déclaré coupable de faux témoignage n'est pas fondé à prétendre devant la Cour de cassation que les faits sur lesquels il a altéré la vérité n'ont porté que sur des circonstances indifférentes. — Cass. 10 mai 1861 (Marniquet), *B. cr.*

12. Cette circonstance, en matière correctionnelle, doit être énoncée dans l'arrêt de condamnation, à peine de nullité. — Cass. 23 avr. 1868 (Bellanger), *B. cr.*

13 *bis.* La forme dans laquelle doit être affirmé cet effet du faux témoignage n'a rien de sacramentel ; il suffit que les termes de la question emportent par eux-mêmes la conséquence que le faux témoignage avait été de nature à profiter au prévenu. — Cass. 13 juillet 1861 (Arnaudet), *B. cr.*

29. Conf. Cass. 15 mars 1866 (Carbuccia), *B. cr.*

30. Le témoin est obligé, à peine d'être coupable de faux témoignage, de déposer la vérité même au sujet de faits qui seraient de nature à l'exposer au péril d'une inculpation de complicité. — Cass. 2 déc. 1864 (Dourisboure), *B. cr.*

Art. 362.

2. Il suffit que l'arrêt de condamnation constate que le faux témoignage a été fait sous la foi du serment ; il n'est pas nécessaire qu'il ajoute que ce serment avait été régulièrement prêté dans les termes de la loi. — Cass. 2 déc. 1864 (Dourisboure), *B. cr.*

Art. 363.

1. En matière civile, il n'est pas nécessaire que le faux témoignage ait été porté contre le prévenu ou en sa faveur, il suffit que le jugement reconnaisse l'existence d'un préjudice présent ou éventuel, lequel est établi par le fait seul de la condamnation du faux témoin. — Cass. 9 déc. 1864 (Luc Laroche), *B. cr.*

11. Conf. Douai, 28 nov. 1864 (Lecas), *J. cr.*, n° 8010.

11 *bis.* Peut être prouvée par témoins devant le tribunal correctionnel l'obligation qui aurait pu l'être devant la juridiction civile. — Metz, 13 juin 1866 (Fritsch), *J. cr.*, n° 8245.

12. La poursuite du faux témoignage en matière civile n'est pas subordonnée à l'existence d'un procès-verbal d'audience dressé sans désemparer par le juge, constatant la prestation régulière du serment et l'existence du faux témoignage. — Toulouse, 5 mai 1865 (Artigue), *J. p.*, 65, 1128.

Art. 365.

6. Conf. Cass. 10 mai 1861 (Arnaudet), *B. cr.*

7. Conf. même arrêt.

10 *bis.* L'accusation de subornation résultant de l'arrêt de renvoi n'est pas purgée lorsque le jury, après avoir répondu affirmativement sur une question de provocation, a résolu négativement une seconde question sur les dons et promesses. — Cass. 10 mai 1861 (Arnaudet), *B. cr.*

13 *bis.* Le délit de subornation de témoins est suffisamment énoncé par la constatation en fait que le faux témoin a obéi à de coupables suggestions et que le prévenu l'a induit au faux témoignage par des excitations et des espérances trompeuses d'impunité. — Cass. 22 juill. 1864 (Coti), *B. cr.*

24 *bis.* La condamnation du faux témoin est opposable au suborneur ; celui-ci ne peut être admis à

contester les caractères constitutifs d'un fait irrévocablement jugé. — Cass. 9 déc. 1864 (Luc Laroche), *B. cr.*

26. L'énonciation des moyens à l'aide desquels a eu lieu la subornation est inutile. — Cass. 13 juill. 1861 (Arnaudet), *B. cr.*

28 *bis.* Cependant la condamnation par le tribunal correctionnel, pour subornation de témoins, doit énoncer les faits qui lui servent de base; elle est suffisamment motivée par l'énonciation du fait de diverses dépositions recueillies à l'audience et d'une conversation entre le prévenu et la femme du témoin suborné qui fait comprendre l'influence exercée sur ce dernier. — Cass. 9 déc. 1864 (Luc Laroche), *B. cr.*

28 *bis.* La circonstance que l'auteur de la subornation a été entraîné par les doutes qu'il pouvait avoir sur la culpabilité de l'accusé et par ses appréhensions que les témoins ne se fussent trompés ne peut effacer le délit; elle est seulement atténuante. — Cass. 22 juill. 1864 (Coti), *B. cr.*

Art. 373.

§ 2. — *Forme et caractère de la dénonciation.*

12. La seule condition exigée par cet article est que la dénonciation ait été faite par écrit; il n'est pas nécessaire qu'elle soit faite dans les formes prescrites par l'art. 31 C. i. cr. — Cass. 1er mai 1868 (Seguin), *B. cr.*

15. La loi n'exige pas que la dénonciation ait été écrite, signée et remise par le prévenu; il suffit qu'il l'ait dictée ou qu'il l'ait fait écrire et qu'elle ait été préparée et remise par son ordre. — Cass. 16 nov. 1866 (Blondeau de Combas), *B. cr.*; 1er mai 1868 (Seguin), *B. cr.*

22 2°. S'il est de principe que la dénonciation doit être faite par écrit ou du moins rédigée en présence du dénonciateur dans les formes déterminées par la loi, ces formes ne sont pas sacramentelles et elles admettent des équivalents. — Cass. 30 janv. 1868 (Jourdan), *B. cr.*

22 3°. Ainsi, la dénonciation faite au maire d'une commune qui en dresse procès-verbal non signé du déclarant peut donner lieu à une plainte en calomnie si le dénonciateur confirme sa déclaration par ses démarches et sa déposition au cours de l'instruction. — Cass. 30 janv. 1868 (Jourdan), *B. cr.*

22 4°. La dénonciation faite devant le procureur impérial peut donner lieu à une plainte en calomnie, quoique l'acte n'énonce pas que le magistrat a été *requis* de la recevoir; cette expression peut être remplacée par des termes équivalents. — Cass. 26 avril 1867 (Cebert), *B. cr.*

23 *bis.* La circonstance que la dénonciation a été faite par écrit doit résulter du jugement ou de l'arrêt. — Cass. 5 déc. 1861 (de Riesgo), *B. cr.*

26. Il n'est pas nécessaire que la personne dénoncée soit désignée par son nom, si cette désignation résulte suffisamment de l'écrit lui-même et des circonstances antérieures à cet écrit. — Cass. 23 mai 1867 (Crzybowski), *B. cr.*; Chauveau et Hélie, t. 4, p. 545, 4e édit.

48 *bis.* La dénonciation faite au procureur impérial est réputée spontanée quoique le dénonciateur ait déjà comparu comme témoin au cours d'une information sur le même fait.

Peu importe que l'imputation calomnieuse et préjudiciable porte sur des faits déjà connus de la justice. — Cass. 26 avril 1867 (Cebert), *B. cr.*

48 *ter.* Une dénonciation n'en est pas moins spontanée quoique l'autorité à laquelle elle a été faite ait demandé au dénonciateur des indications plus précises des faits dénoncés. — Cass. 30 mai 1862 (Larbaud), *B. cr.*

49. Cass. 5 mars 1864 (Tamiset), *B. cr.*

§ 3. — *Caractère des faits dénoncés.*

52 *bis.* Il suffit que les faits dénoncés soient de nature à appeler sur des fonctionnaires la déconsidération et de justes sévérités de la part de leurs supérieurs. — Cass. 30 mai 1862 (Larbaud), *B. cr.*

§ 4. — *De la fausseté des faits dénoncés.*

65 Conf. Cass. 15 avril 1865 (Antiq), *B. cr.*

65 *bis.* Il faut que la décision sur les faits imputés soit définitive. Le juge correctionnel ne peut passer outre au jugement d'une prévention de dénonciation calomnieuse lorsque l'arrêt qui déclare la fausseté des faits est frappé d'un pourvoi régulier. — Cass. 13 fév. 1864 (Hertz), *B. cr.*

69. Le sursis devient sans objet lorsque le prévenu a reconnu lui-même la fausseté des imputations contenues dans sa dénonciation. — Cass. 15 avril 1865 (Antiq), *B. cr*; Colmar, 8 fév. 1868 (Salzman), *J. cr.*, n° 8680.

74. Conf. Cass. 5 mars 1864 (Tamiset), *B. cr.*; 6 juin 1867 (Carlier), *B. cr.*

76 *bis.* Des faits de tromperie dénoncés contre des fournisseurs de la marine obligés par leurs traités à subir, en cas de contestation, la juridiction contentieuse d'une commission instituée à cet effet, sont souverainement appréciés par cette commission. — Cass. 5 mars 1864 (Tamiset), *B. cr.*

79. La fausseté des faits dénoncés à un préfet contre un maire à raison de ses actes administratifs est régulièrement appréciée par ce préfet; le recours au ministre contre la décision de ce dernier n'a pas d'effet suspensif. — Montpellier, 14 août 1865 (Arnaud); D., 65, 2, 130.

79 *bis.* La décision de l'autorité administrative sur la vérité ou la fausseté des faits dénoncés contre un maire est suffisamment exprimée par le visa et l'approbation du préfet apposés en marge d'un avis motivé du sous-préfet tendant à repousser les accusations.

Il n'y a pas à surseoir si le prévenu se borne à annoncer son intention d'attaquer cette décision. — Cass. 16 août 1867 (Rampillon), *B. cr.* — La Cour de cassation ne peut accorder ce sursis. — Même arrêt.

80 *bis.* Le préfet est compétent pour prononcer sur la fausseté des faits imputés à un inspecteur primaire d'arrondissement lorsque ces faits, n'ayant rien de délictueux et ne constituant que des abus plus ou moins graves commis dans l'exercice de ses fonctions, ne rentraient pas dans les attributions de l'autorité judiciaire. — Cass. 15 juill. 1864 (Retout), *B. cr.*

82. La fausseté des faits n'a pas besoin d'être déclarée en termes exprès par l'autorité administrative compétente; il suffit, s'il s'agit de faits administratifs imputés à un juge de paix et à un maire, que le ministre de l'intérieur ait chargé le préfet de poursuivre les dénonciateurs après vérification de la fausseté des faits. — Cass. 6 juin 1867 (Carlier), *B. cr.*

86. Conf. Cass. 8 nov. 1867 (Gaume), *B. cr.* — Alors surtout que, par une ordonnance du juge d'instruction, les faits dénoncés avaient été antérieurement reconnus faux. — Même arrêt.

88. Conf. Cass. 7 août 1862 (Gohier), *B. cr.*

89. Le ministre de la justice est compétent pour déclarer mal fondés des griefs imputés à un défenseur en Algérie. — Cass. 16 nov. 1866 (Blondeau de Combas), *B. cr.*

91. La déclaration de la fausseté des faits dénoncés contre un magistrat faite par le ministre de la justice

est régulièrement transmise par une lettre signée du secrétaire général de la justice pour le garde des sceaux et par autorisation, et adressée au procureur général. — Cass. 7 août 1862 (Gohier), *B. cr.*

94. Conf. Pau, 23 juin 1865 (Mouguilan), *J. cr.*, n° 8111.

94 *bis*. Le refus de poursuite par le procureur général sur une dénonciation à lui faite contre un notaire qui est en même temps magistrat, implique judiciairement le non-fondement des faits dénoncés. — Grenoble, 15 avril 1864 (Lombard), *J. cr.*, n° 7886.

97 *bis*. Les faits imputés à un huissier et passibles de peines disciplinaires sont légalement déclarés faux par une décision de la chambre de discipline des huissiers, à laquelle le procureur impérial a renvoyé l'affaire. Cette décision n'est pas sujette à l'homologation du tribunal. — Cass. 15 nov. 1867 (Legoat), *B. cr.*

99. Conf. Colmar, 8 fév. 1868 (Salzmann), *J. cr.*, n° 8680.

102. La preuve de la fausseté d'une dénonciation résulte d'une ordonnance de non-lieu à suivre, encore qu'elle ne se soit pas expliquée sur la fausseté matérielle des faits. — Cass. 25 avril 1862 (Lecluze), *B. cr.*

102 *bis*. Elle résulte d'un arrêt de la chambre des mises en accusation portant que l'inculpation énoncée en la plainte n'était établie sur aucun des chefs. — Cass. 24 nov. 1864 (Gloux), *B. cr.*

106 *bis*. Lorsque la fausseté des faits dénoncés résulte d'une ordonnance de non-lieu, le tribunal n'est pas tenu de surseoir sous prétexte d'une décision à intervenir devant le tribunal, de nature à éclairer la juridiction correctionnelle sur le mérite de la plainte. — Cass. 8 juill. 1864 (Billion), *B. cr.*

107. Conf. Cass. 8 juill. 1864 (Billion), *B. cr.*

109. S'il y a chose jugée sur la question préjudicielle de fausseté de l'accusation, dans la déclaration de l'administration compétente qu'il n'y avait rien à reprocher à la partie dénoncée, il peut rester à vérifier, au point de vue de l'intention criminelle, même par enquête, l'existence d'un fait matériel dénaturé qui importe à la question de bonne foi. — — Cass. 9 déc. 1864 (Noguiès), *B. cr.*

Art. 376.

1. Conf. Angers, 22 juin 1863 (Wacqenburg); D., 63, 2, 220; Colmar, 12 juin 1866 (Dreyfus), *J. cr.*, n° 8273.

7. Les mots : canaille, vaurien, ne contiennent pas en général l'imputation d'un vice déterminé. — Nîmes, 23 fév. 1865 (B.); D., 65, 2, 43.

Art. 378.

7. Conf. Cass. 24 mai 1862 (Brion), *B. cr.*

L'avocat peut refuser son témoignage lorsque ses réponses auraient pour résultat la révélation de ses communications avec le prévenu et des conseils qu'il lui a donnés. — Cass. 24 mai 1862 (Brion), *B. cr.*

19 *bis*. Celui qui, sous la direction d'un médecin, a soigné accidentellement un malade ne rentre point dans la classe des personnes dispensées de déposer comme témoin. — Cass. 8 déc. 1864 (Degouts), *B. cr.*

Art. 379.

§ 1er. — *Éléments constitutifs du vol.*

1° *De la fraude.*

10 *bis*. La circonstance que la soustraction a été frauduleuse peut résulter d'une série de faits relevés par le jugement, ayant pour objet de mettre en lumière les subterfuges et les manœuvres employées par l'inculpé pour soustraire aux investigations des intéressés et de la justice des sommes sur lesquelles il avait mis la main. — Cass. 3 août 1867 (Sirieys), *B. cr.*

13 *bis*. Ne se rend point coupable de vol celui qui s'empare du poisson pris dans ses propres eaux par un tiers. — Lyon, 5 janv. 1864 (Rey); D., 64, 2, 162.

2° *De la soustraction. — Remise volontaire.*

15. Conf. Cass. 14 nov. 1861 (Laroche), *B. cr.*

18. Conf. Cass. 11 juill. 1862 (Bordet), *B. cr.*

22. Ne se rend pas coupable de vol celui qui reçoit par erreur une somme de 500 francs en payement d'un billet de 200 francs et s'approprie cette somme. — Cass. 14 nov. 1861 (Laroche), *B. cr.*

23 *bis*. Celui qui détient indûment un billet de banque qui vient de tomber d'un effet par lui acheté et qui lui a été remis par un tiers qui l'avait ramassé. — Cass. 11 juill. 1862 (Bordet), *B. cr.*

25 *bis*. La remise même momentanée et sous condition d'une restitution immédiate, quelle que soit sa durée, exclut nécessairement le fait de la soustraction.

Ainsi, il n'y a pas de vol dans le fait de celui qui emporte en fuyant une pièce de monnaie qui lui a été confiée momentanément pour l'examiner à son aise. — Cass. 7 janv. 1864 (Prost), *B. cr.*

35. Se rend coupable de vol celui qui enlève furtivement une somme d'argent qu'il vient de remettre à son mandataire, à la charge de la verser à un tiers. — Cass. 15 juill. 1865 (Hardange), *B. cr.*

42. Il en est autrement lorsque la remise de la chose a été nécessaire et forcée, telle que la communication au débiteur du billet ou de la quittance qu'il vient acquitter. — Se rend coupable de vol le débiteur qui se saisit de ce billet ou de cette quittance et refuse de les restituer. — Cass. 11 janv. 1867 (Boudeville), *B. cr.*

§ 2. — *Espèces diverses.*

48 *bis*. Se rend coupable de vol : le fermier sortant qui soustrait la paille, laquelle, par le fait même du bail, a cessé de lui appartenir pour devenir la propriété du fermier entrant. Il ne commet pas un abus de confiance. — Cass. 16 avril 1863 (Grandin), *B. cr.*

51. Conf. Cass. 9 janv. 1868 (Lamolineric), *B. cr.*

58 *bis*. Celui qui s'empare de bois de flottage échoués sur la rive. — Limoges, 29 mars 1857 ; N. D., 65, 5, 418.

59. Celui qui prend une quantité de pierres sur la propriété d'autrui. Il ne commet pas un simple dommage. — Cass. 27 avril 1866 (Griscelli), *B. cr.*

59 *bis*. Celui qui enlève des sables et graviers dans une alluvion dépendant de la propriété d'autrui. — Colmar, 24 déc. 1862 (Wissmer), D., 63, 2, 82; Cass. 1er juill. 1864 (Charpin), *B. cr.*

§ 4. — *Chose trouvée.*

81. Conf. Cass. 30 janv. 1862 (Joudard), *B. cr.*

84 *bis*. Est coupable de vol : le débiteur qui s'empare frauduleusement d'une quittance de la somme par lui due, oubliée sur son bureau par le créancier. — Cass. 15 mai 1863 (Marc), *B. cr.*

84 *ter*. Celui qui, trouvant un objet sur la voie publique, le vend en lui donnant une fausse origine. — Chambéry, 23 sept. 1861 (Truchet), *J. p.*

86. Celui qui conserve et retient dans sa demeure

un animal domestique qui s'y est introduit, ne fait aucune démarche pour en connaître le propriétaire, et reste sourd à l'annonce publique de la perte de l'animal. — Douai, 11 nov. 1861 (Wibaux), *J. p.*

§ 5. — *Chose indivise ou commune.*

112. Conf. Cass. 8 août 1861 (Raymond), *B. cr.*

Art. 380.

1. La disposition du 1er § de cet article est applicable aux soustractions commises avec violence. — Cass. 6 oct. 1853 (Jaubert), *B. cr.*

6 *bis.* Cet article demeure sans application à la soustraction d'une lettre commise par un mari au préjudice de sa femme quand elle a été remise au bureau de poste avec l'adresse d'une autre personne. — Cass. 2 avril 1864 (Dubarry), *B. cr.*

32 *bis.* Le recel par un des cohéritiers des valeurs détournées par une mère tutrice ne peut échapper à la répression sous prétexte d'une confusion avec le délit principal. — Cass. 28 avril 1866 (Lombard), *B. cr.*

Art. 381.

1. Conf. Cass. 20 fév. 1862 (Fengas), *B. cr.*; 20 mars 1863 (Guignen), *B. cr.*

Art. 382.

2 *bis.* Il y a crime et non double délit de coups volontaires et de vol lorsqu'il y a corrélation entre ces deux faits et que le prévenu a frappé sa victime pour faciliter le vol. — Cass. 27 juill. 1866 (Venturino), *B. cr.*

2 *ter.* On ne peut détacher du fait de vol pour en faire des délits à part les menaces et les violences qui l'ont accompagné. — Montpellier, 7 nov. 1866 (Calazel), *J. cr.*, n° 8368.

Art. 383.

6. Les rues et places des villes et faubourgs, lors même qu'elles seraient le prolongement de chemins publics, ne peuvent être considérées comme chemins publics dans le sens de cet article. — Cass. 7 avril 1865 (Robbe), *B. cr.*

18 *bis.* Cet article a pour objet la sécurité des voyageurs et des marchandises circulant sur les chemins publics ; il n'est pas applicable au cas de vol d'objets perdus ou déposés sur ces chemins. — Dijon, 4 août 1859 (Dubost); *D.*, 63, 5, 431.

Art. 384.

13. De même la circonstance que l'effraction a été commise dans un édifice doit faire l'objet d'une seule question. — Cass. 7 mai 1868 (Bathoun), *B. cr.*; 12 sept. 1861 (Ben Aouda), *B. cr.*

Art. 386.

18. La première disposition de ce paragraphe est générale ; elle s'applique au vol commis par un domestique de tous effets pouvant se trouver dans la maison de son maître qui n'y seraient pas sous la surveillance d'un propriétaire particulier de ces effets. La deuxième disposition est une extension de la première ; elle attribue le même caractère de crime, même aux vols commis envers des personnes qui se trouvaient dans la maison du maître et pouvaient veiller elles-mêmes sur leurs effets. — Cass. 10 janv. 1823 (Roudoux), *J. p.*; 20 août 1829 (Marchand);

7 juin 1832 (Laboureur), *J. p.*; Paris, 13 mars 1863 ; Chauveau et Hélie, t. 5, p. 99, 4e édit.

48. La circonstance que le vol a été commis dans la maison, l'atelier ou le magasin du maître étant constitutive de la circonstance aggravante résultant de la qualité d'ouvrier, ne peut en être séparée pour être reliée au fait principal de vol, à peine de nullité. — Cass. 1er juin 1865 (Touron), *B. cr.*; 15 juin 1860 (Viard), *B. cr.*

Art. 388.

54. Cet article est applicable à ceux qui, la nuit, ramassent sous un pommier des fruits qu'ils emportent, soit que l'on considère ces pommes tombées comme des productions non encore détachées ou comme des productions déjà détachées du sol. — Cass. 16 mai 1867 (Montier), *B. cr.*

56. Conf. Cass. 21 mai 1863 (El Habid), *B. cr.*

58. L'art. 388 n'est applicable qu'aux délits commis dans les champs. L'art. 144 C. for. est seul applicable à l'extraction de truffes dans un bois. — Amiens, 25 janv. 1861 (Soupier), *J. p.*

Art. 390.

16 *bis.* Une grange joignant une maison habitée et faisant corps avec elle est réputée maison habitée. — Cass. 11 mars 1858 (Rivet), *B. cr.*

Art. 397.

4 *bis.* Il importe peu que le moyen de l'escalade ait été organisé en vue du vol ou que le voleur ait abusé d'un moyen que le hasard ou les circonstances mettaient à sa disposition, comme d'un échafaudage dressé par des ouvriers. — Cass. 2 avril 1864 (Lafargue), *B. cr.*

Art. 400.

Extorsion.

5 *bis.* La menace de révéler au min. public, dans un but de lucre et de vengeance, une infraction devant entraîner contre un courtier de commerce la peine d'amende et une destitution, est bien la menace de révéler un fait de nature à porter atteinte à l'honneur et à la considération. — Cass. 24 fév. 1866 (Legrand), *B. cr.*

5 *ter.* Mais il n'y a pas délit dans le fait de l'individu lésé par un délit qui obtient par la menace d'une plainte une transaction lui assurant une réparation exagérée. — Grenoble, 7 mars 1867 (Carus), *J. cr.*, n° 8489.

12. Cet article est applicable à l'extorsion de la signature d'une femme mariée, quoique non autorisée de son mari, et qu'ainsi l'obligation soit entachée d'une nullité relative. — Cass. 9 mai 1867 (Perrin), *B. cr.* — Il en serait autrement si la nullité était radicale. — Chauveau et Hélie, t. 5, p. 281, 4e édit.

Détournement d'objets saisis.

16 *bis.* Cet article est applicable soit que les objets aient été saisis par procès-verbal d'huissier, soit qu'ils aient été mis sous la main de justice par un acte du juge lui-même; par exemple, qu'ils aient été mis sous scellés en exécution de l'art. 270 C. Nap. L'immunité établie par l'art. 380 C. pén. n'est pas applicable au mari qui détourne les objets ainsi mis sous scellés. — Lyon, 10 mai 1865 (Roire), *J. p.*, 65, 932.

17. Le détournement par un saisi des objets saisis ne peut être excusé par le motif que la saisie serait

irrégulière et que la nullité en aurait été ultérieurement prononcée. — Paris, 18 juill. 1862 (Albert), *J. p.*, 63, 810.

17 *bis*. Il n'est pas fondé à soutenir que la saisie est nulle ni même à demander un sursis jusqu'après jugement au civil sur la validité de cette saisie. — Grenoble, 16 janv. 1862 (Durif), *J. cr.*, n° 7380.

25. Conf. Cass. 1er mars 1867 (Bonvoisin), *B. cr.*

26 *bis*. La vente de l'objet saisi faite par le saisi à un tiers avec connaissance de la saisie constitue le détournement, quoique l'enlèvement n'ait eu lieu que postérieurement. — Cass. 1er mars 1867 (Bonvoisin), *B. cr.*

Recel. — Complicité.

33 *bis*. Le délit de détournement est de sa nature personnel au saisi qui seul peut le commettre comme auteur, soit en agissant par lui-même, soit en recourant à la coopération d'un tiers, lequel devient son complice ; tel est le cas où le tiers à qui les objets saisis ont été vendus les enlève de concert avec le saisi. — Cass. 1er mars 1867 (Bonvoisin), *B. cr.*

Art. 401.

10. Ne commet ni un vol, ni une filouterie, ni une tentative de ces délits, celui qui, après avoir vendu un objet et en avoir reçu le prix, nie cette réception pour obtenir un nouveau payement. — Poitiers, 8 août 1867 (Pays), *J. p.*, 68, 225.

16. Celui qui se fait servir à boire et à manger dans un cabaret, sachant ne pouvoir payer, ne commet ni une filouterie ni une escroquerie. — Riom, 14 mai 1862 (Garnier), D., 63, 2, 15 ; Montpellier, 17 juin 1867 (Pascal), *J. cr.*, n° 8516 ; Chauveau et Hélie, t. 5, p. 111. — Ni une escroquerie. — Colmar, 25 nov. 1862 (Engelmann) ; D., 63, 2, 43. — *Contrà :* Il commet une filouterie. — Metz, 9 nov. 1859 (Lemaire), D., 63, 2, 43.

16 *bis*. Mais celui qui se fait servir dans un café du café et des cigares sans avoir d'argent pour en payer le prix, consomme le café et un cigare et se retire en emportant les autres, se rend coupable de vol. — Paris, 1er mars 1866 (Belfiore), *J. p.*, 67, 565.

31. Le vol commis à bord de tout navire marchand par les capitaines, officiers subrécargues ou passagers, est puni de la réclusion. Art. 92, décr. 24 mars 1852.

Art. 402.

§ 1er. — *Règles générales.*

13 *bis*. Le tribunal correctionnel saisi d'une poursuite en banqueroute simple dirigée contre une femme mariée est compétent pour vérifier et décider si cette femme était commerçante. — Cass. 1er mars 1862 (Boquier), *B. cr.*

15 *bis*. La femme mariée qui prend dès l'origine, du consentement de son mari, la véritable direction du commerce et la qualité de marchande peut être considérée comme commerçante, encore bien que la patente soit au nom du mari et que la faillite ait été déclarée sous le nom de ce dernier. — Cass. 1er mars 1862 (Boquier), *B. cr.*

16. Le commerçant ancien failli qui se livre de nouveau au commerce est tenu aux mêmes obligations vis-à-vis de ses nouveaux créanciers, et doit leur donner, au point de vue pénal, les mêmes garanties que s'il n'eût jamais été déclaré en faillite. Il peut donc être poursuivi comme banqueroutier s'il n'a pas rempli ces obligations. — Cass. 8 août 1867 (Fournet), *B. cr.*

17. La question de savoir si l'accusé était commerçant est une question de fait qui ne peut tomber

sous le contrôle de la Cour de cassation. — Cass. 1er mars 1866 (Piasotto), *B. cr.*

18. Conf. Cass. 24 juin 1864 (Level), *B. cr.*

19. Conf. Cass. 24 juin 1864 (Level), *B. cr.*

19 *bis*. La circonstance que l'inculpé était commerçant et failli est suffisamment constatée lorsque l'arrêt déclare qu'elle résulte des débats ; il en serait autrement si ces deux conditions du délit avaient été mises en question par des conclusions formelles : l'arrêt devrait alors justifier ces deux éléments par des motifs spéciaux. — Cass. 1er mars 1867 (Lesueur), *B. cr.*

20. Conf. Cass. 24 juin 1864 (Level), *B. cr.* ; 22 sept. 1866 (Hirtz), *B. cr.*

34. Conf. Cass. 22 sept. 1864 (Hirtz), *B. cr.*

§ 2. — *De la banqueroute frauduleuse.*

53. Conf. Cass. 15 juin 1866 (Renout), *B. cr.* ; 26 juin 1862 (Miesch), *B. cr.*

§ 3. — *De la banqueroute simple.*

66. Art. 584 *C. comm.* — Conf. Aix, 10 mai 1863 (Moirenne), *J. cr.*, n° 8103.

Le créancier partie civile peut décliner l'incompétence du tribunal sur le motif qu'il y aurait banqueroute frauduleuse. — Même arrêt.

66 *bis*. Un créancier du failli a le droit de se joindre aux poursuites intentées par le min. public pour banqueroute simple. L'irrégularité de son titre ne peut être soulevée pour la première fois en cassation. — Cass. 7 déc. 1866 (Chauvet), *B. cr.*

78 *bis*. Art. 586, § 5, *C. comm.* — Les peines de la banqueroute simple ne peuvent être appliquées au failli qui a disparu momentanément de sa résidence, s'il n'est prouvé que pendant ce temps il a manqué à un appel du syndic ou de la loi, et que de plus son absence n'avait pas de cause légitime. — Cass. 17 mai 1866 (Garcia Pagès), *B. cr.*

Art. 403.

25. Art. 597 *C. comm.* — Cet article est applicable au créancier qui se fait consentir des avantages pécuniaires pour prix du vote favorable qu'il s'engage à donner et à celui qui les extorque en donnant d'abord un vote défavorable dont il se fait ensuite acheter la rétractation. — Cass. 4 fév. 1843 (Cavelan), *B. cr.*

26 1°. L'art. 597 *C. com.* doit s'appliquer au mandataire du créancier qui est admis à le représenter dans la faillite lorsqu'il a fait lui-même la stipulation illicite comme rémunération de son vote. — Cass. 2 avril 1863 (Léonard), *B. cr.*

26 2°. Le mandataire, en ce cas, est complice et doit être puni, quoique le mandant échappe à toute répression comme ayant agi sans connaissance. — Bordeaux, 22 nov. 1861 (Blan), *J. cr.*, n° 7371.

26 3°. La disposition de l'article 597 comprend toute stipulation d'avantages non-seulement avec le failli, mais avec toute personne et sur des valeurs qui n'appartiennent pas à la faillite. — Cass. 9 août 1862 (Ayme), *B. cr.*

26 4°. Elle est applicable au créancier d'un failli qui exige d'un tiers la garantie de sa créance comme condition de l'avis favorable à émettre sur l'excusabilité du failli. — Cass. 20 mars 1852 (Duval), *B. cr.* ; Chauveau et Hélie, t. 5, p. 333.

26 5°. Le délit de stipulation d'avantages particuliers fait à un créancier à raison de son vote dans la faillite n'est accompli que par le vote qui a été donné. — Cass. 9 août 1862 (Ayme), *B. cr.*

27. Les art. 597 et 598 sont applicables quoiqu'il n'y ait pas eu faillite judiciairement déclarée, si

d'ailleurs le débiteur était réellement, au moment du traité, en état de cessation de payements. — Cass., civ., 22 août 1866 (Marrot), *J. p.*, 66, 1063.

Et encore qu'il s'agisse d'un concordat amiable par abandon d'actif. — Même arrêt.

Art. 405.

§ 1er. — *Règles générales.* — *Constatation des faits.*

13. Le délit d'escroquerie manque de ses éléments constitutifs lorsque les faits relevés n'impliquent ni l'intervention d'un tiers, ni aucune mise en scène, ni aucun ensemble d'artifices de nature à caractériser des manœuvres frauduleuses. — Cass. 4 août 1864 (Ozanne), *B. cr.*

13 *bis.* Est suffisamment précis l'arrêt qui, sans énumérer les noms des victimes des escroqueries, les fait suffisamment connaître.

Il n'est pas nécessaire qu'il répète à chacun des faits la formule légale de la qualification, il suffit qu'il les caractérise une fois ; il peut se borner à ajouter qu'ils se sont toujours reproduits dans les mêmes circonstances. — Cass. 30 nov. 1867 (Pollet), *B. cr.*

16 *bis.* Est coauteur et non complice le représentant d'une maison qui, avec des pouvoirs égaux au gérant et une connaissance entière de la situation, prépare et fournit les moyens de l'escroquerie commise par le gérant. — Cass. 30 nov. 1867 (Pollet), *B. cr.*

§ 2. — *Faux noms, fausse qualité.*

32 *bis.* L'usage d'un faux nom n'est pas un élément d'escroquerie lorsque le nom usurpé ne présente pas plus de garantie que le nom véritable, et lorsque son emploi n'a pu influencer la livraison des marchandises. — Colmar, 25 nov. 1862 (Weissenbach) ; D., 63, 2, 42 ; Cass. 13 juin 1857 (Devambes), *B. cr.* ; Chauveau et Hélie, t. 5, p. 348, 4e édit. — *Contrà :* S'il a servi à assurer la fraude et à se soustraire à un payement. — Dijon, 5 avril 1868 (Odet), *J. p.*, 68, 1018.

34 *bis.* Est coupable d'escroquerie : l'associé en participation qui dissimule sa qualité d'associé et prend la fausse qualité de commissionnaire pour faire accepter comme effets à deux signatures des lettres de change tirées sur lui par son associé. — Cass. 20 juill. 1866 (Augier), *B. cr.*

34 *ter.* Celui qui, ayant reçu le mandat limité d'apurer les comptes d'une succession, se présente comme ayant mandat de toucher les créances et se fait remettre une somme d'argent. — Cass. 12 juill. 1866 (Autexier), *B. cr.*

36. Celui qui, se présentant comme agent d'une compagnie d'assurances qui l'avait révoqué, obtient d'un des assurés de cette compagnie, sous le prétexte du renouvellement de sa police, à l'insu et contre le gré de l'assuré, une assurance à une compagnie rivale. — Poitiers, 14 juill. 1865 (Riffaud), *J. p.*, 65, 1003.

38 *bis.* Il y a escroquerie de la part de ceux qui, en employant la fausse qualité de commerçants sérieux, et en se recommandant les uns les autres, se font livrer par des négociants des marchandises qu'ils revendent immédiatement au-dessous du cours. — Cass. 10 juill. 1862 (Boussès), *B. cr.*

38 *ter.* De la part de celui qui se fait livrer des fonds par un banquier sous le prétexte mensonger qu'il fait le commerce de grains. — Cass. 28 nov. 1867 (Daugy), *B. cr.*

39. De la part de celui qui, à l'aide de feuilles de route qui lui attribuent faussement la qualité de militaire, obtient d'une compagnie de chemin de fer une réduction sur le prix de sa place. — Aix,

25 juin 1862 (Bataille), *J. cr.*, n° 7523. V. *infra*, n° 218 *quater*, décisions contraires.

39 *bis.* De la part de celui qui usurpe la fausse qualité d'agent de police pour persuader l'existence d'un pouvoir imaginaire. — Cass. 10 juill. 1862 (Boussès), *B. cr.*

44. N'est pas coupable d'escroquerie celui qui se prétend faussement propriétaire d'une somme perdue et se la fait remettre par celui qui l'a trouvée : il ne s'attribue pas une qualité dans le sens de cet article. — Cass. 12 fév. 1863 (Sanier), *B. cr.*

56 *bis.* Est coupable d'escroquerie et non-seulement d'un dol civil celui qui se fait consentir un bail à l'aide d'une fausse qualité ou d'un faux nom ; par exemple, la femme qui prend le nom et la qualité de femme légitime de l'individu son complice. — Cass. 8 août 1867 (Fournet), *B. cr.*

56 *bis.* L'usage d'une qualité vraie, telle que celle de fonctionnaire public, peut devenir dans certains cas un élément de manœuvres frauduleuses en donnant force et crédit à des paroles mensongères. — Cass. 10 fév. 1835 (Javal), *B. cr.* ; Chauveau et Hélie, t. 5, p. 350. V. *infra*, n° 207.

§ 3. — *Des manœuvres frauduleuses.* — *Caractères constitutifs.*

Art. 1er. — *De la fraude.*

72. Se rend coupable d'escroquerie le plaideur qui, pour surprendre la religion du juge dans un procès civil, produit des actes altérés, alors que le but de cette machination est d'atteindre directement la victime et d'obtenir d'elle une remise de fonds. — Cass. 3 mai 1866 (Goetz), *B. cr.* — *Contrà :* la production par un plaideur de documents fabriqués ne constitue point une escroquerie. — Paris, 8 juin 1868 (Avelange), *J. cr.*, n° 8266.

76 *bis.* Celui qui, dans un acte notarié, trompe un prêteur en donnant comme garantie sérieuse la cession d'un privilége et d'une hypothèque dont il s'est déjà dessaisi au profit d'un premier cessionnaire ne commet qu'un dol civil. — Cass. 20 juill. 1865 (Rogeon), *B. cr.*

79 *bis.* Celui qui se fait servir à boire et à manger sans payer et sans argent pour le faire se rend coupable d'escroquerie s'il emploie des manœuvres frauduleuses capables de tromper sur sa solvabilité. Le costume du prévenu, la toilette des femmes qui l'accompagnent, la nature des mets commandés et le chiffre de la consommation ne peuvent être considérés comme des manœuvres qu'autant que le costume aurait été pris pour tromper le restaurateur. — Cass. 18 fév. 1864 (Jacquet), *B. cr.* V. *supra*, sous l'art. 401, n° 16.

Art. 2. — *Abus de crédulité.*

86. Ne se rend pas coupable d'escroquerie celui qui présente au bureau d'enregistrement des bagages, des colis dont il obtient le transport en franchise au moyen de billets de place empruntés à des voyageurs. Il ne commet qu'une contravention à l'art. 21, L. 15 juill. 1845. — Lyon, 25 fév. 1863 (Blanchin), *J. p.* ; Caen, 25 janv. 1865 (Lemeland), *J. p.*

95. Le magnétisme envisagé soit au point de vue de la science, soit à celui de l'art médical, ne peut par lui-même constituer un des éléments de la fraude prévus par cet article. — Cass. 22 août 1861 (Dupuches), *B. cr.*

97. Mais le fait d'annoncer et de pratiquer le magnétisme comme moyen curatif peut, lorsque la fraude s'y joint, constituer l'un des éléments caractéristiques de l'escroquerie et non pas seulement l'exercice illégal de la médecine. — Cass. 28 sept. 1865 (Brunet), *B. cr.*

97 *bis.* La simulation du sommeil magnétique peut, selon les circonstances dans lesquelles un semblable moyen a été employé, constituer une manœuvre frauduleuse. — Cass. 22 août 1861 (Dupuches), *B. cr.* — Encore bien que la victime n'ait pas été attirée chez la prétendue somnambule par des manœuvres spéciales et qu'elle ait remis volontairement une somme d'argent comme rémunération. — Même arrêt.

98. Le sommeil magnétique peut être considéré comme une manœuvre frauduleuse constituant l'escroquerie, lorsqu'il est déclaré qu'il était simulé et qu'il n'était employé que pour persuader l'existence d'un pouvoir imaginaire. — Cass. 12 déc. 1861 (Dovillers), *B. cr.*

ART. 3. — *But des manœuvres.*

102. Conf. Cass. 20 nov. 1862 (Ozou), *B. cr.*

104. *Fausses entreprises.*— Conf. Cass. 2 janv. 1863 (Paur), *B. cr.*; 15 juill. 1864 (Marchetich), *B. cr.*

105. Une entreprise reconnue mensongère ne perd pas son caractère d'événement chimérique pour cela seul qu'elle est annoncée comme un simple projet, si le prévenu n'était pas de bonne foi. — Cass. 17 juill. 1862 (Duvignau), *B. cr.*

105 *bis.* Peut être déclaré coupable d'escroquerie : celui qui, par un prospectus, annonce mensongèrement qu'une société est sous la direction d'un comité qui n'a pas existé, et qui, au nom de ce comité, parle de relations nombreuses déjà liées avec des commerçants à qui les actionnaires peuvent s'adresser. — Cass. 17 juill. 1862 (Duvignau), *B. cr.*

106. Celui qui, pour convaincre de l'existence d'un bureau de placement sérieux pouvant procurer des places et emplois, indépendamment de promesses mensongères, prend par écrit des engagements qu'il sait ne pouvoir remplir et distribue des cartes de faveur donnant droit à une préférence à ceux qui les obtiennent. — Cass. 13 fév. 1862 (Guisle), *B. cr.*

107 2°. Il y a escroquerie de la part de celui qui fait assurer des marchandises au delà de leur valeur en produisant des factures de complaisance n'exprimant pas le véritable prix, et qui les charge sur un bâtiment voué à une perte certaine, afin d'obtenir le prix de l'assurance. — Cass. 15 juill. 1864 (Marchetich), *B. cr.*

107 3°. Ou qui trompe l'assureur sur la valeur des marchandises assurées, dont une partie seulement a été chargée, par de fausses déclarations, des suppositions concertées avec un tiers et rendues probables par la présentation du connaissement et l'intervention d'un courtier, et alors qu'un concert coupable avait voué le bâtiment à une perte certaine. — Cass. 2 juin 1864 (Ginoux), *B. cr.*

107 4°. De la part de celui qui amène une compagnie de chemin de fer, avec la complicité des agents de cette compagnie, à transporter des quantités de marchandises supérieures à celles qui sont déclarées par lui dans ses notes d'expédition, et obtient au départ une lettre de voiture contenant obligation de transporter, moyennant un prix inférieur à celui qui est dû, et à l'arrivée une quittance avec décharge réalisant la perte. — Cass. 28 mars 1867 (Fivet), *B. cr.*

107 5°. Au contraire, il n'y a pas escroquerie de la part d'un expéditeur de marchandises par chemin de fer qui, pour payer un prix moindre de transport, fait une déclaration inexacte de la nature et de la valeur de ses marchandises. Il n'y a ni manœuvres frauduleuses ni remise d'une chose quelconque. — Paris, 12 déc. 1863 (Pigneau), *J. p.*, 64, 479.

108 *bis.* L'existence d'une contravention en matière de contributions indirectes ne met pas obstacle à ce que le même fait, quand il s'y joint des manœuvres frauduleuses caractérisées et la remise d'écrits portant décharge de droits, ne constitue le délit d'escroquerie au préjudice de l'administration, et dans ce cas la transaction consentie par celle-ci n'a pas pour effet de désarmer l'action publique quant au délit. — Cass. 26 juill. 1866 (Cavrois), *B. cr.*

108 *ter.* Il y a non une simple contravention aux dispositions fiscales des art. 19 et 46 de la loi du 28 avril 1816, mais escroquerie de la part du marchand de vin qui, pour faire décharger son compte d'entrepôt des droits d'entrée et d'octroi, simule une nombreuse clientèle hors la ville, obtient des certificats de sortie pour des destinations imaginaires, opère ensuite des rentrées clandestines et consomme sa fraude en représentant lesdits certificats avec des registres et carnets mensongers. — Colmar, 30 mai 1865 (Fleig), *J. cr.*, n° 8121.

110. *Crédit imaginaire.*— Est coupable d'escroquerie le prévenu qui s'est livré avec le plaignant à des opérations onéreuses à fin de fonder son crédit et se fait remettre sous de faux prétextes des sommes considérables, après s'être concerté avec d'autres pour les faire passer en lieux sûrs et se les approprier. — Cass. 30 juill. 1863 (Linker), *B. cr.*

111 *bis.* Ou qui présente à l'escompte des billets à ordre souscrits de son propre nom qui est aussi celui d'une autre personne solvable, s'il indique mensongèrement le domicile de cette personne pour faire croire que celle-ci est en réalité le souscripteur des billets. — Cass. 19 nov. 1863 (Fleau), *B. cr.*

125. *Événement chimérique.*— Est coupable d'escroquerie, en faisant naître l'espérance d'un événement chimérique :

L'individu qui, pour payer une consommation, donne une pièce de deux centimes qu'il a rendue brillante, et, en la faisant passer pour une pièce de vingt francs, obtient la remise de l'appoint. — Aix, 14 mai 1862 (Biscarrat), *J. cr.*, n° 7442.

125 *bis.* Celui qui, pour former une société commerciale ayant pour objet l'exploitation d'une eau spéciale, prépare et produit devant ses associés une eau qu'il dit être le résultat d'une formule qu'il apporte dans l'association, tandis que la formule apportée ne pouvait produire l'eau dont il s'agit et que la vraie formule avait été conservée par lui. — Cass. 20 avril 1867 (Hedot), *B. cr.*

128. Le débiteur qui, actionné par son créancier, produit une pièce obtenue par surprise et dont il dénature la portée dans le but de se faire lui-même passer pour créancier et de faire craindre au demandeur l'insuccès de son action. — Lyon, 10 nov. 1867 (Gazel), *J. cr.*, n° 8575. V. *supra*, n° 72.

129 1°. Celui qui, pour bénéficier d'un crédit à lui ouvert, crée de nombreuses traites qui n'ont rien de sérieux, étant tirées sur des inconnus ou sur des individus qui ne doivent rien. — Paris, 2 août 1861 (Leloup), *J. cr.*, n° 7289.

129 3°. Celui qui obtient des livraisons de marchandises en remettant des billets de complaisance souscrits par des individus notoirement insolvables et causés valeur en marchandises. — Lyon, 25 mars 1867, *J. p.*, 68, 345.

129 4°. Ou qui emprunte de l'argent en remettant un billet de complaisance souscrit par un insolvable.—Paris, 19 juill. 1865 (Lorrain), *J. p.*, 66, 922

129 5°. Celui qui présente à un banquier, pour être escomptées, des valeurs souscrites par des personnes insolvables, lorsqu'il avait recommandé à ces sous-

cripteurs soit de modifier leur signature habituelle, soit d'indiquer de faux domiciles, de manière à tromper le banquier sur leur individualité et leur solvabilité. — Cass. 30 nov. 1867 (Pollet), *B. cr.*

130. Celui qui, pour obtenir la vente de ses marchandises, envoie un tiers chez des commerçants pour y faire des commandes de ces mêmes marchandises, à la charge de les porter à des domiciles inconnus. — Cass. 10 juill. 1862 (Cariven), *B. cr.*

135. Est coupable d'escroquerie :

Celui qui surprend une signature au bas d'un acte de cession de créance en présentant l'acte comme une simple procuration dont il ne donne qu'incomplétement lecture. — Cass. 8 juill. 1865 (Comte), *B. cr.*

135 2°. Le créancier qui, recevant de son débiteur une somme destinée à payer son loyer, rédige une quittance dans laquelle il l'impute sur les frais du procès et donne lecture de cette quittance en en dénaturant le sens et les termes, de manière à faire croire que l'imputation est faite sur le loyer. — Cass. 2 août 1866 (Mongenot), *B. cr.*

135 3°. L'agent d'une compagnie d'assurances qui surprend des souscriptions à des polices d'assurances pour une autre compagnie que celle à laquelle l'assuré croyait s'engager, en superposant des polices de diverses compagnies, de manière qu'en croyant apposer sa signature au bas de l'une, l'assuré, en réalité, en signait une autre. — Cass. 26 mai 1865 (Riffaut), *B. cr.*; Poitiers, 14 juill. 1865 (Riffaud), *J. p.*, 65, 1003. — L'escroquerie est commise non au préjudice de la compagnie d'assurances dont la clientèle peut être détournée, mais au préjudice des tiers assurés contre leur gré. — Mêmes arrêts.

135 4°. L'agent d'assurances qui, pour faire croire que sa compagnie donnait de grands avantages et de grands bénéfices, produit des états de répartition imprimés portant des résultats mensongers, et qui, sur les polices d'assurances qu'il laisse aux mains des souscripteurs, inscrit des conditions qu'il ne reproduit pas sur le double de ces polices. — Cass. 18 déc. 1863 (Jombart), *B. cr.*; 24 déc. 1863 (Lefort), *B. cr.*

135 5°. Qui se présente chez des assurés en se faisant à dessein accompagner du garde champêtre, leur fait signer des billets tout préparés contenant des engagements dont il leur dissimule la nature et l'étendue par des allégations mensongères et en s'abstenant de leur en lire la teneur. — Cass. 20 déc. 1862 (Lefort), *B. cr.*

136. Le titulaire d'un office qui, pour tromper son cessionnaire, produit un registre de recettes augmentées à l'aide d'additions et altérations frauduleuses. — Cass. 18 fév. 1865 (Roussel), *B. cr.*

136 *bis.* Celui qui fait croire, à l'aide d'annonces mensongères et par une simulation préméditée d'achalandage, à une valeur exagérée d'un fonds de commerce vendu. — Cass. 27 août 1863 (Faivre), *B. cr.*

138 *bis.* La production d'une facture mensongère attribuant une valeur fausse à des objets peut être considérée comme une manœuvre frauduleuse. — Cass. 2 janv. 1863 (Paur), *B. cr.*

140 2°. La production de certificats écrits par soi-même et accompagnés de signatures surprises peut constituer une manœuvre frauduleuse quand ces certificats ont eu pour but de persuader l'existence d'un pouvoir imaginaire ou de faire naître l'espérance d'un succès chimérique. — Cass. 28 sept. 1865 (Brunet), *B. cr.*

140 3°. Se rend coupable d'escroquerie : le chef d'atelier d'une compagnie de chemin de fer qui emploie à son usage particulier les ouvriers qu'il fait payer plus tard par la compagnie, en produisant au caissier de celle-ci des états de journées d'ouvriers

certifiés par lui, sans distinction entre la nature des travaux auxquels ils ont été employés. Il n'est pas nécessaire que les sommes d'argent lui aient été remises à lui-même, il suffit qu'elles aient été payées aux ouvriers à sa décharge. — Cass. 26 mars 1863 (Richard), *B. cr.*

140 4°. Le maire qui, de concert avec son fils, emploie des manœuvres pour amener un conscrit, son domestique, à acquérir à prix d'argent la connaissance d'un secret chimérique procurant le tirage d'un bon numéro, après l'observation de pratiques cabalistiques. — Cass. 30 avril 1868 (Labbé), *B. cr.*

140 5°. Le banquier dépositaire de titres qui en opère la vente à l'insu des déposants, qui envoie périodiquement à ceux-ci de prétendus relevés de compte courant destinés à leur représenter leurs titres comme se trouvant toujours entre les mains du dépositaire, et qui enfin leur adresse une circulaire mensongère, leur annonçant la nécessité d'une vente à la baisse de ces titres, suivie de l'envoi d'un bordereau de frais constatant une nouvelle vente purement fictive. — Cass. 28 juin 1862 (Mirès), *B. cr.*

140 6°. L'emploi de manœuvres frauduleuses ne peut perdre le caractère d'escroquerie par cela seul que ces manœuvres ont eu lieu en vue d'un mariage et pour s'approprier des valeurs constituées en dot, alors surtout que l'escroquerie a été consommée par la remise de ces valeurs avant la célébration du mariage. — Paris, 19 mai 1866 (Tuponier), *J. p.*, 67, 334. — V. sous l'art. 380 C. pén., 8.

153 *bis.* La tricherie au jeu constitue le délit d'escroquerie lorsque l'arrêt relève des actes extérieurs et un ensemble de circonstances constitutives de manœuvres frauduleuses. — Cass. 6 juillet 1866 (Long), *B. cr.*

153 *ter.* Ainsi, est coupable d'escroquerie le joueur au baccarat qui ajoute à ses cartes un certain nombre de cartes préparées de manière à amener en sa faveur une série de coups gagnants et réalise ainsi à coup sûr un bénéfice illicite. — Cass. 31 janv. 1868 (Panariello), *B. cr.*

§ 4. — *Allégations mensongères.*

155. Conf. Cass. 11 juillet 1861 (Duval), *B. cr.*; 12 fév. 1863 (Sanier), *B. cr.*; 18 juin 1863 (Prestrel), *B. cr.*

155 *bis.* On ne peut considérer comme manœuvres frauduleuses des paroles mensongères, des espérances trompeuses à l'aide desquelles on aurait obtenu des valeurs. — Cass. 4 avril 1862 (Bouchu), *B. cr.*

155 *ter.* Des allégations purement mensongères, quand elles ne sont appuyées, ni par une mise en scène, ni par aucun fait extérieur et matériel, ni par aucune intervention d'un tiers, ne peuvent constituer les manœuvres frauduleuses. — Cass. 5 déc. 1862 (Bos), *B. cr.*; 12 fév. 1863 (Sanier), *B. cr.*; 19 juin 1863 (Lefort), *B. cr.*

155 *quater.* De simples mensonges ne peuvent équivaloir à des manœuvres frauduleuses, alors même qu'ils seraient accompagnés d'un geste confirmatif, et notamment du fait d'avoir dit, en frappant sur sa poche, *J'ai là des valeurs.* — Cass. 8 sept. 1864 (Jacquet), *B. cr.*

156. Ainsi, n'est pas coupable d'escroquerie : celui qui se fait remettre une somme d'argent trouvée par un autre en s'en disant faussement propriétaire. — Cass. 12 fév. 1865 (Sanier), *B. cr.*

156 *bis.* Celui qui obtient quittance, moyennant paiement d'une somme inférieure à celle due, en invoquant faussement sa misère. — Cass. 5 déc. 1862 (Bos), *B. cr.*

156 *ter.* Celui qui obtient des souscriptions à des

contrats d'assurance en trompant, par des allégations mensongères et des réticences, les souscripteurs sur les conséquences des actes qu'il leur fait signer. — Cass. 19 juin 1863 (Lefort), *B. cr.*

156 *quater*. Celui qui, en se présentant comme étant à la tête d'une maison de commerce importante et ayant besoin de nombreux employés auxquels il promettait de bons appointements, alors qu'il ne pouvait remplir ses engagements, se fait remettre des sommes d'argent à titre de cautionnement. — Cass. 18 juin 1863 (Prestrel), *B. cr.*

161 *bis*. Celui qui surprend un jugement de débouté d'opposition contre son adversaire, en lui affirmant faussement que l'affaire étant arrangée il n'avait pas à se présenter à l'audience pour soutenir l'opposition par lui formée. Le plaignant doit s'imputer d'avoir ajouté foi trop légèrement à une simple allégation mensongère. — Cass. 10 août 1867 (Bacconnier), *B. cr.*

162. Au contraire, on doit considérer non comme de simples mensonges, mais comme de véritables manœuvres frauduleuses, les artifices des contrats d'assurance, les réticences des prospectus et des affiches, l'établissement de nombreuses agences, la publicité de tout genre donnée aux prospectus et aux affiches, alors que pour tromper le public l'inculpé en retranche la clause des statuts qui rendait vaine la promesse contenue dans une autre clause. — Cass. 26 déc. 1863 (Giraud), *B. cr.*

162 *bis*. Se rend coupable d'escroquerie : celui qui se fait remettre une somme d'argent par une femme en lui affirmant faussement que son mari auprès duquel il venait de faire une démarche y consentait. — Angers, 21 août 1865 (Hatsoche), *J. cr.*, n° 8110.

162 *ter*. Le voyageur par chemin de fer qui fait servir pour une station plus éloignée son billet qu'il s'est fait délivrer pour une station plus rapprochée, lorsqu'il présente ce billet au contrôleur de manière à accréditer ce mensonge. — Nîmes, 13 nov. 1862 (Chastanier), *J. p.*, 64, 606. Il ne commet qu'une contravention à l'art. 63, ord. du 15 nov. 1846. — Toulouse, 9 juillet 1868 (Rigot), *J. p.*, 69, 97. V. *infra*, 218 *ter*.

162 *quater*. Il y a escroquerie de la part des femmes de mauvaise vie qui se font remettre de l'argent ou acheter des effets par un jeune homme après l'avoir enivré et en lui persuadant qu'en remettant ces sommes il pourrait emmener l'une d'elles avec lui, événement que leur intention frauduleuse rendait chimérique. — Cass. 14 nov. 1867 (Perret), *B. cr.*

177. Conf. Cass. 4 avril 1862 (Bouchu), *B. cr.* ; 12 nov. 1864 (Michaud), *B. cr.*

177 *bis*. De simples mensonges, lorsqu'ils sont accompagnés d'actes extérieurs et de faits matériels de nature à faire croire à un crédit imaginaire suffisent pour caractériser le délit d'escroquerie. — Cass. 18 déc. 1863 (Jombart), *B. cr.*

178. Conf. Cass. 12 nov. 1864 (Michaud), *B. cr.*

179. Ainsi, il y a manœuvres frauduleuses dans l'échange de correspondances fictives résultat d'un concert frauduleux pour abuser les tiers déjà disposés à la crédulité par des allégations mensongères. — Cass. 20 juillet 1866 (Augier), *B. cr.*

179 *bis*. Ou lorsque les mensonges employés pour surprendre la confiance résultent d'une correspondance géminée presque journalière, annonçant des achats simulés de marchandises, et lorsqu'ils sont accrédités par de prétendues factures, par un mélange d'opérations réelles et d'opérations fictives et par l'abus de la qualité de mandataire, qui leur imprime une apparence de réalité. — Cass. 17 nov. 1866 (Pourtauborde), *B. cr.*

179 *ter*. Est coupable d'escroquerie : celui qui, indépendamment d'allégations mensongères pour faire croire à la prospérité d'une société par lui formée, remet des actions à des courtiers pour répandre dans le public que cette société donnait des bénéfices considérables. — Cass. 4 avril 1862 (Bouchu), *B. cr.*

180. Celui qui propageant la nouvelle qu'il a obtenu le don surnaturel de guérir les maladies par frictions, simple contact et même à distance, reçoit les malades avec une mise en scène et des manœuvres calculées pour accroître l'espérance d'une guérison chimérique, dans lesquelles il se fait aider par un tiers, et se fait remettre ainsi des valeurs ou de l'argent. — Cass. 25 avril 1867 (Dessens), *B. cr.*

180 2°. Il y a manœuvres frauduleuses dans une mise en scène et une distribution de rôles concertées entre plusieurs individus ayant pour but de déterminer la victime de leurs fraudes à acquérir un immeuble au delà d'un prix dont les associés doivent se partager l'excédant. — Cass. 17 nov. 1864 (Marquis), *B. cr.*

180 3°. Il y a manœuvres frauduleuses résultant d'actes extérieurs, quand on montre à celui dont on veut extorquer de l'argent des voitures chargées de blé et dont on se prétend propriétaire. — Cass. 28 nov. 1867 (Dangy), *B. cr.*

180 4°. Des mensonges appuyés de voyages et de démarches pour faire croire à l'existence d'un pouvoir imaginaire, constituent l'escroquerie. — Cass. 9 août 1861 (Gaudin), *B. cr.*

180 5°. Toutefois, l'intervention d'un tiers pour faire croire à une allégation mensongère ne suffit pas pour constituer l'escroquerie, il faut de plus qu'elle soit de nature à faire naître l'espérance ou la crainte d'un succès, d'un accident ou de tout autre événement chimérique.

Ainsi, ne se rend pas coupable d'escroquerie, le propriétaire qui, pour se faire remettre le double d'un bail par son locataire, allègue en présence de sa domestique, qui ne le dément pas, que celle-ci a égaré le double qui était en sa possession. — Cass. 10 nov. 1864 (Charanton), *J. cr.*, n° 7966.

184 1°. Si de simples allégations mensongères, telles que réticences et simulations d'un mandataire, ne présentent pas légalement le caractère de manœuvres frauduleuses lorsqu'elles se produisent dans un compte rendu par ce dernier, il n'en est plus ainsi quand, pour couvrir des détournements, ce mandataire, agissant de concert avec un tiers, représente des actes mensongers, des quittances de complaisance fabriqués par ce tiers. — Cass. 2 déc. 1865 (Cassin), *B. cr.*

184 2°. Il y a manœuvres frauduleuses : dans l'énonciation de dépenses fictives dans un compte dressé par suite d'un concert entre deux personnes, entre un entrepreneur et un contre-maître ; elle n'est pas un simple mensonge, alors surtout que le visa du contre-maître lui donne plus de créance. — Cass. 21 avril 1866 (Valentin), *B. cr.*

184 3°. Dans la fabrication de comptes contenant de fausses mentions et des exagérations de fournitures et de journées de travail lorsqu'ils sont suivis du contrôle fictif d'un employé gagné et de l'approbation d'un architecte complaisant. — Cass. 9 nov. 1866 (Clarenc), *B. cr.*

184 4°. Se rend coupable d'escroquerie : le marchand grainetier qui, de concert avec un domestique, produit des factures énonçant des livraisons fictives ou exagérées et se fait payer par le maître des sommes supérieures à celles à lui dues. — Cass. 21 fév. 1868 (Damien), *B. cr.*

184 5°. Celui qui se fait remettre des fonds en échange de marchandises consignées dont il exagère sciemment la quantité dans des factures, alors que

ces factures sont certifiées par un tiers de bonne ou de mauvaise foi. — Cass. 21 mars 1867 (Gallet), *B. cr.*

184 6°. Celui qui se présente comme créancier d'un bureau de bienfaisance pour de prétendues guérisons de malades fictifs, à l'aide d'états mensongers appuyés de certificats de médecins complaisants. — Cass. 17 nov. 1866 (Allard), *B. cr.*

184 7°. Au contraire, des allégations mensongères ne constituent pas une manœuvre frauduleuse encore qu'elles soient traduites et employées dans les articles d'un compte, et qu'elles soient appuyées de la production d'un titre adiré et éteint ayant pour objet de faire payer ce titre une seconde fois. — Cass. 20 nov. 1862 (Ozou), *B. cr.*

186. *Promesses.* — Ne se rend point coupable d'escroquerie celui qui, pour obtenir d'une femme le cautionnement d'un billet dont il est porteur, affirme faussement que cette concession lui étant faite, il ferait aussitôt mettre en liberté son fils qu'il avait fait emprisonner. — Cass. 11 juillet 1861 (Duval), *B. cr.*

201. Si en principe la promesse d'intervenir près le conseil de recrutement pour faire exempter un conscrit, dégagée de toutes manœuvres, ne suffit pas pour constituer l'escroquerie, il en est autrement lorsque l'arrêt constate un accord arrêté à l'avance entre les prévenus pour exploiter la crédulité des jeunes conscrits, et des prescriptions médicales ordonnées pour simuler un état de maladie. — Cass. 28 mai 1864 (Fontan), *B. cr.*

203. Se rendent coupables d'escroquerie les agents d'une société qui, de concert et sous l'impulsion du directeur de cette société, trompent les pères de famille en leur faisant croire faussement qu'au moyen du versement d'une somme portée dans leur police et sans autres déboursés, leurs fils seraient définitivement exonérés du service militaire et que ce résultat leur était assuré par le gouvernement, alors que ces manœuvres ont eu pour résultat de faire verser entre les mains de ces agents des souscriptions dont la société prélevait une partie qu'elle s'appropriait. Le directeur qui a donné les instructions est complice. — Cass. 19 déc. 1867 (Vernet), *B. cr.*

207. Si de simples mensonges ne peuvent, indépendamment de tous actes extérieurs, constituer les manœuvres frauduleuses, il en est autrement lorsque les allégations mensongères émanent d'une personne dont les paroles, à raison de sa qualité, inspirent la confiance. — Cass. 9 janv. 1863 (Salles), *B. cr.*

212. Se rend coupable d'escroquerie le médecin qui se fait remettre des sommes d'argent par une malade en lui persuadant qu'elle a été dénoncée à la justice comme s'étant fait avorter, qu'il possédait des papiers compromettants pour elle et qu'il dépendait de lui d'arrêter la poursuite. — Cass. 9 janv. 1863 (Salles), *B. cr.*

§ 5. — *Remise.*

218 *bis.* La remise qui est nécessaire pour constituer l'escroquerie ne peut s'entendre que de la tradition matérielle de l'un des objets mentionnés dans l'art. 405.

Ainsi n'est pas constitutif de l'escroquerie l'usage frauduleux d'un permis de circulation délivré à un tiers pour se faire admettre à voyager gratuitement dans un train de chemin de fer, faute d'une remise matérielle. — Cass. 6 mai 1865 (Laforgue), *B. cr.*

Alors même qu'on prendrait le nom de ce tiers. — Paris, 15 mars 1867 (Deboudt), *J. p.,* 67, 575.

218 *ter.* Ainsi, à défaut de remise de l'une des valeurs spécifiées dans l'art. 405, il n'y a pas escroquerie dans le fait d'un voyageur qui, pour frustrer une compagnie de chemin de fer d'une partie du prix qui lui est dû, prend un billet pour une station voisine, continue son voyage et se procure à l'une des dernières stations un nouveau billet qu'il présente à la gare d'arrivée. — Bordeaux, 27 juin 1862; D., *J. p.,* 62, 994. V. *suprà,* n° 162.

218 *quater.* Ni dans le fait du voyageur qui profite abusivement d'un tarif exceptionnel en prenant une qualité qui ne lui appartient pas pour ne payer qu'une partie du prix de la place. — Toulouse, 26 juill. 1862 (Barbot); D., 65, 2, 84; 7 avril 1865 (Laforgue); D., 65, 2, 85. V. *suprà,* n° 39, décision contraire.

219. Conf. Cass. 12 nov. 1864 (Michaud), *B. cr.*

223. L'expression *obligation* est applicable : aux traités par lesquels des pères de famille, dans l'espoir chimérique de faire exonérer leurs enfants du service militaire, s'obligent à verser une somme d'argent au prévenu qui, de son côté, s'engage à compléter la somme nécessaire à l'exonération si les appelés tombent au sort, engagement dont l'inexécution oblige ces pères de famille à payer seuls le montant de l'exonération. — Cass. 26 déc. 1863 (Desportes), *B. cr.*

225. A la vente d'un immeuble. — Cass. 12 nov. 1864 (Michaud), *B. cr.*

225 *bis.* Se rend coupable d'escroquerie celui qui, à l'aide d'un faux nom ou de manœuvres frauduleuses, se fait remettre par le facteur de la poste une lettre missive adressée à un autre, encore que cette lettre ne contienne aucune valeur et n'opère ni obligation ni décharge, et que l'auteur du délit n'ait point entendu faire un lucre. — Metz, 22 mai 1867 (Grégoire), *J. p.,* 68, 433

226. La preuve testimoniale est admissible quoique la décision emporte virtuellement constatation d'un contrat civil dont la preuve serait interdite isolément si le fait civil s'identifie avec le fait délictueux et s'il y a indivisibilité. — Cass. 30 avril 1868 (Labbé), *B. cr.*

226 *bis.* Elle est admissible pour établir que le débiteur s'est fait remettre frauduleusement le titre de son créancier. — Cass. 30 août 1866 (Fourcroye), *B. cr.*

233. Cet article n'exige pas que la remise ou délivrance soit opérée directement dans les mains de l'auteur du délit ou de ses complices. — Cass. 26 mars 1863 (Richard), *B. cr.*

Toute remise de fonds effectuée à la décharge et pour le compte du débiteur est censée faite à lui-même. — Même arrêt.

234. Conf. Cass. 8 juill. 1865 (Comte), *B. cr.*

234 *bis.* Il importe peu que l'escroquerie profite ou non à celui qui la commet si elle porte préjudice à celui qui en est victime. — Cass. 26 déc. 1863 (Giraud), *B. cr.*; 17 juill. 1862 (Duvignau), *B. cr.*

§ 6. — *Tentative.*

237. Les tribunaux correctionnels sont tenus de constater les faits constitutifs de la tentative d'escroquerie. — Cass. 19 nov. 1863 (Fleau), *B. cr.*

237 *bis.* Cette tentative est suffisamment constatée : Lorsque l'arrêt déclare que les prévenus avaient remis les billets frauduleusement rédigés à des escompteurs pour en faire la négociation et qu'aucun fait n'est énoncé qui puisse faire croire que, postérieurement à cette remise, l'intention frauduleuse des prévenus se fût modifiée. — Cass. 19 nov. 1863 (Fleau), *B. cr.*

237 *ter.* Lorsque l'arrêt énonce qu'elle n'a été suspendue au dernier moment que par la dénonciation d'un tiers. — Cass. 18 fév. 1865 (Roussel), *B. cr.*

238. Il y a commencement d'exécution d'une tentative d'escroquerie lorsqu'il est constaté que des

comptes frauduleux dressés de concert entre les prévenus ont été présentés à l'administration municipale à l'effet d'en réclamer le payement. — Cass. 9 nov. 1866 (Clarenc), *B. cr.*

244. De la part d'un officier ministériel qui, pour tromper son cessionnaire sur la valeur de l'office, lui livre des registres qu'il a falsifiés et fabrique des états relevés sur lesdits registres pour les produire à la chancellerie. — Cass. 18 fév. 1865 (Roussel), *B. cr.*

244 *bis*. Il y a tentative d'escroquerie lorsque, à l'aide d'allégations fallacieuses, des individus font de concert signer par un acquéreur un acte de vente à réméré préparé à l'avance et une quittance contenant un prix inférieur à celui convenu et payé dans le but de s'approprier la différence lors de l'exercice du réméré. — Cass. 16 juin 1864 (Ponsot), *B. cr.*

246 *bis*. La tentative d'escroquerie préparée par l'inscription sur une feuille de contrôle de journées d'ouvrage fictives n'est point punissable si l'auteur de cette manœuvre ni les ouvriers bénéficiaires de l'inscription n'ont cherché à se faire remettre le prix des journées. — Cass. 7 fév. 1868 (Bouton), *B. cr.*

Art. 406.

2. Cet article est applicable quoique le prêt fût déguisé sous la forme d'une vente immobilière. — Chauveau et Hélie, t. 5, p. 398, 4e édit.

2 *bis*. Il exige que les actes qu'on se fait souscrire aient eu pour cause un prêt. Ainsi, il n'est pas applicable au marchand qui, ayant excité un mineur à lui acheter des meubles à crédit, s'est fait souscrire par lui des billets comme garantie de payement, alors que cette vente ne déguise pas un prêt. — Rennes, 6 déc. 1865 (B.), *J. p.*, 66, 698.

4 *bis*. Il n'exige pas comme condition de son application : d'une part que les obligations aient été souscrites au profit de l'auteur de la pression abusive, et de l'autre que les prêts effectués l'aient été également par ce dernier. — Cass. 22 fév. 1866 (femme Cour), *B. cr.*

4 *ter*. Ainsi, il est applicable à la courtisane qui ne se borne pas à abuser de la folle libéralité d'un mineur à son égard, mais qui sciemment intervient pour lui faire souscrire, même au profit de tiers, des obligations préjudiciables pour prêts d'argent. — Cass. 22 fév. 1866 (femme Cour), *B. cr.*

11. Conf. Cass. 4 nov. 1864 (Castex), *B. cr.*; 13 janv. 1866 (Dearanjo), *B. cr.*

13. Conf. Cass. 13 janv. 1866 (Dearanjo), *B. cr.*

Art. 407.

5. Le notaire qui abuse d'un blanc-seing à lui confié commet un faux s'il donne à la convention par lui écrite au-dessus de sa signature la forme d'un acte authentique. — Cass. 30 juill. 1840; Chauveau et Hélie, t. 5, p. 407, 4e édit.

5 *bis*. Il y a abus de blanc-seing dans le fait d'avoir écrit au-dessus d'un acte de cautionnement souscrit en blanc une obligation relative à une créance autre que celle pour laquelle ce cautionnement avait été donné. — Cass. 11 oct. 1860 (Boulongne), *B. cr.*

27. La preuve testimoniale peut être admise pour établir l'existence et la remise d'un blanc-seing dont l'objet est un acte de commerce. — Cass. 22 avril 1864 (Patris), *B. cr.*

Art. 408.

§ 1er. — *Caractères généraux.* — *Remise.* — *Fraude.* — *Restitution différée, tardive.*

22. *Fraude.* — Une opposition faite par un tiers au payement d'une somme reçue à titre de mandat ou dépôt ne couvre pas le refus de payer cette somme lorsqu'elle n'est qu'une fraude imaginée pour couvrir un détournement. — Cass. 12 janv. 1866 (Leblond), *B. cr.*

24. La fraude n'a pas besoin d'être constatée en termes sacramentels, il suffit que le jugement constate que le prévenu avait violé son mandat en détournant la somme à lui confiée et avait commis un abus de confiance. — Cass. 27 fév. 1863 (Michaud), *B. cr.*

24 *bis*. L'intention frauduleuse résulte suffisamment soit des circonstances mêmes du fait relevé dans l'arrêt, soit de la déclaration de culpabilité. — Cass. 10 mai 1867 (Reocreux), *B. cr.*

26. L'exception de bonne foi est suffisamment repoussée lorsqu'il est dit que le prévenu avait détourné les valeurs à lui remises et s'était rendu coupable de détournement. — Cass. 12 avril 1866 (Bée), *B. cr.*

28 *bis*. Est nul pour défaut de motifs l'arrêt qui attribue à un fait la double qualification d'abus de dépôt et d'abus de prêt sans préciser les circonstances qui constitueraient le délit d'abus de confiance. — Cass. 21 avril 1866 (femme Jeandet), *B. cr.*

31. Cet article n'exige pas, pour constituer l'abus de confiance, que l'inculpé ait eu l'intention de s'approprier l'objet à lui confié, — ou qu'il en ait tiré un profit personnel ; il suffit que le détournement ait eu lieu au préjudice du propriétaire ou possesseur. — Cass. 12 avril 1866 (Bée); 10 mai 1867 (Reocreux), *B. cr.*

35. *Restitution différée.* — Une rétention plus ou moins prolongée des fonds ou valeurs remis au mandataire à la charge d'en faire un emploi ne suffit pas pour constituer un délit. Il faut en outre que cette rétention ait eu pour mobile une intention frauduleuse et pour but de priver définitivement le mandant de tout ou partie de ses fonds. Il ne suffit pas que l'arrêt constate que l'inculpé avait retenu le produit de l'effet par lui négocié au delà de l'époque convenue. — Cass. 29 déc. 1866 (Hibon), *B. cr.*

35 *bis*. Le délit ne se trouve consommé qu'à l'époque où le mandataire s'est mis dans l'impossibilité de restituer. — Cass. 14 janv. 1864 (Thévenin), *B. cr.*

37. Cet article n'exige pas dans tous les cas une mise en demeure pour caractériser la fraude du détournement; il exige encore moins une mise en demeure judiciaire. Des réclamations réitérées suffisent. — Cass. 3 janv. 1863 (Milsot), *B. cr.* — V. sous l'art. 638 C. i. cr., n° 52 et suiv. — *Contrà* : Le détournement n'est réputé accompli que lorsque, sur une sommation ou mise en demeure, il y a eu refus de restituer. — Toulouse, 13 fév. 1862 (B.); D., 62, 2, 84.

37 *bis*. Le délit d'abus de confiance existe par le fait seul de détournement ou de la dissipation des valeurs remises; la constatation d'une mise en demeure au mandataire à fin de restitution ne saurait être une condition essentielle de la répression lorsque le juge du fait puise la preuve des détournements et de la fraude dans les circonstances du débat. — Cass. 14 mars 1862 (Pigault), *B. cr.*; Chambéry, 8 mars 1867 (Corcellet), *J. cr.*, n° 8509.

37 *ter*. Si en cas de simple retard à restituer, une mise en demeure peut être quelquefois nécessaire pour préciser le caractère de la détention, il n'en saurait être de même quand l'acte incriminé s'induit forcément soit dans sa matérialité, soit dans l'intention qui y a présidé de certaines circonstances desquelles il résulte que l'abus de confiance est pleinement consommé. — Cass. 30 juin 1864 (Dubœuf), *B. cr.*

40 *bis.* Un détournement de titres ne peut être excusé par le motif que le prévenu avait en caisse les fonds nécessaires pour se procurer des titres de même nature ou pour accomplir son mandat. — Cass. 28 juin 1862 (Mirès), *B. cr.*

40 *ter.* Mais le prévenu peut être acquitté s'il est constaté qu'il avait en caisse des titres de même nature que les titres réclamés, et si d'ailleurs il n'est pas constaté que le prévenu ait été mis préalablement en demeure de restituer.. — Cass. 28 juin 1862 (Mirès), *B. cr.*

44. Le délit d'abus de confiance ne peut être effacé par le motif que le plaignant aurait été désintéressé après les poursuites commencées. — Cass. 28 juin 1862 (Mirès), *B. cr.*

50. Conf. Cass. 21 avril 1866 (femme Jeandet), *B. cr.*

54. La souscription de billets restés impayés pour la valeur des sommes détournées à un moment où l'abus de confiance était consommé ne peut mettre obstacle à l'action du min. public. — Cass. 12 mai 1864 (Cochonneau-Destournelles), *B. cr.*

§ 2. — *Abus de dépôt.*

59. Il peut y avoir délit d'abus de confiance quoique le dépositaire soit mineur. — Cass. 30 juill. 1863 (Noury), *B. cr.*

59 *bis.* Quoique la somme déposée soit indéterminée. — Cass. 30 juill. 1863 (Noury), *B. cr.*

61. La remise d'un objet pour le faire voir et à la condition expresse ou tacite d'une restitution immédiate ne présente pas les caractères constitutifs du contrat de dépôt. — Cass. 21 avril 1866 (femme Jeandet), *B. cr.*

66. Celui qui, en se présentant comme domestique, se fait remettre des arrhes dont il dispose sans remplir son engagement, ne commet ni une escroquerie ni un abus de confiance. — Metz, 16 mars 1864 (Barthélemy); D., 64, 2, 99.

80. Se rend coupable d'abus de confiance le créancier qui met à la fois en circulation les billets souscrits en renouvellement et les titres anciens qu'il n'avait pu conserver qu'à titre de mandat pour les détruire ou pour les rendre. — Cass. 7 janv. 1865 (Réal), *B. cr.*

81. Ou qui en obtient successivement le remboursement, le titre ancien n'étant plus entre ses mains qu'à titre de dépôt. — Cass. 10 sept. 1863 (Ozou), *B. cr.*

81 *bis.* Au contraire n'est pas coupable d'abus de confiance celui qui réclame une seconde fois le payement d'un billet qui lui a déjà été remboursé et qu'il a conservé entre ses mains. Il n'en était pas constitué dépositaire. — Cass. 14 nov. 1862 (Villemot), *B. cr.*

82. Se rend coupable d'abus de confiance : la mère qui détourne au préjudice de ses enfants mineurs une partie de la succession de leur père. Le délit est consommé par la dissimulation lors de l'apposition des scellés ou par la demande en partage. — Cass. 28 avril 1866 (Lombard), *B. cr.*

95. Celui qui détourne des meubles par lui vendus à un tiers et dont il est resté en possession jusqu'à l'époque convenue pour la livraison. — Cass. 18 juill. 1862 (Meunier), *B. cr.*

95 *bis.* Peu importe que, par une clause spéciale, chacune des parties se soit réservé le droit de résilier la vente si aucune d'elles n'a usé de ce droit. — Même arrêt.

95 *ter.* Peu importe qu'il y ait eu récolement des objets vendus, alors que, par des manœuvres frauduleuses, les détournements commis ont échappé à la reconnaissance de l'acheteur. — Même arrêt.

100 *bis.* Il suffit que l'arrêt constate que des meubles ont été détournés, sans qu'il soit tenu d'indiquer avec détail quels sont ces meubles. — Cass. 18 juill. 1862 (Meunier), *B. cr.*

§ 3. — *Abus de mandat.*

103 *bis.* Les obligations du mandat passent du père décédé au fils héritier qui a continué à agir comme mandataire. — Cass. 12 janv. 1866 (Daguzan), *B. cr.*

119 *bis.* Le commissionnaire qui détourne des fonds à lui confiés par son mandant pour des achats se rend coupable d'abus de confiance, quoiqu'il soit autorisé à opérer en son nom personnel. — Cass. 17 nov. 1866 (Pourtauborde), *B. cr.*

119 *ter.* Le détournement d'une somme reçue pour un emploi illicite n'en constitue pas moins un abus de confiance. — Rouen, 31 mai 1861 (Freret), *J. cr.*, n° 7266.

131 *bis.* Le gérant d'une société en commandite ne peut décliner la qualité de mandataire en excipant des changements apportés au pacte social qui lui auraient abandonné la direction à forfait, si ces changements, contraires aux statuts, sont le simple résultat des délibérations d'une assemblée d'actionnaires. — Cass. 14 mars 1862 (Pigault), *B. cr.*

136. Dans la société en commandite, les associés, responsables et solidaires, sont de véritables mandataires de leurs coassociés pour la gestion et l'administration de leurs affaires. — Cass. 14 mars 1862 (Pigault), *B. cr.*

136 *bis.* La société en nom collectif n'exclut pas l'existence ou la stipulation d'un mandat pour chacun des associés respectivement. Le délit d'abus de confiance peut être imputé à celui qui, abusant de la signature sociale dans son intérêt personnel, a détourné tout ou partie de l'actif social. — Chambéry, 8 mars 1867 (Corcellet), *J. cr.*, n° 8509.

136 *ter.* La qualité de mandataire appartient à un triple point de vue à celui des copropriétaires d'un navire qui a été constitué seul armateur en titre et gérant des intérêts communs ; qui, en outre, est gérant de la participation formée pour le chargement du navire, et qui, en cette double qualité, est le liquidateur nécessaire de l'opération commune. — Cass. 12 janv. 1866 (Daguzan), *B. cr.*

§ 4. — *Preuve du dépôt ou du mandat.*

145. Conf. Cass. 21 juill. 1864 (Hottot), *B. cr.*

164. Conf. Cass. 23 janv. 1868 (Dor), *B. cr.*; 16 avril 1868 (Detaille), *B. cr.*

164 *bis.* La preuve d'un mandat peut être faite par témoin en matière commerciale :

Par exemple, lorsqu'il a été donné à un individu se livrant à des opérations de commerce ou de banque pour opérer une négociation de bourse. — Cass. 12 mai 1864 (Cochonneau-Destournelles), *B. cr.*

164 *ter.* Lorsque des remises de matières à ouvrer ont été faites par un commerçant à ses ouvriers travaillant en chambre. — Cass. 28 mai 1864 (Delisle), *B. cr.*

166. La confiance générale et nécessaire qui s'établit entre le patron et son commis rend inapplicables les règles du droit civil sur la preuve du mandat ordinaire. — Cass. 18 juill. 1862 (Demory), *B. cr.*

167. Conf. Cass. 29 avril 1864 (Humbert), *B. cr.*

167 *bis.* La preuve par témoin d'un dépôt est admissible lorsque le plaignant ne s'est abstenu d'en réclamer une preuve écrite que par suite des manœuvres dolosives employées par le prévenu, tendantes à lui faire croire à une constatation régulière du dépôt. — Cass. 12 nov. 1863 (Pergeaux), *B. cr.*

172. Le commencement de preuve par écrit peut résulter de registres saisis dans le cours de l'instruction chez les prévenus. Ils peuvent être opposés à deux accusés lorsqu'il existe entre ceux-ci une communauté d'intérêts. — Cass. 19 fév. 1863 (Euvrard), *B. cr.*

175. Il peut résulter de l'aveu du prévenu dans un interrogatoire subi devant le procureur impérial et signé de lui.

Ou de l'aveu contenu dans des conclusions signées par le prévenu. — Cass. 30 juill. 1863 (Noury), *B. cr.*

181 *bis.* Ou d'une lettre, lorsque la déclaration du dépositaire laisse du doute sur la réalité de la restitution. — Cass. 22 juill. 1865 (veuve Lemoine), *B. cr.*

186. Ou d'une déclaration faite par le prévenu, sur une mise en demeure, et signée de lui, qu'il était disposé à verser les sommes dont il serait reconnu débiteur après l'apurement de son compte. — Cass. 14 janv. 1864 (Thévenin), *B. cr.*

187. Conf. Toulouse, 24 nov. 1864 (Sarrat); D., 64, 2, 200.

191 *bis.* Le principe de l'indivisibilité de l'aveu n'est pas violé par l'arrêt qui fixe le sens véritable d'une lettre du prévenu qui contiendrait cet aveu. — — Cass. 22 juill. 1865 (veuve Lemoine), *B. cr.*

191 *ter.* Ce n'est pas diviser l'aveu contenu dans un interrogatoire signé du prévenu que d'admettre le fait reconnu d'un dépôt sans tenir compte de faits allégués insuffisants par eux-mêmes pour établir la translation de la propriété. — Cass. 12 avril 1866 (Bée), *B. cr.*

192. Lorsqu'il y a eu aveu d'un dépôt, la dénégation du détournement peut être repoussée par le tribunal, si cette dénégation ne s'est produite qu'ultérieurement; on ne peut voir dans ces réponses successives, indépendantes l'une de l'autre, les deux branches indivisibles d'un même aveu. — Cass. 30 juill. 1863 (Noury), *B. cr.*

193 *bis.* L'aveu cesse d'être indivisible lorsque le prévenu se contredit sur le fait même qui lui est opposé. — Toulouse, 24 nov. 1864 (Sarrat); D., 64, 2, 200.

194 *bis.* Lorsque le contrat de dépôt est prouvé à l'égard du dépositaire infidèle, il l'est également à l'égard du complice qui s'est associé à la violation du dépôt. — Cass. 22 juill. 1865 (Vᵉ Lemoine), *B. cr.*

§ 5. — *Louage.* — *Travail salarié.* — *Prêt à usage.* — *Nantissement.*

195. Lorsque le bail avec cheptel a permis au fermier de vendre ou échanger les bestiaux pendant sa jouissance, mais avec obligation expresse d'en rendre de même nature et valeur à la fin du bail, il y a détournement si le fermier, lorsque arrive la fin du bail par résiliation ou expiration du terme, ne remplace pas les bestiaux par lui vendus. — Bordeaux, 10 août 1865 (Jardin), *J. cr.*, nº 8155.

195 *bis.* Il n'y a pas détournement si le fermier, pendant sa jouissance, a échangé des bestiaux pour d'autres d'une valeur inférieure. — Bordeaux, 23 juin 1865 (Bouche), *J. cr.*, nº 8155.

198. Il y a abus d'un prêt à usage dans le détournement de montres remises à un acheteur prétendu pour les voir et les examiner, ou de couverts prêtés pour un repas. — Cass. 8 nov. 1866 (Jeandet), *B. cr.*

198 *bis.* Il y a contrat de nantissement et non de dépôt dans la remise au directeur d'un théâtre par ses employés d'une somme d'argent destinée à garantir leur gestion avec interdiction pour le directeur de s'en servir — Cass. 29 nov. 1866 (Massue), *B. cr.*

198 *ter.* Il y a contrat de nantissement et non de cautionnement dans le dépôt par un employé dans les mains de son patron d'une somme pour garantir la fidélité de sa gestion. — Cass. 26 sept. 1867 (Villet), *B. cr.*

§ 6. — *Détournement par gens de service, commis, officiers ministériels.*

202. Conf. Cass. 12 déc. 1863 (Favre), *B. cr.*

205 *bis.* L'abus de confiance commis par les officiers publics ou ministériels n'est punissable comme crime qu'autant qu'il l'a été dans l'exercice de leurs fonctions; il conserve donc le caractère de délit quand ils ont agi comme simples mandataires. — Colmar, 26 mai 1864 (Higelin), *J. p.* 65, 476.

206. Un huissier poursuivi pour détournements, les uns commis hors de ses fonctions, les autres dans l'exercice de ses fonctions, a le droit d'imputer les payements par lui faits avant les poursuites sur les dettes relatives à ses fonctions. — Rouen, 14 mars 1866. *J. p.* 67, 234.

Art. 410.

§ 1ᵉʳ.

9. Conf. Cass. 1ᵉʳ août 1861 (Auzepy), *B. cr.* Grenoble, 12 janv. 1866 (Aurouze), *J. cr.*, nº 8208.

10. Le cafetier qui tolère des jeux de hasard dans son établissement commet la contravention prévue par l'art. 475, § 5, C. pén. — Nîmes, 28 nov. 1861 (Auzepy), D., 61, 5, 276; Pau, 2 mai 1861 (Pujade); Aix, 1ᵉʳ mai 1861 (Auzepy), *J. cr.*, nº 7275.

14. On ne peut considérer comme jeu de hasard, l'écarté. — Pau, 2 mai 1861 (Pujade), *J. cr.*, nº 7245.

17. Ni le jeu de cartes désigné sous le nom de jeu de *quinze* ou impériale en quinze points. — Bordeaux, 1ᵉʳ oct. 1861 (Sexe), D. 61, 5, 275.

§ 2.

29 *bis.* Il y a loterie prohibée dans le fait d'avoir fractionné en coupures arbitraires les obligations d'un emprunt d'État ou d'un établissement public dont l'émission a été autorisée en France et en changeant ainsi les conditions de cet emprunt. — Cass. 24 mars 1866 (Millaud), *B. cr.*; 4 mai 1866 (Detaille), *B. cr.*

Encore que le titre et ses chances aléatoires aient été fractionnés entre plusieurs personnes. — Paris, 13 sept. 1865 (Detaille), *J. cr.*, nº 8201.

Art. 412.

8. Conf. Cass. 8 janv. 1863 (Rigot), *B. cr.*; Grenoble, 3 juillet 1862 (Galland), *J. cr.*, nº 7484.

8 *bis.* L'abstention d'enchérir, innocente lorsqu'elle est gratuite et spontanée, constitue la complicité du délit prévu par cet article lorsqu'elle est le résultat et l'exécution d'un pacte illicite. — Cass. 14 août 1863 (Poitier), *B. cr.*; Bordeaux, 20 août 1863 (Rigot), *J. p.* 64, 534.

Art. 414.

3 *bis.* Le droit de se coaliser n'emporte pas le droit de se constituer à l'état d'association organisée et permanente. — Cass. 23 février 1866 (Dupin), *B. cr.*; 7 févr. 1868 (Bassée), *B. cr.*

5 *bis.* La menace d'interdiction de travail suffit

pour caractériser le délit prévu par cet article, il n'est pas nécessaire qu'elle soit accompagnée de voies de fait ou d'une interdiction réelle de travail; toute menace est punissable dès qu'elle a eu ou a pu avoir pour résultat d'agir violemment ou frauduleusement sur la volonté de l'ouvrier ou du patron. — Cass. 5 avril 1867 (Meaulle), *B. cr.*

Art. 416.

1. L'interdiction de travail faite par des ouvriers à d'autres ouvriers, même non accompagnée de menaces, constitue le délit prévu par cet article. — Cass. 5 avril 1867 (Meaulle), *B. cr.*

1 *bis.* Cet article est applicable à l'ouvrier qui publie dans un atelier l'interdiction de travail prononcée contre un autre ouvrier par un comité, et notifie cette interdiction avec ordre de s'y soumettre, tant à l'ouvrier qu'au patron qui l'emploie. — Cass. 5 avril 1867 (Meaulle), *B. cr.*

1 *ter.* Il est applicable au comité central délibérant au nom des ouvriers en grève qui refuse à ceux qui veulent se retirer l'autorisation de reprendre le travail; ce refus produit le même effet que la défense de travailler. — Cass. 23 fév. 1866 (Dupin), *B. cr.*

Art. 418.

1. Il appartient aux juges du fond d'apprécier souverainement à l'aide des divers documents de la cause ce qui constitue ou non un secret de fabrique. — Cass. 24 avril 1863 (Buer), *B. cr.*

Art. 419.

1. Conf. Cass. 9 avril 1863 (Gibiat), *B. cr.*

17 *bis.* Des entrepreneurs de transports ne sont pas détenteurs d'une même marchandise, lorsque loin d'exercer le même parcours, ils exercent deux parcours différents et qui n'ont qu'un rapport entre eux, celui d'être juxtaposés l'un à l'autre à leur point de rencontre. — Cass. 10 avril 1863 (Pottier), *B. cr.*

Art. 423.

§ 1er. *Titre.* — *Qualité des marchandises.*

3 *bis.* Il y a tromperie sur le titre de l'or d'un bijou vendu comme étant au titre légal lorsqu'il est au-dessous de 747 millièmes, minimum fixé par la loi. — Paris, 3 déc. 1862 (Ferré), *J. cr.*, n° 7555.

§ 2. — *Tromperie sur la nature des marchandises.*

16. Pour qu'il y ait tromperie sur la nature de la marchandise vendue, il faut que cette marchandise ait été donnée pour ce qu'elle n'a jamais été, ou qu'elle ait été tellement altérée que sa nature première ait disparu ou qu'elle ait été rendue impropre à l'usage auquel elle était destinée. — Cass. 8 avril 1864 (Renoult), *B. cr.*, 15 février 1866 (Jourdan), *B. cr.*

17. Il y a tromperie sur la nature de la marchandise: lorsque, par l'amoindrissement frauduleux de sa substance poussé à la dernière limite, toute vertu lui est enlevée. — Cass. 2 janvier 1863 (Dubosc), *B. cr.*

19. Par exemple, lorsqu'on vend comme excellentes et fécondes des graines de vers à soie qui sont écloses ou devenues inertes et improductives. Il n'y a pas seulement tromperie sur la qualité. — Cass. 15 février 1866 (Jourdan), *B. cr.*

19 *bis.* Ou de l'extrait de quinquina qui ne contenait qu'une quantité insignifiante de quinine. Ce fait ne constitue pas le délit de falsification qui suppose un mélange frauduleux. — Cass. 2 janv. 1863 (Dubosc), *B. cr.*

19 *ter.* Ou des bottes de foin dont l'intérieur n'avait plus la qualité de fourrage, mais n'était que du fumier. — Cass. 4 juill. 1862 (Gentil), *B. cr.*

19 *quater.* Ou des graisses dont l'intérieur était rempli de corps étrangers et d'un prix inférieur. — Cass. 28 mars 1862 (Davau), *B. cr.*

37 *bis.* Au contraire, le mélange frauduleux d'un guano inférieur au guano pur vendu n'est qu'un amoindrissement de qualité, et ne dénature pas l'essence de la marchandise. — Cass. 8 avril 1864 (Renoult), *B. cr.* (1). Ce fait est réprimé par la loi du 27 juillet 1867.

§ 3. — *Substances falsifiées.* — *Boissons.*

38. Le délit de falsification prévu par la loi du 27 mars 1851 suppose toujours un mélange frauduleux et n'admet pas un élément isolé. — Cass. 2 janv. 1863 (Dubosc), *B. cr.*

38 *bis.* Il suffit pour l'application de cette loi que la substance alimentaire destinée à être vendue ait été falsifiée, soit que la falsification porte sur la nature ou sur la qualité de la substance. — Cass. 27 avr. 1854 (Deline), *B. cr.*; Chauveau et Hélie, t. 5, p. 582, 4e édit.

39. Ainsi on doit considérer comme délit de falsification : l'exposition en vente de sacs de blé dont la partie supérieure composée de blé nouveau était de meilleure qualité que la partie inférieure composée de blé ancien. — Cass. 27 avril 1854 (Deline), *B. cr.*; 8 juin 1854 (Gilliocq), *B. cr.*; 11 mars 1859 (Legros), *B. cr.*; Grenoble, 9 déc. 1857 (Vial), D. — Ce fait ne constitue pas le délit de tromperie sur la nature de la marchandise. — Cass. 11 mars 1859 (Legros). — *Contrà* : Rouen, 17 avr. 1850 (Lucas), *J. p.*

39 *bis.* Ou l'exposition en vente de mottes de beurre contenant à l'intérieur du beurre de mauvaise qualité. — Grenoble, 27 janv. 1867 (Fe Montagne), *J. cr.*, n° 8513.

39 *ter.* On la coloration artificielle d'un sirop ayant pour but de lui donner l'apparence d'une qualité supérieure, et pour effet d'altérer ses propriétés naturelles. — Amiens, 4 avr. 1862, *J. cr.*, n° 7427.

40. Les dispositions de l'art. 1er de la loi du 27 mars 1851, § 1 et 2, ne s'appliquent qu'à la falsification de substances alimentaires ou médicamen-

---

(1) LOI DU 27 JUILLET 1867, *relative à la répression des fraudes dans la vente des engrais.*

ART. 1er. Seront punis d'un emprisonnement de trois mois à un an et d'une amende de cinquante francs à deux mille francs :

1° Ceux qui, en vendant ou mettant en vente des engrais ou amendements, auront trompé ou tenté de tromper l'acheteur soit sur leur nature, leur composition ou le dosage des éléments qu'ils contiennent, soit sur leur provenance, soit en les désignant sous un nom qui, d'après l'usage, est donné à d'autres substances fertilisantes;

2° Ceux qui, sans avoir prévenu l'acheteur, auront vendu ou tenté de vendre des engrais ou amendements qu'ils sauront être falsifiés, altérés ou avariés.

Le tout sans préjudice de l'application de l'art. 1er, § 3, de la loi du 27 mars 1851, en cas de tromperie sur la quantité de la marchandise.

ART. 2. En cas de récidive commise dans les cinq ans qui ont suivi la condamnation, la peine pourra être élevée jusqu'au double du maximum des peines édictées par l'art. 1er de la présente loi.

ART. 3. Les tribunaux pourront ordonner que les jugements de condamnation soient, par extraits ou intégralement, aux frais des condamnés, affichés dans les lieux et publiés dans les journaux qu'ils détermineront.

ART. 4. L'art. 463 C. pén. est applicable aux délits prévus par la présente loi.

teuses, et non à la falsification des autres marchandises.

45. *Boissons.* — L'addition d'eau à l'eau-de-vie, lorsqu'elle lui donne un degré inférieur à celui convenu, constitue le délit de tromperie sur la nature et la qualité de la marchandise vendue prévu par la loi du 27 mars 1851 et l'art. 423 C. pén. — Nîmes, 21 nov. 1861 (Reynaud), *J. p.*, 62, 608.

51. Si le mélange de vins naturels désigné sous le nom de coupage dans les habitudes du commerce ne constitue pas par lui-même un délit quand il est opéré notoirement sans intention frauduleuse, conformément à des usages établis, il en est autrement quand, pour écouler des vins gâtés, on les mélange à d'autres vins auxquels ils communiquent une qualité inférieure et malfaisante. — Cass. 24 juill. 1863 (Dauvois), *B. cr.*

56. Conf. Montpellier, 11 août 1856 (Mazeran), D.

56 *bis.* Le plâtrage des vins, lorsqu'il a été pratiqué sur des vins de mauvaise qualité, dans le but de leur donner les apparences de la couleur et du montant des vins de qualité loyale et de tromper la bonne foi des acheteurs, peut être considéré comme une falsification. — Cass. 13 déc. 1861 (Decheneux), *B. cr.*

§ 4. — *Substances corrompues.*

65. La loi du 27 mars 1851 n'est pas applicable à la vente d'un animal vivant, tel qu'un porc atteint de ladrerie, fût-il impropre à la consommation. — Montpellier, 30 avr. 1866 (Auriol), *J. cr.*, n° 8238.

§ 5. — *Mise en vente. — Détention de substances falsifiées ou corrompues.*

67. L'entrepôt général des vins, à Paris, doit être considéré comme un lieu de vente à l'égard des marchandises y déposées. — Cass. 24 juill. 1863 (Dauvois), *B. cr.*

72 *bis.* Les tribunaux peuvent décider en fait que la détention de marchandises falsifiées dans des magasins, dans un but tout commercial, constitue une exposition et mise en vente présentant les éléments du délit prévu par l'art. 1 L. 27 mars 1851. — Cass. 24 juill. 1863 (Dauvois), *B. cr.*

§ 7. — *Tromperie sur la quantité des marchandises vendues.*

91 *bis.* Le vendeur peut tromper l'acheteur sur la quantité de la marchandise vendue, sans agir sur l'instrument de pesage ou de mesurage, par exemple en donnant à la marchandise un volume qu'elle n'a pas naturellement, ou en y introduisant des substances inertes et sans valeur. — Cass. 23 août 1861 (Lyon), *B. cr.*; Chauveau et Hélie, t. 5, p. 609.

92. *Indications frauduleuses.* — L'art. 1, § 3, de la loi du 27 mars 1851, s'applique aux fraudes commises par les acheteurs à l'aide d'indications frauduleuses, aussi bien qu'à celles commises par les vendeurs. — Cass. 4 mars 1864 (Ringuier), *B. cr.*

94. Il y a indications frauduleuses lorsque les pesages effectués sont inexactement mentionnés sur un registre à souche dont se détachent les récépissés destinés à servir de base au règlement des comptes et au payement. — Cass. 4 mars 1864 (Ringuier), *B. cr.*

96 *bis.* Les expressions *indications frauduleuses* ne peuvent être considérées comme sacramentelles et peuvent être remplacées par des équivalents, mais l'arrêt doit indiquer le moyen matériel employé et son caractère frauduleux. Il ne suffit pas qu'il déclare que le prévenu a employé des manœuvres et procédés pour faire croire à un pesage exact. —

Cass. 31 juill. 1862 (Prevost), *B. cr.*; 7 août 1862 (Dussance), *B. cr.*

96 *ter.* Le délit de tromperie par un boulanger sur la quantité de la marchandise est établi, en fait, par l'arrêt qui constate la vente ou mise en vente et l'indication frauduleuse d'un poids déterminé dans le but de faire croire à un pesage antérieur. — Cass. 25 avr. 1867 (Granges), *B. cr.*

97. Doit être considéré comme une tromperie sur la quantité de la marchandise vendue par des indications frauduleuses, le mélange de sable dans des guanos livrés au commerce. — Cass. 1er août 1867 (Savignac), *B. cr.*

103. Conf. Cass. 21 août 1862 (Leustôme), *B. cr.*; Colmar, 7 mars 1865 (Altmann), *J. cr.*, n° 8076; Pau, 26 juill. 1866 (Coudroy); Bordeaux, 22 août 1866 (Dupont), *J. cr.*, n° 8363; Cass. 10 mai 1867 (Ferré), *B. cr.*; Limoges, 28 mars 1868 (Chabrol), *J. cr.*, n° 8648; Chauveau et Hélie, t. 5, p. 610, 4e édit.

104. Conf. Cass. 10 mai 1867 (Faré), *B. cr.*

108 1°. Conf. Cass. 19 fév. 1863 (Dussance), *B. cr.*

108 2°. Peu importe qu'un arrêté rende le pesage du pain obligatoire, si l'usage de ne pas faire peser a prévalu. — Cass. 10 mai 1867 (Ferré), *B. cr.*; Limoges, 28 mars 1868 (Chabrol), *J. cr.*, n° 8648.

108 3°. Peu importe qu'aucun règlement ne détermine la forme des pains mis en vente, le tribunal peut décider que, d'après l'usage et dans la pensée des contractants, la forme donnée par le boulanger à ses pains était l'indication d'un poids déterminé qui servait de base au prix de la vente, et qu'il y a eu tromperie sur la quantité. — Cass. 12 mars 1864 (Beaudet), *B. cr.*

§ 8. — *Tentative.*

123. Peu importe que les pains n'ayant pas le poids indiqué par leur forme ne fussent pas étalés dans le magasin, s'il est constaté en effet que dans la pièce où ils étaient placés ils étaient à la disposition des consommateurs. — Cass. 10 mai 1867 (Ferré), *B. cr.*

§ 10. — *Amende. — Confiscation.*

151. *Amende.* Conf. Cass. 19 juillet 1862 (Villette), *B. cr.*; 29 janv. 1864 (Grange), *B. cr.*

151 *bis.* L'évaluation du chiffre des restitutions et dommages-intérêts n'est pas obligatoire si l'amende n'est pas supérieure à 50 fr., même au cas de circonstances atténuantes. — Cass. 4 nov. 1865 (Urbain), *B. cr.*

153 *bis.* La mise en vente de boissons falsifiées, assimilée à la vente même, peut comme celle-ci donner lieu à la fixation du chiffre des restitutions et dommages-intérêts devant servir de base à l'amende proportionnelle. — Cass. 13 déc. 1861 (Decheneux), *B. cr.*

166. *Confiscation.* Les substances nuisibles doivent être confisquées, soit qu'elles appartiennent ou n'appartiennent pas au prévenu. — Cass. 3 janv. 1857 (Tridon), *B. cr.*

170 *bis.* On ne peut considérer comme une confiscation le prélèvement d'une portion de la substance saisie pour la soumettre à l'expertise et la remise aux hospices des résidus de l'expertise. — Cass. 13 nov. 1858 (Devilliers), *B. cr.* Chauveau et Hélie, t. 5, p. 618.

Art. 425.

§ 1. — *Règles générales.*

1. Les droits des héritiers et des ayants cause des

auteurs ont été déterminés par la loi du 14 juillet 1866.

4 *bis.* Si lorsqu'il s'agit de portraits photographiques le droit de les reproduire n'appartient qu'à ceux dont l'image a été produite, il n'en résulte pas que dans le silence de ces personnes, qui fait présumer leur renonciation, le prévenu de contrefaçon puisse se prévaloir de leur droit. — Cass. 15 janv. 1864 (Ledot), *B. cr.*

10. Conf. Cass. 13 janv. 1866 (Plon), *B. cr.*

19. Les termes de cet article ne sont qu'énonciatifs, ils comprennent tous les modes de publication et de mise au jour de l'œuvre qui constitue une propriété. — Cass. 13 fév. 1863 (Debain), *B. cr.* — V. *infrà*, n° 126.

§ 2. — *Œuvres littéraires.*

41 *bis.* Le catalogue d'un musée publié par le conservateur peut, à raison de son importance, des recherches qu'il a nécessitées, des appréciations qu'il contient, constituer un ouvrage littéraire susceptible d'une propriété privée. — Bordeaux, 24 août 1863 (Delpit), *J. p.*, 64, 925.

56 *bis.* Les éléments d'un annuaire étant dans le domaine public, leur reproduction ne constitue pas une contrefaçon.

Il en est de même des méthodes de simple agrégation par ordre alphabétique. — Aix, 10 fév. 1866 (Jacquetty), *J. p.*, 66, 849.

§ 4. — *Œuvres d'art.*

94. L'acquéreur d'une œuvre d'art, d'une statue, a le droit exclusif de la reproduire si la vente lui a été faite sans aucune réserve ; mais le tiers qui a contrefait l'œuvre n'est pas recevable à exciper contre le vendeur qui porte plainte des droits de l'acquéreur qui garde le silence. — Cass. 12 juin 1868 (Mathieu), *B. cr.*

98 *bis.* Les dispositions sur la contrefaçon s'appliquent à la reproduction d'une œuvre d'art appartenant à autrui, en une matière nouvelle, et à son exhibition dans une exposition universelle, dans un intérêt mercantile. — Paris, 12 fév. 1868 (Garnier), *J. cr.*, n° 8639.

103. On ne peut reproduire par la photographie des gravures dont les droits d'auteur sont encore protégés par la loi du 19 juillet 1793. — Paris, 5 déc. 1864 (Bernard), *J. p.*, 65, 487.

107 *bis.* La loi du 19 juillet 1793 protège toutes les créations, soit des arts proprement dits, soit des arts appliqués à l'industrie et destinés à être reproduits en relief, alors même que ces produits seraient dénués de toute ornementation ; il suffit qu'ils portent en eux-mêmes un caractère propre et spécial qui permette d'en reconnaître l'individualité et que leur auteur en ait déposé un dessin au secrétariat du conseil des prud'hommes. — Cass. civ. 2 août 1854 (Vivaux) ; D., 54, 1, 395.

109 2°. Il appartient aux juges du fait de déclarer par une constatation souveraine si le produit déféré à leur appréciation rentre par sa nature dans les œuvres d'art. — Cass. 16 mai 1862 (Barbedienne), *B. cr.*; 28 nov. 1862 (Schwabé), *B. cr.*

109 3°. Un arrêt a pu déclarer que les réductions obtenues par le procédé Collas ne constituent pas des œuvres d'art. — Cass. 16 mai 1862 (Barbedienne), *B. cr.*

109 4°. La photographie, si elle ne constitue pas d'une manière absolue une œuvre d'art, peut être néanmoins considérée par les juges du fait comme ayant ce caractère, suivant les circonstances. — Cass. 28 nov. 1862 (Schwabé), *B. cr.*; 15 janv. 1864 (Ledot), *B. cr.*

115 *bis.* Le graveur d'une œuvre qui est tombée dans le domaine public n'a pas le droit de s'opposer à la reproduction par la photographie de sa planche gravée. — Paris, 5 déc. 1864 (Bernard), *J. p.*, 65, 487.

117. *Dépôt.* Les œuvres de sculpture sont dispensées du dépôt, encore qu'elles soient employées à l'embellissement des produits de l'industrie, si elles constituent des œuvres d'art ; tels sont par exemple des objets de sculpture employés sous forme de poignées et de pieds de cafetière. — Cass. 21 juill. 1855 (Saunière), *B. cr.*

118 *bis.* Au contraire, si une exception aux règles ordinaires relatives à la formalité d'un dépôt préalable est nécessaire à l'égard de celles des œuvres de sculpture qui ne peuvent, à raison de leur nature, y être soumises, la même impossibilité n'existe pas à l'égard de celles de ces œuvres qui ne sont destinées qu'à être reproduites par voie de fabrication industrielle.

Ainsi des modèles de vases en porcelaine qui n'ont aucun caractère artistique et qui ne sont que de simples produits industriels et commerciaux, ne peuvent être revendiqués lorsque le dépôt ni des modèles ni des dessins n'a été effectué. — Paris, 3 août 1854 (Ricroch), *J. p.* Cass. civ. 28 juillet 1856 (Ricroch), *J. p.*, 57, 395.

118 *ter.* Il appartient aux juges du fait de décider que les œuvres de sculpture dont l'auteur réclame la propriété ne constituent pas des œuvres d'art protégées par la loi du 19 juillet 1793, mais seulement des objets ayant le caractère de simples produits industriels et commerciaux qui auraient dû être déposés au greffe du tribunal de commerce, conformément à la loi du 18 mars 1806, pour en conserver la propriété à l'auteur. — Cass. 8 juin 1860 (Lejay), *B. cr.*; Chauveau et Hélie, t. 6, p. 34.

126. *Musique.* Les exercices de musique combinés par un auteur pour préparer les élèves et leur faciliter l'étude de la musique, sont susceptibles d'une propriété privative. — Cass. 11 juillet 1862 (Collet), *B. cr.*

126 *bis.* La fabrication et la vente des instruments servant à reproduire mécaniquement des airs de musique qui sont du domaine privé ne constitue pas le fait de contrefaçon musicale prévu et puni par la loi du 19 juillet 1793, combinée avec les art. 425 et suiv. du Code pénal. — Loi 16 mai 1866.

Art. 428.

1. Les ouvrages des auteurs vivants ne peuvent être représentés sur aucun théâtre sans le consentement formel et par écrit de l'auteur ou de ses cessionnaires. — Rouen, 9 mars 1866 (Briet), *J. p.*, 66, 585.

1 *bis.* Le prévenu ne peut être acquitté sous prétexte qu'il avait offert préalablement d'acquitter les droits dus à l'auteur. — Toulouse, 17 nov. 1862 (Daubèze), *J. p.*, 63, 421 ; Paris, 2 avril 1862 (Laigneau), *J. cr.*, n° 7419.

2. Conf. Toulouse, 17 nov. 1862 (Daubèze).

2 *bis.* Cet article n'est pas applicable au cafetier qui autorise des chanteurs ambulants à exécuter devant sa porte des œuvres de musique, s'il n'a reçu aucune rétribution et s'il n'a pas augmenté le prix de consommation. — Cass. 17 janv. 1863 (Campmas), *B. cr.*

4. L'interdiction de représenter les ouvrages des auteurs vivants ne s'applique qu'aux représentations ou exécutions qui ont le caractère de la publicité, elle ne s'applique pas à un concert donné par une société chorale qui n'est qu'une école musicale sans

publicité et où les invitations sont nominatives et gratuites. — Cass. 7 août 1863 (Etienne), *B. cr.*

Art. 434.

§ 1er. — *Incendie des lieux habités.*

11. Conf. Limoges (Jaubertie), 16 fév. 1861, *J. p.*; Cass. 12 sept. 1861 (Duley), *B. cr.*; 13 avril 1866 (Girault), *B. cr.*

12. L'incendie volontaire de la maison d'autrui conserve son caractère de fait principal, le fait que la maison était habitée devient une circonstance aggravante. — Cass. 13 avril 1866 (Girault), *B. cr.*

14. Conf. Limoges (Jaubertie), 16 fév. 1861, *J. p.*

18. Conf. Cass. 15 mars 1866 (Collard), *B. cr.*

§ 2 et 3. — *Incendie d'édifices non habités.*

34 *bis.* L'incendie d'une *case*, dans les colonies, est l'incendie d'un édifice. — Cass. 23 janv. 1868 (Mardevirin), *B. cr.*

§ 4. — *Incendie de sa propre chose.*

43. Conf. Cass. 3 sept. 1863 (Labatut), *B. cr.*

50. Lorsque le propriétaire provoque un tiers à mettre le feu à sa propre maison, il se rend complice de ce tiers; mais celui-ci est l'auteur principal, non d'un crime d'incendie d'une maison appartenant à autrui, puisque le propriétaire par son concours et par son consentement exprès l'a substitué à lui-même relativement au droit de propriété dont s'agit, mais d'un crime d'incendie dont tout l'élément est dans le préjudice causé à la compagnie qui a assuré la maison. — On doit donc, dans la question posée au jury, demander si le tiers, en mettant le feu sur la provocation et avec le consentement de X... à la maison appartenant à ce dernier, a causé volontairement un préjudice à ladite compagnie, et on doit lui demander ensuite si X... s'est rendu complice de ce crime par l'emploi des trois moyens de complicité prévus par l'art. 60, § 1 et 3, C. pén. — Cass. 15 nov. 1862 (Raynaud), *B. cr.*; 3 sept. 1863 (Labatut), *B. cr.*

§ 5. — *Incendie des bois ou récoltes abattus appartenant à autrui.*

51. La loi du 13 mai 1863 a modifié ce paragraphe. Elle y a introduit le mot *paille*, pour accorder à cette denrée la même protection qu'aux récoltes, lorsque les pailles sont en tas ou en meules dans les champs. Elle modifie en outre l'incrimination relative aux tas de bois. La cour de cassation avait décidé que l'incendie de bois abattus ne constituait le crime prévu par le § 5 qu'autant qu'ils étaient encore à l'état de récoltes, c'est-à-dire qu'ils n'eussent pas été transportés dans un lieu autre que celui où ils avaient été coupés. D'après la loi nouvelle, l'incendie est punissable même au cas où les bois ont été transportés dans un lieu quelconque et où ils attendent d'être emmagasinés.

65 *bis.* L'incendie volontaire d'une voiture circulant ou stationnant sur la voie publique, constitue la contravention prévue par l'art. 479, 1, C. pén., et non le crime prévu par cet article, applicable exclusivement aux voitures et wagons de chemin de fer. — Cass. 9 juin 1864 (Bourgerie), *B. cr.*

Art. 438.

8 *bis.* Cet article est applicable : au propriétaire d'un terrain qui s'oppose par voies de fait à l'occupation temporaire de son champ et à l'extraction de matériaux destinés à l'entretien d'un chemin vicinal, lorsque cette occupation et cette extraction ont été autorisées par arrêté du préfet. — Cass. 4 avril 1867 (Malicorne), *B. cr.*

8 *ter.* Au propriétaire qui s'oppose à la réédification de son mur, ordonnée par les agents du gouvernement, tant pour lui tenir lieu d'indemnité que pour soutenir des travaux d'égout. — Cass. 21 nov. 1862 (Doucet), *B. cr.*

8 *quater.* Cependant l'opposition par voie de fait à l'exécution de travaux autorisés par le préfet sur un terrain exproprié pour un chemin vicinal n'est point délictueuse si l'indemnité n'a pas été payée et si l'occupation temporaire du terrain n'a pas été spécialement autorisée. — Agen, 21 avril 1864 (Pesquidoux), *J. p.*, 64, 816.

9. La disposition de cet article est générale et s'applique aux travaux autorisés soit par le gouvernement, soit par ses délégués dans les départements, et spécialement par les préfets. — Cass. 4 avril 1867 (Malicorne), *B. cr.*

Art. 439.

3 *bis.* L'intention de nuire n'a pas besoin d'être expressément constatée si elle ressort des déclarations du jugement. — Cass. 19 juill. 1861 (Vernay), *B. cr.*

5. Il n'y a délit de destruction de titre qu'autant que la destruction matérielle du titre est consommée. Le jugement doit constater ce fait matériel ; il ne suffit pas qu'il déclare que le prévenu a fait disparaître l'acte. Il ne l'aurait pas par cela même détruit, ce fait peut seulement caractériser un détournement. — Cass. 21 janv. 1865 (Cruzel), *B. cr.*

14. Conf. Cass. 12 août 1865 (Lechaîne), *B. cr.*

18 *bis.* Il y a destruction d'un titre dans la lacération d'un folio du grand livre d'un commerçant, dans le but d'anéantir la trace des obligations contractées par l'accusé, également commerçant, et encore que ce livre ne soit qu'une écriture auxiliaire. — Cass. 3 déc. 1864 (Gibus), *B. cr.*

22 *bis.* Cet article est applicable au mandataire qui, frauduleusement, de concert avec l'autre partie contractante et postérieurement à la révocation de son mandat, détruit un titre commutatif appartenant au mandant, et le remplace, au détriment de ce dernier, par un titre nouveau qui modifie les conventions et les avantages stipulés dans le titre originaire. — Cass. 19 juill. 1861 (Vernay), *B. cr.*

22 *ter.* L'accord survenu postérieurement à la destruction du titre entre le plaignant et le prévenu ne peut désarmer l'action publique. — Cass. 13 juin 1861 (Bouche), *B. cr.*

23 *bis.* L'application de cet article n'est pas subordonnée à la régularité de la pièce détruite et à sa forme extérieure. Ainsi, la destruction par l'un des associés de brouillons ou mains courantes indispensables à la comptabilité d'une société constitue le délit prévu par cet article. — Amiens, 6 fév. 1863 (Masson), *J. cr.*, n° 7635.

24. Lorsqu'il s'agit de la destruction volontaire d'un acte sous seing privé, il n'y a pas lieu de rechercher si cet acte a été fait en un ou plusieurs originaux. Les moyens ou exceptions qui peuvent être opposés devant les tribunaux civils à l'exécution de l'acte ne sont nullement exclusifs de la conservation d'une pièce pouvant être invoquée comme titre, jusqu'à ce que la nullité en ait été prononcée. — Cass. 28 nov. 1861 (Purey), *B. cr.* — *Contrà :* Si l'acte était atteint d'un vice radical. — Chauveau et Hélie, t. 6, p. 171, 4e édit.

Art. 445.

10 *bis.* La vigne doit être comprise dans l'expression *arbre.* — Cass. 14 déc. 1867 (Dubès), *B. cr.*

Art. 454.

1. Conf. Montpellier, 6 mai 1861 (Alméras), *J. p.*

5. Si l'animal domestique tué sans nécessité l'a été sur un terrain dont celui à qui cet animal appartient n'est ni propriétaire, ni locataire, colon ou fermier, le fait ne constitue que la contravention prévue par l'art. 479, n° 1, C. pén. — Cass. 21 déc. 1866 (Dougnac), *B. cr.*

Art. 456.

1. Au contraire, cet article n'exige pas que le prévenu ait agi méchamment et dans l'intention de nuire. Il importe peu que le délit ait été commis pour satisfaire un intérêt personnel, plutôt que dans le but de préjudicier à autrui. Il suffit qu'il y ait eu destruction volontaire des clôtures appartenant à des tiers. — Cass. 9 janv. 1868 (Lapalas), *B. cr.*

1 *bis.* Il suffit que le prévenu ait agi par un sentiment d'opposition contre celui qui a établi la clôture. — Cass. 12 déc. 1862 (Gouyer), *B. cr.*

7 *bis.* Celui qui a comblé un fossé ouvert le long de son habitation par les ordres du maire doit être acquitté si, par un jugement au possessoire non encore frappé d'appel, il a été reconnu avoir la possession d'an et jour du terrain. — Cass. 4 janv. 1862 (Desguez), *B. cr.* — V. sous l'art. 3 C. i. cr., n° 343.

12 *bis. Clôture.* La destruction d'une partie de clôture en terre rentre dans les dispositions de cet article. — Cass. 12 déc. 1862 (Poulain), *B. cr.*

23. *Bornes.* Cet article punit le déplacement de bornes entre héritages urbains comme entre héritages ruraux. — Cass. 12 déc. 1862 (Roumy), *B. cr.*

23 *bis.* Il n'exige pas que l'auteur du déplacement d'une borne ait eu pour but d'usurper une partie de l'héritage d'autrui. — Cass. 12 déc. 1862 (Roumy), *B. cr.*

23 *ter.* Il est applicable à l'acquéreur d'un terrain qui déplace une borne plantée, d'accord entre lui et son vendeur, bien qu'il n'ait point encore pris possession du terrain. — Cass. 12 déc. 1862 (Roumy), *B. cr.*

25 *bis.* Il n'est pas nécessaire pour constituer le délit que la borne supprimée soit une borne légalement plantée ou reconnue, il suffit qu'elle ait été destinée à délimiter des héritages et qu'elle forme limite entre eux. — Cass. 13 fév. 1864 (Eyraud), *B. cr.*

24. Une borne plantée d'accord entre les parties forme titre et ne peut être déplacée par l'une d'elles à l'insu et sans le concours de l'autre, sous le prétexte qu'elle n'aurait pas été plantée au point indiqué dans l'acte. — Cass. 12 déc. 1862 (Roumy), *B. cr.*

24 *bis.* La question de propriété n'est pas préjudicielle en matière de déplacement de bornes. — Cass. 12 déc. 1862 (Roumy), *B. cr.*

Art. 458.

1. Cet article a laissé subsister la contravention résultant du seul fait d'avoir allumé du feu dans les champs à une distance de moins de cent mètres des habitations, prévue et punie par l'art. 10, tit. 2, L. 28 sept.-6 oct. 1791. — Cass. 21 nov. 1861 (Donio), *B. cr.* (1).

Art. 459.

Cet article est applicable au détenteur d'un animal soupçonné d'être atteint d'un mal contagieux qui ne remplit que l'une des obligations à lui imposées. — Chambéry, 2 fév. 1866 (Bermont), *J. cr.*, n° 8199.

Art. 460.

2. Conf. Metz, 31 août 1864 (Lévy), *J. p.*, 64, 1192.

Art. 463.

§ 1er. — *Règles générales.*

1 et 2. Conf. Cass. 6 nov. 1863 (Giraud), *B. cr.*

3. Ainsi, l'art. 463 est applicable au crime de baraterie prévu par la loi du 10 avril 1825 et le décret du 24 mars 1862. — Cass. 6 nov. 1862 (Giro), *B. cr.*; 6 nov. 1863 (Giraud), *B. cr.*

4. Mais il n'est applicable aux infractions prévues par les lois militaires que dans les cas déterminés par ces lois. — Art. 248, 250, 254, 257, 261, 263, 265, L. 9 juin 1857.

5. Et dans les cas où les tribunaux militaires appliquent les lois pénales ordinaires à des crimes ou délits non prévus par les lois militaires. — Art. 267, L. 9 juin 1857.

6. Ces dispositions ont été reproduites dans le Code de l'armée de mer. — Art. 364, L. 4 juin 1858.

§ 5. — *Cas où la peine encourue est celle des travaux forcés à temps.*

15. Lorsque le crime qui sert de base à la seconde poursuite est passible de la peine de la réclusion remplacée par la peine des travaux forcés à raison de la récidive, la cour, si des circonstances atténuantes ont été admises, doit, avant de déterminer la peine, faire état de la récidive; elle ne peut déterminer la peine encourue eu égard aux circonstances atténuantes pour faire application de l'art. 57 C. pén. — Cass. 24 janv. 1867 (Vidal), *B. cr.*

16. Si le crime qui sert de base à la seconde poursuite est passible de la peine des travaux forcés à temps mitigée par la déclaration de circonstances atténuantes, la cour, si elle abaisse la peine de deux degrés et veut faire application d'une peine correctionnelle, ne peut, en cas de récidive résultant d'une précédente condamnation correctionnelle, descendre au-dessous du niveau déterminé par l'art. 58 C. pén. Elle a épuisé son pouvoir d'atténuation. — Cass. 26 mars 1864 (Rumen), *B. cr.*; 26 mai 1864 (Hoffmann). — V. *infrà*, n° 20.

17. La peine de la surveillance prononcée par l'art. 401 étant facultative, la cour d'assises n'est pas tenue de la prononcer. — Cass. 26 mai 1864 (Hoffmann), *B. cr.*

§ 6. — *Cas où la peine encourue est celle de la réclusion, du bannissement ou de la dégradation civique.*

20. Conf. Cass. 15 sept. 1864 (Lelièvre), *B. cr.*

20 *bis.* L'accusé qui, après une condamnation à plus d'un an d'emprisonnement pour crime, est déclaré coupable d'un nouveau crime qui, à raison des circonstances atténuantes, ne doit être puni que de peines correctionnelles, peut être condamné à une

---

peine moindre de cinq années de prison. — Cass. 26 mai 1864 (Hoffmann), *B. cr.*

20 *ter*. En ce cas, la cour d'assises peut prononcer soit le maximum de la peine d'emprisonnement, soit, usant de son droit d'atténuation en faisant descendre la peine d'un second degré, la réduire dans sa durée jusqu'au *minimum* d'une année. — Cass. 15 sept. 1864 (Lelièvre), *B. cr.*

§ 7. — *Cas où la peine encourue est le maximum d'une peine afflictive.*

27. Conf. Cass. 5 janv. 1866 (Michot), *B. cr.*; 18 sept. 1862 (Cote), *B. cr.*; 5 avril 1866 (Dejust), *B. cr.* — La peine ne peut alors excéder cinq ans de travaux forcés. — Mêmes arrêts.

28. Conf. Cass. 26 mars 1863 (Allaguin), *B. cr.* — Ainsi, elle peut prononcer une peine inférieure dont la durée excède le minimum de la peine supérieure. — Même arrêt.

§ 8. — *Cas où la peine encourue est celle de l'emprisonnement ou de l'amende.*

32. Les dispositions de cet article sont inapplicables aux lois postales; par exemple, à la loi du 4 juin 1859, au cas d'absence de déclaration des valeurs. — Colmar, 17 avril 1866 (Jund), *J. p.*, 67, 549; Angers, 13 août 1866 (Geneste); **D.**; 66, 2, 156.

44 *bis*. Mais elles sont applicables aux individus non militaires poursuivis pour complicité d'un délit prévu par le Code militaire, soit devant la juridiction militaire, soit devant la juridiction ordinaire. Art. 198, 256 Code de justice militaire. — Cass. 10 avril 1862 (Sens), *B. cr.*

49. L'art. 463 est applicable aux crimes, délits et contraventions commis par la voie de la presse. Art. 15, L. du 11 mai 1868. Toutes les décisions contraires rapportées aux n°s 47 et suiv. doivent être supprimées.

72 *bis*. En cas de circonstances atténuantes pour un délit emportant à la fois l'emprisonnement et l'amende, le juge peut ne faire porter la réduction que sur l'une des deux peines. — Cass. 2 déc. 1865 (Cassin), *B. cr.*; 4 nov. 1865 (Urbain), *B. cr.*

72 *ter*. L'admission de circonstances atténuantes en matière de vol laisse au juge la liberté de maintenir le maximum de l'amende facultative en abaissant seulement la peine d'emprisonnement. — Cass. 4 août 1865 (Dutertre), *B. cr.*

73. Lorsqu'une amende est substituée à l'emprisonnement, les tribunaux ont le droit d'appliquer l'amende dans les limites des amendes fixes déterminées par le Code pénal et notamment par l'art. 401. Ainsi, ils peuvent prononcer une amende de cinq cents francs. — Poitiers, 18 juill. 1861 (Bigarré), *J. cr.*, n° 7269.

Art. 464.

11. Conf. Cass. 24 nov. 1864 (Gloux), *B. cr.*

Art. 470.

1. Le tribunal ne peut ordonner la confiscation du gibier qui a été vendu en dehors du marché, contrairement à un règlement municipal. — Cass. 10 fév. 1854 (Boyer), *B. cr.*

Art. 471.

§ 1er. — *Entretien des fours et cheminées.*

2. Un feu éclatant dans une cheminée ne constitue pas nécessairement la contravention prévue par cet article, s'il est constaté qu'aucune négligence n'est imputable au prévenu qui l'avait fait ramoner. — Cass. 23 juin 1865 (Dassance), *B. cr.*

2 *bis*. Mais si le fait de négligence est constaté par un procès-verbal, le prévenu ne peut être relaxé par le motif qu'il aurait satisfait à un arrêté du maire prescrivant le ramonage des cheminées au moins une fois l'an. Le procès-verbal doit faire foi jusqu'à preuve contraire. — Cass. 5 avril 1867 (Vernet), *B. cr.*

5 *bis*. Est illégal l'arrêté du maire ordonnant les visites des cheminées de la ville par les sapeurs pompiers sans le concours et la présence du maire ou d'un officier municipal. — Cass. 24 mai 1866 (Courtois), *B. cr.*

§ 3. — *Éclairage et balayage des rues.*

5. *Éclairage.* — Est obligatoire l'arrêté municipal qui soumet aux peines de police l'entrepreneur de l'éclairage de la commune en cas d'inexécution de l'éclairage aux heures et suivant les conditions déterminées par le cahier des charges, encore que cet entrepreneur ne se soit pas soumis expressément à ces conséquences légales du service qu'il a entrepris. — Cass. 3 août 1866 (Fourcassies), *B. cr.*

6. *Balayage.* — Le nettoyage de la voie publique dans une ville rentre exclusivement dans les attributions de l'autorité locale. Il n'appartient point aux préfets de le prescrire même par un arrêté se rapportant à toutes les communes de son département. — Cass. 28 juin 1861 (Barras), *B. cr.*; Chauveau et Hélie, t. 6, p. 294. — V. sous l'art. 471, 15, n°s 6, 783.

7. Le balayage, dans les communes où ce soin est laissé aux habitants, est une charge de la propriété et non de l'habitation. Elle incombe au propriétaire aussi bien dans le cas où sa propriété est occupée par un ou plusieurs locataires que dans le cas où elle est soit inhabitée, soit habitée par lui-même. — Cass. 7 avril 1864 (Bonnet), *B. cr.*; 7 nov. 1867 (Rossignol), *B. cr.*

7 *bis*. Aussi bien dans le cas où il habite la commune que lorsqu'il en est éloigné.

Si les locataires peuvent être astreints à la même obligation, cette disposition, lorsqu'elle existe, ne supprime pas la responsabilité pénale du propriétaire. — Cass. 7 nov. 1867 (Rossignol), *B. cr.*

27. Conf. Cass. 9 nov. 1861 (Dercourt), *B. cr.*

31 *bis*. L'adjudicataire de l'enlèvement des boues d'une ville ne peut se décharger de sa responsabilité et de ses obligations en alléguant une prétendue cession non acceptée par le conseil municipal. — Cass. 21 juin 1866 (Cabanis), *B. cr.*

32. Il est en réalité substitué à l'obligation des habitants de balayer le devant de leurs maisons. L'enlèvement des boues comprend toutes les espèces d'immondices susceptibles d'être balayées. — Cass. 9 nov. 1861 (Dercourt), *B. cr.*

33 *bis*. Un arrêté municipal peut, tout en mettant à la charge des habitants le balayage au devant de leurs maisons, les autoriser à s'exonérer de cette obligation en faisant, par voie d'abonnement, opérer le balayage par l'entrepreneur de l'enlèvement des boues et non par un autre. — Cass. 16 avril 1863 (Negrin), *B. cr.*

37. L'arrêté qui prescrit le balayage de la voie publique au devant des maisons et dépendances est inapplicable à des jardins isolés séparés de la maison par une rue. — Cass. 13 mars 1862 (Lépine), *B. cr.*

42. L'obligation imposée aux habitants de balayer dans *la matinée* signifie jusqu'à midi. — Cass. 14 fév. 1868 (Rossignol), *B. cr.*

49 *bis*. Si le contrevenant soutient que le terrain au devant de sa propriété appartient à la ville et ne fait pas partie de la voie publique, il y a lieu de surseoir à statuer sur la prévention jusqu'à ce que cette exception ait été résolue par l'autorité municipale. — Cass. 12 juin 1863 (Calmet), *B. cr.*

§ 4. — 1° *Embarras de la voie publique.*

4 *bis*. Le prévenu doit être relaxé lorsqu'il n'est pas contesté que le terrain sur lequel il avait fait le dépôt est sa propriété, encore que ce terrain joignît la voie publique et fût livré au public, sauf au maire à pourvoir à cet inconvénient par un arrêté spécial. — Cass. 26 juin 1863 (Experton), *B. cr.*

4 *ter*. Mais il ne pourrait être relaxé si le dépôt avait été fait sur un chemin vicinal, encore bien que le prévenu ait été maintenu en possession du terrain par un jugement. — Cass. 11 avril 1862 (Desguez), *B. cr.* — V. sous l'art. 3 C. i. cr., n° 164.

8. Le juge de police saisi d'une prévention d'embarras d'un chemin public par un dépôt a qualité pour écarter, après enquête, la circonstance de publicité du chemin, alors qu'il s'agit d'un chemin rural dont la publicité n'avait été déterminée par aucun acte de l'administration. — Cass. 7 fév. 1868 (Pujos), *B. cr.*

8 *bis*. Il peut décider qu'une cour où a été effectué un dépôt a le caractère non d'une voie publique, mais d'une propriété particulière soumise à une servitude de passage lorsqu'il prend pour base de son jugement la constatation du procès-verbal en y ajoutant toutes les circonstances révélées par les débats. — Cass. 3 janv. 1863 (Badiou), *B. cr.*

9 *bis*. Cet article ne protége pas de simples servitudes de passage établies à titre privé au profit d'une commune. — Cass. 3 mai 1861 (Watremez), *B. cr.*

9 *ter*. N'est point punissable le dépôt sur un terrain communal. — Cass. 11 avril 1862 (Desguez), *B. cr.*

11 *bis*. Les bois amenés par eau pour l'approvisionnement de Paris peuvent être déposés temporairement sur les terres proches des rivières navigables et flottables; ils peuvent même être établis sur une place servant aux manœuvres. — Cass. 8 août 1862 (Henneton), *B. cr.*

12. Conf. Cass. 12 déc. 1862 (Plancher), *B. cr.*; 23 fév. 1865 (Gros), *B. cr.*

14. Les dispositions de cet article sont applicables : à celui qui établit son étal de marchandises en avant de la place à lui désignée sur le marché. Le contrevenant ne peut être excusé sous le prétexte que la place qu'il devait occuper était encombrée par des immondices qu'aurait dû enlever l'autorité municipale. — Cass. 5 nov. 1863 (Duhamel), *B. cr.*

19 *bis*. Au dépôt de marchandises sur une marche faisant saillie sur la voie publique. — Cass. 29 août 1861 (Loustau), *B. cr.*

36. Celui qui a embarrassé la voie publique ne peut être relaxé sous prétexte que le dépôt avait été autorisé par le maire. — Cass. 20 fév. 1862 (Mouchez-Nana), *B. cr.*

36 *bis*. Sous prétexte d'une tolérance de l'autorité. — Cass. 12 déc. 1862 (Plancher), *B. cr.*

44. D'une concession faite soit en vertu d'anciens usages locaux, soit en vertu d'une autorisation particulière. — Cass. 28 fév. 1863 (Clavel), *B. cr.*

46. Sous prétexte que le dépôt n'a en rien diminué la sûreté et la liberté du passage. — Cass. 15 avril 1864 (Blondin), *B. cr.*; 23 août 1866 (Despujols), *B. cr.* — Il suffit qu'il y ait eu un empêchement ou une diminution quelconque de la liberté du passage. — Cass. 23 août 1866 (Despujols), *B. cr.*

47. Celui qui a fait stationner une voiture sur la voie publique ou dans des lieux ou emplacements autres que ceux déterminés par un règlement, ne peut être excusé sous prétexte que ce dépôt ne gênait pas la voie publique. — Cass. 20 fév. 1862 (Mouchez-Nana), *B. cr.* — Ou l'accès des édifices publics. — Cass. 29 juill. 1865 (Bataille), *B. cr.*

57 *bis*. Conf. Cass. 5 fév. 1864 (Deroy), *B. cr.*

2° *Nécessité du dépôt.*

61. Conf. Cass. 31 mars 1865 (Gachignard), *B. cr.*; 12 déc. 1862 (Larsonneur), *B. cr.*; 21 mars 1868 (Rousseville), *B. cr.*

Le cas de nécessité ne peut s'appliquer à l'embarras causé par un charron qui use de la voie publique pour son état. — Cass. 12 déc. 1862 (Larsonneur), *B. cr.*

70. Conf. Cass. 31 mars 1865 (Gachignard), *B. cr.*

75 *bis*. Celui qui, pour faciliter l'exercice de sa profession, a sans nécessité embarrassé la voie publique par des amas de bois et des dépôts d'outils de sa profession, ne peut être excusé sous prétexte que de pareils faits étaient habituellement tolérés. — Cass. 29 août 1867 (Girard), *B. cr.*

76. Conf. Cass. 23 août 1866 (Despujols), *B. cr.*

77. L'excuse de la nécessité peut être admise pour dépôt de bois de chauffage sur la voie publique. — Cass. 18 août 1864 (Mataillet), *B. cr.*

77 *bis*. Pour l'établissement des étais destinés à soutenir les maisons menaçant ruine. — Cass. 29 août 1867 (Dubois), *B. cr.*

78. Conf. Cass. 3 nov. 1865 (Robert), *B. cr.*; 29 août 1867 (Dubois), *B. cr.*

79. Conf. Cass. 31 mars 1864 (Gachignard), *B. cr.*

84. Conf. Cass. 29 juin 1866 (Gonfroy), *B. cr.*

85. Il n'existe point de termes sacramentels pour constater la nécessité du dépôt. — Cass. 18 août 1864 (Mataillet), *B. cr.*

93. L'autorité municipale ne peut faire dépendre d'une autorisation administrative la question de nécessité du dépôt qui est placée exclusivement dans le domaine de l'autorité judiciaire. — Cass. 25 mars 1865 (Reboul), *B. cr.*

95 *bis*. Le maire n'a pas le droit d'autoriser un dépôt sans nécessité. — Cass. 29 juin 1866 (Gonfroy), *B. cr.*

96. Conf. Cass. 23 août 1866 (Despujols), *B. cr.*

3° *Compétence.*

107. L'embarras commis sur une route départementale est de la compétence des tribunaux administratifs. — Cass. 7 nov. 1867 (Thauvy), *B. cr.*

4° *Éclairage.*

118. Les propriétaires de matériaux entreposés dans les rues ont non-seulement l'obligation de les éclairer à la fin du jour, mais encore celle de prendre les mesures nécessaires pour qu'aucun accident ne puisse interrompre l'éclairage pendant la nuit. Ainsi, lorsqu'il est constaté que des matériaux ont été trouvés non éclairés pendant la nuit, le contrevenant ne peut être excusé sous le prétexte qu'il serait établi que toutes les nuits il éclairait les matériaux. — Cass. 29 juill. 1865 (Mesure), *B. cr.*

119. Sous le prétexte que les lanternes par lui placées auraient été brisées et éteintes par malveillance. — Cass. 24 avril 1868 (Bourleau), *B. cr.*

§ 5. — *Petite voirie.*

1° *De la servitude d'alignement. — Par qui peuvent être pris les arrêtés d'alignement.*

3. Conf. Cass. 20 déc. 1862 (Morin), *B. cr.* —

Pourvu que, d'après le plan général d'alignement, la maison soit sujette à retranchement non pour l'ouverture d'une voie publique nouvelle, mais pour l'élargissement de la voie publique actuelle. — Même arrêt.

6. Le conseil d'État ne reconnaît qu'aux préfets le pouvoir de dresser les plans, et n'accorde aux maires que le pouvoir de donner des alignements conformes à ces plans, suivant les termes de l'art. 52 L. du 16 sept. 1807 et du décret du 25 mars 1852. — Chauveau et Hélie, t. 6, p. 310.

14. Une permission accordée par le préfet pour faire certains travaux à une propriété longeant une voie urbaine servant de route départementale ne peut rien préjuger sur les obligations imposées par l'autorité locale touchant l'alignement des maisons. — Cass. 22 mars 1862 (Dargoubet), B. cr.

14 bis. En présence de deux arrêtés contradictoires, l'un du maire qui refuse, l'autre du préfet qui accorde l'autorisation de réparer une maison, le juge de police ne peut surseoir à statuer. Il doit, pour constater sa compétence, rechercher, d'après la situation de l'immeuble, s'il est régi par les lois de la grande voirie comme joignant une route départementale ou s'il est soumis seulement aux règles de la voirie urbaine. — Cass. 5 mars 1864 (Depoilly), B. cr. — V. nos 117 et suiv.

16. Les arrêtés de l'autorité municipale en matière de petite voirie sont applicables même aux bâtiments affectés au service militaire, à moins que ces bâtiments ne soient situés sur un terrain militaire. — Cass. 30 avril 1863 (Servat), B. cr.

2° Arrêtés qui rentrent dans les attributions de l'autorité municipale.

39 bis. Le règlement municipal qui interdit aux architectes et entrepreneurs de faire exécuter certains travaux, s'il n'est justifié d'une déclaration préalable à l'autorité, n'est pas applicable à celui qui se borne à mettre ses ouvriers, sur l'ordre qu'il en a reçu, à la disposition du propriétaire, sans qu'il ait su à quoi ces ouvriers étaient employés et sans qu'il ait rien dirigé, ni commandé, ni fait exécuter. — Cass. 30 avril 1863 (Servat), B. cr.

39 ter. De même le règlement qui contient pareille interdiction aux ouvriers ne peut s'appliquer qu'à ceux qui seraient chargés de l'entreprise ou de la direction de ces travaux et non à ceux qui n'ont fait qu'exécuter aveuglément les ordres du propriétaire. — Cass. 30 avril 1863 (Servat), B. cr.

3° Sur quelles voies s'exerce la police municipale.

47. Le propriétaire qui établit des rues sur son terrain n'est pas tenu de se soumettre au règlement municipal qui ordonne de laisser aux rues nouvelles une largeur de dix mètres, sauf le droit du maire de refuser à ces voies, créées sans le contrôle de l'autorité, tous les avantages des voies publiques légalement ouvertes. — Cass. 20 nov. 1863 (Moussy), B. cr.

47 bis. La cession faite à une ville, par des particuliers, de rues et places à eux appartenant, lorsqu'elle a été acceptée par la ville et l'autorité administrative supérieure, attribue à ces rues et places le caractère de voie publique et les soumet aux règlements de la petite voirie. — Cass. 7 mars 1862 (Layé), B. cr.

50. Est obligatoire l'arrêté municipal qui interdit aux propriétaires riverains de la voie publique tout étalage de marchandises, sans l'autorisation de la police, sous les couverts ou arceaux par eux ouverts au public, encore qu'ils soient leur propriété privée. En livrant au public cette partie de leur propriété, ils doivent se soumettre aux mesures de voirie applicables à la voie publique. — Cass. 5 mars 1863 (Sabathié), B. cr.

Il n'y a pas lieu d'élever une question préjudicielle de propriété. — Même arrêt.

51 bis. N'est pas obligatoire l'arrêté du maire qui prescrit un alignement sur un ruisseau qui n'est ni navigable ni flottable et n'a aucun caractère de voie publique. — Cass. 29 août 1867 (Laguionie), B. cr.

4° Exécution provisoire due aux arrêtés. — Questions préjudicielles.

57. C'est à l'autorité administrative à décider si des constructions font saillie sur la voie publique. Le tribunal doit surseoir s'il y a contestation sur ce point. — Cass. 24 avril 1868 (Dupuy), B. cr.

58 bis. Lorsque l'arrêté d'alignement dont la violation a entraîné une condamnation à l'amende et à la démolition vient à être annulé par le préfet sur le recours du condamné, le jugement, se trouvant dépourvu de base légale, doit être cassé. — Cass. 29 juill. 1864 (Layrolle), B. cr.

5° Dans quels cas l'autorisation de construire ou de réparer est nécessaire. — Voirie urbaine.

60. Conf. Cass. 21 fév. 1863 (Perrichon), B. cr.; 7 juill. 1864 (Masquelier), B. cr.; 29 déc. 1866 (Sansey), B. cr.

65 bis. Des réparations à des édifices sur la rue ne peuvent être entreprises sans autorisation du maire, alors même qu'elles ne seraient pas confortatives. — Cass. 28 fév. 1863 (Chaume), B. cr.

65 ter. Est réputé avoir construit sans autorisation le propriétaire qui modifie par des additions le plan de sa construction par lui déposé et sur le vu duquel l'autorisation lui avait été accordée. — Cass. 21 mars 1868 (Bonnenfant), B. cr.

68. Ne peut être entreprise sans autorisation, l'ouverture d'une porte s'ouvrant en dehors sur la voie publique; elle établit une saillie. — Cass. 18 fév. 1864 (Orsatelli), B. cr.

68 bis. Mais une brèche peut être pratiquée dans un mur sans autorisation. — Cass. 11 avril 1862 (Desguez), B. cr.

71. Conf. Cass. 15 déc. 1864 (Duffo), B. cr.

75. L'autorité municipale a le droit de déterminer les conditions spéciales pour l'ouverture des portes et des fenêtres sur la façade d'une maison, soit que celle-ci fasse saillie ou soit en retraite. — Cass. 24 avr. 1868 (Dupuy), B. cr.

76. Toute entreprise aux façades extérieures, sans autorisation, est interdite lorsque l'œuvre effectué n'est pas par sa nature exclusif de tout effet de confortation ou de conservation. — Cass. 28 août 1863 (Moquet), B. cr.

76 bis. Ainsi un crépissage à chaux et à sable ne peut être fait sans autorisation. — Cass. 28 août 1863 (Moquet), B. cr.

77 bis. L'interdiction de réparer sans autorisation les constructions ou bâtiments s'applique aussi bien aux rez-de-chaussée qu'aux étages supérieurs. — Cass. 28 août 1863 (Micheau), B. cr.

80. La prohibition faite par l'édit de 1607 et par les règlements municipaux de réparer les murs de face sans autorisation ne s'applique pas aux toitures et couvertures des maisons. — Cass. 15 fév. 1862 (Dessoliès), B. cr.

80 bis. Au contraire, on ne peut sans autorisation faire sur la toiture d'une maison sujette à reculement la pose de tuiles neuves. — Cass. 10 déc. 1864 (Lorsères), B. cr.

81 bis. Le propriétaire qui a construit un mur sur l'alignement qui lui a été donné n'est pas dispensé, lorsqu'il veut plus tard réparer ce mur, de se con-

former de nouveau aux règles de la voirie. — Cass. 28 août 1862 (Maillard), *B. cr.*

83 *bis.* L'établissement d'une saillie sur la voie publique urbaine, sans autorisation, ne constitue que la contravention prévue par cet article, et non en même temps celle prévue par l'art. 479, § 11, C. pén. — Cass. 4 avr. 1862 (Cambuzat), *B. cr.*

84. Conf. Cass. 29 déc. 1866 (Sausey), *B. cr.*; 24 avr. 1868 (Dupuy), *B. cr.*

84 *bis.* Sont soumis à l'autorisation préalable du maire, les travaux de toute nature aux bâtiments joignant la voie publique, même non sujets à reculement. — Cass. 7 juill. 1864 (Masquelier), *B. cr.*

89 *bis.* Un contre-fort établi pour soutenir un mur de terrasse joignant la voie publique, même à l'intérieur de la propriété, surtout quand il se relie par des parpaings à ce mur, constitue une addition et une réparation au mur. — Cass. 28 août 1862 (Maillard), *B. cr.*

97. La partie retranchable d'une maison touche la voie publique lorsqu'elle est contiguë au terrain d'une maison devenue voie publique. — Cass. 20 déc. 1862 (Morin), *B. cr.*

97 *bis.* Le propriétaire d'une maison sujette à reculement ne peut faire aucuns travaux, par exemple un mur, sur la partie retranchable de sa maison, mise ou devant être mise à découvert par la démolition d'une maison voisine. — Cass. 27 fév. 1863 (Giraud-Pinard), *B. cr.* Cass. ch. réun., 20 juin 1864 (Giraud-Pinard), *B. cr.*

101. Aucune autorisation n'est nécessaire : pour construire une maison sur un terrain qui ne confine point à la voie publique actuelle et qui ne se trouve pas compris dans un plan, soit général, soit partiel, d'alignement. — Cass. 9 janv. 1862 (Bauduin), *B. cr.*

101 *bis.* Pour construire sur des terrains simplement affectés par un plan général d'alignement à l'ouverture de rues et places en projet. — Cass. 11 mars 1865 (Allouard), *B. cr.*; 16 avr. 1864 (Sassillon), *B. cr.*

101 *ter.* Ou sur des terrains qui doivent, d'après les plans généraux d'alignement rendus exécutoires, subir un retranchement éventuel pour l'ouverture d'une rue nouvelle ou pour le prolongement d'une rue ancienne. — Cass. 28 juin 1861 (Dehu), *B. cr.* — On doit assimiler à l'ouverture d'une voie nouvelle le prolongement projeté d'une voie ancienne, de même que le redressement de la rue qui doit en changer l'emplacement. — Cass. 16 avril 1864 (Sassillon), *B. cr.*

103. La prohibition de construire ne s'applique point à ces terrains, si les propriétaires n'ont pas été dépossédés de gré à gré ou expropriés selon la loi du 3 mai 1841. — Cass. 28 juin 1861 (Dehu), *B. cr.*; 30 avril 1868 (Suchet), *B. cr.*

103 *bis.* Le fait de la livraison au public du passage sur l'emplacement des rues projetées ne suffit pas pour soumettre ces terrains aux règlements de police sur les alignements. — Cass. 30 avril 1868 (Suchet), *B. cr.*

104 *bis.* Le propriétaire d'une maison faisant face à une rue nouvelle en cours d'exécution est affranchi des servitudes de la voirie urbaine, lesquelles ne dérivent que de l'existence antérieure de cette voie ; il peut donc faire à sa maison des travaux confortatifs sans autorisation tant qu'il n'a pas été exproprié. — Cass. 19 juill. 1861 (Lucotte), *B. cr.*

104 *ter.* Mais il en est autrement lorsque le terrain a été cédé à la commune pour être annexé à la voie publique. Le propriétaire ne peut être relaxé sous prétexte que la rue ne serait pas ouverte dans toute son étendue ou n'aurait pas atteint toute sa

largeur réglementaire. — Cass. 26 mai 1864 (Cirodde), *B. cr.*

106 *bis.* Le propriétaire d'une maison bordant une rue ne peut se soustraire à l'obligation d'obtenir, pour la réparer, une autorisation préalable, en excipant d'un plan nouveau en partie exécuté qui change le nom et les alignements de cette rue. — Cass. 16 août 1867 (Boatier), *B. cr.*

107. Un arrêté d'alignement pris sur la demande d'un propriétaire est obligatoire pour son acquéreur. Il n'a pas besoin d'être publié ou notifié. — Cass. 17 mars 1865 (Dangaix), *B. cr.*

6°. — *Suite.* — *Chemins vicinaux et ruraux.*

111. Cette infraction doit être punie, que les travaux soient ou non confortatifs ; il n'y a pas lieu au sursis pour faire constater le caractère de ces travaux. — Cass. 14 fév. 1863 (Moreau), *B. cr.*

116. C'est aux préfets qu'il appartient de donner l'alignement et l'autorisation d'élever une construction sur un chemin vicinal de grande communication dans la traversée des villes. — Cass. 20 déc. 1862 (Vallentin Dulac), *B. cr.*

118 *bis.* Celui qui a construit sans l'autorisation prescrite le long d'un chemin vicinal ne peut être excusé sous prétexte qu'il aurait demandé cette autorisation ou que les fondations de sa maison avaient seules été faites. — Cass. 27 juill. 1866 (Stablo), *B. cr.*

124. Le juge de police saisi d'une contravention pour construction illégale sur ou joignant un chemin traversant un village doit, avant de prononcer l'amende et d'ordonner la démolition, déterminer d'office le caractère de la voie publique, s'il est vicinal, reconnu tel dans les formes légales, ou s'il est une voie urbaine, tant pour la fixation de la peine et l'application de l'art. 471-5, si la voie était restée urbaine, ou de l'art. 479, n° 11, s'il y avait eu usurpation sur un chemin vicinal, que pour déterminer la compétence entre le conseil de préfecture et le tribunal de police pour ordonner la démolition. — Cass. 8 mars 1866 (Mariani), *B. cr.*

124 *bis.* Il n'a pas le droit de décider qu'un chemin classé comme vicinal est une rue, ni de surseoir à statuer jusqu'à ce que la largeur en ait été déterminée, alors qu'un arrêté de classement l'avait fixée. — Cass. 17 mars 1864 (Dangaix), *B. cr.*

126 *bis.* Est illégal et non obligatoire l'arrêté d'un maire qui, dans l'intérêt de la conservation d'un chemin vicinal, détermine la marche des charrettes chargées ; ce droit n'appartient qu'aux préfets. — Cass. 20 déc. 1867 (Cissac), *B. cr.*

143. *Chemins ruraux.* Il appartient au tribunal de reconnaître si un chemin sur lequel une construction a été élevée est un chemin public, alors qu'aucun document administratif ne lui donne ce caractère, ou s'il n'est qu'un chemin de simple exploitation. — Cass. 21 nov. 1861 (Mazon), *B. cr.*

144. Il peut reconnaître en fait qu'une voie est classée comme chemin rural dans le tableau dressé par le maire, approuvé par le préfet ; il n'est pas tenu, en présence de cette constatation, d'ordonner un renvoi préalable à l'autorité préfectorale pour faire déterminer le caractère de la voie. — Cass. 19 juill. 1862 (Laux), *B. cr.*

147. Lorsque le procès-verbal constate qu'une contravention a été commise sur un chemin public spécialement destiné aux besoins de l'agriculture, le juge de police ne peut déclarer que cette voie est non pas un chemin rural, mais une rue, si la preuve contraire n'a pas été faite. — Cass. 8 août 1862 (Cloup), *B. cr.*

148 *bis.* Le juge peut recourir à la preuve testi-

moniale pour vérifier si un terrain qu'aucun arrêté administratif n'a classé parmi les rues ou chemins d'une commune constitue ou non une place ou voie publique. — L'extrait du plan cadastral peut être un élément de conviction, mais non une preuve de nature à exclure toute preuve contraire. — Cass. 2 mars 1865 (Crouzier), *B. cr.*

153. A l'égard des chemins ruraux, les arrêtés des maires qui en ordonnent l'élargissement n'ont aucun des effets de dépossession que la loi du 21 mai 1836 attribue aux arrêtés des préfets en matière de chemins vicinaux; ils laissent entiers les droits des propriétaires qui ne peuvent être dépossédés que par les voies ordinaires. — Cass. 23 janv. 1864 (de Suze), *B. cr.*

156. Conf. Cass. 17 juill. 1863 (Raffard), *B. cr.*

158 1°. Aucune loi générale n'exige une demande d'alignement et une autorisation préalable pour construire le long d'un simple chemin rural. — Cass. 2 mars 1865 (Michaux), *B. cr.*; 16 fév. 1863 (Poulain), *B. cr.*; 17 juill. 1863 (Raffard), *B. cr.*

Les terrains bordant les chemins ruraux ne sont pas assujettis à la servitude de reculement. — Cass. 19 juill. 1862 (Raux), *B. cr.*

158 2°. Mais un règlement général ou un arrêté municipal peut imposer l'obligation de demander l'alignement et l'autorisation préalable. — Cass. 20 fév. 1862 (Martin), *B. cr.*; 29 août 1861 (Beaufils), *B. cr.*; 11 janv. 1862 (Turenne), *B. cr.*; 14 fév. 1863 (Poulain), *B. cr.*; 17 août 1865 (Lallemand), *B. cr.*

158 3°. Est obligatoire l'arrêté qui défend aux riverains d'un chemin rural d'établir ou réparer aucune clôture sur lesdits chemins sans demander l'alignement au maire. — Cass. 23 janv. 1864 (de Suze), *B. cr.*

158 4°. L'effet de cet arrêté ne saurait être de frapper les terrains joignant les chemins ruraux de la servitude *non œdificandi*. — Cass. 11 janv. 1862 (Turenne), *B. cr.*

158 5°. Il n'a pour résultat que de mettre le maire en situation de reconnaître, contradictoirement avec le riverain, la véritable limite actuelle du chemin et d'y conformer son arrêté. — Cass. 23 janv. 1864 (de Suze), *B. cr.*

158 6°. L'arrêté d'alignement pris par le maire, même sur la demande des parties, ne peut les obliger à abandonner à la commune une partie de leur propriété; le droit du maire se borne à autoriser la construction et à veiller à ce qu'elle n'empiète pas sur le chemin. — Cass. 19 juill. 1862 (Laux), *B. cr.*

158 7°. La défense de faire aucune plantation le long d'un chemin rural ne s'étend pas au fait d'une construction. — Cass. 17 août 1865 (Lallemand), *B. cr.*

167. Est obligatoire l'arrêté d'un maire qui prescrit le curage des fossés. Le contrevenant ne peut être excusé sous prétexte que le travail était sans effet pour l'écoulement des eaux. — Cass. 9 nov. 1861 (Sedillot), *B. cr.*

7° Autorisation. — Formes et effets.

174. Conf. Cass. 13 mars 1863 (Roccaserra), *B. cr.*; 23 janv. 1864 (de Suze), *B. cr.*; 15 juill. 1864 (Oberti), *B. cr.*

176. Conf. Cass. 15 juill. 1864 (Oberti), *B. cr.*

177. Conf. même arrêt.

192. Le juge de police ne peut, sans excès de pouvoir, décider qu'un maire n'avait pu apporter des conditions spéciales aux réparations qu'il autorisait. — Cass. 24 avril 1868 (Dupuy)), *B. cr.*

193. Conf. Cass. 21 juill. 1864 (Courboulin), *B. cr.*

Les arrêtés d'alignement constituent un droit acquis aux parties, quoiqu'ils ne leur aient pas été notifiés. — Même arrêt.

196. L'autorisation accordée par le préfet de construire le long d'un chemin vicinal peut avoir son effet, même plusieurs années après, si elle ne fixe pas le délai dans lequel les travaux seront exécutés. — Cass. 20 déc. 1862 (Valentin-Dulac), *B. cr.*

202 *bis.* L'autorisation d'établir un balcon sur la voie publique sous certaines conditions ne fait pas obstacle à ce que postérieurement un nouvel arrêté prescrive la démolition de ce balcon, encore que les conditions aient été remplies, s'il est construit contre les règles de l'art et s'il y a péril pour la sûreté publique. — Cass. 20 juin 1863 (Avenel), *B. cr.*

8° Excuses diverses.

210. Celui qui a fait sans autorisation des réparations à un mur joignant la voie publique ne peut être excusé par le motif que le mur réparé était dans l'alignement d'un premier plan général approuvé par ordonnance, lequel a été modifié par un second plan approuvé par le préfet, seulement un mois après la terminaison des travaux. — Cass. 28 août 1862 (Maillard), *B. cr.*

220. Conf. Cass. 11 avril 1862 (Lebrun), *B. cr.*

230. Sous prétexte d'un arrangement intervenu entre lui et le maire sur le règlement d'indemnité en matière de voirie. — Cass. 4 avril 1862 (Cambuzat), *B. cr.* — V. *suprà*, n° 81.

235. Sous prétexte de l'interprétation d'une vente, entre le propriétaire contrevenant et la ville, de la portion de terrain formant l'emplacement de la nouvelle rue. — Cass. 23 janv. 1863 (Fontaine-Lienard), *B. cr.*

240. Conf. Cass. 8 nov. 1861 (Costé), *B. cr.*; 10 déc. 1864 (Lorsères), *B. cr.*; 30 janv. 1868 (Bordères), *B. cr.*

241. La question de savoir si des travaux faits à une maison sujette à reculement sont confortatifs ne peut importer qu'au point de vue de la démolition à ordonner et ne peut être décidée que par l'autorité administrative. — Cass. 10 déc. 1864 (Lorsères), *B. cr.*

242. Conf. Cass. 22 avril 1864 (Chaume), *B. cr.*

243. Conf. Cass. 8 nov. 1861 (Costé), *B. cr.* — 28 fév. 1863 (Chaume), *B. cr.*

244 *bis.* C'est au maire qu'il appartient, en cas de dénégation par le prévenu, de décider, sauf recours au préfet, si les travaux sont confortatifs des murs anciens sujets à reculement. Il y a lieu par le juge de police de surseoir à statuer au fond. — Cass. 22 avril 1864 (Chaume), *B. cr.*

Ce droit ne peut appartenir au conseil de préfecture. Le pourvoi devant ce conseil ne peut servir de base à un sursis. — Même arrêt.

250 *bis.* Celui qui a contrevenu à un arrêté d'alignement ne peut être excusé sous le prétexte que le plan d'alignement donné était inexact et que l'agent voyer aurait reconnu que les travaux se faisaient sur l'alignement; un arrêté d'alignement ne peut être réformé que par l'autorité administrative. — Cass. 22 janv. 1863 (Tartalini), *B. cr.*

9° Compétence.

259. La loi du 28 pluv. an VIII et celle du 29 flor. an IX, en réglant les attributions des conseils de préfecture, n'ont pas entendu déroger aux lois sur la police intérieure des cités. Il appartient à l'autorité municipale de prendre, en matière de voirie urbaine, toutes les mesures de police dans l'intérêt de la sûreté

du passage et de la circulation. — Cass. 20 juin 1863 (Avenel), *B. cr.*

265. Mais le conseil de préfecture est compétent pour connaître d'une contravention de grande voirie résultant d'une construction, sans autorisation, dans le faubourg d'une ville, d'un mur contigu à une voie publique classée comme route départementale, ayant pour résultat d'anticiper sur la largeur de la route et d'en compromettre le sol. — Cass. 18 août 1864 (Chartier).

268. Les conseils de préfecture ne sont compétents que pour connaître des contraventions en matière de grande voirie, c'est-à-dire au cas où il s'agit de routes impériales ou départementales; les tribunaux de police sont seuls compétents pour connaître des contraventions commises sur les chemins vicinaux, même de grande communication, et pour prononcer la peine, sauf aux tribunaux administratifs à prendre les mesures nécessaires pour la réparation du dommage causé au chemin et à ordonner, s'il y a lieu, la démolition des ouvrages édifiés sans autorisation. — Cass. 21 mars 1868 (Marie), *B. cr.* — V. art. 479, n° 11, et les notes.

10° Suppression des saillies et autres constructions sur la voie publique.

291 *bis.* Il n'est pas nécessaire pour faire ordonner la démolition de saillies établies sur la voie publique contrairement à un arrêté d'alignement que le maire ait préalablement fait sommation au contrevenant par un arrêté spécial d'avoir à les supprimer. — Cass. 21 avril 1864 (Guilloteaux), *B. cr.*

291 *ter.* L'autorité administrative qui prescrit la démolition d'un balcon comme dangereux pour la sûreté publique n'a pas besoin de faire précéder sa décision de l'expertise préalable et contradictoire exigée par les déclarations de 1729 et 1730 pour le cas de péril imminent résultant d'une maison qui menace ruine. — Cass. 20 juin 1863 (Avenel), *B. cr.*

294. Toute concession faite sur la voie publique, soit en vertu d'anciens usages locaux, soit par des autorisations particulières, est essentiellement révocable et doit être considérée comme de pure tolérance. L'autorité municipale a toujours le droit de prescrire la destruction ou l'enlèvement des ouvrages ou objets qui embarrassent la voie publique. — Cass. 28 fév. 1863 (Clavel), *B. cr.*

294 *bis.* Ainsi est obligatoire l'arrêté du maire confirmé par décision de l'autorité supérieure qui ordonne la destruction d'un trottoir construit sur la voie publique dans des dimensions reconnues depuis excessives, encore que cette construction ait été antérieurement autorisée par l'autorité municipale. — Cass. 22 août 1862 (Renaud), *B. cr.*

296 *bis.* La démolition d'un balcon peut être ordonnée par le tribunal, quoiqu'elle n'ait pas été littéralement prescrite par l'arrêté, si les travaux de rectification qu'il impose en supposaient nécessairement la démolition préalable. — Cass. 20 juin 1863 (Avenel), *B. cr.*

301. Lorsque le tribunal de police a relaxé, pour cause de prescription de la contravention, le propriétaire prévenu d'avoir construit un mur en anticipant sur la voie publique, le maire ne peut plus agir que par la voie civile, en revendication du terrain usurpé; il ne peut, à l'aide d'un nouvel arrêté, prescrire la démolition du mur et saisir de nouveau le tribunal de police. — Cass. 11 août 1864 (Monnot), *B. cr.*

11° Édifice menaçant ruine.

305. Il appartient au maire, sans décision préalable du juge, d'ordonner, sur le rapport de l'architecte du département, la démolition d'office d'un mur menaçant ruine sur la voie publique. — Cass. 10 août 1866 (Veysseyre), *B. cr.*

305 *bis.* L'arrêté qui ordonne d'une manière générale de démolir les fours menaçant ruine ne suffit pas, il doit être suivi de constatations et d'injonctions spéciales. — Cass. 16 mars 1867 (Casanova), *B. cr.*

309 *bis.* Pour motiver l'injonction de démolir un bâtiment menaçant ruine, il n'est pas nécessaire que ce bâtiment soit situé immédiatement sur la voie publique, il suffit que sa chute puisse menacer la sûreté du passage. — Cass. 3 janv. 1863 (Gossot-Fauleau), *B. cr.*

314. Le juge de police peut surseoir à statuer sur la contravention à un arrêté prescrivant la démolition d'un édifice menaçant ruine en se fondant sur le recours formé contre l'arrêté avant toute citation en justice et sur la preuve légale de la suite que l'autorité supérieure y a donnée, alors surtout que le maire, au lieu de procéder par voie administrative, avait préféré prendre la voie judiciaire. — Cass. 8 janv. 1863 (Dominici), *B. cr.*

315. Conf. Cass. 10 août 1866 (Veysseyre), *B. cr.*

§ 6. — *Jet ou exposition de choses nuisibles.*

2. Cette disposition est applicable à la chute des eaux infectes tombant d'une maison sur une personne qui passe dans la rue. — Cass. 31 juill. 1863 (Salvatori), *B. cr.*

3. C'est l'auteur seul du jet qui est punissable et non les propriétaires ou locataires des appartements d'où les objets ont été jetés. — Cass. 28 fév. 1863 (Lasgourgues), *B. cr.*

3 *bis.* Le propriétaire d'une maison ne peut répondre du fait personnel d'un locataire qui a répandu des eaux ménagères sur la voie publique, lors même qu'il l'y aurait autorisé. — Cass. 28 fév. 1863 (Almaric), *B. cr.*

13. Le contrevenant ne peut être relaxé sous prétexte que les eaux sales avaient été jetées dans une rigole faisant partie de la voie publique. — Cass. 23 janv. 1862 (Reynaud), *B. cr.*

15. Cet article est applicable à celui qui laisse s'écouler de sa cour sur la voie publique des eaux infectes pouvant nuire à la salubrité publique. — Cass. 29 août 1867 (Bazin), *B. cr.*

15 *bis.* A celui qui laisse écouler de son écurie des urines sur la voie publique. Des précautions intermittentes prises pour combattre l'insalubrité ne peuvent excuser le contrevenant. — Cass. 8 fév. 1866 (Vidaillian), *B. cr.*

15 *ter.* Mais il ne peut s'étendre à tout ce qui serait de nature à occasionner des exhalaisons seulement désagréables. — Cass. 17 juill. 1863 (Fleury), *B. cr.*

25. Il est inapplicable au jet d'eau sur un terrain non dépendant de la voie publique, quoique grevé de servitude de passage. — Cass. 2 juin 1865 (Capel), *B. r.*

25 *bis.* Au dépôt des résidus d'une distillerie opéré non sur la voie publique, mais dans l'intérieur d'une propriété privée. — Cass. 28 août 1863 (Nadler), *B. cr.*

26. L'obligation prescrite aux propriétaires ou locataires de faire disparaître les matières infectes de leurs maisons, cours et dépendances, est applicable au propriétaire qui fait écouler ses eaux ménagères dans une cour sur laquelle il n'a qu'un droit de servitude. — Cass. 9 mars 1867 (Montfort), *B. cr.*

37 *bis.* Le fait d'avoir laissé écouler sur la voie publique des eaux insalubres et infectes constitue une contravention dont la poursuite n'est pas subor-

7.

donnée à une plainte préalable. — Cass. 31 juill. 1862 (Bonfils), *B. cr.*

§ 8. — *Echenillage.*

4. Le contrevenant ne peut être excusé sous prétexte que le procès-verbal ne fait pas connaître la quantité de chenilles ou bourses existant. — Cass. 17 juill. 1863 (Dermy), *B. cr.*

Ou que le propriétaire n'avait pas été averti par l'agent voyer. — Même arrêt.

§ 10. — *Glanage, râtelage ou grappillage.*

1. Le glanage ou le grappillage de toute espèce de fruits dans les lieux où cet usage est reçu n'est permis que lorsque l'enlèvement des fruits a été effectué dans l'ensemble du finage ou du ténement, et non au fur et à mesure que chaque parcelle de terre a été dépouillée. — Cass. 14 fév. 1867 (Troc), *B. cr.*

1 *bis.* Que lorsque les terres de la contrée sont entièrement dépouillées de leurs récoltes. — Cass. 26 nov. 1864 (Gibot), *B. cr.*; 31 déc. 1864 (Morey), *B. cr.*

7 *bis.* Le droit de glanage, râtelage, s'étend à toutes les terres sans distinction de culture, champs, prés ou vignes. — Cass. 31 déc. 1864 (Morey), *B. cr.*

12. L'introduction des bestiaux sur une terre ouverte n'est permise que lorsque les fruits ont été entièrement enlevés dans les terres du canton ou de la contrée et non pas seulement après la récolte du champ. — Cass. 31 déc. 1864 (Morey), *B. cr.*

12 *bis.* Elle n'est permise même au propriétaire du champ que deux jours après celui où tous ses voisins ont effectué comme lui l'entier enlèvement de leurs récoltes. — Cass. 26 nov. 1864 (Gibot), *B. cr.*

17. Le glanage n'appartient qu'aux indigents, d'après l'édit du mois de nov. 1554. — Cass. 14 fév. 1867 (Troc), *B. cr.*

§ 11. — *Injures simples.*

4. Les injures contre un maire, lorsqu'elles ne sont pas publiques, qu'elles ne renferment pas l'imputation d'un vice déterminé, et alors qu'elles n'ont pas été proférées ni dans l'exercice ni à l'occasion de l'exercice de ses fonctions, sont de la compétence du tribunal de police. — Cass. 18 août 1832 (Bernardini), *B. cr.*

9. Conf. Cass. 25 juill. 1861 (Guth), *B. cr.*

10. Conf. Cass. 25 juill. 1861 (Guth), *B. cr.*

20 *bis.* On ne peut qualifier injures et diffamation une manifestation de soupçons et une réclamation d'un objet cru volé émises de bonne foi, sans intention de nuire et sans légèreté. — Cass. 25 août 1864 (Coti-Nunzia), *B. cr.*

27. Le jugement doit relater les expressions injurieuses imputées au prévenu. — Cass. 9 mars 1867 (Peretti), *B. cr.*

28. Conf. Cass. 9 mars 1867 (Peretti), *B. cr.*

33. Conf. Cass. 18 août 1864 (Pruvost), *B. cr.*

35. La provocation peut ne pas paraître résulter du fait d'avoir arraché une haie sèche sur un terrain litigieux. — Cass. 4 juill. 1812 (Carama); D.

§ 13. — *Passage des hommes sur un terrain préparé ou ensemencé.*

15 *bis.* Le prévenu qui a traversé un pré appartenant à autrui doit être relaxé s'il en avait obtenu l'autorisation du propriétaire. Il suffit que cette autorisation soit verbale. — Cass. 14 nov. 1861 (Pillois), *B. cr.*

19. Conf. Cass. 1er juin 1866 (Chambert), *B. cr.*

24. Un pré est à l'état permanent de récolte ou au moins d'ensemencement. — Cass. 16 mars 1867 (Celerier), *B. cr.*; 16 mai 1867 (Raymond), *B. cr.*

24 2°. Il en est de même des herbages. — Cass. 27 avril 1867 (Henry), *B. cr.*

24 3°. Cet article n'est point applicable au passage sur un terrain en nature de bruyère. — Cass. 2 juin 1865 (Chapelain), *B. cr.*

24 4°. Le passage sur le terrain d'autrui préparé ou ensemencé ne peut être excusé par le motif que le passage constant du public y avait tracé un sentier qui empêchait la récolte de pousser et que le terrain n'était pas clos. — Cass. 21 nov. 1861 (Duponnois), *B. cr.*; 16 mars 1867 (Celerier), *B. cr.*

24 5°. Cet article ne subordonne pas à la constatation d'un dommage l'existence de la contravention. — Cass. 12 fév. 1863 (Cuges), *B. cr.*; 27 avril 1867 (Henry), *B. cr.*; 16 mai 1867 (Raymond), *B. cr.*

§ 14. — *Passage d'animaux sur le terrain d'autrui.*

1. Cette disposition n'est pas applicable au fait du berger qui laisse par mégarde ses brebis pénétrer sur un terrain semé en lupin. C'est l'art. 475-10 qui est applicable. — Cass. 23 juin 1864 (Braccini), *B. cr.*

1 *bis.* Il n'est pas applicable au dégât occasionné à la propriété immobilière d'autrui par des animaux qui viennent y paître en liberté à l'état d'abandon; cette contravention est réprimée par les art. 3 et 12, tit. 2, L. 28 sept.-6 oct. 1791. — Cass. 16 avril 1864 (Filippi), *B. cr.*; 2 juin 1865 (Maestracci), *B. cr.*; 13 avril 1866 (Laurenti), *B. cr.* — V. sous l'art. 479-10.

§ 15. — *Contraventions aux règlements administratifs et municipaux.*

Art. 1er. — *Règles générales.* — *A qui il appartient de prendre des arrêtés.* — *Compétence des maires et des préfets.* — *Anciens règlements.* — *Règlements qui peuvent donner lieu à l'application d'une peine.* — *Individus soumis à leur empire.* — *Dérogations.* — *Désuétude.* — *Renouvellement.*

4. Lorsque les règlements de police ne concernent, en termes restrictifs et formels, que les habitants de la ville et des faubourgs, les habitants des hameaux situés hors de l'enceinte de cette circonscription ne sont pas tenus de s'y conformer. — Cass. 1er août 1862 (Granger), *B. cr.*

10. Conf. Cass. 28 août 1862 (Lozach), *B. cr.*; 6 nov. 1863 (Guyot), *B. cr.* — Il n'appartient pas au préfet de se saisir de l'initiative de ces mesures ni d'ordonner celles qui ne peuvent émaner que du pouvoir municipal. — Mêmes arrêts.

10 *bis.* Les préfets n'ont plus que le droit d'approuver ou d'annuler les arrêts des maires ordonnant des mesures locales, ou d'en suspendre l'exécution sans pouvoir ni les modifier ni se substituer aux lieu et place des maires. — Cass. 6 juill. 1867 (Amiel), *B. cr.*

13. Mais les préfets peuvent prendre, aux termes du 3e § de l'art. 9 L. du 18 juill. 1837, pour toutes les communes de leur département, des mesures de sûreté générale, et ils ont en outre le droit d'annuler les arrêtés rendus par les maires dans le cercle de leurs fonctions municipales. — Cass. 28 août 1862 (Lozach), *B. cr.*; 6 nov. 1863 (Guyet), *B. cr.*; 28 déc. 1866 (Folliguet), *B. cr.*; 6 juill. 1867 (Amiel), *B. cr.*

13 *bis.* Ces expressions : *mesures de sûreté générale* ne désignent pas seulement les mesures qui intéressent, au point de vue politique, la sûreté de l'État, mais encore celles qui, à un point de vue plus général, intéressent la sûreté des habitants du département. — Cass. 6 juill. 1867 (Amiel), *B. cr.*

15 *bis*. Ainsi le préfet peut, par un arrêté général, soumettre l'ouverture des bals publics dans son département à une autorisation spéciale du maire. — Cass. 6 juill. 1867 (Amiel), *B. cr.*

15 *ter*. Il peut, dans l'intérêt de la sûreté générale, prendre un arrêté qui défend de laisser errer les chiens sans muselière. — Cass. 17 janv. 1868 (Prat), *B. cr.*

15 *quater*. Il peut, dans un pays de montagnes, organiser des compagnies de guides pour les voyageurs dans un certain nombre de communes de son département. — Cass. 28 déc. 1866 (Folliguet), *B. cr.*

17. Conf. Cass. 17 mai 1861 (Boileau), *B. cr.*

Cet arrêté a pour effet de modifier les arrêtés municipaux qui prescrivent une autre heure de fermeture. — Même arrêt.

18. Au contraire n'est pas obligatoire : l'arrêté préfectoral qui, n'étant fondé ni sur la sûreté générale ni sur le besoin de faire cesser ou de prévenir les épidémies, prescrit pour les communes de son département des mesures de police purement locales, comme l'écoulement sur la voie publique d'immondices ou de matières putrescibles. — Cass. 14 déc. 1867 (Crassus), *B. cr.*

18 2°. L'arrêté préfectoral qui prescrit le nettoyage de la voie publique dans une ville, alors même que l'arrêté se rapporterait à toutes les communes du département. Il n'a pas pour objet une mesure de sûreté générale. — Cass. 28 juin 1861 (Barrus), *B. cr.*

18 3°. L'arrêté du préfet qui règle le commerce des engrais ; l'inspection et la fidélité du débit des marchandises étant placées parmi les objets confiés à l'autorité des corps municipaux. — Cass. 28 août 1862 (Lozach), *B. cr.*; 6 nov. 1863 (Guyet), *B. cr.*

18 4°. L'arrêté préfectoral qui enjoint à tous propriétaires de détruire les chardons qui croissent dans leurs champs. Cette mesure ne porte sur aucun des objets confiés à la vigilance de l'autorité municipale et n'intéresse pas la sûreté générale. — Cass. 27 janv. 1866 (Alliot), *B. cr.*

18 5°. C'est au maire et non au préfet qu'appartient, même dans les villes de plus de quarante mille âmes, le droit de réglementer la circulation et le stationnement des voitures de place sur la voie publique, et, par exemple, de défendre aux cochers de manger dans leurs voitures. — Cass. 19 juill. 1867 (Schmitt), *B. cr.*

19. Les sous-préfets ne peuvent exercer le pouvoir réglementaire qui n'appartient qu'aux maires. Un simple avis du maire rappelant aux habitants les dispositions d'un arrêté du sous-préfet ne peut lui donner une valeur qu'il n'a pas. — Cass. 6 juill. 1866 (Khalifa-ben-Embareck), *B. cr.*

24. Les préfets, dans les villes chefs-lieux ayant plus de quarante mille âmes, peuvent prendre tous règlements ayant pour objet la sûreté publique et la tranquillité générale des habitants. — Cass. 2 août 1862 (Naudin), *B. cr.* — V. Ports.

32. A l'égard des anciennes lois ou anciens règlements ayant pour objet des matières appartenant à la police générale qui ne rentrent pas dans les attributions de la police municipale, V. sous l'art. 484, n° 7.

36. Ne peut donner lieu à une peine de police : l'infraction à un cahier des charges qui n'a pas un caractère réglementaire. — Cass. 29 juill. 1865 (Jehan), *B. cr.*

39. L'infraction par un entrepreneur d'éclairage aux prescriptions d'un marché par lui conclu avec la commune. Il n'y a dans ce marché qu'un contrat civil qui ne peut donner lieu qu'à l'application des règles du droit civil. — Cass. 27 juin 1863 (Cheneusac), *B. cr.*

46. Conf. Cass. 4 août 1864 (Planté), *B. cr.*

Cet arrêté ne constitue pas un règlement de police et n'a d'autre sanction que l'action civile. Le tribunal doit se déclarer incompétent. — Même arrêt.

52. Ni le refus de payer une taxe ou des droits de place dans les foires et marchés. — Cass. 22 nov. 1866 (Sentenac), *B. cr.*; 27 juin 1867 (Blanchard), *B. cr.*

52 *bis*. Ou un droit de stationnement dans les rues et places. Le juge doit se déclarer d'office incompétent. — Cass. 16 avril 1863 (Clerc), *B. cr.*

64 *bis*. L'autorité municipale peut prendre un arrêté individuel prescrivant à un propriétaire l'établissement d'un travail pour l'écoulement des eaux sur la voie publique, lorsque ce propriétaire est seul à résister au droit qu'a l'autorité municipale d'assurer la commodité et la liberté de la circulation. — Cass. 13 mars 1862 (Hutin), *B. cr.*

66. Conf. Cass. 21 août 1862 (Leustome), *B. cr.*; 17 nov. 1866 (Lambinet), *B. cr.*

68 *bis*. L'arrêté municipal est également obligatoire pour les habitants annexés postérieurement à sa publication. — Cass. 15 fév. 1862 (Grandmongin), *B. cr.*

70. Conf. Cass. 4 janv. 1862 (Laty), *B. cr.*

76. Conf. Cass. 25 mars 1863 (Reboul), *B. cr.*

76 *bis*. Un maire ne peut légalement déroger aux prescriptions d'un arrêté préfectoral. — Cass. 4 janv. 1862 (Laty), *B. cr.*

76 *ter*. Il ne peut dispenser un citoyen de se conformer aux prescriptions d'un règlement de police générale approuvé par le préfet. — Cass. 27 avril 1866 (Cucchi), *B. cr.*

77 *bis*. La révocation d'un arrêté a virtuellement et nécessairement pour effet d'annuler les dispositions identiques d'un arrêté antérieur. — Cass. 15 nov. 1861 (Drugeon), *B. cr.*

78. Conf. Cass. 22 nov. 1862 (Martin), *B. cr.*; 17 janv. 1868 (Prat), *B. cr.*

78 *bis*. La désuétude dans laquelle seraient tombés des règlements pas plus que les abus tolérés dans leur exécution ne peuvent en paralyser en aucun cas l'effet légal. — Cass. 8 janv. 1864 (Dru), *B. cr.*

ART. 2. — *Suite.* — *Pénalités.* — *Arrêtés non obligatoires.* — *Illégalité, mérite, interprétation des arrêtés.*

103. Conf. Cass., req., 5 mars 1860 (Burklen); S., 60, 1, 983.

104. Conf. Cass. 28 mars 1862 (Goutaut), *B. cr.*

108 *bis*. Aucune disposition légale n'exige que le tribunal constate par une mention spéciale et expresse l'illégalité de l'arrêté auquel il refuse la sanction de cet article, lorsqu'il explique suffisamment dans les motifs de la sentence les causes de cette illégalité. — Cass. 24 mars 1866 (Courtois), *B. cr.*

129, 130. Il n'appartient point aux tribunaux d'apprécier l'opportunité, la justice ou l'efficacité des mesures ordonnées par le pouvoir administratif dans la sphère de ses attributions. — Cass. 8 déc. 1865 (Desguy), *B. cr.*

131 *bis*. Le tribunal ne peut, sans empiéter sur les attributions de l'autorité administrative, décider qu'une rigole que le maire a fait fermer, étant nécessaire pour prévenir les inondations, sa réouverture par le prévenu ne peut constituer ni une dégradation ni une détérioration du chemin. — Cass. 9 fév. 1865 (Paulin), *B. cr.*

133. Il ne peut se refuser à appliquer un arrêté municipal compétemment rendu, sous prétexte que ses dispositions entravent un droit de propriété ou

gênent l'exercice d'une industrie, tant qu'il n'a pas été réformé par l'autorité supérieure. — Cass. 9 avril 1868 (Cannes), *B. cr.*

138. Sous prétexte des inconvénients résultant de la difficulté plus ou moins grande qui peuvent se présenter dans l'exécution. — Cass. 3 août 1866 (Aymes), *B. cr.*

138 *bis.* Celui qui a contrevenu à un arrêté qui prescrit l'élagage des arbres et des haies sur le bord des chemins ne peut être relaxé par le motif que cet arrêté réservait à l'autorité le droit de faire cet élagage après sommation au retardataire ; cette disposition n'a pour but que la cessation du dommage et ne fait pas obstacle à l'action publique. — Cass. 6 fév. 1863 (Louvet), *B. cr.*

142. Le recours devant le conseil d'État contre un arrêté du préfet ne peut suspendre le jugement sur la contravention. — Cass. 6 déc. 1862 (Vilon), *B. cr.*; 12 mai 1863 (Jullien), *B. cr.*

149. Dans le cas où le sens d'un règlement de police est ambigu ou obscur, le devoir du juge est de l'interpréter ; il ne peut renvoyer devant l'autorité administrative pour cette interprétation. — Cass. 15 avril 1864 (Gide), *B. cr.*; 10 juin 1864 (Guerre), *B. cr.*

ART. 3. — De quel jour les arrêtés municipaux sont obligatoires.

157. Conf. Cass. 12 mars 1868 (Hardy), *B. cr.*

ART. 4. — Publication des arrêtés.

172. Conf. Cass. 26 juill. 1861 (Sudre), *B. cr.*

177. Il suffit que les arrêtés spéciaux aient reçu une publicité en rapport avec leur objet et soient parvenus à la connaissance de ceux qu'ils concernent.

Ainsi, il suffit que l'arrêté qui a pour objet de régler l'entrée, la circulation et le stationnement des voitures dans les gares d'un chemin de fer, soit affiché dans les cours, salles et gares, où tous les intéressés ont pu en prendre connaissance. — Cass. 6 déc. 1862 (Lesbat), *B. cr.*

182. Le ministère public n'est pas tenu de rapporter une preuve écrite de la publication d'un arrêté dont il requiert l'application, sauf au juge à apprécier la preuve fournie. — Cass. 7 mars 1868 (Cauro), *B. cr.*

185. Il appartient au tribunal de décider souverainement suivant les circonstances qu'un plan général d'alignement n'a pas été légalement publié et notifié. — Cass. 17 fév. 1865 (Camps), *B. cr.*

192 *bis.* De ce qu'un arrêté municipal sur les débits de boissons prescrit, indépendamment de sa publication et de son affiche dans la commune, l'affiche dans chaque débit de boissons, il ne s'ensuit pas que la force exécutoire de l'arrêté soit subordonnée à l'accomplissement de cette dernière formalité. — Cass. 26 mars 1863 (Morel), *B. cr.*

195. Conf. Cass. 12 juill. 1866 (Chatel), *B. cr.* — Sauf à ajourner la cause jusqu'à la représentation du texte officiel. — Même arrêt.

195 *bis.* Mais le tribunal de police refuse à bon droit une sanction à un arrêté qui n'est pas signé. — Cass. 1er mai 1868 (Milloy), *B. cr.*

196 *bis.* Un arrêté pris sur la demande d'une partie à laquelle il fait droit et qui est exécuté n'a pas besoin d'être publié ou notifié. — Cass. 17 mars 1865 (Dangaix), *B. cr.*

198 *bis.* Il suffit que l'arrêté d'un maire qui ordonne l'inscription d'une fille publique sur les registres de la police soit notifié à cette fille ; il n'est pas nécessaire de lui notifier également le règlement général en vertu duquel cet arrêté a été pris, lorsque ce règlement a été publié. — Cass. 14 nov. 1861 (Boussion), *B. cr.*

ART. 5. — Espèces diverses.

230. *Animaux.* — Est obligatoire l'arrêté municipal qui, dans un intérêt de salubrité publique, détermine les règles à suivre pour l'équarrissage et l'enfouissement des animaux morts. — Cass. 17 mars 1865 (Faure), *B. cr.*

241. *Bains.* — Est obligatoire l'arrêté municipal qui, dans un intérêt d'ordre et de sécurité publics, attribue à titre purement provisoire et temporaire des places distinctes à des établissements rivaux de bains de mer, sauf recours à l'autorité supérieure, s'il y a lésion de quelque droit particulier. — Cass. 2 déc. 1864 (Harmand), *B. cr.*

244. *Bal.* — Doit être considéré comme public le bal donné par souscription dans une salle publique où sont admis tous ceux qui se présentent en payant une cotisation. — Cass. 6 juill. 1867 (Amiel), *B. cr.*

247 *bis.* Les arrêtés qui défendent d'ouvrir un bal ou qui règlent l'heure de la fermeture des bals ne peuvent s'appliquer à un bal privé donné à l'occasion d'un mariage dans un établissement public, quoique le procès-verbal constate l'admission de personnes étrangères à la noce, si le juge du fait déclare que ces personnes étrangères étaient des amis ou des invités. — Cass. 3 août 1867 (Gigon), *B. cr.*

263. *Bouchers.* — Est obligatoire l'arrêté municipal qui défend aux bouchers d'abattre des bestiaux ailleurs que dans l'abattoir communal, ainsi que de vendre les viandes provenant d'animaux non abattus dans cet abattoir. — Cass. 24 juin 1865 (Passeron), *J. p.*, 65, 1096 ; 8 déc. 1865 (Passeron), *B. cr.*

263 *bis.* Qui interdit aux bouchers forains de vendre de la viande provenant d'un bétail quelconque non abattu dans la commune. — Cass. 12 nov. 1864 (Streby), *B. cr.*

263 *ter.* Mais est illégal et non obligatoire comme contraire à la liberté de l'industrie le règlement de police qui, après avoir admis l'introduction et la vente dans l'intérieur de la ville, de viandes provenant du dehors et abattues aux abattoirs forains, exclut les bouchers de la ville de la faculté de vendre ces viandes en concurrence avec les bouchers forains et d'en avoir dans leurs boutiques. — Cass. 24 juin 1865 (Passeron), *J. p.*, 65, 1096 ; 8 déc. 1865 (Passeron), *B. cr.*

281. *Boulangers.* — Un décret du 22 juin 1863 a établi la liberté de la boulangerie et a abrogé diverses dispositions des décrets, ordonnances et règlements généraux concernant la boulangerie (1).

281 *bis.* Sous l'empire du décret du 22 juin 1863, n'est pas obligatoire, comme contraire à la liberté du travail et de l'industrie, le règlement qui impose à un ouvrier boulanger voulant exercer sa profession, l'obligation d'obtenir un bulletin de placement délivré par la mairie et un livret. — Cass. 19 fév. 1864 (Ferré), *B. cr.*

---

(1) Décret du 22 juin 1863.

Art. 1er. Sont abrogées, à dater du 1er septembre 1863, les dispositions de décrets, ordonnances et règlements généraux ayant pour objet de limiter le nombre des boulangers, de les placer sous l'autorité des syndicats, de les soumettre aux formalités des autorisations préalables pour la fondation ou la fermeture de leurs établissements, de leur imposer des réserves de farines ou de grains, des dépôts de garantie ou des cautionnements en argent, de réglementer la fabrication, le transport ou la vente du pain, autres que les dispositions relatives à la salubrité et à la fidélité du débit du pain mis en vente.

Art. 2. Les décrets des 27 décembre 1853 et 7 janvier 1854, relatifs à la caisse de service de la boulangerie du département de la Seine, seront modifiés et mis en harmonie avec les dispositions du présent décret,

311. L'obligation pour les boulangers d'avoir leurs boutiques approvisionnées de pains taxés n'existe qu'autant qu'elle leur a été imposée par un arrêté du maire. — Cass. 29 mai 1868 (Arlhac), *B. cr.*

311 *bis.* Le boulanger dont le magasin n'était pas pourvu du nombre de pains prescrit peut être relaxé s'il est établi que le prévenu avait suffisamment pourvu sa boulangerie, qui s'était dégarnie par des demandes plus nombreuses que d'habitude. — Cass. 7 mars 1862 (Tisné), *B. cr.*

316. Le décret du 22 juin 1863 sur la boulangerie n'a rien innové en ce qui touche le pouvoir réglementaire des autorités préfectorales ou municipales qui conservent le droit de faire des règlements sur la salubrité et la fidélité du débit des denrées en général, et, par exemple, de déterminer la forme et le poids des pains mis en vente. — Cass. 12 mars 1864 (Beaudet), *B. cr.*

318. Conf. Cass. 29 mai 1868 (Arlhac), *B. cr.*

349. Est obligatoire l'arrêté municipal qui prescrit le pesage du pain au moment de la vente. Le contrevenant ne peut être excusé sous prétexte que l'acheteur n'aurait pas requis le pesage. — Cass. 16 déc. 1864 (Latapie-Esquerré), *B. cr.*

349 *bis.* Cet arrêté s'applique même au pain de luxe. — Cass. 8 juill. 1864 (Vasseur), *B. cr.*

349 *ter.* Le boulanger ne peut être affranchi de cette obligation sous prétexte que le pain avait été fait pour le compte d'une pratique et par suite d'une convention particulière. — Cass. 14 fév. 1863 (Marchal), *B. cr.*

356. Le décret du 22 juin 1863 a abrogé les arrêtés antérieurs qui imposent aux boulangers une réserve d'approvisionnement de farines.

368. *Cafés-concerts.* — Est obligatoire l'arrêté préfectoral qui interdit la perception à la porte d'un café-concert de droits d'entrée ou la délivrance de bons de consommation. Cet arrêté défend par cela même la perception faite dans la salle. — Cass. 9 mars 1867 (Bavarit), *B. cr.*

371 *bis. Cercles.* — Est obligatoire l'arrêté préfectoral qui, en autorisant la formation d'un cercle, fixe l'heure de sa fermeture chaque soir. L'infraction à cet arrêté constitue une contravention réprimée par cet article. — Cass. 23 mai 1862 (Collin), *B. cr.*

387. *Chemins de fer.* — Il n'appartient pas à un arrêté municipal de régler la police des chemins de fer et de leurs dépendances ; par exemple, de défendre l'introduction dans les gares. — Cass. 17 mars 1866 (Hanon), *B. cr.*

387 2°. D'interdire à une compagnie de chemin de fer de faire stationner le long des promenades de la ville les trains ou convois pouvant exhaler des odeurs incommodes ou insalubres. La police des chemins de fer appartient au ministre des travaux publics, sauf les cas où la santé et la sûreté des habitants pourraient être intéressées. — Cass. 16 déc. 1864 (chem. de fer d'Orléans), *B. cr.*

387 3°. Un préfet tient de la loi du 15 juill. 1845, art. 21, et de l'ordonn. royale du 15 nov. 1846, le droit de régler l'entrée, le stationnement et la circulation des voitures dans les cours des stations des chemins de fer situées dans son département. — Cass. 6 déc. 1862 (Lesbats), *B. cr.*

387 4°. Il peut légalement imposer à son autorisation la condition de desservir tous les trains de jour et de nuit. — Cass. 25 août 1864 (Lesbats), *B. cr.* ; Amiens, 3 fév. 1865 (Lesbats), *J. p.*, 65, 701.

387 5°. Il peut, sans créer aucun monopole, prescrire la nécessité d'une autorisation préalable pour certaines catégories de voitures à l'effet de pouvoir entrer, stationner et circuler dans les cours des gares de chemins de fer.

La force obligatoire de cet arrêté ne peut être méconnue sous prétexte que les décisions particulières prises pour son exécution ou les traités de la compagnie approuvés par le préfet auraient eu pour résultat de donner à l'arrêté une portée excédant ce que nécessite le maintien de l'ordre et de la sûreté dans les cours des stations et de créer un monopole, sauf aux parties intéressées à se pourvoir devant l'autorité supérieure pour en faire prononcer la réformation. — Cass. 6 déc. 1862 (Lesbats), *B. cr.*

405. *Chiens.* — Conf. Cass. 12 janv. 1866 (Sureau), *B. cr.*

408. *Cimetières.* — Est obligatoire l'arrêté municipal qui prescrit à un particulier de faire murer une porte communiquant de sa propriété sur le cimetière de la commune. Décr. 23 prair. an XII. — Cass. 20 juin 1863 (Hue), *B. cr.*

411. Le décret du 26 mars 1852, spécial à la voirie de Paris, n'a pas dérogé aux dispositions du décret du 7 mars 1808, qui interdit de construire à moins de cent mètres de l'enceinte des cimetières. — Cass. 17 janv. 1863 (Roze), *B. cr.*

411 *bis.* Le cimetière de l'Est, à Paris, est un cimetière transféré auquel s'applique l'art. 2 déc. du 7 mars 1808, qui prohibe toute restauration ou réparation de bâtiments existant à moins de 100 mètres de l'enceinte des cimetières. — Cass. 17 janv. 1863 (Roze), *B. cr.*

412. Conf. Cass. 10 juill. 1863 (Joubert), *B. cr.*

412 *bis.* L'inexécution des prescriptions du décret du 7 mars 1808 entraîne l'application de l'art. 471, n° 15, et rentre dans les attributions des tribunaux de police. — Cass. 23 janv. 1863 (Fontaine-Liénard), *B. cr.* ; 23 fév. 1867 (Buffin), *B. cr.*

412 *ter.* Le juge doit ordonner la démolition même des fondations commencées, s'il est constant qu'elles devaient servir à des maisons d'habitation. — Cass. 23 janv. 1863 (Fontaine-Liénard), *B. cr.*

415. *Clôture.* — Lorsque le propriétaire poursuivi pour n'avoir pas fait clore une rue nouvelle par lui ouverte soutient qu'il en a fait l'abandon à la ville, abandon accepté par le préfet, il y a lieu de surseoir sur cette exception préjudicielle pour y être statué par l'autorité compétente. — Cass. 2 mai 1862 (Lanus), *B. cr.*

421. *Cours d'eau.* — Le droit de prise d'eau appartenant au propriétaire riverain d'un cours d'eau ne peut être exercé que sous les conditions légalement imposées par les règlements du préfet ou du maire délégué à cet effet. — Cass. 6 déc. 1867 (Nageotte), *B. cr.*

422. Conf. Cass. 7 déc. 1861 (Cousi), *B. cr.*

434 *bis.* Les deux propriétaires riverains d'un canal ayant une prise d'eau commune pour l'irrigation de leurs prairies, élevée à frais communs, sont tous deux soumis aux prescriptions réglementaires de l'arrosage. La contravention peut être poursuivie contre chacun d'eux isolément et donner lieu à des amendes distinctes. — Cass. 4 fév. 1864 (Sentilles), *B. cr.*

434 *ter.* Les propriétaires d'étangs que traverse un cours d'eau sont tenus comme tous les autres propriétaires riverains au curage prescrit par les règlements. Ils sont tenus d'entretenir dans le parcours de leur pièce d'eau un chenal ou passage ayant les dimensions prescrites. — Cass. 15 avril 1864 (Leblond), *B. cr.*

437. Conf. Cass. 17 mai 1862 (Ortoli), *B. cr.*

438. Est obligatoire : l'arrêté préfectoral qui prescrit et règle le curage de la dérivation d'un cours d'eau depuis son origine jusqu'à l'entrée d'une ville et qui défend d'y faire écouler des eaux infectes. Il n'empiète point sur les attributions du pouvoir municipal. — Cass. 1er août 1862 (Renard), *B. cr.*

443. Conf. Cass. 17 mai 1862 (Ortoli), *B. cr.*

447 *bis.* Est obligatoire : l'arrêté d'un maire qui ordonne aux riverains d'un ru de décharge de curer ledit ru chacun de leur côté dans un délai fixé chaque année. Le juge de police est compétent pour statuer sur la contravention à cet arrêté. Le conseil de préfecture n'est compétent que pour les contestations relatives au recouvrement des rôles et à la confection des travaux. — Cass. 23 mars 1865 (Boitel), *B. cr.*

447 *ter.* L'arrêté municipal qui, dans un intérêt de salubrité, interdit de laver des linges, lainages, etc., dans un cours d'eau en amont de la ville. — Cass. 8 déc. 1865 (Desguy), *B. cr.*

448 *bis.* L'arrêté municipal qui prescrit à un particulier de rétablir en son état primitif, sur sa propriété, le cours naturel des eaux sortant d'un établissement voisin, de manière à empêcher tout reflux de ces eaux dans une rue. La loi du 14 flor. an XI, qui charge les préfets de régler les cours d'eau, est en ce cas inapplicable. — Cass. 7 août 1862 (Lacroix), *B. cr.*

449 *bis.* Une fontaine servant de lavoir public n'est pas régie par les règlements relatifs aux cours d'eau. — Cass. 7 août 1862 (Thierculin), *B. cr.*

454. *Dimanches.* — Conf. Cass. 20 avril 1866 (Paris), *B. cr.*

460. On entend par *office* tous les offices du culte qui se célèbrent publiquement les dimanches et jours de fête reconnus par l'État, notamment les vêpres, ainsi que la procession et le salut. — Cass. 7 nov. 1863 (Ledieu), *B. cr.*

468. *Eaux minérales.* — Est obligatoire l'arrêté préfectoral qui défend d'entreprendre sans autorisation préalable la livraison ou l'administration au public des eaux minérales naturelles ou artificielles. — Le contrevenant ne peut exciper de sa qualité de pharmacien qui autorise le débit des eaux minérales. — Cass. 7 fév. 1862 (Larbaud), *B. cr.*

468 2°. L'arrêté préfectoral qui impose au propriétaire d'un établissement d'eaux thermales l'obligation de pourvoir au transport des malades, même logés hors de l'établissement, ne constitue pas un monopole et ne l'autorise pas à refuser l'usage des eaux aux malades qui ne veulent pas employer les porteurs de l'établissement. — Cass. 13 janv. 1866 (Fayard), *B. cr.*

468 3°. N'est pas obligatoire l'arrêté municipal qui, sous prétexte de pourvoir à la salubrité publique, impose à un propriétaire d'eaux thermales la construction d'une rigole pour faire écouler ses eaux à travers les propriétés d'autrui, en constituant ainsi des servitudes nouvelles. — Cass. 2 août 1866 (Fayard), *B. cr.*

468 4°. *Eaux stagnantes.* — N'est pas obligatoire l'arrêté municipal qui, pour prévenir l'accumulation d'eaux stagnantes dans des fossés, prescrit comme remède unique le comblement de ces fossés. Il n'appartient pas à l'autorité de déterminer la nature des travaux à faire pour la suppression de ces eaux. — Cass. 16 mars 1867 (Fabre), *B. cr.*

468 5°. Ou qui prescrit le remblayage comme moyen exclusivement obligatoire de faire disparaître les flaques d'eau dans les terrains. La loi des 16-24 août 1790, qui charge les maires de prévenir par les précautions convenables les fléaux calamiteux, ne les ayant pas autorisés à déterminer par eux-mêmes la nature et l'importance des travaux à effectuer. — Cass. 23 juill. 1864 (Brahim), *B. cr.*

468 6°. L'obligation imposée par un arrêté municipal aux propriétaires d'empêcher dans leurs terrains la formation de mares et flaques d'eau reste

indéterminée et irréalisable tant que l'administration municipale n'a pas pourvu à l'écoulement des eaux. — Cass. 23 juill. 1864 (Brahim), *B. cr.*

478. *Établissements insalubres.* — Conf. Cass. 17 déc. 1864 (Priou), *B. cr.*

481. Il y a lieu à sursis jusqu'après décision de l'autorité administrative lorsque le prévenu soutient qu'à raison de l'ancienneté de son établissement, il n'avait pas d'autorisation à produire. — Cass. 17 juill. 1863 (Fleury), *B. cr.*

487. L'ordonnance du 1er mars 1825, qui prohibe le dépôt de matières provenant de la vidange des latrines et des animaux, ne distingue pas entre les matières brutes et celles qui ont subi une préparation quelconque. — Cass. 17 déc. 1864 (Priou), *B. cr.*

493. Il n'appartient pas aux juges de rechercher si des modifications apportées à une industrie autorisée augmentent ou non l'insalubrité de l'établissement; la modification reconnue, si elle a eu lieu sans autorisation, doit être réprimée. — Cass. 20 nov. 1863 (Garnier), *B. cr.*

493 *bis.* L'autorisation de fabriquer des cordes à instruments ne comprend pas l'autorisation de manipuler des boyaux de bœuf destinés à la conservation des denrées alimentaires. — Cass. 20 nov. 1863 (Garnier), *B. cr.*

494 *bis.* Les conditions imposées par le règlement administratif pour l'exploitation d'un établissement insalubre sont impératives et rigoureuses et interdisent au juge d'admettre des distinctions arbitraires. — Cass. 10 juin 1864 (Le Sourd), *B. cr.*

498 *bis.* Mais le droit accordé aux préfets par le décr. du 15 oct. 1810 d'autoriser la création d'établissements insalubres et incommodes ne restreint point le pouvoir attribué à l'autorité municipale par la loi des 16-24 août 1790, de prévenir par les mesures qu'elle juge devoir édicter, sauf la réformation par l'administration supérieure, les dangers que ladite exploitation peut présenter pour la salubrité publique, pourvu que ces mesures n'apportent aucun empêchement réel à la libre et entière exploitation de l'usine. — Cass. 1er août 1862 (Blanchard), *B. cr.*

498 *ter.* Il ne peut faire obstacle au droit de l'autorité municipale de prendre les mesures générales nécessaires pour assurer la propreté et la salubrité de la voie publique, et d'empêcher l'écoulement sur cette voie des eaux insalubres provenant de ces établissements. — Cass. 7 fév. 1863 (Blanchard), *B. cr.* — V. notes sous l'art. 471-6, n° 23.

499. Les mesures prescrites par l'autorité municipale dans l'intérêt de la salubrité pour l'exploitation d'un établissement insalubre antérieures au décr. du 15 oct. 1810 ne peuvent fonder une exception préjudicielle et autoriser un sursis, sous prétexte que le maire aurait empiété sur le droit exclusif de l'autorité préfectorale. — Cass. 1er août 1862 (Blanchard), *B. cr.*

507. *Étrangers.* — N'est pas obligatoire : l'arrêté qui oblige les étrangers qui voudront se fixer dans la commune ou s'y mettre en service en qualité d'ouvriers, de domestiques, à se présenter à la mairie pour y déposer leurs papiers et recevoir en échange une carte de sûreté. — Cass. 1er mai 1863 (Thorel), *B. cr.*

507 *bis.* L'arrêté par lequel un maire oblige sans distinction les femmes et les filles qui s'établissent dans la commune à justifier de leurs moyens d'existence et de leur moralité. — Cass. 17 nov. 1865 (Guillon), *B. cr.*

520. *Filles publiques.* — Est obligatoire : l'arrêté municipal qui défend aux cafetiers, cabaretiers et aubergistes, de recevoir des filles publiques. Le contre-

venant à cet arrêté ne peut être excusé sous prétexte qu'elles ne s'étaient pas présentées seules et qu'elles étaient accompagnées de jeunes gens.— Cass. 16 avril 1863 (Rollin), *B. cr.*

521. Qui défend à tout propriétaire ou locataire de louer aucune chambre à des filles ou femmes débauchées et gens de mauvaise vie et qui leur interdit en outre de les loger et recueillir chez eux. — Cass. 14 nov. 1861 (Delille), *B. cr.*; 30 nov. 1861 (Loubat), *B. cr.*

525. L'ordonnance de 1778 sur les logeurs qui reçoivent des filles de débauche n'est plus sanctionnée que par les peines de police. — Cass. 1er déc. 1866 (Blancat), *B. cr.* — *Contrà :* La sanction est encore dans la pénalité qu'elle établit, sauf le droit aux tribunaux de modérer la peine. — Paris, 15 nov. 1865 (Mesenge), *J. p.*, 66, 951.

526. Est légal et obligatoire l'arrêté du maire qui ordonne l'inscription du nom d'une fille sur les registres des filles publiques soumises aux visites sanitaires. — Cass. 8 mars 1866 (Antony), *B. cr.*

526 2°. Mais cet arrêté n'a pas une force obligatoire et n'empêche pas les tribunaux de rechercher si ou non l'inculpée est une femme prostituée. — Cass. 24 nov. 1865 (Gauron), *B. cr.*

526 3°. Cette fille doit être admise à prouver devant le tribunal qu'elle n'est point une fille prostituée. — Cass. 17 janv. 1862 (Defourneau), *B. cr.*

526 4°. Toutefois cet arrêté a pour effet de créer contre celle qui en est l'objet une présomption de nature à ne pouvoir être détruite que par la preuve contraire. — Cass. 8 mars 1866 (Antony), *B. cr.*

526 5°. Une fille inscrite à la police comme fille soumise est recevable à prouver, postérieurement à une première condamnation pour contravention aux lois sanitaires, qu'elle a cessé de se livrer à la prostitution. — Cass. 6 avril 1866 (Raynaud), *B. cr.*

532. *Fosses d'aisances.*—Est obligatoire : le règlement de police qui ordonne la suppression de fosses d'aisances établies sur un ruisseau ; l'infraction doit être punie de l'amende édictée par cet article. La loi sur les logements insalubres lui est inapplicable. — Cass. 5 avril 1867 (Mannit), *B. cr.*

533. L'arrêté du maire qui ordonne que des fosses d'aisance seront établies dans les maisons dans lesquelles il n'en existe pas encore et dans celles qui seront construites à l'avenir. En cas de contravention, l'administration doit être autorisée à les établir aux frais de la partie condamnée. — Cass. 15 juill. 1864 (Deha), *B. cr.*

534 *bis. Fruits.* — Le maire peut interdire la mise en vente de fruits non mûrs. La loi du 27 mars 1851 n'y fait pas obstacle. — Cass. 29 fév. 1868 (Loubat), *B. cr.*

541. *Incendie.*—Est obligatoire : l'arrêté municipal qui, pour prévenir les incendies, règle les distances qui doivent séparer les meules de grains, paille ou fourrage, même dans l'intérieur des cours des maisons. — Cass. 12 juill. 1866 (Chatel), *B. cr.*

542. Qui défend de construire dans l'intérieur de la ville, si ce n'est en bonne maçonnerie hourdée en mortier de chaux et sable; cet arrêté comprend aussi bien les constructions élevées dans l'intérieur des habitations que celles élevées en façade sur la voie publique. — Cass. 24 janv. 1863 (Forien), *B. cr.*

542 *bis.* Le contrevenant ne peut être excusé sous prétexte que la construction par lui élevée en planches n'est qu'un cabinet d'aisances, isolé de toute habitation dans le jardin de sa maison. — Cass. 30 nov. 1861 (Wager), *B. cr.*

561. *Inhumations.*—L'art. 16 du décr. du 23 prairial an XII confère à l'administration municipale le droit d'interdire une inhumation ailleurs que dans le cimetière commun. L'infraction à ses défenses est punie par l'art. 471-15 C. pén. — Cass. 28 mars 1862 (Donat), *B. cr.*

565. Un arrêté municipal peut défendre de procéder aux exhumations et réinhumations sans l'autorisation du maire et hors la présence du commissaire de police; mais il ne peut prescrire, sous la sanction de cet article, que les demandes seront faites sur papier timbré ni que des vacations seront allouées au commissaire de police. — Cass. 16 janv. 1868 (Paudot), *B. cr.*

567 *bis. Ivresse.* — L'état d'ivresse sur la voie publique ne peut seul constituer une contravention. — Cass. 28 mars 1867 (Helle), *B. cr.*

567 *ter.* Ce fait n'est punissable qu'autant qu'il est accompagné de circonstances constitutives d'une contravention reconnue et punie par la loi pénale, à moins qu'un arrêté de police n'en fasse une contravention nouvelle. — Cass. 18 nov. 1865 (Octave), *B. cr.*

584. *Logeurs.* — Est obligatoire l'arrêté préfectoral qui oblige les aubergistes et logeurs à inscrire sur leurs registres les prénoms des voyageurs. — Cass. 28 déc. 1866 (Leroy), *B. cr.*

587. N'est pas obligatoire l'arrêté municipal qui prescrit à tous propriétaires et locataires de maisons qui louent au mois ou à l'année une partie de leur maison garnie ou non garnie de faire au bureau de police la déclaration des personnes qui y logeront. — Cass. 15 nov. 1862 (David), *B. cr.* — De faire à la mairie la déclaration des personnes étrangères qu'ils logeront. — Cass. 24 janv. 1863 (Cherault), *B. cr.*

587 *bis.* Dans les villes chefs-lieux de quarante mille âmes, les maires n'ont pas la police des hôtels garnis ; il n'appartient qu'aux préfets de prendre des arrêtés à cet égard, de modifier ou de maintenir les arrêtés municipaux pris antérieurement. Loi 5 mai 1855, art. 50. — Cass. 26 juin 1863 (Clausse), *B. cr.*

590 *bis.* Est illégal l'arrêté municipal qui défend à tous aubergistes ou logeurs de recevoir les femmes et les filles venant prendre domicile dans la ville, si elles ne sont munies de pièces attestant leurs moyens d'existence et leur moralité. — Cass. 17 nov. 1865 (Guillon), *B. cr.*

592. *Maisons.* — N'est pas obligatoire l'arrêté municipal qui, sous prétexte de salubrité, prescrit aux habitants ou possesseurs de maisons de les badigeonner. — Cass. 7 mars 1862 (Bourjade), *B. cr.*

593. *Maisons d'accouchements.* — Ces maisons ne peuvent être considérées comme des lieux publics soumis à la surveillance de l'administration et ouverts en tout temps aux agents de police; n'est pas obligatoire l'arrêté préfectoral qui les soumet à cette surveillance. — Cass. 23 janv. 1864 (Hardy), *B. cr.*

596. *Maisons publiques.* — Est obligatoire : l'arrêté municipal qui prohibe les jeux de cartes dans tous les lieux publics; mais il n'est pas applicable aux joueurs trouvés dans un atelier non public. — Cass. 29 déc. 1865 (Pinelli), *B. cr.*

596 *bis.* Il est applicable aux joueurs trouvés dans une chambre de la maison du cabaretier, réputée lieu public dans toutes ses dépendances. — Cass. 29 déc. 1865 (Leca), *B. cr.*

608. L'arrêté préfectoral qui défend aux cabaretiers de recevoir dans leur établissement des mineurs de dix-huit ans, à moins qu'ils ne soient accompagnés de leurs parents. On ne peut entendre par parents que le père ou la mère. — Cass. 1er fév. 1867 (Langon), *B. cr.*

611. Le contrevenant ne peut être acquitté sous prétexte que ces enfants s'étaient glissés furtivement

dans son établissement et qu'ils n'y avaient pas été tolérés sciemment. — Cass. 29 août 1863 (Loucke), *B. cr.*

613. L'arrêté qui défend aux cabaretiers, hôteliers, traiteurs, de donner à boire jusqu'à l'ivresse. —Cass. 16 mai 1863 (Lefort), *B. cr.*

614. Conf. Cass. 13 janv. 1866 (Prost), *B. cr.*

614 *bis.* Le contrevenant ne peut être acquitté par le motif de l'encombrement des buveurs et l'impossibilité de distinguer les ivrognes. — Cass. 23 mars 1865 (Kuntz), *B. cr.*

614 *ter.* L'arrêté qui défend aux cabaretiers de recevoir des hommes ivres dans leur débit ne peut s'appliquer à l'aubergiste qui recueille un homme ivre non pour lui donner à boire, mais pour lui assurer un gîte. — Cass. 17 janv. 1868 (Laurent), *B. cr.*

621. Conf. Cass. 29 nov. 1862 (Legoubin), *B. cr.*; 12 déc. 1862 (Larsonneur), *B. cr.*

623. Conf. Cass. 21 nov. 1867 (Cornevain), *B. cr.*

623 *bis.* L'arrêté préfectoral qui fixe l'heure de fermeture des cafés et cabarets n'est pas applicable à l'aubergiste qui ne reçoit pas de simples buveurs n'y venant ni pour y loger ni pour s'y nourrir. — Cass. 2 mars 1866 (Leboucher), *B. cr.*

624. Il est inapplicable s'il est constaté que l'aubergiste n'a ouvert un moment la porte de son établissement après l'heure fixée que pour livrer passage aux personnes domiciliées dans sa maison à titre de locataires. — Cass. 4 juill. 1861 (Mauvais), *B. cr.*

632. Conf. Cass. 20 juill. 1865 (Salducci), *B. cr.*

633. Le cabaretier dont l'établissement a été trouvé ouvert après l'heure fixée ne peut être excusé :

Sous prétexte que les personnes qui étaient chez lui n'avaient pas été reçues à titre de consommateurs, mais qu'il les avait invitées à boire gratuitement en reconnaissance de services rendus. — Cass. 4 nov. 1864 (Rousselot), *B. cr.*

633 *bis.* Qu'elles étaient ses pensionnaires, s'il n'est pas aubergiste et s'il n'est pas constaté que les individus trouvés chez lui fussent étrangers à la commune. — Cass. 5 nov. 1863 (Dujarrier), *B. cr.*

633 *ter.* Mais il devrait être excusé s'il avait reçu une personne étrangère à la commune venant reprendre sa monture laissée dans l'écurie de l'établissement. — Cass. 4 fév. 1864 (Aillaud), *B. cr.*

642. Conf. Cass. 15 avril 1864 (Morel), *B. cr.*

644. Sous prétexte que l'étranger trouvé dans l'établissement était dans la cuisine et non dans la salle, et que d'ailleurs il ne s'y trouvait qu'à titre d'ami de la famille. — Cass. 13 avril 1866 (Souque), *B. cr.*

645. Qu'il se trouvait dans une salle particulière exclusivement réservée aux pensionnaires de l'établissement. — Cass. 15 avril 1864 (Morel), *B. cr.* — V. *infrà*, 680.

646. Ou dans son logement particulier, et qu'il ne buvait pas. — Cass. 17 mai 1862 (Pons), *B. cr.*

646 *bis.* Il devrait être relaxé s'il était constaté que la chambre où se trouvaient les buveurs était celle d'un locataire qui l'habitait depuis plusieurs mois. — Cass. 5 avril 1866 (Martinet), *B. cr.*

646 *ter.* Sous prétexte que la porte du cabaret était fermée au loquet.—Cass. 17 mai 1862 (Pons), *B. cr.*

649. Que le café dépend d'une salle de théâtre où se tenait un bal. — Cass. 27 juin 1867 (Verrier), *B. cr.*

650. Sous prétexte d'une autorisation verbale du maire ou d'un usage établi. — Cass. 3 nov. 1865 (Robert), *B. cr.*

653. Sous prétexte que les buveurs, étrangers à la commune, rentraient dans la classe des voyageurs,

alors qu'ils ne logeaient pas chez lui. — Cass. 13 janv. 1866 (Prost), *B. cr.*

653 *ter.* Sous prétexte que ses pensionnaires devaient sortir pour faire un travail de nuit. — Cass. 21 déc. 1867 (Cornevain), *B. cr.*

657. Que la fermeture n'avait pas été annoncée par la retraite qui devait être battue à dix heures, et qu'il avait été induit en erreur sur le moment de la fermeture. — Cass. 2 mars 1866 (Lourne), *B. cr.*

659. Qu'il n'y avait qu'un retard de quelques minutes. — Cass. 27 mars 1868 (Mollia), *B. cr.*

660. Que son horloge était en retard et qu'il était de bonne foi. — Cass. 5 déc. 1863 (Cottré), *B. cr.*

660 *bis.* Que l'horloge de la mairie se dérangeait notoirement d'une manière sensible, et que dès lors le procès-verbal n'affirmait pas d'une manière certaine l'heure du constat, alors que cette prétendue notoriété n'a été justifiée par aucune preuve légale. — Cass. 21 fév. 1863 (Sergent), *B. cr.*

660 *ter.* Que l'arrêté n'indiquant pas l'horloge de la ville qui doit régler la fermeture des lieux publics et les parties n'étant pas d'accord sur l'heure, le juge éprouvait du doute et de l'incertitude. — Cass. 10 juin 1864 (Mandy), *B. cr.*

661. Mais il peut être relaxé lorsqu'il est constaté qu'un imprimé affiché par les ordres du maire dans tous les cabarets a indiqué une heure plus tardive et a induit le prévenu en erreur. — Cass. 4 avril 1862 (Charavel), *B. cr.*

662. Sous prétexte qu'il était absent. — Cass. 16 avril 1863 (Barbazan), *B. cr.*

666. Conf. Cass. 2 janv. 1864 (Gassiot), *B. cr.*

666 *bis.* Que les buveurs se retiraient après avoir pris seulement le temps moralement nécessaire pour payer leur consommation. — Cass. 11 mai 1864 (Wendling), *B. cr.*

667. Que ces individus n'avaient pas été surpris à table et se livraient à des consommations. — Cass. 4 fév. 1864 (Aillaud), *B. cr.*

667 *bis.* Que l'étranger trouvé dans l'établissement était resté non à titre de buveur, mais pour régler des affaires personnelles. — Cass. 2 avril 1864 (Aguinet), *B. cr.*

669, 670. Conf. Cass. 11 mai 1867 (Idatte), *B. cr.*

672. Qu'il n'avait pas de consommateurs, que ses contrevents étaient fermés, et que lui-même se trouvait devant sa porte, dont il obstruait l'entrée. — Cass. 11 mai 1867 (Idatte), *B. cr.*

679 *bis.* Les personnes trouvées dans un cabaret après l'heure fixée pour sa fermeture ne peuvent être relaxées sous prétexte qu'elles n'y avaient été reçues que pour être mises à l'abri d'une pluie torrentielle ou d'un orage violent. — Cass. 16 avril 1863 (Barbazan), *B. cr.*

679 *ter.* Ou sous prétexte que la chambre où elles avaient été trouvées avait été louée pour un cercle, s'il est constant que l'autorisation pour l'ouverture de ce cercle a été refusée. — Cass. 31 juill. 1862 (Costey), *B. cr.*

683 *bis.* Sous prétexte que leur présence était justifiée par le désir de voir un parent qui venait d'arriver. — Cass. 29 juin 1866 (Dorenlot), *B. cr.*

691. Cass. 24 avril 1863 (Claverie), *B. cr.*

691 *bis.* Le maire peut, nonobstant un arrêté préfectoral qui fixe l'heure de la fermeture des cabarets, prendre sur le même objet un arrêté local modifiant celui du préfet, à la condition de le faire approuver par celui-ci. — Cass. 10 mai 1867 (Paneau), *B. cr.*

691 *ter.* Lorsque l'arrêté préfectoral autorise seulement les sous-préfets à prolonger l'heure fixée, l'autorisation du maire ne suffit pas. — Cass. 25 juin 1863 (Jouguet), *B. cr.*

694 *bis*. Le cabaretier tombé en faillite et dessaisi de l'administration de ses biens reste seul pénalement responsable de la contravention lorsque en fait elle a été commise par lui. Le syndic de sa faillite ne peut être poursuivi. — Cass. 24 juin 1864 (Quatremère), *B. cr.*

713. *Marchands forains.* — Est légal et obligatoire : l'arrêté du maire qui interdit à certains jours la vente des légumes hors de la place du marché. — Cass. 18 juill. 1867 (Durand), *B. cr.*

714. Conf. Cass. 18 août 1864 (Mazarguil), *B. cr.*

715. Qui ordonne que toutes les laines venant du dehors pour l'approvisionnement des marchés ne pourront être achetées ou vendues que sur lesdits marchés. — Cass. 29 août 1861 (Conte), *B. cr.*

716. Conf. Cass. 29 août 1862 (Conte), *B. cr.*

717. L'arrêté qui prohibe la vente et l'exposition des denrées ailleurs que sur le marché et en dehors des heures déterminées ; il atteint nécessairement et virtuellement l'acheteur comme le vendeur. — Cass. 26 mars 1868 (Reinier), *B. cr.*

719. Conf. Cass. 18 juill. 1861 (Le Duntre), *B. cr.* — Et d'en porter à domicile, sous prétexte de livrer à leurs pratiques des pains vendus dans leur boulangerie. — Même arrêt. — V. *Boulangers.*

720. La défense de vendre des légumes ailleurs que sur le marché comprend virtuellement celle de colporter ces légumes de porte en porte. — Cass. 18 juill. 1867 (Durand), *B. cr.*

720 *bis*. La vente de marchandises à domicile reste libre si l'arrêté qui prescrit de les vendre au centre de la ville, au marché qui sera désigné, n'a point désigné ce marché. — Cass. 7 nov. 1867 (Profit), *B. cr.*

721. Conf. Cass. 26 mars 1868 (Reinier), *B. cr.*

732. Le règlement municipal prohibant la vente des grains ailleurs qu'au marché ne peut s'appliquer qu'aux transactions faites en public, dans les rues ou sur les voies publiques, et ne pourrait s'étendre sans excès de pouvoir à celles faites soit de gré à gré en ville dans les demeures ou magasins. — Cass. 18 août 1864 (Mazarguil), *B. cr.* ; 2 janv. 1864 (Granier), *B. cr.* — Soit à celles faites hors du territoire de la commune où a lieu seulement la livraison. — Cass. 17 juin 1864 (Mohamed), *B. cr.* — Ou sur le lieu de production. — Cass. 2 janv. 1864 (Granier), *B. cr.*

735. Mais si le pouvoir de police que la loi de 1790 ne confère au maire que sur les denrées et comestibles publiquement vendus ne va pas à l'autoriser à défendre les achats faits de gré à gré au domicile et dans les magasins de l'acheteur, rien ne lui interdit d'obliger le vendeur à conduire et déposer sur le marché public, pour y être vérifiés, les denrées et comestibles ainsi achetés avant de les introduire dans les magasins de l'acheteur, lorsque d'ailleurs achetés par un commerçant, ils sont destinés à la consommation des habitants et à être mis en circulation. — Cass., req., 5 mars 1860 (Burklen); S., 60, 1, 984.

735 *bis*. Est obligatoire l'arrêté municipal qui prescrit de conduire directement au marché, pour les exposer et y payer les droits résultant de leur pesage, les bestiaux introduits en ville pour l'alimentation publique. La contravention ne peut être excusée par le motif que le règlement de l'octroi adopté par l'autorité supérieure aurait prescrit l'établissement d'une bascule dans l'intérieur de l'abattoir. — Cass. 24 mai 1862 (Giraud), *B. cr.*

737. L'arrêté qui défend d'acheter des denrées en dehors des halles et marchés atteint non-seulement le marchand qui vend ces denrées en dehors du marché, mais encore le marchand qui achète, pour en faire commerce dans la ville en dehors desdits mar-

chés, des denrées qui lui sont directement adressées. — Cass. 11 avril 1863 (Diuan), *B. cr.*

742. Au contraire, les denrées achetées chez les producteurs peuvent être dispensées de l'obligation de passer par les marchés et peuvent être transportées à une destination particulière lorsqu'elles sont accompagnées de la preuve de l'acquisition effectuée antérieurement. — Cass. 29 août 1861 (Mohamed), *B. cr.*

742 *bis*. L'obligation imposée par l'arrêté de faire accompagner d'une lettre de voiture les denrées qui ont une destination particulière et qui sont dispensées de passer sur le marché n'exclut pas tout autre moyen de preuve soit de la transaction antérieure, soit de la destination particulière. — Cass. 17 juin 1864 (Mohamed), *B. cr.*

749 *bis*. Est obligatoire : l'arrêté municipal qui établit un facteur à la halle pour procéder à l'exclusion de tous autres intermédiaires à la vente et adjudication des denrées dont les pourvoyeurs ne peuvent traiter par eux-mêmes, en réservant aux vendeurs et acheteurs le droit de traiter directement. — Cass. 13 mars 1863 (Mulot), *B. cr.*

756. L'arrêté qui défend aux revendeurs et à tous autres d'acheter des denrées de consommation circulant par les routes et les chemins de la commune, ailleurs que sur les marchés. — Cass. 29 août 1861 (Mohamed), *B. cr.*

757. Cet arrêté est applicable aux revendeurs en gros comme à ceux en détail. — Cass. 21 août 1863 (Metz), *B. cr.*

761 *bis*. Il peut être défendu non-seulement d'acheter, mais même de marchander des denrées en dehors du marché. — Cass. 9 nov. 1865 (Bardeau), *B. cr.*

764. L'arrêté municipal qui interdit aux revendeurs et à ceux qui font commerce de denrées l'entrée des marchés publics avant une heure déterminée n'est pas applicable aux maîtres d'hôtel et traiteurs qui ne revendent leurs denrées que sous une forme nouvelle. — Cass. 29 juill. 1864 (Durand), *B. cr.*

768. Conf. Cass. 21 nov. 1867 (Disdier), *B. cr.*

Le contrevenant ne peut être excusé sous prétexte que l'introduction du revendeur sur le marché avait eu lieu avant l'heure de son ouverture, lorsque l'arrêté contient l'interdiction de paraître sur les avenues et places des marchés avant une certaine heure. — Même arrêt.

774 *bis*. *Marchés.* — Les prescriptions d'un règlement municipal sur la police des marchés s'étendent non-seulement aux voies publiques de la ville, mais encore aux terrains ouverts sur la voie publique et occupés par les marchands comme celle-ci. — Cass. 9 mai 1867 (Alivon), *B. cr.* — V. *Marchands forains.*

777. *Monopole.* — Conf. Cass. 13 fév. 1864 (Robert), *B. cr.* ; 26 janv. 1867 (Ferrand), *B. cr.*

778. Conf. Cass. 26 janv. 1867 (Ferrand), *B. cr.*

778 *bis*. A moins que les bateliers, marchands ou autres, n'y fassent procéder par leurs ouvriers et domestiques gagés chez eux à l'année, circonstances qu'il appartient au juge d'apprécier. — Cass. 13 fév. 1864 (Robert), *B. cr.*

778 *ter*. Par gens de service, on doit entendre ceux qui sont attachés d'une manière permanente aux voyageurs, et non les gens qui sont pris accidentellement pour porter les bagages. — Même arrêt.

778 *quater*. Mais cette mesure ne peut être légalement établie que pour le service des ports et des marchés. — Cass. 26 juill. 1861 (Sudre), *B. cr.*

781 *bis*. *Navire.* — Est illégal comme contraire à l'ordonnance de la marine de 1681 et à la liberté de l'industrie, un règlement de police interdisant aux capitaines de faire procéder par leur équipage au

lestage ou au délestage. — Cass. 22 déc. 1864 (Lemoine), *B. cr.* — V. *Ports.*

795. *Parcours. Vaine pâture.* — Est nul l'arrêté du maire, sur la vaine pâture, qui n'a pas été précédé d'une délibération du conseil municipal approuvée par le préfet. — Cass. 19 déc. 1863 (Caillot), *B. cr.*

797. Conf. Cass. 23 janv. 1862 (Grancher), *B. cr.*; 15 mars 1862 (Garnier), *B. cr.*

Et notifiée aux intéressés. — Cass. 15 mars 1862 (Garnier), *B. cr.*

797 *bis.* Un arrêté préfectoral qui donne force exécutoire à des délibérations d'un conseil municipal sur la vaine pâture peut être révoqué par un nouvel arrêté. — Cass. 15 nov. 1861 (Drugeon), *B. cr.*

805. L'arrêté qui détermine le nombre des bêtes que chaque habitant pourra envoyer au parcours n'a pas besoin d'être approuvé par le préfet lorsqu'une délibération antérieure du conseil municipal qui indiquait dans quelle proportion chacun des habitants pourrait envoyer des bestiaux à la vaine pâture et prescrivait aux propriétaires une déclaration de la contenance de leurs terres a été approuvée. — Cass. 23 août 1867 (Lebugle), *B. cr.*

807 *bis.* Si en général la quantité de bétail accordée à chaque propriétaire pour l'exercice de la vaine pâture doit être déterminée entre tous proportionnellement à l'étendue du terrain appartenant à chacun d'eux, il ne s'ensuit pas que cette règle ne puisse jamais être modifiée suivant les temps, les lieux, les saisons. Il suffit que le conseil municipal respecte le *minimum* accordé à la classe pauvre et ne fasse pas descendre la quantité de bétail déterminée pour les riches propriétaires au-dessous de celle dont jouiraient ceux dont les terres sont moindres en étendue. — Cass. 26 nov. 1864 (Hamelle), *B. cr.*

Dans ces limites, un règlement même excessif dans la réduction qu'il impose à telle ou telle catégorie de propriétaires est obligatoire, sauf recours à l'autorité administrative. — Même arrêt.

808 *bis.* Celui qui a envoyé à la vaine pâture plus de bêtes que l'arrêté ne le permettait ne peut être excusé sous prétexte que le propriétaire du terrain avait consenti à cette dépaissance. — Cass. 30 avril 1863 (Sabouraud), *B. cr.*

809 *bis.* Le propriétaire d'un pré soustrait par une clôture à la vaine pâture a le droit d'y mener paître telle quantité de bétail qu'il juge convenable nonobstant tout règlement contraire. — Cass. 17 déc. 1864 (Plan), *B. cr.*

813 *bis.* Les conseils municipaux peuvent interdire, dans les communes soumises à la vaine pâture, d'attacher les bestiaux au piquet; cette défense s'applique même aux propriétaires. — Cass. 27 déc. 1867 (Villemez), *B. cr.*

814. Conf. Cass. 28 juin 1861 (Forgeot), *B. cr.*

818. Dans les pays où les usages anciens soumettent à la vaine pâture les prairies naturelles après la récolte de la première herbe, le propriétaire ne peut, à peine de contravention, faucher le regain de ces prairies, sauf le cas où un règlement particulier aurait modifié ces usages. — Cass. 1er juill. 1864 (Bourgeois), *B. cr.*

823. Conf. Cass. 17 mai 1866 (Boudot), *B. cr.*

Peu importe que ces parties de territoire affectées au parcours soient une propriété communale. — Même arrêt.

823 *bis.* Est obligatoire l'arrêté municipal qui partage en divers cantonnements les terrains soumis à la vaine pâture. — Cass. 31 janv. 1867 (Delhaye), *B. cr.* — Cette division peut être opérée par un usage immémorial ou par des règlements. — Cass. 6 mai 1865 (Ouin), *B. cr.*

826. Conf. Cass. 31 janv. 1867 (Delhaye), *B. cr.*

827. N'est pas obligatoire : l'arrêté qui défend de conserver et d'entretenir un plus grand nombre de chèvres que celui qu'il détermine. — Cass. 30 avril 1863 (Sabouraud), *B. cr.*

831. L'arrêté qui enlève à la vaine pâture des terres non closes et qui ne sont couvertes d'aucune récolte, et spécialement qui l'interdit d'une manière générale sur des terrains dont partie seulement est plantée en bois. — Cass. 13 juill. 1866 (Bergeron), *B. cr.*

832. L'arrêté qui enjoint à un propriétaire d'enlever une barrière placée sur sa propriété, sous prétexte que cette barrière empêche les voisins de jouir librement de leurs propriétés et de la vaine pâture. — Cass. 28 mars 1862 (Goutaut), *B. cr.*

841. L'arrêté qui détermine le mode de jouissance et la répartition des pâturages communaux n'a point le caractère d'une mesure d'ordre et de police; son infraction ne peut donner lieu à l'application d'une peine. — Cass. 10 janv. 1863 (Richaud), *B. cr.*

842 *bis.* Un arrêté municipal ne peut obliger un étranger qui a son domicile fixe et réel dans la commune, à justifier de sa naturalisation pour participer à la jouissance des pâturages communaux. — Cass. 21 juin 1861 (Cazanova), *B. cr.*

847. Est obligatoire l'arrêté qui n'admet à la jouissance de la vaine pâture sur les vacants ou les biens communaux que les propriétaires habitant le territoire de la commune et dont les bergeries y sont situées, et en exclut les propriétaires qui habitent au dehors. — Cass. 23 nov. 1861 (Fouga), *B. cr.*; 21 fév. 1863 (Brunet), *B. cr.*

847 *bis.* Mais la loi du 6 oct. 1791 n'exclut pas le propriétaire forain du droit de parcours et de vaine pâture sur les terres qui y sont soumises. — Cass. 23 nov. 1861 (Fouga), *B. cr.* — V. *suprà*, n° 816.

847 *ter.* Celui qui conduit des troupeaux étrangers à la commune sur les biens communaux se rend coupable de la contravention prévue par l'art. 479-10 C. pén. — Cass. 10 janv. 1863 (Richaud), *B. cr.*

858. *Poids et mesures.* — Les commissionnaires en vins patentés ou non sont des commerçants soumis de plein droit à l'arrêté qui impose aux commerçants la vérification annuelle et le poinçonnage périodique des mesures qu'ils emploient. — Cass. 17 mars 1866 (Bedry), *B. cr.*

877. L'arrêté préfectoral qui prescrit l'assortiment des poids et mesures n'est obligatoire que pour les marchands qui exercent une profession industrielle ou commerciale. Il est inapplicable au cultivateur qui vend les produits et denrées provenant de son exploitation. — Cass. 8 janv. 1864 (Morin), *B. cr.*

Ou qui vend le lait de ses vaches. — Même arrêt.

887. L'arrêté qui assujettit à la vérification annuelle des poids et mesures les marchands de soie écrue ou filée s'applique à celui qui achète des cocons de rebut pour les faire filer et en vendre la soie, bien que ses opérations soient passagères et de peu d'importance et qu'il ne paye pas de patente. — Cass. 4 nov. 1864 (Pestel), *B. cr.*

889. Celui qui est détenteur de poids et mesures non revêtus du poinçon de vérification annuelle ne peut être excusé sous prétexte qu'il les avait achetés postérieurement à la dernière visite du vérificateur et qu'il n'était pas tenu de se transporter à son bureau, ni sous prétexte qu'ils portaient la marque de la vérification primitive. — Cass. 31 juill. 1863 (Leonardi), *B. cr.*

898. Conf. Cass., ch. réun., 24 déc. 1867 (Alivon), *B. cr.* — Quel que soit le mode de pesage employé. — Cass. 11 avril 1863 (Thebaud), *B. cr.*

903. Tout propriétaire de marchandises conserve la faculté de les faire peser par des personnes de son

choir, même sur les ports, halles et marchés, lorsque ce pesage n'a point pour objet de servir au règlement d'une contestation ou à une vérification contradictoire et que ce pesage n'est point contradictoire. — Cass. 27 mars 1863 (Trystram), *B. cr.*; 11 avril 1863 (Thebaud), *B. cr.*

909 *bis.* L'arrêté qui défend d'exercer les fonctions de peseur dans l'enceinte des halles, places et marchés, s'étend à un terrain privé qui se trouve de fait livré au public pour la tenue d'un marché. — Cass. 9 mai 1867 (Alivon), *J. p.*, 67, 672 ; ch. réun., 24 déc. 1867 (Alivon), *B. cr.*

942 *bis. Ports.* — Est obligatoire l'arrêté municipal qui interdit à tout capitaine d'embarquer ou de débarquer du lest sans autorisation préalable. — Cass. 8 juin 1861 (Roland), *B. cr.*

945 *bis.* L'arrêté d'un préfet relatif à la police de l'intérieur d'un port et des quais d'une ville n'a pas pour effet d'attribuer à la grande voirie toutes les dépendances des quais y désignés, et n'empêche pas l'exécution des arrêtés de la police municipale relatifs au stationnement des voitures sur ces quais. — Cass. 28 août 1862 (Letimbre), *B. cr.*

945 *ter.* Le préfet d'une ville de plus de quarante mille âmes peut prendre un arrêté réglant, dans un intérêt de sûreté publique, le chargement et le déchargement des navires opérés au moyen de grues établies sur le port, sans préjudice du droit qui appartient à l'autorité municipale de prendre tous arrêtés ayant pour objet d'assurer la liberté et la sûreté du passage sur la voie publique. Loi 5 mai 1855. — Cass. 2 août 1862 (Naudin), *B. cr.*

945 *quater.* Est obligatoire l'arrêté du maire d'un port qui, pour assurer la police du commerce des sardines et la fidélité du débit, réglemente l'embrigadement des femmes chargées du comptage et de l'arrimage, leur responsabilité en cas d'excès de rebuts, leur surveillance, etc. — La mise au rebut de sardines marchandes constitue une contravention punie de peines de police. — Cass. 29 mars 1867 (Cochain), *B. cr.*

956. *Professions bruyantes.* — Le droit de réglementation des maires à l'égard des professions bruyantes est limité à la fixation des heures de travail et ne s'étend pas au mode selon lequel les ateliers seront édifiés et formés. — Cass. 28 fév. 1867 (Blanc), *B. cr.*

957 *bis.* La profession d'imprimeur, même à la vapeur, ne rentre pas de plein droit et sans désignation expresse dans la catégorie des industries bruyantes auxquelles un arrêté interdit le travail nocturne d'une manière générale. — Cass. 3 mars 1865 (Maisonville), *B. cr.*

961 *bis. Puits.* — Est obligatoire l'arrêté municipal qui, dans un intérêt de sécurité, ordonne des mesures de précaution pour obvier aux inconvénients résultant de l'ouverture permanente de puits ouverts à ras de terre ; mais il ne peut prescrire des moyens particuliers, tels que des margelles ou des grilles autour des orifices. — Cass. 1ᵉʳ mai 1868 (Gout), *B. cr.*

963. *Réunions publiques.* — Les réunions publiques ont été autorisées par la loi du 6 juin 1868. V. cette loi sous l'art. 291.

968. *Sages-femmes.* — Est obligatoire l'arrêté du préfet de police qui, dans un intérêt de santé publique, détermine le nombre des pensionnaires que chaque sage-femme peut recevoir à la fois dans sa maison d'accouchement, eu égard à la disposition des lieux. — Cass. 3 août 1866 (Bertin), *B. cr.*

973. *Théâtres.* — Le décret du 6 janv. 1864 a accordé la liberté des théâtres et a abrogé le décret du 8 juin 1806.

983. *Trottoirs.* — Est obligatoire l'arrêté municipal qui interdit d'établir, entretenir ou modifier des trottoirs, tant sur la grande que sur la petite voirie, sans en faire la demande à l'administration et désigner les matériaux. La contravention à cet arrêté est de la compétence des tribunaux de police, alors même que ces trottoirs auraient été établis dans une rue faisant prolongement d'une route impériale. — Cass. 19 mars 1863 (Tertcreau), *B. cr.*

989 *bis. Varech.* — Les fourneaux servant à l'incinération du goëmon ou varech, exploités sur les côtes de l'Océan d'une manière temporaire, ne sont pas réglementés par les décrets et ordonnances de 1810, de 1815 et de 1838. Les propriétaires ne sont pas assujettis à l'autorisation préalable de l'autorité administrative, mais ils restent réglementés par la déclaration du roi du 30 oct. 1772, qui défend d'allumer ces fourneaux dans le temps où les vents viennent de la mer. — Cass. 13 juin 1863 (Léon), *B. cr.*

989 *ter.* Un arrêté municipal ne peut interdire aux habitants de récolter les herbes marines ou varech les jours de dimanches et fêtes, l'art. 8 L. 18 nov. 1814 autorisant les travaux de récoltes même les dimanches et fêtes. — Cass. 28 juill. 1864 (Lainé), *B. cr.*

1013 *bis. Vidange.* — Est obligatoire l'arrêté municipal qui, dans l'intérêt de la salubrité publique, fixe un lieu d'embarquement, sur un canal, des vidanges et fumiers, et défend d'en embarquer dans l'intérieur de la ville. La résistance de l'administration du canal à l'embarquement et le recours à l'autorité administrative supérieure ne s'opposent pas à ce que l'autorité judiciaire donne à l'arrêté sa sanction. — Cass. 13 mars 1868 (Lesage), *B. cr.*

1020 *bis. Voitures publiques.* — L'arrêté municipal qui règlemente le service des voitures de place ou de remise et en fixe le tarif n'est pas applicable aux voitures de location qui ne stationnent ni sur la voie publique ni dans un local ouvert et attenant à la voie publique. — Cass. 22 juill. 1865 (Patoux), *B. cr.*

1021 *bis.* Est obligatoire l'arrêté municipal qui interdit à certaines heures la circulation des voitures dans les rues consacrées à un marché. La contravention existe, encore bien que le contrevenant ait traversé seulement une *partie* du marché. — Cass. 9 avril 1868 (Cannes), *B. cr.*

1022 *bis.* La défense de faire stationner des voitures sur la voie publique est applicable au stationnement sur les quais. — Cass. 21 nov. 1861 (Philippe), *B. cr.*

1034. La signification légale du mot *nuit* comprend tout l'intervalle de temps qui s'écoule du coucher au lever du soleil. — Cass. 20 fév. 1862 (Feugas), *B. cr.*

1036. Conf. Cass. 7 juill. 1865 (Gavarret), *B. cr.*

Le contrevenant ne peut être excusé sous prétexte que la voiture marchait en convoi à la suite d'une autre. Cette exception ne peut être invoquée qu'en faveur des voitures de roulage. — Cass. 7 juill. 1865 (Gavarret), *B. cr.*

1038 *bis.* N'est pas obligatoire l'arrêté municipal qui fixe à dix-huit ans l'âge d'admissibilité des cochers sur les chemins vicinaux de grande communication, même dans leur traversée dans la ville. — Cass. 4 janv. 1862 (Fraize), *B. cr.*

Art. 474.

1. La récidive légale n'existe que lorsque la première condamnation est passée à l'état de chose définitivement jugée au moment où se commet la deuxième contravention. — Cass. 8 déc. 1865 (Passeron), *B. cr.* — V. sous l'art. 56, n° 2.

Art. 475.

§ 1ᵉʳ. — *Bans de vendange.*

1. Il y a contravention à commencer la récolte dans les vignes non closes avant la publication du ban, aussi bien qu'à devancer le jour d'ouverture après la publication. — Cass. 9 mars 1867 (Fontaine), *B. cr.*

14. Le droit accordé aux maires de publier un ban de vendange ne comporte pas celui d'interdire aux propriétaires l'entrée de leurs vignes, même non closes, avant la récolte, sans une autorisation spéciale de l'administration. — Cass. 24 fév. 1865 (Claude), *B. cr.*

§ 2. — *Registres des aubergistes, logeurs, etc.*

1. Conf. Cass. 30 nov. 1861 (Assemat), *B. cr.*; 27 mars 1862 (Piet), *B. cr.*; 15 nov. 1862 (David), *B. cr.*; 24 janv. 1863 (Cherault), *B. cr.*; 5 avril 1866 (Martinet), *B. cr.*

4. Conf. Cass. 27 mars 1862 (Piet), *B. cr.*

6. Les dispositions de ce paragraphe ne sont pas applicables à un épicier qui, sans être logeur ni aubergiste, ne fait que louer dans sa maison qu'il habite deux chambres qui sont inutiles à ses besoins. — Cass. 15 nov. 1862 (David), *B. cr.*

9. Conf. Cass. 18 juill. 1862 (Vacel), *B. cr.*; 24 mars 1866 (Fontaine), *B. cr.*

9 *bis.* Le tribunal doit relever les circonstances particulières de la cause qui ne permettent pas de reconnaître au prévenu, propriétaire de l'immeuble loué en garni, le caractère professionnel de logeur; il ne suffit pas qu'il ne soit pas soumis à la patente. — Cass. 24 mars 1866 (Fontaine), *B. cr.*

9 *ter.* Il doit examiner en eux-mêmes les faits reprochés au prévenu par le procès-verbal. — Cass. 18 juill. 1862 (Vacel), *B. cr.*

32. Un arrêté préfectoral peut exiger que les aubergistes et logeurs inscrivent les prénoms des voyageurs. — Cass. 28 déc. 1866 (Leroy), *B. cr.*

35 *bis.* L'absence d'un locataire, lorsqu'elle n'est accompagnée d'aucune circonstance qui pût lui imprimer un caractère définitif, par exemple, lorsqu'il a laissé dans son logement ses vêtements et affaires personnelles, n'impose pas à l'aubergiste l'obligation d'une mention expresse sur son registre de police. — Cass. 16 avril 1864 (Dandry), *B. cr.*

37. Le logeur prévenu d'avoir reçu dix étrangers dans son auberge sans les avoir inscrits sur son registre doit être condamné à dix amendes distinctes. L'art. 365 C. i. cr. est inapplicable en matière de contravention. — Cass. 8 janv. 1864 (Tardivon), *B. cr.*

§ 3. — *Conduite des voitures.*

12. N'est pas à la portée de ses chevaux le voiturier monté sur l'un de ses chevaux. — Cass. 27 mars 1862 (Vaillant), *B. cr.*; 17 août 1867 (Jousset), *B. cr.*

13. Ou assis sur un siége fixé au côté droit de sa voiture. — Cass. 23 fév. 1865 (Gruz), *B. cr.* — Ou monté dans sa charrette. — Cass. 29 août 1861 (Mallet), *B. cr.*

§ 4. — *Rapidité des chevaux.*

4. Conf. Cass. 23 juin 1865 (Boulangé), *B. cr.*

9. Conf. Cass. 23 juin 1865 (Boulangé), *B. cr.* Il appartient au juge d'apprécier les circonstances et les conditions dans lesquelles s'est produit le fait incriminé. — Même arrêt.

9 *bis.* Il ne suffit pas que le juge de police déclare que le cheval n'allait pas au galop, il doit examiner et déclarer s'il n'allait pas au grand trot. — Cass. 15 mars 1862 (Rosi de la Gouvrière), *B. cr.*

§ 5. — *Jeux de hasard.*

1. Conf. Cass. 1ᵉʳ août 1861 (Auzepy), *B. cr.*

6. L'individu qui a établi un jeu de hasard sur la voie publique ne peut être acquitté sous prétexte que ce jeu ne fonctionnait pas au moment où le procès-verbal a été dressé, et que le joueur gagnant à tous les coups, le jeu n'était point un jeu de hasard. — Cass. 29 août 1863 (Henry), *B. cr.*

9. On ne peut considérer comme jeux de hasard que ceux auxquels le hasard seul préside. Ainsi n'est pas un jeu de hasard : l'écarté. — Cass. 31 juill. 1863 (Chapuis), *B. cr.*

9 *bis.* Ni le jeu de billard. — Cass. 9 nov. 1861 (Lécalard), *B. cr.*

§ 7. — *Divagation des fous ou des animaux malfaisants.*

8. Conf. Cass. 12 nov. 1863 (Chaussenot), *B. cr.*

8 *bis.* Le chien ne peut être considéré comme malfaisant qu'en raison du vice de son naturel particulier qui doit être relevé par le juge; la divagation d'un chien ne peut donc être punie que par l'article 471-15 C. pén., si elle est interdite par un arrêté. — Cass. 18 juill. 1867 (Paillet), *B. cr.*

9. Conf. Cass. 8 nov. 1867 (Bouillon), *B. cr.*

9 *bis.* Mais cet article est applicable au maître d'un chien qui se jette sur un garde au moment où celui-ci se présente à son domicile, encore qu'il soit absent; le chien, dans ce cas, est réputé animal malfaisant et féroce. — Cass. 5 avril 1867 (Achilli), *B. cr.*

13. Il n'y a pas contravention à cet article lorsque le chien n'était pas en état de divagation, que le plaignant n'était pas un passant, mais se trouvait dans une propriété privée, et lorsqu'il a lui-même excité le chien. — Cass. 8 fév. 1866 (Prieur), *B. cr.*

14. *Contrà* : Si le chien était dans la cour d'un cabaret ouverte aux consommateurs et dépendant de ce lieu public. — Cass. 8 nov. 1867 (Bouillon), *B. cr.*

§ 8. — *Jet de pierres ou d'immondices.*

1 *bis.* C'est l'auteur seul du jet qui est punissable. La responsabilité pénale ne peut remonter au maître en ce cas. — Cass. 3 mars 1859 (Fierville), *B. cr.*

9. Si le jet d'une pierre a occasionné une blessure à quelqu'un, il rentre dans la classe soit du délit prévu par l'art. 311, soit de celui prévu par l'art. 320 C. pén. — Cass. 21 mars 1868 (Cadiou), *B. cr.*

§ 9. — *Passage des hommes sur des terrains chargés de récoltes.*

3 *bis.* Un terrain peut être réputé enclavé quoiqu'il aboutisse d'un côté à une route, s'il en est séparé par un talus et un fossé infranchissable. — Cass. 29 nov. 1861 (Malandroin), *B. cr.*

4 *bis.* Si la juridiction civile est seule compétente pour déterminer les conséquences légales de l'enclave à l'égard des propriétaires voisins, il appartient au juge de police de vérifier et apprécier les circonstances matérielles de fait, de temps et de lieu, qui peuvent donner ou ôter au fait incriminé le caractère de contravention. — Cass. 29 nov. 1861 (Malandroin), *B. cr.*

4 *ter.* Ainsi la question d'enclave n'est pas une question préjudicielle qui oblige le juge de police à surseoir à statuer; il est compétent pour apprécier cette excuse. — Cass. 1ᵉʳ mai 1863 (Boyeldieu), *B. cr.*

6 *bis*. Un pré est à l'état permanent de récoltes ou au moins d'ensemencement. — Cass. 16 mars 1867 (Celerier), *B. cr.* — V. notes sous l'art. 471-13.

§ 10. — *Passage d'animaux sur des terrains ensemencés ou chargés d'une récolte.*

2. Conf. Cass. 23 juin 1864 (Braccini), *B. cr.*

8. *Contrà* : Si le terrain n'était ni ensemencé ni chargé de récoltes. — Cass. 1er juin 1866 (Nourrissier), *B. cr.*

11. La contravention doit être punie, alors même que les bestiaux n'auraient causé aucun dommage. — Cass. 10 août 1861 (Mehl), *B. cr.*

16. Le tribunal de police a le droit de rejeter du procès, comme créés pour le besoin de la cause et indignes de foi, des actes produits tardivement et contenant de prétendues conventions qui feraient disparaître une contravention de passage sur le terrain d'autrui ensemencé. — Cass. 17 août 1867 (Gouverneur), *B. cr.*

§ 11. — *Refus de recevoir les monnaies nationales.*

1. Le payement d'une somme de moins de cinq francs peut être effectué entièrement en monnaie de billon.

Par exemple, nul ne peut refuser de recevoir cinq pièces d'un centime pour le payement d'une pièce de cinq centimes. — Cass. 9 nov. 1861 (Ducos), *B. cr.*

§ 12. — *Refus de service et de secours dans les circonstances calamiteuses.*

6. Cet article est applicable : au refus fait par des citoyens de prêter assistance et secours sur les réquisitions d'un sapeur-pompier en cas d'incendie. — Cass. 11 juill. 1867 (Clerleau), *B. cr.*

7. Au refus de prêter secours à des agents de la force publique requérant pour l'arrestation en flagrant délit de malfaiteurs sur la voie publique. Il n'est pas nécessaire que les agents s'adressent d'abord au maire. — Cass. 24 nov. 1865 (Lambrès), *B. cr.*

9. Conf. Cass. 1er fév. 1867 (Poncet), *B. cr.*

10. L'appréciation des causes d'empêchement appartient au juge et échappe au contrôle de la Cour de cassation. — Cass. 1er fév. 1867 (Poncet), *B. cr.*

11 *bis*. Il appartient au juge saisi de la contravention de déclarer souverainement l'*impossibilité* alléguée comme excuse par l'inculpé. — Cass. 11 déc. 1863 (Pomier), *B. cr.*

15. Cet article est inapplicable au refus d'un individu d'aider un agent de police à procéder à l'arrestation d'un homme trouvé ivre dans les rues. — Cass. 22 mars 1862 (Solelhac), *B. cr.*

20. Il ne donne à l'autorité publique que le droit de réclamer un secours ou un service personnel, et non des prestations. Il n'autorise pas une réquisition ayant pour but de fournir des hommes de garde pour surveiller les lieux incendiés. — Cass. 17 fév. 1865 (Augustin), *B. cr.*

§ 14.

Le § 14 de cet article est abrogé par la loi du 27 mars 1851 dans toutes ses parties, sans distinction entre le cas de comestibles gâtés ou corrompus et celui de fruits simplement nuisibles à défaut de maturité, sauf le droit de l'autorité municipale de prendre un arrêté à cet égard. — Cass. 17 nov. 1866 (Demech), *B. cr.*

§ 15. — *Vol de productions de la terre.*

1. Conf. Cass. 9 janv. 1862 (Aly), *B. cr.*

1 *bis*. A la différence des autres contraventions que n'excuse pas la bonne foi, le maraudage, espèce de vol, n'est pas punissable si au fait matériel ne se joint pas l'intention de s'approprier frauduleusement un objet appartenant à autrui. — Cass. 14 mai 1868 (Bourqueney), *B. cr.*

3 *bis*. Cet article est applicable à celui qui arrache des pommes de terre dans un champ non récolté. — Cass. 9 nov. 1866 (Coquet), *B. cr.*

4. Conf. Cass. 13 nov. 1863 (Rivière), *B. cr.*

4 *bis*. A celui qui coupe, à l'effet de se les approprier, des branches d'arbre non détachées du tronc. — Cass. 9 janv. 1862 (Aly), *B. cr.*

6. L'enlèvement de productions de la terre non détachées du sol, commis par plusieurs, est un délit prévu par l'art. 388 C. pén. — Cass. 22 janv. 1864 (Hubert), *B. cr.*

Art. 479.

§ 1er. — *Dommages aux propriétés mobilières.*

3. Le propriétaire a le droit de tuer sur son terrain des poules qui causent du dommage à ses récoltes. Art. 12 L. 6 oct. 1791. — Cass. 7 mai 1868 (Godard), *B. cr.*

4. Conf. Cass. 17 déc. 1864 (Gilbert), *B. cr.*

Il y a légitime défense lorsque l'animal s'est introduit la nuit dans une propriété close pour y étrangler des lapins. — Même arrêt.

4 *bis*. Ou lorsque l'animal (un chien) s'introduit dans une maison et porte atteinte à la propriété. — Cass. 17 nov. 1865 (Michineau), *B. cr.*

4 *ter*. Au contraire, cet article est applicable à celui qui blesse volontairement d'un coup de feu le chien d'autrui entré dans sa cour. — Cass. 19 avril 1866 (Motheron), *B. cr.*

§§ 2, 3, 4. — *Mort et blessures occasionnées aux animaux d'autrui.*

4. Les chiens doivent être considérés comme animaux malfaisants lorsque, à raison de leur naturel particulier, ils peuvent faire courir soit aux personnes, soit aux animaux ou bestiaux d'autrui, des dangers. — Cass. 12 janv. 1866 (Sureau), *B. cr.*

6 *bis*. Le 3e § de cet article n'est pas applicable à celui qui donne un violent coup de bâton à un chien sur la voie publique; il ne s'applique qu'aux blessures involontaires. — Cass. 4 avril 1863 (Heitz), *B. cr.* — V. notes sous l'art. 453 C. pén.

§ 6. — *Poids et mesures illégaux. — Vente du pain et de la viande au-dessus de la taxe.*

1. Tout poids qui n'a pas la pesanteur prescrite, que la différence soit en plus ou en moins, est réputé faux poids. — Cass. 1er août 1861 (Leflan). *B. cr.*

4. Conf. Cass. 12 juill. 1866 (Cals), *B. cr.*

Il importe peu que l'usage de la mesure illégale par un commerçant ait eu lieu dans l'intérieur d'une maison particulière et pour livraison faite par le propriétaire lui-même des produits de sa récolte. — Cass. 17 mars 1866 (Bedry), *B. cr.*

50 *bis*. Le simple fait par un fabricant de mesures d'en avoir présenté à la vérification un certain nombre jugées irrégulières, pour être revêtues du poinçon légal, ne constitue pas une contravention lorsqu'il n'est pas allégué qu'elles aient été mises ou exposées en vente. — Cass. 26 avril 1866 (Leclerq), *B. cr.*

52. *Boulangers.* — Le décret du 21 juin 1863 sur la boulangerie n'a pas enlevé à l'autorité municipale le droit qu'elle tient des lois de 1790 et 1791 de déterminer la taxe du pain. — Cass. 21 nov. 1867 (Berard), *B. cr.*; 29 mai 1868 (Arlhac), *B. cr.*

52 *bis*. Et de déterminer les diverses qualités de pain susceptibles d'être mises en vente.

L'arrêté qui ne prévoit que la fabrication et ne

fixe le prix que de certaines qualités de pain, interdit par cela même virtuellement et nécessairement aux boulangers de fabriquer et de vendre toute autre espèce de pain. — Cass. 29 mai 1868 (Arlhac), *B. cr.*

53. L'arrêté municipal fixant la taxe du pain est un arrêté temporaire qui est immédiatement exécutoire sans l'approbation préalable du préfet. — Cass. 29 nov. 1867 (Carrère), *B. cr.*

66. *Bouchers.* — La taxe de la viande ne peut être obligatoire qu'en vertu d'arrêtés municipaux. Une injonction verbale du maire ne suffit pas. — Cass. 9 janv. 1868 (Bonnet), *B. cr.*

66 *bis.* La vente de viande au delà du prix fixé par un arrêté municipal est une infraction qui doit être réprimée par cet article et non par l'art. 471-15. — Cass. 5 mars 1853 (Carbonnel), *B. cr.*

§ 8. — *Tapages injurieux ou nocturnes.*

5 et 6. Conf. Cass. 5 avril 1867 (Sempé), *B. cr.*

7. Le bruit nocturne qui est en lui-même l'exercice d'un droit légitime ne peut constituer une contravention.

La liberté de l'industrie ne souffre d'autres restrictions que celles pouvant résulter soit de la législation sur les établissements dangereux, insalubres ou incommodes, soit des arrêtés de police légalement pris. — Cass. 3 mars 1865 (Maisonville), *B. cr.*

8. Conf. Cass. 1er mai 1863 (Fraud), *B. cr.*; 16 avril 1864 (Roy), *B. cr.*

8 *bis.* Des chants proférés dans une maison dont les portes sont fermées constituent un tapage nocturne s'ils sont entendus au dehors. — Cass. 17 juill. 1862 (Aldebert), *B. cr.*

10 *bis.* Le fait de sonner, le soir, aux portes des habitations sans qu'il en résulte un trouble au dehors n'est point une contravention. — Cass. 24 janv. 1868 (Langer), *B. cr.*

13. Conf. Cass. 24 nov. 1865 (Muller), *B. cr.*

14. Conf. Cass. 15 déc. 1864 (Bourdelle), *B. cr.*

14 *bis.* Une dispute entre deux individus, à neuf heures du soir, dans la rue, lorsqu'elle a occasionné un rassemblement, constitue nécessairement un bruit ou tapage nocturne. — Cass. 17 août 1865 (Collet), *B. cr.*

16. Le chant ne peut être qualifié bruit ou tapage qu'autant qu'il s'y joindrait quelques circonstances qui en changeraient le caractère, de manière à le rendre une cause de trouble pour les habitants. — Cass. 27 avril 1866 (Quinissier), *B. cr.*

16 *bis.* Ainsi des chants proférés la nuit par un individu sur la voie publique ne constituent pas un tapage nocturne lorsqu'il n'est pas constaté par le procès-verbal que la tranquillité des habitants ait été troublée. — Cass. 27 avril 1866 (Quinissier), *B. cr.*

17 *bis.* Le prévenu de tapage nocturne constaté par un procès-verbal ne peut être relaxé sous prétexte qu'il n'a pas été mis en demeure de cesser ses chants et qu'il ne lui a pas été déclaré procès-verbal sur les lieux. — Cass. 9 avril 1868 (Le Sauze), *B. cr.*

20. Le son du cor constitue par le fait en lui-même un bruit de nature à troubler la tranquillité des habitants, indépendamment de tout règlement de police le prohibant. — Cass. 5 juin 1862 (Gaille), *B. cr.*

23. Cet article n'est point applicable à celui qui, par un propos tenu par plaisanterie et sans publicité, répandu dans la commune, occasionne un rassemblement nocturne. — Cass. 21 déc. 1866 (Boulet), *B. cr.*

37 *bis.* Ceux qui sont la cause d'un tapage injurieux dirigé contre eux ne peuvent, par cela même, en être considérés comme les complices. — Cass. 3 fév. 1865 (Giraud), *B. cr.*

42. Le tribunal de police saisi d'une prévention de bruits et tapages et rixes nocturnes doit la réprimer, sans se préoccuper d'un délit de coups et blessures qui aurait existé. — Cass. 5 avril 1867 (Tournery), *B. cr.*

43. Les bruits ou tapages injurieux ou nocturnes ne peuvent exister sans que la tranquillité des habitants du lieu soit troublée. — Cass. 17 mars 1866 (Barbier), *B. cr.*

48. Conf. Cass. 17 mars 1866 (Barbier), *B. cr.*

48 *bis.* Cependant le tribunal peut décider, après enquête, que les bruits ou tapages injurieux ou nocturnes n'ont pas troublé la tranquillité publique. — Cass. 28 mars 1867 (Helle), *B. cr.*

50. Conf. Cass. 3 juin 1864 (Pactat), *B. cr.*

50 *bis.* Le tapage qui trouble la tranquillité des habitants n'est punissable qu'autant qu'il est injurieux ou nocturne. — Cass. 5 juin 1862 (Gaille), *B. cr.*; 22 mars 1866 (Gourdin), *B. cr.*

Le juge est souverain pour décider, en l'absence de tout procès-verbal, qu'un bruit n'est pas injurieux. — Cass. 5 juin 1862 (Gaille), *B. cr.*

52 *bis.* Il n'y a pas tapage nocturne et injurieux troublant la tranquillité des habitants dans le fait d'un individu qui trouble un concert donné par des particuliers en voulant y être admis sans droit. — Cass. 13 juin 1863 (Laillet), *B. cr.*

§ 10. — *Conduite de bestiaux sur le terrain d'autrui.*

4. Conf. Cass. 29 août 1861 (Mivielle), *B. cr.*

6 *bis.* Cet article est inapplicable : au laboureur qui fait passer ses chevaux et tourner sa charrue sur un champ contigu labouré, mais non ensemencé. — Cass. 1er juin 1866 (Nourrissier), *B. cr.*

7. A celui qui use de la vaine pâture dans une commune où elle est établie, alors qu'il n'existe point un règlement régulièrement approuvé par le préfet sur l'exercice de ce droit. — Cass. 15 mars 1862 (Garnier), *B. cr.*

12 *bis.* Conf. Cass. 2 déc. 1864 (Ouin), *B. cr.* — Il y a donc lieu par le juge d'examiner la question de l'existence de ce cantonnement. — Même arrêt.

14. Le pâturage sur des terrains qui appartiennent à une commune ne peut appartenir qu'à ceux qui l'habitent, suivant le mode réglé par le conseil municipal; il ne peut être exercé par ceux qui ne sont que propriétaires dans cette commune et qui n'ont pas été admis à y participer. — Cass. 16 mai 1867 (Purzo), *B. cr.* — V. art. 471, § 15, n° 847.

15. L'art. 25 L. 6 oct. 1791 n'est applicable qu'aux conducteurs de bestiaux qui, en traversant une commune à laquelle ils sont étrangers, y font pacager leurs bestiaux. — Cass. 15 mars 1862 (Garnier), *B. cr.*

16. Conf. Cass. 16 août 1866 (Duquesne-Beauve), *B. cr.*

17. Conf. Cass. 16 avril 1864 (Filippi), *B. cr.*; 29 déc. 1864 (Simonetti), *B. cr.*; 28 avril 1865 (Bernardini), *B. cr.*; 13 avril 1866 (Simonetti), *B. cr.*

17 2°. L'abandon des animaux sur le terrain d'autrui constitue une contravention, quoiqu'il n'y ait pas eu dommage. — Cass. 10 août 1861 (Melli), *B. cr.*

17 3°. Même s'il a eu lieu sur un terrain ensemencé ou clos de murs, si la clôture est telle que l'animal a pu s'y introduire de lui-même. — Cass. 28 avril 1865 (Bernardini), *B. cr.*

17 4°. S'il a eu lieu soit dans un enclos rural, soit

dans les champs ouverts. — Cass. 28 juin 1861 (Scaglia), *B. cr.*

17 5°. Ce fait est un délit rural qui ne peut être puni d'une amende inférieure à la valeur de trois journées de travail, en vertu de l'art. 2 de la loi du 23 therm. an IV. — Cass. 28 juin 1861 (Péraldi), *B. cr.* — V. cette loi, p. 779.

17 6°. Le tribunal ne peut se borner à appliquer l'amende édictée par l'art. 471-14 C. pén., en niant les dégâts commis sans qu'aucune preuve contraire au procès-verbal ait été faite. — Cass. 17 août 1867 (Giannoni), *B. cr.*

23. La contravention résultant de l'abandon de bestiaux sur la propriété d'autrui existe, quoiqu'il n'y ait pas eu intention de la commettre. — Cass. 24 fév. 1865 (Ciamborrani), *B. cr.*

23 *bis*. Le propriétaire des animaux laissés à l'abandon ne peut être que civilement responsable du fait de son préposé. — Cass. 19 janv. 1865 (Huot), *B. cr.*

25. Conf. Cass. 22 janv. 1863 (Deville), *B. cr.*

36. Se rend coupable du délit prévu par l'art. 26 L. 28 sept.-6 oct. 1791, et non de la contravention prévue par cet article, celui qui fait paître des bestiaux dans une pièce de luzerne appartenant à autrui. — Cass. 17 nov. 1865 (Pierrard), *B. cr.*

38. Conf. Cass. 22 janv. 1863 (Deville), *B. cr.*

§ 11. — *Dégradation, usurpation des chemins publics.*

6 *bis*. L'usurpation d'un terrain ne peut constituer une contravention, s'il n'est pas établi que ce terrain soit un chemin vicinal ou seulement public. — Cass. 31 janv. 1867 (Voccarezza), *B. cr.*

18 2°. L'empiétement sur le sol d'un chemin ne peut être excusé par l'allégation d'utilité ou d'usage local. — Cass. 17 août 1865 (Lallemand), *B. cr.*

18 3°. L'individu prévenu d'avoir usurpé sur la largeur d'un chemin rural fixée par arrêté du préfet ne peut être acquitté par le motif qu'il n'y avait pas d'abornement ; c'est au prévenu à faire fixer la limite du chemin par le maire avant d'entreprendre sur ledit chemin. — Cass. 8 août 1862 (Corroy), *B. cr.*

18 4°. Mais un simple chemin rural n'étant pas imprescriptible, le prévenu d'empiétement sur ce chemin doit être admis à prouver ses droits, même par prescription. — Cass. 30 nov. 1867 (Perrière), *B. cr.* — V. sous l'art. 3 C. i. cr., n° 160.

18 5°. Le maire ne peut modifier par un arrêté la largeur d'un chemin rural ; cet arrêté n'empêche pas le défendeur d'exciper de la propriété du sol sur lequel il a construit. Il suffit qu'il rapporte une délibération du conseil municipal portant que la commune n'entend pas soutenir l'action qui lui a été intentée. — Cass. 30 janv. 1868 (Regnier), *B. cr.*

19. Conf. Cass. 4 avril 1862 (Cambuzat), *B. cr.* — *Contrà* : Cet article est applicable à l'anticipation commise sur une place publique d'une commune. — Cass. 8 août 1862 (Fourcade), *B. cr.*

19 *bis*. Ou sur un terrain communal livré à l'usage public de tous les habitants et désigné comme faisant partie d'une place publique ; ce terrain présente les caractères d'un chemin public. — Cass. 8 août 1862 (Fourcade), *B. cr.*

20. L'établissement de marches au-devant d'une maison sur une rue ne constitue pas la contravention prévue par cet article. — Cass. 4 avril 1862 (Cambuzat), *B. cr.*

31. Cet article est applicable aux travaux entrepris sans autorisation sur un chemin public. — Cass. 10 août 1861 (Decam), *B. cr.*

L'autorisation du maire doit être préalable et écrite ; une permission verbale ne suffit pas. — Même arrêt.

34. Celui qui a élevé un barrage le long d'un chemin en usurpant sur ledit chemin ne peut être excusé par le motif qu'il était dans la nécessité de se garantir de l'invasion des eaux. — Cass. 21 nov. 1861 (Costes), *B. cr.*

36 *bis*. L'inondation d'un chemin public entraîne forcément l'idée de la dégradation ou de la détérioration de ce chemin. — Cass. 13 janv. 1865 (de Colbert), *B. cr.*

37 *bis*. Si l'anticipation sur un chemin public a été commise au moyen d'un comblement de fossé et d'un déplacement de bornes, le tribunal correctionnel est seul compétent. — Cass. 20 déc. 1866 (Martineau), *B. cr.*

46. *Compétence.* — Les dégradations faites dans une rue formant le prolongement d'une route peuvent constituer une double contravention et donner lieu soit à une poursuite devant le tribunal de simple police, soit à une poursuite devant le conseil de préfecture. — Cass. 19 mars 1863 (Tertereau), *B. cr.*

48. Conf. Cass. 8 déc. 1865 (Martin), *B. cr.*

Le juge de police doit se borner à prononcer l'amende pour construction sans autorisation le long d'un chemin vicinal, et laisser au conseil de préfecture le soin d'apprécier s'il y a usurpation. — Même arrêt. — Et s'il y a lieu à démolition. — Cass. 1er fév. 1867 (Caillon), *B. cr.* ; 12 août 1865 (Aubry), *B. cr.* — V. notes sous l'art. 161 C. i. cr., n° 112.

48 *bis*. Il est incompétent pour décider s'il y a ou non anticipation sur un chemin vicinal. Il doit sur ce point renvoyer devant l'autorité compétente. — Cass. 21 août 1863 (Quilichini), *B. cr.*

48 *ter*. Il est compétent tant pour prononcer l'amende que pour ordonner la démolition des travaux lorsqu'il s'agit non d'une anticipation sur un chemin, mais de travaux confortatifs faits sans autorisation au mur de face d'une maison joignant ledit chemin. — Arrêt cons. d'État 3 janv. 1868.

49. V. notes sous l'art. 161, n° 112, C. i. cr.

§ 12. — *Enlèvement de gazons et terres sur les chemins, etc.*

1. Conf. Cass. 26 avril 1867 (Andrieu), *B. cr.*

1 *bis*. Il n'est pas indispensable pour qu'il y ait lieu à l'application de ce paragraphe que l'auteur de l'enlèvement des terres ait eu l'intention de les soustraire frauduleusement. — Cass. 26 avril 1867 (Andrieu), *B. cr.*

6. L'enlèvement de terre dans un chemin ne peut être excusé sous prétexte que le prévenu voulait y substituer des pierres au grand avantage de la viabilité. — Cass. 17 août 1865 (Lallemand), *B. cr.*

6 *bis*. La prohibition d'enlever des terres sur les chemins publics s'applique même aux terres provenant des râclures des accotements mises en tas par le cantonnier ; le contrevenant ne peut être excusé sous prétexte que cet enlèvement n'offre aucun caractère de détérioration. — Cass. 10 janv. 1863 (Laporte), *B. cr.*

6 *ter*. Mais le simple déplacement de terres déposées par un cantonnier sur un chemin public pour les transporter d'un endroit à un autre, afin de faciliter l'entrée d'une maison, ne donne point lieu à l'application de cet article. — Cass. 26 avril 1867 (Andrieu), *B. cr.*

11 *bis*. L'enlèvement de terres sur un chemin public, comme l'enlèvement de terres sur un bien communal, ne peut être excusé par l'existence d'un usage général. — Cass. 2 août 1862 (Esseline), *B. cr.*

Ou d'un usage ancien, alors qu'un arrêté municipal a défendu cet enlèvement. — Cass. 7 déc. 1865 (Quelquejay), *B. cr.*

15 *bis*. L'usage général d'extraire des matériaux

8

sur un terrain communal, s'il existe, doit être expressément déclaré par le juge; il ne suffit pas que le jugement constate que de pareilles entreprises se sont souvent produites et qu'on peut dire que c'est un usage. — Cass. 9 août 1861 (Tabarly), *B. cr.*

15 *ter.* Il y a lieu à surseoir lorsque celui qui a enlevé des terres prétend que le terrain prétendu communal est sa propriété. — Cass. 7 déc. 1865 (Quelquejay), *B. cr.*

Art. 481.

2. La confiscation des poids et mesures non soumis au poinçon périodique est obligatoire. — Cass. 12 juill. 1866 (Cals), *B. cr.*

4 *bis.* Le juge ne peut refuser de prononcer la confiscation de poids présentant un excédant, par le motif que le prévenu pouvait faire ramener ce poids à sa juste pesanteur et le faire poinçonner. — Cass. 1er août 1860 (Leflan), *B. cr.*

7. La confiscation des instruments de pesage prohibés ne peut être prononcée dans le cas où la contravention n'est pas légalement prouvée. — Cass. 28 sept. 1850 (Voxion), *B. cr.*

Art. 483.

§ 1er. — *Récidive.*

1. Cet article s'applique à toutes les contraventions dont la sanction pénale se trouve dans l'article 471-15, et, par exemple, au cas de violation de l'ordonnance du 6 nov. 1778 sur le logement des femmes de débauche. — Cass. 26 mars 1868 (Ruton), *B. cr.*

2 *bis.* Il s'applique aux infractions aux lois et règlements sur les mines. La peine de la récidive est inapplicable s'il s'est écoulé plus de douze mois depuis la première condamnation. — Dijon, 9 juill. 1862 (Lehaibellié), S., 62, 365.

7 *bis.* Ne peut servir de base à la récidive : un jugement par défaut qui n'a pas été notifié et qui dès lors n'a pas acquis l'autorité de la chose jugée. — Cass. 12 nov. 1863 (Gimonet), *B. cr.* — V. sous l'art. 56, nos 3 et suiv., C. pén.

9. Un jugement de simple police, quoique contradictoire, s'il n'a pas été signifié au prévenu et n'est pas ainsi devenu définitif; peu importe que le prévenu l'ait volontairement exécuté. — Cass. 24 janv. 1862 (Mercery), *B. cr.*

10. Il suffit qu'il déclare que le prévenu est en récidive, aux termes de l'art. 483 C. pén. Il affirme ainsi implicitement le fait qui s'y trouve défini et prévu, savoir, qu'il a été rendu contre le contrevenant dans les douze mois précédents un premier jugement pour contravention de police dans le ressort du même tribunal. — Cass. 26 mars 1868 (Ruton), *B. cr.*

§ 2. — *Circonstances atténuantes.*

16. Le bénéfice des circonstances atténuantes n'est pas applicable à des contraventions non prévues par le Code pénal et en faveur desquelles cette atténuation n'a pas été établie par une disposition spéciale, et, par exemple, à une contravention d'abandon de volailles, prévue par les art. 3, 4 et 12 L. 28 sept.-6 oct. 1791.—Cass. 27 mars 1868 (Wilhem), *B. cr.*

18. Le tribunal de police ne peut, en déclarant l'existence des circonstances atténuantes, condamner le prévenu à cinq jours d'emprisonnement ou à cinq francs d'amende, à son choix. — Cass. 6 juin 1851 (Courty), *B. cr.*

Art. 484.

5. Les lois et règlements de police anciens statuant sur des matières confiées par la loi de 1790 à la vigilance et à l'autorité des corps municipaux n'ont plus aujourd'hui pour sanction que des peines de police. — Cass. 1er déc. 1866 (Blancas), *B. cr.*

18. L'arrêt du parlement de Paris du 23 juillet 1748, qui prononce une peine contre les apothicaires qui vendent des remèdes sans ordonnance de médecin, a été maintenu dans sa force et vigueur par la loi du 21 germin. an XI. —Cass. 8 fév. 1867 (Mulot), *B. cr.*

21. L'ordonnance de 1778 sur les logeurs qui reçoivent des filles de débauche n'est encore en vigueur que quant à ses prescriptions et prohibitions. Sa sanction primitive est remplacée par des peines de police. — Cass. 1er déc. 1866 (Blancas), *B. cr.*; Orléans, 28 janv. 1867 (Blancas), *J. p.*, 67, 819.

23. Conf. Paris, 6 déc. 1861 (Perron); *J. p.*, 62, 1, 31.

23 *bis.* L'ordonnance de police du 8 nov. 1780, qui interdit aux marchands d'habits d'acheter de personnes inconnues, n'est pas une ordonnance municipale soumise aux conditions et restrictions de la loi des 16-24 août 1790; c'est un règlement général ayant force de loi pour la ville de Paris. — Paris, 6 déc. 1861 (Perron), *J. p.*, 62, 1, 31.

29 *bis.* Est encore en vigueur l'art. 10, tit. II, L. 28 sept. 1791, qui défend d'allumer du feu dans les champs plus près que cinquante toises des maisons. V. art. 458 C. pén. — Cass. 21 nov. 1861 (Donio), *B. cr.*

57. Conf. Cass. 18 juill. 1862 (Lechaudel), *B. cr.*

FIN DU SUPPLÉMENT AUX CODES CRIMINELS.

TABLE

POLICE

DE LA MÉDECINE ET DE LA PHARMACIE.

POLICE DE LA MÉDECINE.

Loi *du 19 ventôse an XI.*

Art. 29. Les officiers de santé ne pourront s'établir que dans le département où ils auront été examinés par le jury, après s'être fait enregistrer comme il vient d'être prescrit.

Ils ne pourront pratiquer les grandes opérations chirurgicales que sous la surveillance et l'inspection d'un docteur, dans les lieux où celui-ci sera établi.

Dans le cas d'accidents graves, arrivés à la suite d'une opération exécutée hors de la surveillance et de l'inspection prescrites ci-dessus, il y aura recours à indemnité contre l'officier de santé qui s'en sera rendu coupable.

1. Un officier de santé ne peut exercer la médecine dans un département, lorsqu'il n'a pas subi un examen devant le jury de ce département ni devant celui d'un département voisin, dans les termes de l'art. 37 de l'arrêté du 20 prairial an XI. Il ne suffirait pas qu'il ait subi cet examen dans un autre département, en vertu de l'autorisation du préfet du département où il exerce, ou du ministre. Cette exception peut être appréciée par le tribunal correctionnel. — Cass. 9 juill. 1853 (Rosay), *B. cr.*; 1er mai 1854, ch. réun (Gauthier) *B. cr.*; 24 avril 1856 (Le Charpentier), *B. cr.*; 7 mars 1868 (Cumin), *B. cr.*

2. Au contraire, cet article ne fait aucun obstacle à ce que celui qui a obtenu du préfet du département où il a son domicile, l'autorisation de subir son examen de réception devant le jury médical d'un département voisin, revienne après son admission s'établir et exercer dans le département de son domicile. — Bordeaux, 9 mai 1845 (Egly), *J. p.*

3. Les officiers de santé sont sans droit et sans qualité pour exercer leur art hors des limites du département pour lequel ils ont été admis et commissionnés, lors même qu'ils y seraient appelés par des malades. — Cass. 18 nov. 1841 (Lebocq), *B. cr.*

4. Un officier de santé oculiste est tout aussi bien qu'un autre soumis aux prescriptions de la loi. Il ne peut exercer sa profession que dans le département où il a été reçu et s'est fait enregistrer. — Colmar, 5 juillet 1838 (Landran), *J. p.*

5. La sanction de l'art. 29, qui ne confère aux officiers de santé le droit d'exercer la médecine que dans le département où ils ont été reçus, est dans l'amende prononcée par l'art. 35. — Cass. 9 juillet 1853 (Roscy), *B. cr.* — C'est-à-dire celle de simple police. — Cass. 2 août 1851 (Corrégé), *B. cr.* — V. sous l'art. 35.

6. L'officier de santé qui exerce dans un département autre que celui où il a été reçu encourt la peine de l'art. 35, sans qu'il soit besoin de rechercher s'il existe des listes départementales et si l'inculpé y est inscrit ou non. — Cass. 21 juillet 1853 (Bindé), *B. cr.* — Encore bien qu'il soit parvenu à se faire inscrire indûment sur la liste départementale comme officier de santé. — Cass. 9 juillet 1853 (Roscy), *B. cr.*

7. Mais, en ce cas, le titre d'officier de santé régulièrement conféré par un jury médical, appartenant réellement à celui qui l'a ainsi obtenu, l'usage qu'en fait ce dernier, dans un autre département, ne constitue pas une usurpation de ce titre, de nature à entraîner l'aggravation de la peine prescrite par l'article 36. — Cass. 9 juill. 1853 (Rosey), *B. cr.* — L'article 471-15 lui est seul applicable. — Cass. 16 août 1847 (Dumont), *J. p.*; Briand et Chaudé, p. 905.

8. L'obligation imposée par cet article aux officiers de santé, de présenter leurs diplômes au greffe du tribunal civil et au bureau de la sous-préfecture de l'arrondissement dans lequel ils veulent s'établir, n'est sanctionnée par aucune disposition pénale; son inobservation ne saurait entraîner une peine de police. — Paris, 3 août 1850 (Allorge), *J. p.*

9. Les officiers de santé qui traitent et logent des malades ne peuvent être soumis à l'obligation de déclarer à la police les noms de ces malades. — Cass. 29 fruct. an X (Lallemand), *J. p.*

Art. 33. Les sages-femmes ne pourront employer les instruments dans les cas d'accouchement laborieux, sans appeler un docteur ou un médecin ou un chirurgien anciennement reçu.

Art. 34. Les sages-femmes feront enregistrer leur diplôme au tribunal de première instance, et à la sous-préfecture de l'arrondissement où elles s'établiront et où elles auront été reçues.

La liste des sages-femmes reçues pour chaque département sera dressée dans les tribunaux de première instance et par les préfets, suivant les formes indiquées aux articles 25 et 26 ci-dessus.

1. La femme qui exerce l'art des accouchements sans diplôme n'est pas excusable pour cause de

force majeure, lorsqu'il existe une sage-femme au chef-lieu de la commune.

Elle ne peut être excusée sous prétexte qu'elle ne reçoit aucun salaire. — Cass. 20 fév. 1834 (Constant), *J. p.*

2. Sous prétexte qu'elle avait cédé aux instances de la famille et sur le refus et l'impossibilité constatée de deux sages-femmes et du chirurgien résidant dans la ville. — Cass. 23 avril 1858 (Beaudoin), *B. cr.*

3. Sous prétexte qu'il n'avait pas dépendu d'elle d'obtenir le diplôme du jury médical qui, depuis plusieurs années qu'elle avait fait la demande, ne s'était pas assemblé dans le département. — Cass. 28 fév. 1835 (Theleuc), *B. cr.*; Briand et Chaudé, p. 906.

Art. 35. Six mois après la publication de la présente loi, tout individu qui continuerait d'exercer la médecine ou la chirurgie, ou de pratiquer l'art des accouchements, sans être sur les listes dont il est parlé aux art. 25, 26 et 34, et sans avoir de diplôme, de certificat ou de lettres de réception, sera poursuivi et condamné à une amende pécuniaire envers les hospices.

1. Cet article est applicable : à celui qui s'annonce, tant par des imprimés que par un écriteau sur la porte de son domicile, comme chirurgien dentiste et distribuant à prix d'argent une *liqueur de santé*. — Cass. 19 fév. 1807 (Sandevon), *B. cr.*

2. A celui qui pratique la réduction des luxations ou fractures de membres. C'est un acte de chirurgie. — Cass. 1er mars 1844 (Laffon), *B. cr.*; 27 mai 1854 (Jacob), *B. cr.*; Briand et Chaudé, p. 901.

3. A celui qui se livre à l'art de l'oculiste. — Paris, 2 octobre 1833 (Williams), *J. p.*

4. Le contrevenant ne peut être excusé, sous prétexte qu'il serait patenté et qu'il serait qualifié d'oculiste dans des brevets à lui délivrés par plusieurs rois de France. — Cass. 20 juillet 1833 (Williams); Briand et Chaudé, p. 901. — *Contrà* : il peut être excusé à raison de sa bonne foi, si, déjà poursuivi pour pareil fait, il a été acquitté. — Paris, 2 oct. 1833 (Williams), *J. p.*

5. Mais celui qui se borne à exercer la profession de dentiste n'est pas obligé de se pourvoir d'un diplôme. — Cass. 23 fév. 1827 (Delpeuch), *J. p.*; 15 mai 1846 (Williams), *J. p*; Amiens, 26 juin 1846 (Williams), *J. p.*

6. Celui qui exerce la profession de vétérinaire, sans brevet, n'est passible d'aucune peine. — Colmar, 11 juill. 1832 (Rust), *J. p.*; Cass. req. 17 juill. 1867 (Burin), *J. p.*, 67, 1176. Angers, 8 avril 1845 (Fossin), *J. p.*; Briand et Chaudé, p. 902 et 912. — Sauf l'action civile des vétérinaires brevetés, s'il y a usurpation de titre. — Cass. 30 juin 1851; Briand et Chaudé, *id.*

7. Il n'est pas nécessaire pour qu'il y ait contravention, que l'exercice de la chirurgie soit habituelle. Il suffit d'une seule opération. — Cass. 1er mars 1834 (Piraud), *J. p.*

8. Le fait par un mari non médecin d'avoir accouché sa femme constitue, encore que ce fait soit isolé, le délit prévu par la loi, à moins qu'il ne soit justifié par un cas d'urgence et de nécessité absolue. — Cass. 9 juin 1836 (Gouron), *J. p.*

9. L'opération césarienne pratiquée sur un cadavre, quelques heures après la mort, constitue une opération chirurgicale qui ne peut être pratiquée que par un médecin. — Cass. 1er mars 1834 (Piraud), *J. p.*

10. Cette loi comprend dans ses prohibitions tout exercice de l'art de guérir, sans l'accomplissement des conditions qu'elle prescrit, quel que soit le mode de traitement employé, et, par conséquent, le traitement par le magnétisme comme tout autre. — Cass. 24 déc. 1852 (Rovère), *B. cr.*; 25 avril 1857 (Cheroux), *B. cr.*

11. La somnambule qui prescrit des remèdes se rend coupable d'exercice illégal de la médecine, encore qu'elle se fasse assister d'un médecin qui signe ses ordonnances par complaisance et sans examen. — Cass. 25 avril 1857 (Cheroux), *B. cr.*; Lyon, 23 juin 1859 (Bernet Joly), *J. p.*

12. Le médecin peut être considéré non-seulement comme complice, mais comme co-auteur de la contravention à l'art. 35 qui punit l'exercice illégal de la médecine, lorsqu'au lieu d'exercer par lui-même, d'après son propre examen et son contrôle, il abdique sa qualité de médecin pour se borner à adopter les prescriptions d'une somnambule et à en signer les ordonnances. — Cass. 17 déc. 1859 (Depouix), *B. cr.* — *Contrà* : il ne commet aucun délit; il ne peut être complice d'une simple contravention. — Lyon, 23 juin 1859 (Bernet Joly), *J. p.*

13. On doit considérer comme autant d'infractions distinctes donnant lieu, chacune, à l'application d'une peine, les faits d'exercice illégal de la médecine commis à des époques différentes, dans plusieurs communes, relativement à plusieurs personnes. — Cass. 10 nov. 1864 (Lafourcade), *J. p.*

14. Cette loi n'admet aucune excuse tirée, soit de la bonne foi, soit du désintéressement du contrevenant, soit même d'un sentiment d'humanité. — Cass. 27 mai 1854 (Jacob), *B. cr.*; 23 avril 1858 (Beaudoin), *B. cr.*; Briand et Chaudé, p. 902.

15. Ni aucune autre excuse tirée de considérations personnelles, ni même l'excuse tirée d'un jugement antérieur rendu en faveur du contrevenant sur des faits de même nature. — Cass. 27 mai 1854 (Jacob), *B. cr.*

16. Si quelquefois la force majeure peut être utilement invoquée, ce n'est qu'autant que cette exception, laissée à la charge de l'inculpé, résulte de faits et circonstances parfaitement établis. — Cass. 23 avril 1858 (Beaudouin), *B. cr.*

17. L'avis du conseil d'État du 8 vendém. an XIII, relatif aux soins donnés par les prêtres, curés ou desservants, à leurs paroissiens malades, n'a nullement dérogé à la loi du 19 vent. an XI. Il ne s'applique qu'à des actes de charité qui ne constituent pas des opérations chirurgicales ou l'exercice de la médecine. — Cass. 27 mai 1854 (Jacob), *B. cr.*

18. Ne contrevient point à cet article, la sœur de charité qui, dans un cas d'urgence, a pratiqué une saignée et conseillé une application de sangsues. Elle n'a fait que donner des soins qui rentrent dans la classe des actes d'humanité autorisés par l'avis du conseil d'État du 8 vend. an XIII. — Cass. 14 août 1863 (Lorfeuvre), *B. cr.*

19. Cet article ne déterminant pas le taux de l'amende contre ceux qui exercent illégalement la médecine, sans prendre le titre de docteur ou d'officier de santé, il y a lieu de renfermer l'amende indéterminée dans les limites de l'amende de police, telle que l'établit l'art. 466 C. pén. — Cass. 18 mars 1825 (Langlois), *J. p.*; 28 mai 1825 (Goupil), *J. p.*; 5 nov. 1831 (Baillet), *J. p.*; Orléans, 9 janv. 1831 (Barjon), *J. p.*; Cass. 7 juin 1833 (Leguen), *J. p.*; Cass. 20 juill. 1833 (Williams), *J. p.*; 24 janvier 1834 (Veron), *J. p.*; 14 mars 1839 (Landreau), *B. cr.*; 12 nov. 1841 (Healy), *B. cr.*; Rouen, 30 juillet 1842

(Heduit), *J. p.*; Rouen, 9 déc. 1846 (Lucas), *J. p.*; Bordeaux, 24 juill. 1845 (Pigout), *J. p.*; Orléans, 23 fév. 1846 (Garnier), *J. p.*; Paris, 18 sept. 1851 (Gabory), *J. p.*; Cass. 9 juill. 1853 (Rosey), *B. cr.*; 30 avril 1858 (Séguin), *B. cr.*; 31 mars 1859 (Bressac), *B. cr.*; Grenoble, 26 mai 1859 (Bressac), *J. p.*; Cass. 10 nov. 1864 (Lafourcade), *B. cr.* — L'amende peut s'élever jusqu'à quinze francs. — Cass. 5 nov. 1853 (Charpeaux), *B. cr.* — L'amende est celle édictée par l'art. 471, 15, C. pén. — Cass. 2 août 1831 (Corregé), *B. cr.*

20. L'exercice illégal de la médecine sans usurpation de la qualité de docteur ou d'officier de santé, n'étant punie que d'une amende de simple police, constitue une contravention qui se prescrit par un an. — Cass. 18 juillet 1840 (Poisnel), *B. cr.*; 30 août 1839 (Corson), *J. p.*; Briand et Chaudé, p. 903.

21. Un officier de santé muni d'un diplôme a intérêt et qualité pour faire citer directement en police correctionnelle un individu qui exerce illégalement la médecine. — Paris, 4 juin 1829 (Janzé), *J. p.*; Briand et Chaudé, p. 899. — *Contrà* : la poursuite des infractions aux lois et règlements sur l'exercice de l'art vétérinaire est exclusivement attribuée au ministère public. — Bourges, 14 janv. 1832 (Sanitas), *J. p.*

22. Les médecins d'une ville sont recevables à intervenir, dans un intérêt individuel, comme parties civiles, dans une poursuite exercée par le ministère public contre un tiers, à raison de faits d'exercice illégal de la médecine. — Amiens, 16 janv. 1863 (Fevez), *J. p.*

Art. 36. Ce délit sera dénoncé aux tribunaux de police correctionnelle, à la diligence du commissaire du gouvernement près ces tribunaux.

L'amende pourra être portée jusqu'à mille francs pour ceux qui prendraient le titre et exerceraient la profession de docteur.

A cinq cents francs pour ceux qui se qualifieraient d'officiers de santé et verraient des malades en cette qualité.

A cent francs pour les femmes qui pratiqueraient illicitement l'art des accouchements.

L'amende sera double en cas de récidive, et les délinquants pourront, en outre, être condamnés à un emprisonnement qui n'excédera pas six mois.

1. Cet article régit tous les cas d'exercice illégal de la médecine avec ou sans usurpation de titre, sans en excepter le dernier paragraphe. Sauf le taux de la peine. — Cass. 19 mars 1857 (Seguin), *B. cr.*

2. Il prescrit le renvoi en police correctionnelle de tous les contrevenants, sans distinguer entre ceux qui sont passibles de peines correctionnelles et ceux qui n'encourent que des peines de police ; ces derniers doivent subir, tant en première instance qu'en appel, les formes et les règles de la procédure correctionnelle. — Cass. 28 août 1832, ch. réun. (Baillet), *B. cr.*; 24 fév. 1834 (Veron), *J. p.*; Rouen, 30 juill. 1842 (Heduit), *J. p.*; Cass. 12 nov. 1842 (Lignon), *J. p.*; 21 juillet 1853 (Bindé), *B. cr.*; Orléans, 5 nov. 1855 (Garnier), *J. p.*; Cass. 19 mars 1857 (Seguin), *B. cr.*; 10 nov. 1864 (Lafourcade), *B. cr.* — *Contrà* : L'exercice illégal de la médecine sans

usurpation du titre de docteur ou d'officier de santé, n'étant passible que d'une peine de police, est de la compétence des tribunaux de police. — Cass. 5 nov. 1831 (Baillet), *J. p.*

3. L'étranger qui, sans l'autorisation du gouvernement français, exerce en France la médecine, en prenant le titre d'officier de santé à lui anciennement délivré dans un département qui ne fait plus partie de la France, est passible des peines portées par l'art. 36 de la loi du 19 ventôse, et non de la peine de police de l'art. 35. — Cass. 18 oct. 1839 (Vandenbroucke), *B. cr.*; Briand et Chaudé, p. 900.

4. Les médecins étrangers ne peuvent exercer la médecine en France. — Briand et Chaudé, p. 900.

5. L'usurpation, par un officier de santé, du titre de docteur, ne constitue pas une contravention à l'art. 36. — Bordeaux, 9 mai 1845 (Egly), *J. p.* — Aucune peine n'est applicable. — Cass. 11 juin 1840. (Collin), *B. cr.* — *Contrà* : Briand et Chaudé, p. 906.

6. Mais l'art. 36 lui serait applicable, s'il exerçait sa profession dans un département autre que celui où il a été reçu, en prenant le titre de docteur. — Cass. 11 janv. 1850 (Belloc), *B. cr.*

7. Lorsque celui qui se livre habituellement à la médecine sans diplôme n'a pas pris le titre de docteur ou d'officier de santé, il n'encourt que les peines édictées par l'art. 35. — Cass. 9 nov. 1843 (Herpe), *B. cr.* V. *suprà*, art. 35, n° 19.

8. C'est le maximum de l'amende autorisé pour les premières contraventions qui est la base nécessaire de celle qui doit être prononcée, en cas de récidive, pour exercice illégal de la médecine avec usurpation de titre ; cette base ne peut être prise dans l'amende prononcée sur les premières poursuites. — Cass. 30 déc. 1813 (Meyer), *J. p.*; Briand et Chaudé, p. 906.

9. En cas de récidive du délit d'exercice illégal de la médecine prévu par l'art. 35, il doit être fait application des peines afférentes, selon leur caractère légal, aux faits poursuivis conformément aux art. 465 et 466 C. pén. — Cass. 29 mars 1857 (Seguin), *B. cr.*; 18 août 1860 (Bressac), *B. cr.*

10. Ainsi l'emprisonnement et l'amende ne peuvent excéder, en ce cas, le taux des peines de police. — Cass. 28 mai 1825 (Goupil), *J. p.*; 12 nov. 1841 (Heuly), *B. cr.*; 9 nov. 1843 (Herpe), *B. cr.*; 21 juill. 1853 (Bindé), *B. cr.*; 29 mars 1857 (Seguin), *B. cr.*; 30 avril 1858 (Seguin), *B. cr.*; Briand et Chaudé, p. 904.

11. Il en résulte que si déjà ce maximum a été atteint par une première condamnation, il ne saurait être doublé en cas de récidive. — Cass. 31 mars 1859 (Bressac), *B. cr.*; Grenoble, 26 mai 1859 (Bressac), *J. p.*

12. Au même cas, le juge, outre une amende double, doit prononcer une peine d'emprisonnement. — Douai, 26 sept. 1834 (Soufflot), *J. p.* — Il peut prononcer un emprisonnement de cinq jours. — Cass. 21 juillet 1853 (Bindé), *B. cr.*; Orléans, 23 fév. 1846 (Garnier), *J. p.*

13. Cette peine de la récidive ne peut être appliquée que lorsque, conformément à l'art. 483 C. pén., dans les douze mois précédents, un premier jugement a été prononcé contre le contrevenant, à raison d'une contravention de même nature, commise dans le ressort du même tribunal. — Cass. 14 mars 1839 (Landrau), *B. cr.*; Bordeaux, 24 juill. 1845 (Pigout), *J. p.*; Metz, 22 janv. 1857 (Blondelli), *J. p.* — *Contrà* : Ce n'est pas dans les art. 478 et 483 C. pén. qu'il faut chercher des règles de décision, mais uniquement dans l'art. 36 de la loi de ventôse an XI. Il y a parité de raison pour admettre

Je doublement de l'amende dans le cas de simple exercice de la médecine, quel que soit l'intervalle qui sépare la perpétration des deux délits. — Orléans, 5 nov. 1855 (Garnier), *J. p.* — *Contrà :* la peine de la récidive est celle portée par l'art. 36.—Nancy, 28 mai 1851 (Sigriste), *J. p.* — Il ne peut y avoir lieu, en ce cas. à appliquer aucune peine pour la ré-

cidive, l'art. 483 C. pén. n'est pas applicable. — Rennes, 9 déc. 1846 (Lucas), *J. p.*

14. L'exercice illégal de la médecine comporte l'application des règles sur la complicité, lorsque l'usurpation simultanée du titre de docteur ou d'officier de santé vient lui donner le caractère de délit. — Cass. 3 mai 1866 (Benaki), *B. cr.*

POLICE DE LA PHARMACIE.

---

23 JUILLET 1748. — ARRÊT DE RÉGLEMENT *du parlement de Paris.*

La cour... ordonne que tous les apothicaires de cette ville et faubourgs de Paris seront tenus de se conformer au nouveau dispensaire fait par les suppliants pour la composition des remèdes y mentionnés.

Fait inhibitions et défenses aux apothicaires de donner les compositions mentionnées audit dispensaire, ou autres par eux faits, aux malades, sur autres ordonnances que celles des docteurs de ladite faculté, licenciés d'icelle ou autres ayant pouvoir d'exercer la médecine dans cette ville et faubourgs de Paris, et sans ordonnance datée et signée desdits docteurs, licenciés ou autres ayant pouvoir, desquelles ordonnances lesdits apothicaires seront tenus de tenir bon et fidèle registre, le tout sous les peines portées par les ordonnances, édits, déclarations et arrêts de la cour. *V. l'ordonn. du 8 août* 1816.

1. Cet arrêt de règlement a été maintenu dans sa force et vigueur par la loi du 21 germin. an XI et est devenu applicable à toute la France. — Cass. 7 fév. 1851 (Vernaut), *B. cr.*; 25 juill. 1851 (Vernaut), *B. cr.* ; Paris, 23 août 1851 (Combestique), *J. p.*; Pellault, nᵒˢ 19 et suiv. — V. autres décisions conformes sous l'art. 32, Loi du 21 germinal an XI.

2. L'arrêt de règlement de 1748 est maintenu en vigueur par l'art. 29, Loi du 21 germin. an XI, qui ordonne la saisie des drogues mal préparées ou détériorées, pour être procédé ensuite conformément aux règlements existants. — Paris, 17 déc. 1834 (Coquille), *J. p.* — *Contrà :* L'ordonn. du 8 août 1816 n'a pu faire revivre ni étendre à toute la France les dispositions pénales portées par cet arrêt. — Agen, 28 fév. 1850 (Duc), *J. p.*; Briaud et Chaudé, p. 964. — V. notes sous les art. 29 et 32 de la loi du 21 germin. an XI.

25 AVRIL 1777. — DÉCLARATION DU ROI.

Art. 1. Les maîtres apothicaires de Paris et ceux qui, sous le titre de privilégiés, exerçaient la pharmacie dans ladite ville et faubourgs, seront et demeureront réunis, pour ne former à l'avenir qu'une seule et

même corporation, sous la dénomination de collège de pharmacie, et pourront seuls avoir laboratoire et officine ouverte ; nous réservant de leur donner des statuts sur les mémoires qui nous seront remis pour régler la police intérieure des membres dudit collège.

Art. 2. Lesdits privilégiés, titulaires de charges, et qui à ce titre sont réunis, ne pourront se qualifier de maîtres en pharmacie et avoir laboratoire et officine à Paris, que tant qu'ils posséderont et exerceront personnellement leurs charges ; toute location ou cession de privilège étant et demeurant interdite à l'avenir, sous quelque prétexte et quelque titre que ce soit.

Art. 4. Les maîtres en pharmacie qui composeront le collège ne pourront, à l'avenir, cumuler le commerce de l'épicerie. Ils seront tenus de se renfermer dans la confection, préparation, manipulation et vente des drogues simples et compositions médicinales, sans que, sous prétexte des sucres, miels, huiles et autres objets qu'ils emploient, ils puissent en exposer en vente, à peine d'amende et de confiscation.

Art. 5. Les épiciers continueront d'avoir le droit et faculté de faire le commerce en gros des drogues simples, sans qu'ils puissent en vendre et débiter au poids médicinal, mais seulement au poids du commerce ; leur permettons néanmoins de vendre en détail et au poids médicinal, la manne, la casse, la rhubarbe et le séné, ainsi que les bois et racines, le tout en nature, sans préparation, manipulation ni mixtion, sous peine de cinq cents livres d'amende pour la première fois, et de plus grande peine en cas de récidive...

Art. 6. Défendons aux épiciers et à toutes autres personnes de fabriquer, vendre et débiter aucuns sels, compositions ou préparations entrantes au corps humain en forme de médicaments, ni de faire aucune mixtion de drogues simples pour administrer en forme de médecine, sous peine de cinq cents livres d'amende, et de plus grande s'il y échoit.

Voulons qu'ils soient tenus de représenter leurs drogues lors des visites que les doyens et docteurs de la faculté de médecine, accompagnés de gardes de l'épicerie, feront chez eux, à l'effet, s'il s'en trouve de détériorées, d'en dresser procès-verbal signé desdits docteurs et gardes pour y être pourvu ainsi qu'il appartiendra.

1. Cette déclaration n'a été abrogée par la loi de l'an XI que dans les points sur lesquels celle-ci a statué à nouveau ; elle est maintenue dans tous les autres par l'art. 484 C. pén. — Cass. 15 nov. 1844 (Dehaut), *B. cr.*; Pellault, n° 29, Briand et Chaudé, p. 958.

2. Elle n'a été abrogée que dans les dispositions qui créaient des priviléges incompatibles avec les lois de la révolution. — Orléans, 8 août 1859 (Ratel), *J. p.*

3. La peine portée par l'art. 6 de cette déclaration est applicable à celui qui, n'étant pas pharmacien, vend et débite des compositions et préparations entrantes au corps humain. — Paris, 22 juin 1833 (Nicolas), *J. p.*; Cass. 16 fév. 1844 (Denis de Saint-Pierre), *B. cr.* — L'art. 30 de la loi du 21 germin. an XI se réfère audit article. — Paris, 22 juin 1833 (Nicolas), *J. p.*; Pellault, n° 21, Laterrade, p. 171 ; Briand et Chaudé, p. 958.

4. A celui qui exerce la pharmacie sans diplôme, sous le nom d'un pharmacien. — Orléans, 8 août 1859 (Ratel), *J. p.* — V. l'art. 25 Loi 21 germin. an XI, qui ne prononce aucune peine.

5. A celui qui, sans être pharmacien, vend des médicaments en quantité plus considérable qu'au poids médicinal. L'art. 36 Loi du 21 germinal an XI n'est applicable qu'autant que la vente est faite au poids médicinal. — Cass. 15 nov. 1844 (Dehaut), *B. cr.* — V. les notes sous l'art. 36.

6. La prohibition de vendre aucune composition ou préparation pharmaceutique emporte, par une conséquence nécessaire, la défense de les tenir exposées dans les boutiques ou magasins. — Cass. 18 mai 1844 (Duparc), *B. cr.*; 3 avril 1862 (Blondeau), *B. cr.*

7. La destination à la vente équivaut à la vente ; ainsi la mise en vente de compositions ou préparations pharmaceutiques constitue la contravention aux art. 6 et 7 de la déclaration du 25 avril 1777, 30 et 33 Loi 21 germin. an XI. — Cass. 7 déc. 1861 (Raspail), *B. cr.* — *Contrà :* Paris, 23 sept. 1829 (Bellefond), *J. p.*

Art. 7. Pourront les prévosts de la pharmacie se transporter dans les lieux où ils auront avis qu'il se fabrique, sans permission ou autorisation, des drogues ou compositions chimiques, galeniques, pharmaceutiques ou médicinales, en se faisant toutefois assister d'un commissaire qui dressera procès-verbal de ladite visite, pour, en cas de contravention, y être pourvu ainsi qu'il appartiendra.

Art. 8. Ne pourront, les communautés séculières ou régulières, même les hôpitaux et religieux mendiants, avoir de pharmacie, si ce n'est pour leur usage particulier intérieur ; leur défendons de vendre et débiter aucunes drogues simples ou composées, à peine de cinq cents livres d'amende.

1. L'art. 8 de la déclaration du 25 avril 1777 a été aboli par la loi du 2 mars 1791. Aujourd'hui les hospices peuvent débiter à l'intérieur, et même à l'extérieur, gratuitement ou à prix d'argent, les médicaments préparés par leurs pharmaciens munis d'un diplôme. — Lyon, 23 juin 1847 (Hôpitaux de Lyon), *J. p.* ; Cass. 17 avril 1848 (Hôpit. de Lyon), *J. p.*; 31 mai 1862 (Regimbeau), *B. cr.*; Pellault, n° 31, 172. — *Contrà :* Briand et Chaudé, p. 949.

2. Les remèdes et médicaments préparés dans la pharmacie d'un hospice, sous la surveillance d'un pharmacien légalement commissionné, peuvent être vendus et distribués au public par les sœurs de cet hospice. — Paris, 23 mars 1834 (Simon), *J. p.*; Pellault, n° 35.

21 GERMINAL an XI. — LOI *sur la pharmacie.*

Art. 25. Nul ne pourra obtenir de patente pour exercer la profession de pharmacien, ouvrir une officine de pharmacie, préparer, vendre et débiter aucun médicament, s'il n'a été reçu suivant les formes voulues jusqu'à ce jour, ou s'il ne l'est dans une des écoles de pharmacie ou par l'un des jurys, suivant celles qui sont établies par la présente loi, et après avoir rempli toutes les formalités qui y sont prescrites.

1. La loi n'exige pas la qualité de Français pour être pharmacien, mais le diplôme doit être obtenu en France. — Pellault, p. 174.

2. Nul ne peut tenir une officine de pharmacie, s'il n'est en même temps propriétaire du fonds et muni d'un diplôme. Le vrai propriétaire ne peut faire tenir sa pharmacie par un prête-nom diplômé. — Art. 2 et 6 Déclaration du 25 avril 1777 ; Cass. 23 juin 1859 (Ratel), *B. cr.*; Orléans, 8 août 1859 (Ratel), *J. p.*; Cass. 23 août 1860 (Raspail), *B. cr.*; 8 avril 1864 (Chazal), *B. cr.*

3. Est coupable d'exercice illégal de la pharmacie, celui qui, sans avoir été reçu pharmacien, gère une pharmacie sous le nom d'un pharmacien reçu. Celui-ci est complice. — Rouen, 22 oct. 1836 (Lehongre), *J. p.*; Paris, 18 sept. 1851 (Gabory), *J. p.*; Pellault, n° 148; Briand et Chaudé, p. 943.

4. Le copropriétaire d'une officine de pharmacie qui, sans avoir de diplôme, participe à la gérance, contrevient aux art. 25, 26 et 36 Loi 21 germinal an XI, quoique son associé soit diplômé. — Cass. 8 avril 1864 (Poisson), *B. cr.*

5. Un pharmacien ne peut faire tenir sa pharmacie, même momentanément et en cas d'absence pour un voyage, par un gérant, et par exemple par son élève. — Les élèves en pharmacie ne peuvent préparer et vendre des médicaments que tant qu'ils agissent sous la surveillance de leurs chefs et en leur présence. — Nîmes, 13 août 1829 (Soluville), *J. p.*; Pellault, n° 261; Trebuchet, p. 582; Briand et Chaudé, p. 946.

6. Nul pharmacien ne peut ouvrir et faire exploiter une officine par un individu se disant son élève,

dans une commune où il ne réside pas effectivement et continuellement. — Cass. 10 juill. 1835 (Semeac), *J. p.* ; Briand et Chaudé, p. 946. — En ce cas, l'administration a le droit de faire fermer l'officine. — Pellault, p. 165 ; Trebuchet, n° 582. — *Contrà :* Laterrade, p. 134; Briand et Chaudé, p. 976.

7. Le débit illégal de préparations pharmaceutiques ne peut être excusé sous le prétexte que le prévenu est l'associé de son beau-père, pharmacien reçu. — Paris, 16 fév. 1830 (Varlet), *J. p.*

8. Est nulle comme illicite, la société en nom collectif formée entre un pharmacien et des individus non pharmaciens (des médecins) pour l'exploitation d'une pharmacie, alors que chacun des associés doit avoir des droits égaux dans la direction de l'établissement. — Paris, 27 mars 1862 (Ferrand), *J. p.*

9. Au contraire, aucune loi ne prescrit la réunion dans la même main de la propriété du diplôme de pharmacien et de la propriété du fonds de pharmacie. Le propriétaire d'une pharmacie peut la faire gérer par un pharmacien titulaire, pourvu que ce dernier la dirige sérieusement et réellement. — Paris, 31 juill. 1851 (Carré), *J. p.* ; Pellault, p. 144 ; Briand et Chaudé, p. 944.

10. L'association pour l'établissement d'une pharmacie entre un pharmacien et un tiers (un droguiste) qui s'engage à fournir le local, le matériel, les drogues simples nécessaires au service de cette pharmacie, moyennant une part dans les bénéfices, ne constitue pas un délit, alors que l'associé pourvu du diplôme doit gérer seul la pharmacie sous son propre nom.— Lyon, 22 mai 1861 (Juvin), *J. p.*; Pellault, n° 146.

11. Des préparations pharmaceutiques peuvent être préparées et débitées par un individu non reçu pharmacien, s'il a pour associé dans son commerce un pharmacien qui surveille avec le prévenu la préparation et la livraison au public des préparations pharmaceutiques. — Paris, 19 août 1830 (Payot), *J. p.*; Briand et Chaudé, p. 945.

12. Un pharmacien ne peut, en vertu de son diplôme, exploiter simultanément deux pharmacies. — Paris, 6 juillet 1833, *J. p.*; Trebuchet, p. 322 ; Pellault, n° 136.

13. Au contraire, l'exploitation par un pharmacien de deux officines, dans deux communes différentes, ne constitue pas une contravention. — Paris, 17 fév. 1827 (Dupont), *J. p.* ; Briand et Chaudé, p. 946; Laterrade, p. 128.

14. Le pharmacien qui tient dans deux communes différentes deux officines séparées, dont il confie l'une à la direction d'un élève, ne peut être atteint par la loi pénale, l'élève seul peut être recherché. — Bordeaux, 10 avril 1840 (Lauga), *J. p.* — Le pharmacien pourrait être puni comme complice.—Briand et Chaudé, p. 347.

15. Est nulle la vente d'une pharmacie à un élève en pharmacie non encore reçu, et sous la condition que l'exploitation aura lieu sous le nom du vendeur. — Cass. 13 mai 1833 (Legros), *J. p.*

16. Mais n'est pas contraire aux lois sur la pharmacie, le traité par lequel un pharmacien vend à un individu non encore pourvu de diplôme, avec stipulation que le vendeur continuera à être titulaire et gérant responsable de la pharmacie, et que les médicaments seront préparés sous son contrôle et sa surveillance. — Bourges, 2 mars 1844 (Cendre), *J. p.*; Paris, 27 déc. 1853 (Frogé), *J. p.*; Briand et Chaudé, p. 944.

17. La représentation de la patente délivrée à un pharmacien ne le dispense pas du diplôme et autres pièces légales de capacité. — Cass. 2 octob. 1834 (Soullet), *J. p.*

18. Le pharmacien qui tient officine ouverte et vend des médicaments avant d'avoir prêté le serment prescrit par les art. 16 et 25 de la loi du 21 germin. an XI, est passible des peines portées par l'art. 36 de cette loi et la loi du 29 pluviôse an XIII. — Paris, 3 août 1850 (Allorge), *J. p.*; Pellault, n° 106.

19. Les médicaments destinés aux animaux peuvent être vendus librement par tout individu. — Angers, 8 avril 1845 (Fouin), *J. p.* — *Contrà :* Pellault, n° 248. — Par exemple, par les vétérinaires. — Caen, 28 août 1865 (Barin), *J. p.*; Cass. req. 17 juillet 1867 (Barin), *J. p.* — À la condition qu'ils ne contiendront aucune des substances vénéneuses comprises dans le tableau annexé au décret du 8 juillet 1850. — Mêmes arrêts.

20. Il ne suffit pas qu'un arrêt déclare qu'un médicament destiné au pansement des plaies artificielles n'est pas un remède externe et qu'il n'est qu'une amélioration apportée dans le mode de pansement, il doit s'expliquer sur le caractère médicamenteux ou non médicamenteux de la substance qui entre dans sa composition. — Cass. 24 déc. 1842 (Magonty), *B. cr.*; Briand et Chaudé, p. 955.

21. Une huile ou essence, telle que celle de copahu, qui appartient également à la pharmacie et à la parfumerie, ne peut être considérée comme une préparation pharmaceutique dont la vente soit interdite à ceux qui ne sont pas pharmaciens. — Paris, 20 août 1830 (Chardin Hadancourt), *J. p.*

21 *bis*. Il en est de même de l'eau de mélisse des Carmes, qui est principalement une liqueur hygiénique. — Cass. 8 mai 1868 (Boyer), *B. cr.*

22. Les pharmaciens sont recevables à intervenir comme parties civiles dans les poursuites exercées par le ministère public contre un individu vendant sans titre légal et à leur préjudice des préparations médicinales. — Cass. 1er sept. 1832 (Baget), *J. p.*; Cass., ch. réun., 15 juin 1833 (Baget), *J. p.* ; Pellault, n° 124; Briand et Chaudé, p. 951. — *Contrà :* Laterrade, p. 146.

23. Ils ont qualité pour poursuivre. — Poitiers, 7 mai 1857 (Moreau), *J. p.* ; Pellault, n° 126. — *Contrà :* Bourges, 17 mars 1831 (Dalbel), *J. p.* ; Rouen, 1er sept. 1832.

24. La peine applicable à celui qui tient une officine de pharmacie sans diplôme est celle édictée par l'art. 6 de la déclaration du 25 avril 1777. — Orléans, 8 août 1859 (Ratel), *J. p.*; Cass. 23 août 1860 (Raspail), *B. cr.* V. sous ledit art. 6 les n°s 3 et suiv. — *Contrà :* La sanction se trouve soit dans l'art. 36 de la loi du 21 germin., soit dans la loi du 29 pluviôse an XIII. — Bordeaux, 28 janv. 1830 (Dupuy), *J. p.* — Cet article n'a aucune sanction, mais la vente des médicaments se trouvant placée sous la surveillance de la police municipale, il y a lieu d'appliquer au contrevenant une peine de police. — Douai, 22 août 1828 (Bastenaire), *J. p.*

25. Le tribunal qui condamne un individu pour exercice illégal de la pharmacie doit ordonner la fermeture de son officine. — Cass. 2 oct. 1834 (Soullet), *J. p.*

26. Les pharmaciens sont soumis aux obligations des débitants de boissons lorsqu'ils vendent soit de l'eau-de-vie, soit des liqueurs composées d'eau-de-vie et d'esprit. — Cass. 19 avril 1811 (Bussolino), *J. p.* — A moins qu'il ne s'agisse de breuvages officinaux. — Même arrêt; Pellault, n° 228. — Les pharmaciens ne peuvent faire aucun autre commerce que celui de leurs drogues. Art. 32 L. 21 germin an XI.

Art. 27. Les officiers de santé établis dans les bourgs, villages ou communes où il n'y aurait pas de pharmacien ayant officine ouverte, pourront, nonobstant les deux articles précédents, fournir des médicaments simples ou composés aux personnes près desquelles ils seront appelés, mais sans avoir le droit de tenir une officine ouverte.

1. *L'exception portée en cet article, en autorisant les officiers de santé établis dans des communes où il n'y a pas de pharmacien à fournir des médicaments simples ou composés aux personnes près desquelles ils seront appelés, s'applique par sa nature même au débit à domicile.* — Cass. 20 janv. 1855 (Guillo), *B. cr.* — *Mais seulement à ceux qui viennent le consulter comme médecin. L'officier de santé ne peut tenir officine ouverte.* — Pellault, n° 186.

2. *Cette exception est de droit étroit, l'officier de santé résidant dans une commune où il existe un pharmacien ayant officine ouverte, ne peut débiter des drogues même à ses malades qui seraient habitants d'une autre commune.* — Cass. 16 oct. 1844 (Gérard), *B. cr.* — *Où il n'y aurait point de pharmacien.* — Orléans, 27 fév. 1840 (Demontier), *J. p.*; Pellault, n° 184; Briand et Chaudé, p. 939, 952; Trébuchet, p. 352.

3. *De même, l'officier de santé résidant dans une commune où il n'y a pas d'officine ouverte ne peut fournir de médicaments aux malades habitant dans une commune où il existe un pharmacien.* — Pellault, n° 189; Briand et Chaudé, p. 952.— *Contrà :* S'il n'y existe pas non plus de pharmacien. — Paris, 27 août 1868 (Chasseing), *J. cr.*, n° 8702.

4. *Il y a mêmes motifs pour accorder aux docteurs la faculté accordée aux officiers de santé.* — Briand et Chaudé, p. 952.

5. *Les médecins homéopathes ne peuvent pas plus que les autres médecins débiter des médicaments homéopathiques à leurs malades, dans une localité où il existe des officines ouvertes, encore qu'ils achètent leurs médicaments dans une pharmacie.* — Cass. 6 fév. 1857 (Sicaud), *B. cr.*; Cass., ch. réun., 4 mars 1858 (Sicaud), *B. cr.*; Pellault, n° 198. — *Contrà :* Poitiers, 7 mai 1857 (Sicaud), *J. p.*

6. *Encore que dans le lieu où ils exercent il n'existe pas de pharmacie homéopathique, si, avant toute distribution de remèdes, ils n'ont pas mis en demeure les pharmaciens de tenir dans leurs officines des médicaments homéopathiques.* — Angers, 26 janv. 1852 (Orrard), *J. p.*

7. *Cependant ils peuvent, pour un cas donné, livrer à leurs malades des globules achetés d'avance chez un pharmacien hors la ville, lorsqu'ils n'en trouvent point dans cette ville.* — Paris, 10 août 1855 (Chassang), *J. p.*; Cass. 6 fév. 1857 (Sicaud), *B. cr.*

8. *Mais il y aurait contravention s'ils s'étaient procuré d'avance des médicaments en quantité si considérable, qu'ils n'auraient pu le faire pour des cas spéciaux actuels, et s'ils les livraient pour un prix dont ils profitent eux-mêmes.* — Angers, 26 sept. 1856 (Oriard), *J. p.*; Cass. 6 fév. 1857 (Sicard), *B. cr.*; Pellault, n° 195.

9. *La loi n'a pas établi d'incompatibilité entre les fonctions d'officier de santé et celles de pharmacien. L'art. 27 autorise ce cumul pour les bourgs, villages et communes où il n'y a pas de pharmacien ; mais l'officier de santé qui veut tenir une officine ouverte doit avoir subi les épreuves prescrites par la loi pour exercer l'état de pharmacien.* — Cass. 13 août 1841 (Gouissand), *B. cr.*; Pellault, n° 229; Briand et Chaudé, p. 953.

10. *Au contraire, il résulte des dispositions de cet article que les officiers de santé, dans les localités où*

il existe des pharmaciens ayant officine ouverte, fussent-ils pourvus d'un diplôme de pharmacien, ne doivent pas exercer simultanément les deux professions d'officier de santé et de pharmacien. Toutefois, cette défense n'ayant aucune sanction, aucune peine n'est applicable. — Paris, 3 août 1850 (Allorge), *J. p.*

Art. 28. Les préfets feront imprimer et afficher, chaque année, les listes des pharmaciens établis dans les différentes villes de leur département; ces listes contiendront les noms, prénoms des pharmaciens, les dates de leur réception et les lieux de leur résidence.

Art. 29. A Paris et dans les villes où seront placées les nouvelles écoles de pharmacie, deux docteurs et professeurs des écoles de médecine, accompagnés des membres des écoles de pharmacie et assistés d'un commissaire de police, visiteront, au moins une fois l'an, les officines et magasins des pharmaciens et droguistes, pour vérifier la bonne qualité des drogues et médicaments simples et composés.

Les pharmaciens et droguistes seront tenus de représenter les drogues et compositions qu'ils auront dans leurs magasins, officines et laboratoires.

Les drogues mal préparées ou détériorées seront saisies à l'instant par le commissaire de police, et il sera procédé conformément aux lois et règlements actuellement existants. *V. art. 42, arrêté du 25 thermidor an XI.*

1. *Les membres de l'école de pharmacie sont sans qualité pour faire les visites, lorsqu'ils ne sont pas accompagnés de deux professeurs de l'École de médecine; le pharmacien peut s'y refuser. Mais la preuve de la contravention peut être faite par tous autres moyens.* — *Si l'inculpé se prête à la visite, le commissaire de police peut saisir les médicaments dont la préparation est illégale, et l'identité de ces médicaments est établie par son procès-verbal jusqu'à preuve contraire.* — Cass. 7 juin 1850 (Bonnet), *B. cr.*; Briand et Chaudé, p. 973.

2. *De même il y a nullité, lorsque le commissaire de police n'est pas assisté de deux professeurs de médecine. La présence des deux professeurs de pharmacie ne suffit pas.* — Cass. 7 déc. 1861 (Raspail), *B. cr.* — *Contrà :* Il suffit qu'il soit assisté d'un pharmacien, son procès-verbal fait foi jusqu'à preuve contraire. — Cass. 9 oct. 1824 (Couturier), *J. p.*

3. *Le médecin établi dans une commune a le droit de se refuser à la visite de ses médicaments, lorsque les membres du jury médical ne sont pas assistés d'un commissaire de police.* — Cass. 28 mars 1862 (Lelièvre), *B. cr.*

4. *Cependant la loi du 21 germin. an XI n'enlève pas au préfet de police le droit que lui donnait l'article 23 de l'arrêté des consuls du 12 messidor an VIII, de faire procéder de son côté à des visites pour assurer la salubrité publique, faire saisir et détruire chez les épiciers, droguistes et apothicaires, les médicaments gâtés, corrompus ou nuisibles.* — Cass. 7 juin 1850 (Bonnet), *B. cr.*; Pellault, n° 208.

5. *Les sirops de gomme, d'orgeat et de guimauve*

sont des substances médicamenteuses. Il y a contravention à la loi du 21 germin. an XI lorsqu'ils contiennent de la glucose. — Paris, 23 août 1851 (Combestique), *J. p.*

6. La contravention à cet article ne peut être poursuivie que devant le tribunal correctionnel, l'amende prononcée par l'arrêt du parlement du 23 juillet 1748 excédant les limites de la compétence des tribunaux de police. — Cass. 7 fév. 1851 (Vernaut), *B. cr.*; 25 juill. 1851 (Vernaut), *B. cr.*

7. Le pharmacien dans l'officine duquel des drogues mal préparées et avariées ont été saisies, doit être puni des peines portées par l'art. 2 de l'ordonn. du 8 août 1816 qui se réfère à l'arrêt de règlement du 23 juillet 1748. — Paris, 17 déc. 1834 (Coquille), *J. p.* — V. notes sous l'art. 32.

8. La fabrication ou la mise en vente, la détention de substances médicamenteuses falsifiées ou corrompues, sont aujourd'hui prévues et punies par les art. 1 et 3 de la loi du 27 mars 1851.

9. La mauvaise préparation des drogues et l'inobservation des règles du Codex restent seules punies par l'arrêt de règlement du 23 juillet 1748 et l'ordonnance du 8 août 1816.

10. Le pharmacien dans l'officine duquel a été saisie une substance médicamenteuse falsifiée, ne peut être excusé sous prétexte qu'il n'avait pas préparé lui-même les drogues, et qu'il était de bonne foi. — Cass. 24 mars 1859 (Conti), *B. cr.*

Art. 30. Les mêmes professeurs en médecine et membres des écoles de pharmacie pourront, avec l'autorisation des préfets, sous-préfets ou maires, et assistés d'un commissaire de police, visiter et inspecter les magasins de drogues, laboratoires et officines des villes placées dans le rayon de dix lieues de celles où sont établies les écoles, et se transporter dans tous les lieux où l'on fabriquera et débitera sans autorisation légale des préparations ou compositions médicinales. Les maires et adjoints, et à leur défaut les commissaires de police, dresseront procès-verbal de ces visites, pour, en cas de contravention, être procédé contre les délinquants conformément aux lois antérieures.

Art. 31. Dans les autres villes et communes, les visites indiquées ci-dessus seront faites par les membres des jurys de médecine, réunis aux quatre pharmaciens qui leur sont adjoints par l'art. 13.

1. Le jury médical préposé à la visite des officines dans les villes et communes autres que celles où sont placées des écoles de pharmacie, est légalement constitué, lorsqu'il se trouve composé de deux docteurs en médecine et des quatre pharmaciens qui leur sont adjoints par l'art. 13 de la loi du 21 germ. an XI. — Cass. 9 nov. 1844 (Bru), *J. p.*

Art. 32. Les pharmaciens ne pourront livrer et débiter des préparations médicinales ou drogues composées quelconques, que d'après la prescription qui en sera faite par les docteurs en médecine ou en chirurgie,

ou par des officiers de santé, et sur leur signature.

Ils ne pourront vendre aucun remède secret.

Ils se conformeront pour les préparations et compositions qu'ils devront exécuter et tenir dans leurs officines, aux formules insérées et décrites dans les dispensaires ou formulaires qui ont été rédigés ou qui le seront dans la suite par les écoles de médecine.

Ils ne pourront faire, dans les mêmes lieux ou officines, aucun autre commerce ou débit que celui des drogues et préparations médicinales.

1. *Ordonnances de médecins.* Les ordonnances de médecin qui ne contiennent aucune formule et renferment seulement la prescription d'un remède non formulé au Codex, ne peuvent donner à ce remède le caractère de remède magistral, puisqu'il n'a pas été préparé spécialement suivant une formule prescrite par le médecin. — Paris, 1er déc. 1842 (Joseau), *J. p.*; Briand et Chaudé, p. 985.

2. Les pharmaciens n'ont pas le droit de préparer d'avance, d'après une formule donnée par un médecin, une grande quantité de médicaments non conformes au Codex et destinés à être vendus à tout venant comme les remèdes officinaux. — Cass. 10 fév. 1844 (Blanc), *B. cr.*

3. Ils doivent inscrire sur leur registre toutes les ordonnances de médecin qui leur sont présentées. — Arrêt du parlement de Paris du 23 juillet 1748; Pellault, n° 269.

4. *Remèdes secrets.* Tout remède préparé d'avance par un pharmacien, sans ordonnance spéciale, d'après une formule fixe non inscrite au Codex ou publiée par le gouvernement, est un remède secret. — Cass. 11 nov. 1842 (Blancard), *B. cr.*; Paris. 7 janv. 1843 (Blancard), *J. p.*; Cass. 12 juin 1852 (Blanc), *B. cr.*; Pellault, n° 225.

5. Peu importe que le prévenu soit en même temps pharmacien et médecin. — Cass. 12 juin 1852 (Blanc), *B. cr.*

6. Peu importe que des décisions judiciaires aient déclaré, à l'égard d'autres parties, que ce médicament n'était pas un remède secret. — Cass. 19 nov. 1840 (Johnson), *B. cr.*

7. Sont interdites l'annonce et la vente, par des pharmaciens, d'une composition officinale non conforme à une formule insérée au codex et non soumise aux formalités prescrites par le décret du 18 août 1810. — Cass. 22 janv. 1842 (Lepré), *B. cr.*; 19 nov. 1840 (Johnson), *B. cr.* — V. Notes sous l'art. 36, *infrà.*

8. L'interdiction de vendre des remèdes secrets s'applique tout aussi bien au cas où cette vente se ferait sur ordonnance de médecin qu'au cas où cette ordonnance ne serait pas intervenue. La disposition de cet article qui parle des ordonnances de médecin n'a pas trait aux remèdes secrets, mais bien à d'autres préparations médicinales. — Cass. 16 nov. 1837 (Tinel Heraut), *B. cr.*

9. On ne peut considérer comme remède secret, bien que la formule n'en soit pas insérée au Codex, les composés qui ne renferment aucune substance ayant la propriété d'un médicament, ou qui ne contiennent que des substances simples que les pharmaciens doivent tenir. — Dijon, 17 août 1853 (Boisseau), *J. p.*

10. La prohibition de vendre des remèdes secrets emporte nécessairement pour les pharmaciens la défense de les mettre en vente et de les tenir exposés dans leurs officines. — Paris, 1er déc. 1842 (Joscau), *J. p.*; Rouen, 11 janv. 1844 (Johnson), *J. p.*; Cass. 18 mai 1844 (Duvignau), *B. cr.*; Dijon, 17 août 1853 (Boisseau), *J. p.*; Pellault, n° 321. — Ou même dans leurs caves. — Rouen, 11 janv. 1844 (Johnson), *J. p.* — Sur les remèdes secrets, V. sous l'art. 36, n° 17 et suiv.

11. Les formules de préparation et de fabrication détaillées dans le Codex sont aussi bien obligatoires pour les distillateurs que pour les pharmaciens, relativement aux substances médicamenteuses dont les distillateurs font le commerce, telles que sirops de gomme, d'orgeat et de guimauve. — Paris, 23 août 1851 (Combestique), *J. p.* — *Contrà :* Orléans, 2 avril 1851; Pellault, n° 253; Briand et Chaudé, p. 957. — V. sous l'art. 36, n° 39.

12. *Sanction.* La sanction des art. 29 et 32 est écrite dans l'arrêt de règlement du parlement de Paris du 23 juillet 1748, dont l'application a été étendue à la France entière. — Cass. 7 fév. 1851 (Vernaut), *B. cr.*; 24 mars 1859 (Conti), *B. cr.*; 8 fév. 1867 (Mulot), *B. cr.*; Pellault, n° 223.

13. La même peine est applicable, soit qu'il s'agisse d'une préparation de remèdes faite contrairement au Codex, ou de la vente de remèdes sans ordonnance de médecin. — Cass. 8 fév. 1867 (Mulot), *B. cr.*; Pellault, n° 221.

19. Au contraire, la prohibition contenue dans l'art. 32 de livrer des médicaments sans ordonnance de médecin n'a aucune sanction. Cette sanction ne se trouve ni dans l'art. 36 de la même loi, ni dans la loi du 29 pluviôse an XIII, lesquels ne s'appliquent pas au débit au poids médicinal fait par les pharmaciens, ni dans l'arrêt de règlement du parlement de Paris, lequel a été implicitement abrogé par l'art. 32. — Cass. 26 mai 1837 (Maugras), *B. cr.* — V. les notes sous ledit arrêt de règlement.

20. A l'égard de la vente des remèdes secrets, l'art. 32 trouve sa sanction pénale dans l'art. 36 et dans la loi du 29 pluviôse an XIII qui, en défendant toute annonce et affiche, et par conséquent toute vente de remède secret, comprend nécessairement les pharmaciens comme toutes autres personnes. — Rouen, 11 janv. 1844 (Johnson), *J. p.*; Cass. 18 mai 1844 (Duparc), *B. cr.*; Paris, 26 fév. 1846 (Denis de Saint-Pierre), *J. p.*; Dijon, 17 août 1853 (Boisseau), *J. p.*; Pellault, n° 320.

21. Au contraire, l'art. 32 qui défend aux pharmaciens de vendre des remèdes secrets n'a aucune sanction. — Paris, 1er déc. 1842 (Joscau), *J. p.*; Paris, 7 janv. 1843 (Blancard), *J. p.*; Paris, 9 mars 1844 (Trablit), *J. p.*; Paris, 13 juill. 1844 (Dehaut), *J. p.*; Briand et Chaudé, p. 996

22. *Commerce autre.* La défense faite aux pharmaciens de faire dans leurs officines aucun autre commerce ou débit que celui de drogues ou préparations médicinales, n'a aucune sanction. — Cass. 4 juillet 1828 (Esparbié), *J. p.*; Pellault, n° 17, 227; Briand et Chaudé, p. 963.

Art. 33. Les épiciers et droguistes ne pourront vendre aucune composition ou préparation pharmaceutique, sous peine de cinq cents francs d'amende.

Ils pourront continuer de faire le commerce en gros des drogues simples, sans pouvoir néanmoins en débiter aucune au poids médicinal.

1. Quoique cet article ne parle que des épiciers et droguistes, il n'en est pas moins applicable à tous les individus qui vendent des compositions ou préparations pharmaceutiques, tels que les herboristes et autres marchands. — Cass. 9 oct. 1824 (Barré), *J. p.*; Pellault, n° 240. — *Contrà :* L'art. 6 de la déclaration du 25 avril 1777 leur est seul applicable. — Briand et Chaudé, n° 960.

2. Les épiciers droguistes ne peuvent vendre aucune préparation pharmaceutique, alors même qu'elle aurait été faite par des pharmaciens. — Cass. 11 août 1838 (Kob), *J. p.*; Briand et Chaudé, p. 947.

3. La matière première qui a reçu une manipulation quelconque ne peut plus être considérée comme drogue simple. — Pellault, n° 250.

4. Ainsi le quinquina en poudre étant une préparation pharmaceutique, ne peut être vendu par les épiciers droguistes. — Cass. 9 sept. 1813 (Folchi), *J. p.*; Bordeaux, 7 juillet 1841 (Bellouard), *J. p.* — *Contrà :* Briand et Chaudé, p. 966.

5. Il y a contravention à l'art. 6 de la déclaration du 25 avril 1777 et à la loi du 21 germin. an XI, art. 25, 33, 34, de la part du droguiste qui fabrique et débite un mélange de substances médicamenteuses, encore bien que ces substances ne doivent être considérées que comme le résultat d'une préparation chimique et que le débit n'ait pas été fait au poids médicinal. — Cass. 3 avril 1862 (Blondeau), *B. cr.*

6. La prohibition faite par cet article aux épiciers et droguistes de vendre aucune composition, contient essentiellement celle de les tenir exposées en vente dans leurs boutiques. — Cass. 14 niv. an XIII (Lemosy), 13 fév. 1824 ; (Delaherche), *J. p.*; Bordeaux, 7 juill. 1841 (Bellouard), *J. p.*; Pellault, n° 242. — Ou arrière-boutiques. — Cass. 9 oct. 1824 (Couturier), *J. p.* — *Contrà :* Briand et Chaudé, p. 974.

7. La même prohibition s'étend aux herboristes. — Cass. 9 oct. 1824 (Couturier), *J. p.*

8. Un herboriste prévenu d'avoir exposé en vente, dans sa boutique, des bouteilles d'eau de mélisse dite des Carmes, ne peut être acquitté sans que le tribunal décide préalablement si cette substance doit être considérée comme une composition ou préparation pharmaceutique. — Cass. 12 juill. 1839 (Hatte), *B. cr.*

9. Les motifs tirés soit d'une autorisation donnée par le sous-préfet, soit du silence gardé par les pharmaciens, relativement à la vente de cette eau, ne constituent pas une excuse légale. — Même arrêt.

10. Les épiciers droguistes ne peuvent faire aucune vente au détail de drogues simples. — Pellault, n° 255; Briand et Chaudé, p. 365. — V. *infrà* sous l'art. 36.

11. Ils ne peuvent vendre des drogues à l'once, qui est exclusive de l'idée de la vente en gros. — Cass. 9 sept. 1813 (Folchi), *J. p.*; Briand et Chaudé, p. 965.

12. L'amende de cinq cents francs édictée par l'art. 33 ne paraît applicable qu'à la première contravention prévue par ledit article. Mais le débit au poids médicinal de drogues simples reste prévu et puni par l'art. 5 de la déclaration du 25 avril 1777. — Briand et Chaudé, n° 968.

13. Aucune forme spéciale et sacramentelle n'est imposée pour la recherche et la constatation des délits ou contraventions commis en infraction à l'art. 33 de cette loi, qui s'en remet implicitement aux voies ordinaires et de droit commun. Un procès-verbal dressé par un commissaire de police assistant deux professeurs de l'école de pharmacie après réquisition du préfet de police, suffit tout au moins pour constater l'identité des médicaments saisis, comme illé-

galement exposés et mis en vente. — Cass. 16 août 1862 (Raspail), *B. cr.*

Art. **34, 35.** *Abrogés par la loi du 19 juillet 1845.*

Art. **36.** Tout débit au poids médicinal, toute distribution de drogues et préparations médicamenteuses sur des théâtres ou étalages, dans les places publiques, foires et marchés, toute annonce et affiche imprimée qui indiquerait des remèdes secrets, sous quelque dénomination qu'ils soient présentés, sont sévèrement prohibés.

Les individus qui se rendraient coupables de ce délit seront poursuivis par mesure de police correctionnelle et punis conformément à l'art. 183 et suivants du Code des délits et des peines.

1. Cet article, identique dans son objet avec les art. 27 et 33, s'applique aux ventes au poids médicinal faites à domicile. La distribution de drogues et préparations médicamenteuses sur des théâtres ou étalages, dans les places publiques, foires et marchés, constitue une infraction distincte. — Cass. 20 janv. 1855 (Guillo), *B. cr.*; Laterrade, n° 241.

2. Ainsi, cet article et la loi du 29 pluviôse an XIII sont applicables à l'officier de santé qui vend à son domicile des remèdes au poids médicinal ou débite des remèdes secrets dans un lieu où il existe un pharmacien. — Cass. 20 janv. 1855 (Guillo), *B. cr.*

3. Il est applicable au médecin qui, dans une ville où il existe des pharmaciens, convient avec ses malades de les traiter en leur fournissant les médicaments qu'il leur fait expédier au poids médicinal par un pharmacien d'une autre ville. — Amiens, 10 fév. 1854 (Thirat), *J. p.*

4. Il est applicable à celui qui, n'étant pas pharmacien, livre des médicaments même gratuitement. — Rennes, 13 sept. 1833 (Lequeu), *J. p.*; Cass. 18 juill. 1845 (Monot), *B. cr.*; Amiens, 10 fév. 1854 (Thirat), *J. p.*; Pellault, n° 188; Briand et Chaudé, p. 953. — Ou seulement en faisant payer ses débours. — Cass. 7 juin 1833 (Legras), *J. p.*

5. La prohibition de vendre des médicaments s'applique aux sœurs de charité comme à toutes autres personnes. — Bordeaux, 28 janv. 1830 (Dupuy), *J. p.*; Briand et Chaudé, p. 946. — V. notes n° 2 sous l'art. 8, décl. 25 avril 1777.

6. Mais ne se rend point coupable d'exercice illégal de la pharmacie la sœur de charité qui se borne à remettre à des malades des sirops, des potions, des gargarismes d'une composition simple. Les religieuses sont autorisées par l'administration supérieure, conformément aux avis de l'école de médecine et du comité consultatif d'hygiène publique à Paris, à préparer et à délivrer des tisanes, des potions huileuses, potions simples, loochs simples, cataplasmes, fomentations, médecines et autres médicaments semblables dont la préparation n'exige pas de connaissances pharmaceutiques étendues. — Cass. 14 août 1863 (Lorfeuvre), *B. cr.*, circul. min. nov. 1806.

7. Cet article ne s'applique pas au débit au poids médicinal fait par les officiers préposés à cet effet, mais à ceux seulement qui n'en ont pas reçu mission de la loi. L'art. 32 est seul applicable aux pharmaciens. — Cass. 26 mai 1837 (Maugras), *B. cr.*

8. La profession de médecin n'autorise pas celui qui l'exerce à faire des ventes de médicaments. — Cass. 10 fév. 1844 (Blanc), *B. cr.*

9. Au contraire, cet article ne s'applique qu'au débit fait sur les théâtres et les étalages par quelque personne que ce soit, même par les pharmaciens. — Cass. 9 oct. 1824 (Barré), *J. p.*; Pellault, n° 276; Briand et Chaudé, p. 960.

10. Il ne punit tout débit au poids médicinal, toute distribution de drogues et préparations médicamenteuses, que sur les théâtres, places publiques, foires et marchés. — Cass. 9 oct. 1824 (Barré), *J. p.*; Orléans, 9 janv. 1831 (Barjon), *J. p.*; Montpellier, 11 avril 1837 (Labourey), *J. p.*; Paris, 9 mars 1844 (Trablit), *J. p.*; Paris, 13 juill. 1844 (Dehaut), *J. p.*

11. Il n'est pas applicable aux marchands qui font ces distributions dans des boutiques, magasins où ils ont une résidence fixe et sédentaire. L'art. 33 est seul applicable à ces derniers. L'énonciation des épiciers et droguistes n'est qu'énonciative. — Cass. 9 oct. 1824 (Barré), *J. p.*; Orléans, 9 janv. 1831 (Barjon), *J. p.* — L'art. 6 de la déclaration du 25 avril 1777 est seul applicable aux marchands autres que les droguistes qui vendent des médicaments dans leur domicile. — Briand et Chaudé, p. 960. — V. notes sous l'art. 6, déclar. 25 avril 1777.

12. Par ces mots : *tout débit au poids médicinal*, la loi n'a pas entendu proscrire seulement les ventes aux poids indiqués dans les dispensaires ou formulaires, mais toutes les ventes en détail des drogues et préparations médicamenteuses. — Cass. ch. réun., 16 déc. 1836 (Labourey), *B. cr.*; Cass. 10 fév. 1844 (Blanc), *B. cr.*; Briand et Chaudé, p. 942.

13. Toute vente ou distribution de médicaments faite d'après les doses dans lesquelles ils doivent être employés constitue un débit au poids médicinal. Le contrevenant ne peut être excusé sous prétexte qu'il n'y a de débit au poids médicinal que la vente faite dans les proportions prescrites par les médecins. — Cass. 26 juin 1835 (Labourey), *J. p.* — *Contrà :* Ces expressions ne peuvent s'entendre que de la vente en détail des drogues faite suivant le formulaire légal et selon les prescriptions des médecins. — Montpellier, 11 avril 1837 (Labourey), *J. p.*

14. Ces mots : *poids médicinal* ne sont employés par cet article que par opposition aux poids usités pour le commerce en gros; les pharmaciens ne sont pas dispensés de se conformer au système décimal des poids et mesures. — Cass. 14 août 1834 (Duvignau), *B. cr.*

15. La vente en gros de drogues simples n'est passible d'aucune peine. — Briand et Chaudé, p. 968.

16. En prohibant dans ses deux dispositions la vente des remèdes, qu'ils soient ou non conformes au Codex, cet article prohibe la vente des remèdes secrets. — Cass. 20 janv. 1855 (Guillo), *B. cr.*

17. *Remèdes secrets.* En prohibant l'indication des remèdes secrets par annonce et affiche, cet article a prohibé à plus forte raison leur distribution et leur vente de quelque manière qu'elle soit faite. Cette prohibition résulte encore des décrets du 25 prairial an XIII et du 18 août 1810. — Cass. ch. réun., 16 déc. 1836 (Labourey), *B. cr.*; 26 juin 1835 (Labourey), *B. cr.*; Aix, 4 janv. 1838 (Couvert), *J. p.*; Cass. 18 janv. 1839 (Labourey), *J. p.*; Paris, 1er déc. 1842 (Joseau), *J. p.*; Rouen, 11 janv. 1844 (Johnson), *J. p.*; Cass. 18 mai 1844 (Duvigneau), *J. p.*; Paris, 26 fév. 1846 (Denis de Saint-Pierre), *J. p.*; Paris, 18 sept. 1851 (Gabory), *J. p.*; Dijon, 17 août 1853 (Boisseau), *J. p.*; Briand et Chaudé, p. 998.

18. Il en prohibe la distribution même gratuite. —

Aix, 4 janv. 1838 (Couvert), *J. p.*; Briand et Chaudé, p. 1000.

19. Soit la vente à domicile, soit la distribution, spécifiées à l'art. 36, de remèdes secrets, doivent être punies conformément à la loi du 29 pluviôse an XIII. — Cass. 20 janv. 1855 (Guillo), *B. cr.*

20. La défense d'afficher et d'annoncer des remèdes secrets est générale et s'applique aux pharmaciens comme à tous autres individus. — Rouen, 11 janv. 1844 (Johnson), *J. p.*; Cass. 18 mai 1844 (Duparc), *J. p.*; 17 août 1867 (Ramonde), *B. cr.* — *Contrà* : Paris, 13 juillet 1844 (Dehaut), *J. p.* — V. notes sous l'art. 32.

21. Elle s'applique aux médecins comme à tous autres. — Cass. 16 déc. 1837 (Giraudeau de Saint-Gervais), *J. p.*; Rouen, 24 nov. 1842 (Blanc), *J. p.*; Briand et Chaudé, p. 1000.

22. On doit entendre par remède secret toutes les préparations pharmaceutiques qui ne sont ni conformes aux formules du Codex légalement publié, ni achetées et rendues publiques par le gouvernement, conformément au décret du 18 août 1810, ni composées pour chaque cas particulier sur la prescription du médecin ou de l'officier de santé. — Cass. 16 déc. 1837 (Giraudeau), *B. cr.*; 11 nov. 1842 (Blancard), *B. cr.*; Paris, 9 mars 1844 (Trablit), *J. p.*; Rouen, 11 janv. 1844 (Johnson), *J. p.*; Cass. 18 mai 1844 (Duvigneau), *J. p.*; Pellault, n° 296; Briand et Chaudé, p. 984.

23. Ou qui ne sont pas autorisées dans les termes du décret du 3 mai 1850. — Cass. 17 août 1867 (Ramonde), *B. cr.* — V. Paris, 16 janv. 1841 (Johnson) *J. p.*; Paris, 1er déc. 1842 (Joseau), *J. p.*; Paris, 16 fév. 1846 (Denis de Saint-Pierre), *J. p.*

24. Toutefois, un décret du 25 prairial an XIII, maintenu par un autre décret du 26 décembre 1810, reconnaît aux inventeurs de remèdes approuvés et autorisés par le gouvernement antérieurement au décret du 18 août 1810, le droit de les annoncer et de les vendre. — Pellault, n° 313.

25. Ne peuvent ôter à une composition pharmaceutique le caractère de remède secret :
Ni la publication de sa formule dans un journal de médecine. Elle ne suffit pas pour en autoriser l'annonce publique sous une dénomination spéciale. — Cass. 16 déc. 1837 (Giraudeau), *B. cr.*; Toulouse, 25 août 1857 (Bezins), *J. p.*; Pellault, n° 293.

26. Ou dans des ouvrages de savants déposés au ministère de l'intérieur. — Cass. 11 nov. 1842 (Blancard), *B. cr.*; Paris, 7 janv. 1843 (Blancard), *J. p.* — Ou dans des ouvrages de pharmacie. — Cass. 17 août 1867 (Ramonde), *B. cr.*; Pellault, n° 293; Briand et Chaudé, p. 985.

27. Ni la description qui en aurait été donnée dans des recueils particuliers de médecine, ni les nombreuses prescriptions qui en seraient faites habituellement par les hommes de l'art. — Cass. 19 nov. 1840 (Johnson), *B. cr.*; Paris, 16 janv. 1841 (Johnson), *J. p.*

28. Ni des mémoires, rapports ou approbations dont cette composition aurait pu être l'objet. — Cass. 19 nov. 1840 (Johnson), *B. cr.*; 22 janv. 1842 (Lepré), *B. cr.*

29. Ni l'obtention d'un brevet d'invention pour ce produit, si, en fait, il est reconnu que cette composition n'est ni conforme ni similaire aux remèdes décrits au Codex. — Cass. 19 nov. 1840 (Johnson), *B. cr.*; 17 août 1867 (Ramonde), *B. cr.*

30. Ni la publication faite, à l'expiration de la durée de ce brevet, de la formule suivant laquelle le médicament doit être préparé. — Cass. 19 nov. 1840 (Johnson), *J. p.*; Paris, 16 janv. 1841 (Johnson), *J. p.*; Briand et Chaudé, p. 985.

31. Au contraire, on ne peut considérer comme remède secret : un médicament qui, quoique non formulé au Codex, se trouve indiqué dans divers Codex et autres ouvrages de pharmacie et de médecine, et dont la composition est généralement connue dans les officines. — Paris, 23 juillet 1830 (Guindre), *J. p.*; Laterrade. — Ou qui se trouve divulgué dans différents ouvrages et formulaires. — Rouen, 27 janv. 1842 (Blancard), *J. p.*

32. Un remède dont la composition est conforme au Codex ne devient pas un remède secret par les modifications qui y sont faites, si elles ne constituent qu'une amélioration dans le mode de préparation et ont seulement pour effet d'en prévenir l'altération. — Cass. 6 août 1842 (Lepré), *B. cr.*; Briand et Chaudé, p. 986.

33. Si elles ne constituent qu'une amélioration dans le mode de la préparation, de manière à ne rien ôter à ses éléments, à ses propriétés médicamenteuses. — Rouen, 11 janv. 1844 (Johnson), *J. p.*; Pellault, n° 309.

34. Si la nouveauté du remède et son mérite consistent dans une modification de peu d'importance dans le mode de préparation. — Metz, 11 fév. 1857 (Edant), *J. p.*

35. Un médicament dont les principes essentiels et constitutifs sont identiquement les mêmes que ceux indiqués au Codex n'est pas un remède secret par le motif que l'extraction de la substance qui le compose aurait été faite par un procédé différent de celui indiqué au Codex, par exemple de ce qu'elle aurait été faite à l'aide de l'alcool au lieu d'être le résultat d'une infusion. — Toulouse, 25 août 1857 (Bezins), *J. p.*

36. Mais on doit considérer comme un remède secret :
Le médicament qui, quoique composé suivant la formule insérée au Codex, est présenté comme nouveau et sous un nom différent de celui sous lequel il était connu. — Paris, 17 juin 1829 (Giraudeau), *J. p.*; Pellault, n° 310. — *Contrà* : Metz, 11 fév. 1857 (Edant), *J. p.*

37. Une substance ou un médicament simple non composé, si on l'annonce en déguisant son nom et en lui prêtant des qualités médicales. — Paris, 23 janv. 1829 (Laurenti), *J. p.*; Pellault, *id.*

38. Un remède dont les substances qui entrent dans sa composition ne peuvent être reconnues par l'analyse. — Rouen, 24 nov. 1842 (Blanc), *J. p.*

39. Ne peuvent constituer des remèdes secrets :
Les diverses compositions chimiques, hygiéniques, alimentaires ou autres qui ne sont employées qu'accidentellement en médecine, tels que certains sirops dont la vente est opérée par les confiseurs, liquoristes, distillateurs, aussi bien que par les pharmaciens, encore que par les annonces on leur attribue une efficacité et des vertus médicinales qu'elles n'ont pas. — Metz, 11 fév. 1857 (Edant), *J. p.* — V. sous l'art. 32, n° 11.

40. Par exemple, une substance propre à la toilette, pour entretenir la propreté de la bouche. — Paris, 20 sept. 1829 (Arrault), *J. p.*; Pellault, n° 311; Briand et Chaudé, p. 989.

41. Une substance préparée pour la guérison des cors et dont l'innocuité est reconnue. — Paris, 21 juill. 1829 (Vosgien), *J. p.*; Pellault, n° 311.

42. On ne peut réputer remède secret des pastilles qui ne présentent pas l'union de plusieurs substances médicamenteuses et qui ne peuvent être regardées que comme un bonbon pectoral, quoiqu'il ne se trouve pas formulé au Codex. — Paris, 12 janv. 1830 (Potard), *J. p.*; Briand et Chaudé, p. 990.

43. Mais constitue un remède secret : un sirop dit

de dentition, destiné non-seulement à favoriser la dentition, mais encore à prévenir et à guérir les maladies qui peuvent en être la conséquence, et composé par un dentiste d'après une formule qui n'est point au Codex ni prescrite par une ordonnance particulière de médecin. — Cass. 15 avril 1852 (Delabarre), *B. cr.*

44. Les tribunaux sont souverains pour apprécier si un remède annoncé est un remède secret. — Cass. 16 déc. 1837 (Giraudeau), *B. cr.*; 16 fév. 1844 (Denis de Saint-Pierre), *B. cr.* — Et s'il en a été fait l'annonce. — Cass. 17 déc. 1837 (Giraudeau), *B. cr.*; Pellault, n° 312.

45. La peine applicable à celui qui vend des remèdes secrets est celle portée par la loi du 29 pluviôse an XIII et non celle prononcée par l'art. 6 de la déclaration du 25 avril 1777. — Paris, 26 fév. 1846 (Denis de Saint-Pierre), *J. p.* — V. sous l'art. 32, n° 20.

46. Le juge n'est pas autorisé à prononcer la confiscation des objets saisis par suite des poursuites exercées en vertu de cette loi. — Cass. 6 mai 1854 (Bertrand), *B. cr.* — Ni en vertu des autres lois sur la matière. — Cass. 15 nov. 1844 (Debaut), *B. cr.*; Paris, 18 sept. 1851 (Gabory), *J. p.*

47. Par exemple, la confiscation des remèdes secrets. — Cass. 18 mai 1844 (Duparc), *B. cr.*; Briand et Chaudé, p. 977.

48. Il en est autrement s'il s'agit de médicaments falsifiés et corrompus. V. art. 5 Loi 27 mars 1851.

49. Ni la destruction des remèdes secrets. — Paris, 18 sept. 1851 (Gabory), *J. p.*

50. Les pharmaciens ont le droit de poursuivre directement l'annonce et la vente des remèdes secrets. — Cass. 1er sept. 1832 (Baget), *J. p.*; Pellault, n° 322. — V. sous l'art. 25, n° 23.

51. Le délit de vente de remède secret se prescrit par trois ans, art. 638 C. i. cr. — Paris, 20 sept. 1829 (Arrault), *J. p.*; Paris, 16 août 1832 (Pellouard), *J. p.*; Briand et Chaudé, p. 1003.

Art. 37. Nul ne pourra à l'avenir vendre des plantes ou des parties de plantes médicinales indigènes, fraîches ou sèches, ni exercer la profession d'herboriste, sans avoir subi auparavant, dans une des écoles de pharmacie ou pardevant un jury de médecine, un examen qui prouve qu'il connaît exactement les plantes médicinales, et sans avoir payé une rétribution, qui ne pourra excéder cinquante francs à Paris et trente francs dans les autres départements, pour les frais de cet examen.

Il sera délivré aux herboristes un certificat d'examen par l'école ou le jury par lesquels ils seront examinés, et ce certificat devra être enregistré à la municipalité du lieu où ils s'établiront.

A Paris, un herboriste ne peut cumuler d'autre commerce que celui de grainetier. — Ordonn. de police du 14 nivôse an XII.

Art. 38. Le gouvernement chargera les professeurs des écoles de médecine, réunis aux membres des écoles de pharmacie, de rédiger un codex ou formulaire contenant les préparations médicinales et pharmaceutiques qui devront être tenues par les pharmaciens. Ce formulaire devra contenir des préparations assez variées pour être appropriées à la différence du climat et des productions des diverses parties du territoire français; il ne sera publié qu'avec la sanction du gouvernement et d'après ses ordres.

Les dispositions de cet article qui ordonnent la rédaction d'un codex n'ont aucun rapport avec la rédaction et la publication d'un traité de pharmacie qui forme un ouvrage différent de ce codex. — Cass. 25 fév. 1820 (Hacquart), *J. p.*

25 THERMIDOR *an XI.* — ARRÊTÉ *contenant règlement sur les écoles de pharmacie.*

Art. 41. Au décès d'un pharmacien, la veuve pourra continuer de tenir son officine ouverte pendant un an, aux conditions de présenter un élève âgé au moins de vingt-deux ans, à l'école, dans les villes où il en sera établi; au jury de son département, s'il est rassemblé, ou aux quatre pharmaciens agrégés au jury par le préfet, si c'est dans l'intervalle des sessions de ce jury.

L'école ou le jury, ou les quatre pharmaciens, s'assureront de la moralité et de la capacité du sujet, et désigneront un pharmacien pour diriger et surveiller toutes les opérations de son officine.

L'année révolue, il ne sera plus permis à la veuve de tenir sa pharmacie ouverte.

29 PLUVIOSE *an XIII.* — LOI *interprétative de l'article 36 de celle du 21 germinal an XI.*

Ceux qui contreviendront aux dispositions de l'article 36 de la loi du 21 germinal an XI, relatif à la police de la pharmacie, seront poursuivis par mesure de police correctionnelle et punis d'une amende de vingt-cinq francs à six cents francs; et en outre, en cas de récidive, d'une détention de trois jours au moins, de dix au plus.

18 AOUT 1810. — DÉCRET *concernant les remèdes secrets.*

Art. 1. Les permissions accordées aux inventeurs ou propriétaires de remèdes ou compositions dont ils auront seuls la recette, pour vendre et débiter ces remèdes, cesseront d'avoir leur effet à compter du 1er janvier prochain.

Art. 7. Tout individu qui aura découvert un remède et voudra qu'il en soit fait usage, en remettra la recette à notre ministre de l'intérieur. Il sera ensuite procédé à son égard comme il est dit articles 3, 4, 5.

Art. 8. Nulle permission ne sera accordée désormais aux auteurs d'aucun remède, simple ou composé, dont ils voudraient tenir la composition secrète, sauf à procéder comme il est dit aux titres 1 et 2.

Art. 9. Nos procureurs et nos officiers de police sont chargés de poursuivre les contrevenants par-devant nos tribunaux et cours, et de faire prononcer contre eux les peines portées par les lois et règlements.

8 AOUT 1816. — ORDONNANCE ROYALE *sur la publication d'un nouveau Codex pharmaceutique.*

Art. 1. Le nouveau formulaire pharmaceutique, rédigé par les professeurs de la faculté de médecine et de l'école de pharmacie de Paris, et intitulé : *Codex medicamentarius, seu pharmacopœa gallica,* sera imprimé et publié par les soins de notre ministre secrétaire d'État.

Art. 2. Dans le délai de six mois, à dater de la publication du nouveau Codex et du dépôt qui sera fait à la bibliothèque royale du nombre d'exemplaires prescrit par la loi, tout pharmacien tenant officine ouverte dans l'étendue de notre royaume, ou attaché à un établissement public quelconque, sera tenu de se pourvoir du nouveau Codex et de s'y conformer dans la préparation et confection des médicaments.

Les contrevenants seront soumis à une amende de cinq cents francs, conformément à l'arrêt du parlement de Paris du 23 juillet 1748.

19 JUILLET 1845. — LOI *sur la vente des substances vénéneuses.*

Art. 1. Les contraventions aux ordonnances royales portant règlement d'administration publique sur la vente, l'achat et l'emploi des substances vénéneuses, seront punis d'une amende de cent francs à trois mille francs et d'un emprisonnement de six jours à deux mois, sauf application, s'il y a lieu, de l'article 463 du Code pénal.

Dans tous les cas les tribunaux pourront prononcer la confiscation des substances saisies en contravention.

Art. 2. Les articles 34 et 35 de la loi du 21 germinal an XI seront abrogés à partir de la promulgation de l'ordonnance qui aura statué sur la vente des substances vénéneuses.

29 OCTOBRE 1846. — ORDONNANCE *portant règlement sur la vente des substances vénéneuses.*

TITRE II. — *De la vente des substances vénéneuses par les pharmaciens.*

Art. 5. La vente des substances vénéneuses ne peut être faite, pour l'usage de la médecine, que par les pharmaciens et sur la prescription d'un médecin, chirurgien, officier de santé, ou d'un vétérinaire breveté.

Cette prescription doit être signée, datée et énoncer en toutes lettres la dose desdites substances, ainsi que le mode d'administration du médicament.

Art. 6. Les pharmaciens transcriront lesdites prescriptions, avec les indications qui précèdent, sur un registre établi dans la forme déterminée par le paragraphe premier de l'article 3. Ces transcriptions devront être faites de suite et sans aucun blanc.

Les pharmaciens ne rendront les prescriptions que revêtues de leur cachet, et après y avoir indiqué le jour où les substances auront été livrées, ainsi que le numéro d'ordre de la transcription sur le registre.

Ledit registre sera conservé pendant vingt ans au moins, et devra être représenté à toute réquisition de l'autorité.

1. Le pharmacien, droguiste ou épicier qui expose dans son magasin des substances vénéneuses sans tenir le registre prescrit, contrevient à l'art. 35 L. 21 germin. an XI (remplacé par la loi du 19 juill. 1845 et l'art. 6 de l'ordonn. du 29 oct. 1846), quand même il n'aurait fait aucune vente de ces substances. — Cass. 15 mai 1835 (Lelarge), *J. p.* ; 29 mai 1835 (Henry), *J. p.*

2. Les éléments légaux et nécessaires pour constituer la contravention à l'art. 6, qui prescrit aux pharmaciens de transcrire sur un registre à ce destiné les ordonnances de médecin relatives à l'emploi de substances vénéneuses, résultent suffisamment : 1° de la possession par le pharmacien d'ordonnances de médecins prescrivant l'emploi de substances vénéneuses ; 2° de la non transcription de ces ordonnances sur le registre à ce destiné, sans qu'il soit besoin de compléter cette présomption légale de la livraison du médicament ordonné par aucune preuve matérielle particulière au fait et prise en dehors de l'officine. — Cass. 21 fév. 1856 (Larbaud), *B. cr.*

Art. 7. Avant de délivrer la préparation médicale, le pharmacien y apposera une étiquette indiquant son nom et son domicile, et rappelant la destination interne ou externe du médicament.

Art. 8. L'arsenic et ses composés ne pourront être vendus, pour d'autres usages que la médecine, que combinés avec d'autres substances.

Les formules de ces préparations seront arrêtées sous l'approbation de notre ministre de l'agriculture et du commerce, savoir : pour le traitement des animaux domestiques, par le conseil des professeurs de l'école royale vétérinaire d'Alfort ; pour la destruction des animaux nuisibles et pour la conservation des peaux et objets d'histoire naturelle, par l'école de pharmacie.

Art. 9. Les préparations mentionnées dans l'article précédent ne pourront être vendues ou délivrées que par les pharmaciens, et seulement à des personnes connues et domiciliées.

Les quantités livrées, ainsi que le nom et le domicile des acheteurs, seront inscrits sur le registre spécial dont la tenue est prescrite par l'article 6.

1. Les pharmaciens et épiciers ne peuvent vendre des substances vénéneuses qu'autant qu'ils connaissent et la personne qui les leur demande et la cause pour laquelle elle en a besoin. Il ne suffit pas qu'une cause vraisemblable ait été alléguée, il faut que le vendeur ait pris des renseignements sur la vérité de l'allégation. — Cass. 20 avril 1838 (Aubrée), *B. cr.*

2. Celui qui a vendu des substances vénéneuses dans l'ignorance de leur nature et des règlements peut être acquitté à raison de sa bonne foi. — Paris, 24 mars 1832 (Sabin). *J. p.* — *Contrà* : Pellault, n° 115.

3. Les art. 34 et 35 Loi 21 germin. an XI sont applicables au pharmacien qui a fait vendre par un tiers, pour son compte, des substances vénéneuses sans les formalités prescrites. — Paris, 24 mars 1832 (Sabin), *J. p.* — Cette décision est encore applicable sous la loi nouvelle.

Art. 10. La vente et l'emploi de l'arsenic et de ses composés sont interdits pour le chaulage des grains, l'embaumement des corps et la destruction des insectes.

TITRE III. — *Dispositions générales.*

Art. 11. Les substances vénéneuses doivent toujours être tenues par les commerçants, fabricants, manufacturiers et pharmaciens, dans un endroit sûr et fermé à clef.

Contrevient à cette disposition le pharmacien qui laisse la clef de l'armoire renfermant les substances vénéneuses dans le tiroir ouvert de son comptoir, et par conséquent à la disposition des personnes de la maison. — Aix, 15 nov. 1854 (Larousse), *J. p.* — *Contrà* : La loi ne s'oppose pas à ce que le pharmacien confie la clef des poisons à ses élèves. — Pellault, n° 271.

Art. 13. A Paris et dans l'étendue du ressort de la préfecture de police, les déclarations prescrites par l'article 1er seront faites devant le préfet de police.

Art. 14. Indépendamment des visites

qui doivent être faites en vertu de la loi du 21 germinal an XI, les maires ou commissaires de police, assistés, s'il y a lieu, d'un docteur en médecine désigné par le préfet, s'assureront de l'exécution des dispositions de la présente ordonnance.

Ils visiteront, à cet effet, les officines des pharmaciens, les boutiques et magasins des commerçants et manufacturiers vendant ou employant lesdites substances. Ils se feront représenter les registres mentionnés dans les articles 1, 3, 4 et 6, et constateront les contraventions.

Leurs procès-verbaux seront transmis au procureur du roi, pour l'application des peines prononcées par l'article 1er de la loi du 19 juillet 1845.

. *Suit le tableau des substances vénéneuses.*

3 MAI 1850. — DÉCRET *sur les conditions de mise en vente des remèdes nouveaux.*

Les remèdes qui auront été reconnus nouveaux et utiles par l'académie nationale de médecine, et dont les formules, approuvées par le ministre de l'agriculture et du commerce, conformément à l'avis de cette compagnie savante, auront été publiées dans son bulletin, avec l'assentiment des inventeurs ou possesseurs, cesseront d'être considérés comme remèdes secrets.

Ils pourront être, en conséquence, vendus librement par les pharmaciens, en attendant que la recette en soit insérée dans une nouvelle édition du Codex.

8 JUILLET 1850. — DÉCRET *relatif à la vente des substances vénéneuses.*

Art. 1. Le tableau des substances vénéneuses annexé à l'ordonnance du 29 octobre 1846 est remplacé par le tableau joint au présent décret.

Art. 2. Dans les visites spéciales prescrites par l'article 14 de l'ordonnance du 29 octobre 1846, les maires ou commissaires de police seront assistés, s'il y a lieu, soit d'un docteur en médecine, soit de deux professeurs de pharmacie, soit d'un membre du jury médical et d'un des pharmaciens adjoints à ce jury, désignés par le préfet.

5 DÉCEMBRE 1866. — DÉCRET *sur la publication d'un nouveau Codex.*

Le nouveau Codex médicamentarius, pharmacopée française, édition de 1866, sera et demeurera obligatoire pour les pharmaciens à partir du 1er janvier 1867.

TABLE DES MATIÈRES.

R

S

U

V

LOIS, DÉCRETS, ORDONNANCES ET RÈGLEMENTS

RAPPORTÉS DANS CET OUVRAGE.